世界で一番やさしい

# 家具設計

第2版

和田浩一＝著



35

# 目次

## 4章 家具金物



## 5章 造作家具の設計とディテール

第１章

# [ 造作家具のプランニング ]

KEYWORD
001

# 造作家具とは

POINT
- 置き家具と造作家具を使い分ける
- 空間の一部として造作家具を選択する

## 造作家具の定義

「家具」というと一般的には、家具店で扱うものや最近では雑貨屋・インテリアショップなどの店頭で販売されている既製品の「家具」を指すことが多い。それらの家具は「買う」ものであり、使う場所に置くだけでよいので「置き家具」と呼ばれることもある。建築現場で加工したり、壁や床、天井などに固定して設置したりする「造《つくり》付け家具」とは区別される。

一方で、建て主や設計者のリクエストに応じ、寸法や仕上げ、使い勝手などを反映させた「オーダー家具」と呼ばれるものもある。

この「オーダー家具」には、家具業者が色やサイズのちょっとした要望に応じてつくるセミオーダー品から、オーダー家具専門の会社が材料や大きさ、使い方などを検討して一から製作するもの、大工が現場で材料を加工して製作するものまである。「オーダー家具」は「造付け家具」や「造作家具」とも呼ばれ、それぞれの呼び方を使い分ける場合もあるが、明確な線引きはないので、本書では「造作家具」に統一する［写真］。

## 脚物と箱物

家具は、椅子《いす》やテーブル、ソファなどの「脚物《あしもの》家具」と呼ばれるものと、たんすなどの収納家具をはじめパネル材で構成された「箱物《はこもの》家具」とに分かれる。脚物家具は箱物家具に比べてはるかに選択肢が多く、特に椅子などは1脚のみを製作すると高価になるという理由もあり、既製品が選ばれることが多い。一方の箱物家具は使い勝手の要望やこだわりが多岐にわたり、また、壁と壁、床と天井などに隙間なく設置したり、素材を合わせたりと空間との関係性が重視されることが多いため、造作が選択される場合も少なくない。

## 写真｜さまざまな造作家具

造作家具には、脚物家具、可変する家具、壁に固定する収納、間仕切収納、構造の一部としての収納、設備に対しての仕掛け、陳列什器、造作キッチンなどがある

❶ 脚物家具

❷ 壁に固定する収納

❸ 可変する家具

❹ 照明を組み込んだ収納とテーブル

❺ 間仕切収納

❻ 構造の一部としての収納

❼ 設備に対しての仕掛け

❽ 店舗什器

❾ 造作キッチン

設計：STUDIO KAZ、写真：坂本阡弘（❶）、写真：STUDIO KAZ（❷❹❻❼❽）、写真：山本まりこ（❸❺❾）

# プランニングのフロー

**POINT**

- 造作家具設計の流れを知る
- 各工程で必要なものを理解する

図｜造作家具工事の流れ

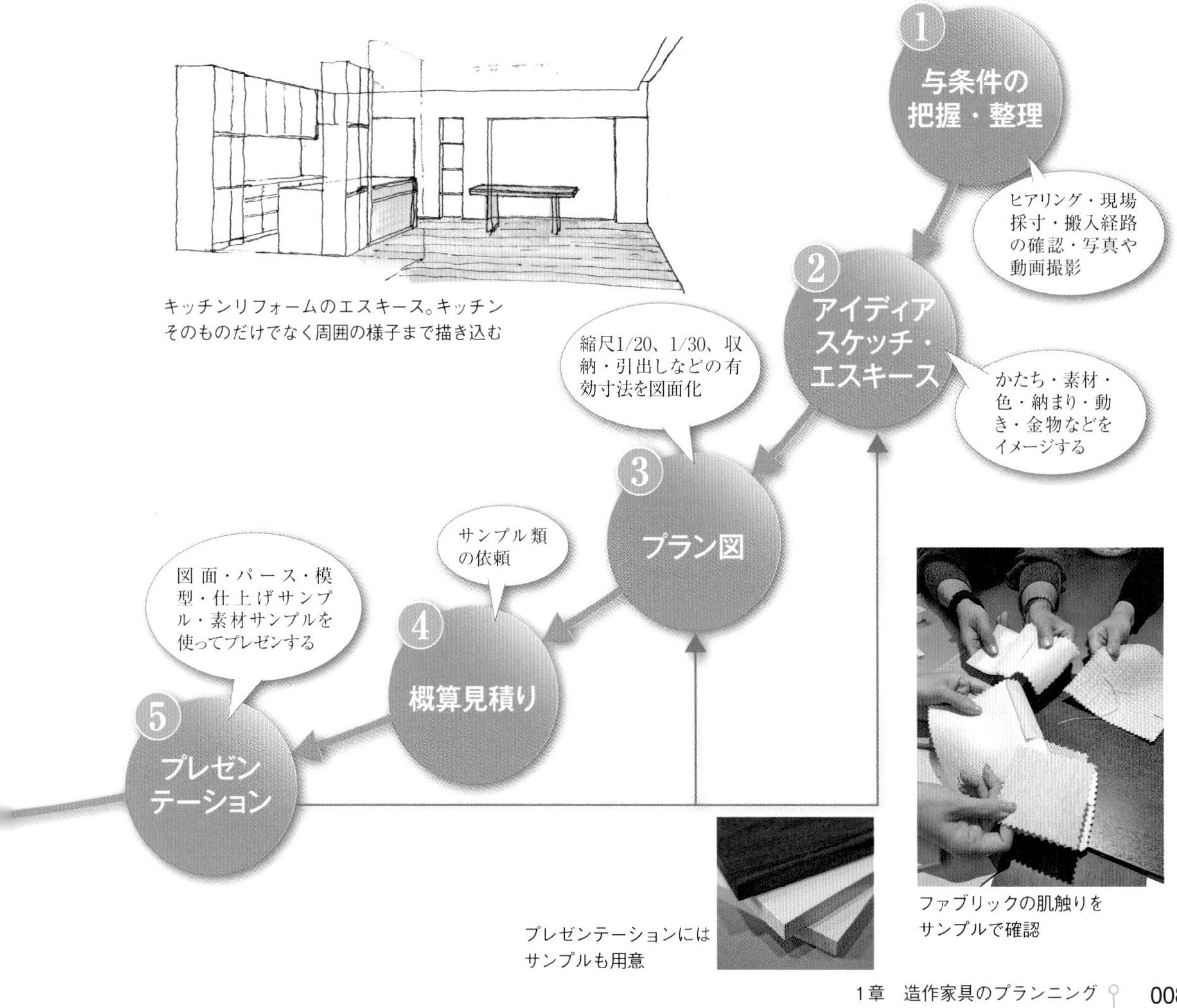
1 与条件の把握・整理
ヒアリング・現場採寸・搬入経路の確認・写真や動画撮影
2 アイディアスケッチ・エスキース
かたち・素材・色・納まり・動き・金物などをイメージする
3 プラン図
縮尺1/20、1/30、収納・引出しなどの有効寸法を図面化
4 概算見積り
サンプル類の依頼
5 プレゼンテーション
図面・パース・模型・仕上げサンプル・素材サンプルを使ってプレゼンする

キッチンリフォームのエスキース。キッチンそのものだけでなく周囲の様子まで描き込む

ファブリックの肌触りをサンプルで確認

プレゼンテーションにはサンプルも用意

引渡しの様子。機器説明、保証の範囲、メンテの方法なども説明

⑥ 見積り

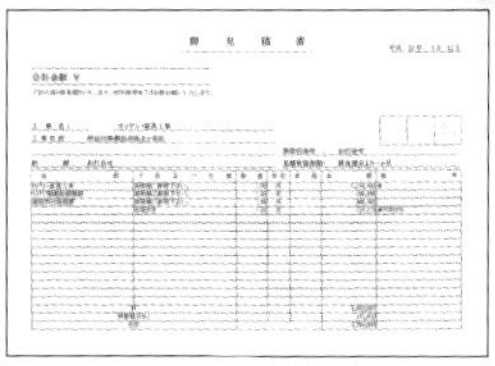

見積り書の確認も大切な仕事

⑦ 製作図面

縮尺1/10、1/2、1/1程度の詳細図面を作成

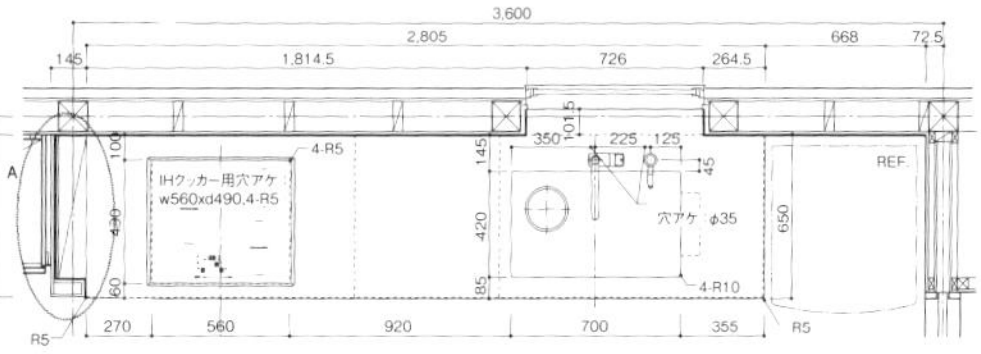


製作図面を描くことで設計意図を伝える

⑧ 承認

建て主・設計者などに図面を承認してもらう

⑨ 製作

製作管理・工場打ち合わせ・塗装色出し立会い・納品前製品チェックを行う

現場塗装の様子

工場での作業風景

⑩ 取付け

施工監理

⑪ 引渡し

引渡し時には使用説明・機器説明を行う

⑫ メンテナンス

不具合への対応や1年点検など

### 造作家具づくりで設計者がかかわること

❶～❺建て主から要望をヒアリングし、現場の状況を把握する。そして、それらの情報をもとに構想を練る。予算を念頭に素材やかたち、金物をイメージしつつ、プラン図を描く。工務店や家具業者が決まっていれば、ここで見積りの打診をしてもよいだろう。手元にないサンプルは一緒に依頼する

❻～❽建て主へのプレゼンテーションで了承され、その後の変更などを経て金額的にも折り合いがついたら製作図面を描く。付き合いがある家具業者では技量や進め方が分かるので問題ないが、初めての業者の場合、打ち合わせをしながら製作図面を進めたい。製作図面で有効寸法や建築との納まりを記述し、建て主（および設計者など）の承認を得た後、家具業者に発注する

❾～⓬発注の先はひたすらチェックである。これらの流れは、建て主や設計者、工事の種類によって進め方やスピードが異なる。適切なタイミングを逃さず、工事スケジュールに影響がないように進めなければならない。無事に引き渡した後も、1年点検やメンテナンスを実施する

写真：STUDIO KAZ、写真協力：株式会社クレド

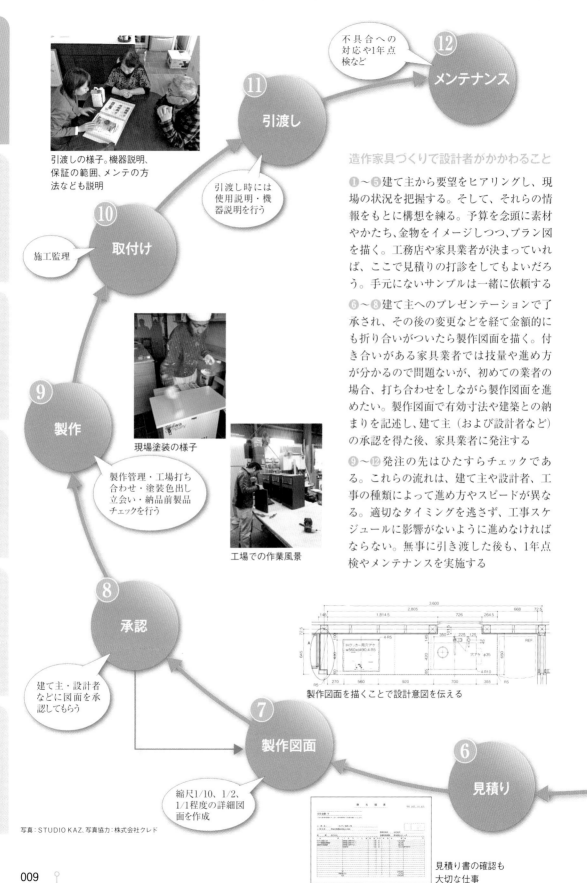

KEYWORD

003

# ヒアリングと現場調査

POINT

- 依頼内容を多角的に分析する
- 現場のあらゆる情報を記録する

## 与条件の整理が成功の秘訣

造作家具は依頼されてからたくさんの段階を経て引き渡される。

依頼されてまず行うことは、ヒアリングと現場調査である。ヒアリングにより建て主の要望を引き出す。使い勝手や収納するものなどを確認するだけでなく、生活スタイルや趣味・嗜好までもイメージできるようにしたい。そのためには、対象となる家具の使い勝手や要望とは直接関係のない内容も大切だ。周辺の情報が多いほうがより的確にイメージしやすく、建て主の要望に沿うものを製作できる。

## 周辺情報の把握も忘れずに

次に現場の状況を把握する［図1］。設置する場所の寸法や角度を測る。壁は水平垂直ではないことを念頭に置いて、奥行きの手前と奥、床付近と天井付近、その中間など、慎重に計測したい。また、直角でない角度やR壁の場合は薄ベニヤで原寸の型を取る。この場合は家具製作会社にも同行してもらうとよいだろう。そのほかにドア（ドアハンドル）や窓、枠、幅木、照明、エアコン、火災報知器、コンセント、スイッチ類、換気口など、周辺の状況を確認しておきたい。併せて搬入経路なども確認すること［図2・3］。特に搬入経路は製作方法やコストに大きくかかわってくるため注意が必要だ。

案件が新築でない場合は、目の前にある状態をつぶさに把握すればよい。しかし新築の場合、まだ現場は出来上がっていないため、前述の周辺状況を設計者もしくは現場担当者に確認する必要がある。確認漏れがないようにしたい。現場調査では写真や動画を撮影しておくと、納まりを検討する際に便利だ。特に動画はお勧めする。それぞれの関係性が分かりやすく、確認事項の漏れも少なくなる。

図1 | 現場で確認するポイント

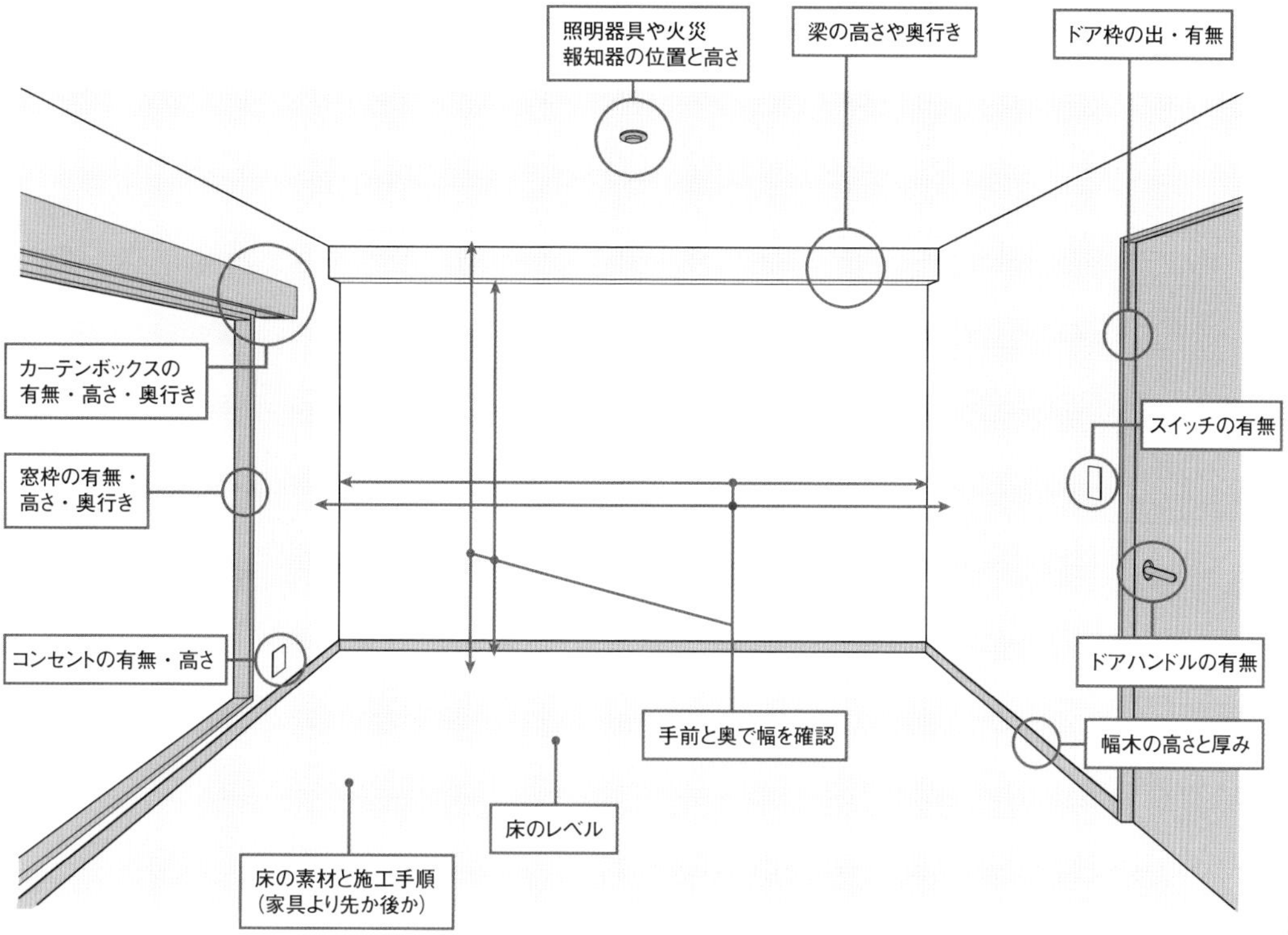
照明器具や火災
報知器の位置と高さ
梁の高さや奥行き
ドア枠の出・有無
カーテンボックスの
有無・高さ・奥行き
窓枠の有無・
高さ・奥行き
スイッチの有無
コンセントの有無・高さ
ドアハンドルの有無
手前と奥で幅を確認
幅木の高さと厚み
床のレベル
床の素材と施工手順
（家具より先か後か）

図2 | 搬入経路の確認

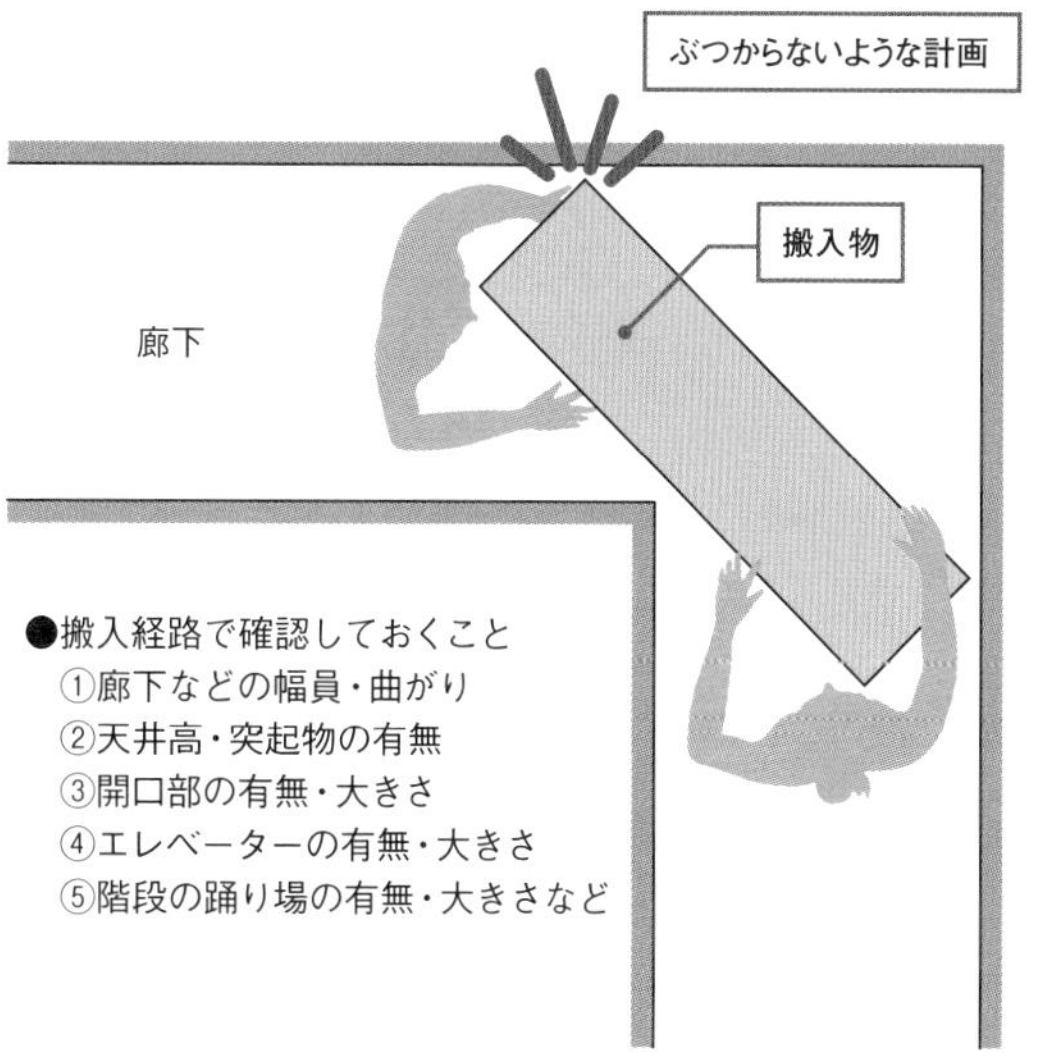
ぶつからないような計画
搬入物
廊下
●搬入経路で確認しておくこと
①廊下などの幅員・曲がり
②天井高・突起物の有無
③開口部の有無・大きさ
④エレベーターの有無・大きさ
⑤階段の踊り場の有無・大きさなど

図3 | エレベーター内部の確認

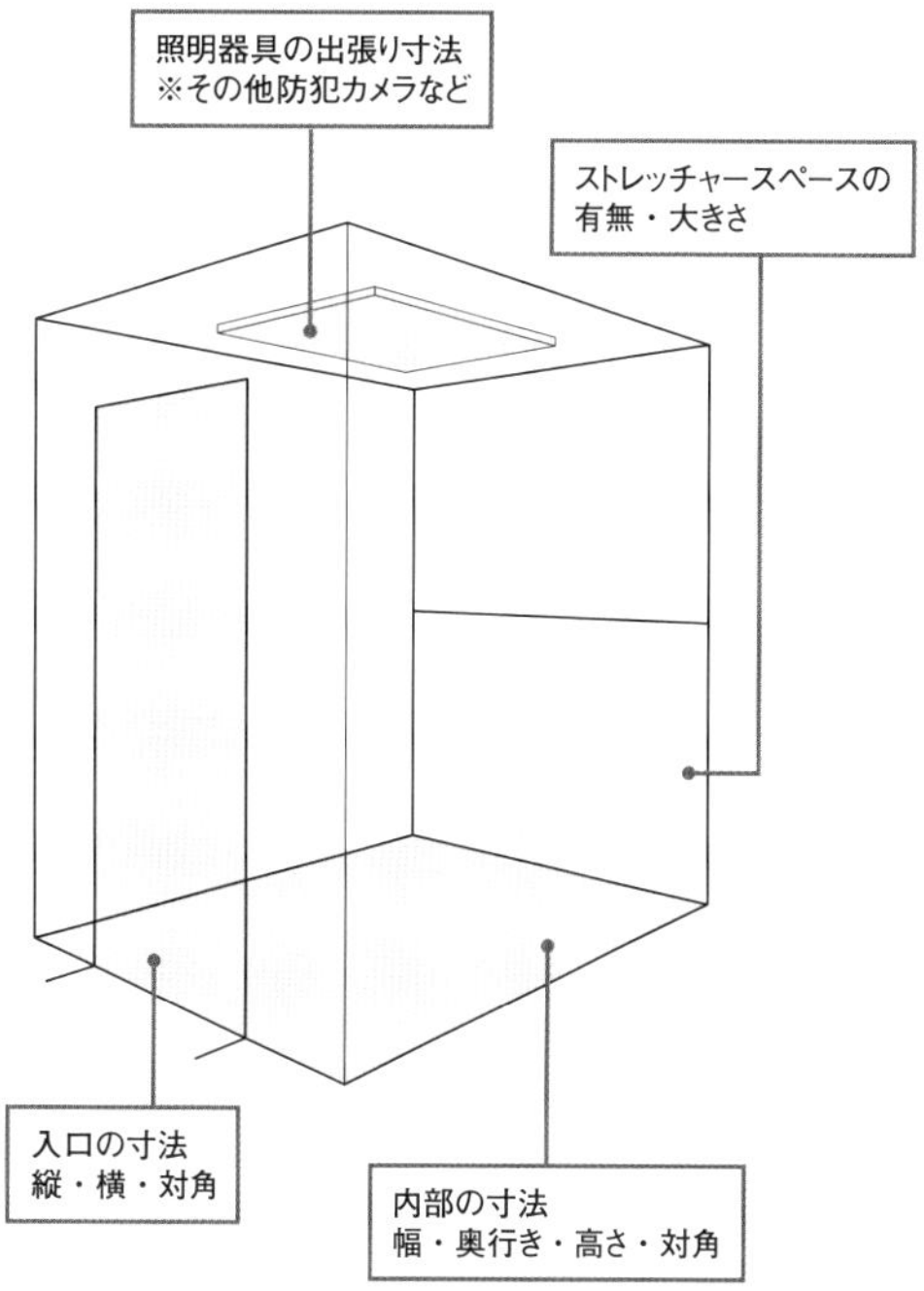
照明器具の出張り寸法
※その他防犯カメラなど
ストレッチャースペースの
有無・大きさ
入口の寸法
縦・横・対角
内部の寸法
幅・奥行き・高さ・対角

# プラン図の描き方

POINT

◉プラン図では全体像を把握する

◉家具だけでなく建築の納まり・仕様も描き込む

## どこまで描き込むか

建て主との打ち合わせには、1／20や1／30程度の縮尺でプラン図［図］を作成して臨むとよい。建て主としては、大きな縮尺で多くの枚数を見るよりも、できるだけ1枚で完結するほうが理解しやすい。たとえば扉と扉の隙間が3㎜か4㎜かといったことはあくまで設計者側のこだわり。建て主の使い勝手にはほとんど影響しない。むしろ全体像をきちんと押さえ、周囲との関係（通路の幅、壁・枠などとの関係）まで描いておけば、建て主はその使い勝手を自分で想像できる。

プラン図には必要な素材や色、仕上げ、パーツ、金物のメーカー・品番などを記載しておく。さらに一部の納まり詳細を記載して、建築との関係を検討する。引出し内部の有効寸法や棚板の大きさ、棚ダボのピッチなども記入しておきたい。また、木目の種類（板目か柾目か）や方向まで描き込むとよりよい。家具以外の部分のデザインに大きくかかわる事柄であるし、見積りにも影響するため、明確にしておけば建て主との打ち合わせもスムーズに行え、後々のトラブルを少なくできる。

## プラン図は施工時にも活躍

プラン図は建て主との打ち合わせに必要なだけではない。見積りを出すときや家具製作会社との打ち合わせ資料としても使う。そのため、できるだけ多くの情報を盛り込みたい。また施工時には、邪魔にならない壁に張って作業することが多い。プラン図で全体像を把握したうえで、細かい調整や納め方を製作図面（17頁図・18頁図参照）によりチェックし、現場を進める。システム家具のような決まった納まりやモデュールがないため、そこに関係するすべての人が毎回確認しながら作業を進めなければならない。

## 図 プラン図の例 ※実際には全体を縮尺1/20もしくは1/30で、詳細を縮尺1/2で描いている

平面図[S＝1:70（元図S＝1:20）]

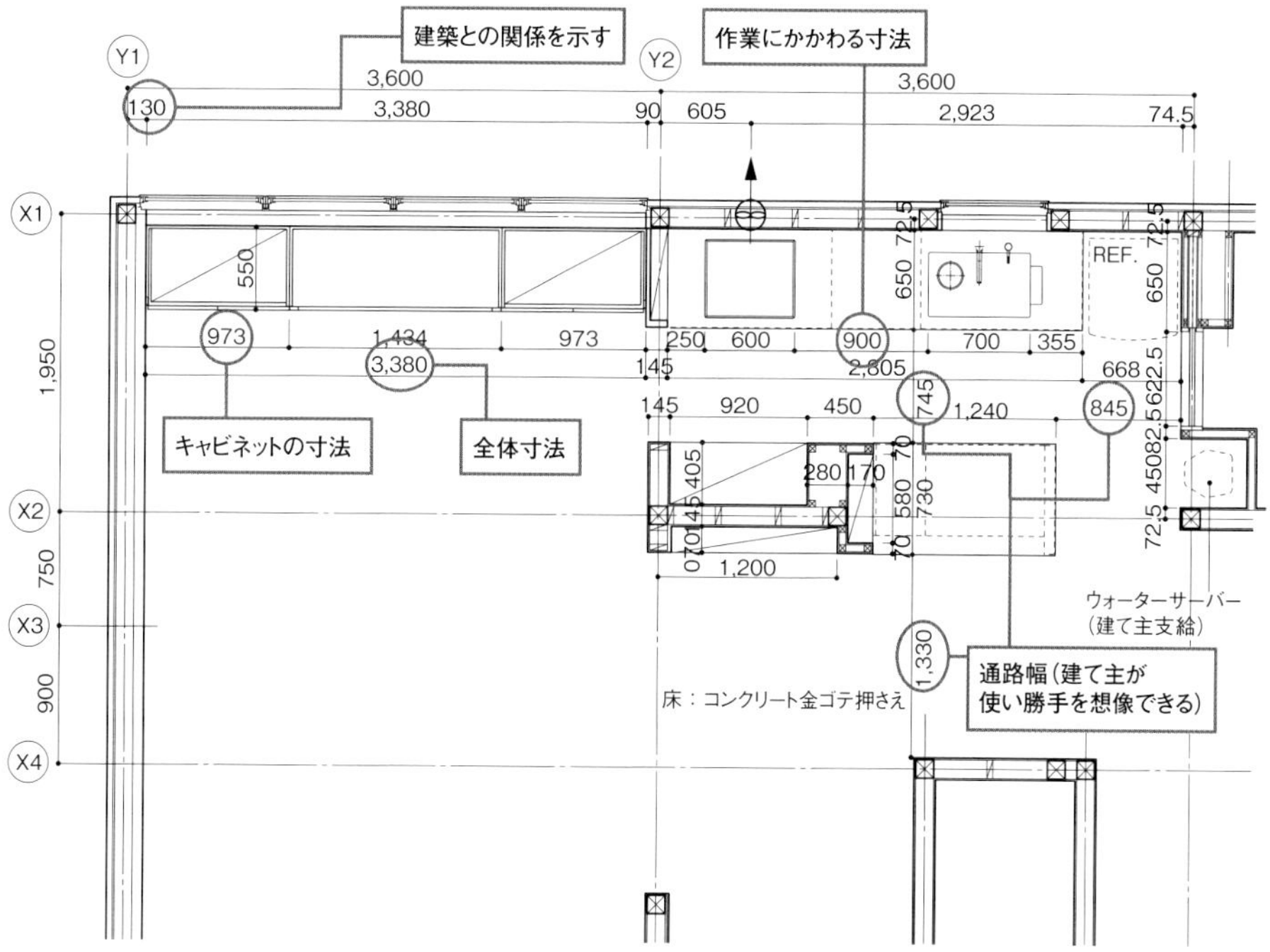
建築との関係を示す
作業にかかわる寸法
キャビネットの寸法
全体寸法
REF.
ウォーターサーバー（建て主支給）
床：コンクリート金ゴテ押さえ
通路幅（建て主が使い勝手を想像できる）
Y1
Y2
X1
X2
X3
X4

展開図[S＝1:70（元図S＝1:20）]

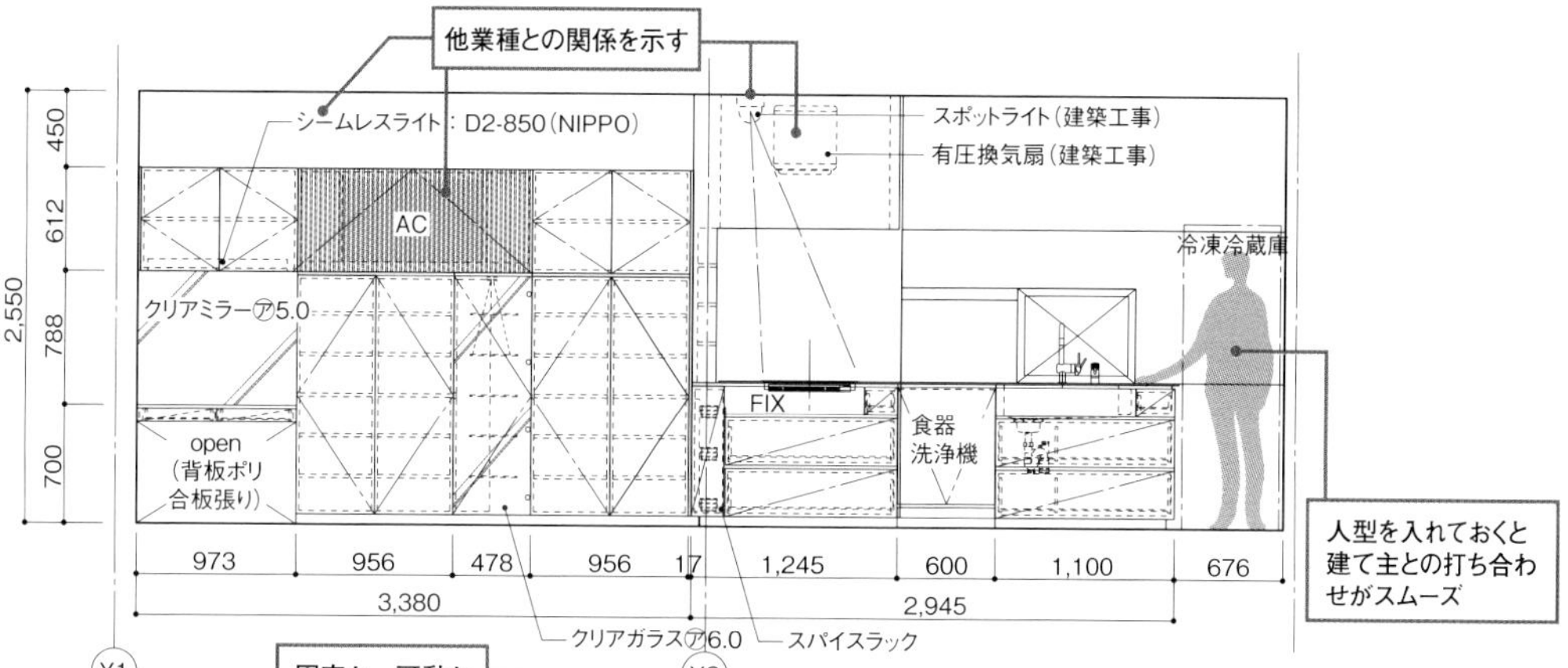
他業種との関係を示す
シームレスライト：D2-850（NIPPO）
スポットライト（建築工事）
有圧換気扇（建築工事）
AC
冷凍冷蔵庫
クリアミラー㋐5.0
FIX
食器洗浄機
open（背板ポリ合板張り）
人型を入れておくと建て主との打ち合わせがスムーズ
クリアガラス㋐6.0
スパイスラック
Y1
Y2

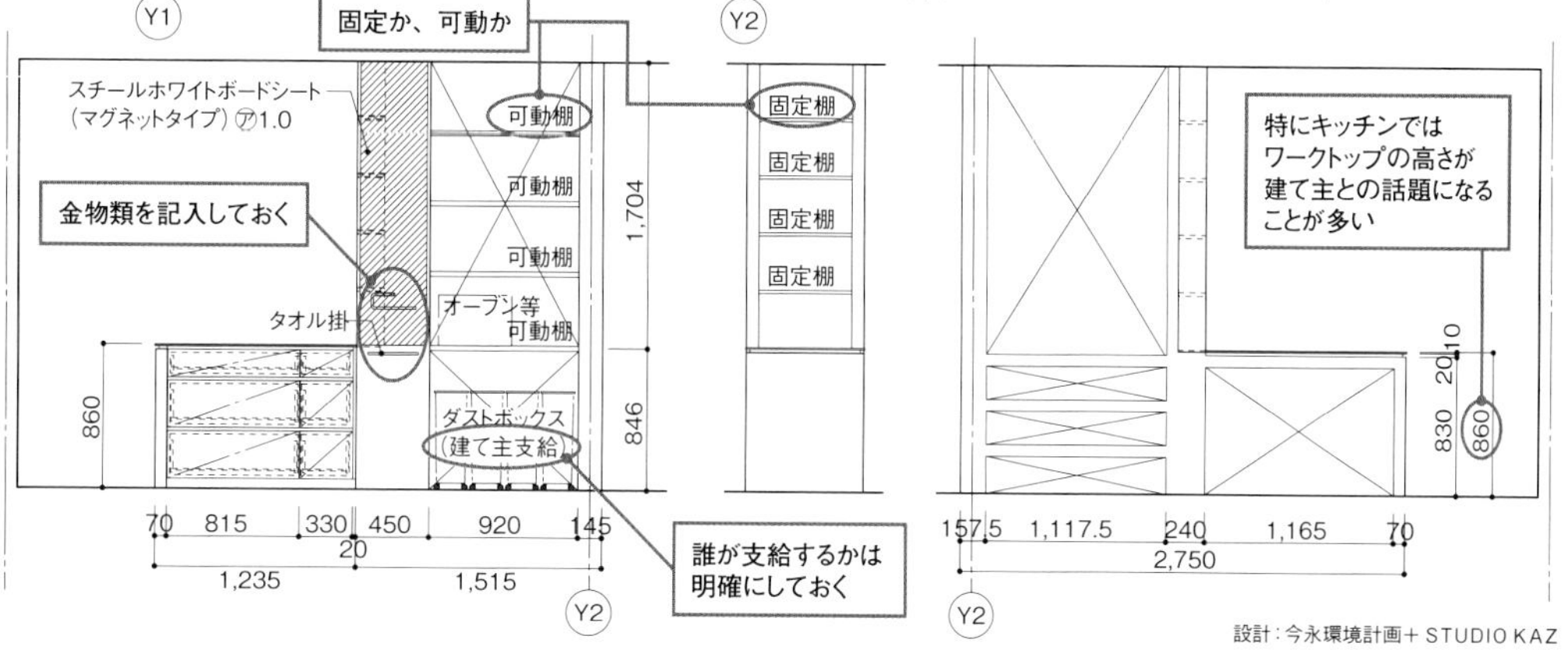
固定か、可動か
スチールホワイトボードシート（マグネットタイプ）㋐1.0
金物類を記入しておく
タオル掛
可動棚
オーブン等
ダストボックス（建て主支給）
固定棚
誰が支給するかは明確にしておく
特にキッチンではワークトップの高さが建て主との話題になることが多い
Y1
Y2

設計：今永環境計画＋STUDIO KAZ

# プレゼンテーション

POINT

- 現物サンプルをできる限り用意する
- ＣＧや模型は空間までつくる

## プレゼンで用意するもの

造作家具のプレゼンテーション［写真１］で必要なものは、まず図面（プラン図）。この図面に色を付けると建て主の理解度が深まる。そのものズバリの色でなくても構わない。大まかな色合いさえ合っていれば、それだけで分かりやすさがまったく違ってくる。

次に素材や色などの現物サンプルも用意したい［写真２］。突板の場合は実際に使用するものを用意してもらう。同じ樹種でも木によって木目《もくめ》の出方が異なり、表情が変わるからである。扉の塗装サンプルはできればベニヤの状態ではなく、扉状に加工したものを用意してもらいたい。木口《こぐち》材の張り方や手掛けの形状、面取りなど、そこから得られる情報は多い。

キッチンなどにスパイスラックやバスケットなど既製品のパーツを組み込む場合や、特殊な動きをする金物を使用する場合は、そのカタログのコピーも用意しておいたほうがよい。また、食器洗い乾燥機やオーブン、加熱機器、照明器具、音響機器などを組み込む場合も、カタログの用意のほか、建て主とショールームなどに同行して現物を見ることをお勧めする［写真３］。

## ＣＧ・模型でのプレゼン

家具のプレゼンテーションに詳細なＣＧやスケール模型を用いるのはやり過ぎの感も否めないが、建て主にとっては理解しやすく理想的だ。最近はＣＡＤで図面を描くことがほとんどで、パースへの変換も比較的容易なので、ぜひ利用したい。もちろん家具単体のパースでは意味がない。周辺の色や素材のコーディネーション、大きさや位置関係などを含めてプレゼンする。資料をどこまで用意するかは建て主の理解度、また、ＣＧや模型にかかる費用や時間などを考慮して決定したい。

## 写真1｜CGによるプレゼンテーションの例

マンションリノベーションのプレゼンテーションのために作成したCG。化粧合板の色柄やワークトップの素材などの家具の仕上げだけでなく、インテリアの中の風景として提案するため、床材や照明計画も合わせて提案するようにしたい。空間の設計者がほかにいる場合は、仕上げの詳細を聞き、可能な限り再現したい

設計・CG作成：STUDIO KAZ

## 写真2｜扉サンプル

塗装サンプルは扉状に加工したものを依頼したい。小口の張り方や塗装の技術は端部に現れる

## 写真3｜照明計画のシミュレーション

美容室の鏡から顔を照らすための照明を透過させるため、照明器具メーカーのショールームでシミュレーションした

写真：STUDIO KAZ（写真2・3）

# 製作図の描き方①

POINT

- 設計者の意図を明確に示す
- どれだけ詳細に描いても職人とのやりとりは必要

## 設計意図を図面に表現する

製作図［図・18頁図］を描く最大の目的は、木工所の職人たちとの対話である。一般的には家具製作会社が描いたものを空間の設計者がチェックすることが多いが、設計者自らが描くことによって、職人たちに設計意図が的確に伝わることもある。

実際に描かないまでも、自分の意図が客観的に盛り込まれているかどうかを、重点的にチェックしておきたい。面取り一つとってもまったく違う印象の家具が出来上がってしまうので、慎重にチェックしたい。

製作図は1／10縮尺を基本にして描く。各部位やパネル材などの構造（フラッシュなのか無垢《むく》なのか、必要があれば芯を入れる場所の指示など）、部材の組み方、一つひとつの扉の大きさ、扉と扉の隙間、つまみやハンドルの位置、手掛けの大きさ、キャビネットの大きさや分割位置、素材の使い方などを細かく描き、設計意図を表現することを意識する。そのほかに1／1や1／2、1／5縮尺の詳細図で、扉と扉、扉とキャビネット、ワークトップと扉とキャビネット、床・壁・天井と家具など異なる部位どうしの「カンケイ」を中心に描く。

## 納品チェック

そこまで描いても設計者としては、家具製作会社もしくは木工所の職人との打ち合わせが欠かせない。直接話すことで、図面に表現できなかったディテールや突板や素材の使い方、面取りなどのニュアンスも伝えられる。

事前打ち合わせに加え、塗装工場での色出しの立会いや、木工所での納品前の検品も可能な限り実施したい。製作や塗装の間違い・不備による現場の無駄な作業を省き、トラブルを回避することにもつながる。

## 図 | キッチン製作図の例 ※実際には全体を1/10で、詳細を1/2もしくは1/1で描いている

姿図[S＝1:30(元図S＝1:10)]

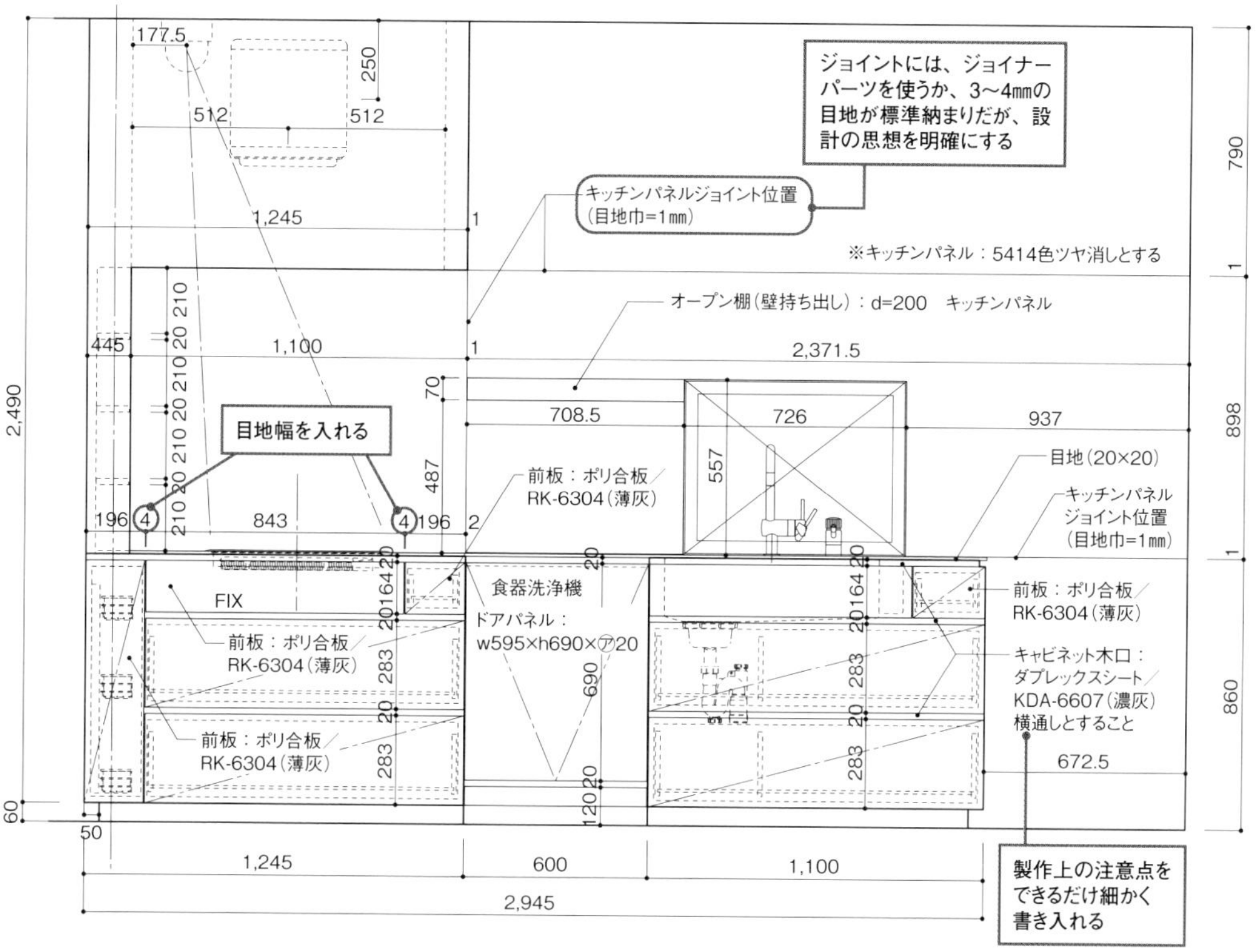
ジョイントには、ジョイナーパーツを使うか、3～4㎜の目地が標準納まりだが、設計の思想を明確にする
キッチンパネルジョイント位置(目地巾=1㎜)
※キッチンパネル：5414色ツヤ消しとする
オープン棚(壁持ち出し)：d=200　キッチンパネル
目地幅を入れる
前板：ポリ合板／RK-6304(薄灰)
目地(20×20)
キッチンパネルジョイント位置(目地巾=1㎜)
FIX
食器洗浄機
ドアパネル：w595×h690×㋐20
前板：ポリ合板／RK-6304(薄灰)
前板：ポリ合板／RK-6304(薄灰)
前板：ポリ合板／RK-6304(薄灰)
前板：ポリ合板／RK-6304(薄灰)
キャビネット木口：ダブレックスシート／KDA-6607(濃灰)横通しとすること
製作上の注意点をできるだけ細かく書き入れる

平面図[S＝1:30(元図S＝1:10)]

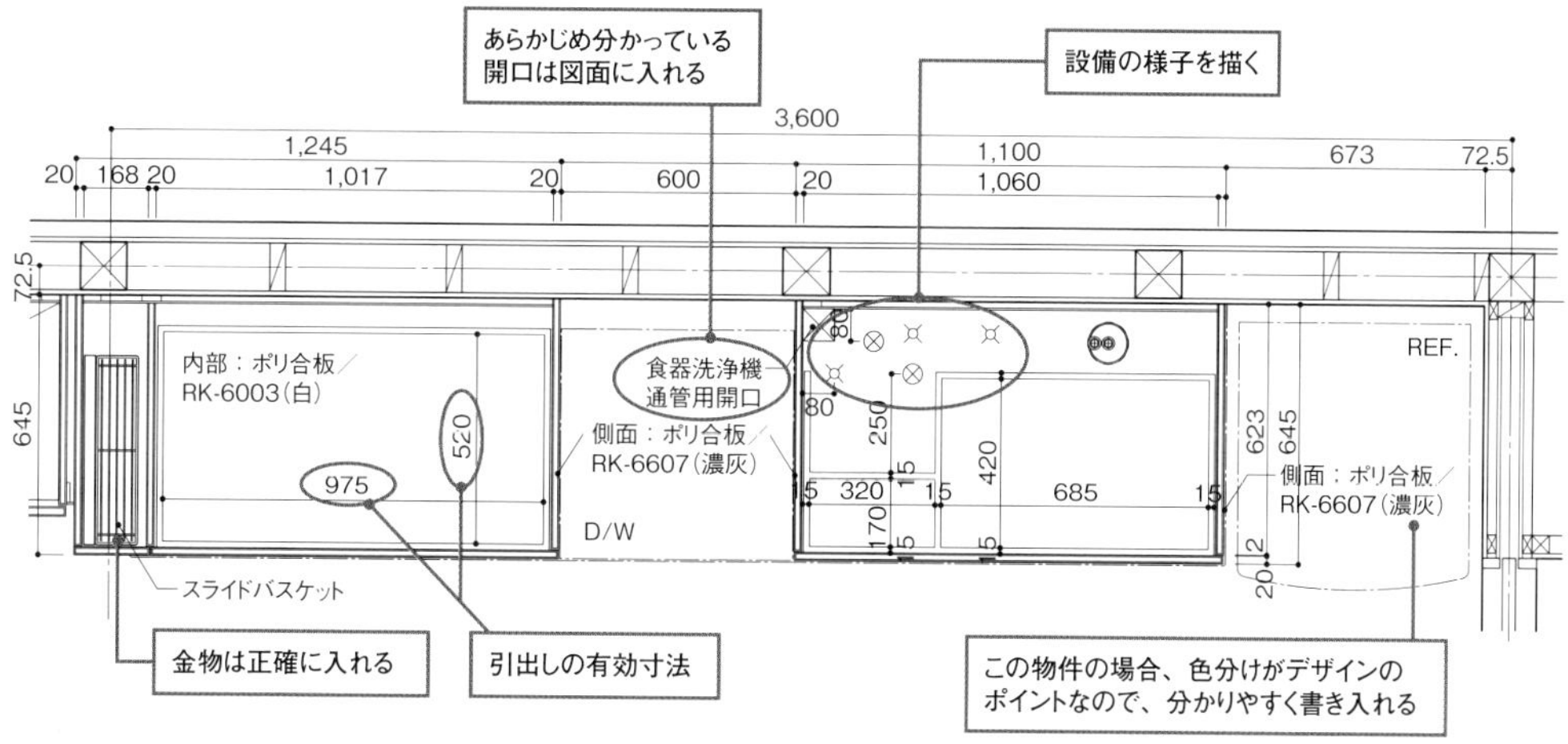
あらかじめ分かっている開口は図面に入れる
設備の様子を描く
内部：ポリ合板／RK-6003(白)
食器洗浄機通管用開口
側面：ポリ合板／RK-6607(濃灰)
D/W
REF.
側面：ポリ合板／RK-6607(濃灰)
スライドバスケット
金物は正確に入れる
引出しの有効寸法
この物件の場合、色分けがデザインのポイントなので、分かりやすく書き入れる

設計：今永環境計画＋STUDIO KAZ

# 製作図の描き方②

POINT

- 加工業者ごとに図面を描く
- パーツや金物を正確に描き入れる

図｜キッチン製作図の例 ※実際には全体を1/10で、詳細を1/2もしくは1/1で描いている

天板詳細図[S＝1:30(元図S＝1:10)]

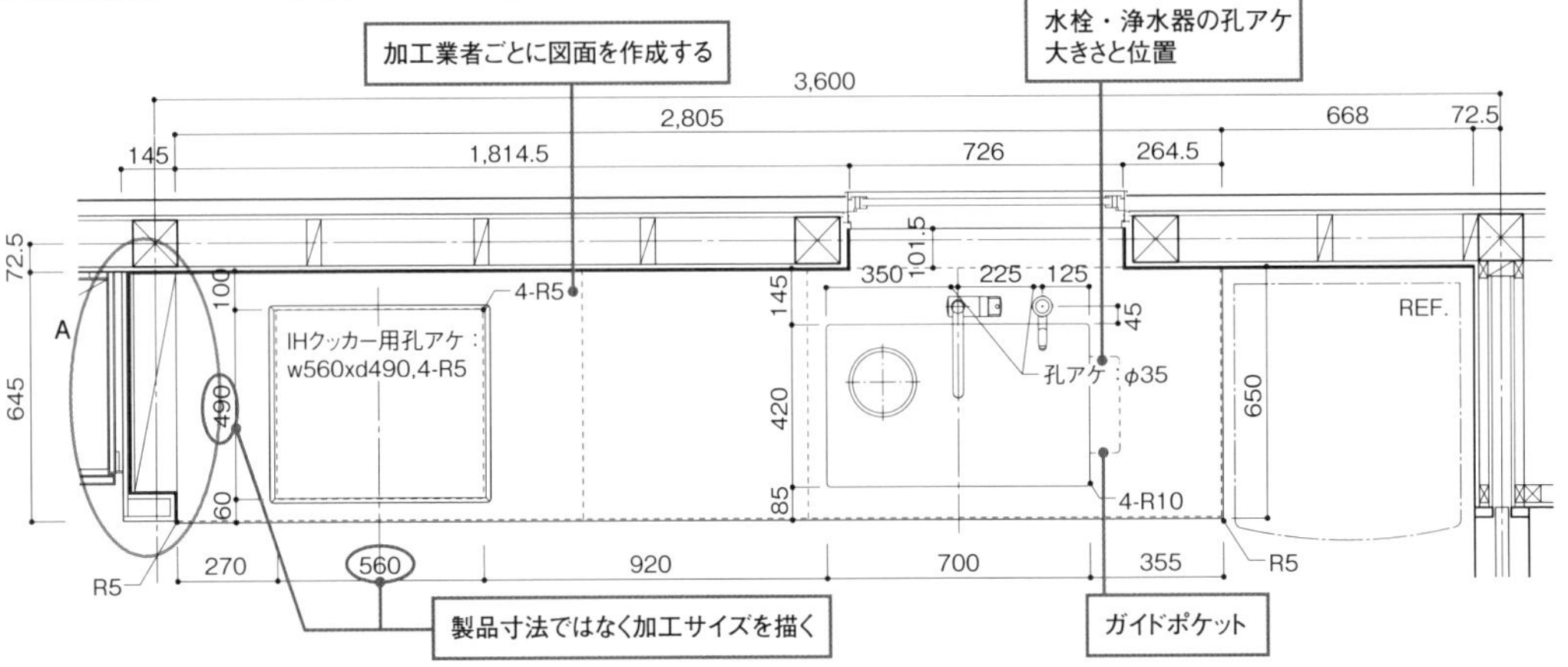
加工業者ごとに図面を作成する
水栓・浄水器の孔アケ
大きさと位置
3,600
2,805
668
72.5
145
1,814.5
726
264.5
72.5
101.5
350
225
125
100
145
45
4-R5
REF.
A
IHクッカー用孔アケ：
w560xd490,4-R5
645
490
420
孔アケ：φ35
650
60
85
4-R10
R5
270
560
920
700
355
R5
製品寸法ではなく加工サイズを描く
ガイドポケット

建築との取合い(A部詳細図)[S＝1:6(元図S＝1:2)]

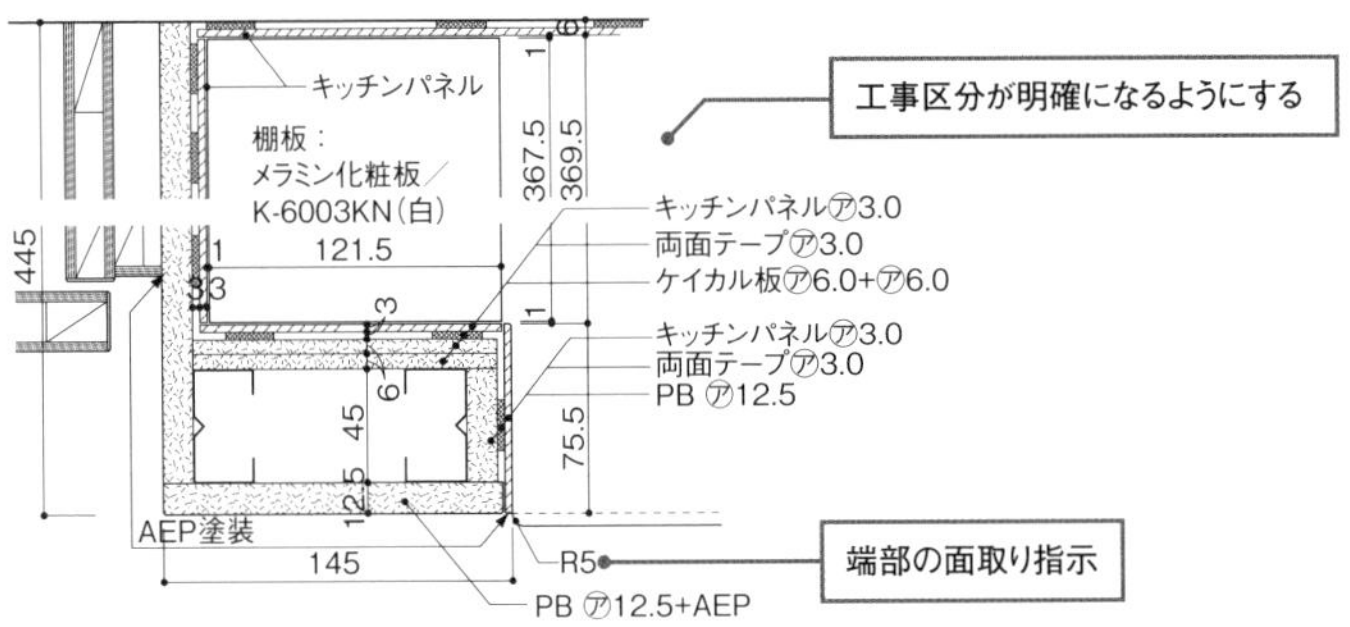
キッチンパネル
棚板：
メラミン化粧板／
K-6003KN(白)
工事区分が明確になるようにする
367.5
369.5
121.5
445
キッチンパネル㋐3.0
両面テープ㋐3.0
ケイカル板㋐6.0+㋐6.0
キッチンパネル㋐3.0
両面テープ㋐3.0
PB ㋐12.5
45
75.5
12.5
AEP塗装
145
R5
端部の面取り指示
PB ㋐12.5+AEP

設計：今永環境計画＋STUDIO KAZ

収納断面図[S＝1:20（元図S＝1:10）]

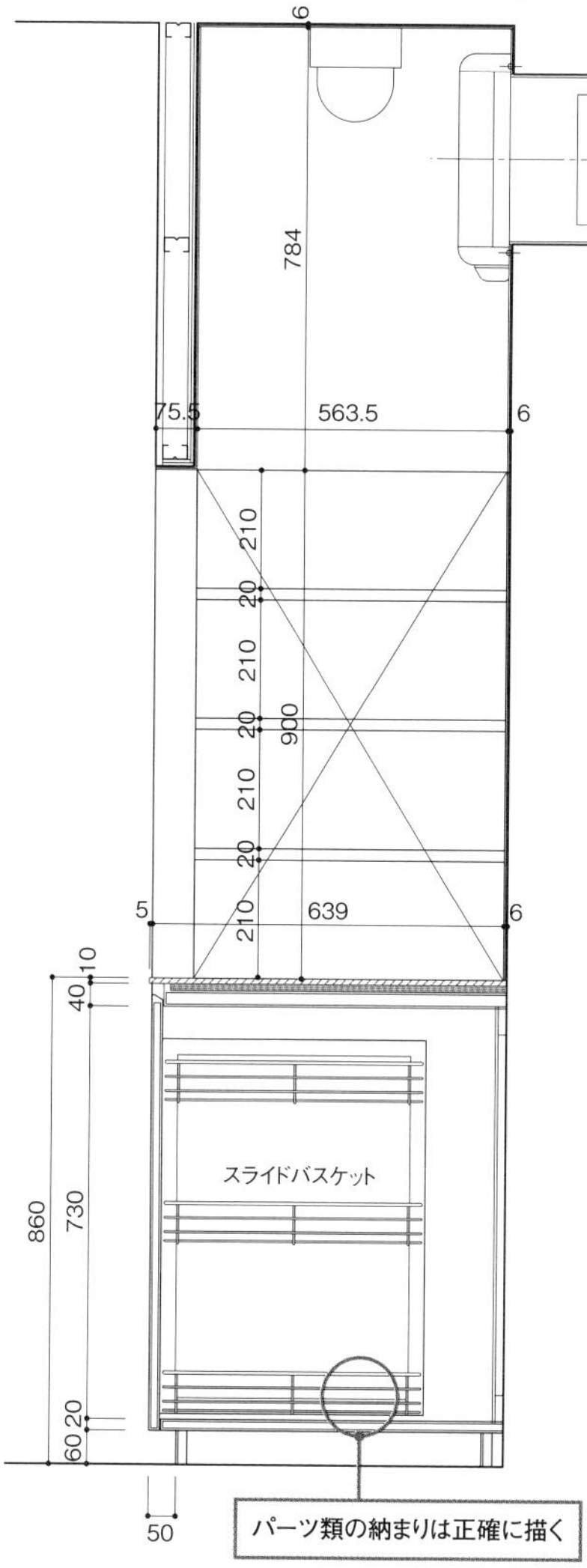
6
784
75.5
563.5
6
210
20
210
20
900
210
20
5
210
639
6
10
40
860
730
スライドバスケット
20
60
50
パーツ類の納まりは正確に描く

断面詳細図[S＝1:4（元図S＝1:2）]

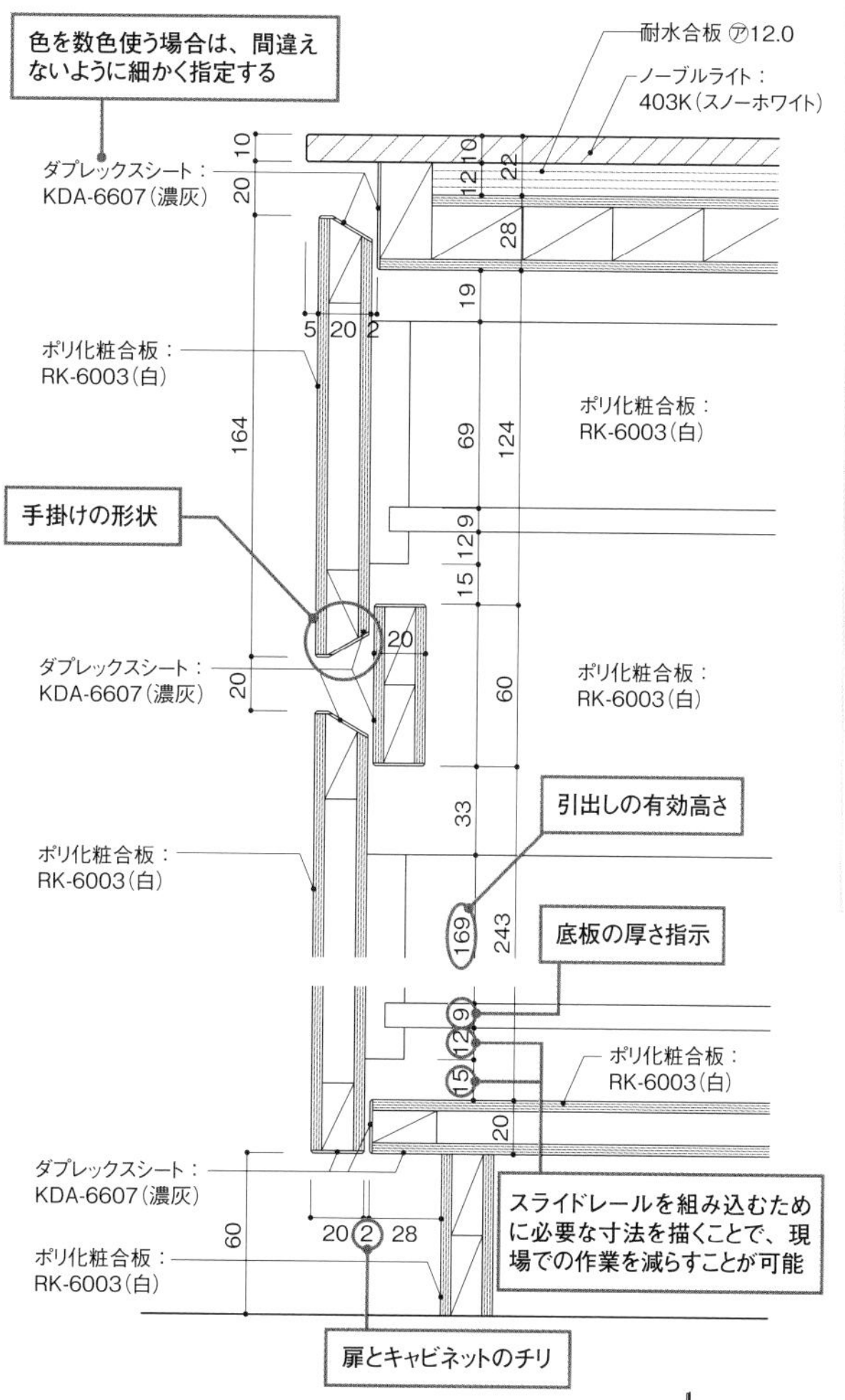
色を数色使う場合は、間違えないように細かく指定する
耐水合板 ㋐12.0
ノーブルライト：
403K（スノーホワイト）
ダブレックスシート：
KDA-6607（濃灰）
ポリ化粧合板：
RK-6003（白）
手掛けの形状
ダブレックスシート：
KDA-6607（濃灰）
ポリ化粧合板：
RK-6003（白）
ポリ化粧合板：
RK-6003（白）
ポリ化粧合板：
RK-6003（白）
引出しの有効高さ
底板の厚さ指示
ポリ化粧合板：
RK-6003（白）
ダブレックスシート：
KDA-6607（濃灰）
ポリ化粧合板：
RK-6003（白）
スライドレールを組み込むために必要な寸法を描くことで、現場での作業を減らすことが可能
扉とキャビネットのチリ
10
20
164
20
60
5 20 2
10
12
22
28
19
69
124
129
15
20
60
33
169
243
9
12
15
20
20 2 28

シンク廻り断面図
[S＝1:20（元図S＝1:10）]

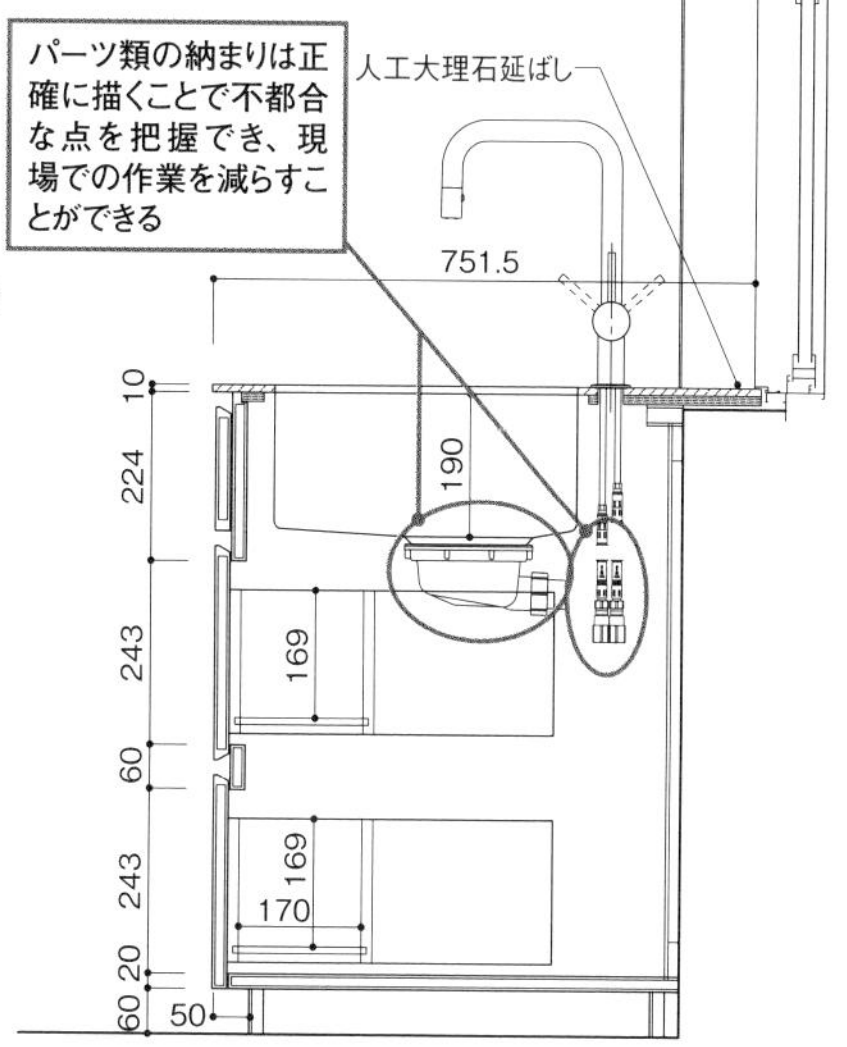
パーツ類の納まりは正確に描くことで不都合な点を把握でき、現場での作業を減らすことができる
人工大理石延ばし
751.5
10
224
190
243
169
60
243
169
170
20
60
50

幅木断面詳細図
[S＝1:4（元図＝1:2）]

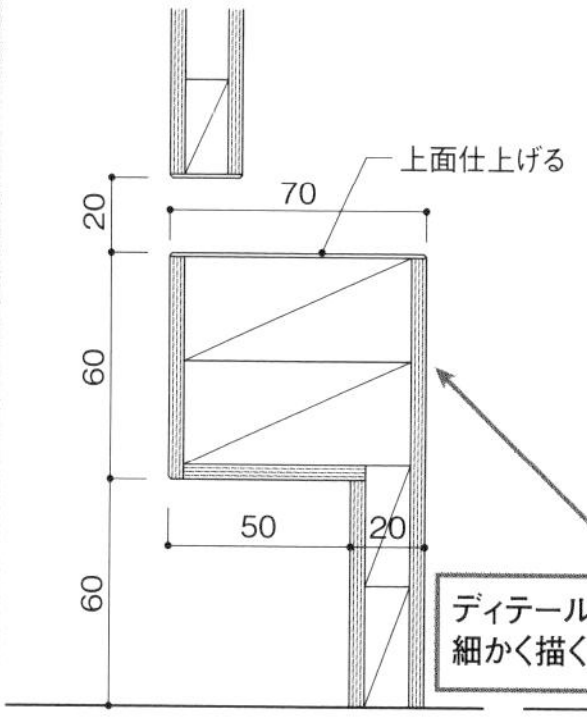
上面仕上げる
70
20
60
50
20
60

食器洗い乾燥機廻り断面図
[S＝1:20（元図S＝1:10）]

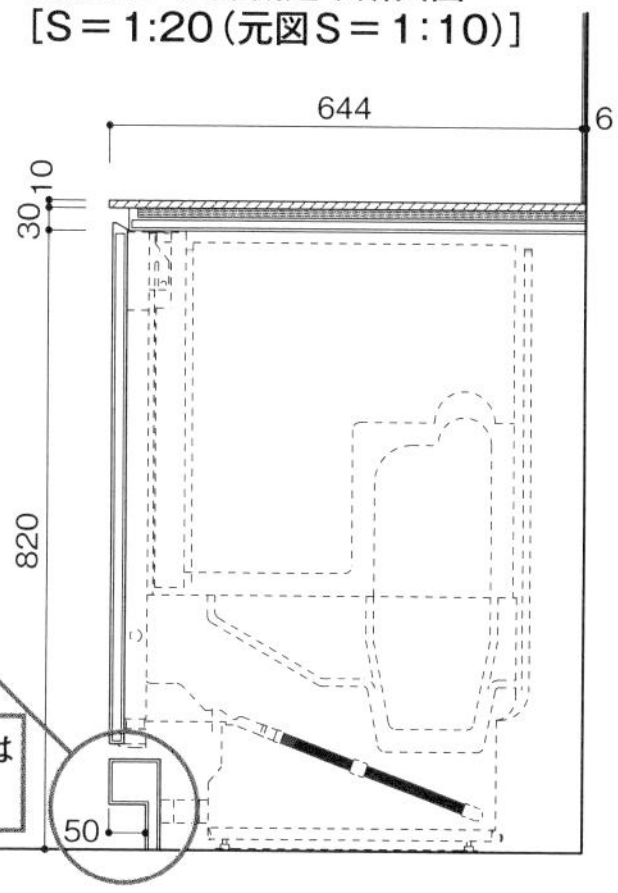
644
6
30
10
820
ディテールは細かく描く
50

# 引渡し・メンテナンス

POINT

- 設計検査は建て主目線で行う
- 引渡し後のメンテナンスなども説明する

## 引渡し前の設計検査

物件は何回ものチェックを通過して建て主に引き渡される。その1つに設計検査がある［図］。図面どおりにつくられ、設置されているかは、これより以前に工場での検品や設置の立ち会いで確認しているので、設計検査では扉や引出しの開閉、ステーの動きなど機能部分の動きを重点的にチェックする。設備機器がビルトインされている場合は試運転も行うようにする。

造作家具は家具単体では完結せず、床や壁、天井の仕上げと関係しながら現場に納まる。仕上げ方法や納まりによっては家具を設置した後に仕上げ工事をすることも多い。よって検査では家具そのものだけでなく、周囲との関係も必ずチェックする。特に業種の異なる仕事の境目は要注意だ。いろいろな要因で隙間が開いていたり、仕上げが汚かったりすることも多く、必ず扉や引出しを開けてチェックする。家具の設置後に塗料が付着したり、傷が付いたりすることもある。さまざまな角度から点検したい。

## 引渡し時からメンテナンスまで

引渡し時には必ず使用説明をする。設備機器の使い方は取扱い説明書の内容に加え、経験上知り得た禁止事項や使い方なども説明するように心がけるとよい。ほかにも扉や引出しの開け方や外し方、日常のメンテナンス方法などを説明する［写真1・2・3］。

物件は引き渡して終わりではなく、「1年点検」を実施することが一般的だ。しかしその前にも、引渡し1～2カ月後に1度、建て主に不具合の有無を確認したい。扉のズレによる不具合など、素人には難易度が高い調整は、家具業者によるメンテナンスも考えたほうがよい。

図｜引渡し前後のチェックの手順

**設計検査（設計者）**

（チェック項目）
- 塗装の色、つや
- 塗装の傷
- 表面の汚れ
- 扉の動き（壁に当たらないか）
- 扉の反り、傾き、隙間
- 引出しの動き
- 金物の動き、重さ
- 周囲の納まり

↓

**建て主検査（建て主、設計者）**

- 設計検査時の不具合が是正されているか
- 建て主のチェック

↓

**引渡し時**

- 建て主検査時の不具合が是正されているか（不具合がある場合は是正）

→
- 取扱い説明ファイルを提出
- メンテナンスリストを提出

↓

**1年点検**

- 表面の傷
- 扉の反り
- 引出しの動き、金物の動き（不具合がある場合は是正）

写真1｜引渡しの様子

取扱い説明書や機器類の保証書をクリアファイルにまとめる。機器の使用方法、メンテナンス方法などをていねいに説明する

写真2｜取扱い説明ファイル

機器類に同梱されている取扱い説明書および保証書を1つのファイルにまとめて引渡し時に建て主に渡す

写真3｜機器説明

設備機器の扱い方は使い慣れていないとなかなか難しい。長々と説明するよりもポイントと絶対やってはいけないことを押さえるほうが理解してもらいやすい

写真：STUDIO KAZ（写真1～3）

# 寸法計画①〜人間工学

POINT

- 身体寸法から目的に応じた大きさを決める
- 収納するものによって高さを使い分ける

## 身体寸法からの発想

家具は日常的に人の身体と触れ合うもの。そのため、家具の寸法やディテールは空間の印象を大きく左右する。平面的な大きさは動線に、垂直方向の大きさや位置は使う人の動作に、それぞれ大きく影響する。

また、各部材の寸法は家具のイメージを決定付ける大きな要因であり、ひいては空間の性格も決定してしまう。よって、家具の寸法は厳密に計画されなければならない。

空間のボリュームを頭に置きながら、間口《まぐち》、天井高、奥行きだけでなく、扉や引出しの大きさやプロポーションまで配慮する。

たとえば浅くて幅広の引出しで構成すると、水平方向の意識が強調され、安定感が増す。この場合、木目を横方向に使い、幅広をより強調する手法を取ることもある。また、開き扉のプロポーションは使い勝手だけでなく、家具金物の選択や耐久性にもかかわる。

さらに、目線より高い位置にある扉を幅広にすると、開閉のたびに身体をのけぞらせることになり、非常に使い勝手が悪い。逆に小割りにするとうるさい印象になってしまうため、慎重な計画が必要である。

## 使いやすい高さを知る

収納は、まず中に入れるものの使用頻度によって収納する高さを決め［図1］、大きさや形状、量によって、幅や高さ・深さ、奥行きを決める［図2］。

しかし、あまり細かく分類して、収納場所を厳格に決めてしまうと、自由度がなくなり、ものやライフスタイルの変化に対応できなくなるのでお勧めできない。

建て主の性格なども踏まえたうえで適度に分類、整理、レイアウトするべきである。

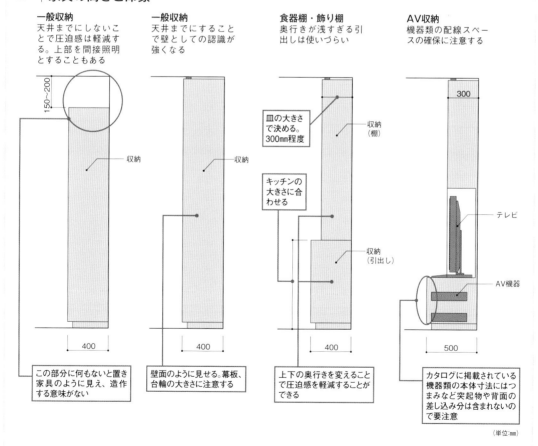

## 図1 ｜ 使い勝手に合わせた高さの計画

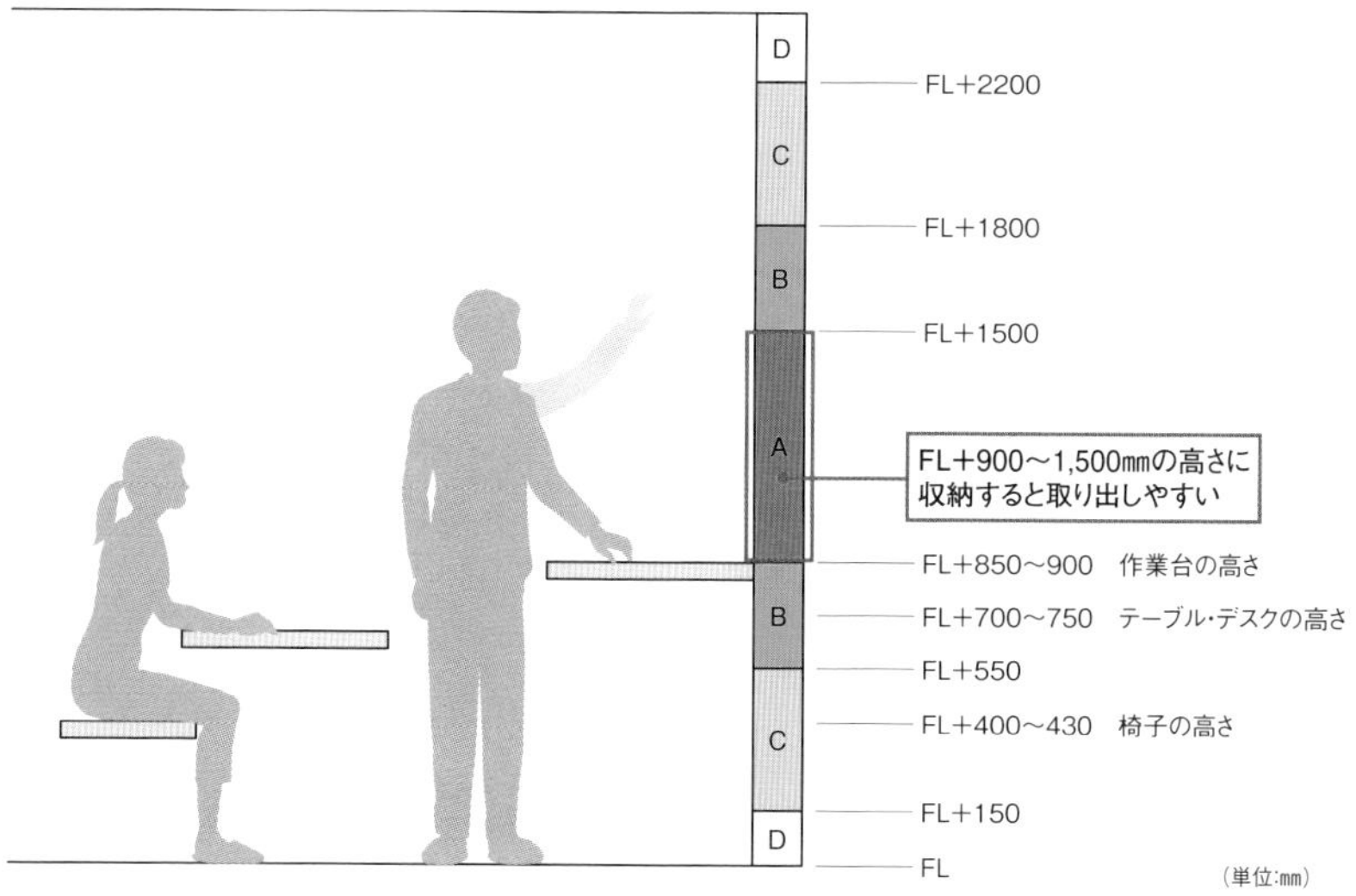
D
C
B
A
B
C
D
FL+2200
FL+1800
FL+1500
FL+900～1,500㎜の高さに収納すると取り出しやすい
FL+850～900　作業台の高さ
FL+700～750　テーブル・デスクの高さ
FL+550
FL+400～430　椅子の高さ
FL+150
FL
（単位:㎜）

※A>B>C>Dの順で使用頻度の高いものの収納に適した高さ
※使い勝手がよい高さには個人差がある

## 図2 ｜ 家具の高さと印象

**一般収納**
天井までにしないことで圧迫感は軽減する。上部を間接照明とすることもある

**一般収納**
天井までにすることで壁としての認識が強くなる

**食器棚・飾り棚**
奥行きが浅すぎる引出しは使いづらい

**AV収納**
機器類の配線スペースの確保に注意する

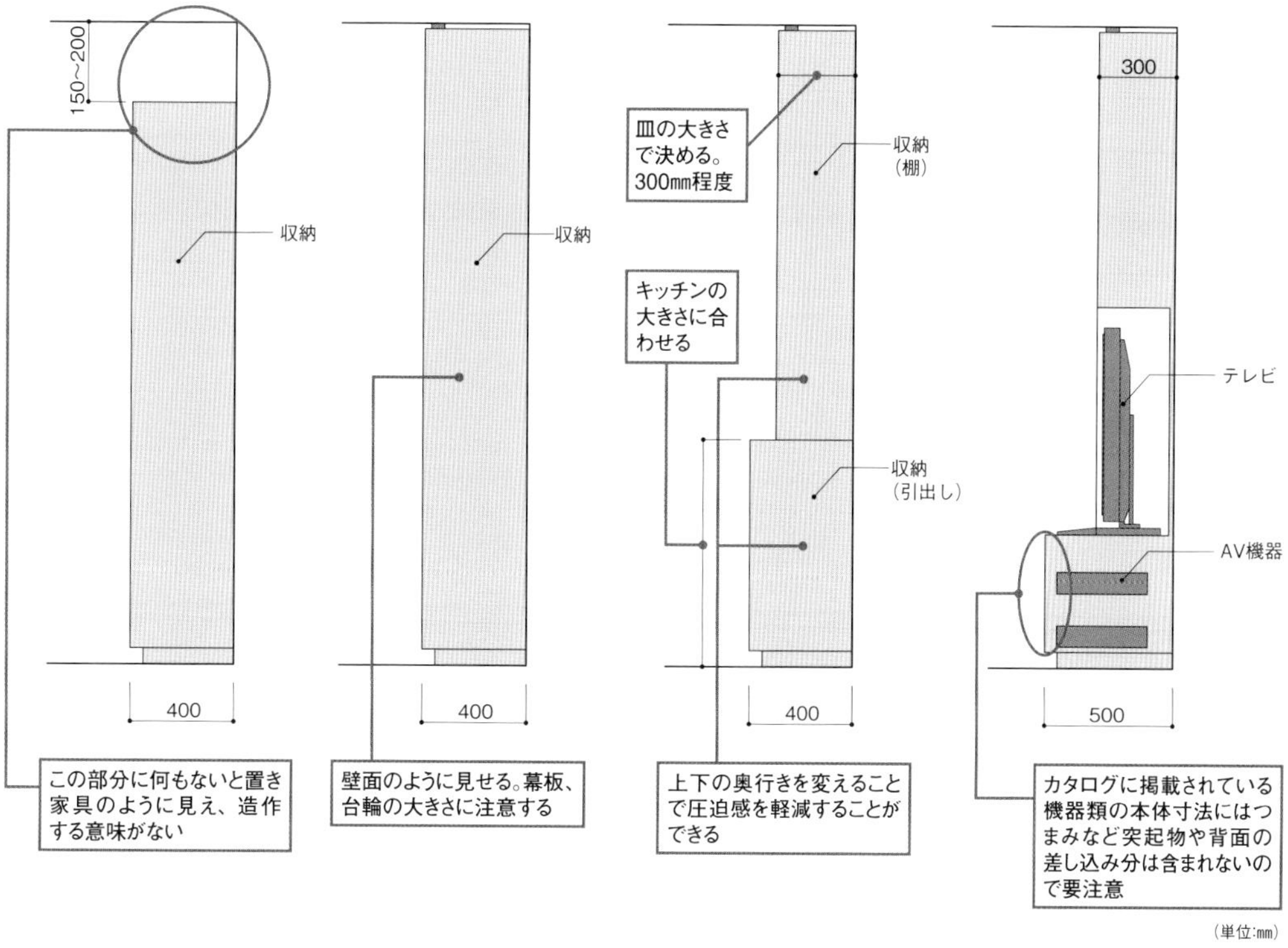
150～200
収納
400
この部分に何もないと置き家具のように見え、造作する意味がない
収納
400
壁面のように見せる。幕板、台輪の大きさに注意する
皿の大きさで決める。300㎜程度
収納（棚）
キッチンの大きさに合わせる
収納（引出し）
400
上下の奥行きを変えることで圧迫感を軽減することができる
300
テレビ
AV機器
500
カタログに掲載されている機器類の本体寸法にはつまみなど突起物や背面の差し込み分は含まれないので要注意
（単位:㎜）

# 寸法計画②～モノや空間との関係

POINT

- ものの大きさから収納家具の大きさを決める
- 建築構造を利用して家具をきれいに納める

## 収納物からの発想

モノをしまう必要があるので、収納場所が必要となる。つまり多くの場合、収納家具には収納する中身が決まっているのである。

たとえば、本は大きさがほぼ決まっている［図1］。本の数と重量を考慮して本棚を計画すればよい。また洋服も、多少の体格差はあってもパンツ／スカート、ロングコート／ワンピース、ショートコート、ジャケット、シャツと分類すれば、特別な場合を除いてクリアできる。玄関収納でも靴、ブーツ、傘などに分類することで、おおよその寸法は決まる。食器もまた然りである。問題は、こうした中身（収納物）からの発想（企画）を、いかにしてデザインと融合させるかである。たとえばリビング・ダイニング・キッチンでは、連続した収納になることも多い。食器と酒類、ＡＶ機器、本、ＣＤ、ＤＶＤ、布団などを一連の収納家具に納めなければならなくなる［図2］。すっきりした空間にしたいなら同じ大きさの扉を整然と並べたほうがよいが、どこかで矛盾が生じる。逆に、収納物からすべての扉の大きさを決めてしまうと、無駄はなくなるが、統一感がなくなる。また、収納する機器などは、買替えや更新を考慮していなければ対応できなくなる可能性もある。ブラウン管テレビが薄型テレビになったように。

## 建築も利用する

前面（扉）の位置を揃えれば、インテリアはすっきりする。奥行きの異なる収納を並べる場合、家具だけで考えると、奥行きを最大値に揃えるしかないが、一部を壁に埋め込むなどの工夫により、床面積を犠牲にしなくても済む。このように家具単体でなく、建築まで踏み込んで考えたい［図3］。

## 図1 ｜サイズ(判型)別の本の種類

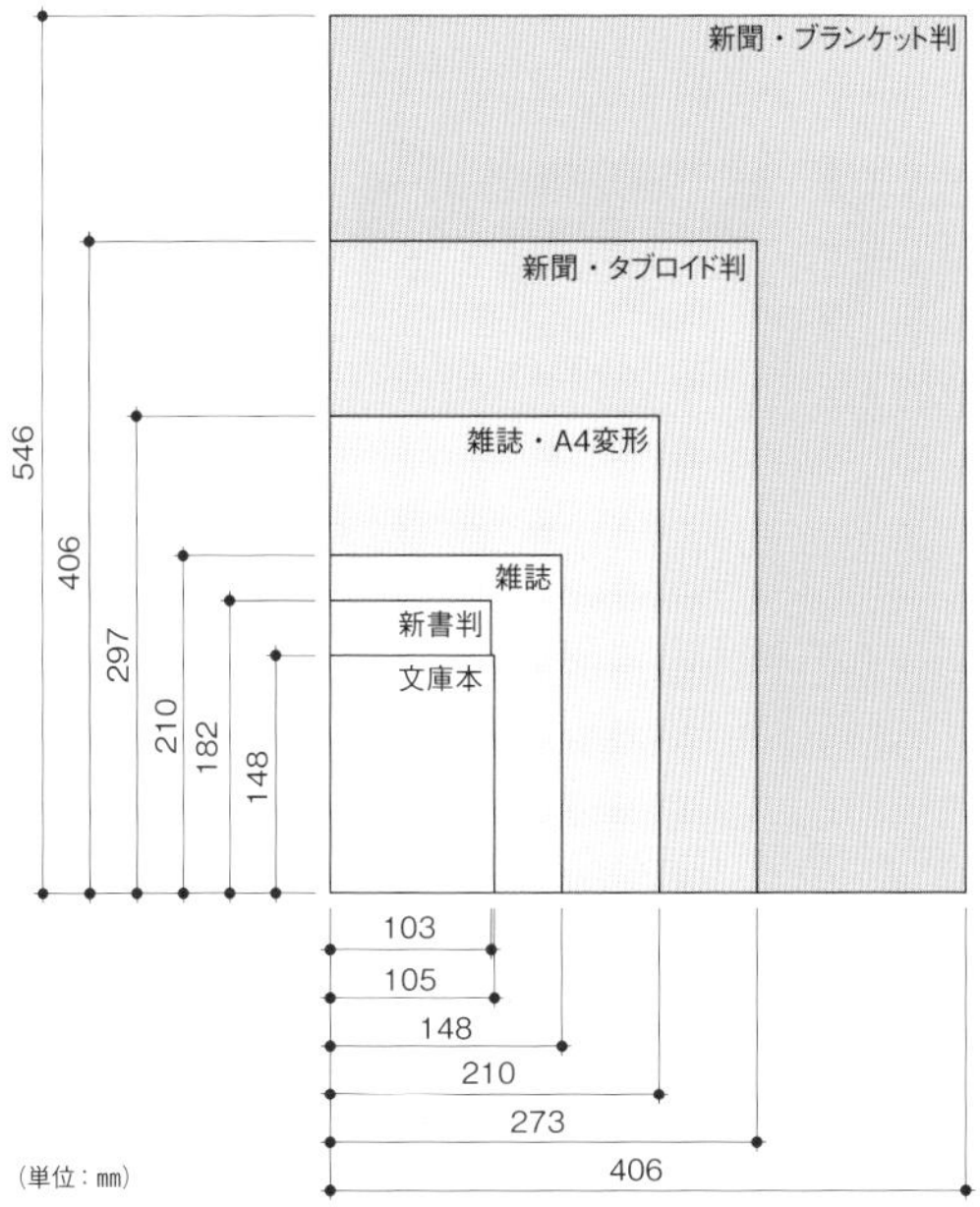
新聞・ブランケット判
新聞・タブロイド判
雑誌・A4変形
雑誌
新書判
文庫本
546
406
297
210
182
148
103
105
148
210
273
406
(単位：mm)

本のサイズ(判型)と本の種類

| 判型 | 寸法mm | 本の種類 |
|---|---|---|
| B4判 | 257×364 | 大きな画集・グラフ雑誌など |
| A4判 | 210×297 | 写真集・美術全集など |
| B5判 | 182×257 | 週刊誌・一般雑誌など |
| A5判 | 148×210 | 学術書・文芸雑誌・総合雑誌・教科書など |
| B6判 | 128×182 | 単行本など |
| A6判 | 105×148 | 文庫本 |
| 菊判 | 150×220 | 単行本など |
| 四六判 | 127×188 | 単行本など |
| AB判 | 210×257 | 大きめの雑誌など |
| 小B6判 | 112×174 | コンパクト判・トランジスタ判 |
| 三五判 | 84×148 | 地図帳など |
| 新書判 | 103×182 | 新書本・漫画の単行本など |
| 重箱判 | 182×206 | |
| タブロイド判 | 273×406 | 夕刊紙など |
| ブランケット判 | 406×546 | 新聞 |

## 図2 ｜収納物の大きさ

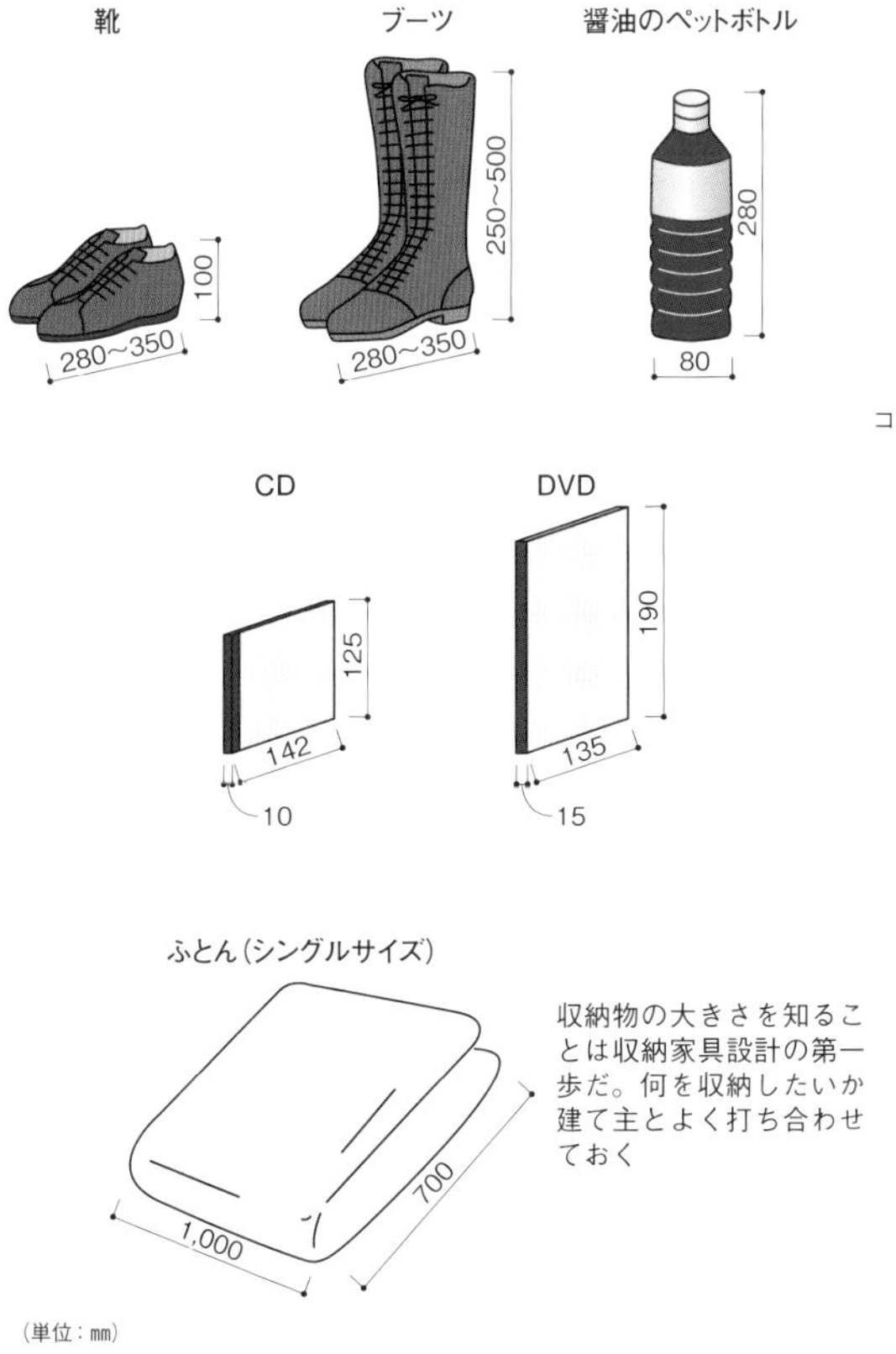
靴
100
280〜350
ブーツ
250〜500
280〜350
醤油のペットボトル
280
80
CD
125
142
10
DVD
190
135
15
ふとん(シングルサイズ)
1,000
700
収納物の大きさを知ることは収納家具設計の第一歩だ。何を収納したいか建て主とよく打ち合わせておく
(単位：mm)

## 図3 ｜建築を利用した奥行き調整
(玄関収納の場合)

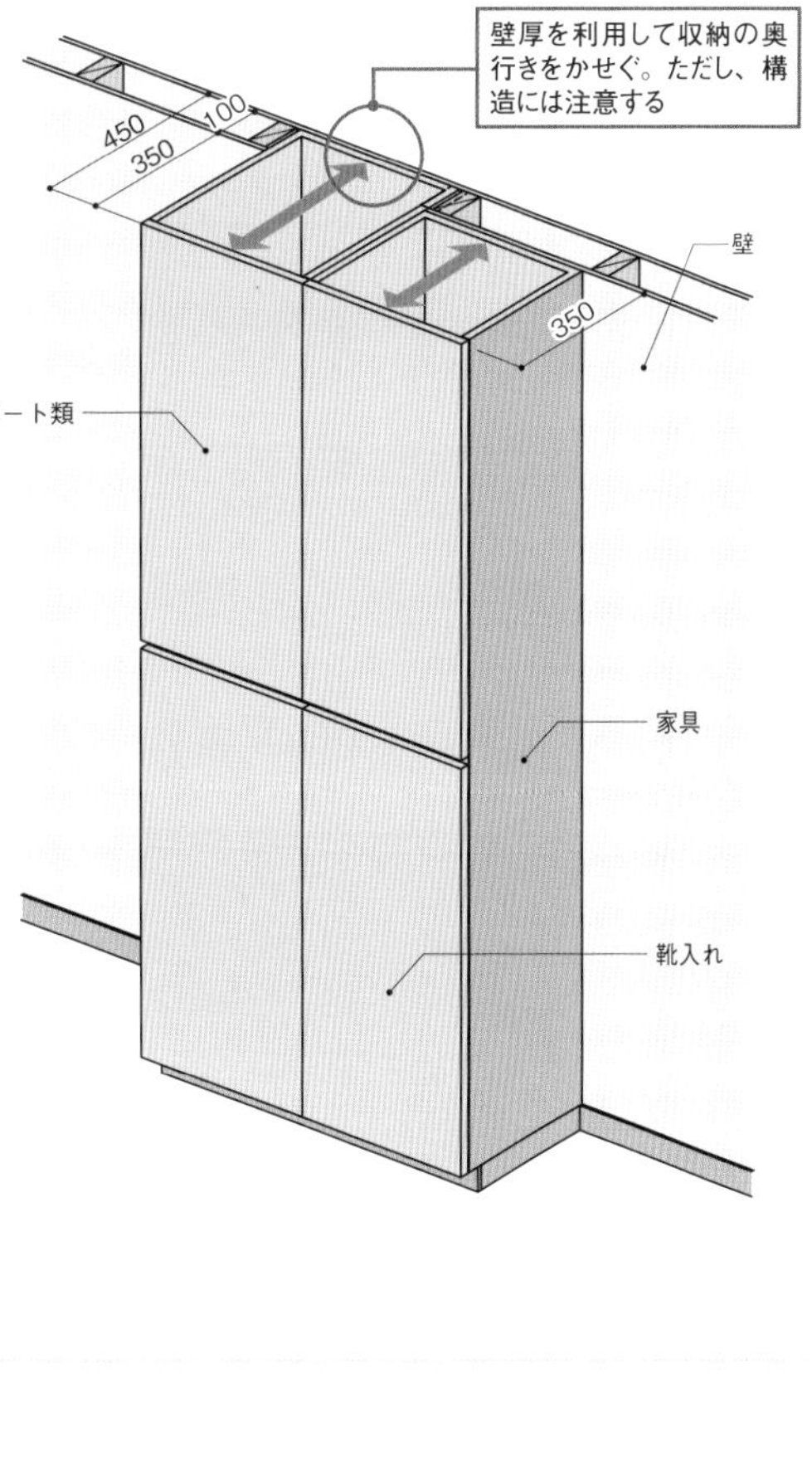
壁厚を利用して収納の奥行きをかせぐ。ただし、構造には注意する
450
350
100
350
壁
コート類
家具
靴入れ

# 素材の選び方①

POINT

- 使用部位によって求められる性能を見極める
- 各素材の特性を知り、適材適所の素材選びを心がける

## 木質・樹脂・石材系の特性

家具に使われる素材を大別すると、木質系、樹脂系、石材系、ガラス系、金属系に分かれる。それぞれの素材の特性を正しく理解して、適材適所に使い分けなければならない［表］。

木質系素材では、まず各樹種の特徴を知ることが重要である。そのうえで無《む》垢《く》材、練付け合板、集成材、各種エンジニアードウッドなどの特徴と仕上げ方を考える。

樹脂系の材料は、その特徴により細かく分類される。水廻りによく使われる人工大理石はアクリル（メタクリル）系樹脂である。ほかに扉や甲板、キャビネットに使われるのは、メラミン化粧板、ポリエステル化粧合板、塩ビ系シート、オレフィンシート、光を透過する素材である。アクリル、ポリカーボネートなど、使用個所や目的によって、数多くの種類が存在する。

石材系には火成岩（御影石《みかげいし》・安山岩）、水成岩（粘板岩《ねんばんがん》・砂岩《さがん》・凝灰岩《ぎょうかいがん》）、変成岩（大理石・蛇紋岩《じゃもんがん》）、人造岩（テラゾー・クオーツ系人造大理石）などがある。同じような石でも産地によって特徴が異なり、仕上げ方（本磨き・水磨き・バーナー仕上げなど）によっても多彩な表情を見せる。

## ガラス・金属系の特性

家具に使われるガラスはほとんどが板ガラスである。透明ガラス、半透明の加工をしたもの、強化ガラス、熱線反射ガラス、高透過ガラス、合わせガラスなどが用いられる。また、ガラスの裏面に銀膜と銅膜をメッキして、保護塗装を施したものが鏡である。

金属系では、スチール、アルミニウム、ステンレス、真鍮《しんちゅう》、銅板、鉛などが代表的。板状や棒状の原材料を加工成形し、さまざまな表面処理を施して、表面材・構造材として使用する。

## 表 | 部位に合った素材を知る

部位別使用できる材料

| 材料 | | 甲板1 | 甲板2 | 扉 | 内部 | 備考 |
|---|---|---|---|---|---|---|
| 木 | 無垢材 | ○ | △ | ○ | △ | 水廻りで使う場合には撥水材などの処理と日常のメンテナンスが必要 |
| | 集成材 | ○ | △ | ○ | ○ | |
| | 練付け合板 | ○ | × | ○ | ○ | 樹種や塗装によってまったく違う表情を見せる |
| | 三層パネル | ○ | △ | ○ | ○ | 無垢材のような雰囲気をつくれる |
| 樹脂 | アクリル | △ | △ | ○ | ○ | 傷に注意が必要 |
| | メラミン化粧板 | ○ | ○ | ○ | ○ | 水廻りで使う場合には水仕舞いに注意が必要 |
| | ポリ合板 | × | × | ○ | ○ | 摩耗性が高くないので、水平面には使いづらい |
| | 塩ビシート | △ | × | ○ | ○ | シートの継ぎ目が問題である |
| | オレフィンシート | × | × | ○ | ○ | 摩耗性を求めない場所にはコストパフォーマンスが高い |
| | ポリカーボネート | △ | △ | ○ | ○ | 住宅では建具の明かり取りに使われる程度である |
| | 人工大理石 | ○ | ○ | △ | △ | キッチンを中心に広く使われている |
| 金属 | ステンレス | ○ | ○ | ○ | ○ | キッチンで使う素材としては最適である |
| | スチール | ○ | △ | ○ | ○ | 塗装の仕上がりに左右される |
| | アルミニウム | ○ | △ | ○ | ○ | 比較的柔らかいので傷がつきやすい |
| 石 | 火成岩 | ○ | ○ | △ | △ | 水のしみ込みが比較的少ない |
| | 変成岩 | ○ | △ | △ | △ | キッチンで使う場合には酸に弱いなどの説明が必要である |
| | 水成岩 | ○ | × | △ | △ | 吸水率が高いため、水廻りには向かない |

注　甲板1とは一般家具、甲板2とは水廻り家具を示す
凡例　○:使うことができる
△:条件付きで使うことができる
×:使わない

石材を使う場合はスラブ材（石材を板状にカットしたもの）の大きさに要注意。通常、2～2.5m×1～1.5mの大きさで、厚みは25～60㎜が1枚のスラブ材となる

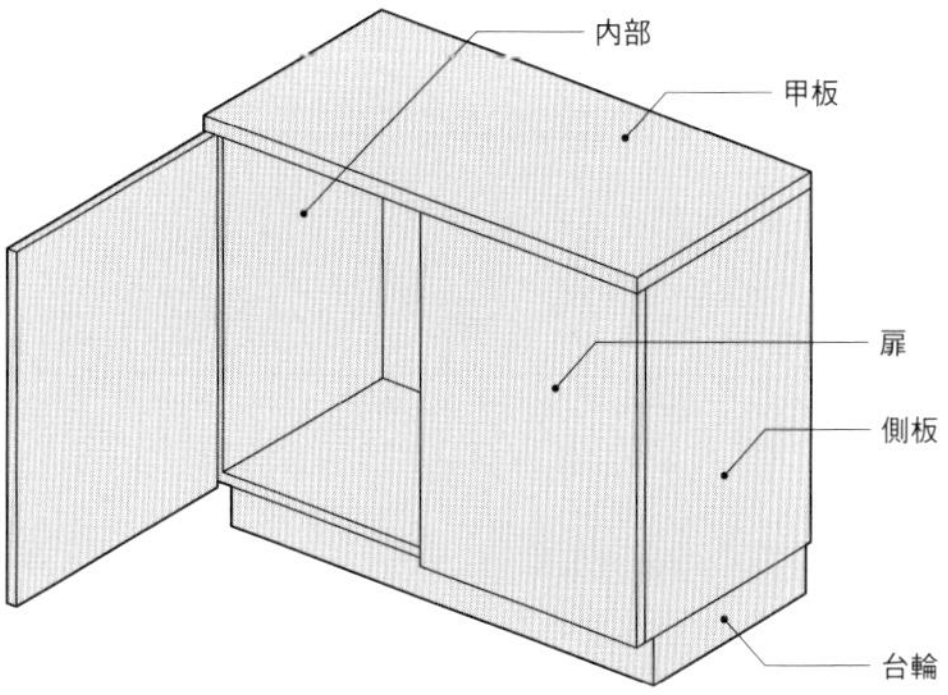


家具の部位（甲板や扉、内部など）ごとに適した素材があることを知っておく。素材を理解し把握したうえで、建て主にも「使い方」をきちんと説明しておくとよい

KEYWORD 012

# 素材の選び方②

POINT

◉素材がもつイメージと性能を知る

◉コストや工程、納期から素材を選ぶこともある

## 求められる性能で選ぶ

前項で示したとおり、造作家具には多種多様な素材が使われる。この家具にはこの素材を使わなければならないといった決まりごとは一切ない。しかし、各部位によって求められる性能が違うことも知らなければならない。

一般的に、ワークトップや棚板といった水平面には耐摩耗性や硬度が求められるが、キッチンとデスク、本棚を比べて分かるように、作業を行う面とただものを置く面とでは、求められる硬度が異なる。さらに水廻りなどでは、耐摩耗性に加えて、耐水性も備えていなければならず、選択肢はかなり絞られる。素材そのものの性能に加え、塗装などの仕上げ方法も含めて慎重に選択する必要がある［図］。

## イメージで選ぶ

素材選びで最も重要なポイントは、一つひとつの素材が持つイメージをつかみ取ることである。同じ形状の造作家具を製作しても、金属と木ではその出来上がりはまったくの別物である。たとえば、木には樹種によって硬さや重さ、耐水性、材として確保できる大きさなど、性能や製作条件に加え、さまざまな木目の表情がある。さらには同じ樹種であっても、柾目と板目、無《む》垢《く》板と突板《つきいた》、縦木目《たてもくめ》と横木目《よこもくめ》、塗装のつや、着色かクリアかなど、さまざまな特徴とイメージをそれぞれが持っている。

もちろん金属でも同様だ。ステンレスのヘアライン、バイブレーション、№４、鏡面の各仕上げの違いは一目瞭然である。

素材の選び方1つで出来上がる造作家具のイメージが変わるばかりでなく、製作方法も製作工場も変わり、ひいては工程や納期、コストにも大きくかかわってくることがある。

## 図 | 素材選択の目安

**家具に使う代表的な表面材を選ぶ判断材料として、レーダーチャートを作成**

### 無垢板

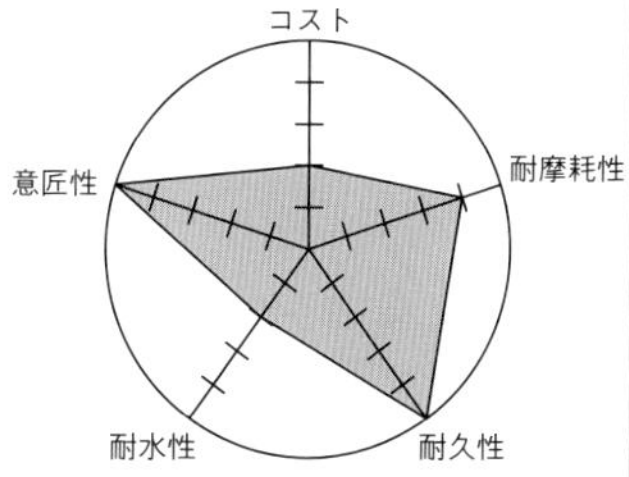


存在感や重厚感はピカイチ。欠点は反りやねじれが出やすいこと。そのためパネル材には不向き。材料ありきで選ばれる

### 練付け合板

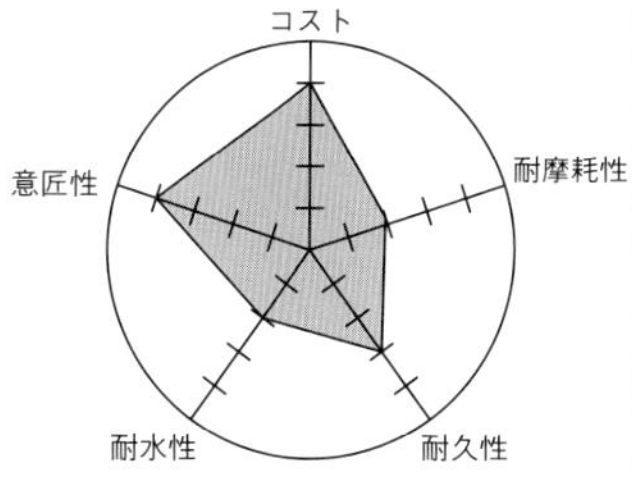


必ず塗装して使用する。甲板や階段の踏み板など耐久性が求められる場所では厚突材を使用するなどの工夫が必要。高級木材を比較的安価に使用することができる

### メラミン化粧板

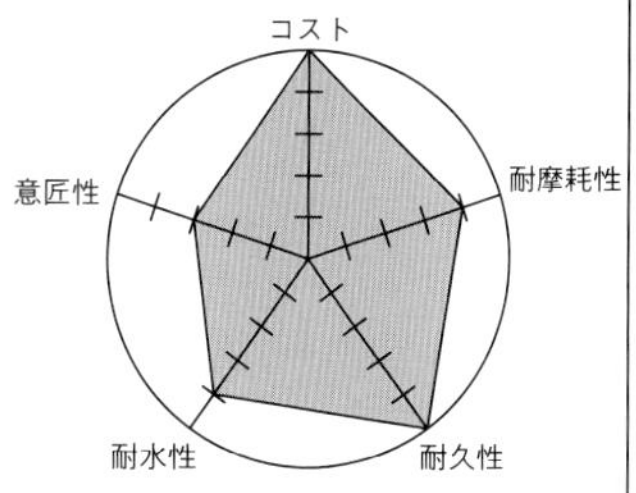


家具の面材としては、優秀な素材。色や柄のバリエーションも多く、印刷技術の向上により、木目なども使用に耐えられるほどになった。欠点はジョイント部分の意匠性と水仕舞い

### ポリ合板

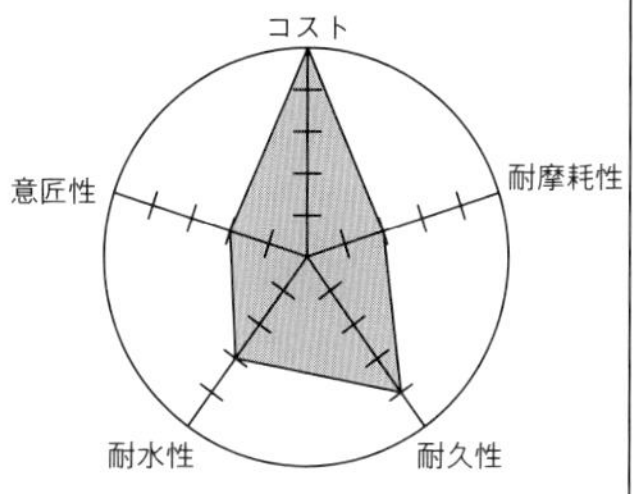


色・柄はメラミン化粧板と同様に豊富だが、耐久性、耐摩耗性に劣る。使用頻度が高い水平面での使用は避けるべきだろう

### オレフィンシート

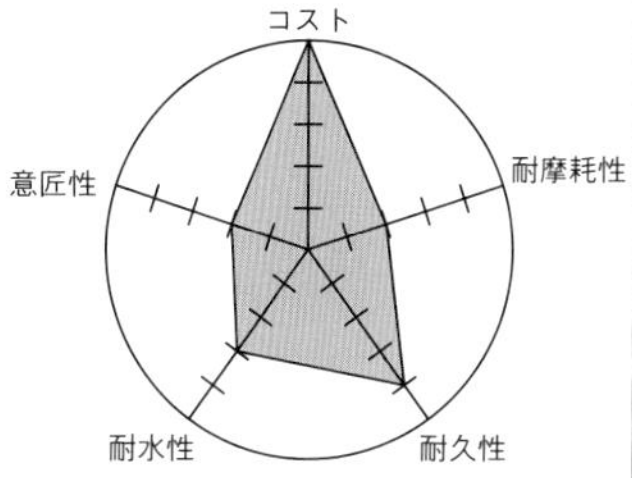


シート材だが、造作家具にはオレフィンシートを合板に張ったものを使用することが多い。木目を印刷したものが多いが、メラミンやポリと同様、印刷技術の向上による恩恵は大きい

### シナ合板／ラワン合板

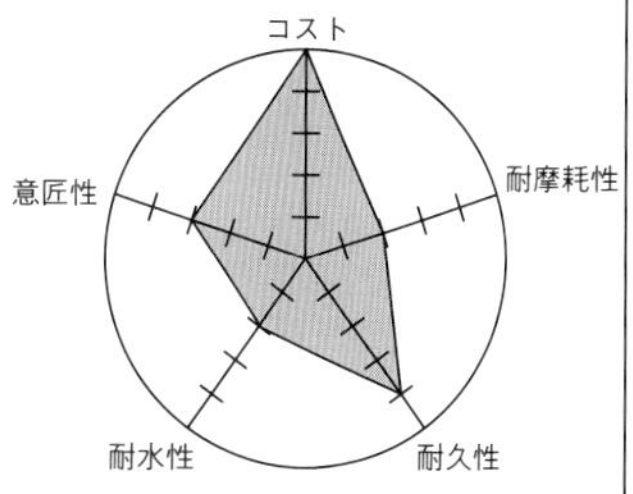


安価で、大工工事による造作家具には特に欠かせない。シナ合板は汚れが付着しやすいため、必ず塗装を施す。ラワン合板は木目が美しくないものが多く、表面材とするときは慎重に選び、濃い色に着色するのがお勧め

### 人工大理石（メタクリル系）

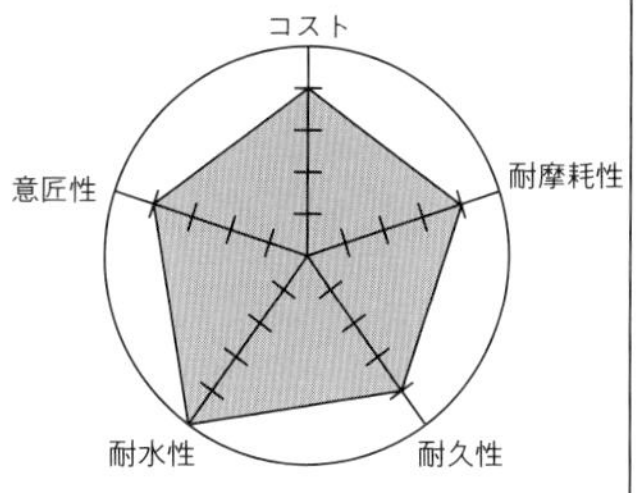


キッチンや洗面のカウンターとしては、今やステンレス以上に多く採用されている。最大の特徴はシーム接着が現場でできる点。搬入が困難な現場でも現場でジョイントして大きなサイズの天板にすることができる

### 人工大理石（クオーツ系）

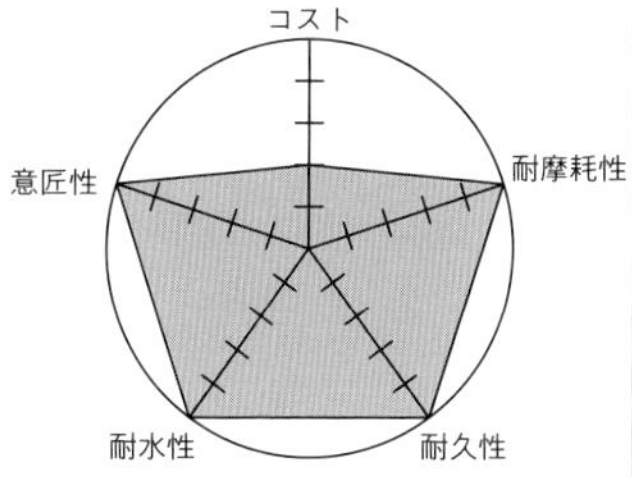


これからのキッチンの主流といわれている素材。天然石の欠点である水の染み込みや耐薬品性、耐衝撃性などを解決した新しい素材。現在はヨーロッパからの輸入品のみ

### ステンレス

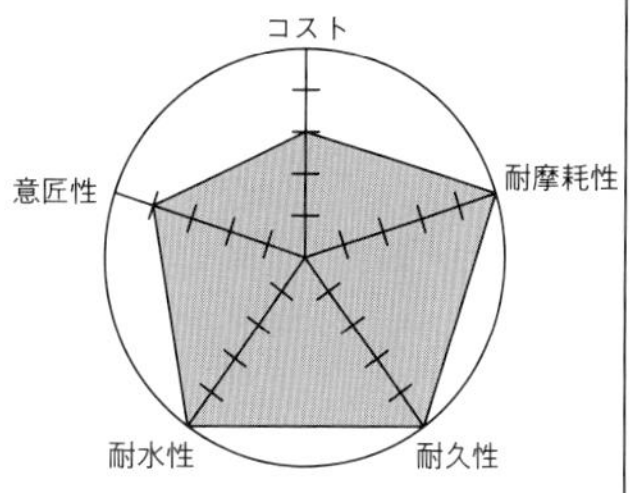


キッチンに使われる素材としては最も優秀な素材。欠点は、現場での加工が困難であること。そのため、納まりには工夫が必要。雰囲気に合わせた表面加工を施して使用する

### スチール

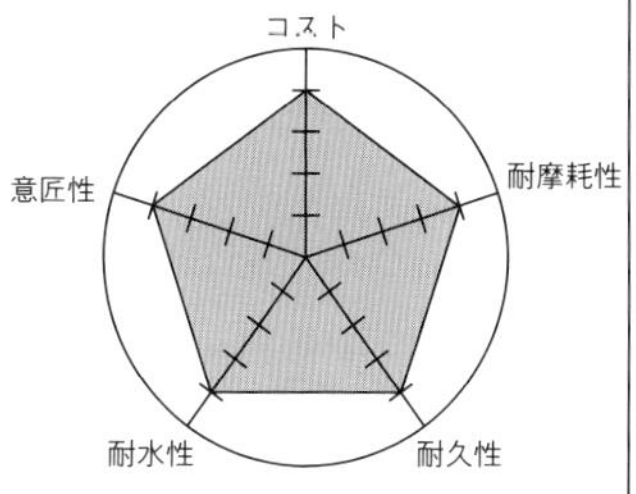


ステンレスよりも安価で加工が楽。必ず塗装を施してから使用する。家具で使うときは、現場塗装では美観がよくないため、工場での焼付け塗装を施すべきだ

### 天然石

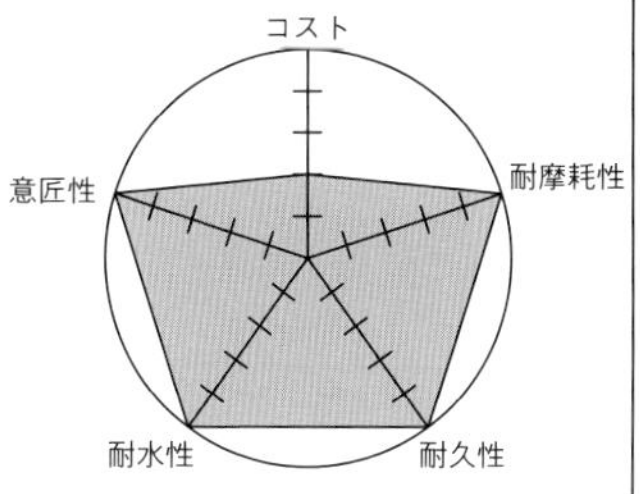


高級感が最大の魅力。甲板に使うことがほとんどだろう。小口の形状によって印象は随分変わる

### 板ガラス

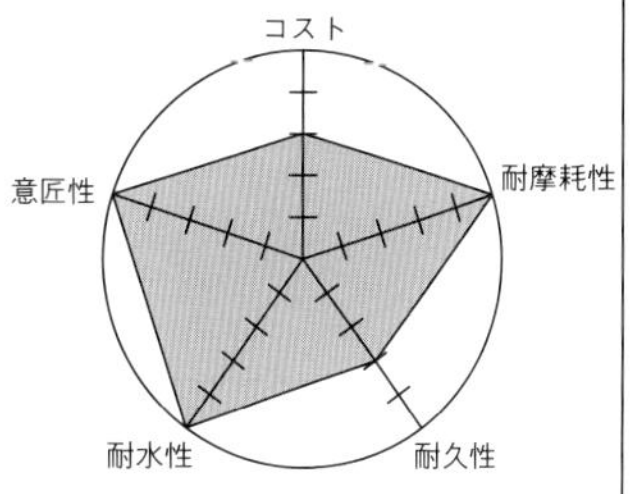


表面硬度には優れている。欠点は割れること。特に小口部分は脆いため、できれば、フレームなどで処理したい。強化ガラスや飛散防止フィルムなどの割れたときの対策を必ずとったうえで使用する

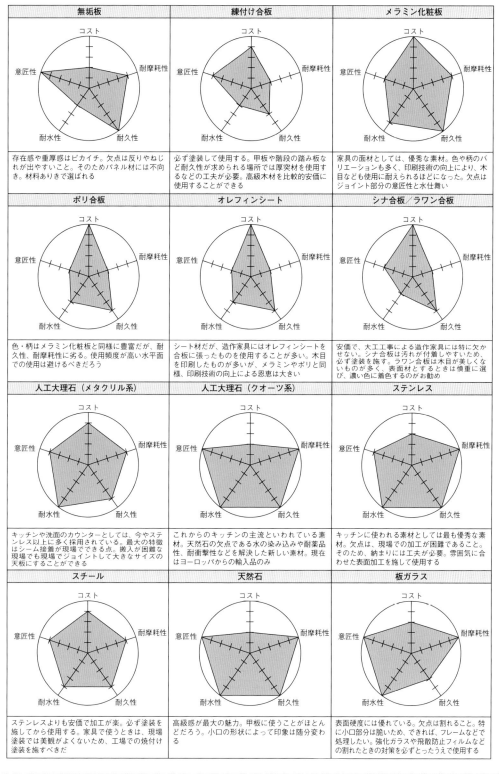

# コストの考え方

POINT

- 全工程のトータルバランスでコストを考える
- 歩留まりから家具の寸法を考える

## 歩留まりを意識する

家具で使用する材料のほとんどは、当然ながら規格サイズがある。多くは3×6板（910×1820㎜）や4×8板（1220×2440㎜）といった、われわれが慣れ親しんできた寸法を基準として構成されている。これを歩留まりという。

ただし、人工大理石など海外を生産拠点とする建材はその限りではないので注意したい。

木質系建材のなかでも、集成材はほかとやや異なる。既製品は前述の規格だが、特注の場合は㎥当たりの単価で価格を計算する。天然石やステンレスも同様だ。

こうした材料ではコストに加えて、発注する工場が所有する機械や現場への搬入経路、製品の重量、現場での納まりなどにより製作可能な寸法が決まってくる。

## コストは材料だけではない

家具全体のコストのなかで練付け合板が占める割合はさほど大きなわけではない。たとえば、練付け合板は、樹種によって随分と価格差があるが、合板の値段が倍だからといって、家具の価格が倍になることはない。7千円と2万円の化粧合板を比較した場合、その差1万3千円がそのまま最終の金額差となる。

コストを下げるために練付け合板からメラミン化粧板に変える設計者も多いが、それでは思ったほど下がらない[表]。化粧板を張る下地をつくらなければならず、塗装代ほどの差にはならない。下げるならポリ合板にしたほうがよい。それよりも材料の歩留まり、工程の効率化を検討するほうが得策だろう。「工程を省く」だけではなく、工程の段取りを上手にやり、無駄をなくすことが重要だ。

## 表｜木質系規格サイズとコスト

### 合板の規格サイズ

| シナ合板 | | シナ共芯合板 | | シナ曲げ合板 | | シナ有孔合板 | | シナランバー | |
|---|---|---|---|---|---|---|---|---|---|
| サイズ | 厚さ(㎜) | サイズ | 厚さ(㎜) | サイズ | 厚さ(㎜) | サイズ | 厚さ(㎜) | サイズ | 厚さ(㎜) |
| 3×6板 | 3 | 3×6板 | 1 | 3×6板 | 3 | 3×6板 | 4 | 3×6板 | 12 |
| 3×7板 | 4 | | 1.6 | | 4 | | 5.5 | 3×7板 | 15 |
| 3×8板 | 5.5 | | 2 | | 5 | | 9 | 3×8板 | 18 |
| 3×10板 | 6 | | 3 | | 5.5 | | | 4×8板 | 21 |
| 4×6板 | 9 | | 4 | | | | | | 24 |
| 4×8板 | 12 | | 5.5 | | | | | | 27 |
| 4×10板 | 15 | | 6 | | | | | | 30 |
| | 18 | | 9 | | | | | | 35 |
| | 21 | | 12 | | | | | | 40 |
| | 24 | | 15 | | | | | | |
| | 27 | | 18 | | | | | | |
| | 30 | | | | | | | | |

サイズは3×6板910×1,820㎜で、3×7板910×2,120㎜、3×8板910×2,440㎜、3×10板910×3,030㎜、4×6板1,220×1,820㎜、4×8板1,220×2,440㎜、4×10板1,220×3,030㎜となる

### 合板／化粧板の価格(3×6板の場合)

| 合板／化粧板 | 価格 |
|---|---|
| ポリ合板(単色・2.5㎜) | 5,500円〜 |
| メラミン化粧板(単色・0.95㎜) | 8,500円〜 |
| シナ合板(4㎜厚) | 2,500円〜 |
| シナ共芯合板(4㎜厚) | 6,620円 |
| シナランバーコア合板(12㎜厚) | 6,000円 |
| MDF(12㎜厚) | 3,500円 |
| パーティクルボード(12㎜厚) | 2,050円 |
| 三層パネル(カラマツ・トドマツ／30㎜厚) | 20,500円 |
| 三層パネル(スギ／30㎜厚) | 20,500円 |

### 集成材の価格

| | |
|---|---|
| ナラ | 700,000円〜／㎥ |
| タモ | 600,000円〜／㎥ |
| ゴム | 340,000円〜／㎥ |
| パイン | 340,000円〜／㎥ |

規格サイズ：幅50〜600㎜、長さ600〜4,000㎜、厚み25㎜、30㎜、36㎜、40㎜
製作可能範囲：幅1,000㎜、長さ6,000㎜、厚み150㎜

### 練付け合板の価格表(3×6板　突板0.2㎜＋合板4.0㎜の場合)

**第1群(約7,400円)**
- レッドオーク
- ニヤトー
- マコレ
- サペリ
- ブビンガ
- モアビ
- ホワイトオーク
- ナラ
- パイン
- ニレ
- アフロモシア
- オバンコール
- タモ
- ホワイトアッシュ
- セン

**第2群(約10,000円)**
- ウェンジ
- ブラックウォルナット
- カリン
- アメリカンチェリー
- ホンジュラスマホガニー
- シルキーオーク
- ゼブラウッド
- ベイマツ
- チーク
- ホワイトウッド
- ブナ
- ハードメープル
- シルバーハート
- ホワイトバーチ
- マンガシロ

**第3群(約11,000円)**
- パープルウッド
- スプルス
- シナ
- シロタガヤ
- バンゼルローズ

**第4群(約12,500円)**
- カバ
- スギ

**第5群(約15,000円)**
- ローズウッド

**第6群(約16,000円)**
- コクタン
- ケヤキ

**第7群(約19,800円)**
- ベイヒ
- ホワイトシカモア

**第8群(約25,000円)**
- カーリーメープル
- バーズアイメープル

問屋や仕入れルート、練り付ける合板のグレードにより、価格のバラツキがあるため、都度確認したい

Column

# 素材コーディネーション

写真｜「白いおもちゃ箱」

つや有りメラミン化粧板、つや消しメラミン化粧板、塗装、布、クリアガラス、乳白ガラス、タペミラー、カラーガラス、マジックミラーの9種類の“白”を使って、柔らかな空間を実現している

設計：今永環境計画＋STUDIO KAZ、写真：Nacása & Partners

素材選びのヒントを1つ。造作家具で使う素材は、当然、内装仕上げとの関連を基準にして選ぶ。ミニマルなコンセプトの空間では単一の素材で構成することを考えるし、あえて多くの素材を使用する場合もある。単一素材の場合、木目や仕上げ方に注意が必要だ。同じ樹種でも木によって木目の出方や塗装ののり方が変わるため、同じ突板を使用するなどの配慮が必要だ。また、ステンレスの「バイブレーション仕上げ」と指定しても、加工業者が変われば印象もまったく変わる。

複数の素材を使う場合、最も重要なポイントはコーディネーションだろう。色、素材、高級感などのイメージを一貫したコンセプトのもとに、使う場所や大きさなども含めて、慎重に選択しなければならない。

写真の例では、「スーパーホワイトの空間」「量と質を兼ね備えた収納計画」というコンセプトが先にあった。生活する空間として、冷たすぎる印象にしたくなかったため、色を統一した9種類の素材で、扉の大きさをあえて統一せずに、すべての壁面を造作家具で構成した。素材のつや、反射、硬さの印象などが、視点の位置によって変化し、飽きのこない、ほのかに柔らかな雰囲気をもった空間に仕上がった。

第２章

# [ 造作家具の仕組みとつくり方 ]

# 家具の種類

POINT

◉工事区分を頭に置いて計画する

◉空間の見え方、見せ場を意識する

## 居住空間の造作家具

「置き家具」(6頁参照)以外の家具をすべて「造作家具」と定義すれば、空間のなかにあるあらゆる家具は「造作」の対象となる。住宅においては、固定棚だけから簡単な扉付きの収納、シューズボックス、ベンチ、壁面収納、オーダーキッチン、ローボード、AVボード、本棚などの各種収納、クロゼットやパントリーなどの可動棚板もその範疇に入る。

また、子供室や書斎では収納家具にデスクを組み込むことも多く、単なる収納だけにとどまらない。キッチンにおいては、調理作業を含めた所作と密接にかかわるため、慎重な計画が必要となる[図1]。

## 店舗空間の造作家具

店舗空間にも多くの造作家具が存在する[図2]。飲食店の厨房内の機器類や収納は、特殊な場合を除いて専門の厨房機器業者によるレイアウトが多いので、主に客席エリアが対象となる。受付・レジカウンター、カウンター、ベンチ、サービス用の収納、飾り棚などである。物販店ではレジカウンターのほかに、取扱い商品によってさまざまな大きさ、使い勝手の陳列什器、壁面什器が並ぶ。ほかの業態に比べ、什器のデザインが空間デザインにとって非常に重要な要素となる。また、美容室のカット用椅子やシャンプー台、椅子などは専門のメーカーで調達することが多いが、シャンプー台廻りの収納、カットスペースの鏡とカウンターなどが造作家具としてつくられる。医院・診療所関係では受付カウンターとその周辺が主な造作家具となる。屋内に入って最初に目に飛び込んでくる「顔」であり、待合いエリアの居心地にもかかわる。医院内全体のデザインを決定する部分だ。

図1 ｜ 住まいの造作家具の例 [S＝1:120]

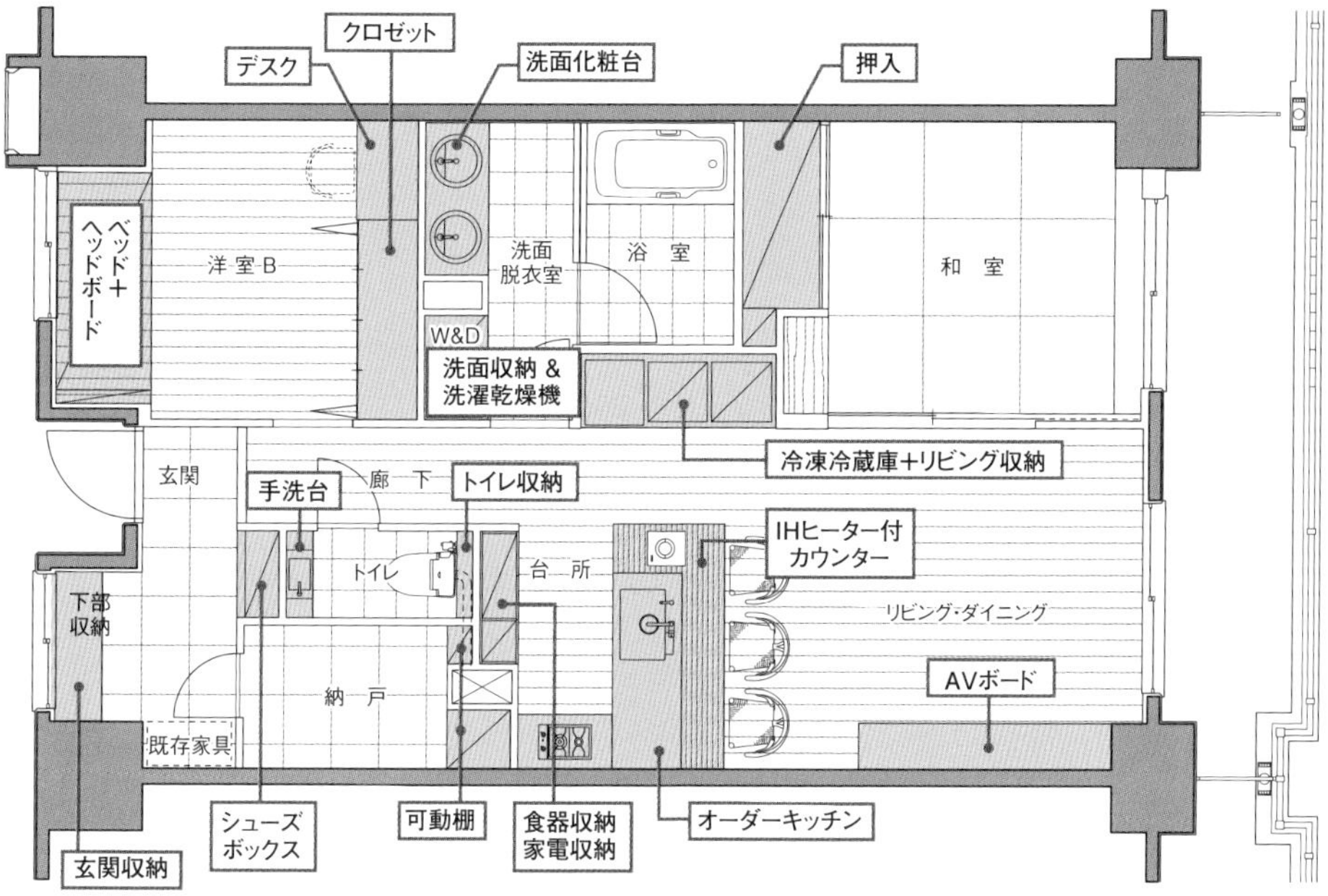


図1の住まいの例だと家具(色付きの部分)が占める割合は全体の約22%にも及ぶ。
造作家具が住空間全体の印象や使い勝手に大きく影響を与えることが分かる

図2 ｜ 店舗の造作家具の例 [S＝1:120]

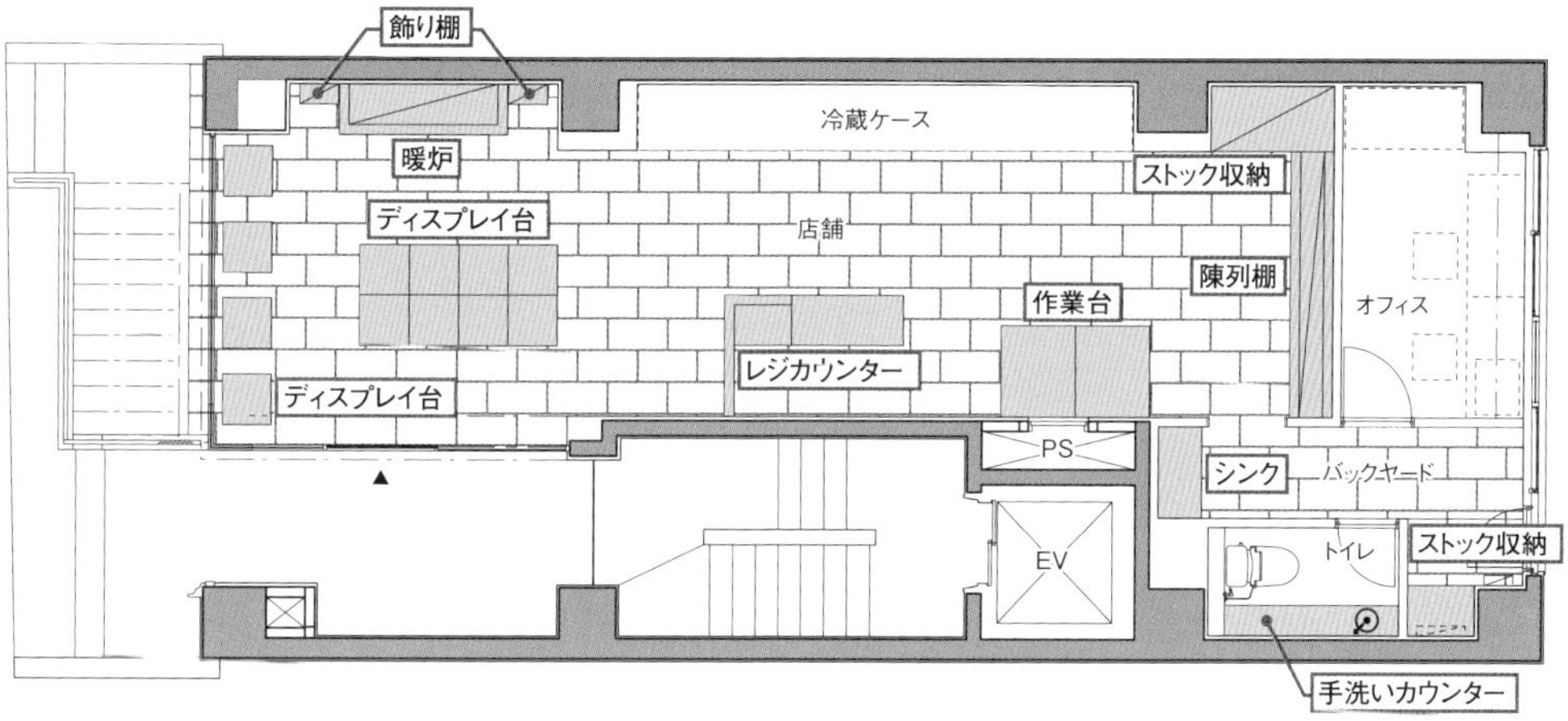


表 ｜ それぞれの店舗に必要とされる家具

| | カウンター(受付) | カウンター | テーブル | ソファ(ベンチ) | 陳列什器 | 作業台 | 収納 | 壁面什器 | 鏡＋台 |
|---|---|---|---|---|---|---|---|---|---|
| 物販店 | ○(レジ) | ○ | | ○ | ○ | ○ | ○ | ○ | |
| 飲食店 | ○(レジ) | ○ | ○ | ○ | | | ○ | ○ | |
| 美容室 | ○ | △ | | ○ | | | ○ | | ○ |
| サロン | ○ | △ | | ○ | | | ○ | | |
| 医院・診療所 | ○ | △ | | △ | | | △ | | |

# 家具の構成

POINT

◉パネルの種類を知る

◉パネルの接合方法を知る

## 造作家具の基本はパネル

造作家具の基本は「パネル」である。パネルは、フラッシュパネル、框組《かまちぐみ》パネル、練芯《ねりしん》合板、ソリッドパネルに分類される。このうち家具工事、もしくは建具工事で最も用いられるのは、工場で製作する芯材に化粧合板や練付け合板を表面材として張った「フラッシュパネル」と「框組パネル」だ。いずれも軽量で寸法安定性に優れる［図2］。

一方、大工工事で現場製作する場合は、パネル材として製品化されているシナ・ラワン・ポリなどを表面材としたランバーコア合板と呼ばれる「練芯合板」や、シナ合板やラワン合板などの「ソリッドパネル」を切り回して組み立てる。無垢《むく》材や集成材などは家具工事、大工工事の両方で使用する。

## パネル→箱→家具

多くの造作家具は、パネルの接合による箱組を基本に構成される［図1］。どんな複雑な形状の家具でも基本は同じであり、箱単位で設計、製作すると理解しやすい。しかし、ジョイント部分が目立つと見苦しいので、箱のジョイント位置には注意しなければならない。

一つひとつは単純な基本の積み重ねなので、重要になるのがパネルの接合方法である。大工工事ではほとんどの場合、接着剤とビス留めの併用で接合する。一方、家具工事の場合は工場で機械を使用して製作するため、複雑で強固な接合が可能である。

また、家具工事では基本的に箱単位で現場に搬入されるが、大きな箱の搬入が難しい場合は、パネルで搬入されることもある。この場合はノックダウン金具を使い、現場で組み立てることがある。

箱と箱のジョイントは、基本的に目立たない位置でビス留めする［図3］。

## 図1 ｜ 箱組みの基本

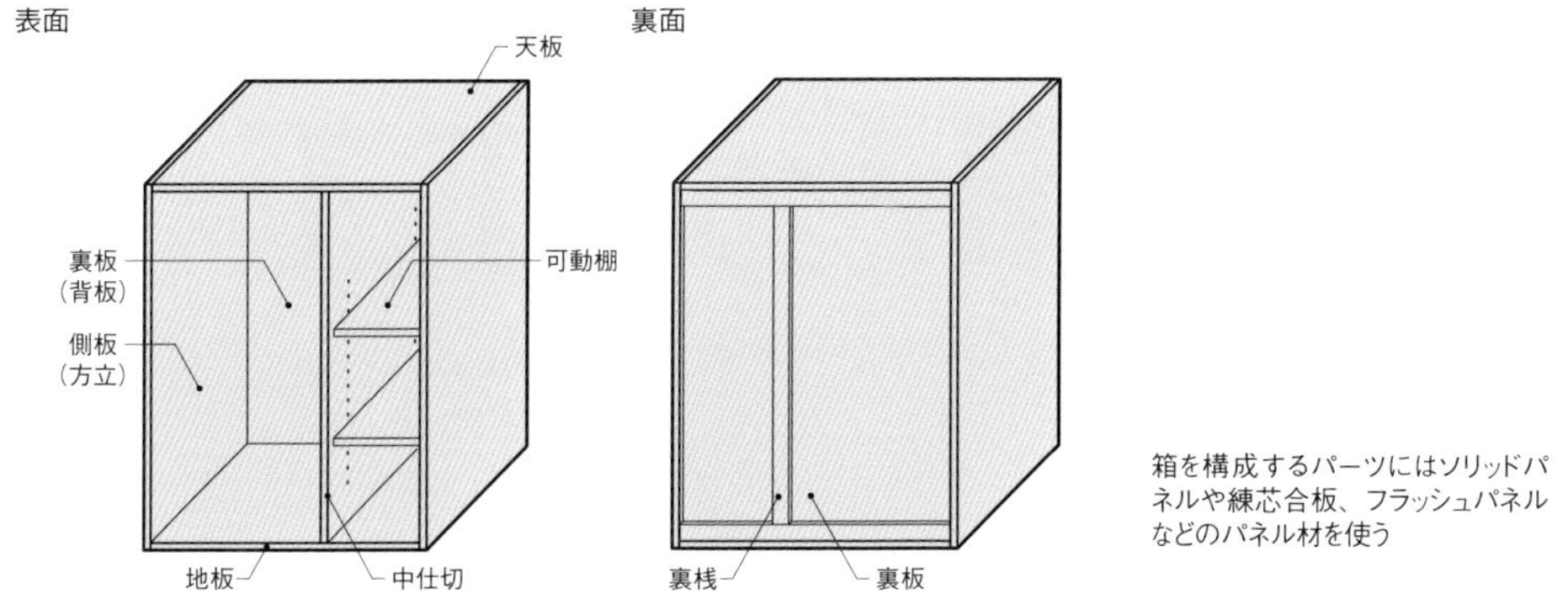
表面
裏面
天板
裏板（背板）
可動棚
側板（方立）
地板
中仕切
裏桟
裏板
箱を構成するパーツにはソリッドパネルや練芯合板、フラッシュパネルなどのパネル材を使う

## 図2 ｜ 家具工事・大工工事で扱うパネル材

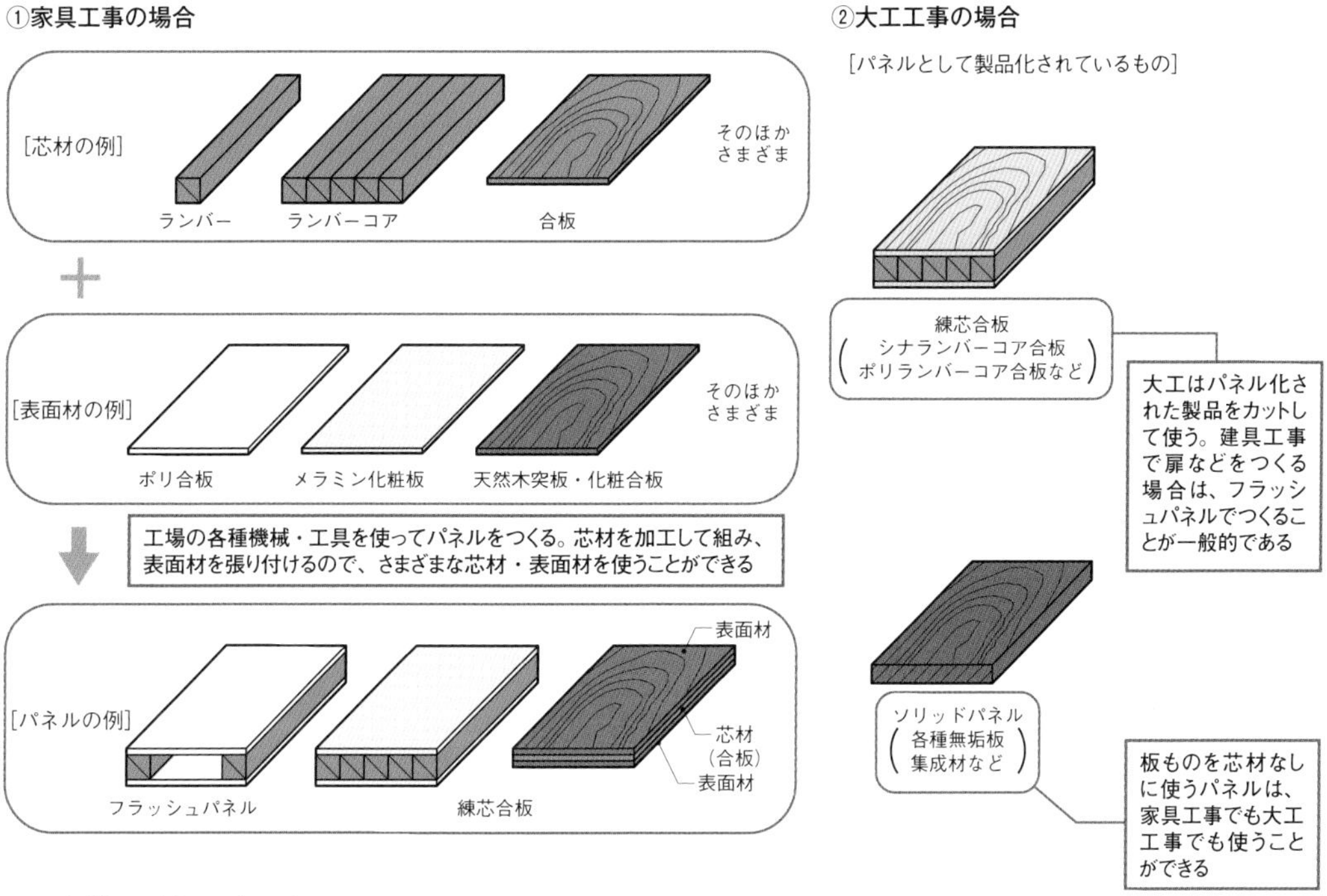
①家具工事の場合
[芯材の例]
ランバー
ランバーコア
合板
そのほかさまざま
[表面材の例]
ポリ合板
メラミン化粧板
天然木突板・化粧合板
そのほかさまざま
工場の各種機械・工具を使ってパネルをつくる。芯材を加工して組み、表面材を張り付けるので、さまざまな芯材・表面材を使うことができる
[パネルの例]
表面材
芯材（合板）
表面材
フラッシュパネル
練芯合板
②大工工事の場合
[パネルとして製品化されているもの]
練芯合板（シナランバーコア合板 ポリランバーコア合板など）
大工はパネル化された製品をカットして使う。建具工事で扉などをつくる場合は、フラッシュパネルでつくることが一般的である
ソリッドパネル（各種無垢板 集成材など）
板ものを芯材なしに使うパネルは、家具工事でも大工工事でも使うことができる

## 図3 ｜ 箱のジョイント

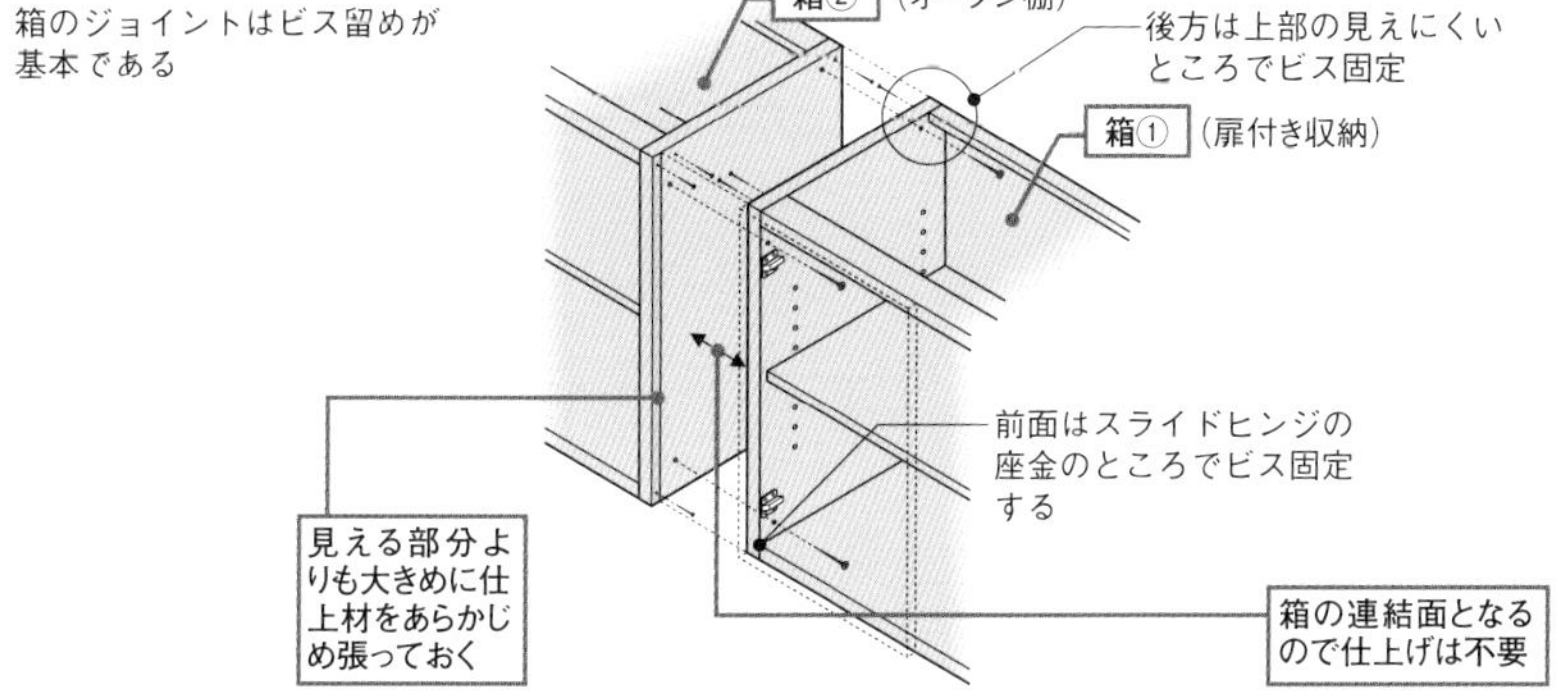
箱のジョイントはビス留めが基本である
箱②（オープン棚）
後方は上部の見えにくいところでビス固定
箱①（扉付き収納）
前面はスライドヒンジの座金のところでビス固定する
見える部分よりも大きめに仕上材をあらかじめ張っておく
箱の連結面となるので仕上げは不要

# 家具工事と大工工事

POINT
- 家具工事と大工工事の精度の差を埋める必要がある
- 工事区分を明確にして計画する

## 最大の違いは精度の差

家具工事でつくる家具は、さまざまな機械を使って工場で製作するため［写真1］、寸法や角度などの精度は非常に高い。

一方、大工工事では限られた工具を使って現場で加工するため［写真2］、家具工事ほど精度は高くない。もちろん、その精度や仕上りは大工個人の技量に大きく左右されるので、事前に工務店の施工例などで確認したい。そのうえで、大工工事と家具工事の使い分けを判断してもよいだろう。

家具工事で製作する場合は、建築本体工事との精度の差を埋めるために、設置スペースよりも少し小さく製作し、台輪・支輪・フィラーなどの調整材を削り合わせて、建築精度との差を埋める。これを「逃げ」と呼び、納まりや使用上の問題をクリアにするほか、見た目の美しさにも影響を及ぼす。施工者や製作者に任せず、設計者サイドで十分に検討したい。大工工事の場合は、現場で採寸しながら加工・製作するため、建築の歪みに合わせて、「逃げ」のない納まりが可能となる。

## 家具工事と大工工事を使い分ける

一般的には大工工事よりも家具工事のほうが高額になる。限られた予算のなかでよりきれいに造作家具を納めるには、両者の使い分けが重要になる。たとえば、目に触れる扉や精度を要する引出し収納は家具工事で行い、収納の内部などを大工工事で行うことは実際の現場でよくやる手法だ。さらには建具の色や木目も影響することがある。その場合は、建具も家具工事でつくるか、もしくは生地の状態（無塗装）で造作した家具を、建具やそのほかの木の部分と併せて現場で塗装することもある。この場合、木目を合わせるために、突板を一括手配するなどしたい。

## 写真1 ｜ 家具工事の作業

①パネルソーで部材を切り出す
②フラッシュパネルの芯組み
③プレス機で、フラッシュパネルの製作
④ダボ穴加工する
⑤フラッシュパネルを組立てる
⑥扉や引出しをアッセンブルする
⑦工場塗装する
⑧本体の完成
⑨ていねいに梱包する
⑩ぶつけないように搬入する
⑪台輪の固定
⑫家具の固定
⑬逃げの調整
⑭完成

## 写真2 ｜ 大工工事の作業

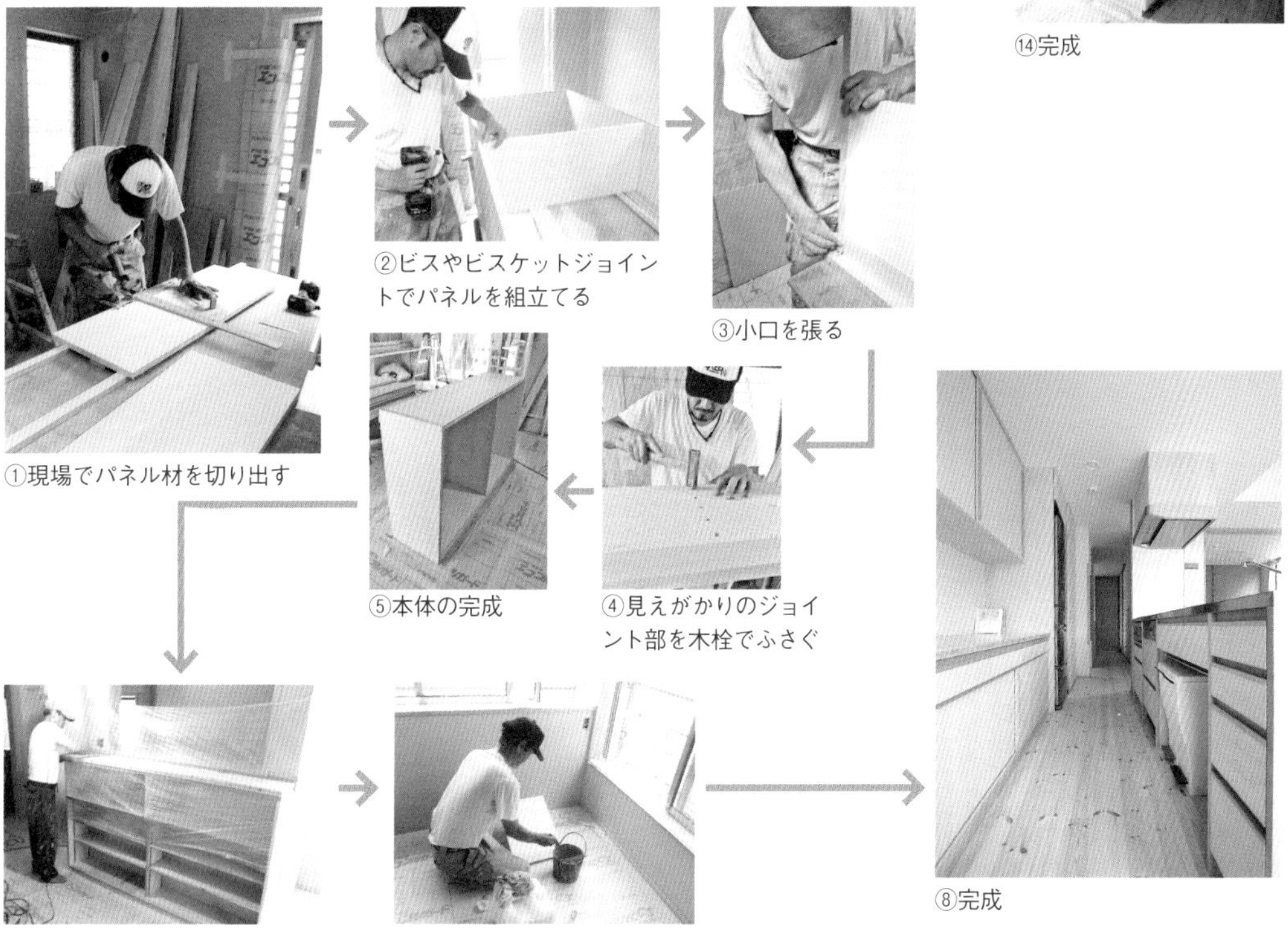

①現場でパネル材を切り出す
②ビスやビスケットジョイントでパネルを組立てる
③小口を張る
④見えがかりのジョイント部を木栓でふさぐ
⑤本体の完成
⑥塗装のための養生
⑦刷毛で塗装する
⑧完成

写真協力：間中木工所（写真1）、田中工務店（写真2）

# 家具工事の流れ①

POINT

◎打ち合わせのタイミングは業者によって違う

◎塗装サンプルは扉状に加工したものを用意する

## どの段階で打ち合わせるか

家具業者は、工務店の下請け業者の場合と、設計者もしくは建て主の指定業者の場合とがある。家具工事ではまず家具業者との打ち合わせを行うが［図］、前者の場合は工事の適切な段階において、現場監督同席の下、現場事務所で打ち合わせを行うことが多い。すでに概略は現場監督から説明されており、その時点では家具図面が描かれていることもある。製作や納まり、素材やパーツ、金物についての問題点や不明な事項に関する質問、確認作業が主な打ち合わせの内容となる。

一方、後者では着工より以前に事務所で打ち合わせを行うことが多い。この場合、自らが描いた図面を家具業者に渡して打ち合わせを行うが、家具業者が搬入経路の確認などをできるように、家具に関する部分だけでなく、全体の図面も渡すようにしたい。

## サンプルを依頼する

打ち合わせにもとづいて図面を作成、もしくはチェックと同時に扉の面材や甲板の素材などのサンプルを依頼する。化粧板を使用する場合でもメーカーのサンプルではなく、面材に加工したサンプルを依頼したい。小口の張り方などは業者によって、かなりの差がある。ほかにも、突板サンプルや塗装サンプル、石材サンプルなどは家具業者に依頼したほうがよい。

設計者は工場での作業にかかわることはないが、どのように製作されるのかを知ることは重要だろう。製作プロセスや加工方法、木工機械などを知ることで、造作家具のデザインの限界が分かるだけでなく、デザインの新たなヒントになることも多い。家具業者が決まったら、時間が許す限り工場（木工所）に足を運びたい。逆に見学を受け入れない業者は敬遠したほうがよい。

図｜家具工事の手順
（打ち合わせ～製作図面の作成・図面チェック）

打ち合わせ

建て主　ヒアリング
↓
プランニング
↓
検討
↓
サンプル
↓
確認
↓
現場　調査・採寸

製作図面の作成・図面のチェック

木取り・パーツの発注
プレス・加工
組立て
仮組み

製作チェック

色出しチェック

塗装チェック

搬入
取付け

搬入・取付けチェック

設計検査・工務店検査

建て主検査

ヒアリングリスト

家族構成：人数、年令、性別など
身体的特徴：身長、利き手など
ライフスタイル：収納するものなど
習慣、行動：スリッパの使用など
嗜好：イメージしている色や素材など
予算　ほか

このほかに家具と関係のない事柄（好きな料理、映画、テレビ番組など）も聞いておくとデザインの指標となる

建て主にもよるが、特に初回の打ち合わせには時間をとりたい

サンプルを確認する。家具の塗装サンプルだけでなく、床・壁・天井材とのコーディネーション、カウンター材、キャビネット内部の色など合わせて検討する

写真：STUDIO KAZ

# 家具工事の流れ②

POINT

- 各ポイントでのチェックを怠らずに実施する
- 家具工事での搬入・施工は意外と時間がかかる

## 木工所で確認する

家具工事［図］による造作家具は、木工所で機械を使って製作される。この段階で設計者がかかわることはないが、ぜひ1度は見ておきたいところだ。木工所では塗装に入る前の状態をチェックしたい。ここでは仮組されたものをチェックする。キャビネット単体では、それぞれの関係性や電気の配線経路などの確認ができない。図面で判断できなかった設計上の不備も、この段階で修正できることも多い。

　次は塗装段階でのチェックだ。基本的には事前の塗装サンプルで確認しているが、サンプルが出てきた時点とこの段階では、タイムラグがある。現場工事が進んでいく過程において、光の入り方や照明計画、ほかの部分の素材が変更になることもあり、色彩コーディネーションは設計者の頭のなかでしか組み立てられていないはずだ。そのため、最終的な色やつやの調整が必要な場合もある。さらに、塗装があがった段階でもその仕上がりをチェックしたい。全体の色やつやのムラなどがないようにしなければならない。もちろんそれらは家具業者の責任で行うべきものだが、常に前段階で確認することで現場での効率が格段に違ってくる。また、設計者が細かくチェックする姿勢を見せることも重要なポイントだ。

## 現場でのチェック

　現場での搬入・施工時には、主に建築との取合いに関してチェックする。壁との納まりや壁の転びなどは、図面どおりにいかないことのほうが多い。ほかにも枠や幅木との取合い、壁のコンセントやスイッチ、天井の照明器具、エアコン、火災報知器などは事前にチェックはしているものの、忘れやすいところでもあるので、それらと干渉しないかを見ながら施工する。

図 | 家具工事の手順（製作〜完成・引渡し）

建て主　ヒアリング

プランニング

検討

サンプル

確認

現場　調査・採寸

製作図面の作成・図面のチェック

**製作**

木取り・パーツの発注
プレス・加工
組立て
仮組み

製作チェック

↓

**塗装**

色出しチェック

塗装チェック

↓

**搬入・取付け**

搬入
取付け

搬入・取付けチェック

設計検査・工務店検査

↓

**完成**

建て主検査

↓

**引渡し**

木工所での製作チェック：塗装前の状態で仮組みして不都合な個所はないかを確認する

塗装工場での色出しチェック：サンプルの色つやと合っているかを確認する

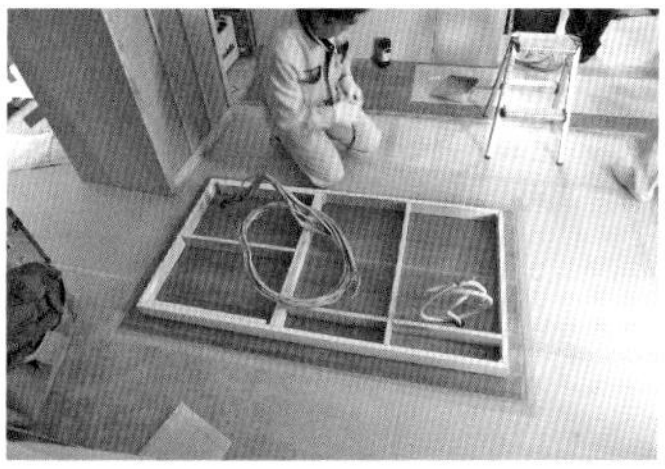

現場での搬入・取付けチェック①：台輪の位置を決めるところ。ここですべての位置が決まるので、ぜひ設計者が確認したい

現場での搬入・取付けチェック②：図面通りに納まっているか、建築との取合いはうまくいっているかなどをチェック

写真：STUDIO KAZ

# 大工工事の流れ①

POINT

◎パネルの組み方、木口の仕上げ方は事前打ち合わせをする

◎電気や弱電設備との絡みは専門知識を要する

## 基本はランバーコア合板

大工工事［図］による造作家具は現場で製作される。使われる道具は鋸《のこぎり》（手鋸、丸鋸）や鉋《かんな》、ヤスリ、電動ドリルといった、通常の建築工事で使う工具と変わらない。壁や床、天井など現場の様子に合わせて加工していくので、「逃げ」をとらずに進められる。

基本的にはランバーコア合板や集成材を切り回して組み立てる。使用するパネル材の厚みは、スライドヒンジなどによって決めていくが、15～21㎜を使うことが多い。パネルはビス留めで固定していく。壁で隠れる部分や塗りつぶし塗装を施す場合はビスが見えていても差し支えないが、壁で隠れない端部や背面などは、厚さ4.5㎜の合板を接着剤で張って化粧することもある。こうすると組立てのビスが見えないのできれいに納まる。ただしこの場合、化粧パネルの厚さ部分の処理に注意すること。せっかく表面をきれいにしても、側面が美しくなければ台無しだ。

## 小口（大手）は突板か挽板か

キャビネットの小口部分はランバーコアの芯材が見えるので、突板テープか厚さ3～4㎜程度の挽板《ひきいた》を接着剤で張る。挽板は突板テープよりも強度の面ではるかに優れているが、塗りつぶし塗装時には段差が生じやすく、着色塗装の場合は合板部分との色の出方に差が生じることをあらかじめ理解しておきたい。デザインによっては目に付く場所になり、非常に気になる部分でもある。設計者から何もリクエストしなければ挽板を張ってしまう業者が多いので、必ず確認・指示をするようにしたい。

こうして家具のキャビネットが設置されたら、次は建具業者にバトンタッチである。

図｜大工工事の手順（図面～製作）

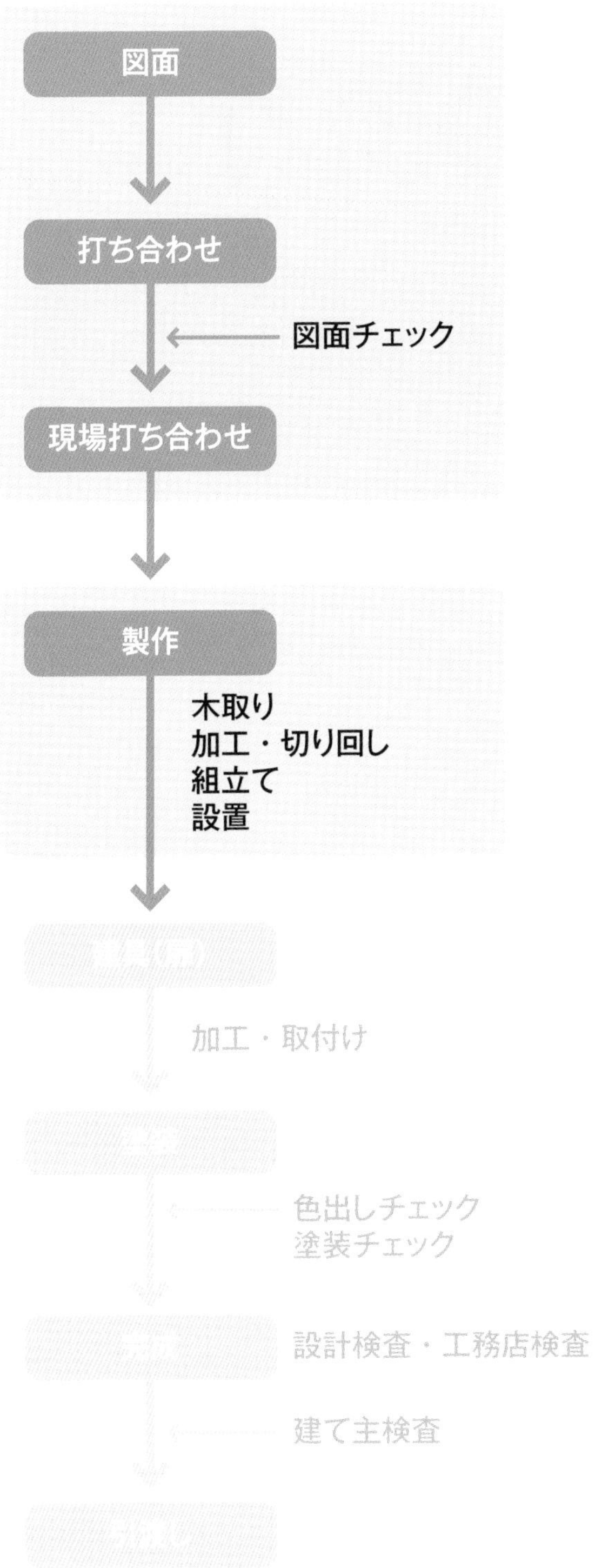
図面
打ち合わせ
図面チェック
現場打ち合わせ
製作
木取り
加工・切り回し
組立て
設置
加工・取付け
色出しチェック
塗装チェック
設計検査・工務店検査
建て主検査

**打ち合わせチェックリスト**

寸法：建て主の要望が反映されているか
仕上げ：色、つや、突板の張り方など
納まり：建具との取合い、箱と扉の取合いなど
金物：メーカーや種類、耐久性など
素材：現物サンプルで確認
コスト：予算内で収まっているか

大工工事による家具の製作。仕上げは塗りつぶしなので、シナランバーコア合板をビスで固定していく

書斎のデスク＋収納。扉もシナランバーに小口テープを張って、大工が製作。上部の間接照明、棚下灯や電話、LANの配線など電気工事との絡みもあり、打ち合わせや段取りは重要

写真：STUDIO KAZ

# 大工工事の流れ②

**POINT**

- 各業者の工程を把握してタイムロスがないようにチェックする
- 塗装の色出しには必ず立ち会うようにする

## 建具は誰がつくるのか？

大工工事［図］によってキャビネットが取り付けられた後、建具（扉）の加工に入る。器用な大工だと建具も自分で加工することもある。その場合はキャビネットと同様にランバーを使用することになるが、建具職人が製作する場合は、フラッシュ構造が多い。重量を軽くしてヒンジへの負担を軽くすると同時に、反りにくくするためだ。

## 塗装工事は工程管理が命

扉が完成すると次は塗装だ。この工程は塗装職人が行うのが一般的だ。現場での塗装方法は、刷毛塗り、ローラー塗り、吹付けに分かれる。塗料によって塗装方法は違うが、仕上がりや塗膜の性能を考えると、ウレタン塗料の吹付けが家具としてはよいだろう。しかし、養生の手間などを考え、木目を生かす場合はステイン着色＋クリアウレタン、木目を出さない塗装（塗りつぶし）の場合はエマルジョンペイント（ＥＰ）とすることが多い。ＥＰの場合はローラーで塗る。ラフな雰囲気を出すために刷毛痕を残すように塗ることもあるが、職人にそのニュアンスを伝えるのは難しく、職人の技量によるところが大きい。

いずれにしても、塗装工程の直前には現場での色出しに立ち会い、職人と直接相談しながら判断したい。サンプル、および実際に使用する下地合板によって、微調整するべきである。

塗装工程は、全体の工事の比較的後ろの段階で行われる。そのため、既に仕上がっている部分も多く、養生には細心の注意を払うべきだ。

塗装後も左官や器具付けなどの工程が残る。そのため塗装工程の最後にもきちんと養生をする。道具を置かれて傷が付いたり、左官材料が垂れて家具に付着したりしないように配慮する。

図｜大工工事の手順（建具～引渡し）

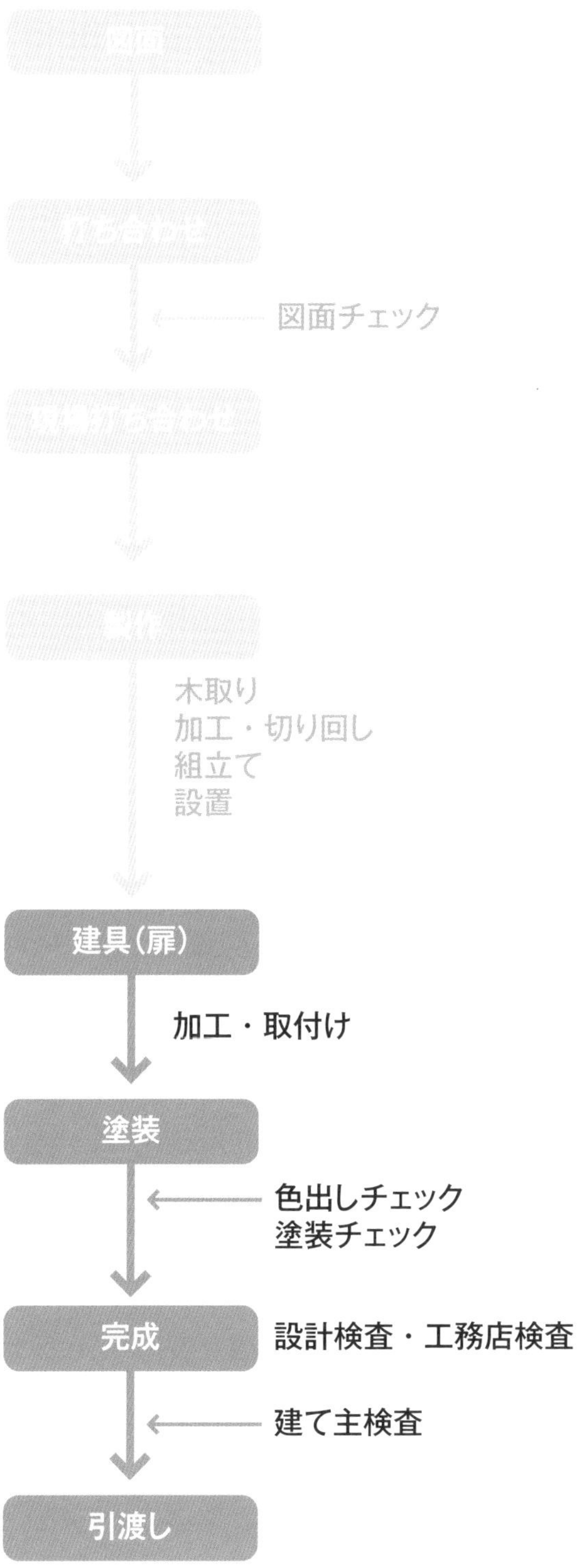

図面チェック
木取り
加工・切り回し
組立て
設置
建具（扉）
加工・取付け
塗装
色出しチェック
塗装チェック
完成
設計検査・工務店検査
建て主検査
引渡し

建具工事による扉の調整。現場で削りながら合わせる

現場塗装は工程の最終段階に近いので、他業種の仕上がっている部分もある。念入りに養生を行う

sanwa
company


塗装工事による現場塗装の様子。できるだけ埃が立たないように、他の職種との工程の調整が重要である

写真：STUDIO KAZ

# 家具工事・大工工事を組み合わせる

POINT

◎精度と仕上がりの差を認識して工事区分をはっきりさせる

◎工場塗装と現場塗装の違いを知る

## 決め手は精度と仕上がり

家具工事と大工工事の大きな差は「精度」と「仕上がり」にある。その差はそのままコストに反映されることも多い。また、つくり方や納まりが両者ではまったく異なるため、設計者が図面を描くときには、あらかじめどちらの工事にするかを想定しながら描かなければならない。もちろん予算の都合で家具工事から大工工事に変わる場合は、図面の変更を覚悟しなければならない。

たとえば、最近のキッチンはより精度が要求される引出し収納を多用することが多くなったので、大工工事での製作は厳しい。一方でクロゼットなどはむしろ大工工事でも十分だろう[図]。

家具工事でも大工工事でも仕上がりに関しては、木工所や大工など製作者の技量の差によるところが大きく、大工工事ではその差がより顕著になる。

## 塗装によって使い分ける

家具工事の場合、工場で吹付け塗装を施すため、平滑な塗膜の上質な仕上がりとなる。家具に高級感を出したい場合や、表面の素材、塗装の色、仕上がりを重視する場合は家具工事のほうがよいだろう。

大工工事による造作家具の塗装は現場塗りのため、埃などが付着しやすく、上質な仕上がりにはなりにくい。しかし、建具や幅木などの木部と同じ職人が塗るため、色つやをぴたりと合わせることができるのは現場塗装ならではの利点である。

このように、それぞれの特徴をきちんと理解し、なおかつ実際に携わる職人たちの技量も把握したうえで、家具工事と大工工事を上手に使い分けたい。たとえば、キャビネットを大工工事、扉を家具工事で、といった使い分けも可能である。

## 図｜工事区分を切り離した例

ウォークインパントリーの内部造作は大工工事で、手前の４枚
引戸はキッチン本体と合わせて家具工事に分けた例

平面図［S＝1:50］

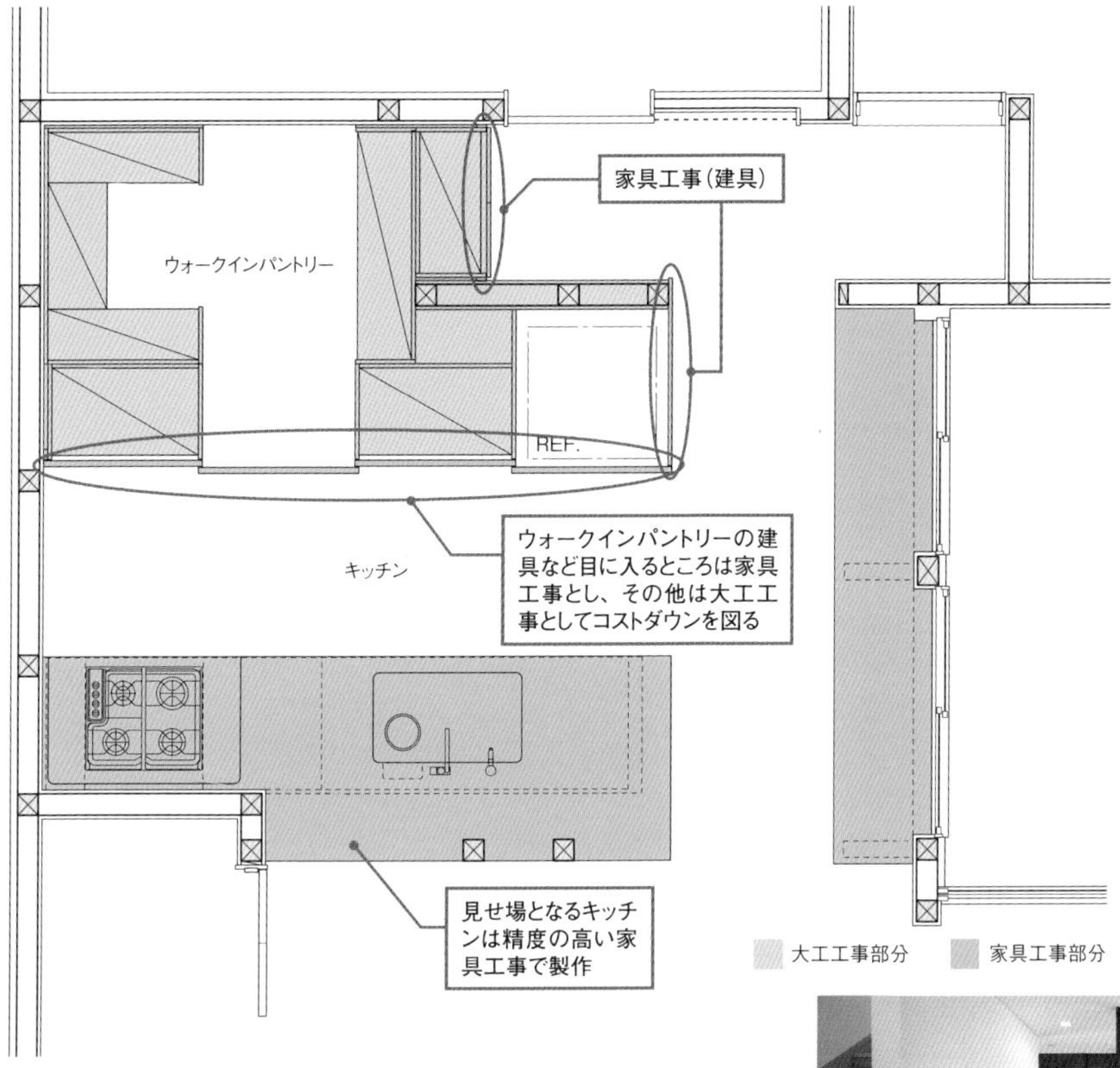
家具工事（建具）
ウォークインパントリー
REF.
キッチン
ウォークインパントリーの建具など目に入るところは家具工事とし、その他は大工工事としてコストダウンを図る
見せ場となるキッチンは精度の高い家具工事で製作
大工工事部分
家具工事部分

引戸詳細図［S＝1:5］

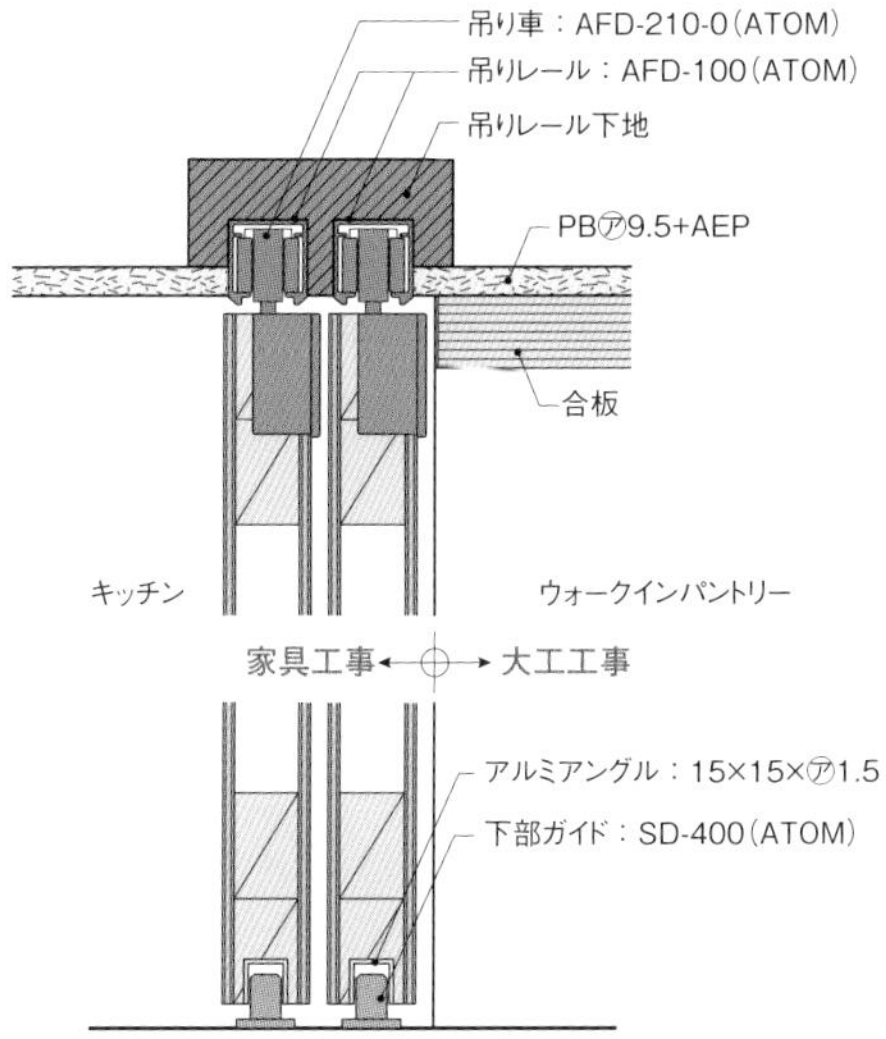
吊り車：AFD-210-0（ATOM）
吊りレール：AFD-100（ATOM）
吊りレール下地
PB㋐9.5+AEP
合板
キッチン
ウォークインパントリー
家具工事
大工工事
アルミアングル：15×15×㋐1.5
下部ガイド：SD-400（ATOM）

図面で紹介した事例。目に入る部分は家具工事で同じ面材、同じ色で仕上げているが、その内部は大工工事として、コストを抑えている

木工所でつくったキッチンに現場塗装で仕上げた例。キッチンの扉と一般建具の色味を合わせることができる

写真：垂見孔士（写真①）、STUDIO KAZ（写真②）

KEYWORD

022

# 家具工場の選び方

POINT

◉積極的に工場を見に行こう

◉工場を見ればその技量は想像できる

## 工場見学と仮組み

多くの設計者は、家具業者の選定を工務店に任せていることだろう。しかも現場で顔を合わせるだけで、その工場の設備やどんな人がつくっているかを知らないことも多い。しかし、造作家具は内装におけるデザイン上の重要なポイントであり、生活上では使い勝手を大きく左右し、かつ建て主の思い入れも強いため、失敗は避けなければならない。

まず工場見学に気持ちよく応じてくれるかどうか。納品前にできる限りチェックしたいので、これに応じてくれない工場は信頼できない。

次に、出来上がったキャビネットを仮組みできるスペースがあるか確認したい。現場での作業をできるだけ少なくする意味に加え、納品前に仮組みしておけば防ぐことができる間違いは非常に多いからだ。工場で高い精度で製作した家具を現場で手直しすれば、その精度を維持することは難しい。納品前に仮組みしてチェックすることは重要な工程の1つだと認識しよう。

## 工作機械と人

どんな家具工場でもパネルソーやプレス機といった基本的な工作機械は所有しているだろう。その他の機械をどれほど所有しているか。NCルーター、小口張り機などがあると、製作可能な範囲は広がる［写真］。

そして何といっても「人」だ。基本的な技術力があり、これまでのやり方に固執せず、常に新しい何かに挑戦してくれる工場の人は信頼できる。こういう人は、これまでの経験上から適切なアドバイスもくれるだろう。また、勉強会を開催するなど人材育成に積極的な工場は信頼感がある。そういった意味でも、発注の前に1度、木工所を見学することをお勧めする。

写真｜**家具製作に用いる工作機械**

ボール盤：板に垂直に穴をあける

ベルトサンダー：材料の表面を研磨する

デジタルパネルソー：大材のパネルをまっすぐにカットする。デジタル表示付き

ヒンジ加工機：スライドヒンジのカップ穴を1度に数個あける

パネルソー：大材のパネルをまっすぐにカットする

小口張り機：小口テープを自動で張る。エッジバンダーともいう

自動鉋：板を削り出し、一定の厚みを得ることができる

高周波プレス機：短時間でフラッシュパネルの接着ができる

NCルーター：コンピュータ制御で複雑な切削が可能

昇降盤：木材を精密に切断できる

手押し鉋：材の1面を基準面にしたり直角を出すときに使う

昇降式作業台：作業台が電動で昇降し、いろいろな大きさの家具をこの上で加工できる

プレス機：フラッシュパネルを接着する

写真協力：株式会社クレド

# 家具施工のポイント

POINT
- ◉位置決めとレベルの取り方で職人のセンスが分かる
- ◉スイッチやコンセント、弱電の位置を確認する

## 位置決めと水平出し

大工工事による造作家具は、大工が現場に合わせて材料を切り回しながら施工する。よって、出来の善し悪しは大工の技量がすべてともいえる。家具工事では、施工専門の職人が取り付ける。きれいに製作したキャビネットでも、取付け職人の腕が悪ければきれいな家具に仕上がらない。しかし、取付け職人は家具業者が手配するので、信頼できる業者だったら、その心配はほとんどないだろう。ここでは家具工事による施工を中心に述べる。

施工は位置決めと水平出しから始める［写真］。設置スペースよりも少し小さめにつくられたキャビネットを並べ、その両端にどれだけ隙間が残るか。多くはこの隙間を左右均等に割り振る。奥行き方向で寸法が違っている場合や、形状が複雑な場合は全体のバランスを見ながら位置を決める。

床は水平ではない。しかし、家具は水平に設置されなければならず、特にキッチンなど火や水を使う家具では、水平であることが重要だ。床の不陸は台輪によって調整する。最近は調整機能付きの脚金物を使用することもあり、キャビネットが多いキッチンなどでは重宝する。

## 他業者との連携

造作家具の施工では他業者と絡むことが多く、特に電気工事との連携性は強い。スイッチやコンセント、棚下灯、インターホン、ＡＶ機器など取り付けた後では修正が利かないこともあり、事前の打ち合わせや確認が大切である。

施工のタイミングは、周囲の素材や工法、建築全体の工程によって異なる。場合によっては、床や壁がほとんど仕上がった状態で施工することもあり、周囲に傷や汚れを付けぬよう十分に注意したい。

## 写真｜水平ではない床に家具を取り付ける仕組み

### 台輪による位置決めとレベル出し

台輪と床や壁の不陸に合わせて削りながらレベルを出す

### 機械による位置決め・水平出し

レーザーポイントライナー。これ1つで水平、垂直を瞬時に出すことができる。昔のように水盛りや下げ振りを使うこともない

レーザー受光器。レーザーポインターの赤外線を受光し、アラームで知らせる。ひとりでの作業に重宝する

写真：STUDIO KAZ

### 微調整が容易な台輪

#### プリンスアジャスター

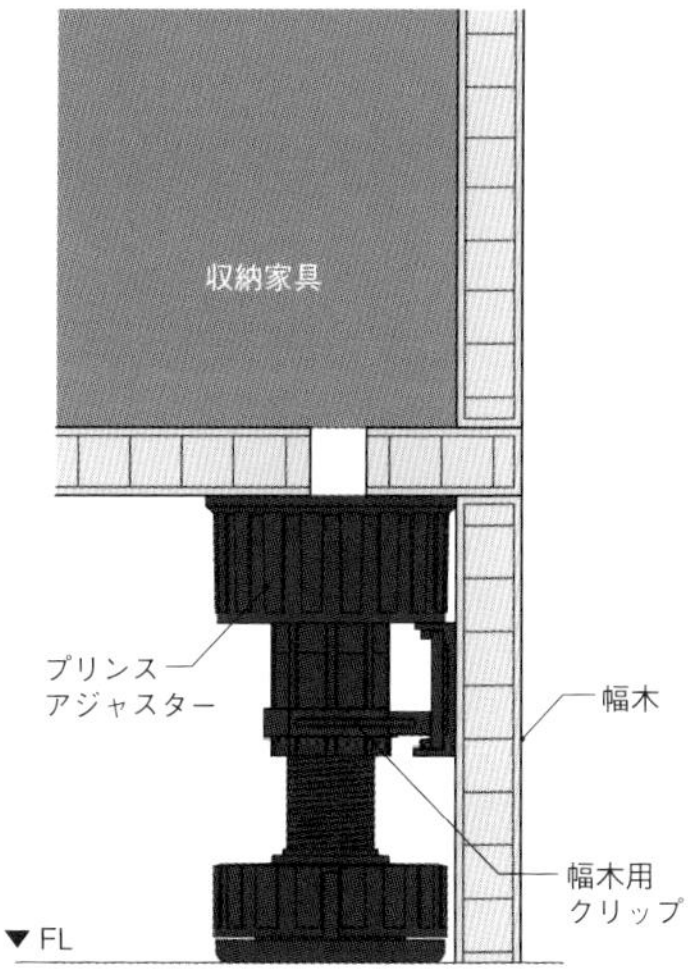


#### 幅木用クリップ

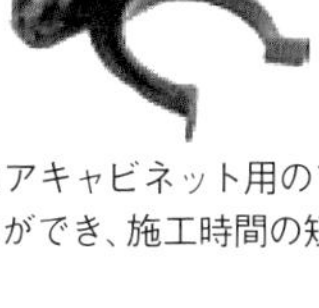

フロアキャビネット用のアジャスター。比較的容易にレベルを出すことができ、施工時間の短縮になる。キッチンによく使われる

写真提供：ハーフェレ ジャパン

KEYWORD 024

# 見積り書の見方

**POINT**

◎多岐にわたる見積り項目から拾い落としがないようにする

◎見積り書に記載のサイズ・仕様・パーツを確認する

## 大工工事と家具工事の違い

造作家具に限らず、見積りの出し方は工務店によって区分の仕方が違い、一概に評価・比較はしづらい。数社から相見積りをとる場合など、その分析に時間がかかるのは周知のことだろう。

造作家具を大工工事とした場合、「材料費＋大工手間＋建具工手間＋塗装費」となり、それぞれの項目から拾い上げなければならない［図1］。特に大工手間はほかの木工事との一式見積りになっている場合もあり、家具の部分だけを拾い出すのが難しい場合もある。もちろん工務店によっては、細かく分類して記載している会社もある。設計者の立場からするとあり難い。

一方、家具工事では「キャビネット＋ワークトップ＋パーツ類」を家具の区分単位で出し、「搬入費＋施工費＋（家具）会社経費」をまとめて最後に計上する［図2］。塗装費はキャビネットの費用に含まれることが多い。家具工事で見られる「会社経費」は大工工事の場合、工事全体に含まれる。

## 見積り書のチェック

見積り書には対象となる家具の家具番号、サイズ、素材、仕上げ、既製品のパーツであればそのメーカー名と品番、設備機器のメーカーと品番などが明記されているはずである。それらの内容が図面と合致しているかを一つひとつ確認する。図面に記載しなかった部分があれば、特に入念に確認したい。金物類（特にスライドヒンジやスライドレール）はメーカーによって、性能やコストがかなり違う。

この見積りチェック作業をしやすくし、その後の金額的なトラブルを避けるという2つの意味で、プラン図の段階で素材や金物をきちんと決めて明記しておいたほうがよいのである（12頁参照）。

## 図1 | 大工工事の見積り書の確認ポイント

### 木工事

明細書

No.　Page.

| No. | 名称 | 規格 | 単位 | 数量 | 単価 | 金額 | 備 |
|---|---|---|---|---|---|---|---|
| C | 木工事 | | | | | | |
| | 壁　片面下地＋ボード | | ㎡ | 77 | 2,200 | 169,400 | |
| | 床　ベニヤ下地貼り | | 〃 | 46 | 3,000 | 138,000 | |
| | 床　一部フリーフロア | 際根太含む | 式 | 1 | | 65,000 | |
| | 床　新規フローリング貼り | IOC ウォールナットクリアオイル ロス分含む | ㎡ | 36 | 9,560 | 344,160 | |
| | フローリング運送費 | | 式 | 1 | | 13,320 | |
| | 家具下地補強 | | ㎡ | 30.16 | 3,000 | 90,480 | |
| | 収納造作・取付手間 | 洗面・トイレ・玄関・廊下・洋室2 | 式 | 1 | | 333,617 | |
| | 同上収納造作材料費 | | 〃 | 1 | | 184,000 | |
| | 収納用金物 | | 〃 | 1 | | 24,000 | |
| | リビング窓側収納造作 | ふかし枠含む | 〃 | 1 | | 40,000 | |
| | 洗面台　耐水合板下地 | | | | | | |
| | 天井埋め込み照明ボックス及びピクチャーレール | | | | | | |
| | ユニットバス専用枠 | | | | | | |
| | 新設建具枠、補強共 | | | | | | |
| | 新規見切り | | | | | | |
| | 洗面所・トイレ人工大理石加工・取付 | | 〃 | 1 | | | |
| | 次頁へ続く | | | | | | |

この見積り書のように項目が分かれているとコストを把握しやすいが、工務店によっては木工事一式で表記されることがある。項目別表記を依頼してもよいだろう

### 木製建具工事

明細書

Page.

| 名称 | 規格 | 単位 | 数量 | 単価 | 金額 | 備考 |
|---|---|---|---|---|---|---|
| 木製建具工事 | | | | | | |
| 玄関収納 | 300×2200　シナランバー | 本 | 1 | | 13,104 | |
| 玄関収納 | 300×900 | 〃 | 4 | 10,800 | 43,200 | |
| 廊下収納 | 500×700～900 | 〃 | 6 | 12,000 | 72,000 | |
| 洋室・洗面・トイレ引き戸 | 900×2200 | 〃 | 3 | 20,304 | 60,912 | |
| 洗面所・トイレ収納 | 520×700　ポリランバー | 〃 | 13 | 9,276 | 120,588 | |
| 取付施工費 | | 式 | 1 | | 78,000 | |
| 金物費 | | 〃 | 1 | | 118,792 | |
| 【合　計】 | | | | | 506,596 | |

塗装個所は分かれていることが多いが、取付施工費や金物類は一式になっていることが多い。建具別に本体、金物、塗装を記載している工務店もある

### 塗装工事

明細書

No.　Page.

| No. | 名称 | 規格 | 単位 | 数量 | 単価 | 金額 | 備考 |
|---|---|---|---|---|---|---|---|
| F | 塗装工事 | | | | | | |
| | 建具塗装 | | ㎡ | 47 | 2,640 | 124,080 | |
| | 建具枠塗装 | | 式 | 1 | | 35,000 | |
| | サッシ枠塗装 | | ㎡ | 20 | 1,400 | 28,000 | |
| | 家具塗装 | | 式 | 1 | | 68,000 | |
| | 巾木塗装 | | m | 63 | 1,200 | 75,600 | |
| | 【合　計】 | | | | | 330,680 | |

塗装は一式表示されることが多い。コストを把握するときは、その都度確認する

### 電気配線工事

明細書

No.　Page.

| No. | 名称 | 規格 | 単位 | 数量 | 単価 | 金額 | 備考 |
|---|---|---|---|---|---|---|---|
| M | 照明器具工事 | | | | | | |
| | ダウンライト | ENDO　ERD2127W | 個 | 21 | 9,570 | 200,970 | 定価¥14,500 |
| | シームレスランプ | DNライティング　SHD-L1500T5K | 〃 | 2 | 22,104 | 44,208 | 定価¥30,700 |
| | シームレスランプ | DNライティング　FHE1500T5EL30 | 〃 | 2 | 2,952 | 5,904 | 定価¥4,100 |
| | シームレスランプ | DNライティング　SHD-L1250T5K | 〃 | 2 | 22,104 | 44,208 | 定価¥30,700 |
| | シームレスランプ | DNライティング　FHE1250T5EL30 | 〃 | 2 | 2,952 | 5,904 | 定価¥4,100 |
| | 棚下灯 | LED-HC-36D | 〃 | 3 | 8,160 | 24,480 | |
| | 上記トランス | LTT-5932 | 〃 | 1 | 5,760 | 5,760 | |
| | 分岐コネクター | LBB-3 | 〃 | 1 | 260 | 260 | |
| | 照明取付費 | | ヶ所 | 28 | 2,200 | 61,600 | |
| | 【合　計】 | | | | | 393,298 | |

器具は種類別に、取付費は1カ所あたりになっている。コスト管理はしやすい。工務店によっては取付けが一式表記になっているところもある

大工工事の見積り書では「木工事」「木製建具工事」「塗装工事」「電気配線工事」「設備工事「設備機器」など複数ページに分かれ、コスト管理が難しい

## 図2 | 家具工事の見積り書の確認ポイント

御見積書

平成 22年 9月 22日

合計金額：¥

下記の通り御見積りいたします。何卒御用命下さる様お願いいたします。

工事名：　キッチン・家具工事

工事住所：　神奈川県横浜市保土ヶ谷区

御取引条件：　お打合せ

納期：　お打合せ

見積有効期間：　御見積日より一ヶ月

| 名称 | 寸法及び仕様 | 数量 | 単位 | 単価 | 金額 | 備考 |
|---|---|---|---|---|---|---|
| キッチン・家具工事 | 案明細ご参照下さい。 | 1.00 | 式 | | 2,194,400 | ★ |
| キッチン関連設備機器 | 案明細ご参照下さい。 | 1.00 | 式 | | 190,296 | |
| 運搬取付諸経費 | 案明細ご参照下さい。 | 1.00 | 式 | | 385,000 | |
| | お値引き | 1.00 | 式 | | -137,315 | ★印約6% |
| 計 | | | | | 2,632,381 | |
| 消費税(5%) | | | | | 131,619 | |
| 合計 | | | | | 2,764,000 | |

| 名称 | 寸法及び仕様 | 数量 | 単位 | 単価 | 金額 | 摘 |
|---|---|---|---|---|---|---|
| キッチン工事 | | | | | | |
| F-1)キッチン(シンク側)<br>・カウンター＋手加工シンク | W2855×D910×t4.0<br>ステンレスバイブレーション仕上げ<br>シンク;HL仕上げ(ポケット付) | 1.00 | 台 | | 278,000 | ※壁<br>(10.0 |
| ・ベースキャビネット | W2855×D910×H900<br>扉;マンガシロ練付着色ウレタン塗装<br>(7分ツヤ消し),内部;ポリ合板(単色) | 1.00 | 式 | | 340,000 | ※引<br>(10.0 |
| | 抽斗;ブルモーション付タンデム<br>取手;手掛け式 | | | | | |
| F-2)キッチン(コンロ側)<br>・カウンター | W2670×D655×t4.0<br>ステンレスバイブレーション仕上げ | 1.00 | 台 | | 163,000 | W25<br>(10.0 |
| ・ベースキャビネット | W3396×D655×H900<br>扉;マンガシロ練付着色ウレタン塗装<br>(7分ツヤ消し),内部;ポリ合板(単色) | 1.00 | 式 | | 638,000 | |
| | 抽斗;ブルモーション付タンデム<br>取手;手掛け式 | | | | | |

| 名称 | 寸法及び仕様 | 数量 | 単位 | 単価 | 金額 | 摘 |
|---|---|---|---|---|---|---|
| 運搬取付諸経費 | | | | | | |
| 運送搬入費 | (チャーター便) | 1.00 | 式 | | 55,000 | |
| 取付施工費 | | 1.00 | 式 | | 285,000 | テレビ台無くなった<br>▲¥35,000-<br>(10.08.06) |
| 諸経費 | (採寸・現場管理費等) | 1.00 | 式 | | 45,000 | |
| 小計 | | | | | 385,000 | |
| 消費税(5%) | | | | | 19,250 | |
| 合計 | | | | | 404,250 | |

家具工事では、家具のみ独立した見積りとなってまとまり、コストを把握しやすい。設備機器は別にすることもある

# スケジュール監理

POINT

◉造作家具の製作日数を確認してスケジュールを立てる

◉サンプルや建て主の承認を得る時間もスケジュールに入れる

## 大工工事の監理

全体工程のなかで造作家具にかかわるタイミングは、大工工事と家具工事では異なる［図1］。

大工工事では、材料の発注→加工・組立て→取付け→建具→塗装と、それぞれが独立した工程で進められる。加工と取付けは大工工事の工程のなかで行われる。建具はほかの建具に合わせ、塗装も全体の塗装と同じ時期に施工する。ぎりぎりまで決定を引き延ばすということであれば、それぞれの発注や施工の直前までに確定すればよい。

## 家具工事の監理

家具工事でつくる場合、加工・組立て、建具、塗装までのすべてを工場で行うため、家具の発注の段階ですべてを決め、家具の製作図面として確定していなければならない。製作図を自分で描くか、家具製作業者が描くかによって若干違うが、発注段階では製作図上ですべての確認ができていなければならない。全体の構成、色、つや、使用する金物、搬入経路、分割位置、逃げの寸法や位置、内部の有効寸法、建築との取合いなどを、設計者は入念にチェックする。大工工事の場合、詳細図面は設計者自らが描く必要がある。

また、造作家具の仕上げの確定は必ずサンプルを建て主に見せて確認する。サンプルのなかには製作に時間がかかるものもあり、建て主の承認に時間がかかることも考えて、十分に余裕を持って準備したい。場合によっては建て主の承認が得られないことも想定し、いくつかのサンプルを用意することもある。ここでの決定が遅れると、工程全体に影響するため、注意が必要だ。現場が進まないと決定できない事項はそれほど多くないはずだ。最初の段階で決定しておけば、着工後の予算増などを防ぐことができる［図2］。

## 図1 | 造作家具にかかわる監理のタイミング

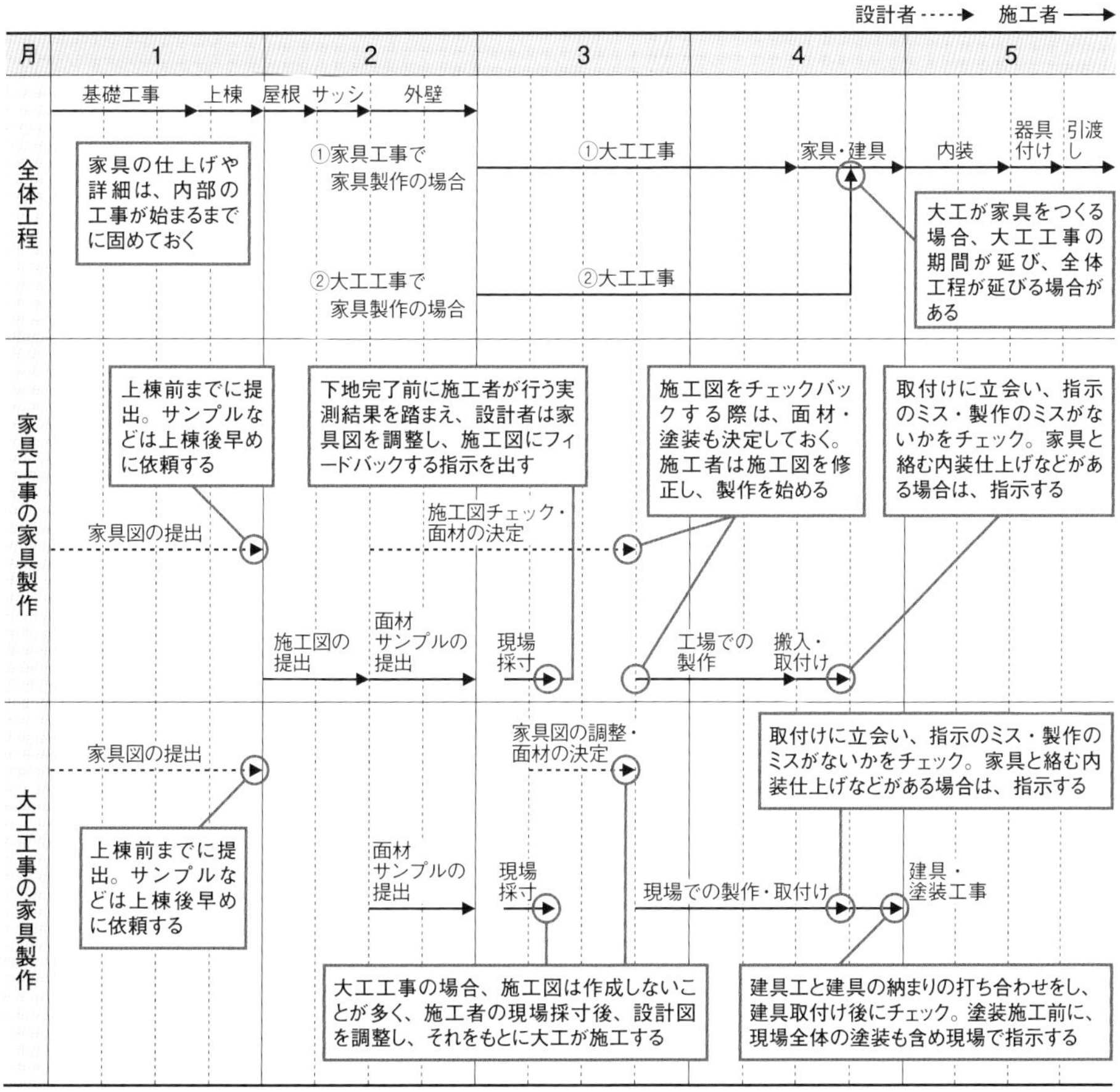


## 図2 | キッチンリフォーム工事のスケジュールの例

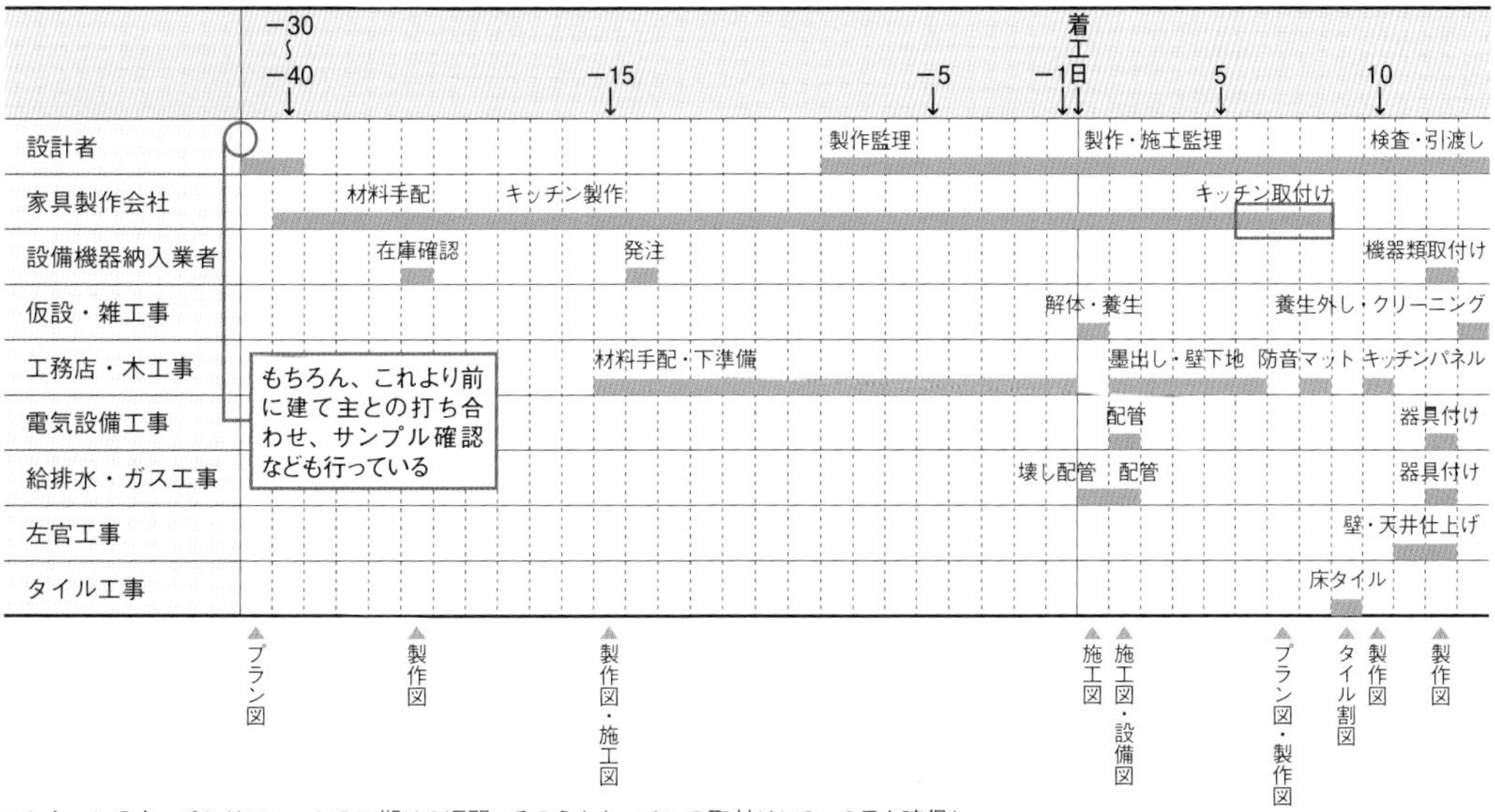


マンションのキッチンリフォームの工期は2週間。そのうちキッチンの取付けに2〜3日を確保し、逆算してキッチン製作を始めなければならない。そのあとの工程も考えると、失敗は許されない

# 家具塗装の目的

POINT

- 家具塗装には「意匠」と「機能」の２つの目的がある
- 塗装色は色番号もしくは現物で指定する

## 塗装は家具の化粧

家具塗装の目的には、汚れや傷、乾燥によるひび割れなどから表面材を保護する「機能」面と、木地の表情を美しく見せ、素材の表現力を高める「意匠」面の2つがある［図1］。それゆえ家具塗装は、しばしば女性の化粧にたとえられる。下地となる木地を保護し、美しく見せる。また、下地の欠点をカバーし、目立たなくする意味合いもある。

塗装の仕上がりを決める要素として、以下5つのポイントを示す［図2］。①木目をどの程度生かした仕上げとするか（塗膜の形成状態）。②木地の木目がどの程度見えるか（素地明瞭度）。③木地を何色に着色するか（この場合、無着色という選択肢もあるが、家具全体の色の調子を合わせるために無塗装に見えるように着色することもある）。④光沢。⑤塗料の種類。

## 塗装の依頼

これらのなかでも、塗装を依頼する際に注意したいのが、色である。ほかの項目は言葉で伝えられるものも多いが、色だけはそれが不可能だ。塗りつぶし塗装の場合は、日塗工の色番号で指定すればよい。どうしても見つからない場合はDICやPANTONEなどで指定するが、それらは印刷の色だと認識して依頼すること。一方、木目が見える着色塗装の場合、見本となるものを渡すのが最も確実だ。家具業者によっては樹種別の着色色見本帳を備えているので、それを借りてもよい。塩ビ系シートや化粧板などのサンプルに合わせるのも1つの手だ。また、木製ブラインドやフローリングの現物サンプルに合わせることもある。できるかぎり樹種と色つやは揃えるべきであり、色選択の自由度が少ないほうに合わせていくのは理にかなっている。

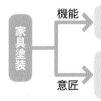

## 図1 ｜ 塗装する目的

家具塗装

- 機能 → ・汚れ、傷、ひび割れ、しみ、カビから保護する
- 意匠 → ・木地の表情を生かす
  ・着色や光沢などに変化を付けて、素材の表現力を高める

## 図2 ｜ 塗装仕上げの種類

| 分類 | 仕上げの種類 |
| --- | --- |
| ①塗膜の形成状態（表面の塗膜のでき方） | 浸透仕上げ（マイクロフィニッシュ）<br>オープンポア仕上げ（目はじき仕上げ）<br>セミオープンポア仕上げ（準目はじき仕上げ）<br>クローズポア仕上げ（鏡面仕上げ） |
| ②素地明瞭度（塗膜を通して見える素地の明瞭度） | 透明仕上げ（クリヤー仕上げ。素地がはっきり見える仕上げ）<br>半透明仕上げ（素地が少しぼやけて見える仕上げ）<br>不透明仕上げ（塗りつぶし仕上げ。不透明で素地の見えない仕上げ） |
| ③着色の有無（素地のままの色か、着色するのか） | 木地色仕上げ(無着色)<br>着色仕上げ：素地着色仕上げ／目止め着色仕上げ／塗膜着色仕上げ／変わり塗り仕上げ |
| ④上塗り塗料の光沢の違い（高い光沢（つや）か、抑えた光沢か） | つや消し：全全消し／全消し／7分消し／5分消し／3分消し<br>つや出し：全つや有／鏡面磨き |
| ⑤上塗り塗料の種類の違い（上塗り塗料の種類は何か） | ラッカー<br>ウレタン<br>ポリ<br>UV<br>オイル |

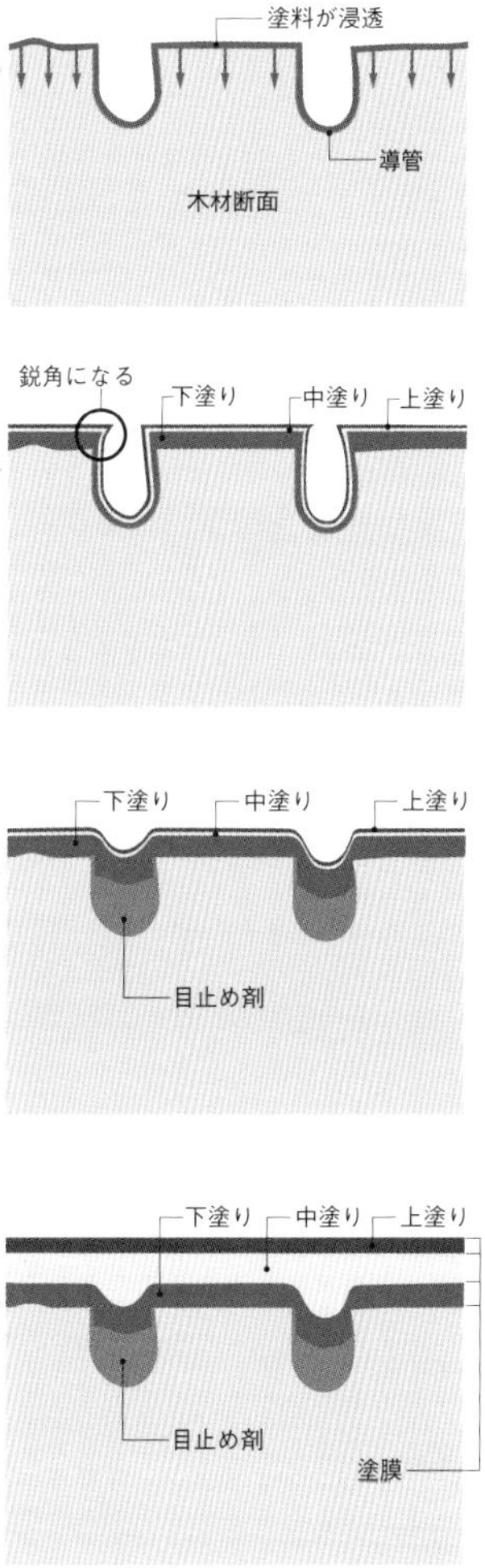
塗料が浸透
導管
木材断面
鋭角になる
下塗り
中塗り
上塗り
下塗り
中塗り
上塗り
目止め剤
下塗り
中塗り
上塗り
目止め剤
塗膜

# 家具塗装の種類

**POINT**

- ◉工場塗装はポリウレタン塗装がメイン
- ◉つやの指定は建築塗装と違うので注意する

## 塗料の種類と艶

　工場塗装では主に2液性ポリウレタン樹脂塗料を使う［表］。木目を出さない塗装はエナメル塗装とも呼ばれ、メタリック塗装やパール塗装などの特殊な塗装も可能だ。この場合の下地にはＭＤＦを使いたい。下地調整が楽になり、端部のＲを大きめにとれるため、塗装のはがれなどのトラブルが少なくなる。木目を生かす塗装は透明着色塗装と呼ばれる。そのほかの塗料には、オイルフィニッシュ、ソープフィニッシュ、ラッカー塗装、蜜蝋ワックスなどがある。亜麻仁油を主原料としたワトコオイルも昔から使われている。最近では「自然志向」「ナチュラル志向」の流れで、オスモやリボス、桐油などの自然塗料も人気がある。

　工場塗装の場合、仕上げに吹く塗料（フラット）によってつやを調整する。全全消し、全消し、7分消し、半つや、3分消し、全つや有りの6種類があり、全つや有りを研磨してより光沢を出した仕上げもある。家具塗装の場合、建築塗装と違ってつや消しの表現になることは注意したい。必ず「有り・無し」を略さずに指定する。

## 間違えやすい塗装の知識

　厳密にいうと「鏡面塗装」はポリウレタン樹脂塗料ではなく、ポリエステル樹脂塗料を使った厚い塗膜を磨き上げる仕上げのことである。単に平滑で光沢のある仕上げを鏡面仕上げと呼ぶことがあるが、区別したいところだ。「ＵＶ塗装」は紫外線を照射して短時間で塗料を乾燥・硬化させる塗装方法のことであり、決して紫外線をカットして日焼けを防ぐ塗装ではない。ＵＶ塗装も平滑に仕上がるため、メーカーによっては光沢のある塗料を用いたＵＶ塗装を「鏡面仕上げ」と表現している場合もある。

## 表｜家具塗装に使われる主な塗料

家具塗装に使われる主な塗料

| 塗料の種類 | 正式名称 | 通称 | 用途 |
| --- | --- | --- | --- |
| 塗膜系塗料 | ニトロセルロースラッカー | ラッカー | 耐水性、耐候性、耐摩耗性などはあまり期待できないが、しっとりした感じに仕上がる。伝統的家具（アンティーク調、民芸調）に適している |
| | ポリウレタン樹脂塗料 | ウレタン | 工場塗装では最も主流。塗膜が強く耐摩耗性に優れ、塗膜の密着もよい。最近では現場塗装でもウレタン塗装にすることが多い |
| | 不飽和ポリエステル樹脂塗料 | ポリ | ウレタンに比べて塗膜が厚いのが特徴。硬度が高く、光沢がよく、耐候性、耐薬品性に優れている。高級家具、楽器、仏壇などに使われる |
| | UV硬化塗料 | UV | 紫外線により強制的に硬化させるため、乾燥時間が極端に短く、平滑面を得やすい。「鏡面仕上げ」と称している会社もある。家具全般に使われる。パネル材の塗装に限る |
| | 漆 | 漆 | 耐水性、耐熱湯性、耐酸性、対アルカリ性に優れ、光沢に富んでいる。相当の塗装技術と塗装環境を要する。高級家具に使われる |
| 浸透系塗料 | オイルフィニッシュ塗料 | オイル | 木の内部に浸透して木の風合いを生かす。水、熱、傷には弱い。使い込むほどに艶が出てくる。こまめなメンテナンスを施すと味わい深くなる |
| | 柿渋 | 柿渋 | 防水性、防腐性、防虫性に優れている。塗りたてはほぼ無色だが、経年変化により濃くなる |
| | ソープフィニッシュ | ソープフィニッシュ | 木部に石鹸水を塗り込む、北欧家具に使われている塗装。木がもつ本来の質感を保つ。こまめなメンテナンスが必要 |
| | 液体ガラス塗料 | 液体ガラス塗料 | 木の最大の欠点である耐水性能を補うことができる最近注目の塗料。液体ガラスが浸透することにより、木部を強化し、優れた撥水効果を発揮する。変色防止、防カビ性も期待できる。木のぬくもりと呼吸性を維持し、水は通さず湿気のみ通すと謳っているものもある |

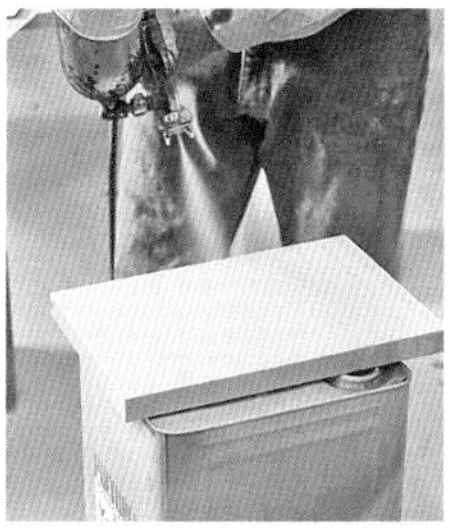

工場塗装の様子。ウレタンを吹き付けているところ

色見本に合わせて調色する。乾燥やつやによって変わる仕上がりを想像しながらの調色は経験を要する

写真：STUDIO KAZ　協力：ニシザキ工芸

液体ガラス塗料の「tatara 撥水セラミックマルチ／撥水無機ウッド（建築用）」

写真提供：tatara-hanbai合同会社

KEYWORD 028

# 家具塗装の手順

POINT

◉下地調整が塗装の成否を決める

◉用途・仕上がりによって現場と工場を使い分ける

## 下地調整が塗装の肝

家具塗装の手順は現場塗装であれ、工場塗装であれ、①研ぐ、②塗る、③拭く、④乾かすの繰り返しである。この4工程を塗料や状況に応じて行う[図]。このなかでも「研ぐ」作業は最も重要で、丁寧に行わなければならない。下地となる木地そのものの状態の良さが大切なのはもちろんだが、木地からの下地調整次第でその後の塗装の善し悪しが決まる。逆目《さかめ》、刃こぼれ、打痕《だこん》、手垢、手油、接着剤のはみ出しなどをサンドペーパーで丁寧に除去する。さらにサンドペーパーの粉が導管に残らないようにする。工場ではエアーで吹き飛ばすことができるが、現場ではできないので、注意して調整する。

## 現場塗装と工場塗装の違い

現場塗装は主に刷毛塗りで行われる。下地調整をした後、オイル系の塗料で色を付け、最後にクリアラッカーやクリアウレタンで仕上げる。吹付け塗装にすることもあるが、養生の手間などを考えると得策ではない。現場での塗装は工程のなかの最終に近い段階で行われるので、臭いが出にくい水性塗料を使うのがお勧めだ。ほかにも油性ワニスや蜜蝋ワックス、ソープフィニッシュで仕上げることもある。針葉樹はオイルなどで濡れ色が付くが、蜜蝋ワックスやソープフィニッシュで仕上げると色が付くのを避けることができる。工場塗装では、埃などの管理が容易で塗装ブースも完備したなかで吹付け塗装を施すため、よりきれいに仕上げることができる。工程も複雑だ。素地調整から数えて、10以上の工程を重ねて仕上げる。そのため仕上がりは現場塗装と比べて遥かにきれいである。工場塗装の場合、つやの指定も細かい。全全つや消し～全つや有り磨き仕上げまで指定できる[図]。

## 図｜塗装の工程

### 工場によるウレタン塗装の工程

| 透明着色仕上げの場合 | 塗りつぶし塗装仕上げの場合 |
|---|---|
| マスキング | マスキング |
| ↓ | ↓ |
| 素地調整 | 木地の下塗 |
| ↓ | ↓ |
| 着色 | パテしごき |
| ↓ | ↓ |
| 下塗り | パテの研ぎ落し |
| ↓ | ↓ |
| 下塗りの研磨 | サフェーサー[※1]の塗装 |
| ↓ | ↓ |
| 中塗り | サフェーサーの研磨 |
| ↓ | ↓ |
| 中塗りの研磨 | 仕上げ色のエナメルの塗装 |
| ↓ | ↓ |
| 仕上げ前の木地の色出し | エナメルの水研ぎ |
| ↓ | ↓ |
| 色調整(カラーリング) | クリヤー塗装 |
| ↓ | ↓ |
| 色止め | ↓ |
| ↓ | ↓ |
| 仕上げ | 仕上げ |

↓

以下は全つや有り磨き仕上げの場合のみ

水研ぎ

↓

磨き

**つやの指示**

- 全全つや消し[※2]
- 全つや消し
- 7分つや消し
- 5分つや消し(半つや)
- 3分つや消し
- 全つや有り
- 全つや有り磨き仕上げ

注：家具塗装はつや消し表示とする

### 現場でのオイルステイン塗装の工程

マスキング
↓
下地調整
↓
下塗り
↓
パテ＋研磨＋拭き取り
↓
中塗り(省略することもある)
↓
研磨＋拭き取り(省略することもある)
↓
上塗り
↓
拭き取り
↓
クリアラッカー(省略することもある)
↓
仕上げ

**つやの指示**

- 全つや有り
- 7分つや有り
- 5分つや有り(半つや)
- 3分つや有り
- 全つや消し

注：現場塗装はつや有り表示とする

※1サフェーサーとは塗装のつきをよくするもの｜※2「全つや消し」は100%のつや消しを示し、「全全つや消し」は150%や200%のつや消しを示す

# ナチュラル志向の家具塗装

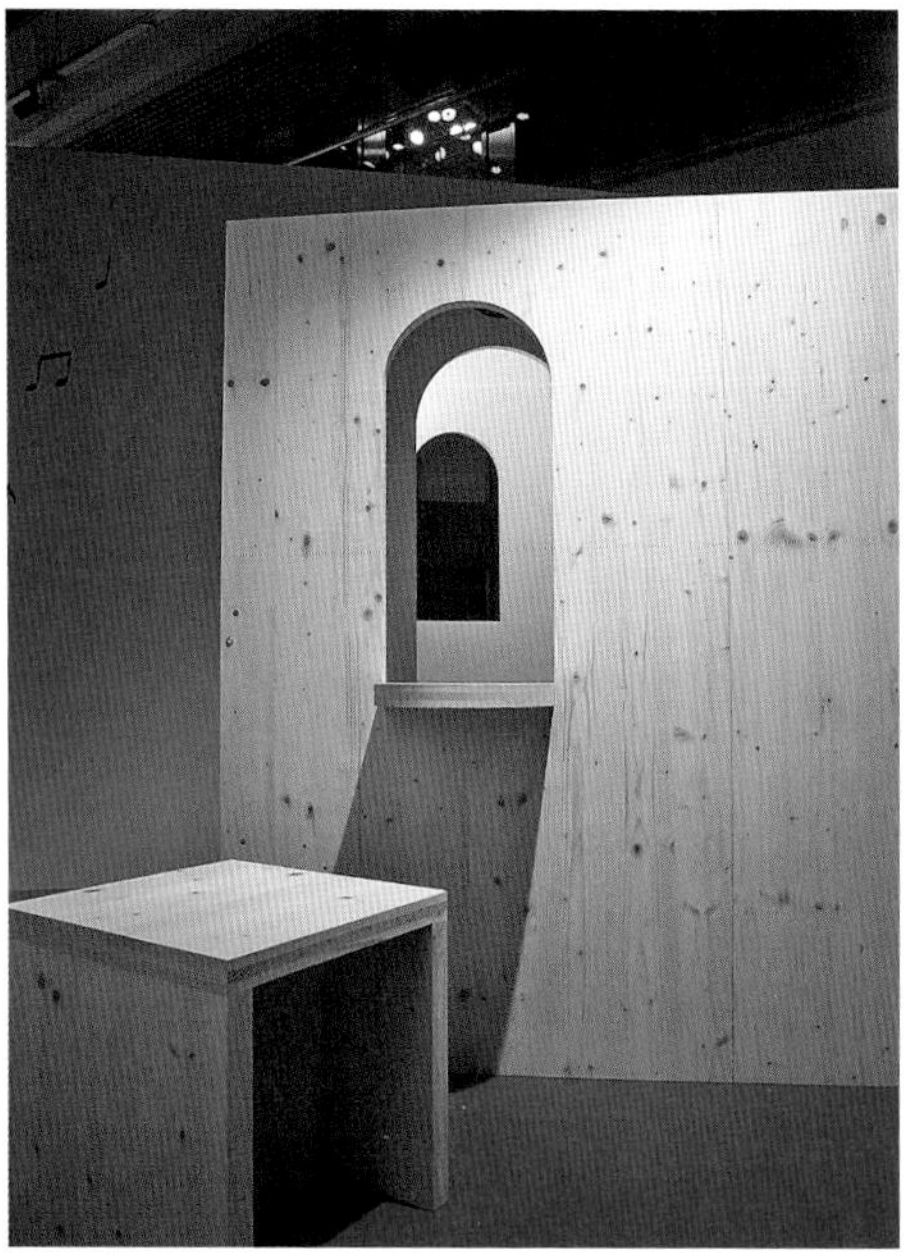

写真 ｜「小さな窓辺のあるベンチ」

トドマツの三層パネルで構成し、「MOKUTO」を塗った家具。見た目も手触りもまるで無塗装かと思うほどの質感に仕上がっている

設計・写真：小形　徹

昨今のインテリアの流れとして、木の風合いをできるだけ生かした質感が増えてきている。そのような場合、一般的には自然系オイルフィニッシュで仕上げることが多いが、耐水性や汚れ防止などの性能面を考えると少し心もとない。性能面でいえばウレタン塗装に圧倒的な分がある。

そこで、木の風合いを残しながら、塗装としての性能を併せもつ塗装の開発が相次いでいる。

「ナチュラルマット仕上げ」は、オーダー家具の製作・施工で知られ、塗装技術に定評のあるニシザキ工芸株式会社オリジナルの塗装仕上げである。まるで無塗装のような木肌の素材感をダイレクトに感じることができるにもかかわらず、塗膜性能は従来のウレタン塗装と同等の耐久性をもつ。

「木塗（ＭＯＫＵＴＯ）」はニットーボーケミカル株式会社が開発した液体ガラス塗料。木の内部に塗料を含浸させ、アルコール用材の蒸発と共に、木内部でガラス層を形成するため、無塗装のような肌触りや通気性を保ちつつ、耐水性、耐傷性、防汚性などを向上させた塗料である［写真］。

「№59」はＭ＆Ｍトレーディング株式会社が取り扱う木製品保護液剤。外部や浴室など常に水がかかる場所に使用できるだけでなく、木材・布・紙・石・皮革などさまざまな素材に使用でき、家具の可能性を広げたといえるだろう。

第3章

# [ 造作家具の材料と塗料 ]

KEYWORD
029

# パネル材

POINT
◉パネルの種類を覚える
◉さまざまな条件に合わせてパネルを使い分ける

## 工事区分で使い分ける

造作家具は、パネルを組み合わせた箱組みを基本に構成されている。見た目だけでなく、耐荷重など求められる性能を備え、コストを抑えた家具を設計するためには、パネル材を知らなければならない［図1・2］。

パネル材は、フラッシュパネル、框組パネル、練芯合板、ソリッドパネルの4種類に分類される。このうちフラッシュパネルと框組パネルは木工所などで工作機械により製作する。家具工事や建具工事で使われ、軽量で寸法安定性に優れ、反りにも比較的強い。

一方、大工工事ではパネルとして製品化されたものを現場で加工し、組み立てる。そのためランバーコア合板などの練芯合板やシナ合板、ラワン合板などのソリッドパネルを使用する。当然ながら、これらのパネルは家具工事でも使われる。

## 仕上げで使い分ける

パネルは仕上げ方によっても使い分ける。たとえば塗装工事による塗りつぶし塗装とする場合は、シナ合板かＭＤＦにする。ただしＭＤＦは比重が高いので、大きな扉には薄手のＭＤＦかシナ合板を表面材としたフラッシュパネルにしたほうがよいだろう。

ラワン合板は木目の凸凹があるため、塗りつぶしには向かない。また木地の色が濃く、薄い色の塗装も避けたい。

構造用ラーチ合板を仕上げとして使うこともある。ローコストで仕上がり、そのダイナミックな木目が意匠上のポイントにもなるが、節やクラックの処理などには注意したい。

通常パネル材は、仕上げを兼ねる場合以外、施工者（製作者）が機能やコストを勘案して決めこともあるが、設計者としてデザインの幅を広げる意味からもパネル材を知っておきたい。

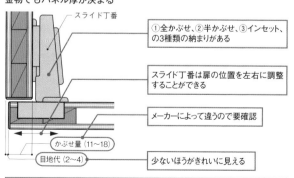

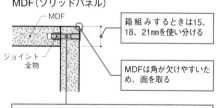

## 図1 | パネル材を工事区分で選ぶ

家具工事
建具工事
大工工事

**フラッシュパネル**
桟材を井桁に組み、両面または片面に合板や化粧板をプレスして張りつけたパネル。一般的に仕上材が必要。

化粧合板張り(ポリ、メラミン、オレフィンなど)フラッシュ、練付け合板(突板張り)フラッシュなど

**框組パネル**
無垢材などを使って框を組んだ枠に、鏡板やガラスなどをはめ込んだもの

**練芯合板**
芯材を並べたものに合板や化粧板を張ったもの。仕上材として使うことも、下地材とすることもある。

(シナ、ラワン、ポリ)ランバーコア合板など

**ソリッドパネル(ベタ芯)**
板ものを芯材なしにそのまま使う。仕上材として使うもの、下地として使うものがある。

無垢(接ぎ板含む)、集成材、(シナ、ラワンなど)合板、MDF、パーチクルボード、共芯(積層)合板など

| | フラッシュパネル | 框組パネル | 練芯合板 | ソリッドパネル | |
|---|---|---|---|---|---|
| 素材を生かす | ○ | ○ | ○ | ○ | パネルの表情をそのまま生かした仕上げとするオイルフィニッシュや透明着色塗装など |
| 仕上材を張る | ○ | × | ○ | × | パネルを下地として、メラミンやオレフィン化粧板、練付け合板を張る |
| 塗装下地とする | ○ | ○ | ○ | ○ | パネルを下地として、塗りつぶし塗装とする |

## 図2 | パネル材の厚み

### フラッシュパネル

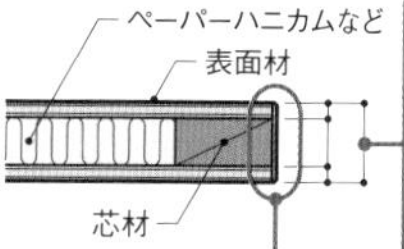
ペーパーハニカムなど
表面材
芯材

厚みの考え方(20㎜厚程度とする場合)
・ポリ合板(2.5㎜厚、3.8㎜厚)
2.5+芯15+2.5=20㎜
3.8+芯12+3.8=19.6㎜
・メラミン化粧板(1.2㎜厚)
1.2+合板3+芯12+合板3+1.2=20.4㎜
・練付け合板(4㎜厚) 4+芯12+4=20㎜

小口材 ・練付け合板の場合…小口テープ、厚単板、金属板など
・化粧合板の場合…小口テープ、カラーコア、小口材、金属板 など

### ランバーコア合板(練芯合板)

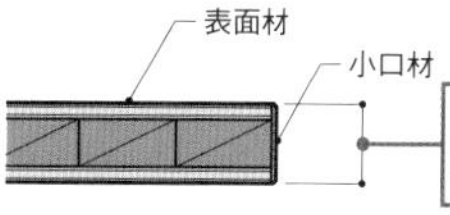
表面材
小口材

12、15、18、21、24、30㎜を使い分ける

### 積層合板(ソリッドパネル)

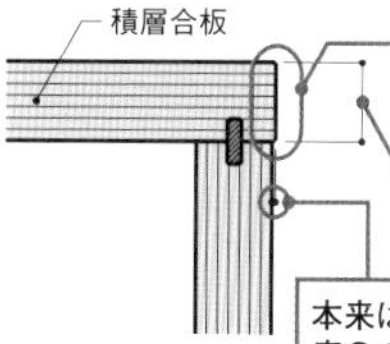
積層合板

積層合板は小口材を張らず、材の小口を出す

箱組みするときは15、18、21㎜を使い分ける

本来は面で納めたいが、「面落ち」程度のチリを付けたほうが納まりはよい

### 金物でもパネル厚が決まる

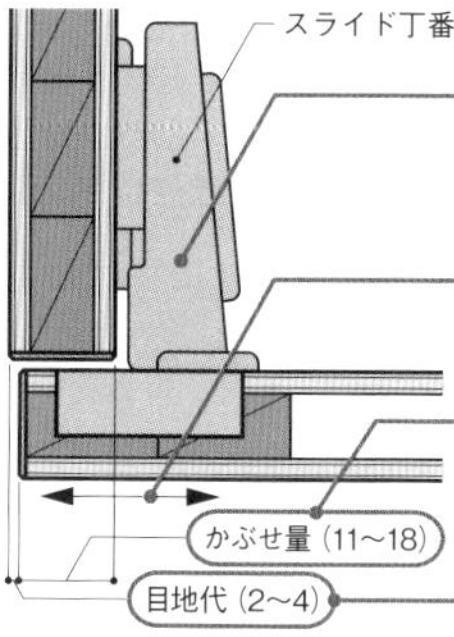
スライド丁番
かぶせ量(11~18)
目地代(2~4)

①全かぶせ、②半かぶせ、③インセット、の3種類の納まりがある

スライド丁番は扉の位置を左右に調整することができる

メーカーによって違うので要確認

少ないほうがきれいに見える

スライド丁番は、種類により彫込み深さなどが違い、品番によって推奨扉厚が異なる

### MDF(ソリッドパネル)

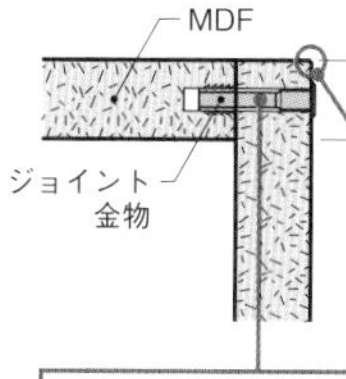
MDF
ジョイント金物

箱組みするときは15、18、21㎜を使い分ける

MDFは角が欠けやすいため、面を取る

MDFはビスの保持力が弱いため、組立て解体を繰り返す可能性がある場合は鬼目ナットなどのジョイント金物を使用することが多い

KEYWORD 030

# 無《む》垢《く》材

POINT

◉無垢材は動く（あばれる）ことを前提にして計画する

◉無垢材の欠点をカバーしたエンジニアリングウッドを知る

## 乾燥状態に注意

無垢材の魅力は何といっても、その存在感だ。1枚の無垢材のカウンターを入れるだけで空間が凛と引き締まり、ほかに何も施す必要はない。特に「耳付き」と呼ばれる皮に近い部分は独特の空気感をつくってくれる。

しかし、実際の現場で使用するためのハードルも高く、険しい。

まず、反りの問題。きちんと乾燥処理をした材料でなければならない。含水率は10％程度を1つの目安にしたい。そこまできちんと乾燥していても反りや収縮は避けられず、少なからず狂いが生じることを前提として、使用個所を決めたい［図1］。

次にコストも問題だ。ほとんどの無垢材は高価である。安価な輸入材が流通しているといっても、突板合板の比ではないことを覚えておかなければならない。

## エンジニアリング無垢

広幅の無垢材は高価かつ反りが大きい。その欠点を解決するものがある［図2］。1つは幅100㎜程度の無垢材を横方向に並べてプレスし、広幅の材料とした「幅接《は》ぎ板」。幅20㎜程度の材を接着した集成材に比べて、100㎜と広幅の材からなる幅接ぎ板は無垢に近い印象になる。もう1つは薄い（12㎜程度）幅接ぎ板を90度交差させて3枚重ねることで反りや収縮などのあばれを軽減させた三層パネルと呼ばれるもの［写真］。スギやマツなどの針葉樹が使われることが多い。流通サイズが合板と同じであるため（長尺もある）、歩留まりもよい。また、現場での鉋がけも必要ないなど、使い勝手はよい。構造材として流通しているものが多いが、家具や建具など目や手に触れる部分に使用しても問題はない。構造の壁と建具、家具を同じ材料で統一できる。

## 図1｜無垢材の特性

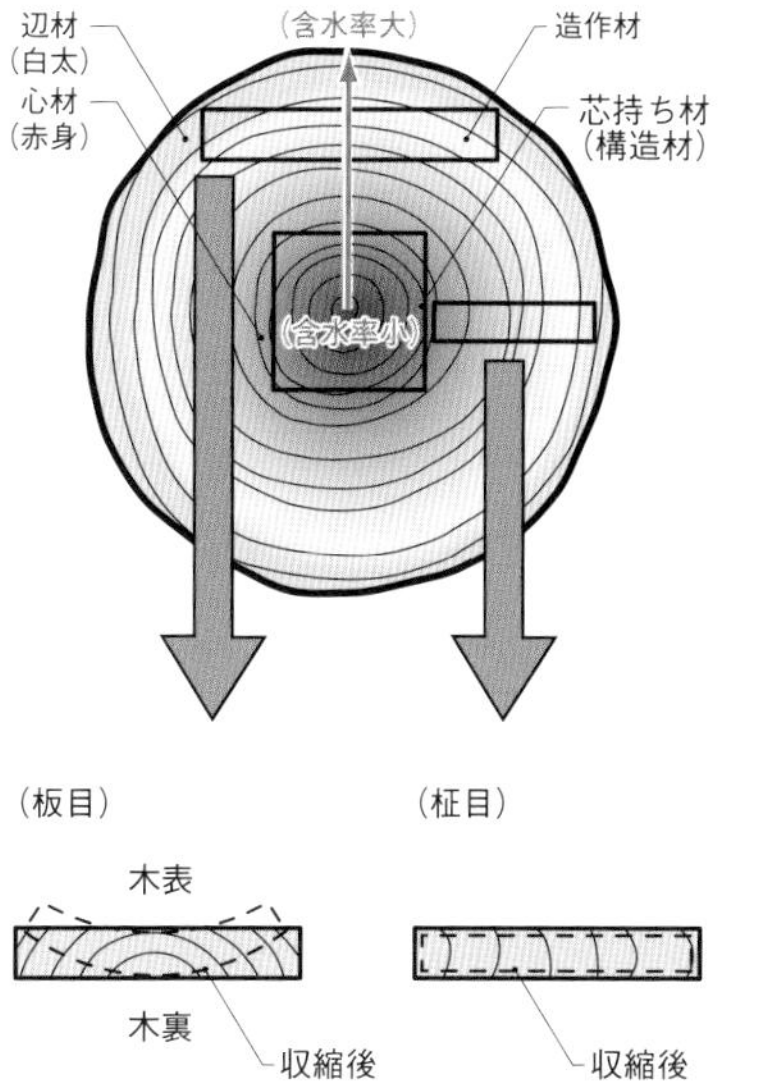
辺材
（白太）
心材
（赤身）
（含水率大）
造作材
芯持ち材
（構造材）
（含水率小）
（板目）
（柾目）
木表
木裏
収縮後
収縮後

丸太から芯持ち構造材を取り、外側の辺材を造作材に利用し、歩留まりをよくする。樹心から遠いほど含水率が高く、材は伸縮する。幅広な板ほど曲がり、反るので要注意

板目の木材は樹皮側を木表、樹心側を木裏といい、乾燥させると木表側に反る

## 図2｜無垢材を使用した材料

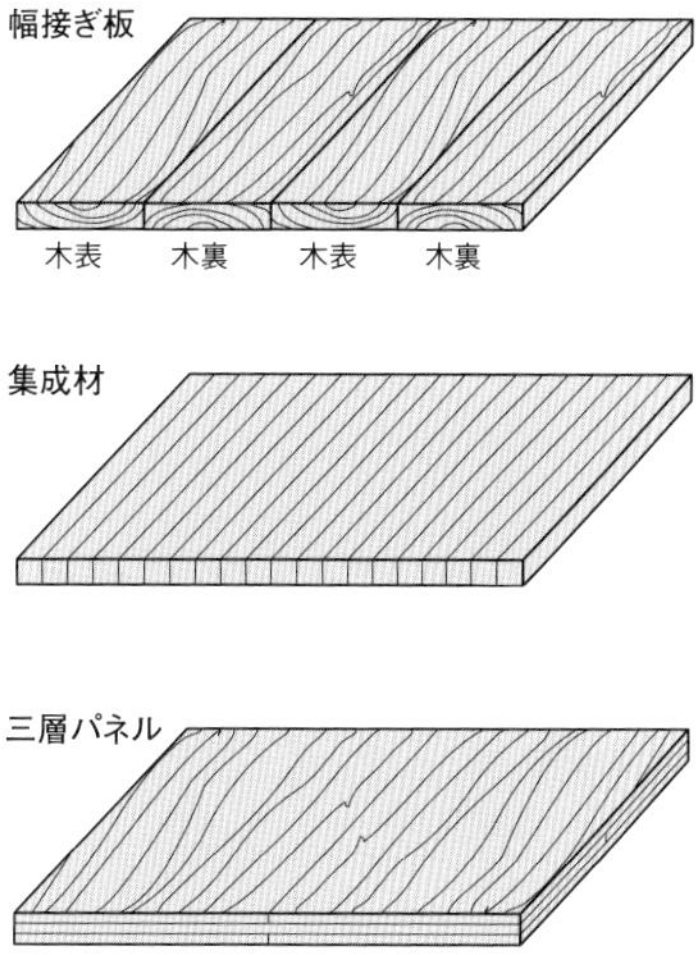
幅接ぎ板
木表
木裏
木表
木裏
集成材
三層パネル

## 写真・図2｜三層パネルを使った例

左：からパネル、右：とどパネル

写真：STUDIO KAZ、素材提供：木童

とどパネルを使った例。食器棚、壁面収納、壁ハメ板、ベンチ、TV台などあらゆる所にとどパネルを使い、オスモで仕上げている

設計：STUDIO KAZ、写真：山本まりこ

キャビネット姿図［S＝1:30］

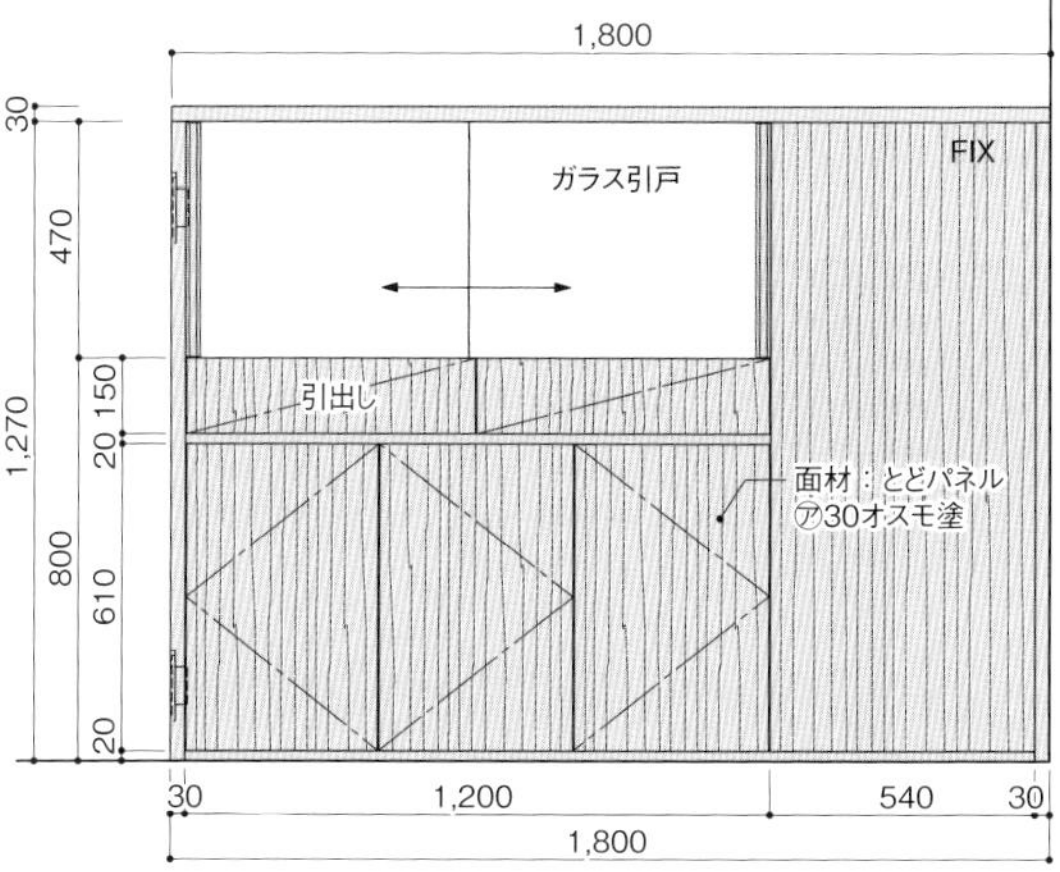
1,800
ガラス引戸
FIX
引出し
面材：とどパネル
㋐30オスモ塗
30
470
150
20
610
20
1,270
800
30
1,200
540
30
1,800

断面図［S＝1:30］

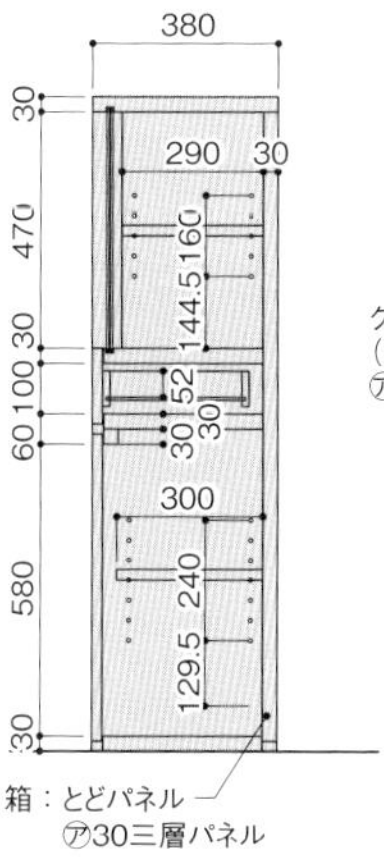
380
290
30
160
144.5
52
30
30
300
240
129.5
30
470
30
100
60
580
30
箱：とどパネル
㋐30三層パネル

ガラス引戸部
詳細図［S＝1:4］

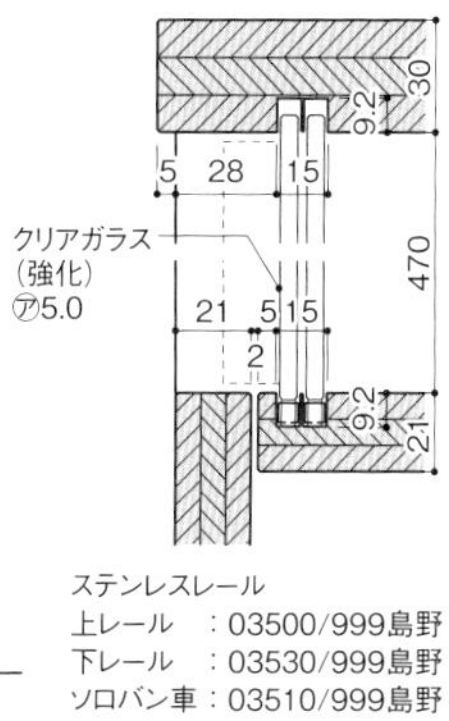
30
9.2
5
28
15
クリアガラス
（強化）
㋐5.0
21
5
15
2
470
9.2
21

ステンレスレール
上レール　：03500/999島野
下レール　：03530/999島野
ソロバン車：03510/999島野

# 突板

POINT

◉家具材料として突板は最適

◉突板の張り方にもひと工夫する

## 突板の選び方

木材を薄く（0.2～0.6㎜程度）スライスした単板を「突板」と呼ぶ［図1］。0.6～1㎜程度の厚さの突板は「厚突き」と言い、カウンターの端部などに使われることが多い。それ以上の厚さになると「挽板《ひきいた》」と呼ばれる。

突板は、樹種や部位によって幅が異なる単板を合板に張り付けた状態（練付け合板）にして使う。それぞれの樹種がもつ独特な表情を見せながら、反りなどのあばれが少なく、加工性がよい合板の性質をもつため、家具の材料としては最適な材料となる。

同じ樹種の突板でも、木によって出る木目は違う。また同じ木でも、芯に近い部分（心材）と皮に近い部分（辺材）ではまったく違う表情を見せる樹種の場合もある。

連続した扉に使用する場合、扉を閉じた状態ですべての扉にできるだけ木目が通るように材料を調達する。

## 練付け方を決める

突板の樹種を選ぶと同時に木目も選ぶ。板目、柾目、杢目、ロータリーなど、スライスの方法や方向で木目の表情は変わる。実際に使う突板でサンプルを製作してもらい、確認したい。

突板では練付け方も重要なポイントとなる。同じ方向に並べて張るスリップマッチが一般的だが、ブックマッチやダイヤモンド張りなど特徴的な張り方もあり、意匠の1つとして考えたい［図2］。ブックマッチなど表裏で張る場合、表と裏で塗料の乗り方が変わるため、塗装のムラを生じやすい。特に光が当たるような場所ではムラがより目立つので使用する個所にも注意する。

集成材をスライスした集成突板や着色した突板を積層して、それをスライスすることで面白い柄が出現させる人工突板もある。

## 図1 | 突板の切削《せっさく》方法

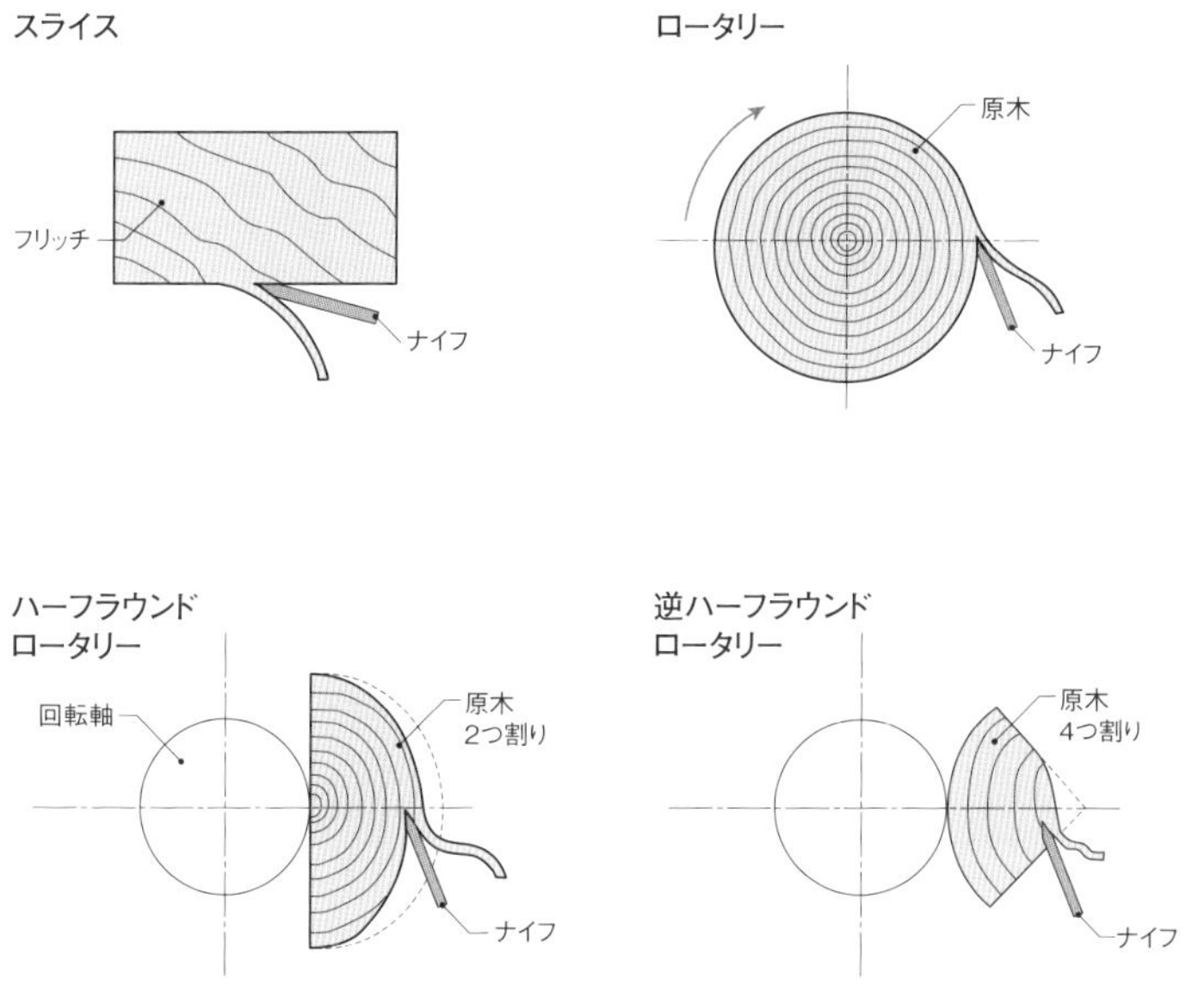
スライス
フリッチ
ナイフ
ロータリー
原木
ナイフ
ハーフラウンド
ロータリー
回転軸
原木
2つ割り
ナイフ
逆ハーフラウンド
ロータリー
原木
4つ割り
ナイフ

突板の切削方法には左の4種類があり、樹種や原木の状態、板目、柾目、杢目取りなど必要に応じて使い分ける

**bogoak**
何千年も湖底に沈んでいたオーク。木のタンニンと土中の鉄分が反応して黒く色が変化した希少な木材

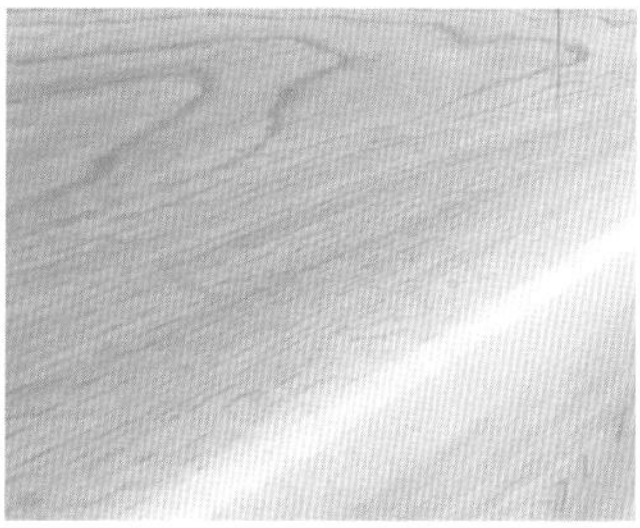

**vivoナラ**
大雪山のナラ。通常だと捨ててしまう白太の部分を効果的に取り入れることにより、表現力が上がる

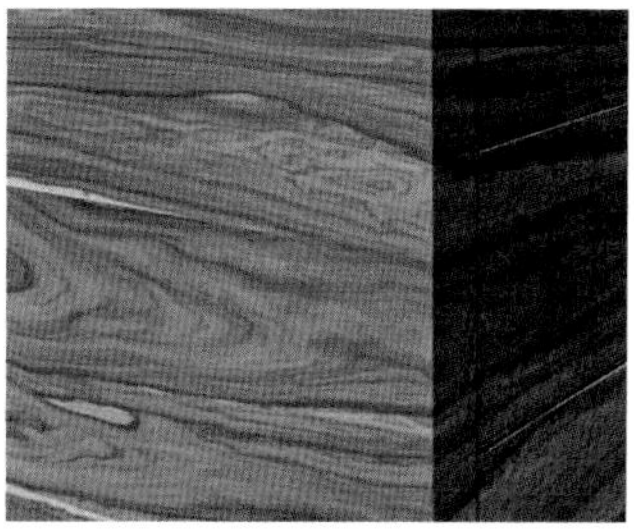

**サントスローズウッド**
突板を張った練付合板は、無垢材では到底できない木目の表現が可能となる

写真：STUDIO KAZ

## 図2 | 突板の張り方

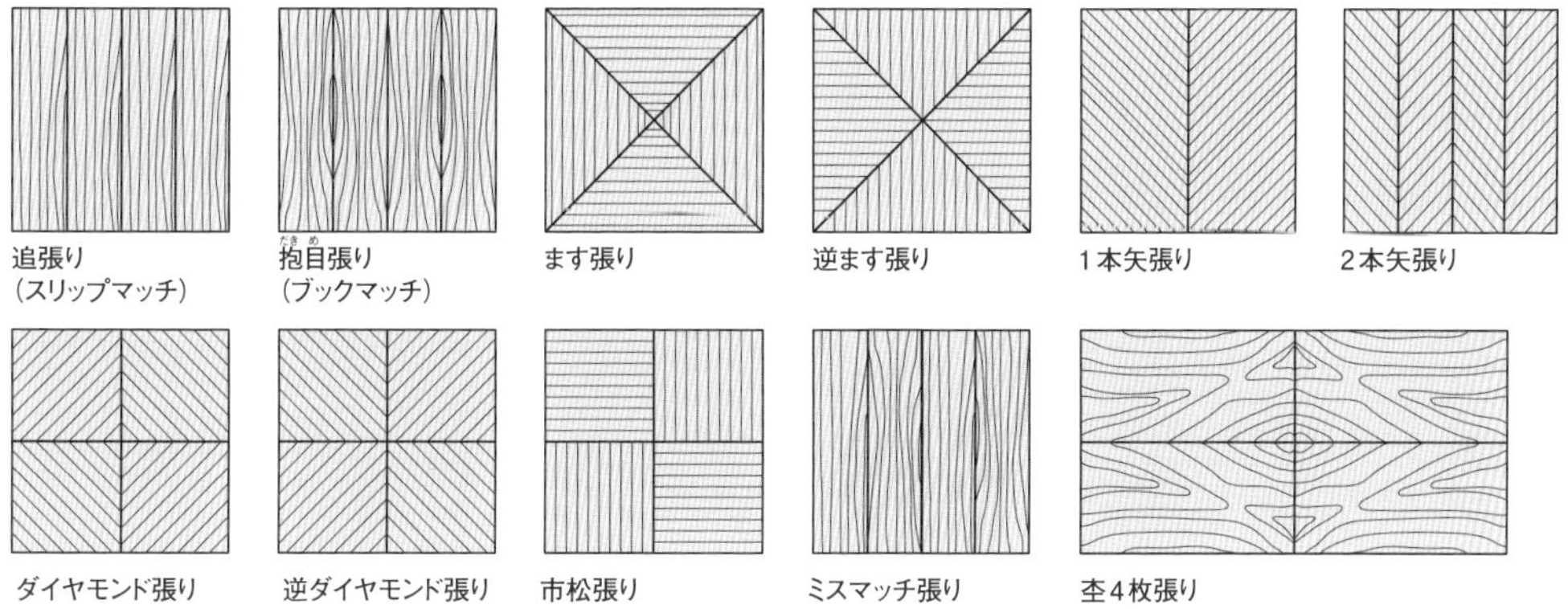
追張り
（スリップマッチ）
抱目《だきめ》張り
（ブックマッチ）
ます張り
逆ます張り
1本矢張り
2本矢張り
ダイヤモンド張り
逆ダイヤモンド張り
市松張り
ミスマッチ張り
杢4枚張り

同じ突板でも張り方によってまったく違う表情を見せる。最近は追張りか抱目張りがほとんどだが、クラシカルな家具では、ます張りやダイヤモンド張りも見られる

# 樹脂系化粧合板

POINT

◉性能がまったく違うメラミン化粧板とポリ合板

◉耐久性を要する水平面にはメラミン化粧板を使う

## メラミン化粧板とポリ合板

家具でよく使われる素材にメラミン樹脂化粧板（以下、メラミン化粧板）とポリエステル樹脂化粧合板（以下、ポリ合板）がある［表］。最近では印刷技術が発達し、本物と間違えるほどの木目と質感を再現した化粧板もあり、コストや耐久性の面から、採用される機会も多い。メラミン化粧板は厚さ1.2㎜の樹脂板で、フラッシュなどの下地に接着して使用する。プレス機で圧着するため、現場での加工には向いていない。一方のポリ合板は表面に樹脂層を張った2.5㎜もしくは4㎜の合板であり、現場でも加工できる。

どちらも小口には薄いエッジテープか、コア材と呼ばれる基材と表面が同じ色のメラミン化粧板を張る。強度的にはコア材のほうが優れているが、1.2㎜の厚さが目立つ。逆にテープの場合は接着剤のはみ出しなどに注意が必要だ。これは職人の技量の問題でもあるので、サンプルは扉形状に加工したものを製作してもらうようにする。

## 使う場所で選ぶ

耐摩耗性という面では、表面硬度が高いメラミン化粧板のほうが優れている。そのため、テーブルやカウンターなどの水平面にはメラミン化粧板を使う［図1］。一方で、垂直面やキャビネット内部にはポリ合板が多い。メラミン化粧板は熱を加えて曲げること（ポストフォーム）もでき、カウンターの材料として曲げ加工され、合板などに張った製品が流通している。扉でも専用の加工工場で端部を曲げることができるが、あくまで二次曲面のみで、残りの小口は小口材を張って仕上げる［図2・3］。たくさんの色柄があるが、1つの家具でメラミン化粧板とポリ合板が混在する場合、同じ色柄があるか確認する。

## 表｜メラミン化粧板・ポリ合板比較表

| | | メラミン化粧板 | ポリ合板 |
|---|---|---|---|
| 種類 | | 化粧紙にメラミン樹脂を含浸させ加工した樹脂板 | 化粧紙とポリエステル樹脂による層を張った合板 |
| 厚み | | 0.9㎜ | 2.5㎜、4㎜ |
| 特徴 | | 表面硬度が非常に高く傷がつきにくい。耐水性、耐薬品性、メンテナンス性に優れる。耐熱性にも優れるが、熱い鍋などを置くと化粧板が下地材から剥がれるので注意 | 硬質。熱には強くない。衝撃に弱く、傷つきやすい。メンテナンス性に優れる。紫外線による退色が起こる場合があり、日当たりがよいところでの使用は注意 |
| 小口処理 | | 小口も共材（同材か、表面材から基材まで同色のコア材） | 基材が合板となるため、小口の仕上げには別材を張る必要がある |
| 適する部位 | | 甲板、甲板小口、扉、扉小口、本体外部、本体内部、本体小口、棚板など家具全体 | 本体内部、棚板 |
| 価格［※1］ | フラット | 15,100～17,800円 | 13,800～16,500円 |
| | コア［※2］ | 14,500円 | — |

※1：4×8板の上代価格。そのほかエンボス・メタル系などの種類は価格が異なる　※2：表面材から基材まで同色のコア材。サイズは3×6板のみ

## 図1｜部位別メラミン化粧板・ポリ合板の使い分け

**(1)天板・カウンター**

強度面、メンテナンス性からメラミン化粧板が適している。小口は共材で張るのが一般的だが、薄いので面取りを施せない。天板は安全性から大きく面を取ることが多く、面や小口までメラミン樹脂を張り込んだポストフォームが最適

**(2)扉・引出しほか見え掛かり部分**

ぶつかりやすい部分には強度に優れるメラミン化粧板、小口には共材か挽板を使いたい。小口に強度を求めない場合はDAPシート［140頁参照］や塩ビテープでもよい。コスト的にポリ合板を使うことも多い

**(3)本体内部、棚板**

コストバランスを考えると、ポリ合板が適材といえる。面積の大きい収納などは材料代の比率が大きいので、材料選択がコストに大きく影響する

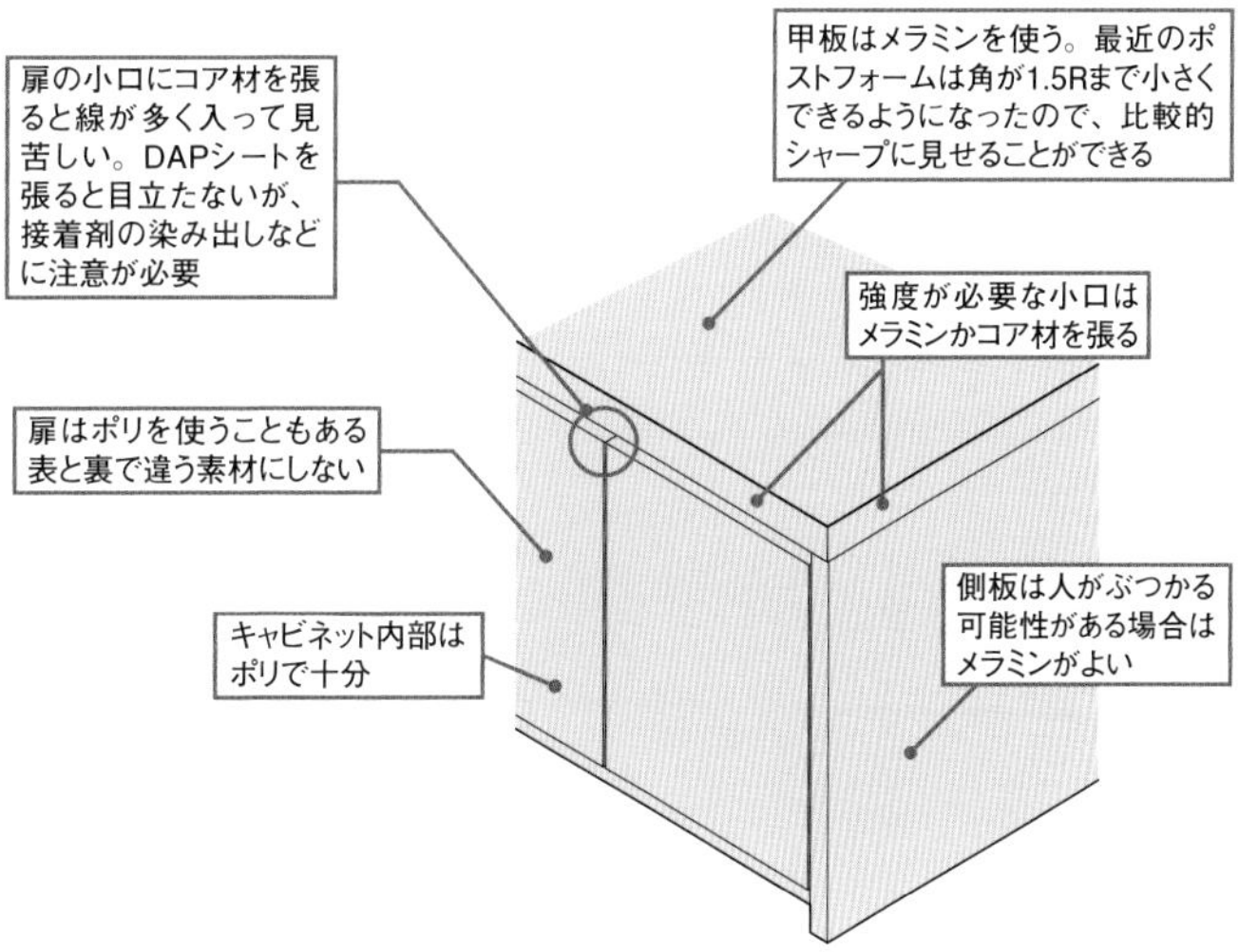
扉の小口にコア材を張ると線が多く入って見苦しい。DAPシートを張ると目立たないが、接着剤の染み出しなどに注意が必要
甲板はメラミンを使う。最近のポストフォームは角が1.5Rまで小さくできるようになったので、比較的シャープに見せることができる
強度が必要な小口はメラミンかコア材を張る
扉はポリを使うこともある表と裏で違う素材にしない
キャビネット内部はポリで十分
側板は人がぶつかる可能性がある場合はメラミンがよい

## 図2｜ポストフォーム扉

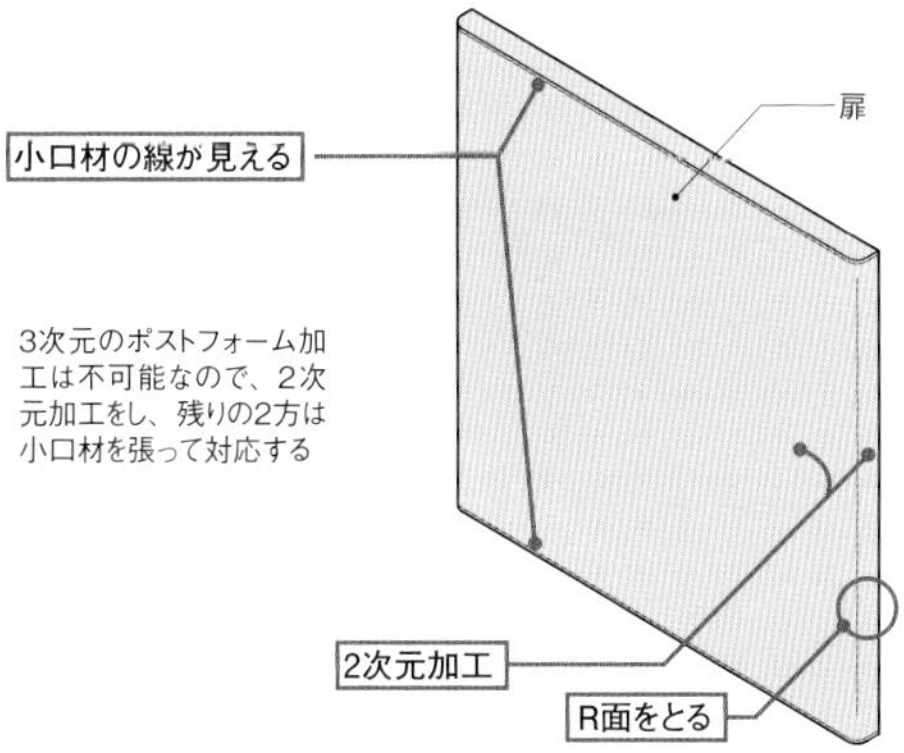
小口材の線が見える
扉
3次元のポストフォーム加工は不可能なので、2次元加工をし、残りの2方は小口材を張って対応する
2次元加工
R面をとる

## 図3｜メラミンポストフォームの断面形状(一部)

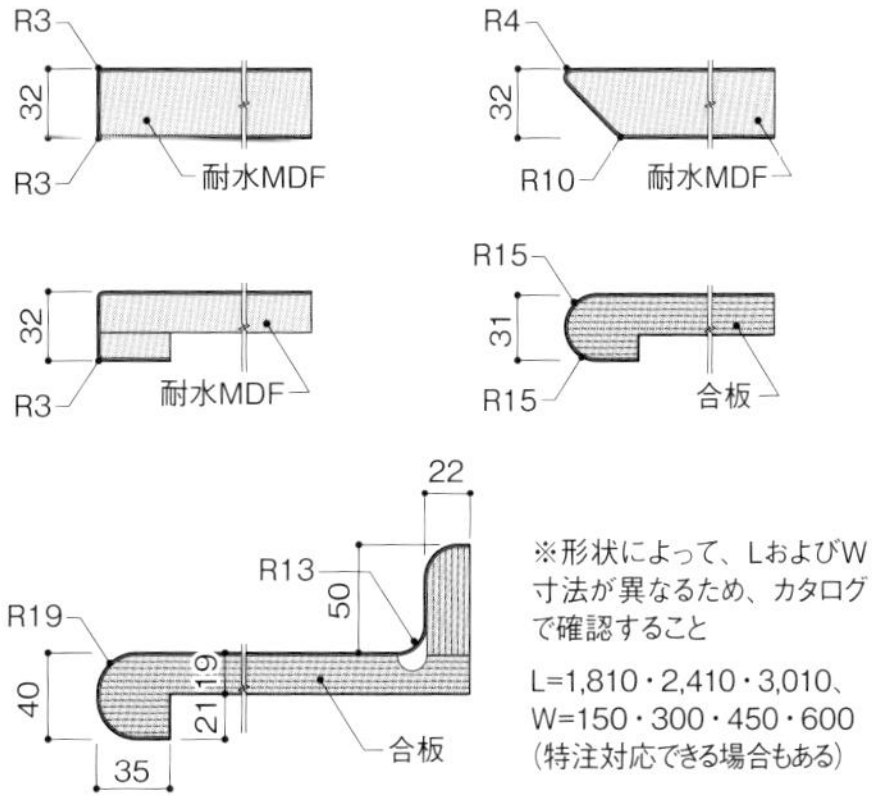
R3
32
R3
耐水MDF
R4
32
R10
耐水MDF
32
R3
耐水MDF
R15
31
R15
合板
22
R13
50
R19
40
19
21
35
合板
※形状によって、LおよびW寸法が異なるため、カタログで確認すること
L=1,810・2,410・3,010、W=150・300・450・600
(特注対応できる場合もある)

KEYWORD 033

# ガラス

**POINT**

- ガラスは割れる。が、非常に強い
- ガラスにさまざまな加工をして使うことがある

## 強さと脆さ

ガラスは透明性、平滑性、対汚染性などに優れ、その長所を生かして建築や家具などに多用される［表］。その一方で冷たい、重い、硬い、割れるという欠点も併せもつ。もっとも引張り力や衝撃に対しては弱いが、圧縮力に対しては非常に強い。棚板などに使用すれば、木製棚板に比べはるかに薄い板でも耐荷重性は高い。スパンを飛ばす棚板には向いている。

板ガラスで最も多く使われるのがフロート板ガラスで、透明性と平滑性に優れている。しかし、小口を見ると分かるように、ガラスそのものは緑色をしている［写真1］。ガラスを透過して見たものは若干色が変化する。それを避けるために、高透過ガラスという無色透明のガラスがあり、博物館の展示什器などに使われる。また、一般ガラスの3〜5倍の曲げ強度、衝撃強度をもたせたものが強化ガラスだ。強化ガラスは面の衝撃には強いが、小口は脆いため、小口の処理が必要である。鏡は板ガラスの裏面に銀膜と銅膜をメッキして保護塗装をしたものである。ほかにも光を透過させつつ視線を遮る目的でフロストガラス（タペストリーガラス）やファブリックガラス、防犯目的で合わせガラス、防犯ガラスなどが使われ、機能や意匠からは熱線反射ガラス、マジックミラー、カラーガラスなどが造作家具に使われる。

## ガラスの加工

板ガラスには制約は多いが、いろいろな加工が可能だ［図］。切断、曲げ、孔あけ、切り欠き、サンドブラスト、エッチング、Vカットなど、使用目的や金物に合わせて加工する。さまざまな模様のフィルムもあり、使用目的やデザインに応じて張る。フィルムは、万が一割れたときの飛散防止にもなる。

## 表｜家具で使用する主なガラスの種類と特徴

| 種類 | 厚さ(mm) | 最大サイズ(mm) | 特徴 | 使用個所 |
|---|---|---|---|---|
| フロート板ガラス／フロストガラス（タペストリーガラス） | 2 | 1,219×610 | フロート板ガラスは平滑性が高く、最もポピュラーなガラス。面方向を見るとほぼ透明だが、小口を見ると緑色をしている<br><br>フロストガラス（タペストリーガラス）は、板ガラスの表面をサンドブラスト加工した後に、フッ化水素で化学処理することで、手垢をつきにくくしたもの | 扉、棚板 |
| | 3 | 2,438×1,829 | | |
| | 4 | 2,438×1,829 | | |
| | 5 | 3,780×3,018 | | |
| | 6 | 6,056×3,008 | | |
| | 8 | 6,046×2,998 | | |
| | 10 | 6,046×2,998 | | |
| | 12 | 6,046×2,998 | | |
| | 15 | 5,996×2,948 | | |
| | 19 | 5,996×2,898 | | |
| 型板ガラス（梨地・霞・霞） | 2 | 914×813 | レトロ感が漂う。透視性はガラスまでの距離と模様による | 扉 |
| | 4 | 1,829×1,219 | | |
| | 6 | 1,829×1,219 | | |
| 強化ガラス | 4 | 2,000×1,200 | フロート板ガラスの3～5倍の曲げ・衝撃強度をもつ。ただし小口は脆い。万が一割れても破片が粒状になる。熱強化加工後に孔アケなどの二次加工はできない | 扉、棚板、甲板、店舗什器 |
| | 5 | 2,400×1,800 | | |
| | 6 | 3,600×2,440 | | |
| | 8 | 4,500×2,440 | | |
| | 10 | | | |
| | 12 | | | |
| | 15 | | | |
| | 19 | | | |
| 高透過ガラス | 5 | 3,100×6,000 | ほとんど無色透明で、色の再現性が高い。美術館などの展示ケースなどに用いられる | 店舗什器 |
| | 6 | | | |
| | 8 | | | |
| | 10 | | | |
| | 12 | | | |
| | 15 | | | |
| | 19 | | | |

## 図｜ガラスの小口加工

| コバ磨き | | | 面取り加工 | |
|---|---|---|---|---|
| 糸面磨き | 平摺り | カマボコ摺り | 斜面取り | 幅広面取り |

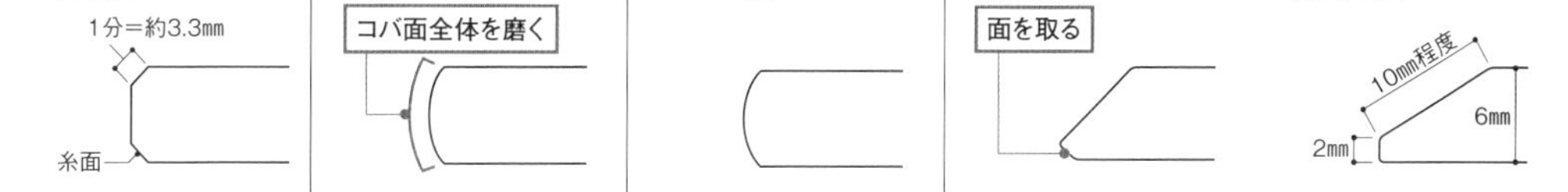
1分＝約3.3mm
糸面
コバ面全体を磨く
面を取る
10mm程度
6mm
2mm

| 糸面磨き | 平摺り | カマボコ摺り | 斜面取り | 幅広面取り |
|---|---|---|---|---|
| ガラス厚が3mm以下なら糸面でもよい。面幅により1分、2分面取りなどがある。棚ガラス・テーブルトップに使う | コバ全体を平らに磨く。この場合、糸面が取れる。少し丸みを付けたタイプ（ラウンド）もある。棚板などに使う | カマボコ状に丸く磨く。強化ガラスの破損防止にも向く。テーブルトップなどに使い、高級感が出せる | ガラスどうしの接合部を留めにする場合に向く。ショーケース・ショーウィンドウに使う | 斜面取りの傾斜を広くとったもの。食器棚の戸やミラーなど装飾性が必要な部分に使用。端部厚みは2mm以上 |

## 写真1｜ガラスの小口

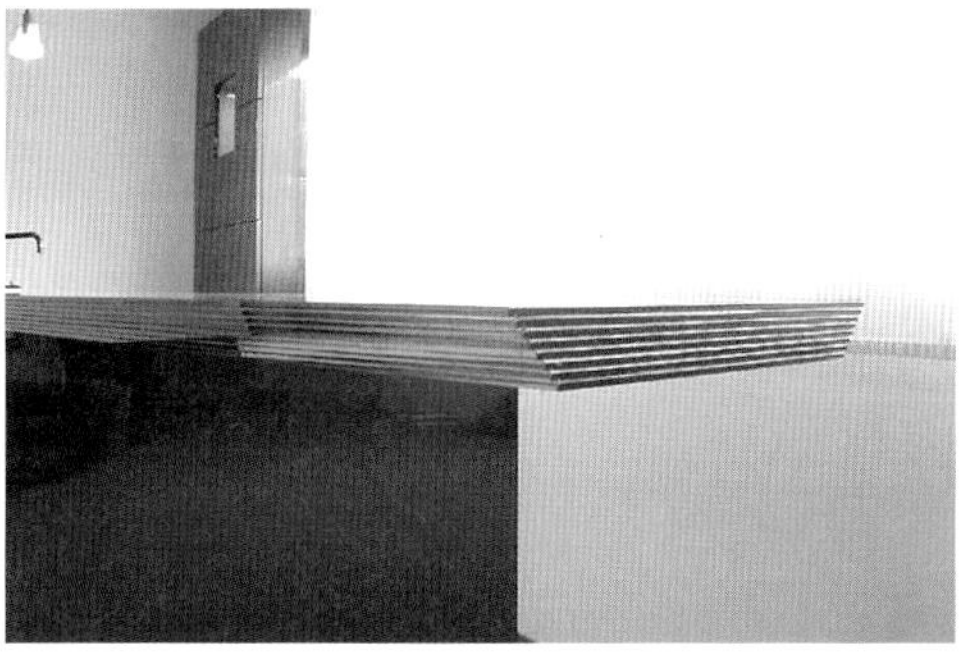

ガラスを8枚重ねたバーカウンター。ガラスの色が緑色だということがよく分かる

設計・写真：STUDIO KAZ

## 写真2｜ガラスの飾り棚

ガラスのみで構成したリビングの飾り棚。UV接着という特殊な技術で接着しているため、接着剤の跡がまったく出ない

# アクリル・ポリカーボネート

POINT

- アクリルの利用範囲は広がっている
- アクリル、ポリカーボネートとも静電気に注意

## 単なる「ガラス」を超えた素材

アクリルがガラスの代用品として使われていたのは昔の話で、今では一人前の素材として扱われている。透明性が高いのが大きな特徴だ［表1］。同じ厚みではガラスよりも軽量であり、接着の仕方では厚さ方向に重ねてもその透明性が損なわれることはない。その性質を利用して、水族館の水槽や写真パネルなどに多く使われている。

家具でも飾り棚の棚板や照明のカバーによく使われる。重合接着という特殊な技法を使って接着すると、接着したアクリル板どうしは一体のソリッドとなり継ぎ目が分からなくなる。また、ガラスと同じように、光の直進性が強い。小口から入った光は途中漏れることなく、反対の小口に到達する。

製造方法は、液体状のものを板状などさまざまな形状に成形する。その過程で異物を封入することも可能だ。

このように透明性、光の透過性、接着、封入などの特性を生かした、不思議な感覚の家具も製作できる［写真1］。欠点は傷付きやすいことと、帯電性があり埃が付着しやすいこと。熱による収縮やあばれが大きいことだ。

## コストは割高

ポリカーボネートは、アクリルよりも耐熱性、難燃性、耐衝撃性に優れているものの、透明性では劣る［表2］。また、接着には不向きで、接合する場合はボルト締めを基本としている。

ガラスやアクリルのように平滑な板状での使用は少なく、波板や、断面がはしご状になったダブルシート、エンボス加工された板などで使用されることが多い。家具や建具では木やアルミでフレームを組んで、そこにはめ込んで使う［写真2］。コスト的にはアクリルもポリカーボネートも、ガラスに比べると2倍以上の価格になる。

## 写真1 | アクリルを使用した家具の例

透明アクリルを重合接着することにより自立できる形状にし、中に埋め込んだ鏡が宙に浮いているように見えるドレッサー

デザイン・写真：STUDIO KAZ

積層したアクリルのブロックを地面に埋め込んでつくったベンチ。反対面にしか画像が投影されないという、アクリルの光の直進性を利用した不思議なベンチ

デザイン・写真：STUDIO KAZ

## 表1 | アクリルの特性

| アクリルの特性 | |
|---|---|
| 透明性 | 透明度はガラスを超える93%（ガラスは92%） |
| 加工性 | 切断、孔あけ、曲げなど加工の自由度の高い素材で、接着剤による張り合わせ加工も可能 |
| 耐候性 | 太陽光や風雨・雪などの気象条件にも優れた耐候性を発揮 |
| 安全性 | 耐衝撃性に優れており、万一破損しても、破片が飛び散ることはない |
| 燃焼性 | 木材とほぼ同程度。着火温度は400℃ |
| 比重 | 1.19 |
| 衝撃強度 | 耐衝撃強度はガラスの10～16倍 |
| その他 | 発色がよく、カラーバリエーションが豊富 |

## 写真2 | ポリカーボネートの使用例

断熱性に優れるポリカダブルシートで間仕切と建具を製作。明るさを取り入れながら保温性を確保した

間仕切と建具をつくった端材で猫用ドアを製作

設計・写真：STUDIO KAZ

## 写真3 | レジンの使用例

無垢木の割れなどにレジンを流し込んだもの。レジンは主に2液性のエポキシレジンとUV硬化型のUVレジンに分けられる。最近ではハンドメイドアクセサリーの材料として人気が高まっている。無垢板の割れ目や抜き節などに流し込み、テーブル板などにする事例を多く見るようになった。家具ではエポキシレジンを使うことが多いだろう

写真提供：アトリエ木馬（関家具）

## 表2 | ポリカーボネートの特性

| ポリカーボネートの特性 | |
|---|---|
| 透明性 | 透明度は86%（ガラスは92%） |
| 加工性 | 専用の接着剤以外使用できない |
| 耐候性 | 太陽光や風雨・雪などの気象条件にも優れた耐候性を発揮 |
| 安全性 | 耐衝撃性に優れており、万一破損しても、破片が飛び散ることはない |
| 燃焼性 | 自己消火性がある |
| 比重 | 1.2 |
| 衝撃強度 | 耐衝撃強度はガラスの約200倍、アクリルの30倍 |
| その他 | 発色がよく、カラーバリエーションが豊富 |

## 表3 | レジンの特性

| レンジの特性 | |
|---|---|
| 透明性 | UVレジンよりもエポキシレジンの方が透明性が高い |
| 加工性 | 主剤と硬化剤を混合したエポキシレジンを型などに流し込み整形。硬化後の研磨することにより、形状や端部を整えたり、透明性を増す |
| 耐候性 | 種類やグレードにより、黄変の度合いの幅は大きい |
| 安全性 | 耐衝撃性に優れているが、可燃物であるため火気厳禁、液体の状態では毒性はあるが、硬化後は無害 |
| 燃焼性 | 可燃性物質。耐熱温度は40~50℃ |
| 比重 | 1.1～1.5 |
| 衝撃強度 | 曲げ強度に弱く、引張り強度に強い。耐衝撃性は強いが傷は付く |
| その他 | 基本は透明だが、着色が可能なため表現力は高い |

# スチール

POINT
- ◎スチールにもさまざまな種類がある
- ◎スチール塗装の種類を知る

## スチールの種類

スチール（鋼《はがね》）は建築・家具の材料として、最も多く使われている金属材料である［図・写真1］。強度が大きく、加工が比較的容易で、製品の精度が高く、品質のばらつきが少ないなどの特徴がある。鋼は純鉄に炭素を含有させた炭素鋼としてつくられ、炭素の含有率によって性質（硬度）が異なる。炭素に加え、ニッケルやクロム、モリブデンなどの元素を添加して特別な性能を与えたものを合金鋼と呼び、ステンレス鋼もその1つである。また近年、鋼材にアルミと亜鉛などの合金を溶融メッキしたガルバリウム鋼板という素材が建物の外部に多用されている。

鋼は鋼板、棒鋼、形鋼、鋼管など多くの形状で鋼材として流通し、それらを加工、表面処理して、さまざまなかたちで建築や家具の一部、もしくは全体に使われる［写真3］。

## スチールの加工と仕上げ

スチールは、適度な軟らかさと強度をもつため、さまざまな方法で加工、処理される。板材、棒材、管材などは曲げ加工され、曲線や曲面を構成する。板材は絞り加工にて筒状やボウル状に成形することができる。金属を熱で溶かし、型に流し込んで成形することを鋳造《ちゅうぞう》といい、製品を鋳物《いもの》と呼ぶ。家具の部材ではハンドル、つまみ、錠、装飾金物などが鋳造でつくられる。

スチールの接合には溶接やリベット、ビス、接着剤などが使われる。また、スチールはそのままでは腐食が進んでしまうので、表面を処理する。最も一般的な処理は塗装だ［写真2］。素材の密着がよく、現場では錆止めを施した後に塗装される。工場でも焼付塗装をはじめ、静電塗装、粉体塗装、メッキなど、使用目的や置かれる環境、美観などから判断して処理が施される。

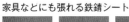

## 図｜建築や家具に使うスチール（鋼）の種類

- 鉄鋼
  - 鉄
    - 純鉄（C 0.02%）
  - 鋼
    - 軟鋼（C 0.03～0.2%）
    - 硬鋼（C 0.5%）
    - 合金鋼：Cr鋼（SCr）、Ni鋼（SN）、Mn鋼（SMn）、Cr-Mo鋼（SCM）、Ni-Cr鋼（SNC）、Ni-Cr-Mo鋼（SNCM）など
    - 特殊用途鋼：ステンレス鋼（SUS）
      - SUS410（13Cr）
        良好な耐食性、機械加工性を持つ。一般用途用、刃物類など
      - SUS410S（13Cr-0.08C）
        410の耐食性、成形性を向上させた鋼種
      - SUS410L（13Cr-低C）
        410SよりCを低くし、溶接部曲げ性、加工性、耐高温酸化性に優れる。排ガス処理装置、バーナーなど
      - SUS430（18Cr）
        耐食性に優れた汎用鋼種。建築内装用、家庭用器具、家電部品
      - SUS429（16Cr）
        430の溶接性改良鋼種
      - SUS436L（18Cr-1Mo-Ti、Nb、Zr-極低〈C、N〉）
        430より塩分に対して強く、CとNを低くし、Ti、Nb、Zrを添加し、加工性、溶接性を良くした。建築内外装、給湯・給水器具など
      - SUS444（19Cr-2Mo-Ti、Nb、Zr-極低〈C、N〉）
        436LよりMoを多くし耐食性を高めた。貯湯槽、貯水槽、熱交換器、食品設備など
      - SUS304（18Cr-8Ni）
        ステンレス高耐熱鋼として最も広く使用。食品設備、一般化学設備など
      - SUS304L（18Cr-9Ni-低C）
        耐食性に優れる。溶接後熱処理できない部品類など

      仕上げ：HL、BA、2B、バイブレーション、エンボス加工
    - 鍛鋼（SF）、鋳鋼（SC）
  - 鋳鉄

### 写真1｜多彩な鉄の表情

鉄のいろいろな表情。左から錆、錆、黒皮、特殊塗装

写真：STUDIO KAZ

### 写真2｜鉄錆風の塗装

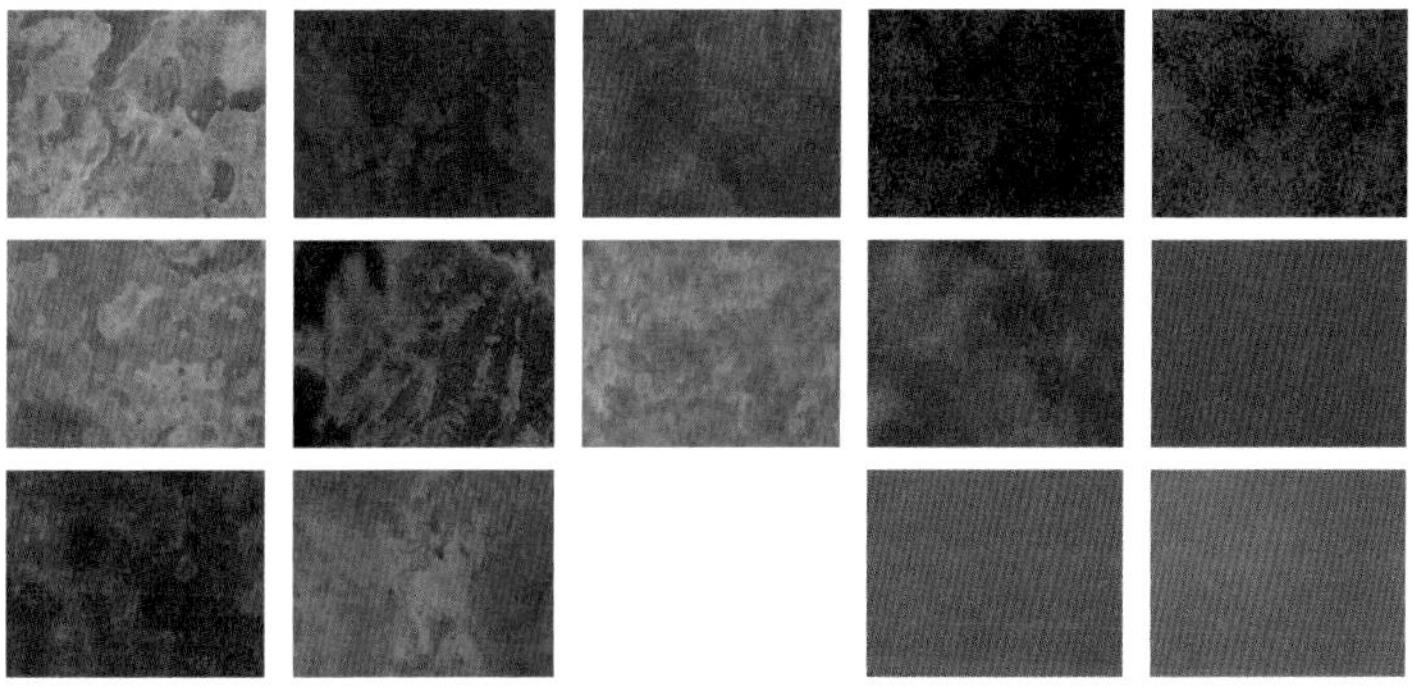

鉄錆を模した塗装もある。鉄にももちろん塗ることができる。錆そのものの進行や接触による鉄錆粉の付着などの心配がない

鐵染匠、錆匠（鉄錆）　写真提供：ノミック

### 写真3｜手軽に使える鉄錆シート

**家具などにも張れる鉄錆シート**

**鉄錆シートの構造断面図**

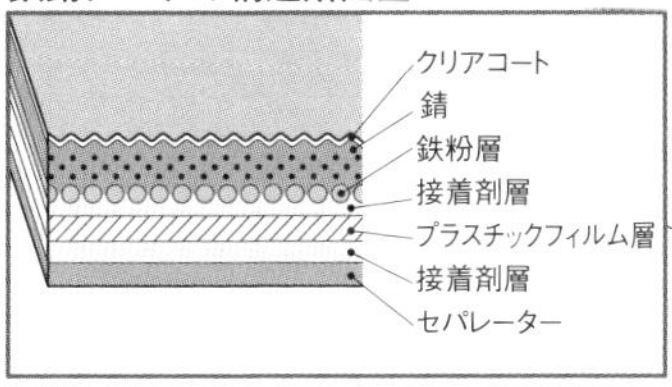
クリアコート
錆
鉄粉層
接着剤層
プラスチックフィルム層
接着剤層
セパレーター

鉄錆をシートに付着させた商品。既存の家具や建具にも張ることができるので造作家具には重宝する

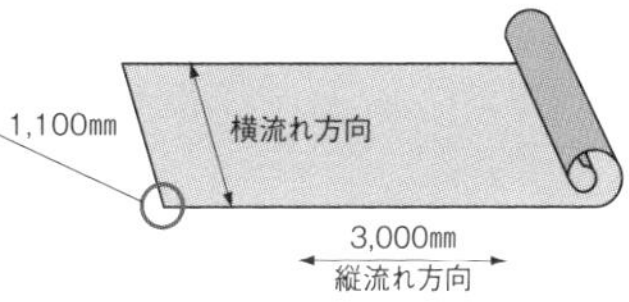
1,100mm
横流れ方向
3,000mm
縦流れ方向

鉄錆は趣があるが、鉄板に錆をふかせると予想通りの表情にならなかったりする。しかし、鉄錆シートではあらかじめ表情が選べる利点がある。また、木下地にも張れるので扱いが楽である。ただし、本物の錆なので粉の付着の可能性はある

鉄錆シート　写真提供：中川ケミカル

# ステンレス

**POINT**

◉ステンレスにも錆は発生する

◉ステンレスの表情を知る

## ステンレスの種類

ステンレスは、スチールをベースとしてニッケルやクロムを含み、炭素の少ない、極めて耐食性の高い特殊鋼材である。その配合比率により分類され、用途に応じて使い分けられる。家具の仕上材として一般的なのはステンレスのなかでもSUS304（18・8ステンレス）とSUS430の2種類。SUS430は業務用厨房機器に多く使用され［写真1］、SUS304に比べて安価で、軟らかく、加工性はよいが、「もらい錆」が発生しやすい。

ステンレスとは「stainless steel」つまり「錆ない鉄」の意味であるが、もらい錆といって鉄などからの錆が発生することがあり、ほかの金属との長時間の接触は注意が必要だ。また、SUS430は磁石がくっつくが、SUS304はくっつかない。ステンレスの加工では溶接やリベット、ビス留めなど接着剤を使わず組み立てられるため、シックハウス対策やリサイクル可能な素材としても注目される［写真2］。

## ステンレスの仕上げ

ステンレスは用途と意匠性によって、さまざまな表面処理を施して使用する。代表的な仕上げにNo.4、ヘアライン（HL）、鏡面（No.8）、バイブレーション仕上げなどがあり、それぞれに特徴的な表情を見せる。また、塗装を施すこともある。ステンレスの表面にはそのままでは塗料が乗らないため、脱脂処理をした後、表面を十分荒し、プライマーを塗ってから、フッ素樹脂やアクリル樹脂系の塗装、セラミック塗装などで仕上げる［写真3］。その工程を考えると現場での塗装は難しい。工場での焼付塗装が基本となる。

このほかステンレス自体を薬液処理によって化学的に発色させたカラーステンレスという素材もある。

写真1　|　**オールステンレスのキッチン**

①アイランドキッチン

②甲板

オールステンレスでつくったキッチン。溶接とリベットのみで組み立てられるため、ホルムアルデヒドなどの有害な物質を一切放出しない。体と環境に優しい家具といえる。キャビネット本体は加工性のよいSUS430を使用、仕上げはNo.4仕上げとしている

設計：今永環境計画＋STUDIO KAZ、写真：STUDIO KAZ

甲板にはSUS304の4㎜の板を使用している。トップはバイブレーション仕上げだが、小口部分は#800で磨いている

写真3　|　**セラミック塗装による仕上げ**

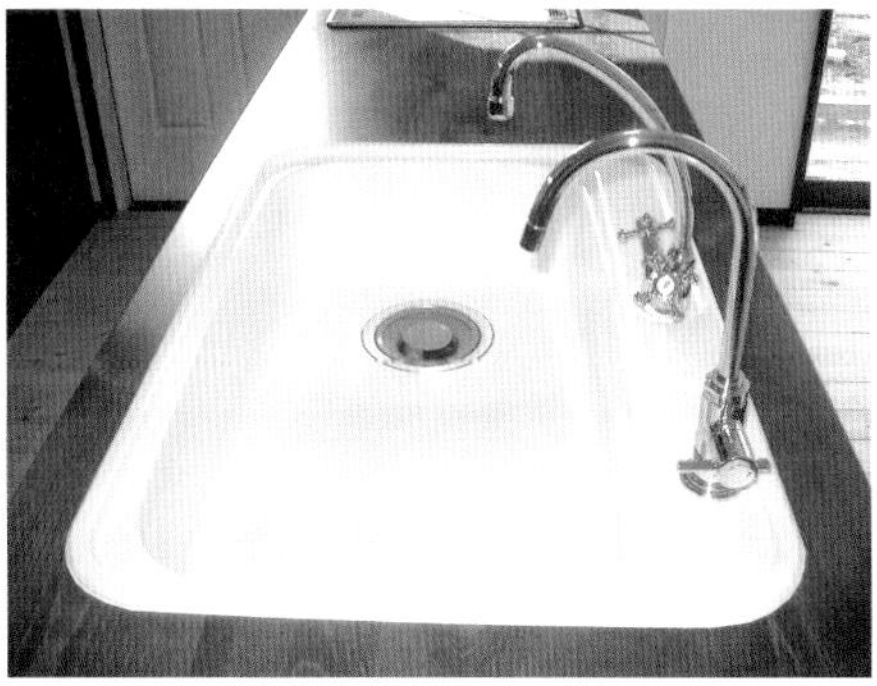

ステンレスにセラミックコーティングを施したシンク。ステンレスシンク同様の弾力性と軽量性をもつ。手入れはクリームクレンザーとナイロンタワシでよく、ステンレスのように曇ったり、黒ずんだりしない。高温のフライパンを置いても問題ない

COMOステンレスカラーシンク　写真提供：SELECT

写真2　|　**ステンレスのスツール**

キッチンに合わせたスツール。脚部は13㎜と8㎜のステンレスパイプで構成し、非常に軽量ながらしっかりとした耐荷重を実現している

デザイン・写真：STUDIO KAZ

# その他の金属

POINT
- 各金属の表情と特性を知る
- さまざまな金属を家具に取り入れる

## アルミニウム

アルミニウム［図1］は、スチールやステンレスと比べて安価な素材である。非常に軟らかく、引張り強度が弱いため、構造的に荷重がかかるところに使用することはほとんどない。アルミの魅力は、柔らかい表情と発色のよさにある［写真1］。ステンレスのようにギラギラしたイメージはない。アルミはケイ素やマグネシウムなどの元素と合わせてアルミ合金として使用されることが多い。板、パイプ、棒、押出し材などとして流通している。塗装の乗りもよいが、電解着色や染色などにより、多様な色調を得ることができるのも魅力だ［写真2］。また、リサイクルが容易な素材としても知られる。

アルミの欠点は、融点が低いため溶接が非常に困難であること、小さなRでは破断を起こしてしまうため曲げ加工に向かないことである。

## 銅、真鍮、チタン、鉛

銅は古くから日本人に親しまれてきた素材。色や光沢も美しいが、むしろ酸化した後の黒ずんだ表情や緑青《ろくしょう》が美しいとされる［写真3・4］。強度は弱いため、構造的な部分には使われない。

真鍮《しんちゅう》は銅に亜鉛を加えた合金で、加工性のよさから建築や家具の材料によく使われる。パイプや棒状のものも装飾的に使うことが多い。ハンドルやつまみなどを鋳物でつくることもある。

チタンは耐食性や耐熱性、強度に優れ非常に軽い。板材、管材、棒材などがあるが、まだまだ高価な素材である。

鉛は比重の高さから、レントゲン室の放射線遮蔽用や防音素材にも使われる。すぐに黒ずむが、その表情が好まれることもある。手で曲げられるほどに軟らかく、家具に張り付けることもできる。しかし、鉛中毒問題が注目され、家具などには使用されなくなった。

## 図1 | 主な非鉄金属材の種類

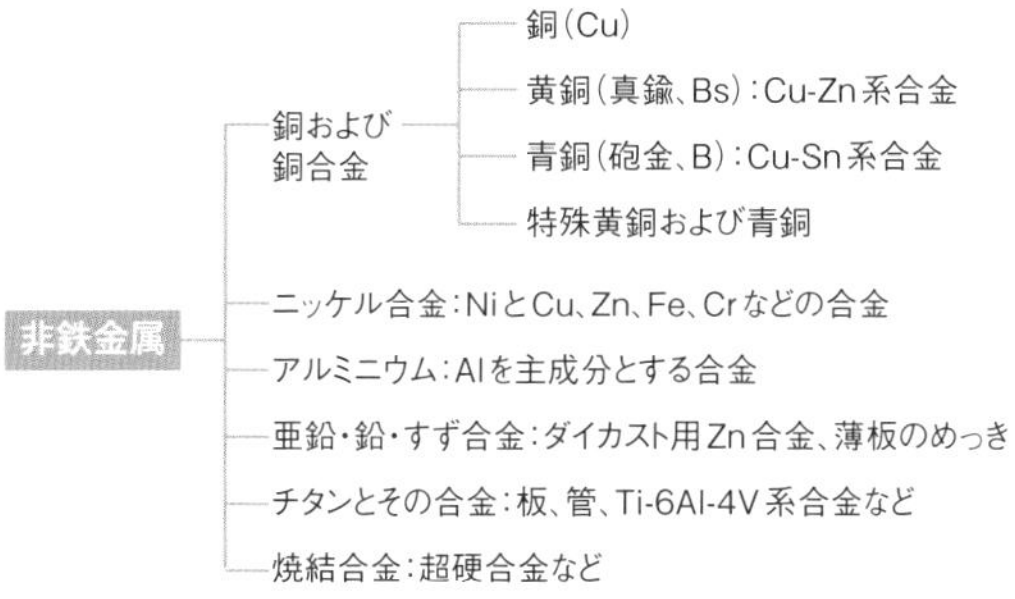
非鉄金属
銅および銅合金
銅(Cu)
黄銅(真鍮、Bs):Cu-Zn系合金
青銅(砲金、B):Cu-Sn系合金
特殊黄銅および青銅
ニッケル合金:NiとCu、Zn、Fe、Crなどの合金
アルミニウム:Alを主成分とする合金
亜鉛・鉛・すず合金:ダイカスト用Zn合金、薄板のめっき
チタンとその合金:板、管、Ti-6Al-4V系合金など
焼結合金:超硬合金など

## 写真1 | アルミニウムを使ったソファ

構造にアルミパネルを使用したソファ。アルミ特有の柔らかい表情とシャープな形状をもつ

30072 AIR FRAME MID sofa（1人掛ワイド）
写真提供:カッシーナ・イクスシー

## 写真2 | アルミ染色の色見本帳

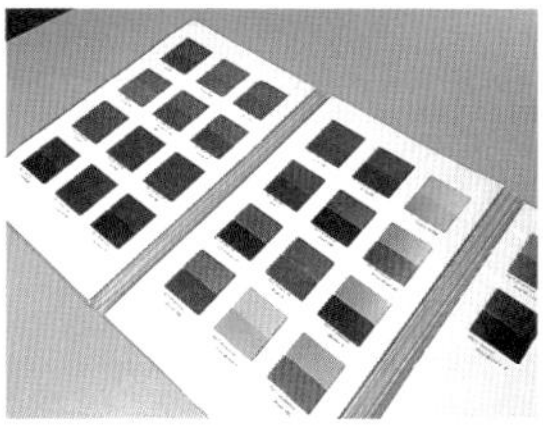

アルミの魅力は何といっても発色のよさにある。電解液につけ込む時間によって出てくる色の濃さが変わる

写真:STUDIO KAZ

## 写真3・図2 | 家具などにも張れる緑青シート

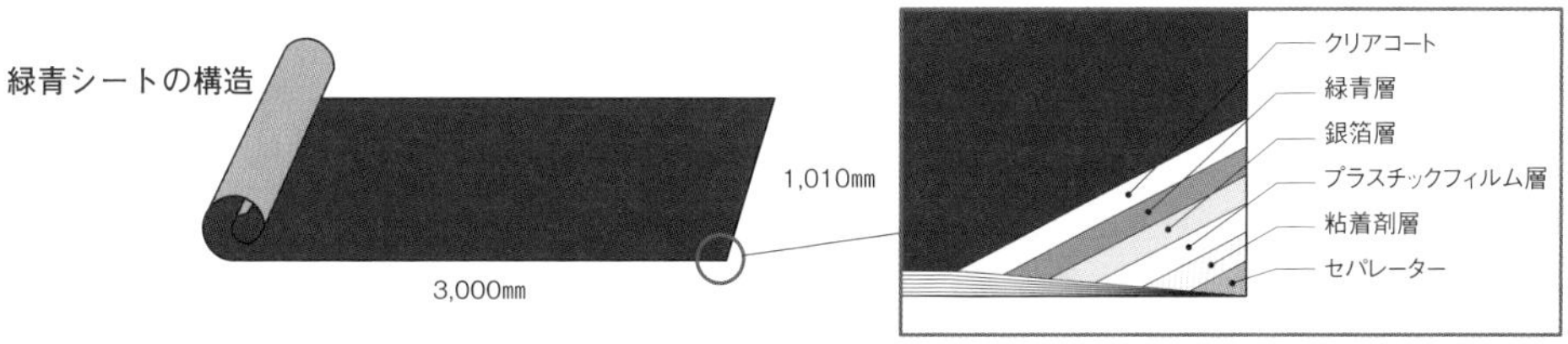
緑青シートの構造
1,010㎜
3,000㎜
クリアコート
緑青層
銀箔層
プラスチックフィルム層
粘着剤層
セパレーター

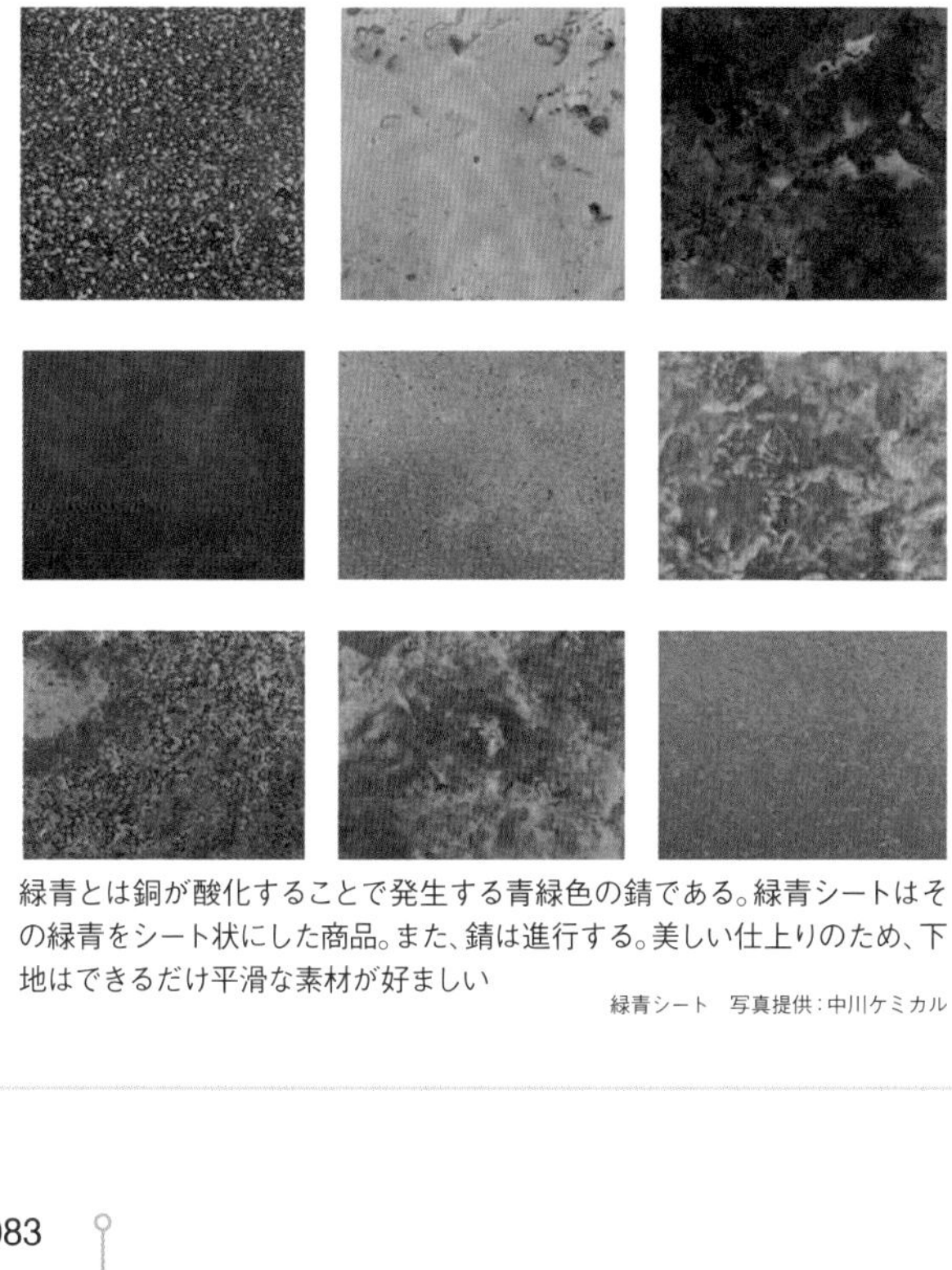

緑青とは銅が酸化することで発生する青緑色の錆である。緑青シートはその緑青をシート状にした商品。また、錆は進行する。美しい仕上りのため、下地はできるだけ平滑な素材が好ましい

緑青シート　写真提供:中川ケミカル

## 写真4 | 緑青風の塗装

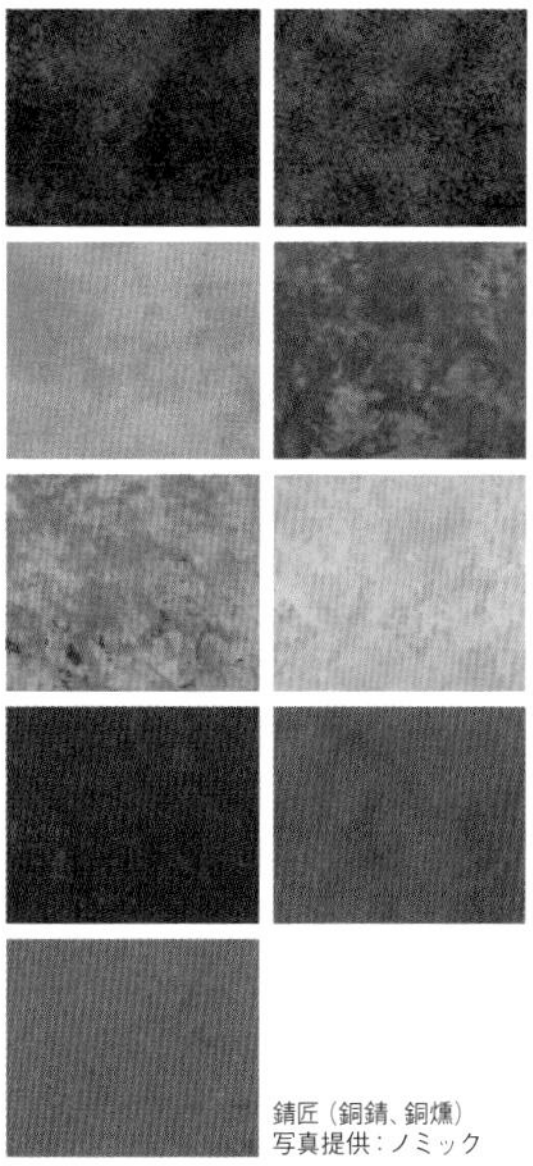

錆匠（銅錆、銅燻）
写真提供:ノミック

# 天然石

**POINT**

- ◉天然石の表情と種類を知る
- ◉天然石の特性を知り、使用個所により使い分ける

## 天然石の種類

石材の最大の特徴は高級感ある見栄えである［写真1・2］。その存在感は他を圧倒するものがある。また、不燃性や耐久性、耐水性、耐摩耗性、耐酸性に加え、強度的にも優れ、主に高級化粧材としての使用が多い。欠点としては、加工性が悪い、衝撃に弱い、高価、重い、大判がとれないなどがある。

天然石はその組成から、大きく分けると「火成岩」「水成岩」「変成岩」に分類される［表］。国内での採石場は少なくなったが、稲田石《いなだいし》、大谷石《おおやいし》、伊《い》豆《ず》若草石《わかくさいし》、十和田石《とわだいし》、多胡石《たごいし》などが有名である。しかし今では、使用される天然石の90％以上が輸入物である。

造作家具で石を最も多く使う部位はカウンターだろう。キッチンや洗面、トイレなどの水廻りにも適している。ただし、比較的酸に弱く、吸水性もあることから、大理石や砂岩、ライムストーンなどはキッチンには向かないとされる。一方、比重が高く、振動に強いため、スピーカーを置く台とすることもある。建材としてはタイル状にカットされたものを使うことが多いが、家具ではスラブからカットして大きな材料を使うことが多い。

## 石材の仕上げ

石の種類によっては仕上げが限定されるが、仕上げによって違った表情を見せるのも天然石の魅力だ。多くの場合、光沢が出るまで研磨する「本磨き」にするが、光沢を抑え、平滑面を出す程度まで磨いた「水磨き」も増えている。水平面ではこのように磨き仕上げが多いが、垂直面では粗く仕上げることもある。表面に火炎を当てる「ジェットバーナー仕上げ」、叩くことで表情を出す「びしゃん」、サンドブラストなどでも仕上げられる。また、自然の風合いを生かす「割肌《わりはだ》」も人気だ。

## 表｜主な石の種類と性質・用途・仕上げ

| 分類 | 種類 | 主な石の名称 | 性質 | 用途 | 適した仕上げ |
|---|---|---|---|---|---|
| 火成岩 | 花崗岩 | (通称みかげ石)<br>白——稲田／北木／真壁<br>茶——恵那錆<br>ピンク——万成／朝鮮万成(韓国)／ピンクボリーノ(スペイン)<br>赤——インペリアルレッド(スウェーデン)／マホガニーレッド(アメリカ)<br>黒——浮金／折壁／ブルーパール(スウェーデン)／カナディアンブラック(カナダ)／ベルファースト(南アフリカ) | 硬い<br>耐久性あり<br>耐摩耗性大 | [板石]<br>床・壁<br>内外装<br>階段<br>テーブル<br>甲板<br>ほか | 水磨き<br>本磨き<br>割肌<br>バーナー<br>小たたき<br>びしゃん<br>のみ切り<br>こぶ出し |
| | 安山岩《あんざんがん》 | 小松石／鉄平石／白丁場 | 細かい結晶でガラス質<br>硬い、色調暗<br>耐摩耗性大<br>軽石は断熱性が大きい | [板石]<br>床・壁<br>外装<br>[角石]<br>石垣<br>基礎 | 水磨き<br>割肌 |
| 水成岩(堆積岩) | 粘板岩 | 玄昌石／仙台石　ほかに中国産多種あり | 層状にはがれる<br>色調暗、光沢あり<br>吸水性小、強い | 屋根葺用<br>床・壁 | 割肌<br>水磨き |
| | 砂岩 | 多胡石／サンドストンベージュ・サンドストーンレッド(インド) | 光沢なし、吸水性大<br>摩耗しやすい<br>汚れやすい | 床<br>壁<br>外装 | 粗磨き<br>水磨き |
| | 凝灰岩《ぎょうかいがん》 | 大谷石 | 軟質、軽量<br>吸水性大<br>耐久性小<br>耐火性強、もろい | 壁(内装)<br>炉<br>倉庫 | 小たたき<br>のこひき目 |
| 変成岩 | 大理石 | 白——霰《あられ》／ビアンコカララ(イタリア)／シベック(旧ユーゴスラビア)<br>ベージュ——ボテチーノ・ベルリーノキャロ(イタリア)<br>ピンク——ローズオーロル(ポルトガル)／ノルウェージャンローズ(ノルウェー)<br>赤——ロッソブロカテロ(イタリア)／紅波紋(中国)<br>黒——ポルトーロ(イタリア)／残雪(中国)<br>緑——深緑(中国)<br>トラバーチン——トラベルチーノ・ロマーノ(イタリア)／田皆《たみな》<br>オニックス——アンバーオニックス(旧ユーゴスラビア)／富山オニックス | 石灰岩が高熱高圧で結晶化した<br>光沢が美しい<br>堅硬緻密<br>耐久性中<br>酸に弱い、屋外では徐々に光沢失う | 内装の床・壁<br>テーブル<br>甲板 | 本磨き<br>水磨き |
| | 蛇紋岩《じゃもんがん》 | 蛇紋／貴蛇紋 | 大理石に似ている<br>磨くと黒・濃緑・白の模様が美しい | 内装の床・壁 | 本磨き<br>水磨き |
| 人造石 | テラゾー | 種石——大理石／蛇紋岩 | | 内装の床・壁 | 本磨き<br>水磨き |
| | 擬石(キャストストン) | 種石——花崗岩／安山岩 | | 壁・床 | 小たたき |

※石の名称は販売会社で異なる場合がある

### 写真1｜表情豊かな石

宮城県で採掘される「伊《だ》達《て》冠石《かんむりいし》」。木の無垢材のように「耳」が特徴的。彫刻によく使われる。石全体に含まれている鉄分が空気に触れると、経年と共に二酸化鉄となり、鉄錆色を呈してくるが、錆色になってもつや落ちはしにくい。彫刻や墓石だけに使うのはもったいない表情豊かな石だが、大判がとれないのが欠点

写真：STUDIO KAZ

### 写真2｜天然石シートを張った棚

テレビ収納の飾り棚部分。天然スレートを厚さ1.2〜1.8mmに薄くはがし、シート状にした建材（天然石シート）を木下地に張って製作した

設計・写真：STUDIO KAZ

# 人工石

POINT

◉メタクリル系人工大理石はキッチンの天板の主流になっている

◉クオーツストーン・大判セラミック板が大注目の素材

## 人工大理石と人造大理石

人工石というと昔はテラゾーだった。大理石や花崗岩のかけらとセメントを混ぜ、現場で研ぎ出すのだが、昨今では職人の数も減り、手間もかかることからほとんど見かけなくなった。

その代用として開発された素材がアクリル樹脂やポリエステル樹脂を主原料とした人工大理石だ。中でもメタクリル（強化アクリル）樹脂を使った人工大理石は耐熱性や耐摩耗性に優れ、現場での切断や接着が可能なため、キッチンのワークトップとして多く使われている［写真1］。

最近ではクオーツ系人造大理石と呼ばれる素材もキッチンでよく使われる。これは数%の樹脂をつなぎとして、水晶などの天然石の結晶を混合、圧縮・研磨して板状に成形される。天然石のような風合いをもち、かつ天然石の欠点でもある耐水性や耐衝撃性を高めた素材であり、グレードが高いキッチンのワークトップによく使われている［写真2］。人工大理石のようにシーム接着はできないが、工場ではトメ加工も可能である。ただし、この2つの素材は不燃素材ではないので、壁面への使用には注意が必要だ。

## 大判セラミック板

今、キッチンのワークトップで最も注目を集めているのが大判セラミック板だ［写真3］。元来、建物の外壁材として開発された素材で、耐熱性、耐摩耗性、対薬品性などに優れる［表］。厚みは3～12㎜。メーカーで異なる。比較的高価な素材で、工場での切断や接着も可能だ。不燃素材なので、内装制限を受ける空間の壁にも使用できる。

いくつか注意すべき点はあるが、キッチンの天板に使用する素材としては、ステンレスに並んで最も理想的な素材なので、知識をつけておきたい。

## 写真1 | メタクリル系人工大理石の製品

メタクリル系人工大理石の端材（例えばシンクを開口した部分など）を利用して製作した一輪挿し

デザイン・写真：STUDIO KAZ

メタクリル系人工大理石を甲板に使った造作キッチン。扉はメラミン化粧板

設計：今永環境計画＋ STUDIO KAZ、写真：STUDIO KAZ

甲板は人工大理石の厚みをそのまま見せてシャープな印象を与えている

設計：今永環境計画＋ STUDIO KAZ、写真：STUDIO KAZ

## 写真2 | クオーツ系人造大理石のワークトップ

ワンランク上のキッチンを計画する場合、クオーツ系人造大理石は魅力的な素材といえる

写真提供：大日化成工業

## 写真3 | セラミック板を天板に使った例

熱い鍋を置いても大丈夫など、キッチンの天板に使う素材としては理想的な素材

写真提供：コセンティーノ・ジャパン

## 表 | 天然石と人工大理石・人造大理石の性能の比較

| 材料比較 | | 耐衝撃性 | 曲げ強度 | 耐化学薬品性 | 耐褪色性 | 耐摩耗性 |
|---|---|---|---|---|---|---|
| 天然石 | 花崗岩 | ○ | ○ | ○ | ◎ | ◎ |
| | 大理石 | ○ | ○ | △ | ○ | ○ |
| メタクリル系人工大理石 | | ○ | ○ | ○ | ○ | △ |
| クオーツ系人造大理石 | | ◎ | ◎ | ◎ | ◎ | ○ |
| 大判セラミック板 | | ◎ | ◎ | ◎ | ◎ | ◎ |

◎：強い　○：中性　△：低い

# タイル

**POINT**

- タイルは張り方と目地の色で雰囲気が著しく変わる
- タイル割りで家具の寸法を決める

## タイルの種類

タイルとは「天然の粘土や、岩石成分の石英、長石などを原料にして、薄板状に焼いた陶磁器製品の総称」である。耐火性、耐久性、対薬品性、耐候性に優れている反面、大きな材が製作できない、衝撃に弱い、寸法精度がよくないなどの欠点も見られる。

最も多く見られる形状は正方形、長方形も多い。ほかに多角形や円形などもある。色もさまざまであり、産地によって特色も見られる。1枚の大きさは10㎜角から600×1200㎜などまであり、一般的に50㎜角より小さいものはモザイクタイルと呼ばれる。

タイルは、用途、素地材質［表］、仕上げ（釉薬の有無）、形状寸法、工法などによって分類される。タイルを家具に使うことは多くはないが、たとえば、カントリースタイルの甲板にタイルを張ることがある。この場合、端部が欠けることを避けるため、木枠をまわして保護するか、役物と呼ばれる端部専用のタイルを使用する。

## 目地が決め手

タイル目地はタイル裏面への水の浸入を防ぎ、タイルのはがれや浮きを防止する役割と、焼き物であるために寸法精度が悪いタイルを、きちんと割り付ける施工上の役割がある。しかし、デザイン的にも重要で、仕上げ面をきれいな目地の線（グリッド）で構成する平面的な側面［図2］と、タイルと目地の凹凸による陰影を強調する立体的な側面がある。この場合、目地の色、太さ、種類などがポイントとなる［図1］。最近は各メーカーとも目地色の種類を増やしており、選択肢が広がった。目地割れは避けられないが、エポキシ系の特殊な樹脂目地を使用することで、目地の動きに追従して目地割れの可能性を軽減できる。

## 表｜タイルの種類

| 素地の質 | 吸水率 | 焼成温度 | 国内産地 | 輸入タイル産地 |
|---|---|---|---|---|
| 磁器質（Ⅰ類） | 3%以下 | 1250℃程度 | 有田・瀬戸・多治見・京都 | イタリア・スペイン・フランス・ドイツ・イギリス・オランダ・中国・韓国 |
| せっ器質（Ⅱ類） | 10%以下 | 1200℃程度 | 常滑・瀬戸・信楽 | |
| 陶器質（Ⅲ類） | 50%以下 | 1000℃程度 | 有田・瀬戸・多治見・京都 | |

## 図1｜目地の種類

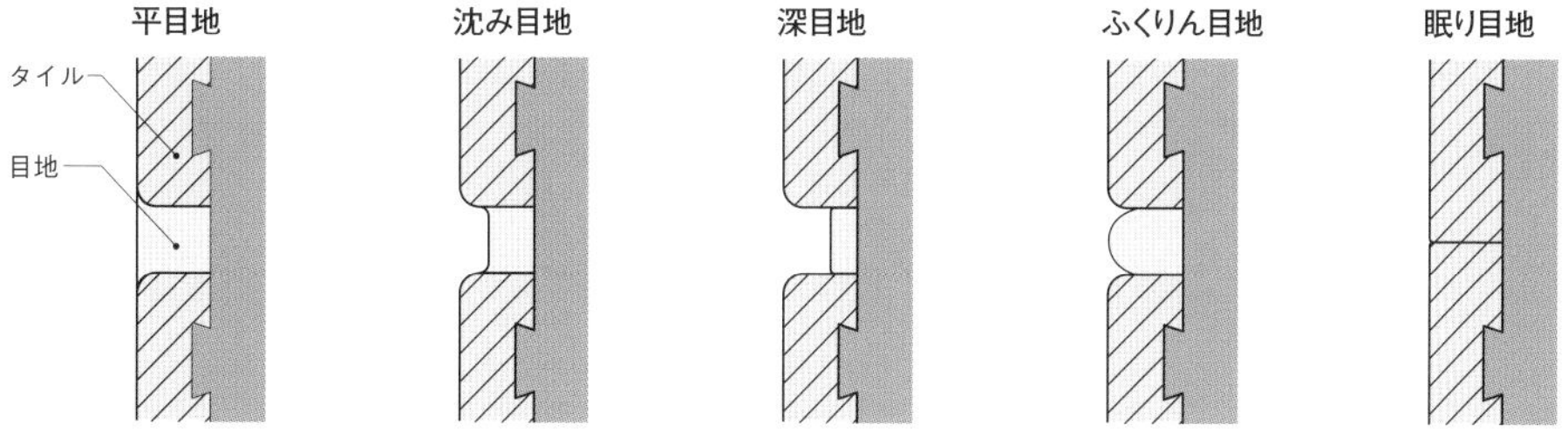


平目地：タイルの表面とフラットに施工された目地。凹凸がない

沈み目地：タイルの表面よりも低く施工された目地。立体感のある表情になる

深目地：沈み目地よりもさらに深い目地、より立体感が出る

ふくりん目地：断面を円弧状に膨らませ、タイル面と同じ高さにした目地。レンガに多く見られるが、最近ではあまり見かけなくなった

眠り目地：タイルどうしを隙間なく突き付ける工法。タイルそのものの精度がよくないので、完全に密着することはできない

## 図2｜タイルの張り方

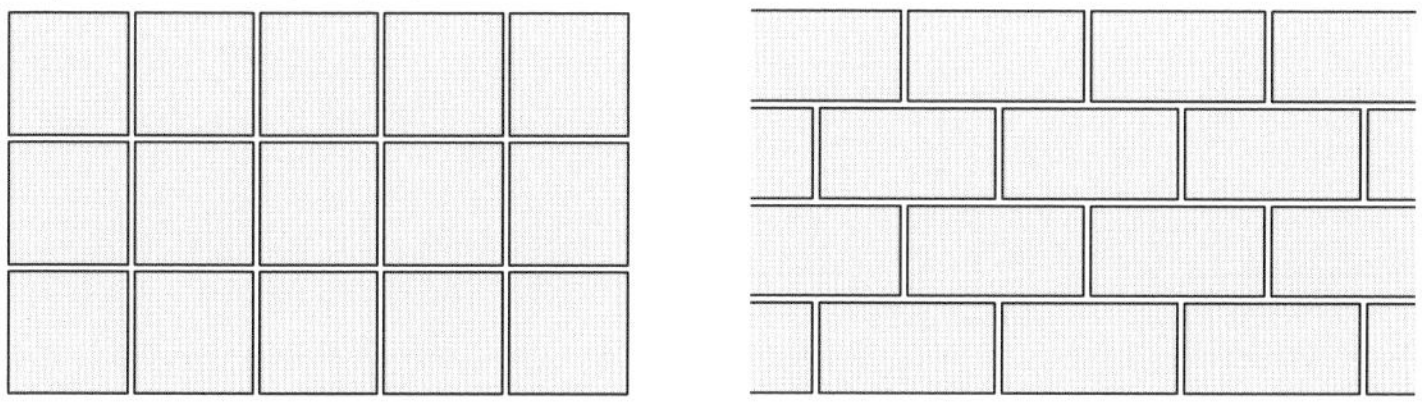

イモ張り　　ウマ張り

## 写真1｜モザイクタイルを張ったオープン棚

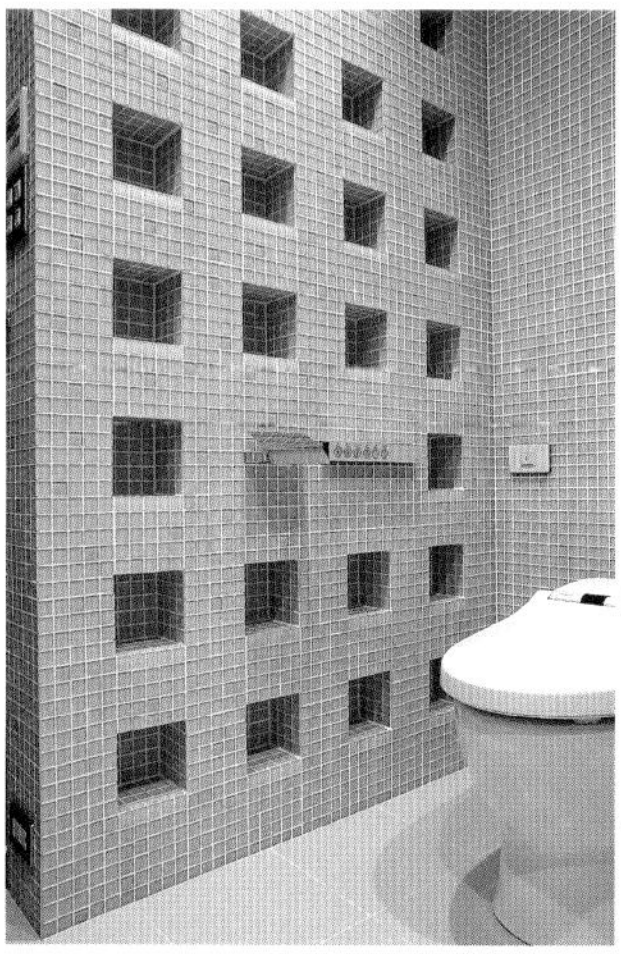

モザイクタイルを張ったトイレのオープン棚。一つひとつのニッチの大きさは、トイレットペーパーをもとにタイル割りを考慮して設定している

## 写真2｜タイルを張った店舗の受付カウンター

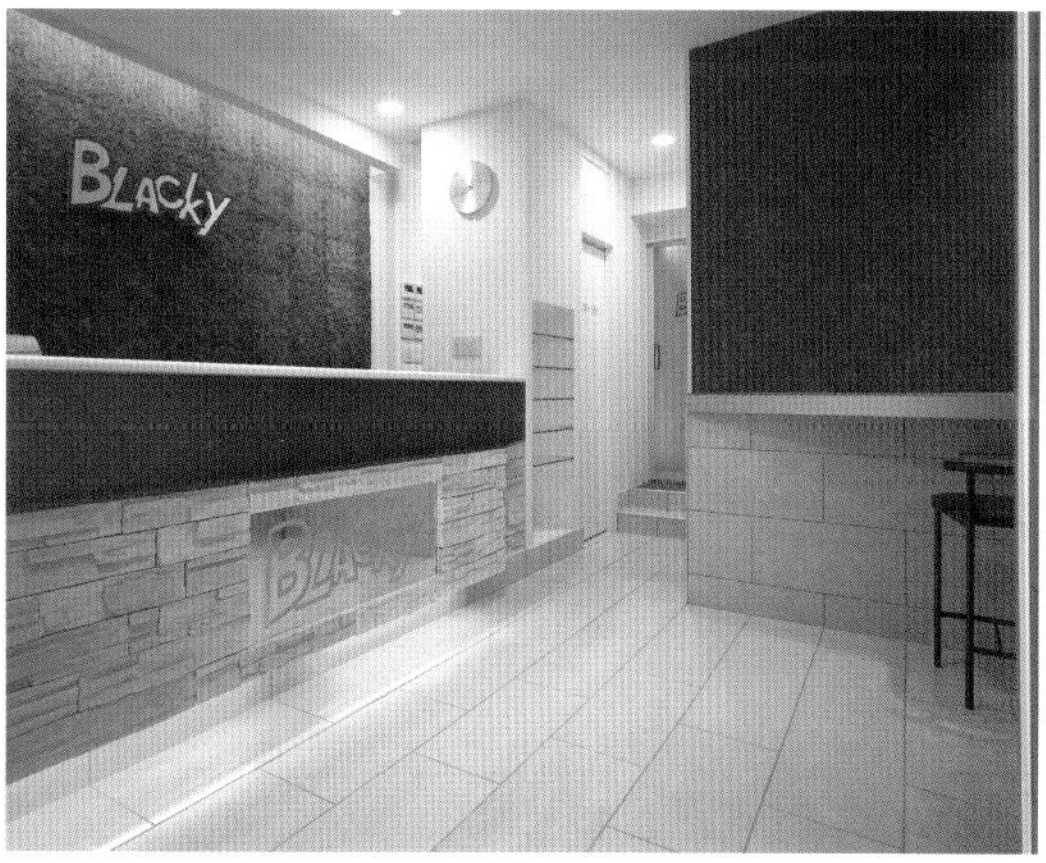

タイルを張った店舗の受付カウンター。トップは人工大理石、その下に木目のメラミン化粧板、腰部分にタイルを張り、足元に照明を仕込んでいる

設計：STUDIO KAZ、写真：垂見孔士（写真1・2）

# 皮革・布

POINT

◉天然皮革と合成皮革を使い分ける

◉ソファ以外にも天然皮革、合成皮革、布を家具に使う

## 天然皮革と合成皮革

造作家具で使われる素材では前述のもの以外に、皮革、布、和紙などが挙げられる。皮革というと通常は本革のことを指すが、価格や手入れ、動物愛護などにより、人工的に皮革を真似た合成皮革やビニルレザーを使うことが多くなった［写真3］。天然皮革は牛の皮革がメインだが［写真1］、ほかにも豚、馬、羊などが使われる。また、毛皮を使った家具もある［写真2］。ソファの張地は面積が大きく、材料のロスは少ないが、やはりコストが気になる。デスクやローボードの高級感を出すために、固めの革を甲板に張り込むことがある。ほかにも手摺などの木部に巻いて使うと手触りもよくなる。

合成皮革とビニルレザーは厳密に言うと別物だが、どちらもベースとなる布地に塩ビをコーティングしている。合成皮革はさらにポリアミドやポリウレタンなどをコーティングする。色や柄、質感などは多様で、予算や用途に応じて選択肢の幅は広い。

## 布素材

ソファの張地では布もよく使う。カーテンと異なり、耐摩耗性が求められるため、専用の生地でなければならない［写真4］。

天然皮革、合成皮革、布などは扉の鏡板や壁パネルとしても使うことがある。直張りするか、布団張り（ウレタンクッション材を詰めて、軟らかい皮革や布で包む）にする。布団張りではキルティング加工やステッチ加工などを施すことで、より装飾的になる。

また、布地を透明ガラスで挟んだものもあり「ファブリックガラス」と呼ばれる。どんな布地でも可能というわけではないが、選択肢はあり、扉にはめ込んだり、パーティション的に使ったりと幅広く使うことができる。

### 写真1 ｜ 皮革を使ったソファ

グランコンフォール（LC2）
デザイナー：ル・コルビュジエ、ピエール・ジャンヌレ、シャルロット・ペリアン
発表年：1928年
スチールパイプのフレームに背、座、アームのクッションを落とし込んでいくだけという最小の構成で最大の快適性を実現している

LC2（ル・コルビュジエ） 写真提供：カッシーナ・イクスシー

### 写真2 ｜ 毛皮を使ったソファ

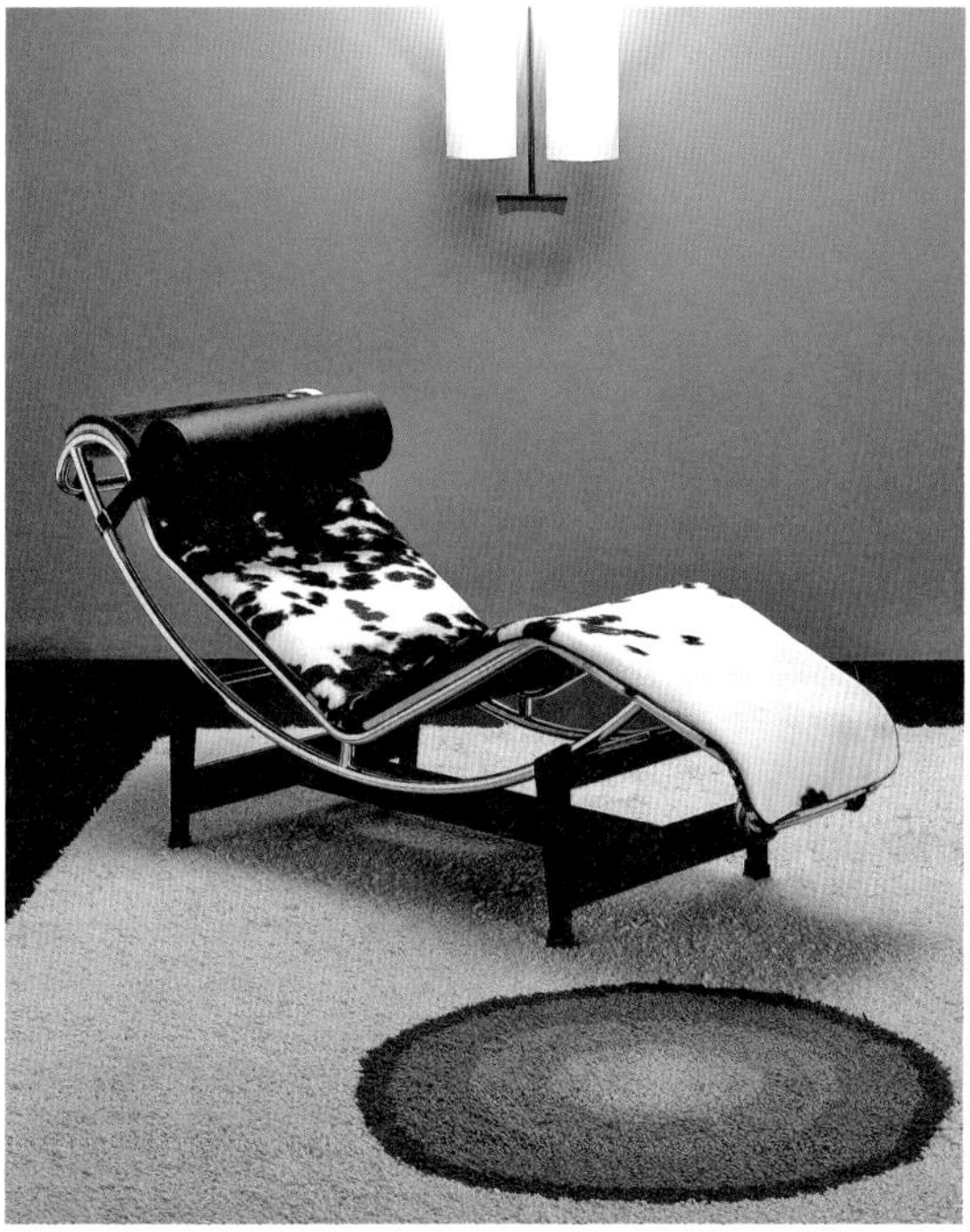

シェーズロング（LC4）
デザイナー：ル・コルビュジエ、ピエール・ジャンヌレ、シャルロット・ペリアン　発表年：1928年
弧を描くスチールパイプとル・コルビュジエ独特の身体的な曲線で構成している寝椅子。毛皮を使った写真のものが有名

LC4（ル・コルビュジエ） 写真提供：カッシーナ・イクスシー

### 写真3 ｜ ビニルレザーを使ったソファ

サンゲツのビニルレザーを張地にしたもの

写真提供：サンゲツ

### 写真4 ｜ ファブリックのサンプル

椅子張り用のファブリックの色柄も豊富にある。カーテンなどと比べて高い耐久性が求められる

写真：STUDIO KAZ、サンプル：インターファブリックス

# 紙・シート系材料

POINT

◎和紙のサイズは建材とモジュールが違うので注意

◎シートは張ることを想像して使う

## 紙系材料

和紙を扉の装飾に使うこともある。木下地に和紙を張り、ポリエステル塗装を施し、鏡面加工に仕上げる［写真3］。この場合、和紙のサイズに注意する。建材の定尺とは異なり、かなり小さい。大きな扉だと1枚では足りず、継ぐ部分が出る。通常和紙張りの場合、重ね張りをするが、その継ぎ目をデザインしなければならない。目地、V溝、別素材（ステンレスなど）、重ね放しなどがある。ほかにも和紙は照明器具のシェードにもよく使われる［写真1］。また、ダンボールもその強度の高さから、家具の構造に使われることがある［写真2］。

## シート系材料

家具で使うシートは塩ビ系シートと非塩ビ系シートに分かれる。塩ビ系シートはダイノックシート（3M）、ベルビエン（シーアイ化成）、カッティングシート（中川ケミカル）などが有名だ。それぞれに特徴があるので、使い分けたい。最近の印刷技術の進歩は素晴らしく、木目の柄は本物と見紛うほどにリアルだ。導管の凹凸など質感までも忠実に再現している。特にダイノックシートの3Mがイビデンという化粧板メーカーと共同で柄を共有している商品により、壁面と家具を完璧に合わせることができるようになった。

また、ガラスにシートを張ることもある［写真4］。透明度や色、柄などをたくさんの種類から選ぶことができる。照明カバーとしてガラスを使った場合、半透明のフィルムを張って、光の出方や床・壁に映る照明本体の姿を調整することができる。このフィルムは、万が一割れたときの飛散防止フィルムとしても機能するため、透明ガラスでよい場合でも、透明のフィルムを張っておくべきだろう。

写真1 | **和紙を使った照明器具**

AOYA-San／Tsuki
デザイナー：喜多俊之
発表年：2005年

写真提供：谷口・青谷和紙

写真2 | **ダンボールを使った家具**

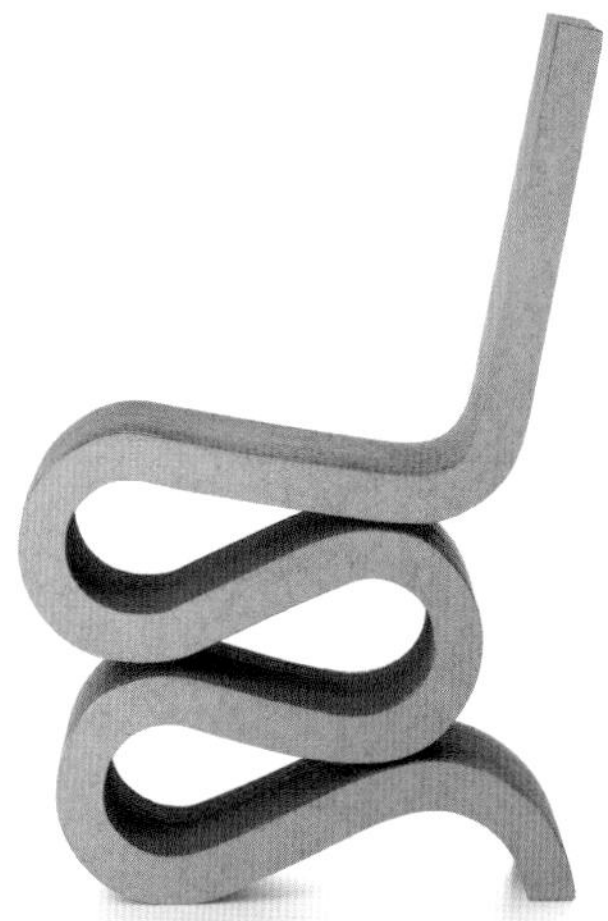

段ボールの椅子　Wiggle Side Chair
デザイナー：フランク・O・ゲーリー
発表年：1972／2005年　メーカー:ヴィトラ社

写真提供：hhstyle.com

写真3 | **扉に和紙を張った収納家具**

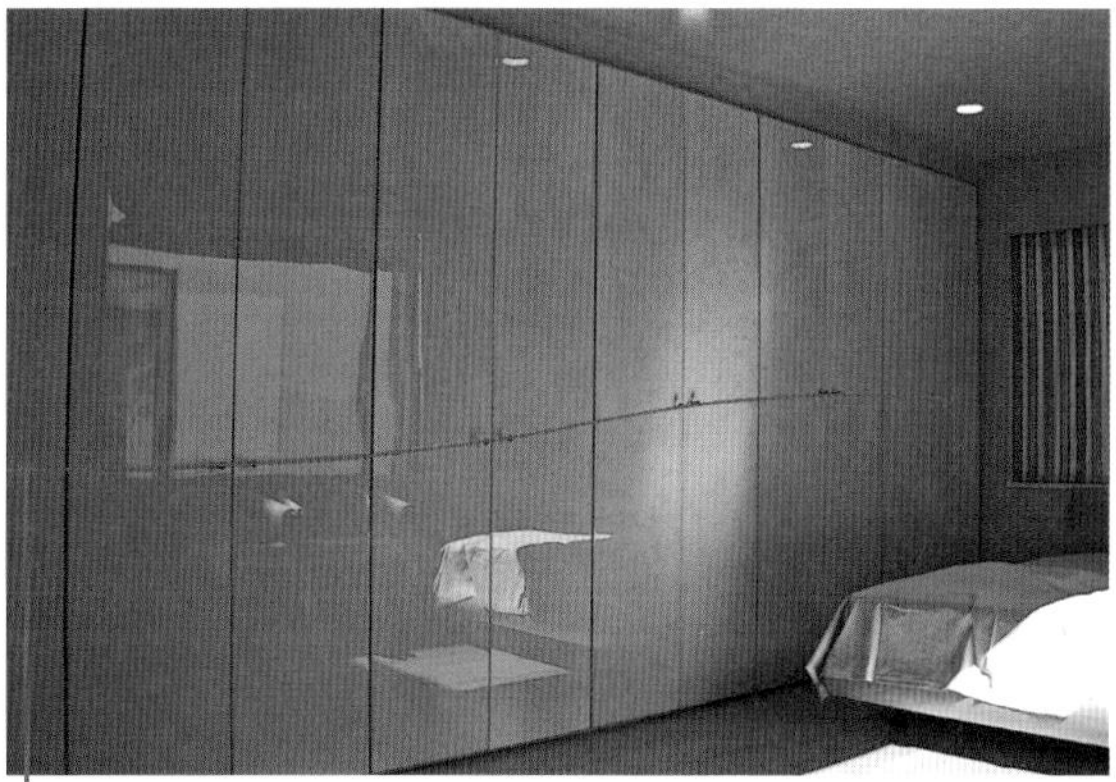

和紙サイズが扉より小さいため、建具にV目地を設け、そこで和紙どうしを張り合わせた

設計・写真：STUDIO KAZ

S字曲線を描くようにV目地を設け、デザインとしている

目地（和紙重なり）部分の詳細［S=1：2］

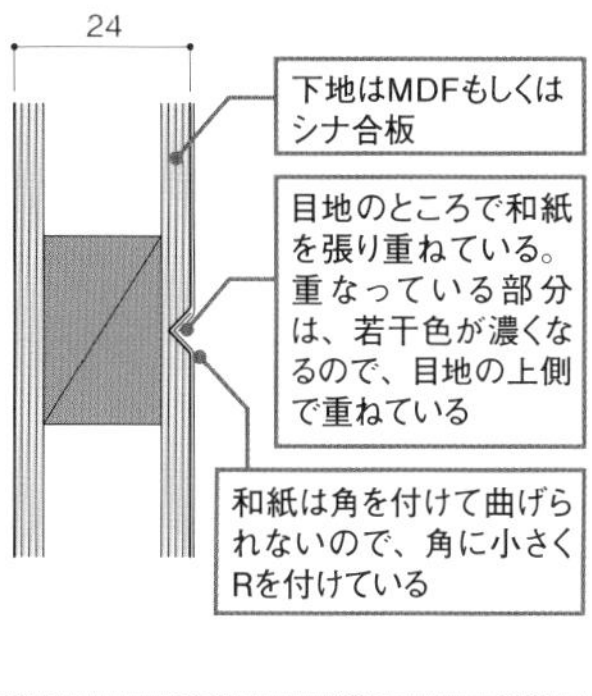
24
下地はMDFもしくはシナ合板
目地のところで和紙を張り重ねている。重なっている部分は、若干色が濃くなるので、目地の上側で重ねている
和紙は角を付けて曲げられないので、角に小さくRを付けている

写真4 | **特殊シートを張った例**

透明度がグラデーションになっているシートをパーティションに使った事例。床に近い部分は光のみを通し、シルエットさえ分からないが、FL＋1,000㎜を超えたあたりから徐々に透明度が増し、天井付近では完全に透明になり、パーティションの内外で天井仕上げを共有している

設計：STUDIO KAZ、写真：山本まりこ

# 塗料

POINT
- 塗装の目的によって塗料を使い分ける
- 自然塗料を知る

## 塗膜系と浸透系

化粧板以外でつくった造作家具は、仕上げとして必ず塗装を施す。家具塗装で使われる塗料には、木材の表面に塗膜を形成するタイプと、塗料が木材の内部に浸透するタイプの2種類がある。塗膜系塗料には、ラッカー、ウレタン、ポリエステル、UV塗装などがあり、UVは完全に機械による塗装、ポリエステルも研磨などは機械への依存率が高いため、工場での作業となる。ウレタンは基本的には工場で作業を行うが、現場で吹き付ける場合は、十分に養生をしなければならない。

## 浸透系塗料

浸透系塗料はオイルを木材に浸透させ、塗膜をまったくつくらないため、木そのものの質感を生かし、使い込むほどに風合いが増す。木材が本来もっている美しさを生かす塗料といってよいだろう。ワトコオイル［写真4］、チークオイル、亜麻仁油《あまにゆ》、桐油《きりゆ》［写真3］などが主に使われる。オイルを浸透させると「濡れ色」が付き、木目がはっきり出てくる。ただし、突板練付け合板では表面の突板が薄い（0.2〜0.4㎜）ため、オイルが浸透してもあまり意味がない。また、オスモ［写真1］やリボス、アウロを代表とする自然塗料も人気である［表］。日本古来の自然塗料には柿渋［写真2］や漆［写真5］があり、柿渋には防虫、防腐、防水、抗菌効果がある。

最近注目なのが液体ガラス塗料と呼ばれるもので、液体状のガラスを木材に含浸させてガラス層を形成するため、無塗装のような表情に仕上がりながら、耐汚染、耐久性、耐摩耗性など、木材の弱点をカバーする性能をもつ。ただし、あくまで浸透系の塗料であるため、無垢材での効果は高いものの、練付け合板ではあまり期待できない。

表 | 自然系塗料リスト

| 塗料名 | 材料の特徴 | 輸入・製造 |
|---|---|---|
| オスモカラー | ひまわり油、大豆油など植物油がベースの塗料 | 日本オスモ |
| アウロ自然塗料 | 天然原料100%のドイツ製自然塗料 | イヌイ |
| 自然塗料エシャ | 亜麻仁油、桐油、紅花油、輝ペン樹脂などの天然材料でつくられた国産の塗料 | ターナー色彩 |
| リボス自然塗料オイルフィニッシュ | 「健康」と「エコロジー」の徹底から誕生した自然健康塗料。亜麻仁油などがベース | イケダコーポレーション |
| プラネットカラー | 100%植物油とワックスを使用した天然木材用保護塗料 | プラネットジャパン |

写真1 | オスモカラー

自然塗料では代表的なオスモ社の塗料。木目を生かす透明／半透明仕上げ用と塗りつぶし仕上げがあり、取り扱いが楽で塗りやすい。ただし、拭き取ったあとのウェスは自然発火する可能性があるため、処分には十分注意すること

写真提供：日本オスモ

写真2 | 柿渋

日本で古くから使われている塗料。防虫、防腐、防水、抗菌効果が期待できる　写真提供：トミヤマ

写真3 | 桐油

桐の種から抽出した植物油。木の表情がきれいに出る。無垢材に最適　写真提供：木童

写真4 | ワトコオイル

亜麻仁油を主体とした英国生まれの塗料。つや消しだが、ウェットな仕上がりが特徴

写真提供：HOXAN

写真5 | 塗装作業中の塗料

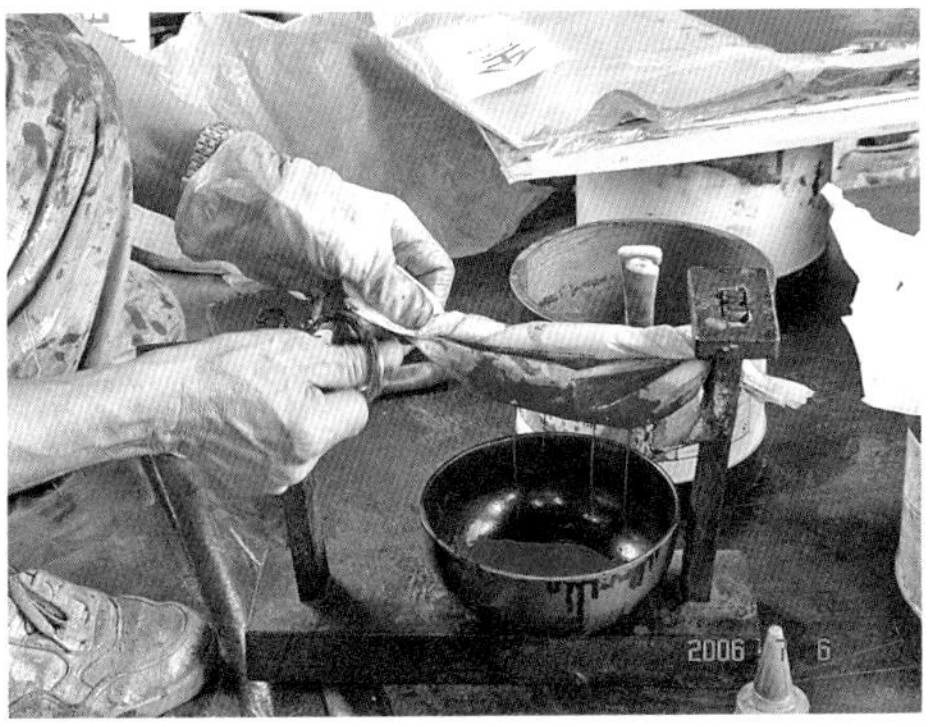

漆を塗る作業では環境づくりが重要になる。温度や湿度をきちんと監理した状態で塗装しなければならない

写真提供：ニシザキ工芸

# スチールを構造に使う

写真｜re-kitchen/o

出のあるカウンターを特注ブラケットのみで支持

カウンター取付け断面詳細図[S=1:6]

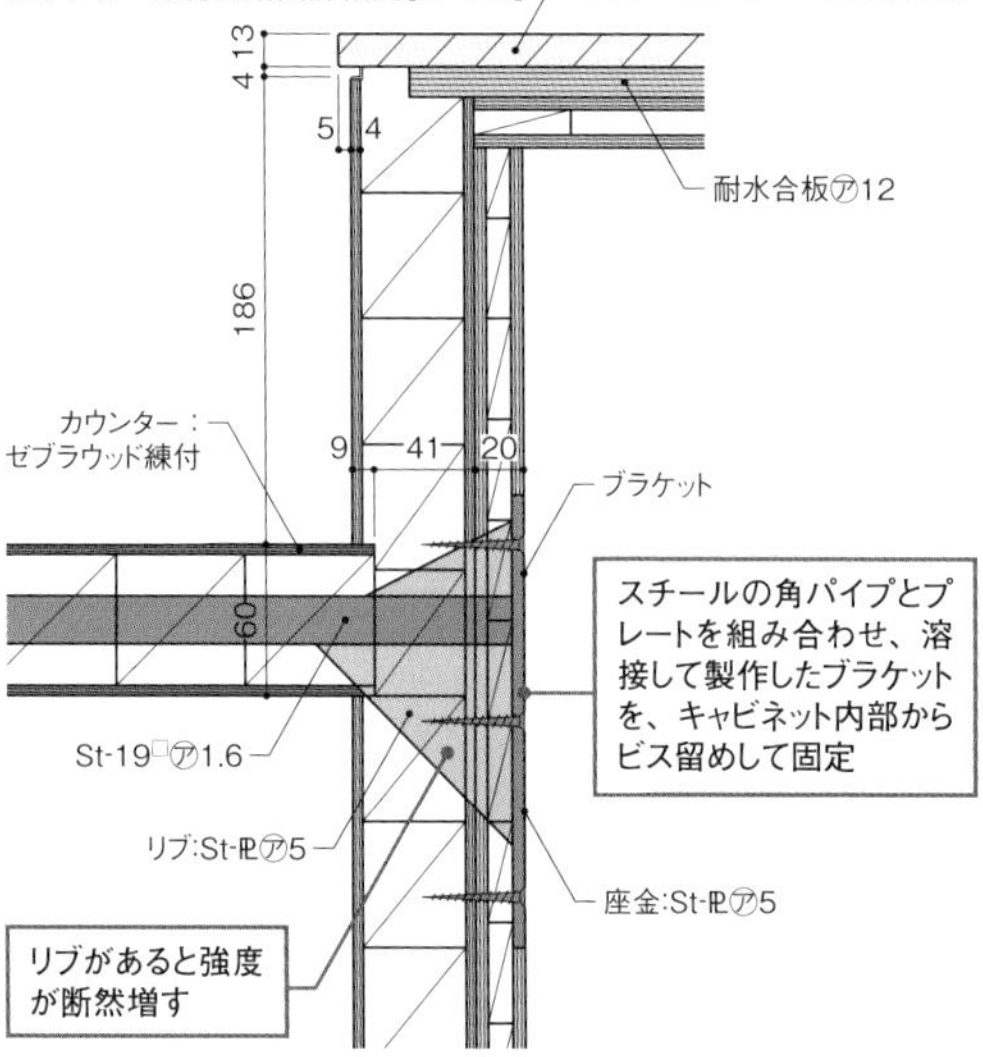
キッチンカウンター：人工大理石
4
13
4
5
4
耐水合板㋐12
186
カウンター：
ゼブラウッド練付
9
41
20
ブラケット
60
スチールの角パイプとプレートを組み合わせ、溶接して製作したブラケットを、キャビネット内部からビス留めして固定
St-19□㋐1.6
リブ:St-PL㋐5
座金:St-PL㋐5
リブがあると強度が断然増す

設計・写真：STUDIO KAZ

スチール部材を木製家具の構造に使うことはよくある。たとえばスパンが飛んでいる棚板をたわまないようにするために、棚板の構造をフラッシュではなくベタ芯にする。それでも強度が足りないときに、ちょうどダボにかかるところの芯をスチールパイプにする。

また、重量のある吊り戸棚の背板と底板にL形に溶接したスチールパイプを仕込むこともある。

写真の事例はキッチンのカウンターだが、奥行きが一番深いところで710㎜ほど。それ以外のところでも500㎜。さすがにキャビネット側に付けた受け桟だけではもたないので、キャビネット内部からT字形に溶接したスチールパイプをカウンターの内部に差し込んでいる。そうすることで、キャビネット全体でカウンターを保持する構造になり、脚を付けることなくカウンターを支えることができた。

カウンターや棚の下にブラケットを付けることができれば問題ないが、美観上入れたくない場合の措置である。木とスチールの密着性などの問題をクリアしなければならないので、現場での対応は難しい。家具工事ならではの細工だといえる。

第４章

# [ 家具金物 ]

# 金物の種類

POINT
◉常に最新カタログをチェックする
◉ＣＡＤデータを有効活用する

## 金物の分類

家具金物は、意匠系金物と機能系金物の2つに大別される［図］。意匠系金物としてはハンドルやつまみ、和家具によく見られる装飾金物がこれに当たり、素材や色のコーディネーションで造作家具のデザインの一翼を担うものである。もちろんハンドルのように機能を兼ね備えたものもある。一方の機能系金物は家具の動きを制御または補助したり、使い勝手をよくしたり、家具製作上の課題を解決したりするために各社が開発してきたものであり、日々進歩を続けている。

## カタログで情報収集と整理

造作家具に使われる金物を生産しているメーカーは非常に多く、そのすべてを把握することは大変だが、いくつかのメーカーを押さえておけば、大方カバーできるだろう。それでも品目、品数、バリエーションは膨大な量である。ときには家具金物ではなく、建築（建具）金物を利用しなければならないこともあり、カタログなどで常に情報を整理しておくべきだ［写真］。家具業者によっては、在庫している金物を使うように進言してくるだろう。そのときにきちんと可否を伝えられるようにしたい。

金物に関しては、標準的な納め方や取付け方、動き方などを押さえておきたい。標準的な納め方はカタログの図面やメーカーの承認図などで確認できる。最近ではCAD図を提供しているメーカーも多いので、それを活用するとより正確な設計ができる。取付け方、部材との関係、動き方などを把握することで、標準とは違う納め方（改造するなど、製品の保証担保を損ねるものではない）に気付くことができる。それによって、家具を空間の中で美しく納めることができるようになる。

## 図｜家具金物の種類

- 家具金物
  - 意匠系金物
    - ハンドル・つまみ
    - 装飾金物
  - 機能系金物

| 機能系金物 | |
|---|---|
| 丁番 | スライドヒンジ、各種丁番 |
| スライドレール | 各種スライドレール |
| ステー | ステー、ソフトダウンステー |
| 引戸／折戸金物 | |
| 棚受・吊り金物 | ブラケット、棚柱、ダボ |
| 錠前・キャッチ | 錠前・キャッチ・ラッチ |
| 汎用部材 | 配線孔、空気孔、戸当たり |
| 脚金物 | キャスター、アジャスター、パイプ脚、折り畳み脚金物 |
| 締結金物 | レッグジョイント、締付円盤、鬼目ナット |
| 機能パーツ | キッチンパーツ、バスケット、ステンレスバット |
| 店舗ディスプレーパーツ | サポート、ブラケット |
| 店舗ガラス什器用パーツ | 組立て用金具、錠前 |

## 写真｜金物メーカーのカタログ

金物メーカーのカタログは改訂されるごとに厚くなる。それだけ品数が増えているということで、すべてを把握するのはなかなか困難であるが、日頃からできるだけ目を通しておきたい

（下：ハーフェレ ジャパン、右上：ムラコシ精工、右下：スガツネ工業）

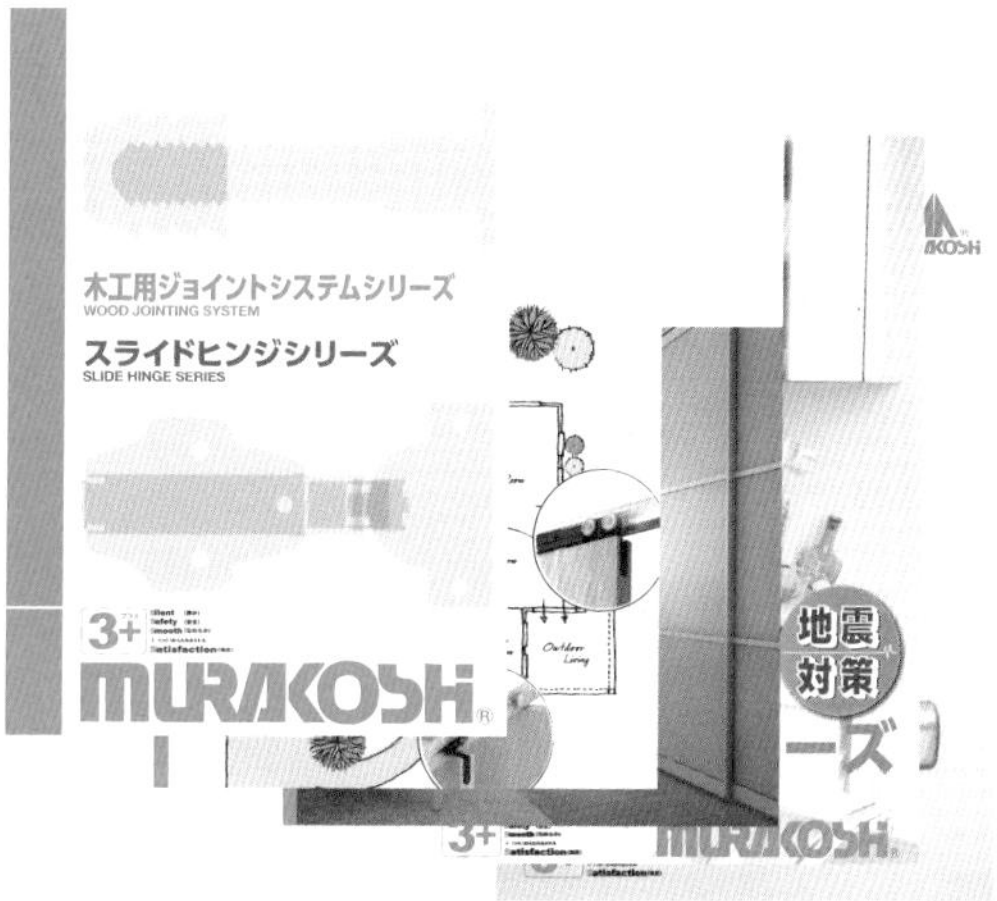

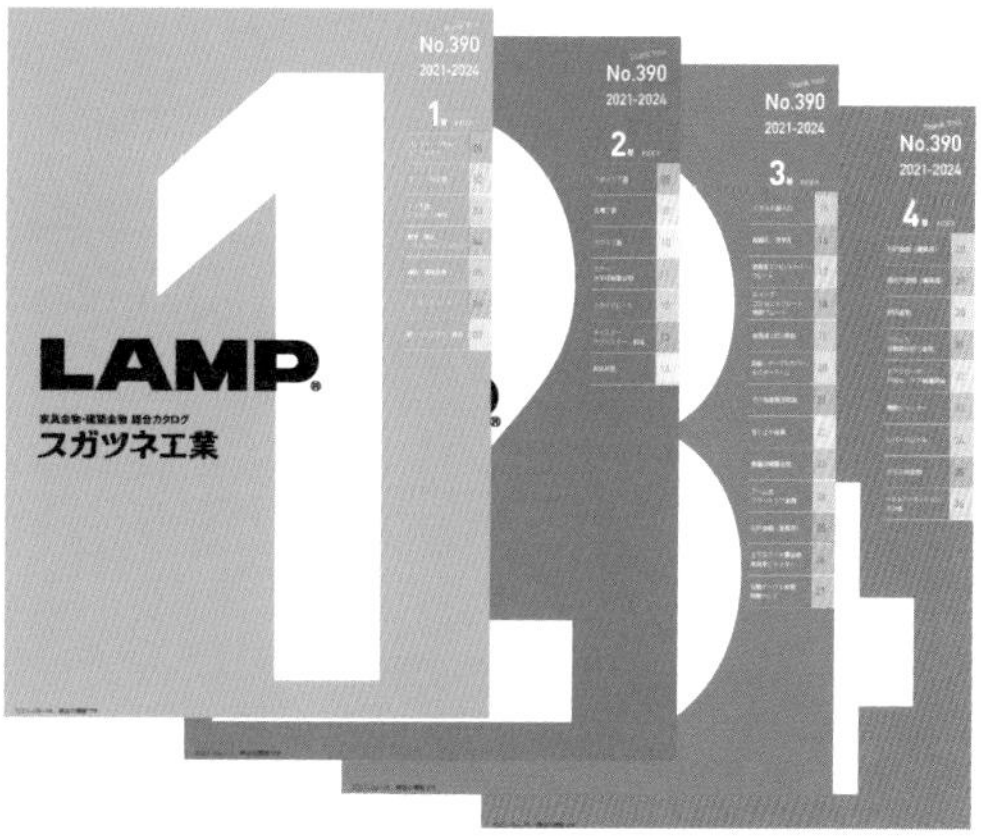


問い合わせ先
ハーフェレ ジャパン：TEL.045-828-3111
https://hafele.co.jp/
ムラコシ精工：TEL.042-384-0330
https://www.murakoshiseikou.com/
スガツネ工業：TEL.03-3864-1122
https://www.sugatsune.co.jp/

KEYWORD 045

# 家具金物～開く

POINT
◉丁番の形状と動きを知る
◉いろいろな扉の開き方と対応する金物を知る

## 多種多様な丁番

家具の扉の開閉方式は代表的なもので6種類以上あり（引戸を除く）、それぞれに専用の金物がある［図・写真］。開き扉に使われる丁番で代表的なものがスライドヒンジだ。閉まっているときに丁番が見えないことが特徴。複数の回転軸をもち、複雑な動きをしながら開く。全かぶせ、半かぶせ、インセットのほか、コーナー用や直角以外の角度用、ガラス用などの種類がある。メーカーによって調整代《しろ》や精度、耐久性に差が出る金物でもある。

平丁番《ひらちょうばん》や長丁番《ながちょうばん》（ピアノ丁番）、Pヒンジ、隠し丁番などは建具の小型版と考えればよい。インセット納まりが基本で、扉を180度に全開したいときに使う。ライティングデスクのように手前に倒して開ける扉にはドロップ丁番を使うが、かぶせ代に注意して丁番を取り付ける板の納まりを調整する必要がある。このときは必ずステーを併用する。ほかにも留め納まりの吊元に使うマイターヒンジなどがある。

最近はソフトクローズ機構を付けることが多く、最新のスライドヒンジにはその機構が内蔵されている。そのほかのヒンジでもキャビネットの小口や側板にダンパーを付けることができる。

## 特殊な開き方の扉

キッチンでは扉を開けたままで作業することも多いため、各金物は開けた扉をどういう状態で保持するかに工夫が凝らされている。これらの金物は、洗面脱衣室など狭い場所でも有効で、テレビを収納する場合も、開けた状態にしておきたい。オーディオ収納も特殊なプロポーションの扉が多く、開き方を工夫したい収納の1つだ。家具金物の世界も日々進化している。各メーカーの最新情報は展示会や発表会などで常にチェックしておきたい。

## 図｜扉の開き方

**開き扉**

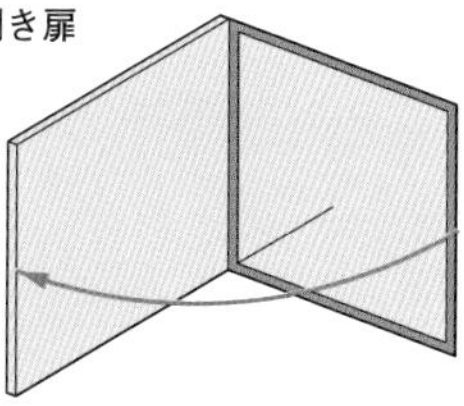

一般的な開閉扉。
扉幅に注意は必要

**フラップダウン**

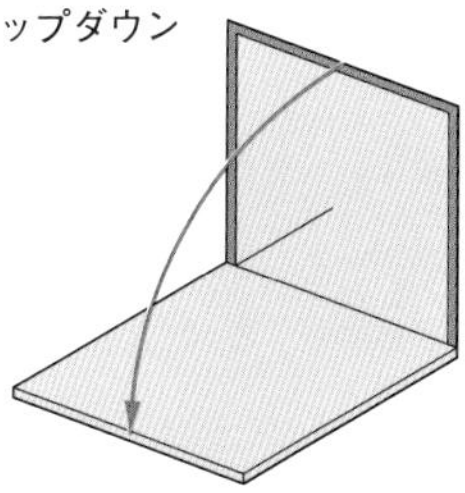

ライティングデスク、キッチンの家電収納に使う。ライティングデスクのときは、下側に開く

**フラップアップ**

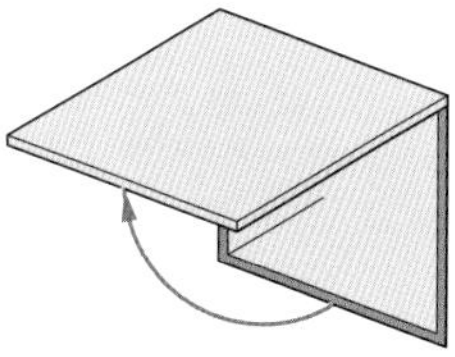

垂直荷重を受けるものが必要。ほかにAV収納など

**スイング扉**

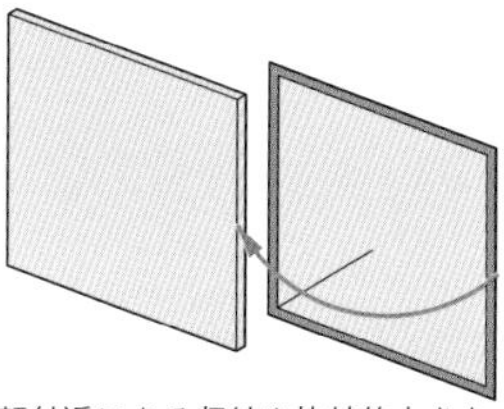

顔付近にある収納や比較的大きな扉の収納で開放したまま使うときに向く。キッチンの収納など

**水平折戸**

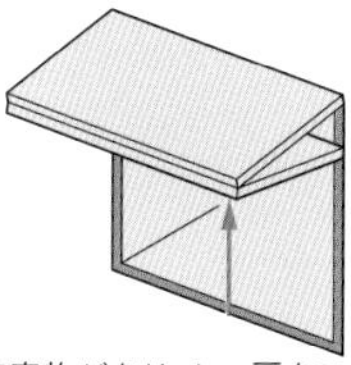

前面に障害物があり、かつ扉をフラットに納めたいときに向く。トイレ収納、キッチン収納、テレビ収納など

**スイングアップ**

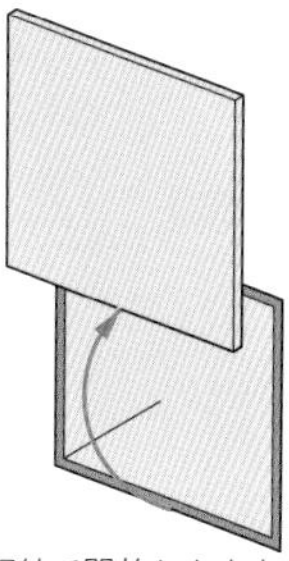

顔付近にある収納で開放したまま使うときに向く。キッチン収納、家電収納など

## 写真｜家具用丁番の種類

**ドロップ丁番(フラップダウン用)**

**ソフトダウンステー(フラップダウン用、フラップアップ用)**

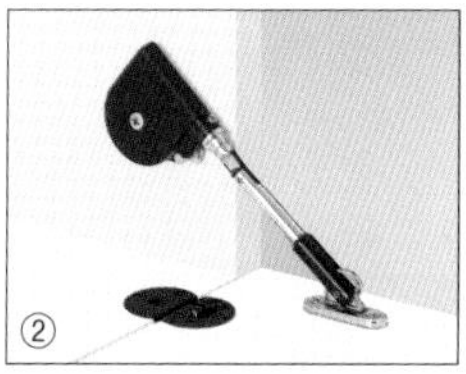


**フラップステー(フラップアップ用)**

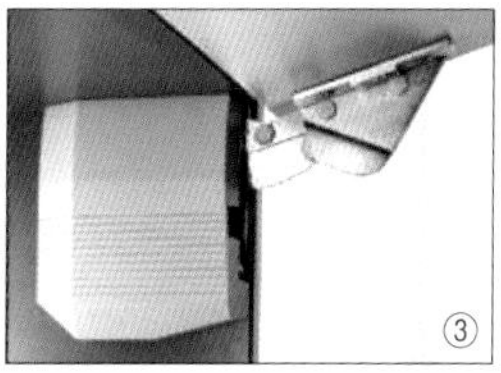


**水平折戸ステー(水平折戸用)**

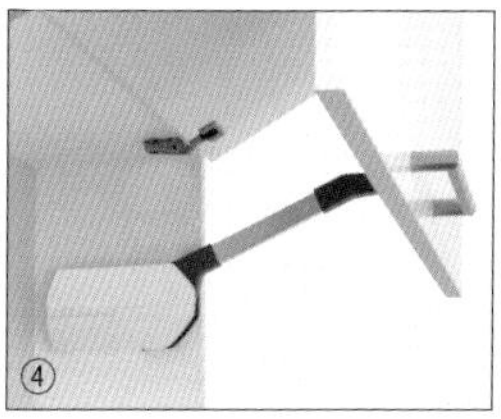


**スライドヒンジ(開き扉用)**

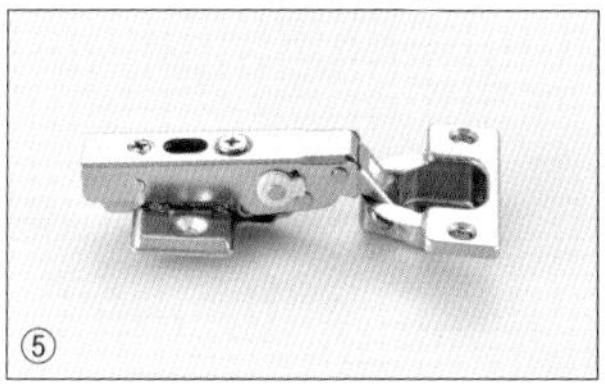


**スイング扉金物(モノフラット リンクスヒンジ)**

スイング扉の開閉時の動き(左)。このスイング扉金物は、ワンタッチ取付けが可能(右)

**スイングアップステー(スイングアップ用)**

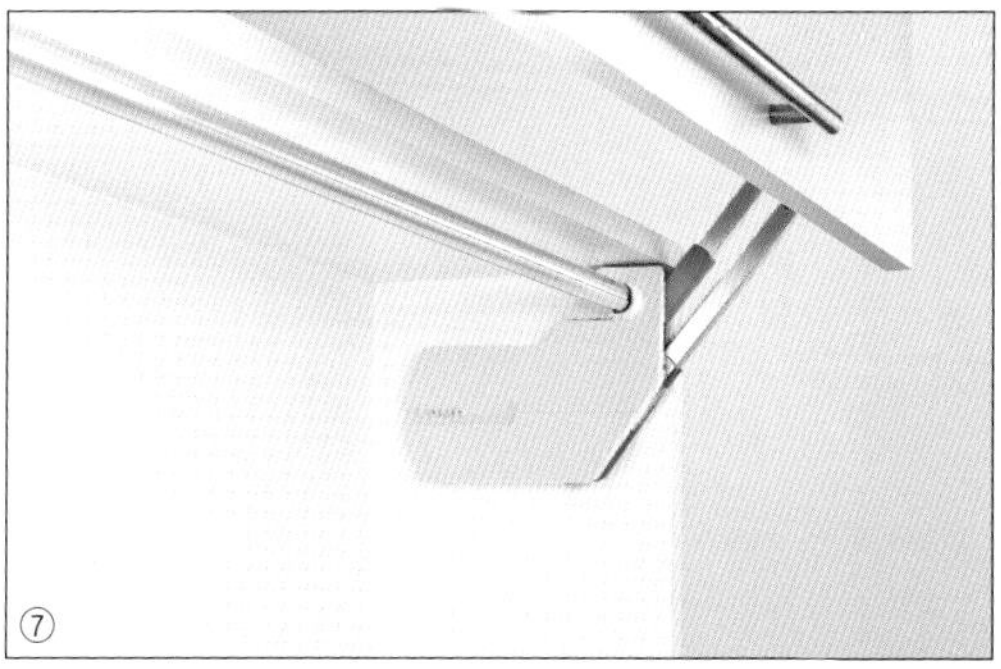


**フラップステー(フラップアップ用)**

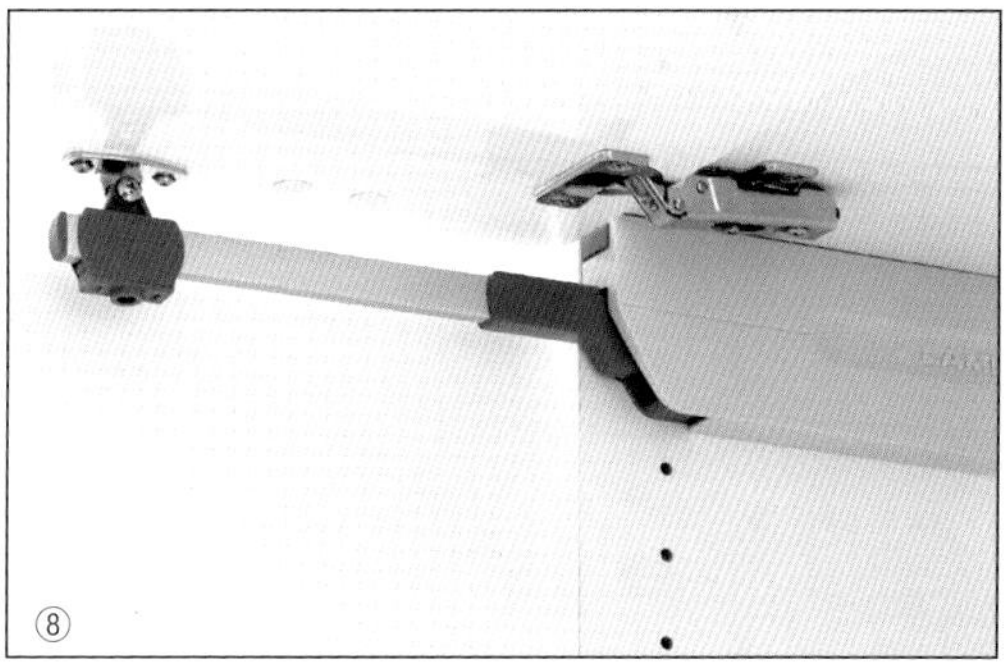


写真提供：ハーフェレ ジャパン(③)、スガツネ工業(①②④⑤⑥⑦⑧)

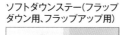

# 家具金物～止める

POINT

◉扉重量に合ったステーを選ぶ

◉ステーの大きさと動きに注意する

## ステーを併用する

一般的な開き戸以外の扉では、ステーを併用することになる。開いた状態を保持するためだけの単純なステーと、開閉動作の始めと終わりが緩やかになるようにダンパーを付けたものがある。最近は事故防止のため、後者が多い。ダンパー付きステーは扉の重量に合った強さのダンパーを選ばなければ、かえって使い勝手が悪くなる。強すぎると開くまでに時間がかかり、弱すぎるとダンパーの用をなさない。扉の重量は把握しておきたい。

どんな開き方であれ、扉が開閉するときの軌跡と開放したときの位置は把握しておきたい。途中に障害物がある可能性があるほか、特に高さ方向の扉の位置によっては体をのけぞらす必要があったり、開放したときに扉が前に出てきて、中が見えなかったりする[図1]。

1つ注意すべきことは、すべてのステーは、扉重量以上の耐荷重を想定していない点だ。たとえばライティングデスクなどで扉を倒したあとに扉の上に何かを載せたり、身体を預けたりといった荷重には耐えることができない。

## 金物自身の大きさに注意

意外に忘れがちなのが、金物本体の大きさである。特にステーはその軌跡も含めると、キャビネット内で大きなボリュームを占める[図2]。キャビネットの内寸いっぱいの収納を計画したら、金物に当たって入らなかったという失敗は多い。高さによっては棚板に当たってしまうことさえもある。

スライドヒンジで開けたときに扉が内側に少し残ることも忘れがち。全かぶせの場合でヒンジ自体の高さが約22㎜、扉の出っ張りは15㎜程度になる。特に内部引出しやバスケットなどは、寸法を考慮しての計画が必要だ。

## 図1 開放時の扉の位置を確認

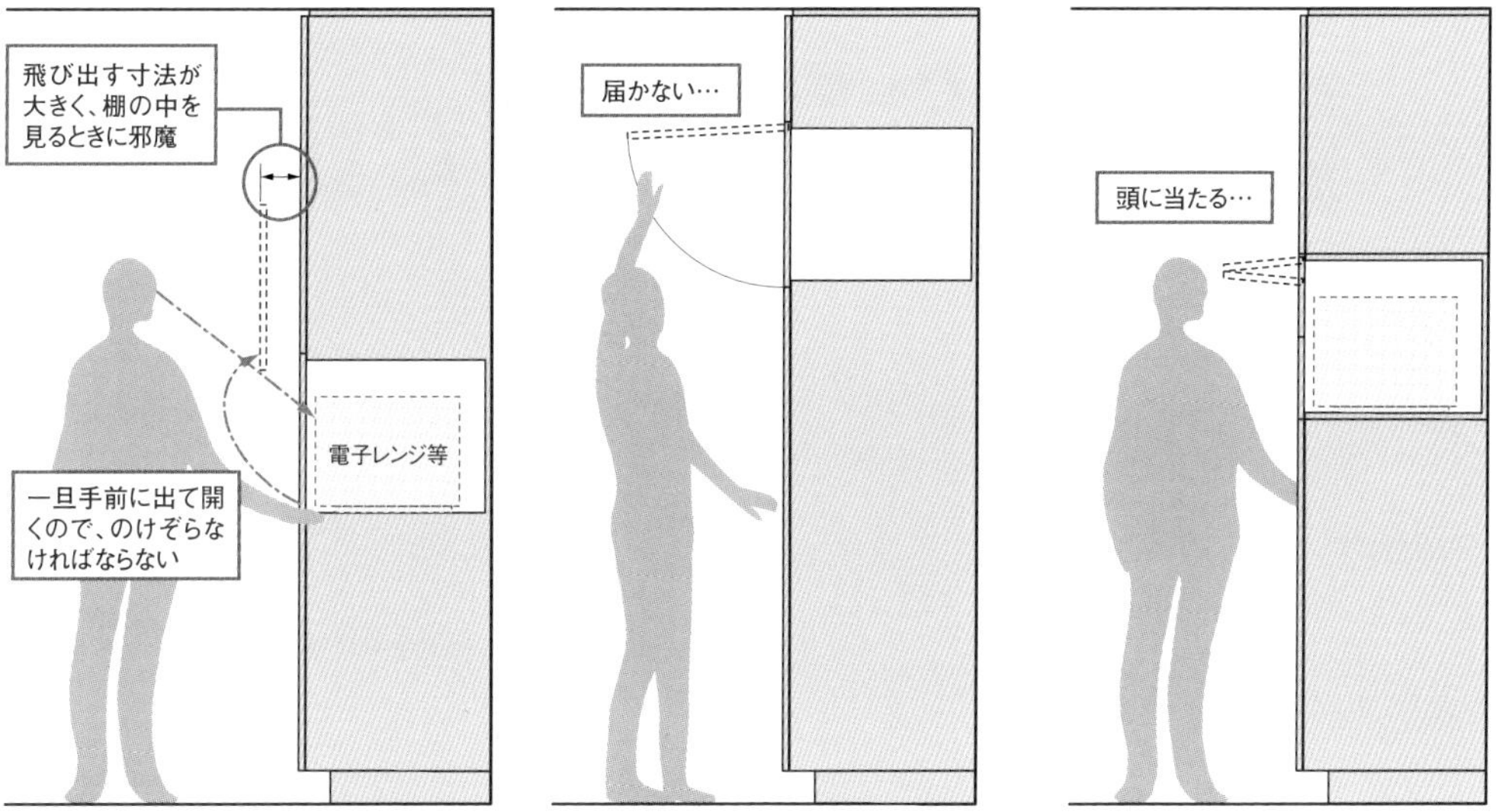
スイングアップの失敗例
飛び出す寸法が大きく、棚の中を見るときに邪魔
電子レンジ等
一旦手前に出て開くので、のけぞらなければならない
フラップアップの失敗例
届かない…
水平折戸の失敗例
頭に当たる…

スイングアップの失敗例：高さのある扉に対応するものは、持ち出し寸法も大きくなる。低い位置だと中が見えず使えない。開けたときの下端が頭ぐらいの高さがちょうどよい

フラップアップの失敗例：高さがある扉には不向き。扉の上端が頭よりも高いところにあることが前提だが、高すぎると閉めるときに手が届かなくなる

水平折戸の失敗例：高さがある扉に向いている。開けた扉が頭より上になるように計画する

## 図2 金物の動きと大きさに注意(ステーの例)

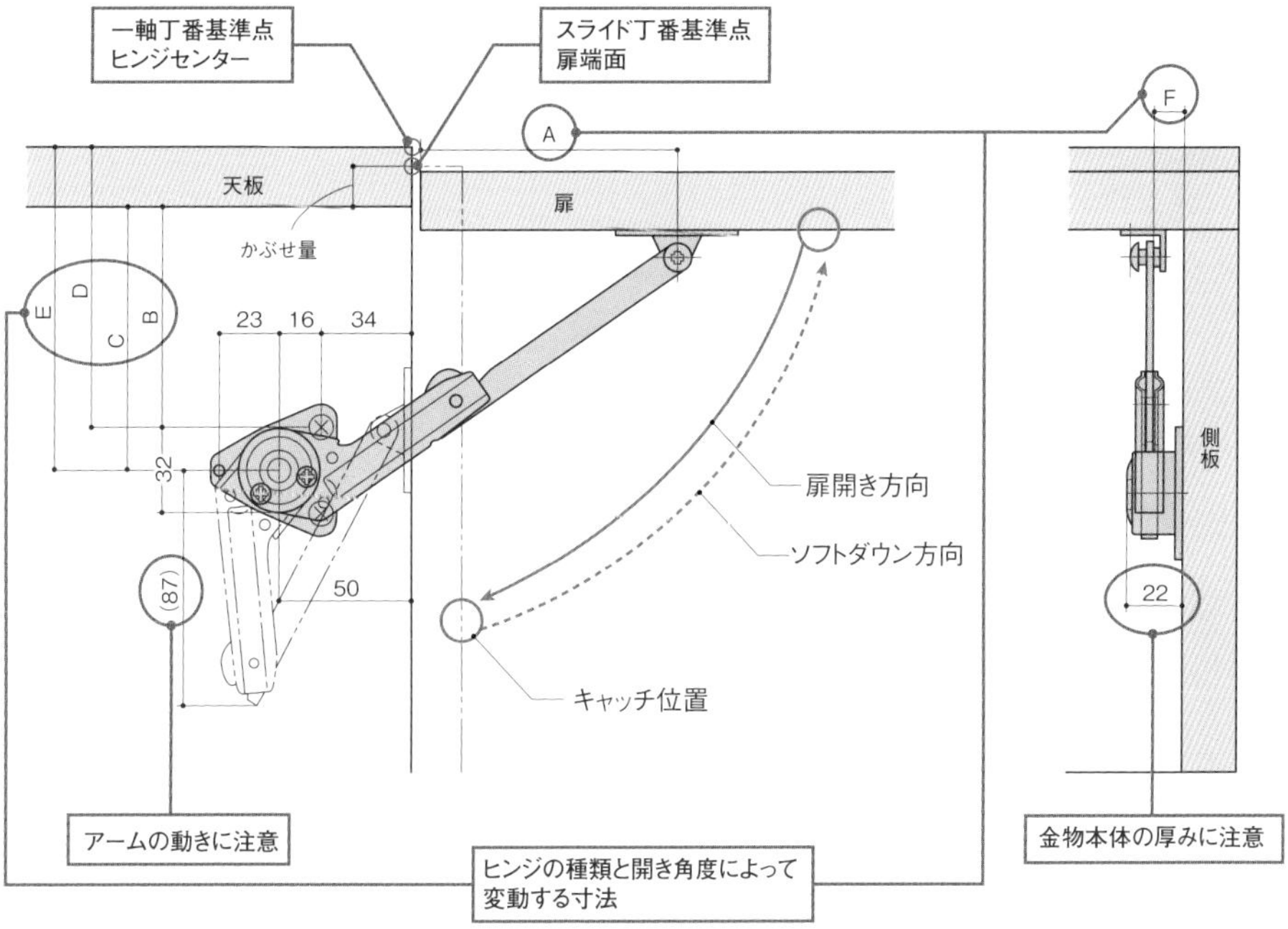
一軸丁番基準点
ヒンジセンター
スライド丁番基準点
扉端面
A
F
天板
扉
かぶせ量
E
D
C
B
23
16
34
32
50
(87)
扉開き方向
ソフトダウン方向
キャッチ位置
側板
22
アームの動きに注意
ヒンジの種類と開き角度によって変動する寸法
金物本体の厚みに注意

# 家具金物～引き出す

**POINT**

- ◉スライドレールの種類と特性を知る
- ◉ソフトクローズ機構は実際に動きも確かめてから採用する

## スライドレールの種類

現在、おおかたの家具の引出しにスライドレールを使う。まれに、有効寸法や引出し奥行きの確保に難がある場合などに「摺《す》り桟《ざん》」と呼ぶ木製のガイドを用いることがある程度である。

スライドレールの種類は大きく分けて3つ［図1・2］。外観や使用感などにそれぞれ特徴があり、使用する部位や必要な有効寸法などで使い分ける。この3種類のそれぞれに、耐荷重、スライド長さなどのバリエーションがあり、オプションが用意されたものもある。最近ではキッチンを中心に「引出しシステム」が主流である。底付けベアリングタイプは通常のものに加え、ソフトクローズ機構付き、引出しボックス一体型、プッシュオープンタイプ、プッシュオープンとソフトクローズの両方を兼ね備えたタイプがラインアップされている。

## ソフトクローズ機構

キッチンではすっかり標準装備になった「ソフトクローズ機構」は、閉まりぎわの引出しの動きを緩やかにする機構だが、もう1つのメリットは、地震の際に引出しが暴れ出てくるおそれを軽減してくれることだ。これまでは底付けベアリングタイプのみに備わった機構だったが、最近では脇付けベアリングタイプでも搭載できるようになった。しっかり確実にしまる反面、引き始めが少し重い。ショールームで体験してよかったからといって、無条件に採用することは避けたい。

また、移動距離によってフルスライドと2/3スライドの2タイプに分かれる。フルスライドは文字どおり、引出し本体がすべてキャビネットの外まで出るタイプである。通常はこちらを使えば問題はない。2/3スライドを使うときは引き残り寸法を確認しておきたい。

## 図1 | 引出しレールの種類と特徴

### 引出しの名称

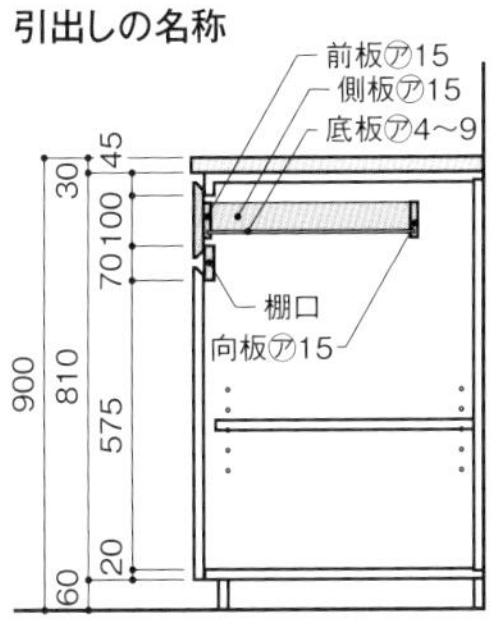

前板㋐15
側板㋐15
底板㋐4〜9
棚口
向板㋐15
45
30
100
70
900
810
575
20
60


引出しの側板にはスプルス、キリなどのムク材かポリ合板などを使う。底板はシナ合板やポリ合板などで、重量物を入れる場合は9㎜くらいの厚みとする

注：寸法は目安。実際には収納物の大きさから判断したい

### 脇付けローラーボール

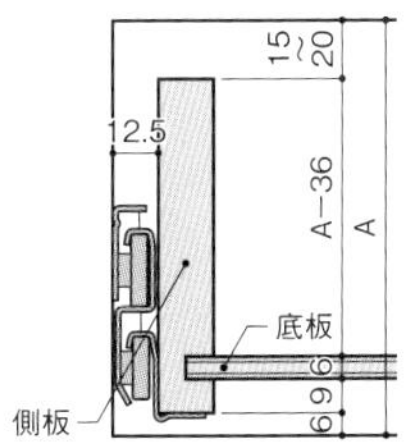

15〜20
12.5
A−36
A
底板
9
6
6
9
側板


動きは滑らかだが、ローラーの音が気になる。有効高さが小さくなる。最奥部でレールが下に傾斜しており、確実に締まる。地震などでも引出しが出てくることが少ない

### 摺り桟

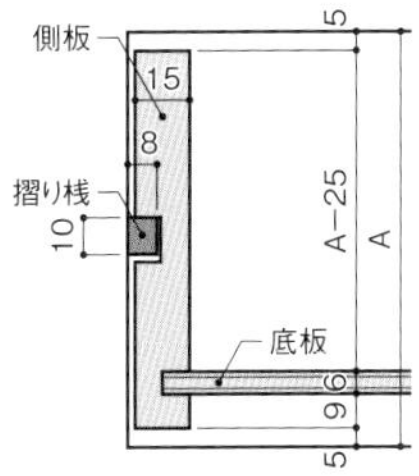

側板
5
15
8
摺り桟
10
A−25
A
底板
9
6
9


引出し内の幅・高さともに有効寸法が大きくとれるが、動きの滑らかさでは劣る

### 脇付けベアリング式レール

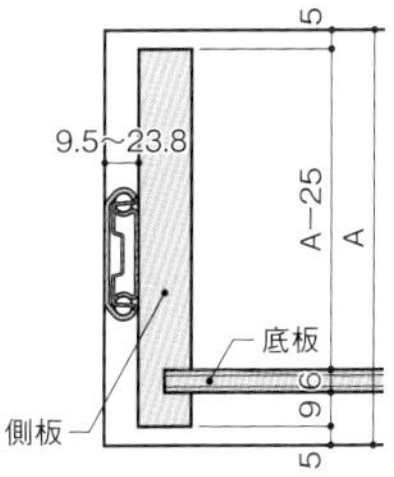

5
9.5〜23.8
A−25
A
底板
9
6
9
側板
5


有効高さが大きくとれる。地震などで引出しが自然に出てくることもある。最近ではこれに機能パーツを取り付けて出てこないようにしたり、ゆっくり締まったりするようにできる

### 底付けベアリング式レール①

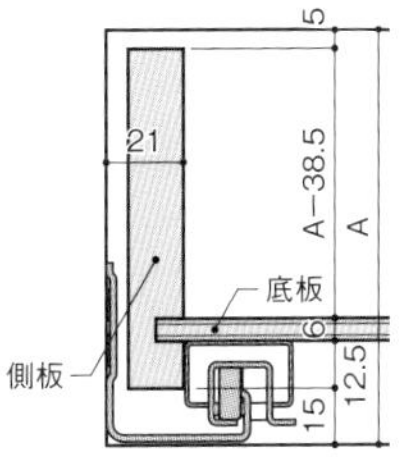

5
21
A−38.5
A
底板
6
12.5
15
側板


最近の主流。動きは滑らかで音も静か。ゆっくり締まるタイプや、押して開けるタイプなど種類も多くなった。引出しの下部に機構を集中させるため、有効高さを犠牲にしている

### 底付けベアリング式レール②（引出しシステム）

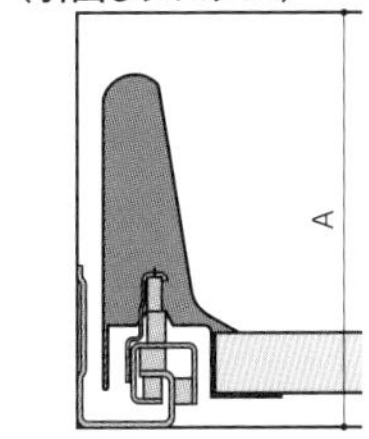

A


側板とレールが一体になってシステム化されたもの。側板の高さが決まり、バリエーションが少ない。また、側板の内側が斜めになっているものが多く清掃性はあがるが、使い勝手は限定される

スライドレール。引き出したときにレール本体が見え、動作時の音が安っぽい印象を与えるからか使用が減りつつある。比較的安価で動きが軽く、筆者は好きなレールの1つ (写真：ブルム／デニカ)

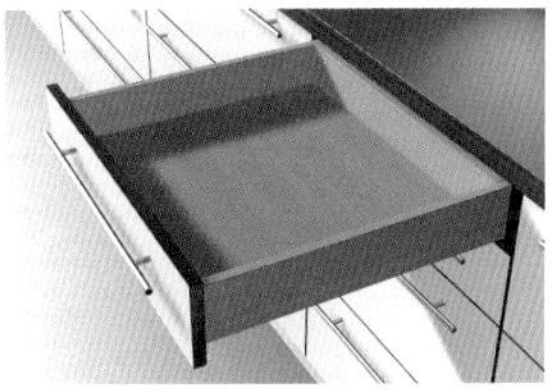

底付けベアリング式レール。引き出したときにレール本体が見えないすっきりした納まり。動きはスムーズだが、引き始めが若干重く感じる。ソフトクロージング機構付きだとさらに重い (写真：ブルム／デニカ)

## 図2 | 棚口廻りの詳細図

### 基本の納まり

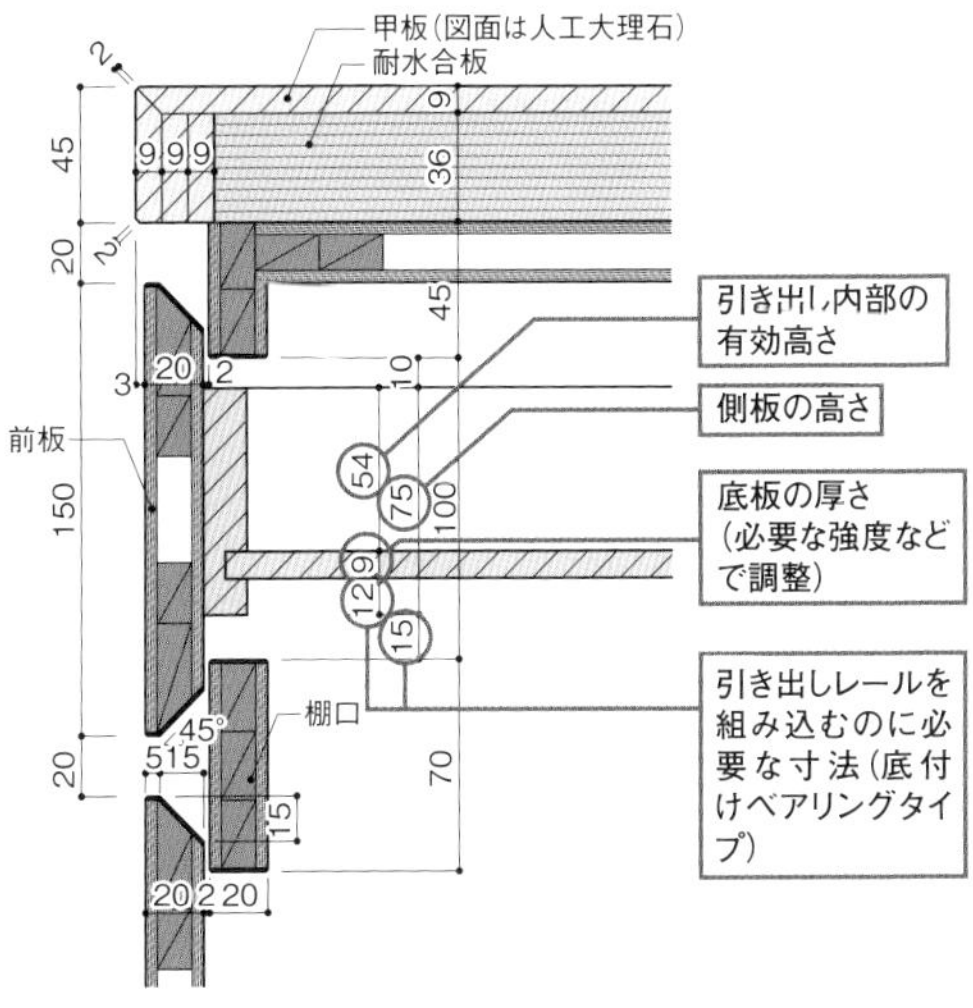

甲板(図面は人工大理石)
耐水合板
2
45
9
9
9
9
36
20
2
45
3
20
2
10
前板
150
54
75
100
12
9
15
棚口
45°
5
15
20
15
70
20
2
20
引き出し内部の有効高さ
側板の高さ
底板の厚さ(必要な強度などで調整)
引き出しレールを組み込むのに必要な寸法(底付けベアリングタイプ)


### 手掛け形状のバリエーション

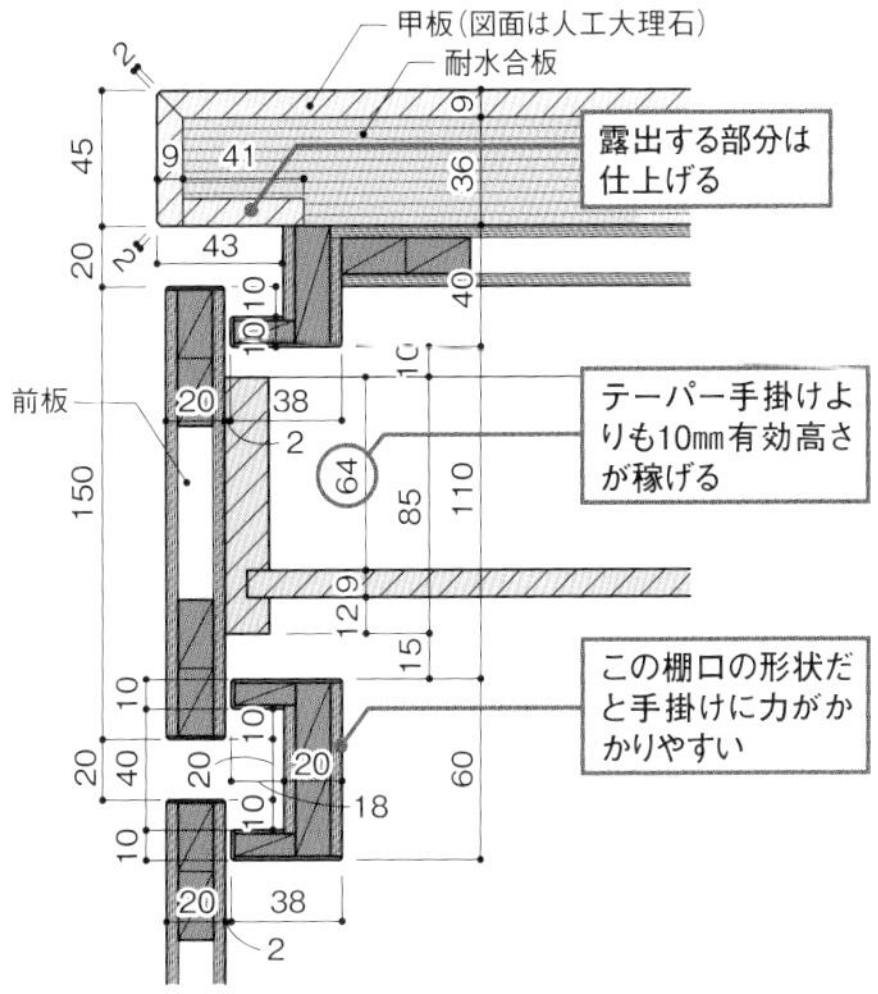

甲板(図面は人工大理石)
耐水合板
2
45
9
41
9
36
露出する部分は仕上げる
20
2
43
10
10
40
10
前板
20
38
2
64
85
110
150
12
9
15
10
10
20
40
20
20
10
18
60
10
20
38
2
テーパー手掛けよりも10㎜有効高さが稼げる
この棚口の形状だと手掛けに力がかかりやすい

# 家具金物～スライドさせる

POINT
- ◉インセットとアウトセットを使い分ける
- ◉金物の耐荷重を確認する

## 引戸金物の種類

昔から食器棚などで家具に引戸を使うことはあった。扉の上下に溝を突いて、ケンドン式で差し込む方式がオーソドックスな納め方で、今でも採用することがある。しかし、最近ではほとんど引戸レールを使って納める［図1］。

建築の建具と同様、引戸金物には上吊り式と下荷重式ある。上吊り式金物のメリットは動きのスムーズさと、下レールが不要なために掃除が楽だという点、また納まりのバリエーションが豊富な点である。下荷重式の納め方は1種類しかない。よって、上吊り式金物を使うことが多い。開閉方式には引違い、引き分け、片引き、フラット引戸などのバリエーションがあり、デザインに合わせて使い分ける。

引戸の納め方は、通常はインセットになる。アウトセット用に工夫された金物もあるが、その多くはキャビネットの上下に、吊り込みのための大きな空間が必要とされる。家事目線でいうと「埃が溜まりやすい場所」ということになり、採用を躊躇する理由である。動き自体はスムーズに動くものが多く、十分実用的である。

## 金物選びの決め手は耐荷重

引戸金物では上吊り式が多いため、耐荷重が金物選びのポイントとなる。カタログには「扉重量25kg以下」「扉高さ2400㎜以下、扉幅1200㎜以下、扉厚さ19～25㎜」などのように記載される。これは2400×1200の扉でよいということではなく、あくまで25kg以下の重量がポイントである。筆者が使う扉重量の簡易計算式は「扉の幅（m）×高さ（m）×厚（㎜）×N」としており、N＝0.5～0.8として計算している［図2］。これはあくまで略式の算出法なので、実際には家具業者に確認してほしい。

## 図1 ｜ 引戸・折戸の種類

### 平面図

引戸インセット ①②

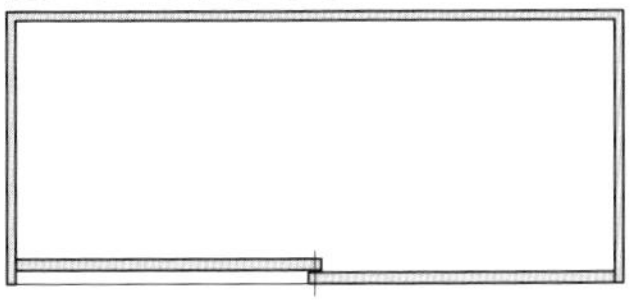

引戸アウトセット ③④

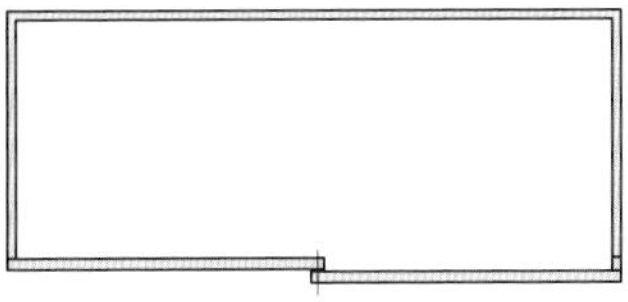

折戸インセット ⑤⑥⑦⑧

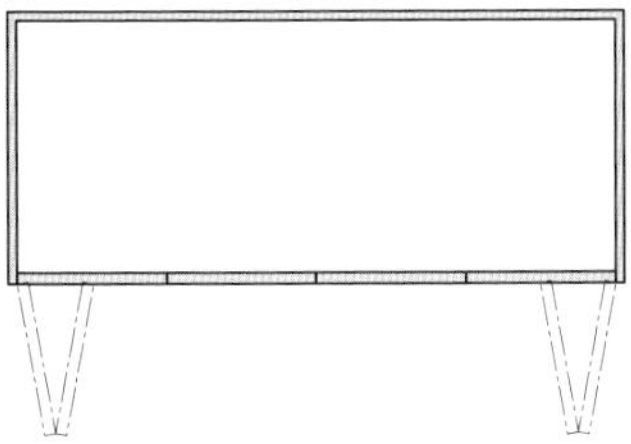

折戸アウトセット ⑨⑩⑪⑫

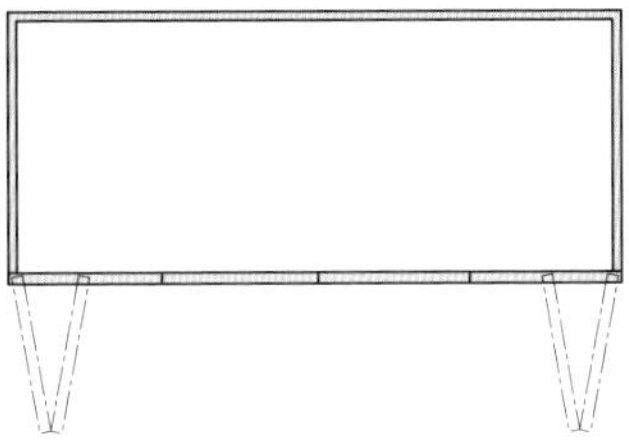

### 側面図

引戸インセット ①②

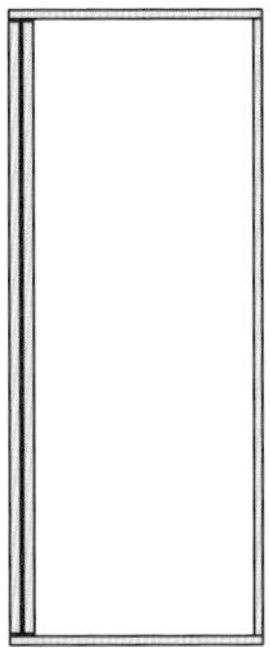

引戸アウトセット ③④

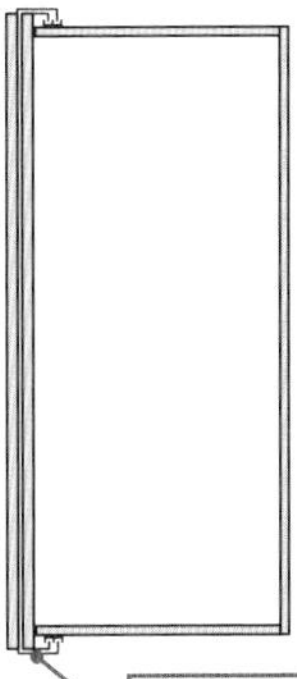

折戸アウトセット ⑨⑩⑪⑫

アウトセット引戸の場合、キャビネットの上下に金物が来るため、ほかの部分も含めて納まりに注意が必要

### 引戸と折戸の形式

| | | | | |
|---|---|---|---|---|
| 引戸 | インセット | 上吊り式 | | ① |
| | | 下荷重式 | | ② |
| | アウトセット | 上吊り式 | | ③ |
| | | 下荷重式 | | ④ |
| 折戸 | インセット | 上吊り式 | 固定式 | ⑤ |
| | | | フリー | ⑥ |
| | | 下荷重式 | 固定式 | ⑦ |
| | | | フリー | ⑧ |
| | アウトセット | 上吊り式 | 固定式 | ⑨ |
| | | | フリー | ⑩ |
| | | 下荷重式 | 固定式 | ⑪ |
| | | | フリー | ⑫ |

### フラットに納まる引戸①

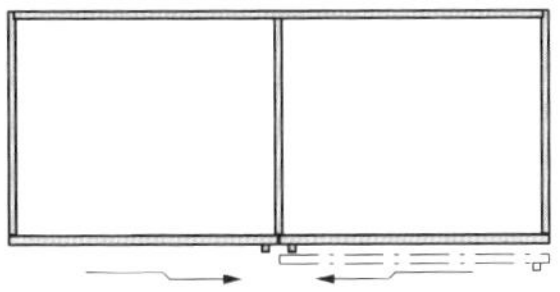

最近は各メーカーから「平面引違い戸」のシステムが出ているので参考にしたい。ただし、上下の金物が占有するスペースが大きいため、収納量や納まりの関係で悩むこともある

### フラットに納まる引戸②

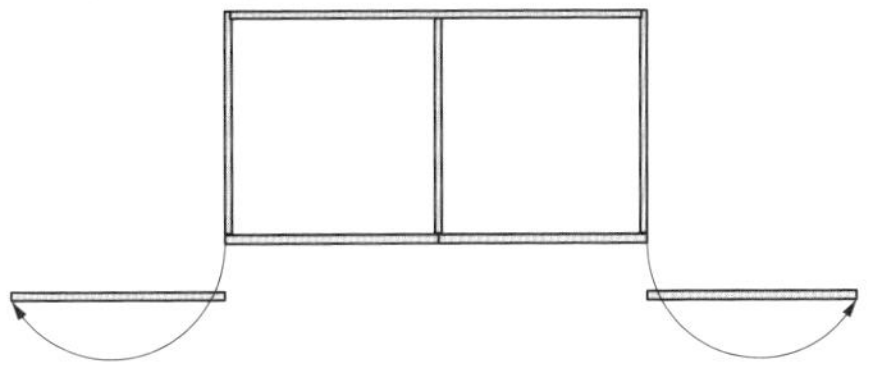

最近カタログでよく見かけるアーム式フラット扉。使い勝手はよさそうだが、内部に出る金物が大きいことと、サイズのバリエーションが少ないことが難点

## 図2 ｜ 扉重量の求め方

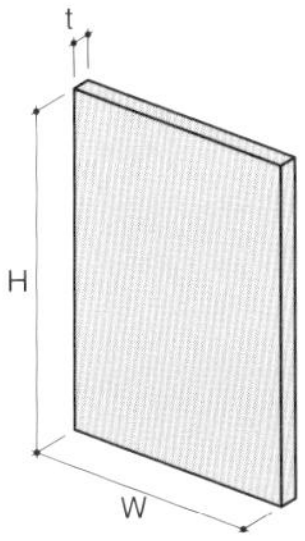


●扉重量の簡易計算式は次のとおり
扉重量(kg)=W(m)×H(m)×t(㎜)×Ⓝ

| N係数 | | |
|---|---|---|
| | フラッシュ | ：0.5 |
| | 合板 | ：0.6 |
| | パーティクルボード | ：0.6 |
| | MDF | ：0.8 |
| | ガラス | ：2.5 |

たとえば、木製扉W500、H900、t20、フラッシュ扉の場合
0.5×0.9×20×0.5=4.5(kg)
たとえば、ガラス扉W500、H900、t6の場合
0.5×0.9×6×2.5=6.75(kg)

KEYWORD

049

# 家具金物～動かす

POINT

◉素材と工事区分で棚ダボを使い分ける

◉棚ダボの位置も図面で確認する

## 棚を可動する仕組み

可動棚を備えている収納は多いだろう［写真・図］。家具工事で造作する場合は、専用の機械で側板に等間隔で穴をあけ、メンダボを打ち込み、ねじ込み式のオンダボを取り付け、棚を載せる。このとき、棚板がずれないように、棚板の裏面に半円筒型のザグリ［※］を入れてダボに載せる。使い勝手を考えると、ダボピッチは細かいほうがよい。しかし、穴の数だけ作業が増え、ダボの数も増える。コストアップにつながり、何よりキャビネットの内部とはいえ、うるさい感じがする。本棚やシューズボックスで30～40㎜、そのほかの収納で40～50㎜ぐらいが適度な間隔だとされる。

ガラス棚の場合はオンダボに専用のビニル製カバーを付けるか、ガラス棚専用の滑り止めが付いたダボ（グラフィックス）を使う。このとき木製の棚とダボの位置が変わるので注意する。

大工工事では、ダボ穴をあけられないので、既製品のダボレール（棚柱）を側板に取り付ける。側板に溝を突いて打ち込むタイプや、そのまま固定するタイプがある。ダボレールの可動ピッチは20㎜の場合が多い。

## 金物の位置に注意

キャビネット内部にはスライドヒンジやステーなどの金物が取り付けられる。棚板、棚ダボ、ダボレールの位置がそれらの金物と干渉してしまう。本当に棚が欲しい位置に金物が当たって、付けられないことがよくある。また、ソフトダウンステーが棚板に当たり扉が閉まらないなどの失敗もある。これらは、製作図面でダボの位置、金物の形状や大きさを正確に記入することで、ほとんど解決できる。自分で描くときはもちろん、チェックするときに見落とさないよう注意したい。

※：金物などの座の座りをよくするために取り付ける個所に彫り込みを入れること

## 写真｜ダボの種類

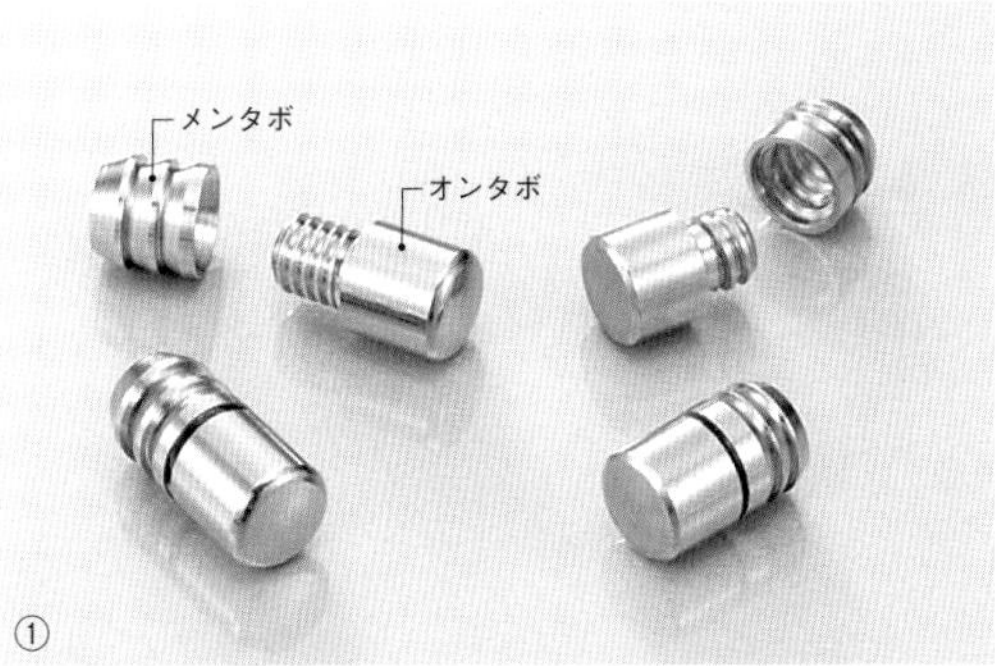
メンタボ
オンタボ
①

金属ダボ：通常の棚板には8㎜のものがちょうどよい

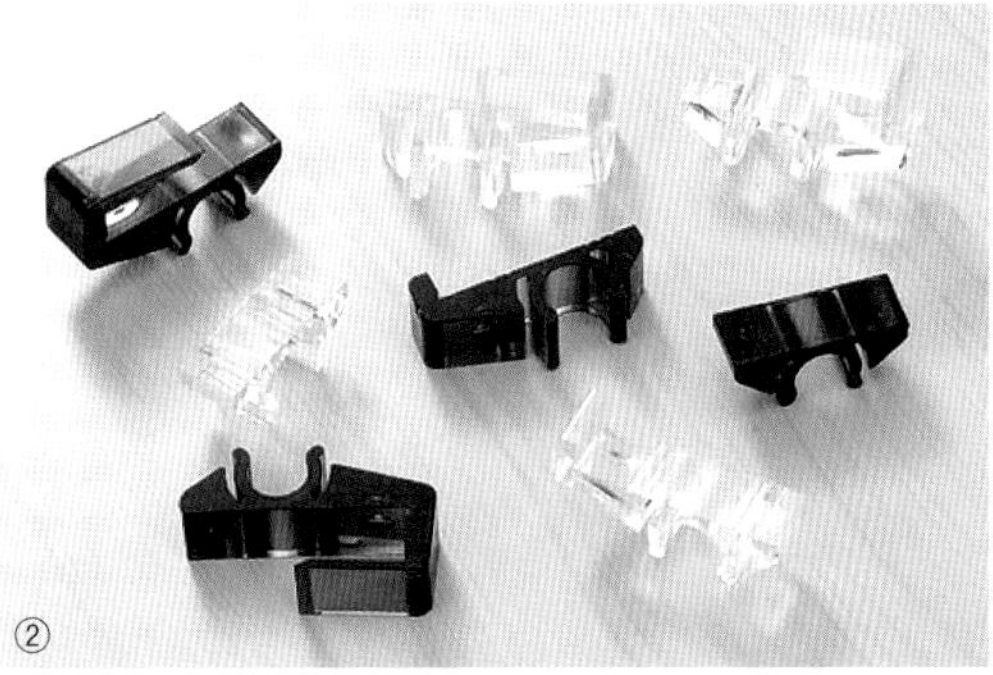
②

グラフィックスダボ：ガラス棚専用／ガラス棚がずれないようにできる

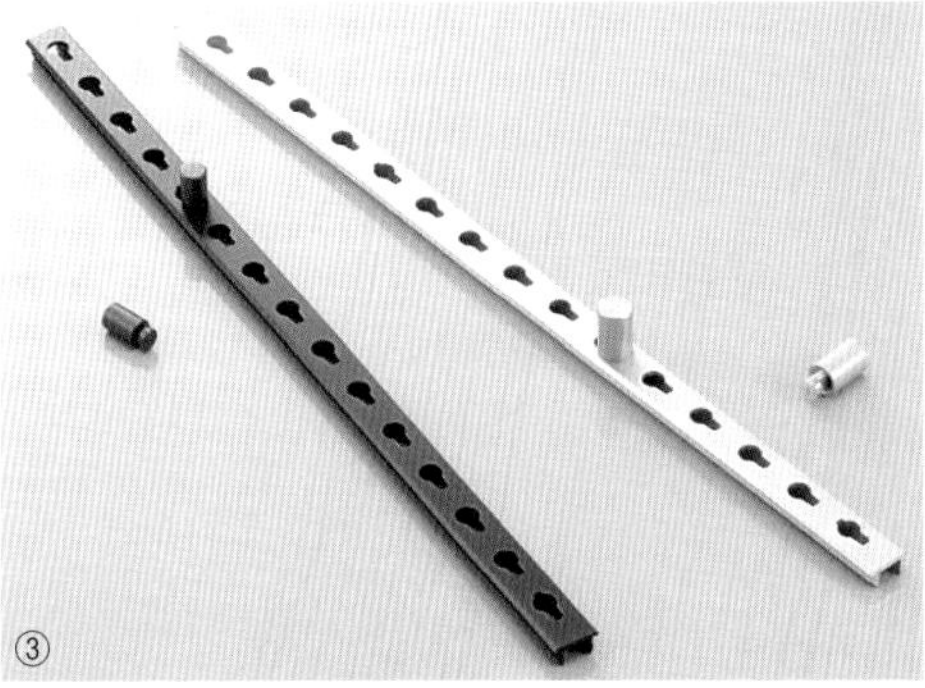
③

GPダボ柱・ダボ：大工工事でつくる棚受けの定番。パネルに溝を突いてダボ柱を叩き込む

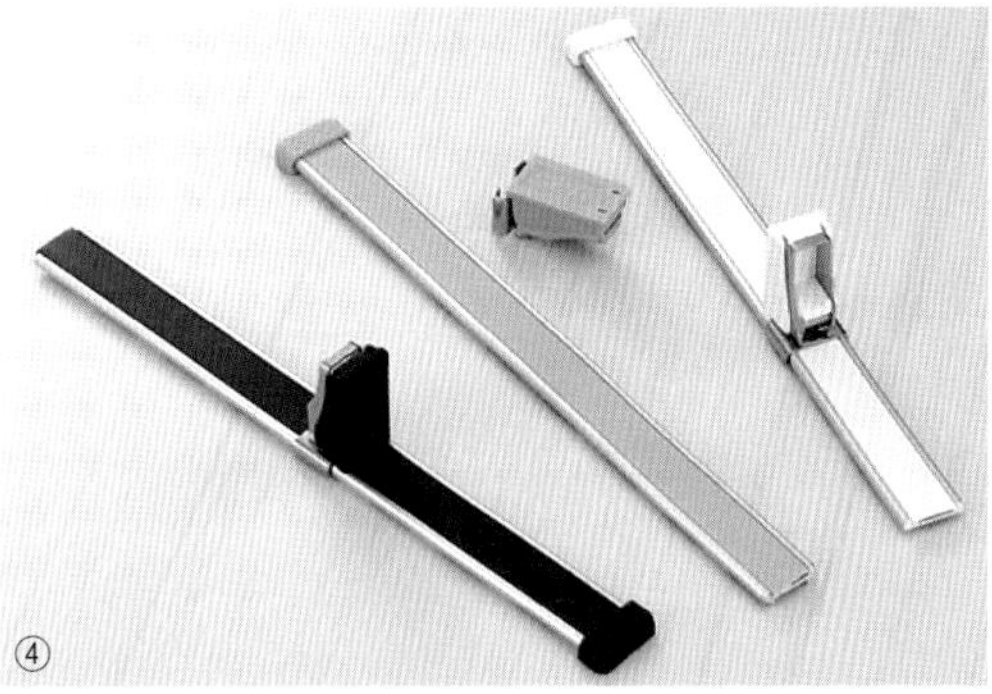
④

棚柱：側板に溝を突かなくて取付けできるうえに、非常に薄く、棚板の幅に影響が少ない

写真提供：野口ハードウェアー（①〜③）、写真提供：サヌキ（④）

## 図｜可動棚の納まり

### 家具工事の納まり

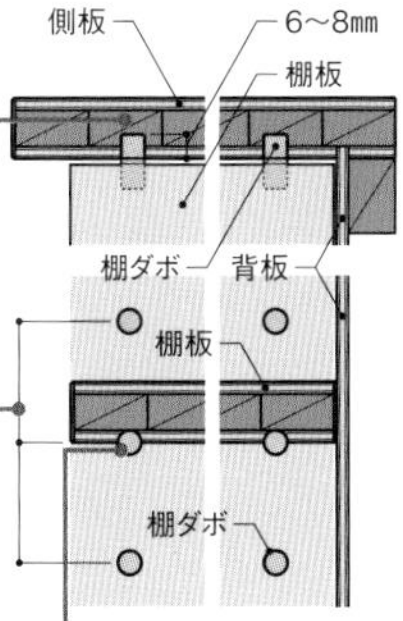
側板
6〜8㎜
棚板
棚ダボ
背板
棚板
棚ダボ

棚ダボを打ち込む場所には必ず芯材を入れておく

棚ダボのピッチは加工機械にもよるが、筆者の場合、下駄箱や本棚などでは30㎜、そのほかの収納では40㎜にすることが多い

通常は8㎜径のダボを使う。木製の場合は棚板の裏面にダボの半円分のザグリを入れてズレを防止する

### 大工工事の納まり

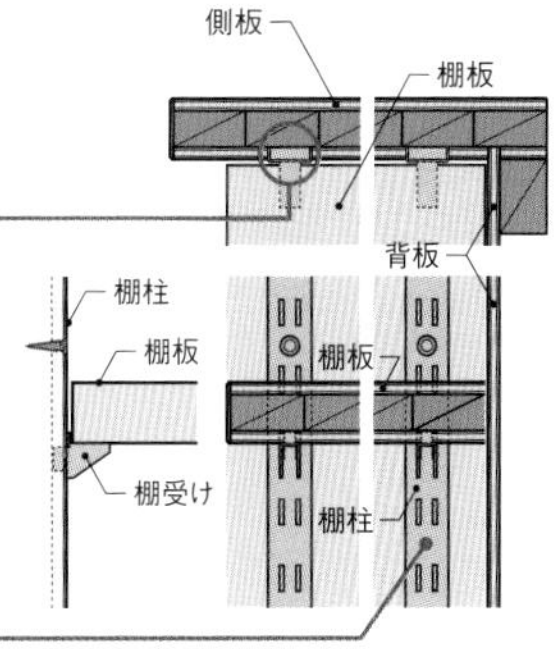
側板
棚板
背板
棚柱
棚板
棚受け
棚板
棚柱

棚柱は埋め込むときれいだが、角のRを避け、1㎜程度出すとよい。また、大工工事で棚柱を埋め込む場合、パネルの中間に溝を突くのが難しく、上下端部まで通すことになる

棚柱と棚受けは種類が多く、デザイン性、耐荷重、コストなどで使い分ける

### ガラス板の納まり

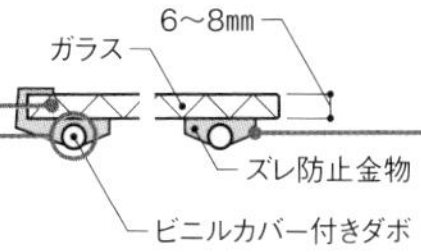
6〜8㎜
ガラス
ズレ防止金物
ビニルカバー付きダボ

ガラスを棚板に使う場合、厚みは6〜8㎜、幅は900㎜程度を限度に考える。安全のため、裏面に飛散防止フィルムを張るとよい

ガラス棚には通常の棚ダボにビニルなどでカバーしたものを使う。図のようにズレ防止が付いているものを使うとより安心である

ズレ防止金物は、背板が木や化粧板の場合は不要で、1〜2㎜クリアランスを取る程度でよい。飾り棚などで、背板に鏡を張る場合は後ろ側のダボにもズレ防止付きを使用し、ぶつかるのを避ける

棚板の幅は、一般の収納で900㎜、本棚などでは600㎜程度までにしたい。それ以上のサイズになる場合は、通常両端4カ所のダボで支えるところを背板部分でも支えるとよい。その場合、背板のダボ部分にも芯を入れておく。通常棚板の厚みは18〜20㎜にするが、本棚など比較的重い物を載せる場合は24〜25㎜とする、フラッシュではなくベタ芯にする、芯材にステンレスパイプを入れることもある

# 家具金物～固定する

**POINT**

◉キャビネット・棚板を固定するための下地を指示する

◉金物やビスを見せないように固定する

## キャビネットを固定する

地震時に備えた家具の転倒防止は今や常識。造作家具のほとんどは壁や床に固定するので、さほど問題にはならないが、少し触れておきたい。

床に置くキャビネットは台輪を床に固定し、キャビネットと台輪を固定する。それだけでもかなり頑丈だが、上部も壁に固定すれば完璧だ［図1①］。ただし、ビス固定なので、下地がないと意味がない。特に、壁だけで全荷重を支えなければならない吊り戸棚では下地が重要だ。住宅ではプラスターボードの代わりにコンパネを入れて、固定用の下地とする。取付け前の打ち合わせで指示しておきたい。

この方法ではキャビネット内部にビスが見えるので、ビスキャップで隠す。しかし、オープン棚の場合はビスキャップも見苦しい。そのときは「ドッコ」と呼ばれる治具を使う［図1②］。

床に固定するとき、床暖房には気を付けたい。家具の下まで床暖房を敷設することは滅多にないが、万が一敷設している場合、短めのビスで対応する。間違っても温水管や電気パネルを傷付けることがあってはならない。

## 棚板を固定する

壁に棚板だけを付ける場合、最も簡単な方法は壁に固定したブラケットに載せる方法である。ブラケットの種類は多く、なかには折り畳みできるものもあるので、玄関のベンチなどに利用するのもよいだろう。しかし、ブラケットは美観上問題があるというケースもある。3方を壁で囲まれているときは壁に受け桟を付け、桟を挟み込むように正面から差し込んで固定する［図2］。背面しか壁がないときは棚受けサポートという金具を使うと便利だ。レベル調整もできるので、取付け作業をスムーズに行える。

## 図1 ｜ 家具の固定

①キャビネットの固定方法

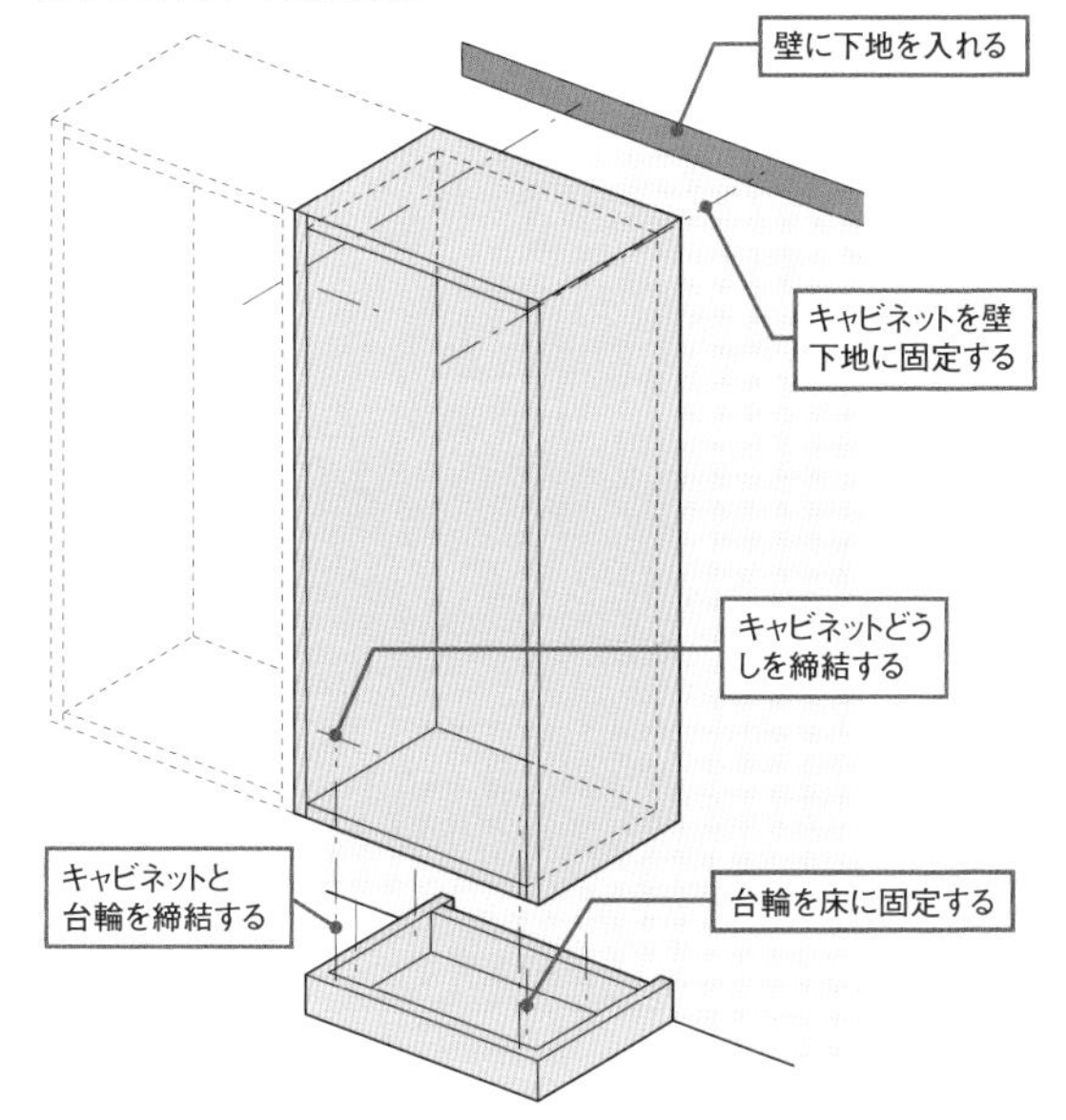
壁に下地を入れる
キャビネットを壁下地に固定する
キャビネットどうしを締結する
キャビネットと台輪を締結する
台輪を床に固定する

②オープン棚の固定方法

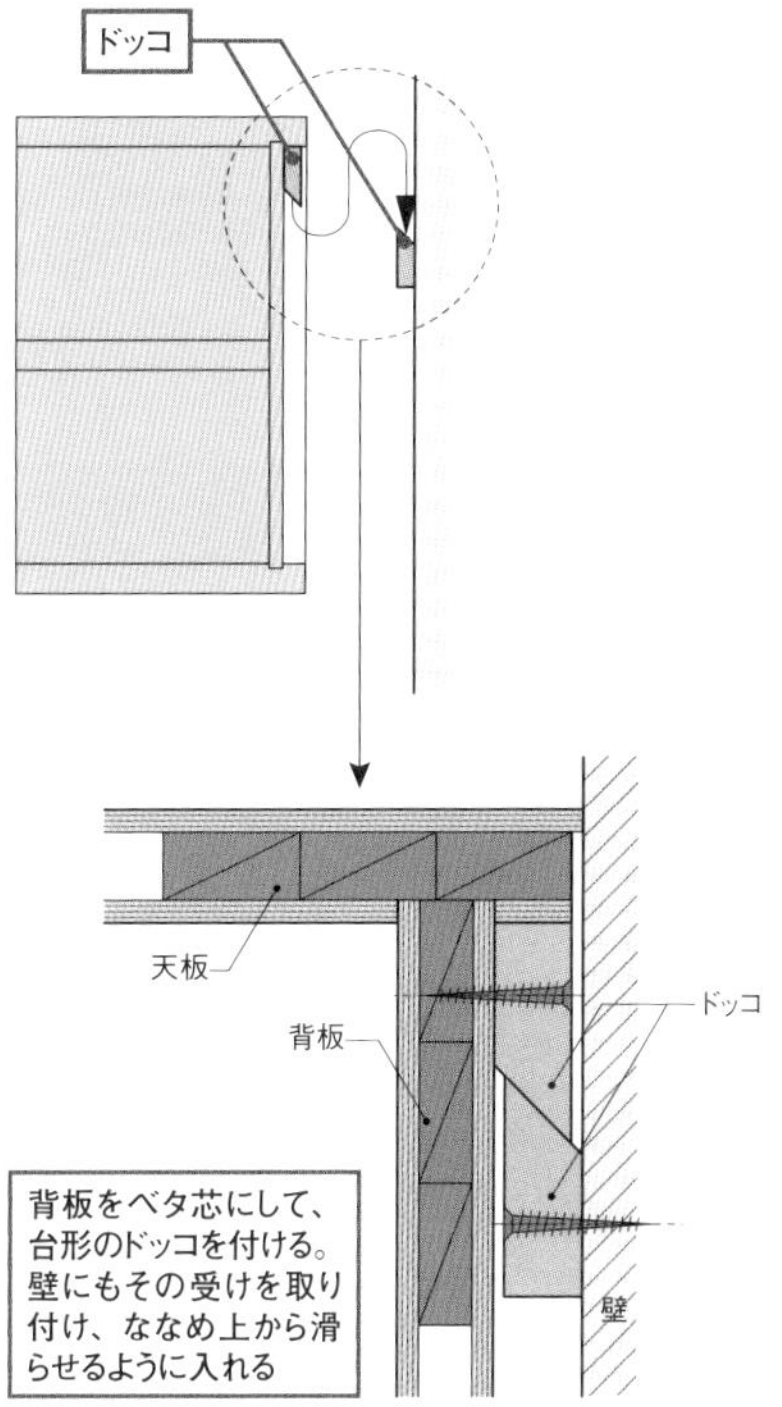
ドッコ
天板
背板
ドッコ
壁
背板をベタ芯にして、台形のドッコを付ける。壁にもその受けを取り付け、ななめ上から滑らせるように入れる

## 図2 ｜ 固定棚の設置方法

基本の納まり①

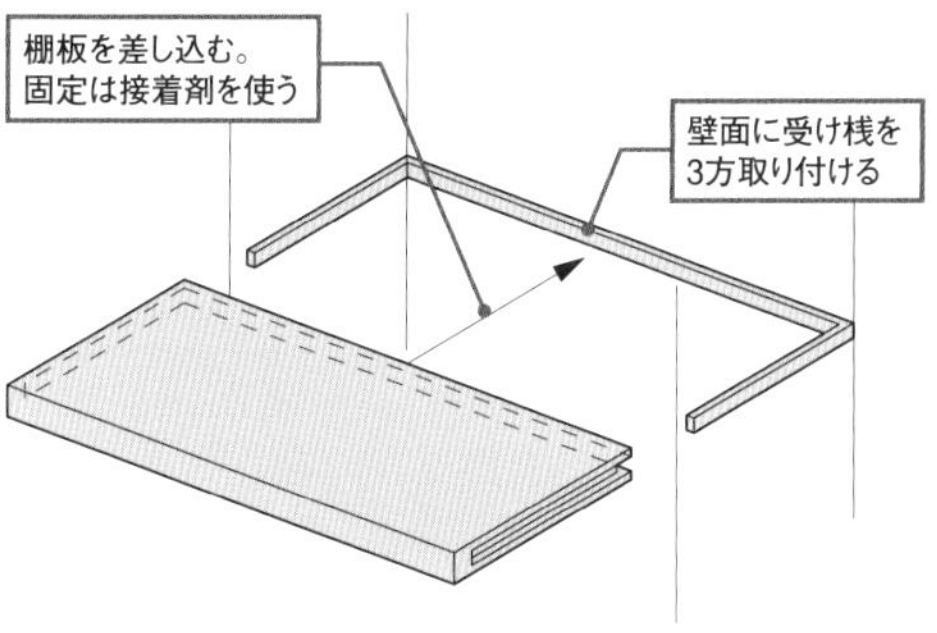
棚板を差し込む。固定は接着剤を使う
壁面に受け桟を3方取り付ける

基本の納まり②

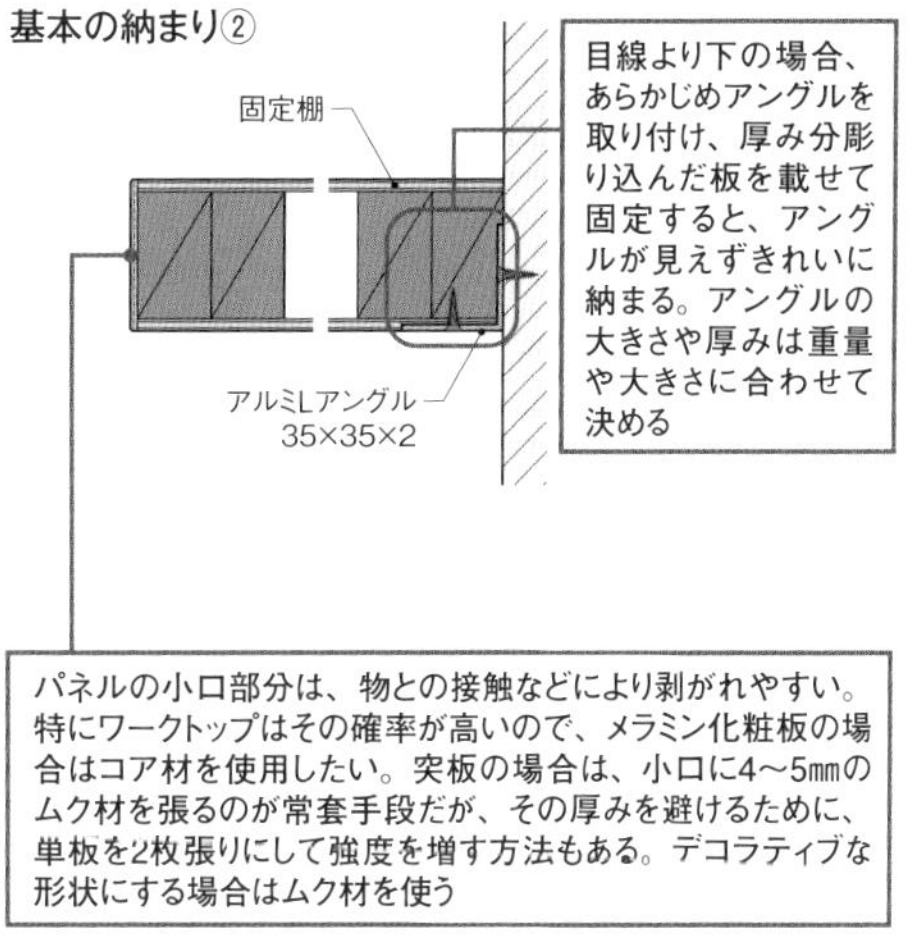
固定棚
アルミLアングル 35×35×2
目線より下の場合、あらかじめアングルを取り付け、厚み分彫り込んだ板を載せて固定すると、アングルが見えずきれいに納まる。アングルの大きさや厚みは重量や大きさに合わせて決める
パネルの小口部分は、物との接触などにより剥がれやすい。特にワークトップはその確率が高いので、メラミン化粧板の場合はコア材を使用したい。突板の場合は、小口に4～5㎜のムク材を張るのが常套手段だが、その厚みを避けるために、単板を2枚張りにして強度を増す方法もある。デコラティブな形状にする場合はムク材を使う

奥行きが小さい固定棚

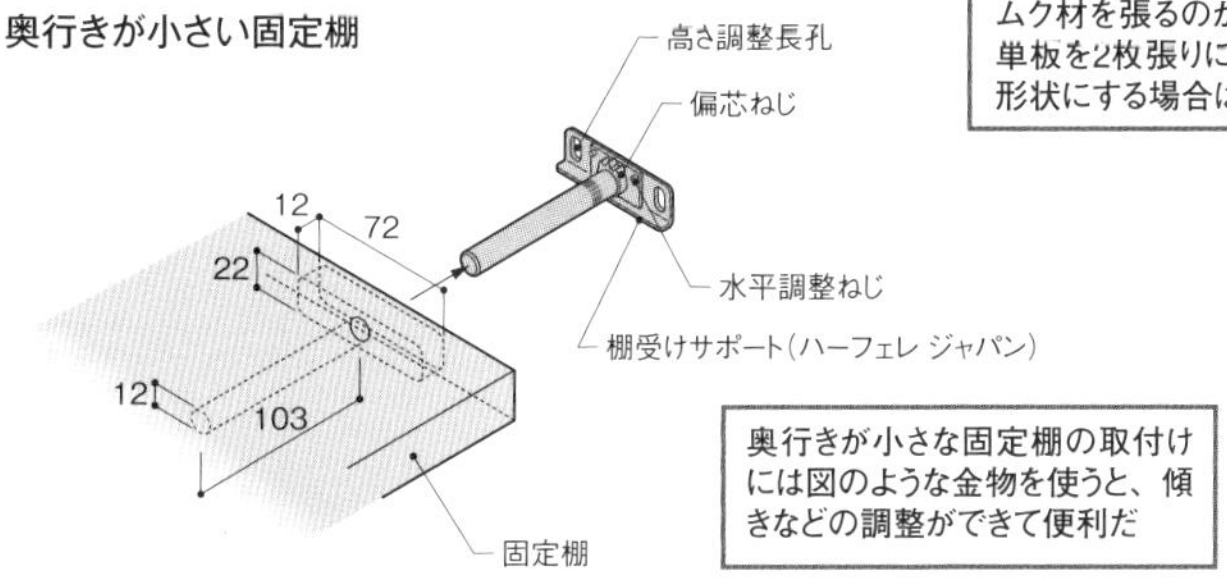
高さ調整長孔
偏芯ねじ
水平調整ねじ
棚受けサポート(ハーフェレ ジャパン)
12
72
22
12
103
固定棚
奥行きが小さな固定棚の取付けには図のような金物を使うと、傾きなどの調整ができて便利だ

# 家具金物〜守る

**POINT**

- 頭から上の扉に耐震ラッチは当然のこととする
- 将来を見据えた安全・防犯計画を考える

## 地震から守る

強い地震が起きると、扉が開いて中のものが落ちてしまう。そこで、大事なものを入れている収納や頭から上の位置にある開き扉には、必ず耐震ラッチを付けるようにしたい［図1］。最近の耐震ラッチは、地震が収まるとロックが解除される仕組みになっているので、解除する煩わしさもない。ただし、最初に開けるとき、扉にもたれかかっている食器などには注意すること。

また、最近では引出しにも付けられるものがあるのでぜひ活用したい。

## 鍵をかける

店舗什器やオフィス家具では当たり前になっているが、造作家具でつくる引出しや扉にも鍵を付けることができる［図2］。

鍵には木扉用とガラス扉用がある。一般的なシリンダー錠タイプとディンプルキータイプ、解錠時に鍵が抜けないもの、アウトセット扉に対応する面付けタイプ、シリンダー交換タイプなどバリエーションは多い。また、玄関錠ほどではないが、鍵違い数［※］も多い。マスターキーに対応しているタイプもあり、複数を1つの鍵で開閉することもできる。オフィスで見られる、数杯の引出しを1度にまとめてロックするタイプもある。また、クロゼットなどの高さのある扉用に3点ロックというものもある。これはつまみがプッシュ式になっており、つまみを押し込むことにより、上下と横の3カ所を簡易ロックできる仕組みだ。

小さい子どものいたずらや誤動作を防ぐための金物もある。レバープッシュつまみを押して開けるのだが、いずれも開閉動作にワンアクション加えることで対処する［図3］。しかし、子どもが成長した後は必要ないはず。将来も見据えた計画を心がけたい。

※：異なる鍵番号で用意できる鍵数のこと

## 図1 ｜ 耐震ラッチ

### 耐震ラッチの納まり図

固定ねじ：
本体：φ3.5×14特平タッピングねじ
受け：φ3.5×16バインドタッピングねじ

B＋A＝33.5±0.5

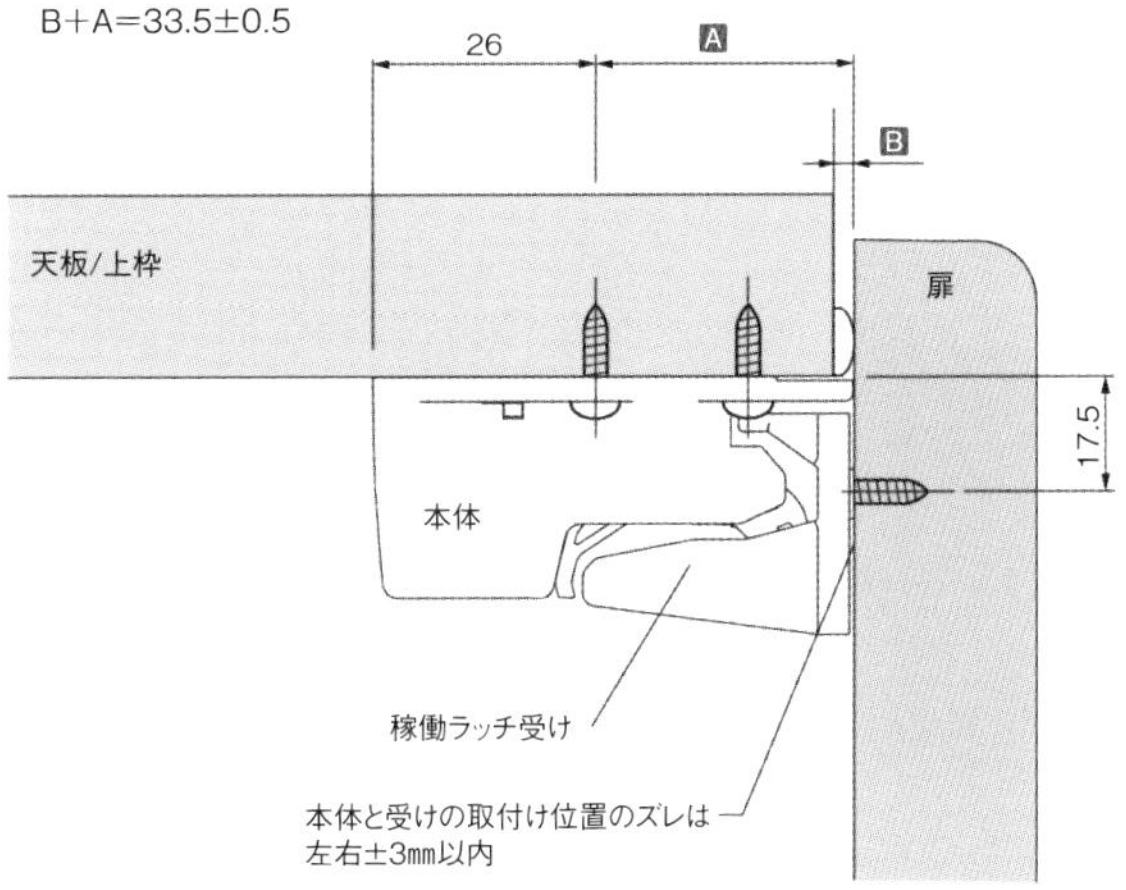
26
A
B
天板/上枠
扉
17.5
本体
稼働ラッチ受け
本体と受けの取付け位置のズレは
左右±3mm以内

※Bは扉側のクッションや収納側のパッキンの厚み。
扉側のクッションや収納側のパッキンがない場合はB=0に

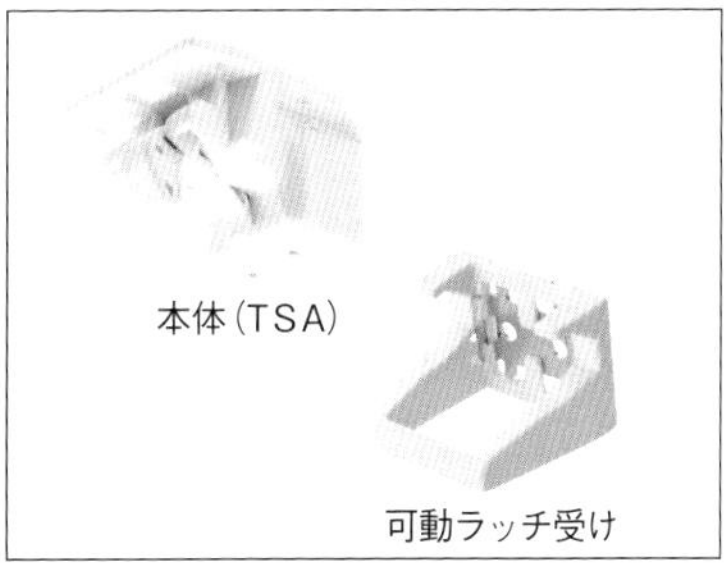
本体（TSA）
可動ラッチ受け

耐震ラッチ：揺れを感知するセンサーが内蔵された本体をキャビネット側に付ける

写真提供：ムラコシ精工

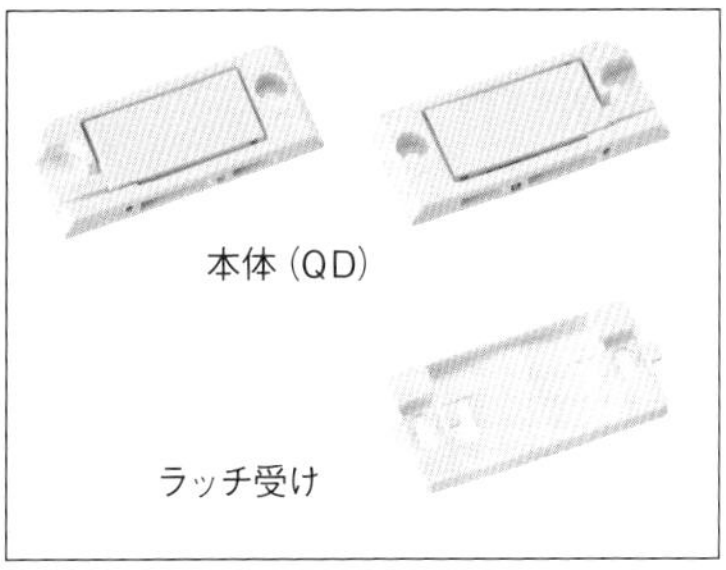
本体（QD）
ラッチ受け

引出し用耐震ラッチ：本体を側板に彫り込む

写真提供：ムラコシ精工

## 図2 ｜ 引出し・扉用ロック

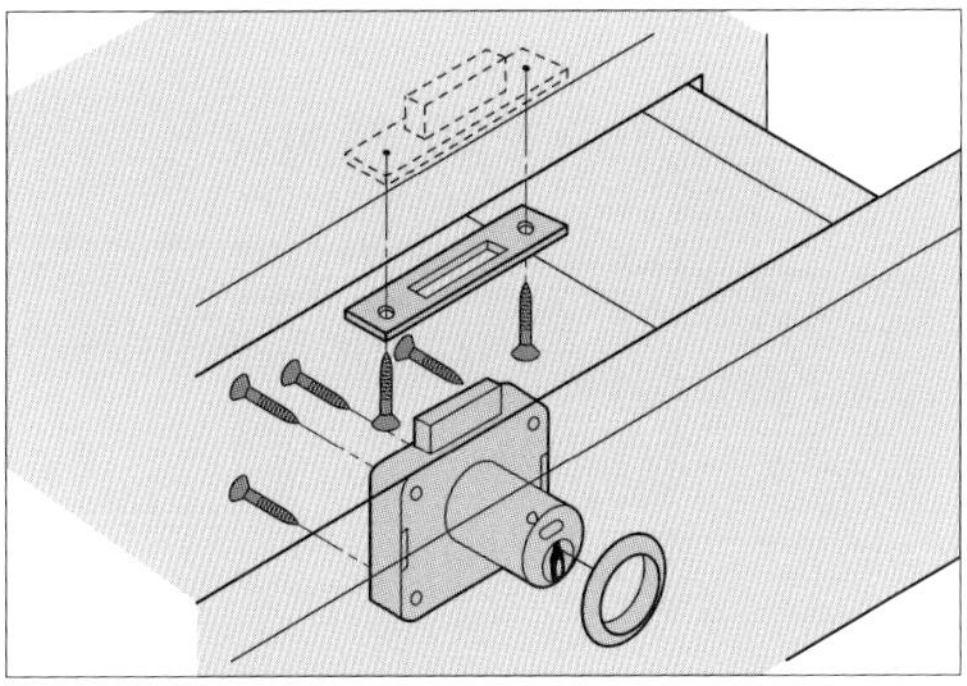

引出しに鍵を付けるときの納まり

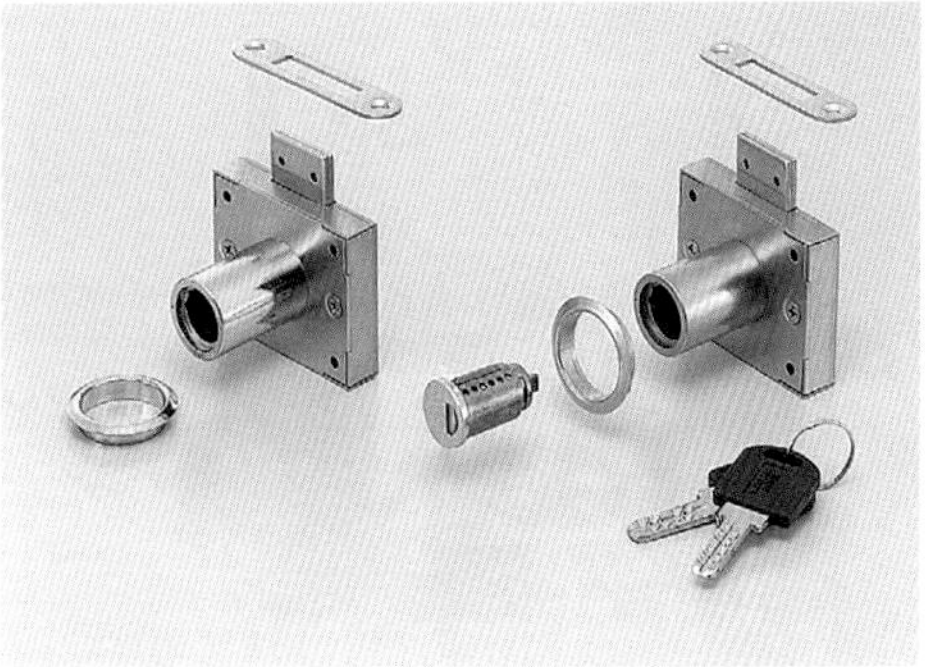

引出し・扉用ロックシステム：ディンプルキータイプ

写真提供：スガツネ工業

## 図3 ｜ レバーラッチ

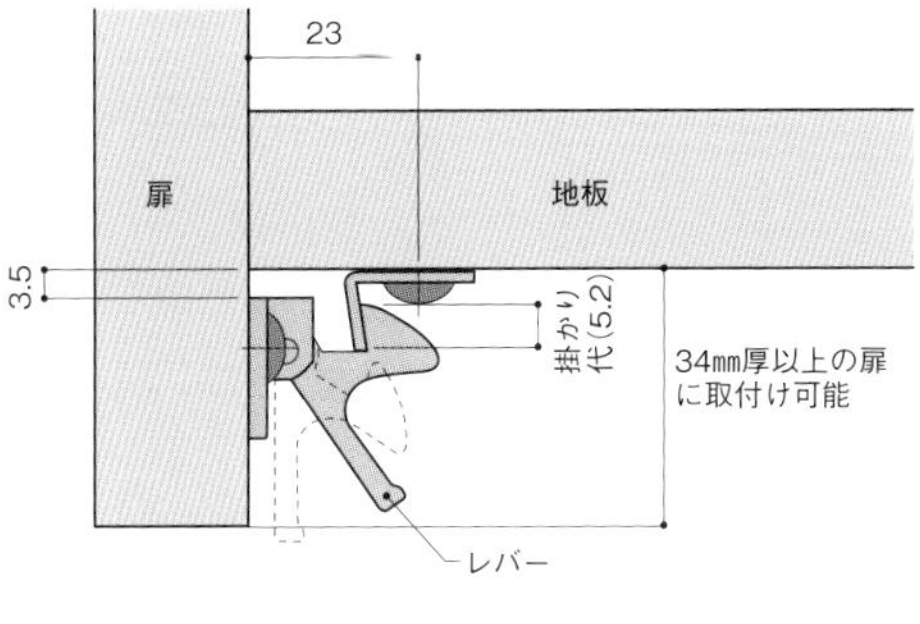
23
扉
地板
3.5
掛かり代(5.2)
34mm厚以上の扉
に取付け可能
レバー

レバーを引かないと扉が
開かない仕組み

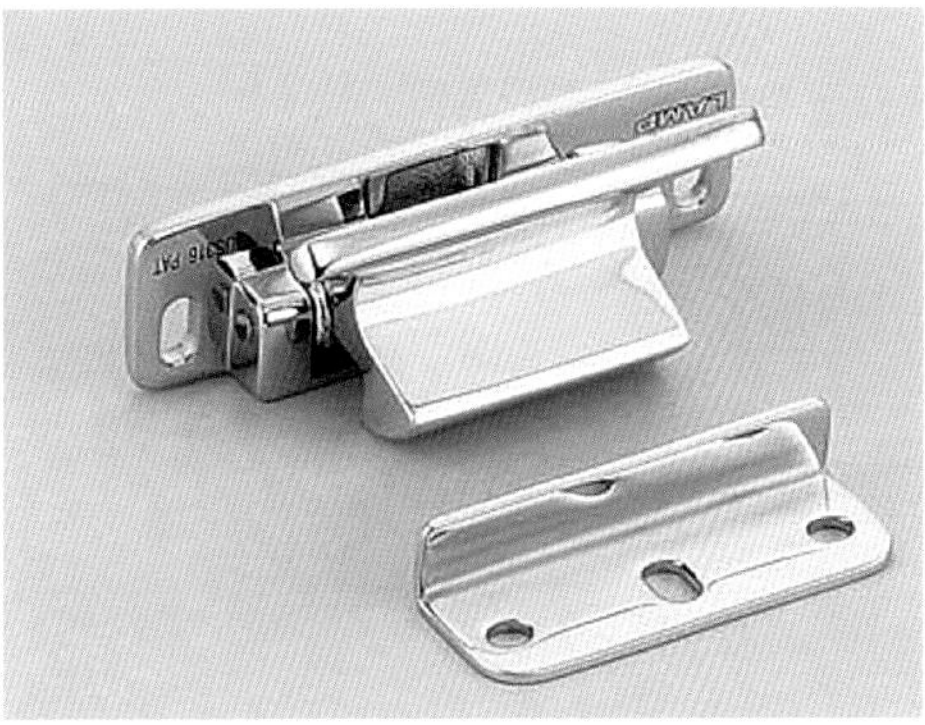

写真提供：スガツネ工業

# 家具金物～ハンドル・つまみ

POINT

◉ハンドルを付けるか付けないか、使い勝手とデザインで決める

◉ハンドルを付けない場合は重さに注意する

## ハンドルを選ぶ

ハンドルやつまみは各メーカーからさまざまなかたちのものが出ている[写真]。ハンドルだけでカタログが1冊まとまるほどだ。素材は、木、樹脂、金属だが、金属のものを使うことが多いだろう。金属のなかでも、アルミ、真鍮、ステンレス、鋳鉄などでつくられ、焼付塗装、磨き、ヘアライン、亜鉛メッキ、クロムメッキなどの仕上げを施している。

すっきりしたデザインにしたいときに、ハンドルやつまみは使わず、手掛けにすることがある。しかし、これでは、棚口が大きくなり、内部有効高さが減ってしまう。そういうときはアルミの押出し材でできたバータイプのものがある[図]。ただし色のバリエーションはほとんどの場合、アルマイトシルバーとブラックのみである。バータイプのハンドルは長尺のものをカットするため、基本的にどのメーカーも受注生産になる。納期は2～4週間となるので、早い段階で扉の幅（実寸）を決めておく必要がある。

## ハンドルを付けない

最近のソフトクローズ機構付きスライドレールでは引き始めが重いので、手掛けではなく、しっかり握れるハンドルを付けたほうがよい。もちろんデザイン優先で付けたくないケースもあるが、引渡し後にクレームになることも多い。建て主に使用感を確かめてもらってから決めたい。吊り戸棚の場合は、目の前にハンドルがくることもあり、框組扉などのクラシカルなデザインの場合を除いて、付けないことが多い。扉の下部に手しゃくりを彫り込むか、キャビネットより10㎜ほど大きくして、手の掛かり代《しろ》をつくればよい。その際、正面壁のタイルの割り付けなどには注意が必要だ。

写真｜ハンドルの種類

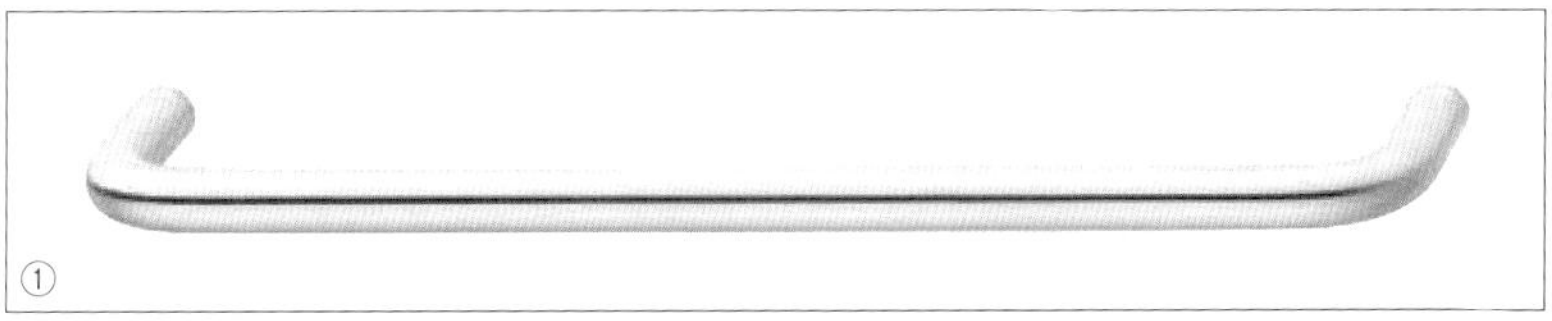
①
シンプルな丸棒タイプのハンドル。直径が小さいので主張しすぎない

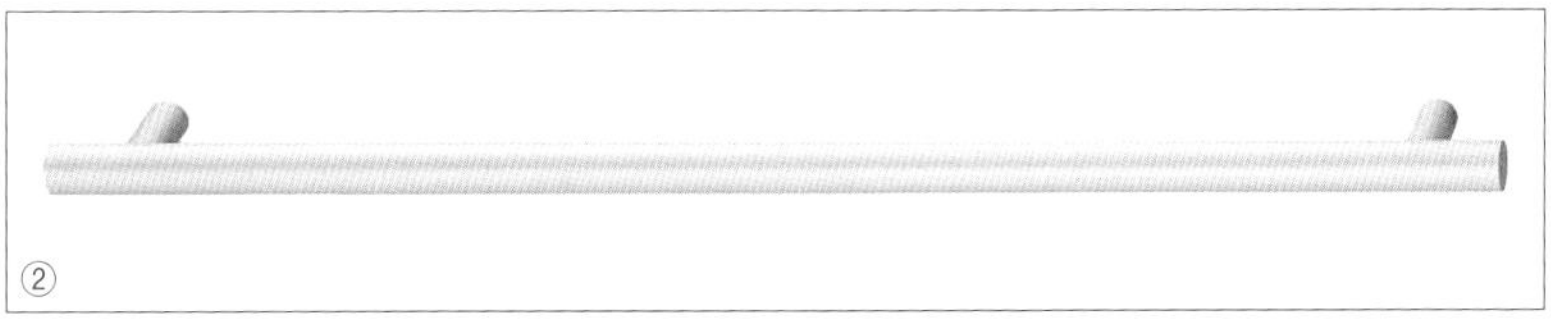
②
バータイプのハンドル。幅のバリエーションが豊富。タオル掛け代わりにもなる

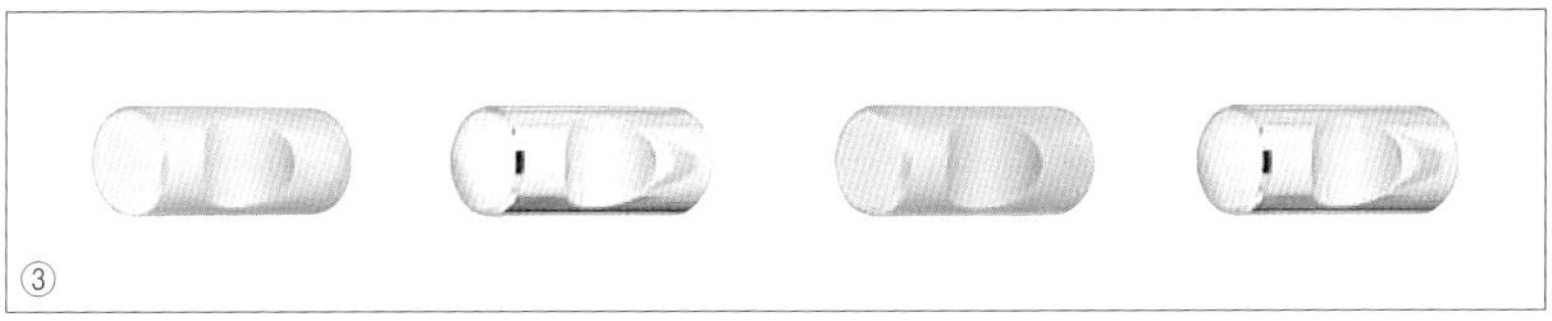
③
細いつまみ。これも主張しないで納まる。色のバリエーションもあり、使いやすい

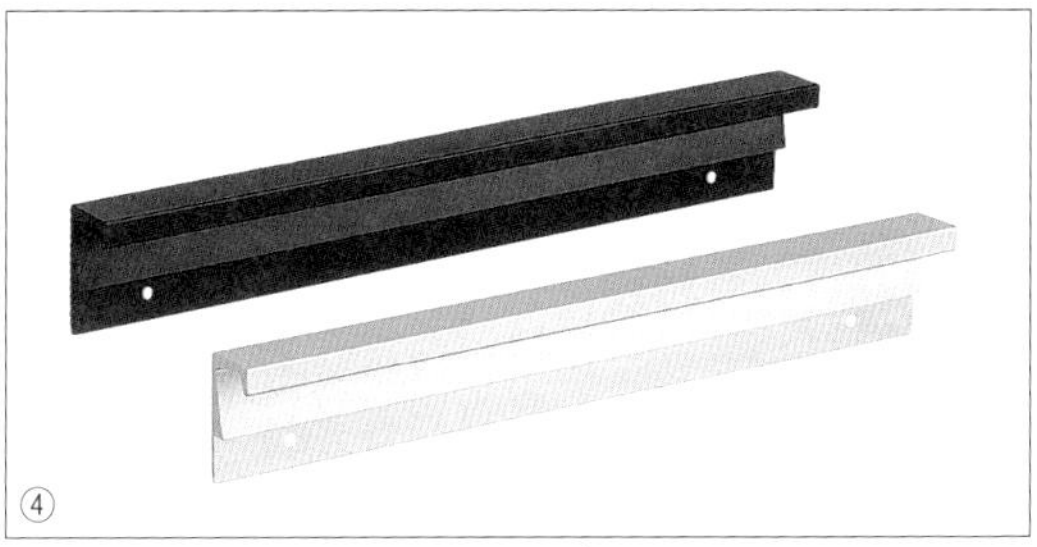
④
アルミ押出し材でできたレールタイプのハンドル。扉とフラットに納まる

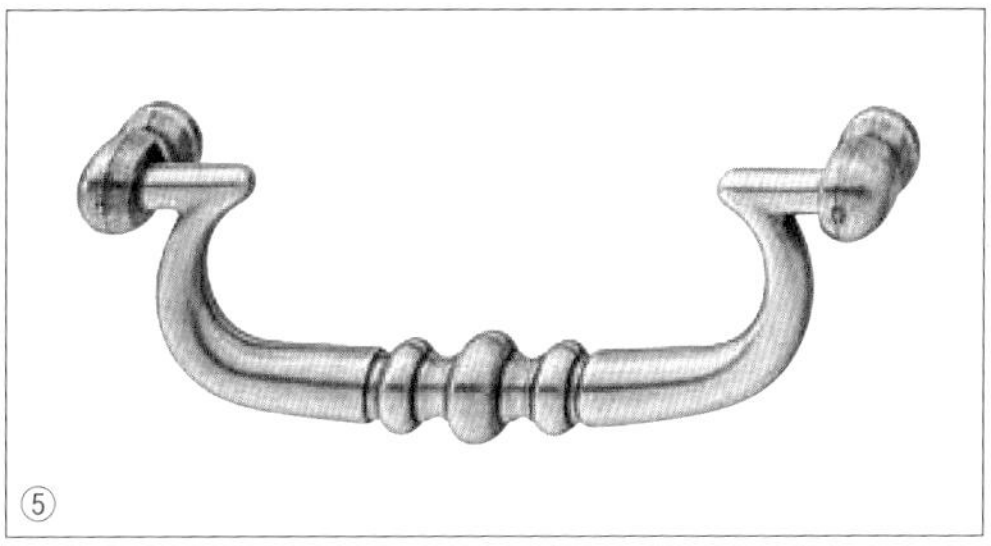
⑤
クラシカルなデザインのハンドル。バリエーションは豊富にある

写真提供：ハーフェレ ジャパン（①～③・⑤）、ユニオン（④）

図｜アルミフラットバーを使った手掛けの例

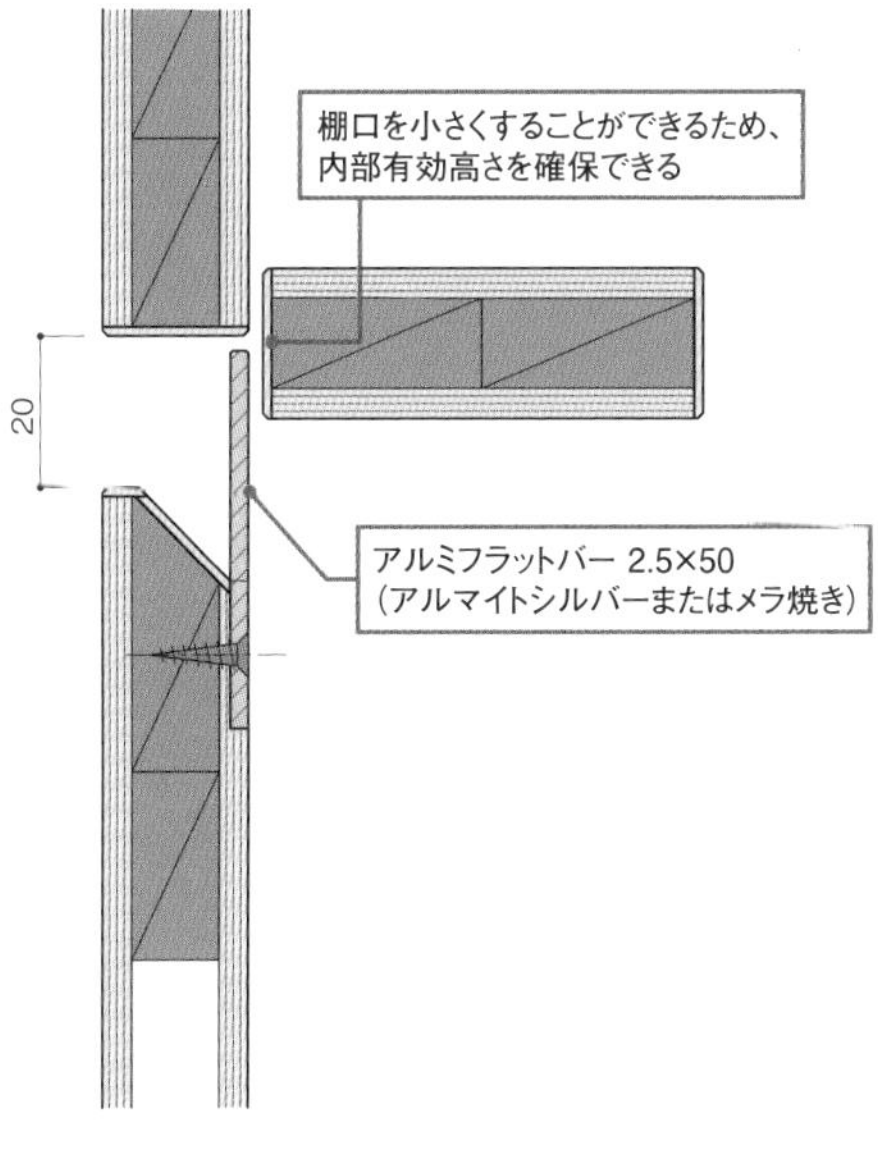
棚口を小さくすることができるため、内部有効高さを確保できる
20
アルミフラットバー 2.5×50
（アルマイトシルバーまたはメラ焼き）

横長の引出し前板の上部に、アルミ角パイプを加工したハンドルを通している。横木目にしたゼブラウッドとの相乗効果で、横長感が強調されている

設計：STUDIO KAZ、写真：垂見孔士

KEYWORD 053

# 家具金物～脚金物

POINT
- ◉既製品の脚金物を検討する
- ◉キャスターは耐荷重と素材に注意して選ぶ

## テーブルやデスクの脚

書斎の収納やキッチンのカウンターを計画するときは、デスクやテーブルも組み込むことがあるだろう。そのときに使うと便利なのがテーブル脚金物だ［写真1］。もともとは店舗のディスプレイテーブル用のものだが、住宅のテーブルに使用しても問題ない。パイプ部分、アジャスター、座金がセットになり、指定した長さにカットして納品される。標準色のクロームメッキなどのほか、納期と費用が若干かかるが、日塗工もしくはＤＩＣの指定色で特注対応も可能だ。テーブル単体で考えるならば（飲食店のテーブルなど）既製品の脚があるので、安価に揃えられる［写真2］。脚を木製にする場合は、レッグジョイントが便利だ。甲板の剛性さえ保てば幕板が不要で、すっきり納まる。幕板がないため肘掛け椅子をテーブル下に納めることもできる。また、取り付けた金具が見えないので、デザインを損ねることもない［図］。

## キャスター

デスクやキッチンの周辺に配置するワゴンにはキャスターを使うが［写真3］、床の仕上材には注意したい。パインやスギなどの軟らかい樹種や複合フローリングでは、ポリアミドの車輪のキャスターでは「轍《わだち》」ができてしまう。ポリウレタンの車輪のほうがまだましだ。ゴム系の車輪では轍はできないが、ゴムが黒移りすることがある。

キャスターを台輪の中に入れて隠すことがあるが、荷重の力点が内側に寄るので、ワゴンを動かすときや引出しを引いたときにワゴンが転ぶことがある。特に書類など重さのあるものをしまう引出しでは注意したい。下部におもりを付けてバランスを保ったり、引出しの底面にもキャスターを付けたりするなどの処置が必要となる。

## 写真1 | 脚金物

システムレッグ：アジャスターが付いているので床の不陸も調整できる。太さや長さ、色などを指定して発注し、テーブルトップと組み合わせる

写真提供：スガツネ工業

受座：テーブルトップを確実に固定する

アジャスター：高さ調節をスムーズに行う

## 写真2 | テーブルベース

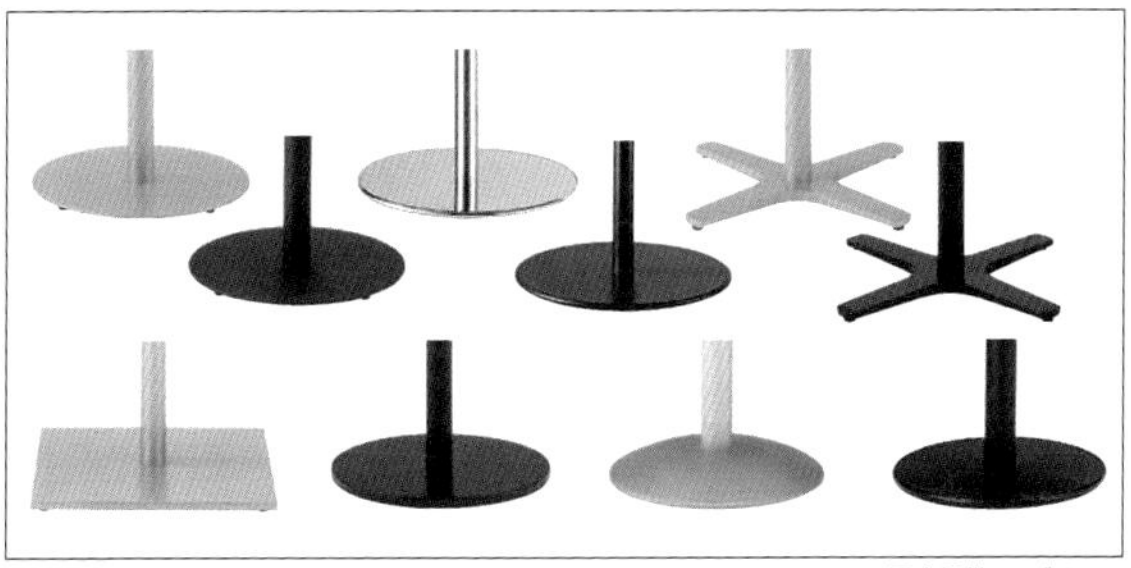

ベースにはさまざまな色・大きさ・形状のものがある。デザインに合ったものを選び、テーブルトップと組み合わせる

写真提供：パブリック

## 図 | レッグジョイントの納まり

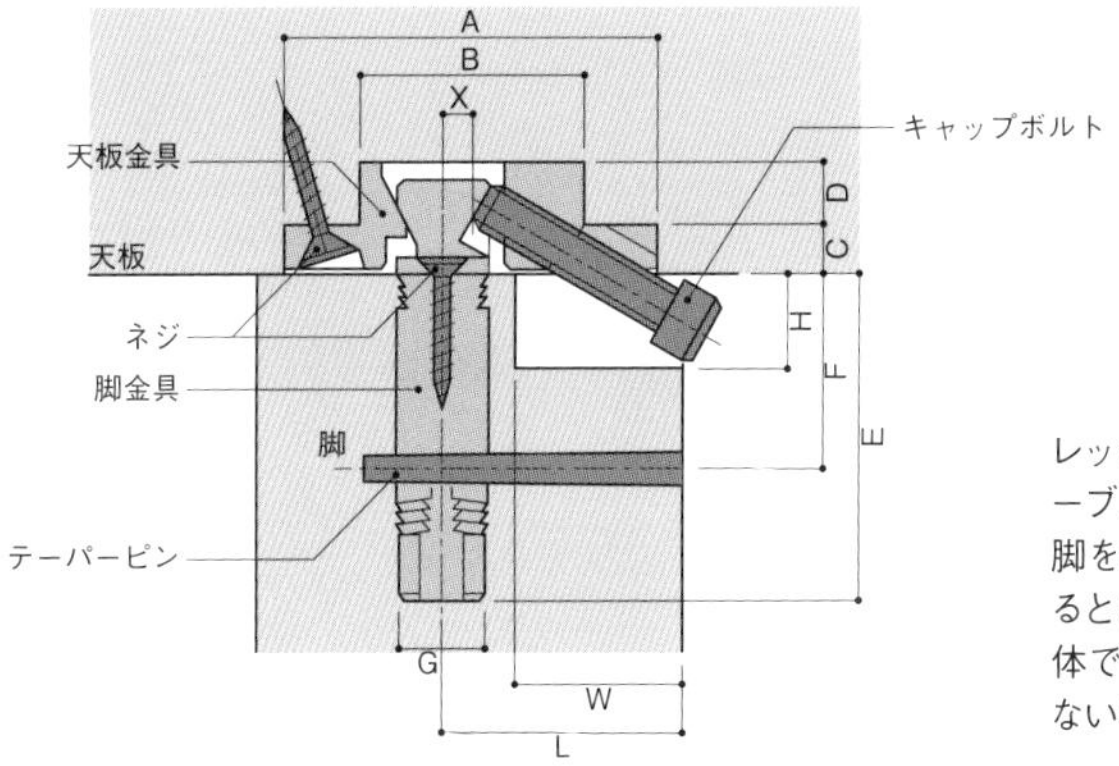
A
B
X
天板金具
天板
キャップボルト
D
C
H
F
E
ネジ
脚金具
脚
テーパーピン
G
W
L

レッグジョイントはテーブルの天板と木製脚を現場で組み立てるときに使用する。一体で現場に搬入できない場合に重宝する

レッグジョイント　写真提供：野口ハードウェアー

| 品　名 | A | B | C | D | E | F | G | X | H | W |
|---|---|---|---|---|---|---|---|---|---|---|
| 70-42 | 70 | 42 | 9.5 | 11 | 61 | 36 | 16 | 5.5 | (L-13.5) ×0.58 | L-13.5 |
| 56-35 | 56 | 35 | 8 | 10 | 51 | 30 | 13 | 5 | (L-11.0) ×0.53 | L-11.0 |
| 40-25 | 40 | 25 | 6 | 8.5 | 36 | 26 | 9 | 3.5 | (L- 8.0) ×0.68 | L- 8.0 |
| D72-30 | 72-30 | 40×16 | 8 | 10 | 51 | 30・20 | 13 | 5 | (L-11.0) ×0.53 | L-11.0 |

（単位：㎜）

## 写真3 | キャスターの種類

車輪に天然木を使用したデザインキャスター

写真提供：スガツネ工業

車輪の外周部はポリウレタン製

写真提供：スガツネ工業

ハブレス構造のアルミ削り出しキャスター

ホイールとタイヤを一体化し、MCナイロンを採用

写真提供：CASTERIOR ZEN　https://casterior.com

# 家具金物～電気関連金物

**POINT**
- ◉家具用コンセントを使って器具をコンパクトにまとめる
- ◉煩雑になりがちなケーブルをまとめる

## 家具用コンセント

造作家具にもコンセントやスイッチを設けることがある。キャビネット内部に配置する場合は一般コンセントにすることが多いが、メディシンボックスなど内部空間が小さい場合や家具の表面に付ける場合は「家具用コンセント」と呼ばれる小ぶりなコンセントを使用する［写真1］。完成品を指定の大きさに設けた開口に押し込むだけのタイプと、一般コンセントのように座金にコンセントやスイッチを組み合わせて、使い勝手に応じてアレンジが可能なタイプがある。後者なら、コンセント、アース付きコンセント、スイッチ、電話、テレビも組み合わせることができる。最近はこのプレートをパネルと面一《つらいち》に納まるように工夫している。このとき、器具を電気工事と家具工事のどちらで手配するかが問題になるので、見積り段階ではっきりさせておきたい。なお、結線は免許がないとできないので、必ず電気工事で行う。

## 配線ケーブルの処理

デスクやテーブルの上にコンセントがあると、頻繁に抜き差しするには便利だが、コンセント廻りの様子や余ったケーブルが見苦しい。そこで、天板に孔をあけ、差し込みを下にもってくることがある。その孔に付ける円形や四角形のキャップを「配線孔キャップ」という、いくつかの色と大きさの既製品があり、配線の本数や天板の色に合わせて選択する［写真2］。原理は簡単なのでつくることもある［写真3］。天板と同じ材料にすれば、目立つこともなく、きれいに納まる。

デスク廻りやAVケーブルは、できるだけ整理したい。そんなときに役立つのが「ワイヤーマネージャー」というケース状の筒。配線したケーブル類を束ねて押し込んでおける［写真4］。

写真1 | 家具用コンセント

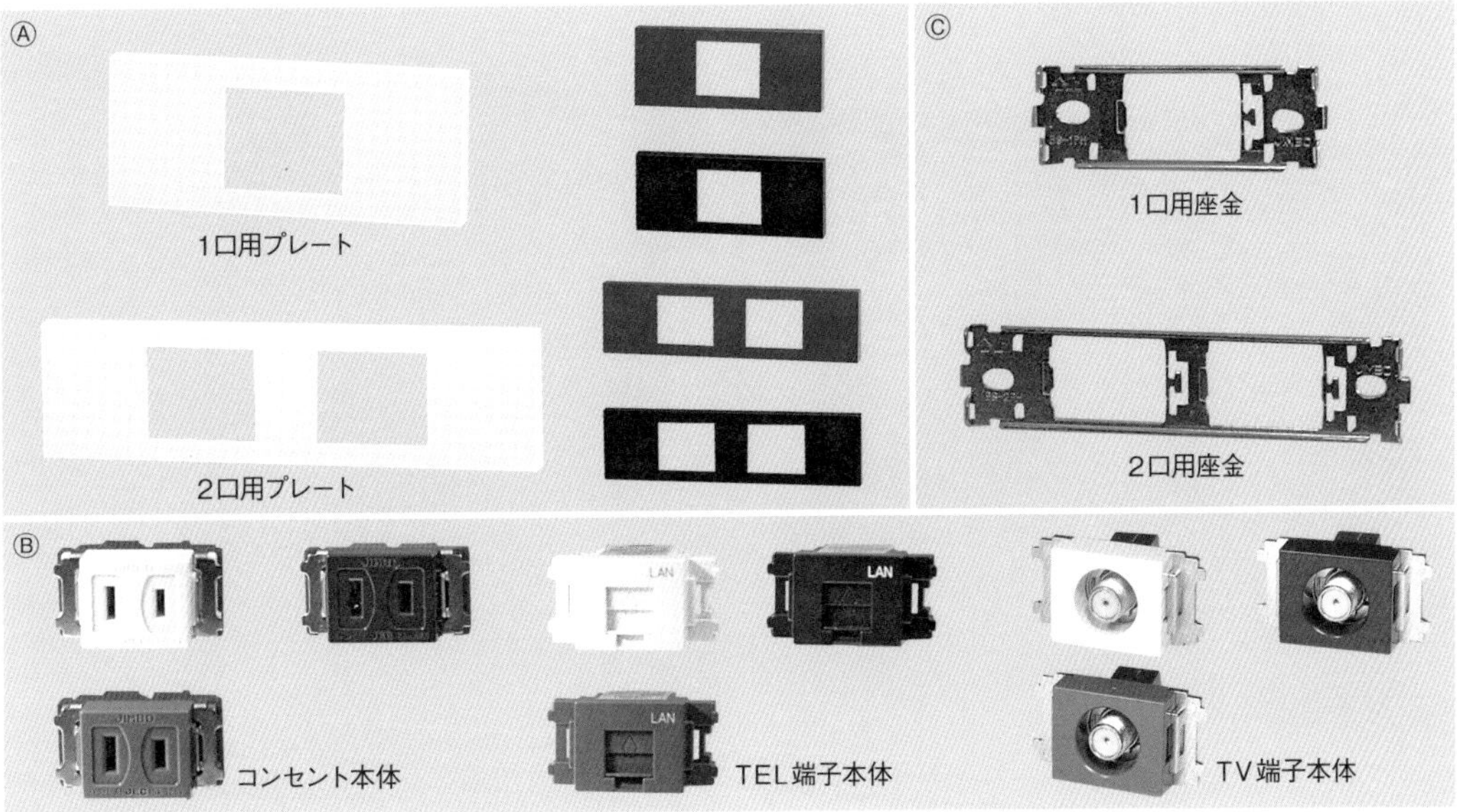
Ⓐ
1口用プレート
2口用プレート
Ⓒ
1口用座金
2口用座金
Ⓑ
LAN
LAN
LAN
コンセント本体
TEL端子本体
TV端子本体

Ⓒに Ⓑを組んでⒶをはめ込む

写真提供：神保電器

写真2 | 配線孔キャップ

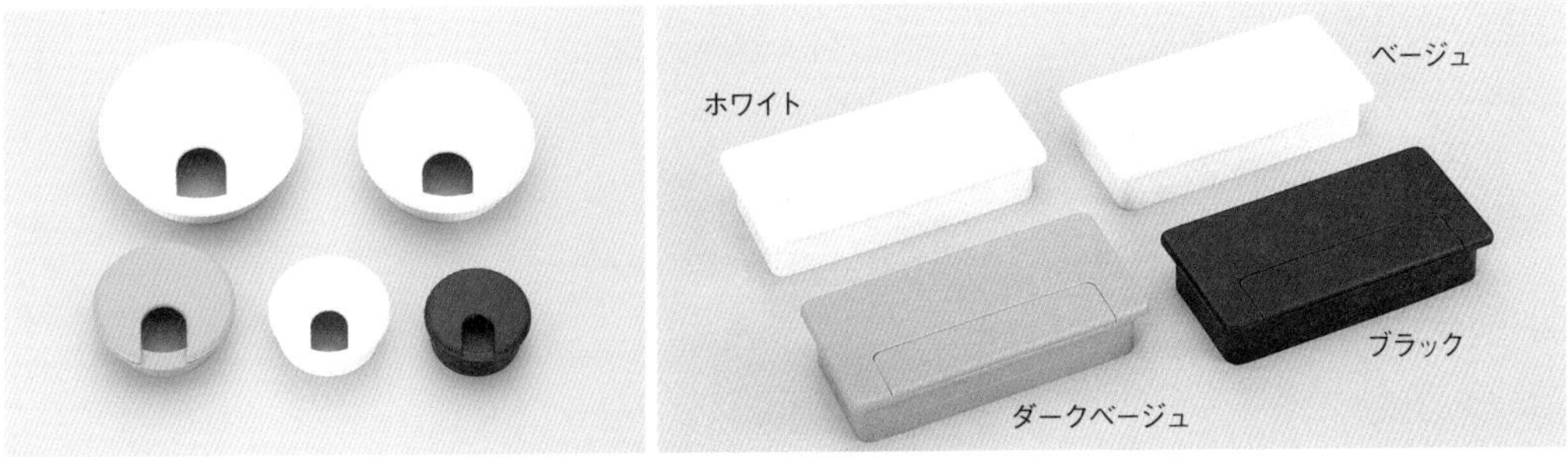
ホワイト
ベージュ
ブラック
ダークベージュ

ケーブルの太さ、量によって、大きさを使い分ける。一般的には小さいもので十分である。丸や四角などの形状があるが、使い勝手は変わらないので、デザインで選ぶ

写真提供：スガツネ工業

写真3 | オーダーの配線孔キャップ

天板と同じ素材を使って造作した配線孔キャップ

設計・写真：STUDIO KAZ

写真4 | ワイヤーマネージャー

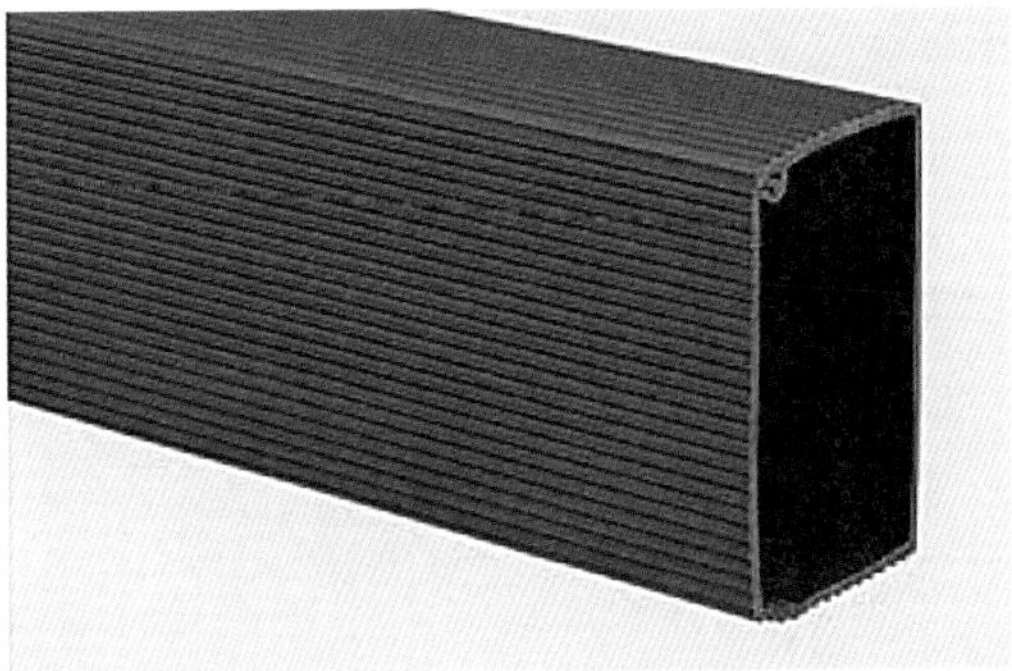

煩雑になるPCや電源のケーブルをまとめて隠す部材。テーブルの裏側などに固定して利用する

写真提供：スガツネ工業

# 家具金物〜その他

POINT
- ◉USBや非接触充電など最新機器の情報を手に入れる
- ◉店舗用の家具金物を使ってみる

## USBポートとワイヤレス充電

最近の生活では、キッチン家電やAV機器、コンピュータなど電気製品は不可欠だ。特にスマートフォンやタブレットなどの充電用や、LEDデスクライトなど、USB給電の照明器具も増えた。これらの特徴として、ACアダプターが付属されているが、これが非常に大きく、インテリアの風景としては歓迎できないものが多い。そこで家具に組み込むアウトプットとして、コンセントやスイッチと合わせて、USBポートを採用したい「写真1」。最近では非接触型のワイヤレス充電システムを採用しているスマートフォンも多く、家具金物メーカーからビルトインタイプのワイヤレス充電器が発売されている「写真2」。ビルトインタイプでなくても、素材によっては充電器を裏に隠しても使用することができ、納まりの柔軟性はかなり高い。寝室のベッドサイドボードやデスク、キッチンカウンターなど、これらが必要な場所は家中に存在するだろう。いずれにしてもケーブルやACアダプターなどが煩雑にならないように工夫し、住まい手の使い方をきちんとヒアリングして、コンセントの位置などもしっかりと計画したい。

## そのほかの金物

個性的で上質なインテリアを実現するためには造作家具の存在が不可欠といってもいい。住宅でも趣味やコレクション展示用の家具をつくることは多く、特にガラスケースやガラス扉の納め方は店舗用金物の方が得意だ「写真3・4」。

洗面化粧台やドレッサーを造作することも多く、その場合、ミラーの扱いが重要となる。メディシンボックスや壁埋込み収納の扉にガラスもしくはミラーを使用する機会は非常に多い。

## 写真1 ｜ 埋込充電用USBコンセント

DM1-U1P24型

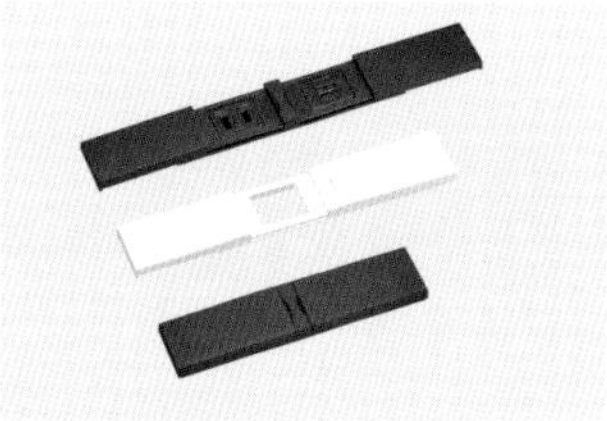

DMC1W型

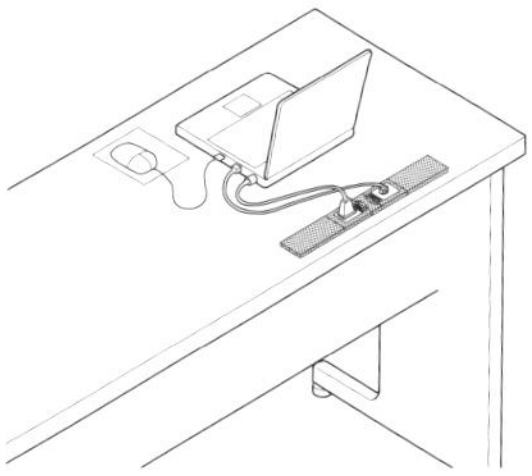

図・写真提供：スガツネ工業

## 写真2 ｜ ワイヤレス充電器

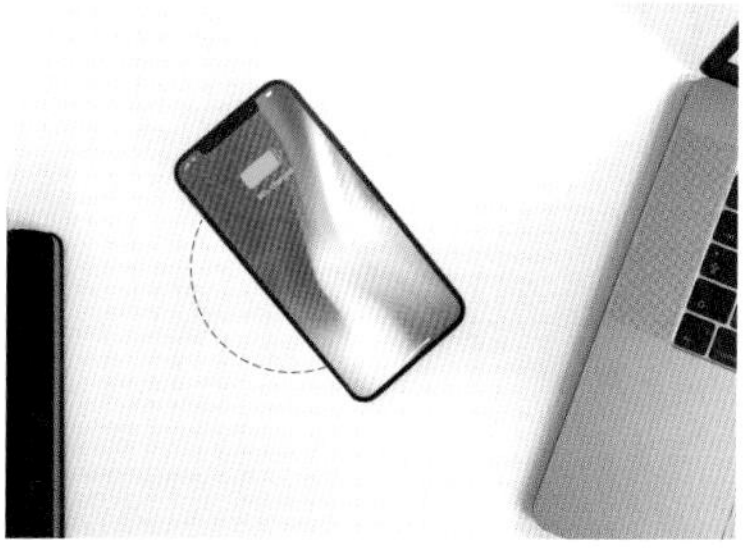

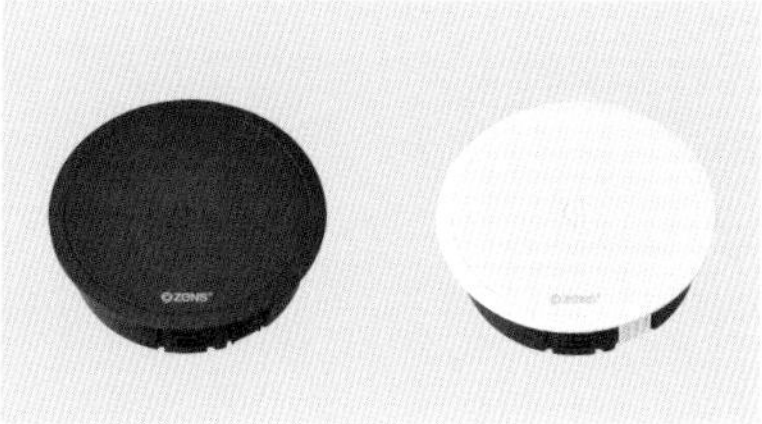

PUK3-15W

写真提供：スガツネ工業

スマートフォンやタブレットを使用する人が増え、机上や家具内での給電は電源コンセント方式からUSB方式が主流になってきた。また、最近のスマートフォンは非接触型充電（ワイヤレス充電）の機能も搭載されるようになり、家具への組み込みも検討するべきだろう

## 写真3 ｜ ハカマレール

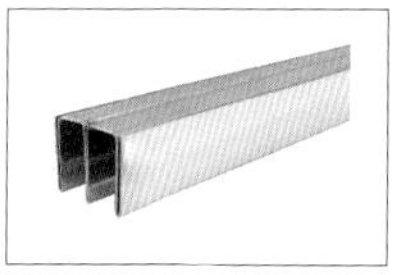

真鍮 2号6mm上レール

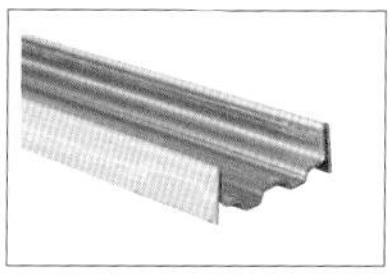

真鍮 2号直立下レール

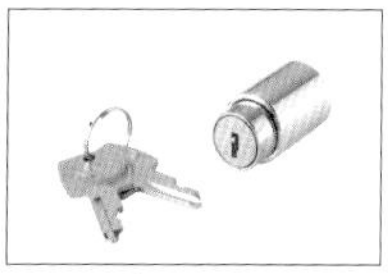

3500P錠 ハカマ用GOLD

B405G-5 カバー付平車

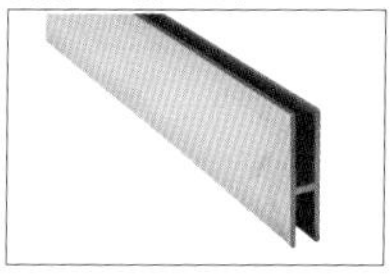

真鍮 40mmHハカマ 磨き 穴無

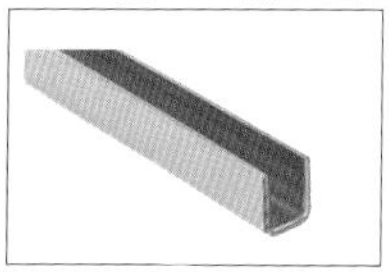

真鍮 破損止

写真提供：スリーナイン島野

## 写真4 ｜ ガラスヒンジ

GS-Gシリーズ

GS-GH5

ガラスショーケース用ヒンジは同じデザインでガラス天板の受け金物やシリンダー錠が用意されているので、いろいろな用途で使用できる

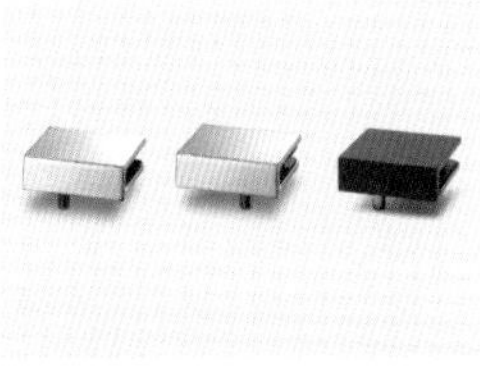

GS-GB5

GS-GL5

写真提供：スガツネ工業

GH-5600

GH-5632

写真提供：シロクマ

# 家具照明～ＬＥＤ

POINT

◉LEDの特徴を把握する

◉トランスの置き場所を忘れないようにする

## LEDのメリット

　ＬＥＤ照明が普及して久しい［写真］。各メーカー、特に家具金物メーカーが、家具用のＬＥＤ器具の開発に力を入れており、さまざまな種類のＬＥＤ器具が販売されている。

　ＬＥＤ器具の利点は、長寿命・低発熱である。これにより電球交換の煩わしさやトラブルがなくなった。光源を小さくすることができるため、これまで難しかった光源を曲線にすることも可能になった。

## 家具のデザインが変わる

　もちろんＬＥＤは棚下灯だけでなく、間接照明としても使用できる。本体が小さく、電球交換の心配がなく、発熱も少ないことは、照明器具の納まりにとって、非常に有利になる。

　たとえば棚板や側板にＬＥＤ器具を埋め込める。蛍光灯に比べて、板の厚みを薄くできたり、光源が見えないように溝の掘り込みを深くすることもできる。このように光を積極的に取り込んだ家具デザインの可能性が大いに広がった。とはいえ、まったく熱が発生しないわけではないので、放熱策を講じることを忘れてはならない。

　一方で注意すべき点もある。まず、ＬＥＤ器具の多くは12Ｖもしくは24Ｖ仕様のため、トランスを必要とする。照明器具とは別にその場所を確保し、最終的な結線は電気工事の範疇なので、点検口を設ける必要がある。

　またタングステンや蛍光灯の光に慣れてきたわれわれには、ＬＥＤの灯はまったく質が違うものとして目に飛び込んでくる。まず光がまっすぐに伸びるため、光の濃淡がはっきりする。輝度が高いので、使う場所によってはきつい印象になる。そうしたことを考えると、直接照明よりも間接照明に向いているのではないだろうか。

写真 | さまざまなＬＥＤ照明

LED照明器具は器具の小ささや発熱の少なさ、光が広がらない、曲面や曲線が可能などといった特徴から、さまざまな場面で家具への利用が考えられる。一昔前に比べても光量が増えたので、その利用シーンは多くなった

写真提供：ハーフェレ ジャパン

図1 | LEDテープライトを縦に通した飾り棚 [S＝1:3]

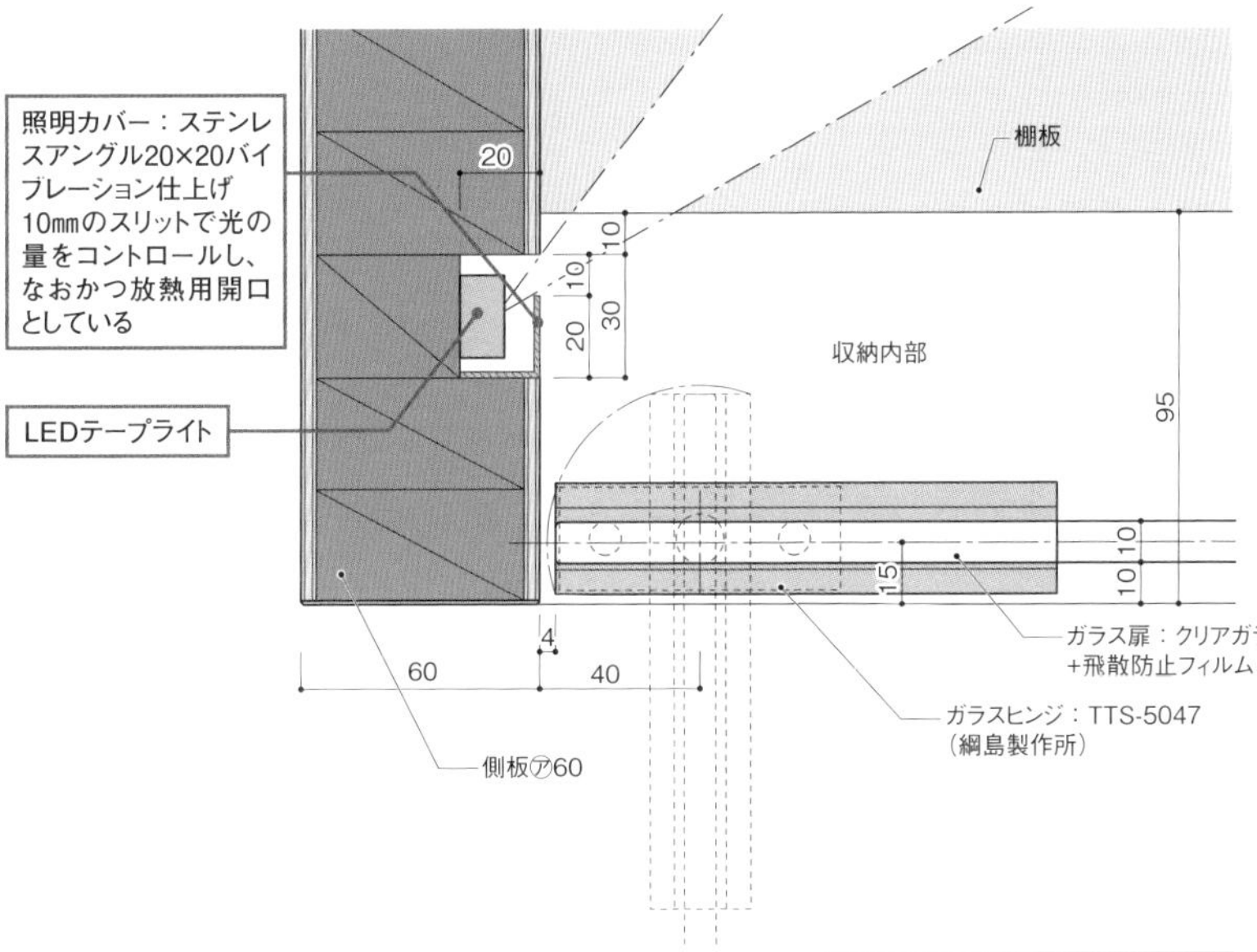
照明カバー：ステンレスアングル20×20バイブレーション仕上げ
10㎜のスリットで光の量をコントロールし、なおかつ放熱用開口としている
LEDテープライト
棚板
収納内部
ガラス扉：クリアガラス㋐10
+飛散防止フィルム
ガラスヒンジ：TTS-5047
（網島製作所）
側板㋐60
20
10
10
30
20
95
10
10
15
4
60
40

図2 | ＬＥＤテープライトを横に通した飾り棚 [S＝1:3]

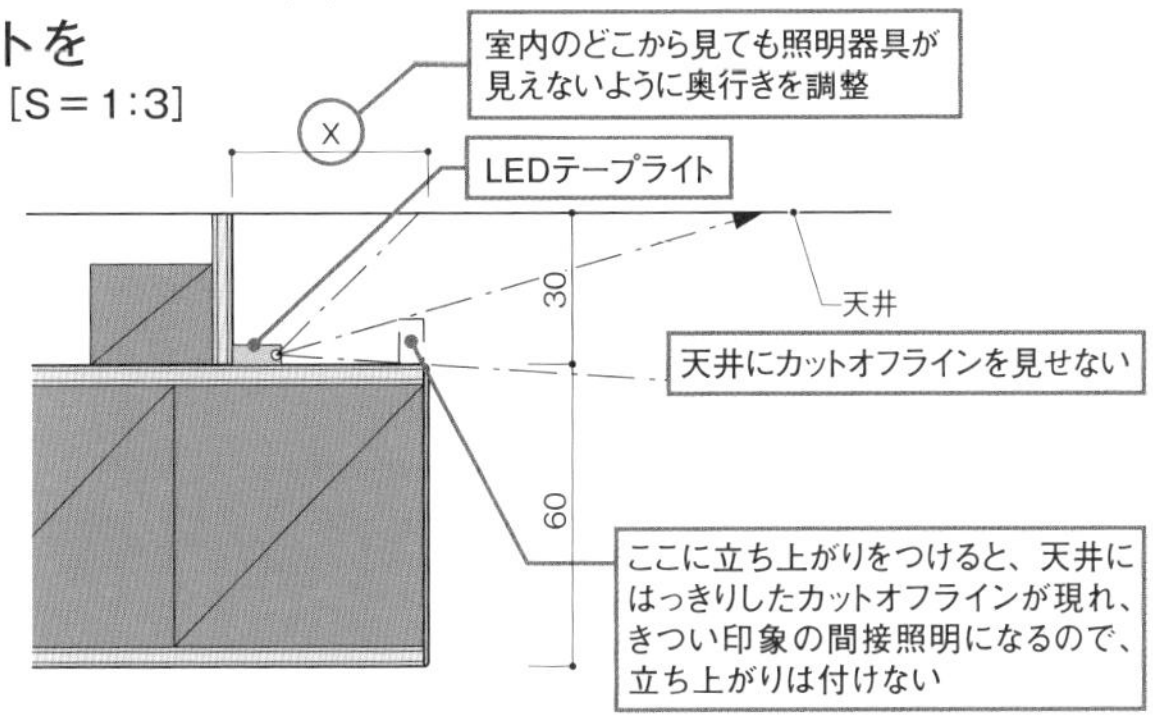
室内のどこから見ても照明器具が見えないように奥行きを調整
X
LEDテープライト
天井
天井にカットオフラインを見せない
ここに立ち上がりをつけると、天井にはっきりしたカットオフラインが現れ、きつい印象の間接照明になるので、立ち上がりは付けない
30
60

# 家具照明～計画

POINT
- 照明計画の基本は照度と色温度を意識すること
- すべてをＬＥＤにせず蛍光灯の併用も検討する

## 色温度を使い分ける

造作家具の照明計画は室内全体の照明計画の一部として考えなければならない。家具に限らず、照明計画の基本は「照度」と「色温度」だ。以前のように部屋を均一に明るくする手法は、なくなり、これまで棚下灯程度しか考えてなかった家具照明の役割が増した。それはたとえば間接照明であったり、あるいは家具そのものを照明器具ととらえる手法である［写真］。

照明計画としては、まず色温度を使い分けることを考える。住空間ではできるだけ揃えるが、店舗では照らす商品やディスプレイによって、色温度を変えてもよい。たとえば白をきれいに見せたいときに２７００Ｋの照明では黄色みを帯びた色に映ってしまう。

また、ＬＥＤの場合は同じ色温度でもメーカーによって色味が違うことがあるので、複数のメーカーの照明器具を同時に使う場には注意が必要。その他の光源でも蛍光灯と白熱灯では同じ色温度の表記でも雰囲気がまったく異なる。器具は慎重に選ばなければならない。

## 光の質を使い分ける

ＬＥＤの光はタングステンと異なり、柔らかく拡散せず、直線的に照射される。洗面所などでは、光が直接顔に当たらないように計画したい。高齢者の目にも負担が大きいので慎重に計画すべきだろう。ＬＥＤを従来と同じような感覚で配灯すると、光の濃淡ができ、全体的には暗く感じる。長時間点ける場所でなければ、蛍光灯でも十分だ。蛍光灯も調光タイプにして80%程度の明るさで使用すると、ランプの寿命は2倍近くに延び、コストパフォーマンスはＬＥＤに近くなる。蛍光灯でもＬＥＤでも、予算が許すならば調光できるタイプにしたい。

## 写真｜造作家具の照明計画

①

②

③

①リビングダイニングを挟む左右の造作家具の上を間接照明としている

②すべての壁が収納で囲まれた空間。その一部が面発光の照明となり、行灯のような風景をつくり出している

③玄関収納の足下に蛍光灯を入れ、常夜灯としている。床タイルは艶消しにしたため、蛍光灯の映り込みはない

④CDラックの棚板の後ろに照明を付けた間接照明。CDケースの透明アクリル部分から光が漏れる

⑤ダイニング脇のローボードの天板面に蛍光灯を仕込む。紺色の壁を淡くライトアップしている

④

⑤

設計：STUDIO KAZ、写真：垂見孔士（①②）、山本まりこ（③）、STUDIO KAZ（④⑤）

**ローボードに間接照明を仕込んだ例［S=1：30］**

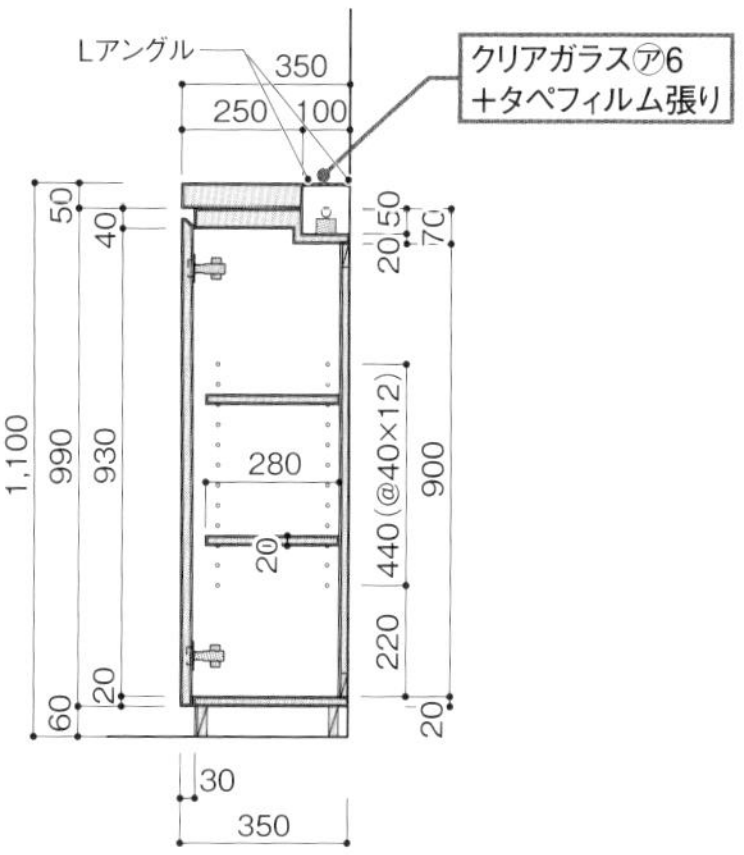
Lアングル
350
250
100
クリアガラス㋐6
＋タペフィルム張り
50
40
1,100
990
930
20
60
280
20
50
70
20
440（@40×12）
900
220
20
30
350

KEYWORD 058

# 家具金物カタログの見方

**POINT**

- ◉各メーカーのカタログから必要な情報のみピックアップする
- ◉カタログの情報だけでなく生産や流通担当者の声を聞く

## 必要な情報を整理する

カタログにはさまざまな情報が盛り込まれている。そのすべてが設計者に関係するものではない。たとえばビスの固定位置などは、製作者が下地の位置と大きさを決めるために必要な情報だ。設計者としては、カタログを見て、金物本体の寸法とビスの位置の寸法を混同しないようにしなければならない。メーカーによっては、固定位置の寸法しか記載していないものもある。

設計者がカタログから読み取るべきことは、金物本体の大きさ、耐荷重や対応する扉の大きさ、取付け方、吊り込み方、可動域、色やサイズのバリエーションであり、同種の金物との明確な差異である［図］。

## マイカタログのススメ

当然だが、カタログにはメーカーが発信した商品情報しか記載されていない。しかし言うまでもなく、金物が現場に届くまでには、何人もの手を経る。たとえ非常に優れた性能の金物でも、メーカーの対応が悪い、取付け方が面倒、国内在庫がなく納期に時間がかかりすぎるなど、生産や流通の過程ではいろいろな問題が生じ得る。さらに細かいことをいえば、問屋と家具業者の取引き条件が悪いなど、設計者には直接関係ない理由によって採用しにくいものもある。また、カタログではよいことを並べていても、実際にはそれほどではなく壊れやすい、といった生の情報は家具業者からしか聞けない。

これらの情報をもとに、自らが取捨選択したオリジナルのカタログをつくることをお勧めする。スライドヒンジとスライドレールを同じメーカーで揃える必要はない。その時々で最適のメーカー、最適のシリーズで組み合わせることにより、最高の造作家具を設計することができる。

## 図｜家具金物カタログの見方のポイント(ブルム、ハーフェレ ジャパンのカタログの例)

### スライドヒンジ

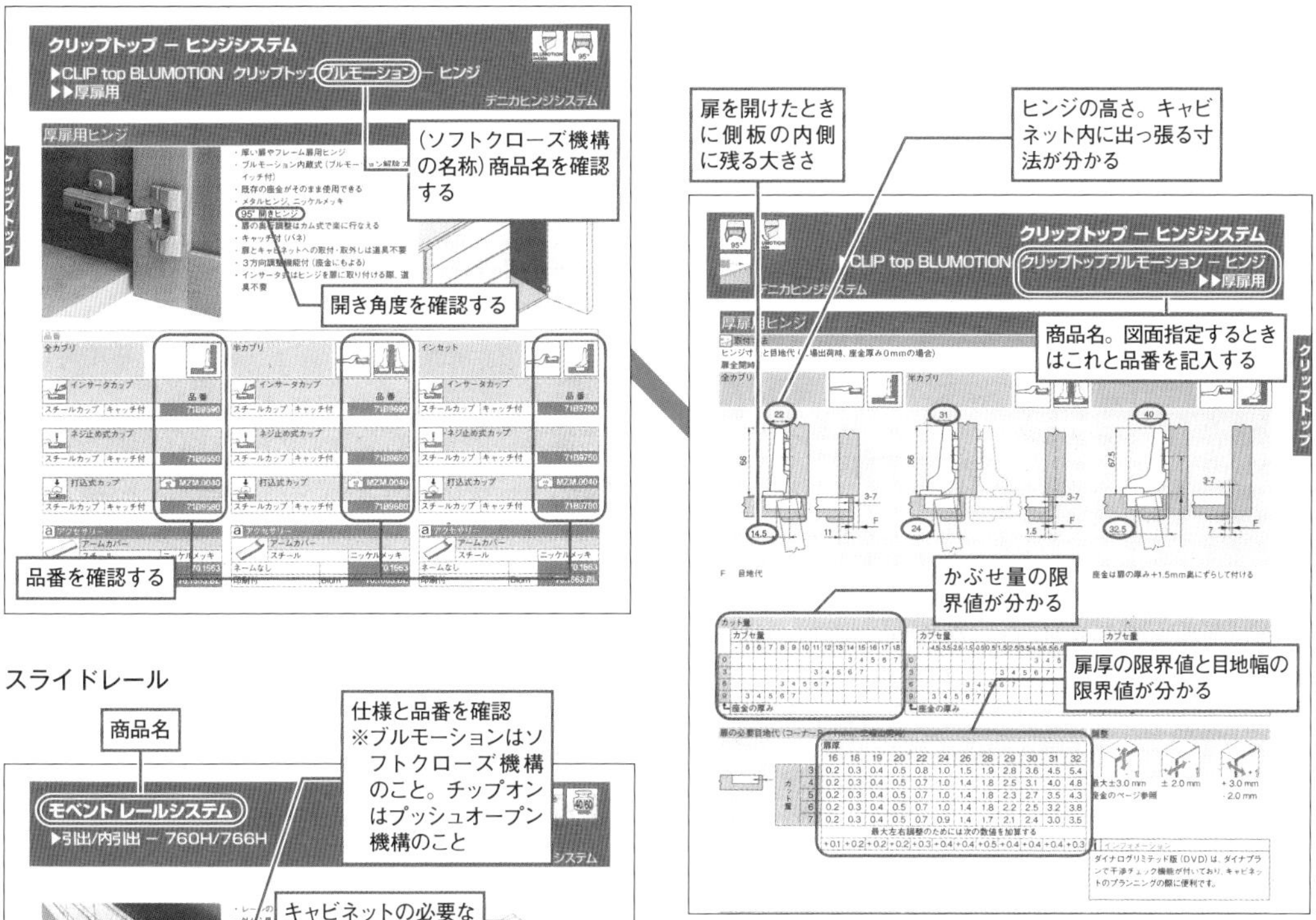
クリップトップ ー ヒンジシステム
▶CLIP top BLUMOTION クリップトップブルモーション ー ヒンジ
▶▶厚扉用
デニカヒンジシステム
厚扉用ヒンジ
(ソフトクローズ機構の名称)商品名を確認する
開き角度を確認する
品番を確認する
扉を開けたときに側板の内側に残る大きさ
ヒンジの高さ。キャビネット内に出っ張る寸法が分かる
商品名。図面指定するときはこれと品番を記入する
かぶせ量の限界値が分かる
扉厚の限界値と目地幅の限界値が分かる

### スライドレール

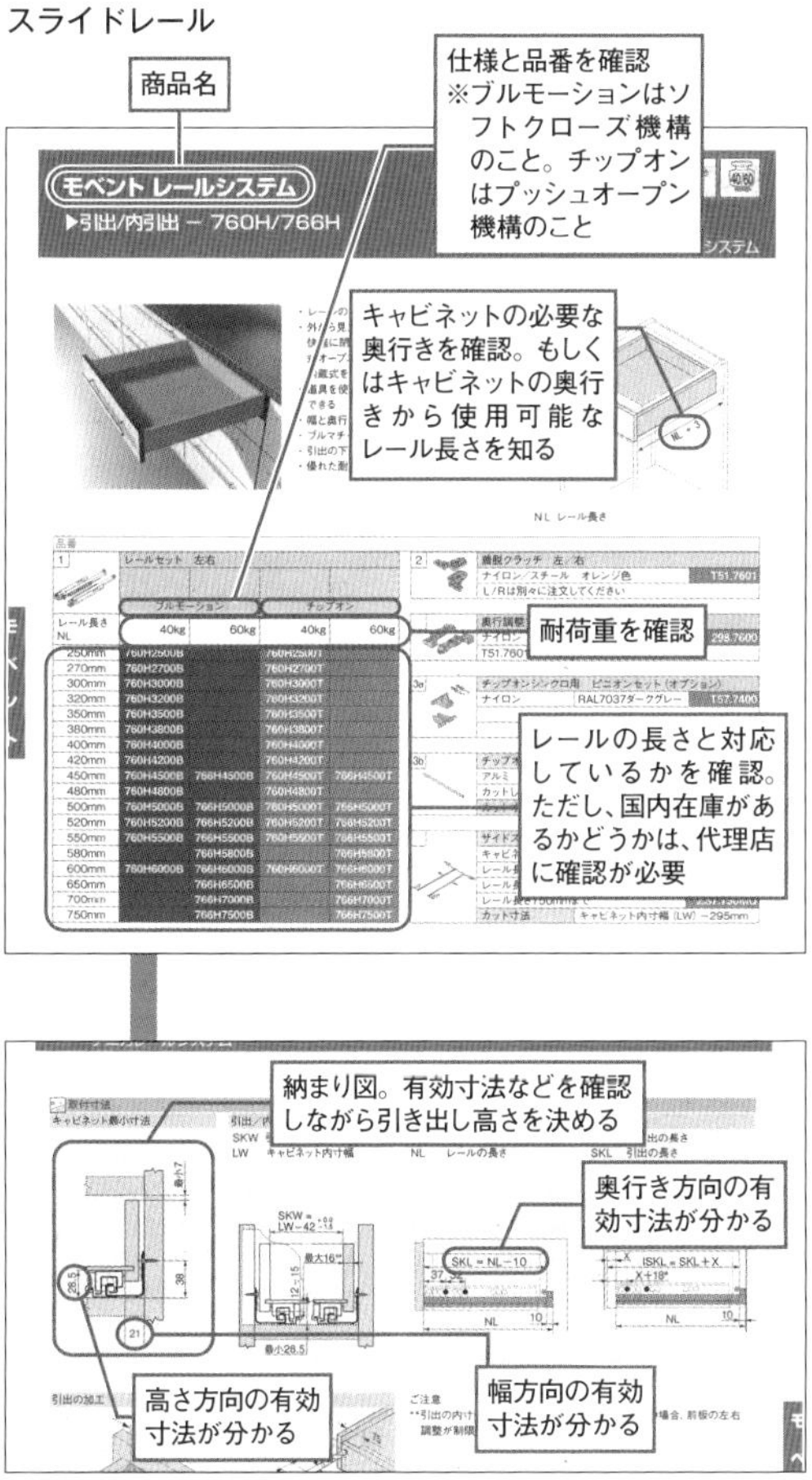
商品名
仕様と品番を確認
※ブルモーションはソフトクローズ機構のこと。チップオンはプッシュオープン機構のこと
モベント レールシステム
▶引出/内引出 ー 760H/766H
キャビネットの必要な奥行きを確認。もしくはキャビネットの奥行きから使用可能なレール長さを知る
耐荷重を確認
レールの長さと対応しているかを確認。ただし、国内在庫があるかどうかは、代理店に確認が必要
納まり図。有効寸法などを確認しながら引き出し高さを決める
奥行き方向の有効寸法が分かる
高さ方向の有効寸法が分かる
幅方向の有効寸法が分かる

### 引戸金物

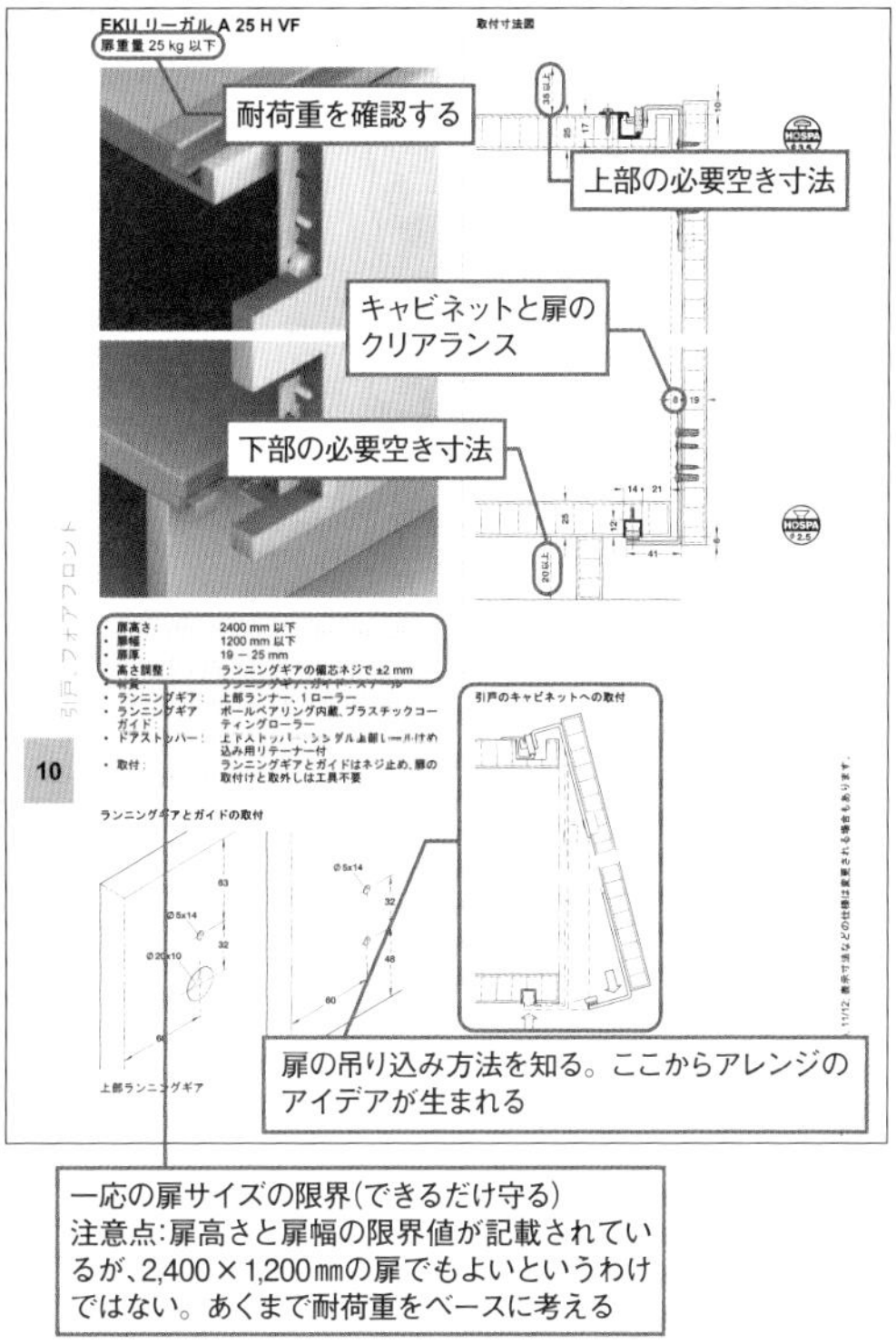
EKU リーガル A 25 H VF
扉重量 25 kg 以下
耐荷重を確認する
上部の必要空き寸法
キャビネットと扉のクリアランス
下部の必要空き寸法
扉の吊り込み方法を知る。ここからアレンジのアイデアが生まれる
一応の扉サイズの限界(できるだけ守る)
注意点:扉高さと扉幅の限界値が記載されているが、2,400×1,200㎜の扉でもよいというわけではない。あくまで耐荷重をベースに考える

カタログ協力:ブルム/デニカ、ハーフェレ ジャパン

# 展示会で情報収集

写真 | interzumのホームページ

世界の家具見本市として、毎年開催されているミラノサローネは有名だ。同様に、2年に1度ドイツのケルンで開催されている「インターツム(interzum)」は、家具金物や家具材料の見本市である[写真]。完成品ではないだけに、ミラノサローネよりも設計者の想像力や意欲をかき立てるものがある。開催後には特に輸入系の金物メーカーが報告会を開催しているので、ぜひ参加して情報を収集しておきたい。

また、あまりメジャーではないが、インターツムは中国・広州でも毎年開催されており、アジアの会社やアジアマーケット向けの商品を中心に展開している。

interzum 国際家具産業・木材加工専門見本市
主催：ケルン見本市会社
開催頻度：隔年
展示商品：家具資材、キャビネット・オフィス家具・キッチン家具用資材およびパーツ、表面仕上げ材、化粧板、表面仕上機械、フィッティング、構造エレメント、ビルトインパーツ、ライティング、家具生産・木材加工機械、クッション用カバー材、クッション資材・半製品、クッション加工機械およびパーツ、天井・壁・アクセサリー、窓・アクセサリー、パネル・木材フローリング、ラミネート、フローリング用機械など
http://www.koelnmesse.jp/interzum/

第５章

# [ 造作家具の設計とディテール ]

KEYWORD 059

# 基本ディテール～逃げ

POINT

- 現場精度と工場精度の差を「逃げ」で埋める
- 「逃げ」をデザインの一部に取り入れる

## 精度の差を埋める

大工工事と家具工事の一番大きな違いは精度の差にある。当然、家具工事のほうが高い。その両者の差を解消するだけでなく、照明器具やエアコン、火災報知器、スイッチ、枠など、天井・壁から飛び出しているものを避けるためにも、必ず「逃げ」が必要となる。

家具工事で逃げを取るための部材は、壁との間ではフィラー、天井との関係では支輪、床とは台輪と呼ばれる部材を利用する[図1～3]。一方、大工工事では、部材で調整することはせず、パネルそのものを削り込んで調整するため、逃げるという発想はない。主に金物を使い分けることで調整する。

家具工事では壁との「逃げ」が20㎜程度必要といわれる。それ以上だと間が抜けた感じになり、極端に小さいと3～5㎜程度の壁の倒れに対する間隔の不均等さが一目で分かってしまう。ちょうどよい所が20㎜前後というわけだ。全体の扉の割から計算して、16～20㎜の間で納まるようにする。

## 「逃げ」を利用する

多くの設計者は「逃げ」をとりたがらないが、積極的にデザインに取り込んでしまえば、違和感なく家具を納めることができる。たとえば、手掛けのためのスリットは20㎜くらいなので、フィラーも20㎜にしてしまう。手掛けとフィラー（逃げ）がほぼ同じ寸法になれば、それは意匠の一部だととらえられる。

また、重厚感のあるデザインにしたい場合は、枠を大きくしたい。そこでフィラーを利用する。通常20㎜程度のフィラーを60㎜以上に計画する。20㎜のときは箱面まで下げていたフィラーを扉面まで出す。支輪も同じ寸法にする。あとは素材と色を合わせる。これで重厚感のある収納家具の完成だ。

## 図1 ｜ 壁との逃げをデザインする

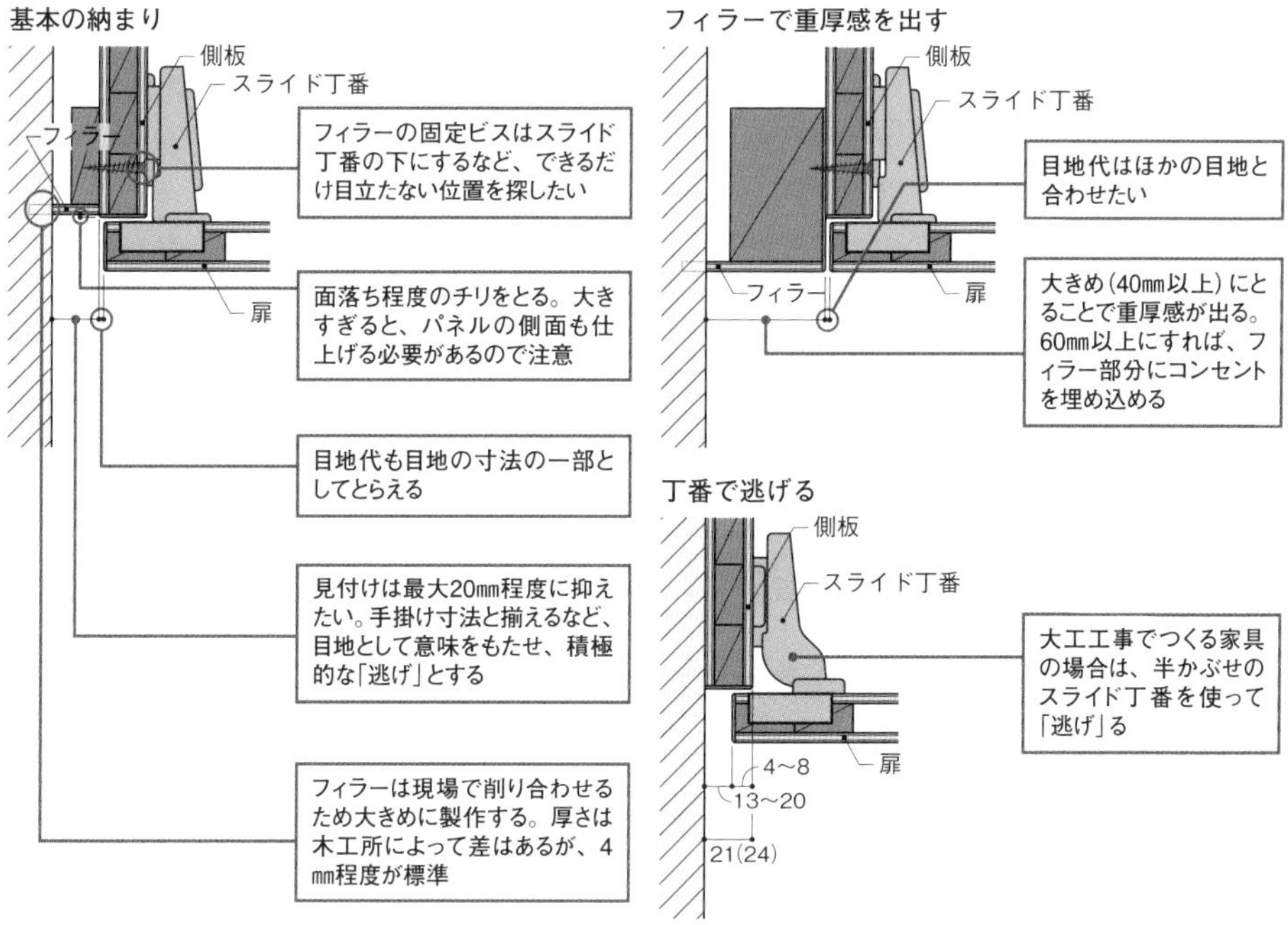
基本の納まり
側板
スライド丁番
フィラー
フィラーの固定ビスはスライド丁番の下にするなど、できるだけ目立たない位置を探したい
扉
面落ち程度のチリをとる。大きすぎると、パネルの側面も仕上げる必要があるので注意
目地代も目地の寸法の一部としてとらえる
見付けは最大20mm程度に抑えたい。手掛け寸法と揃えるなど、目地として意味をもたせ、積極的な「逃げ」とする
フィラーは現場で削り合わせるため大きめに製作する。厚さは木工所によって差はあるが、4mm程度が標準
フィラーで重厚感を出す
側板
スライド丁番
目地代はほかの目地と合わせたい
フィラー
扉
大きめ(40mm以上)にとることで重厚感が出る。60mm以上にすれば、フィラー部分にコンセントを埋め込める
丁番で逃げる
側板
スライド丁番
大工工事でつくる家具の場合は、半かぶせのスライド丁番を使って「逃げ」る
4～8
扉
13～20
21(24)

## 図2 ｜ 天井との逃げをデザインする

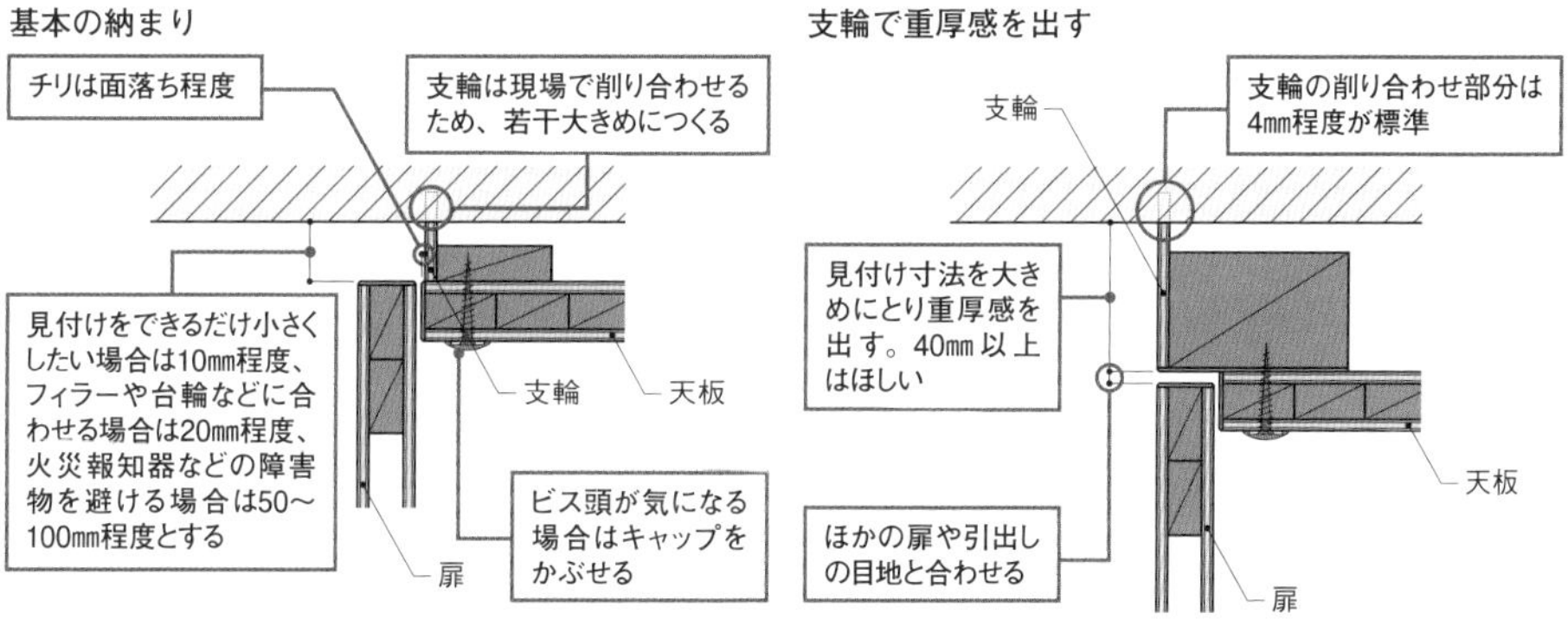
基本の納まり
チリは面落ち程度
支輪は現場で削り合わせるため、若干大きめにつくる
見付けをできるだけ小さくしたい場合は10mm程度、フィラーや台輪などに合わせる場合は20mm程度、火災報知器などの障害物を避ける場合は50～100mm程度とする
支輪
天板
ビス頭が気になる場合はキャップをかぶせる
扉
支輪で重厚感を出す
支輪
支輪の削り合わせ部分は4mm程度が標準
見付け寸法を大きめにとり重厚感を出す。40mm以上はほしい
天板
ほかの扉や引出しの目地と合わせる
扉

## 図3 ｜ 床・幅木との逃げをデザインする

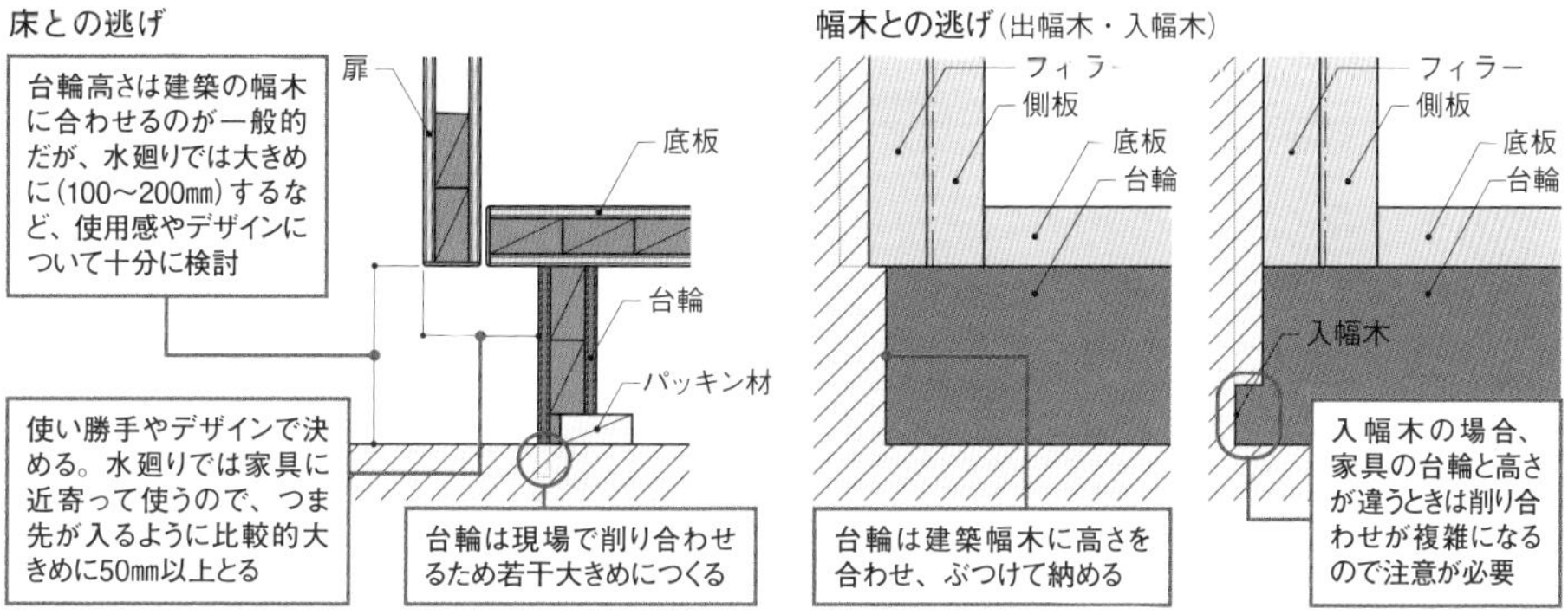
床との逃げ
台輪高さは建築の幅木に合わせるのが一般的だが、水廻りでは大きめに(100～200mm)するなど、使用感やデザインについて十分に検討
扉
底板
台輪
パッキン材
使い勝手やデザインで決める。水廻りでは家具に近寄って使うので、つま先が入るように比較的大きめに50mm以上とる
台輪は現場で削り合わせるため若干大きめにつくる
幅木との逃げ(出幅木・入幅木)
フィラー
側板
底板
台輪
台輪は建築幅木に高さを合わせ、ぶつけて納める
フィラー
側板
底板
台輪
入幅木
入幅木の場合、家具の台輪と高さが違うときは削り合わせが複雑になるので注意が必要

KEYWORD 060

# 基本ディテール〜接合部

**POINT**

◉接合部の美しさが成否を分ける

◉小口材の張り方でクラックを防ぐ

## 接合部はディテールの要

造作家具は基本的にパネルの接合により構成されている（36頁参照）。それは家具工事でも大工工事でも同じだ。そのため、パネルどうしの組み方やディテールが、デザインに大きくかかわってくる。

家具工事と大工工事では作業工程も作業環境も道具も違うため、それぞれ異なった接合方法をとる［図1〜3］。

パネルの接合方法には数種類ある。大工工事では、ほぼイモ接合を基本に考えたほうがよい［※］。透明着色塗装で仕上げる場合はダボ接合にするが、大工の技量も考慮して決めたい。

現場によっては、箱組みした状態で搬入できない場合がある。その場合はパネルの状態で現場に運び込み、現場で組み立てる。そこで便利なのがジョイント金物だ。実際にシステム家具のほとんどはこの金物を使って組み立てられる。パネルの端にジョイントディスクを、もう一方の端にシャフトを取り付け、ディスクを半回転することでシャフトを引っ張りながら強く固定できる仕組みだ。現場で加工するのは難しいが、工場でパーツを組み込んでおけば、現場では簡単に組み立てることができる。このジョイント金物は棚板や棚口を後から入れなければならない場合にも便利だ。

## 小口の納まりを工夫する

塗りつぶしのオープン棚を造作するときは、小口の張り方にひと工夫加えたい。地震の揺れやぶつかったときの振動などで、家具自身が揺れてジョイント部分が切れ、塗装に割れが入ることがある。それを極力回避する方法として、パネルを縦勝ちで接合し、小口テープは横勝ちに張ったうえで塗装する。そうすると、パネルと小口が別々に動き、塗装割れのリスクが減る。

※：大工工事ではパネルの面と小口を接着剤やビスで固定するイモ接合をすることが多い

## 図1 ｜ 接合部をデザインする

### 一般的な納め方（家具工事・大工工事）

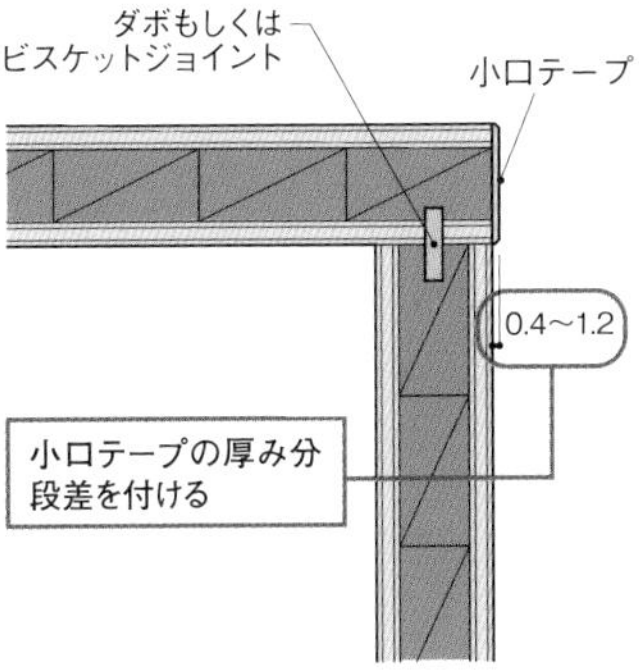
ダボもしくは
ビスケットジョイント
小口テープ
0.4〜1.2
小口テープの厚み分
段差を付ける

### 留め納まり（家具工事）

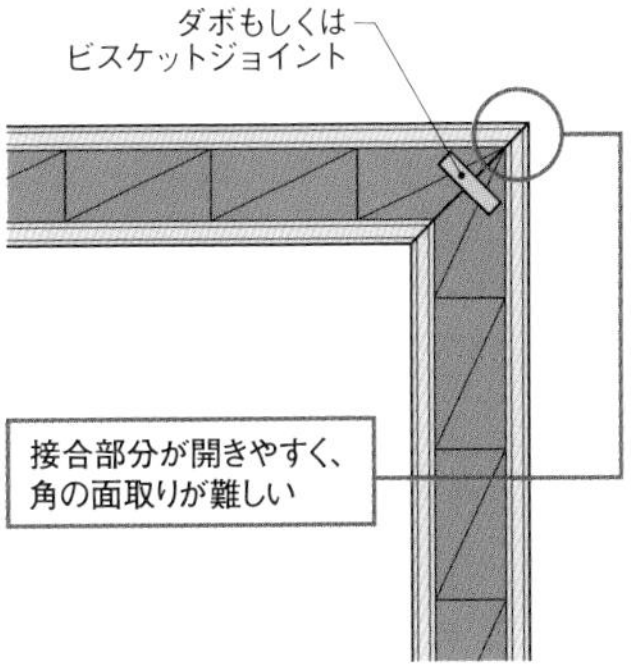
ダボもしくは
ビスケットジョイント
接合部分が開きやすく、
角の面取りが難しい

### ヒモ材を入れる（家具工事）

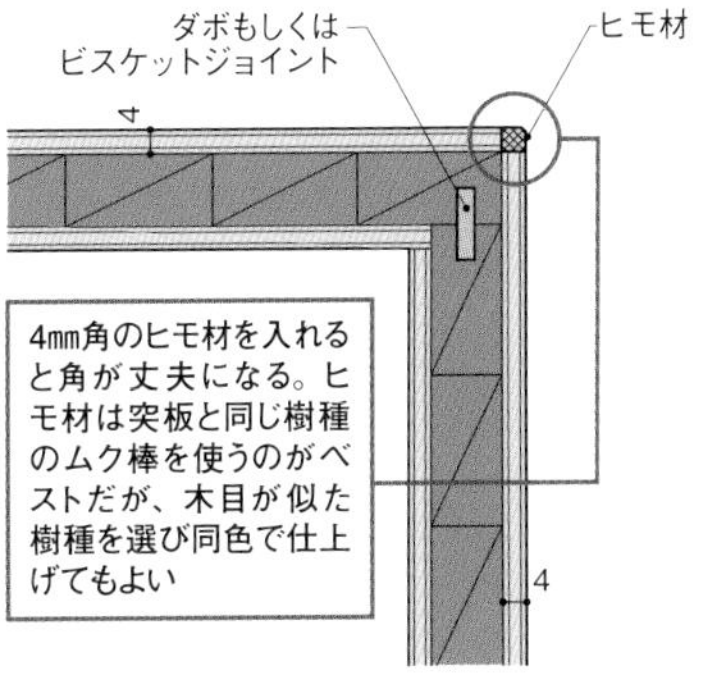
ダボもしくは
ビスケットジョイント
ヒモ材
4
4㎜角のヒモ材を入れると角が丈夫になる。ヒモ材は突板と同じ樹種のムク棒を使うのがベストだが、木目が似た樹種を選び同色で仕上げてもよい
4

### ジョイント金物（回転締付け円盤）［ムラコシ精工］

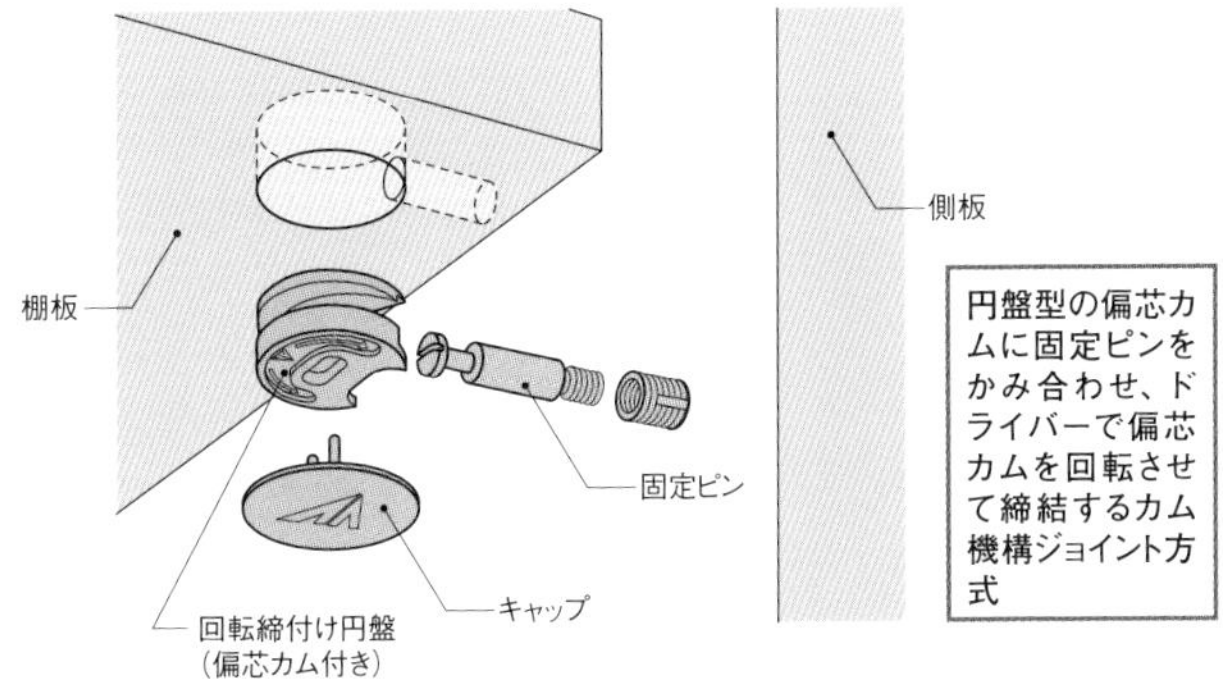
側板
棚板
円盤型の偏芯カムに固定ピンをかみ合わせ、ドライバーで偏芯カムを回転させて締結するカム機構ジョイント方式
固定ピン
キャップ
回転締付け円盤
（偏芯カム付き）

## 図2 ｜ オープン棚の接合部を隠す

### 大工工事の方立の納め方（上：平面、下：正面）

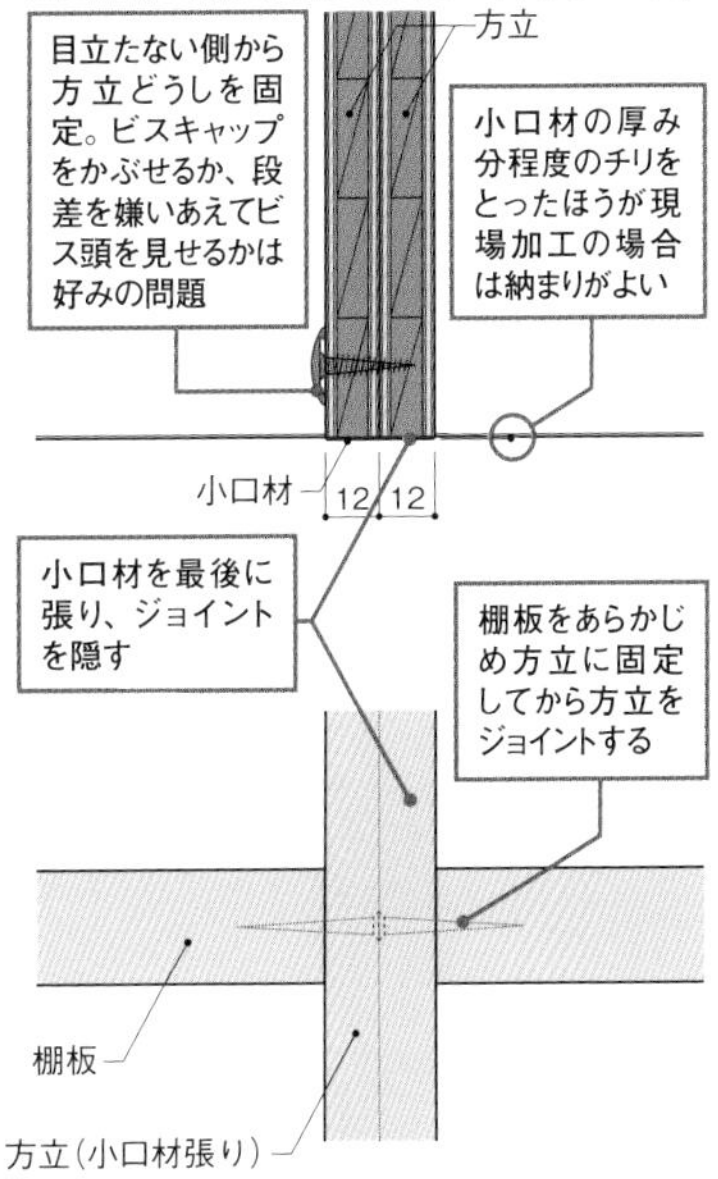
方立
目立たない側から方立どうしを固定。ビスキャップをかぶせるか、段差を嫌いあえてビス頭を見せるかは好みの問題
小口材の厚み分程度のチリをとったほうが現場加工の場合は納まりがよい
小口材
12
12
小口材を最後に張り、ジョイントを隠す
棚板をあらかじめ方立に固定してから方立をジョイントする
棚板
方立（小口材張り）

## 図3 ｜ 接合部の仕上げ方

### 側板と底板（左：大工・家具工事、右：家具工事）

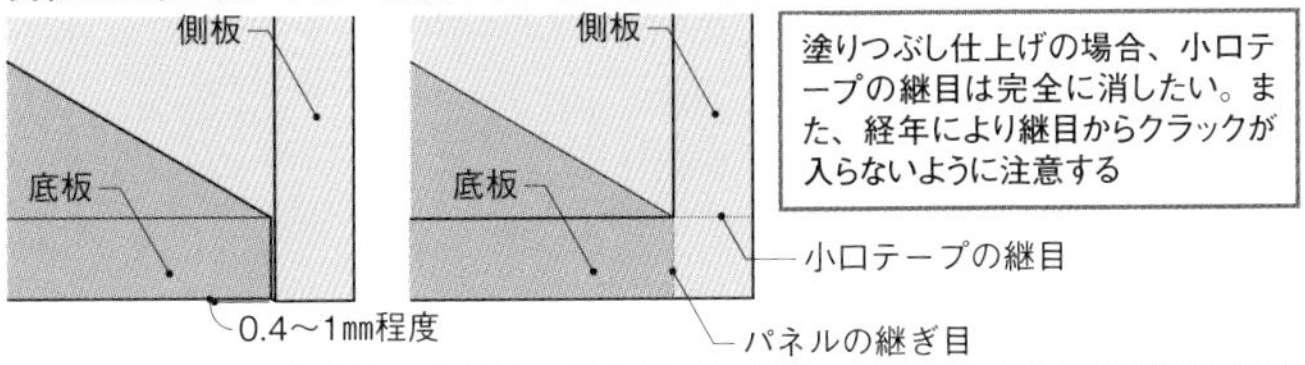
側板
底板
0.4〜1㎜程度
側板
底板
塗りつぶし仕上げの場合、小口テープの継目は完全に消したい。また、経年により継目からクラックが入らないように注意する
小口テープの継目
パネルの継ぎ目

基本的にキャビネットの小口部分は扉と同じ仕上げを施す。塗りつぶしの場合、扉が付くところはテープの厚み分程度の段差を設ける（左上図）と継目が割れにくくなり安心だ。扉が付かないオープン棚では段差を設けると美しくないので、フラットに納めたい。その場合、継目のクラックを予防するため、パネルのジョイントと小口テープのジョイントをずらす（右上図）と、割れにくくなる

### 方立と固定棚

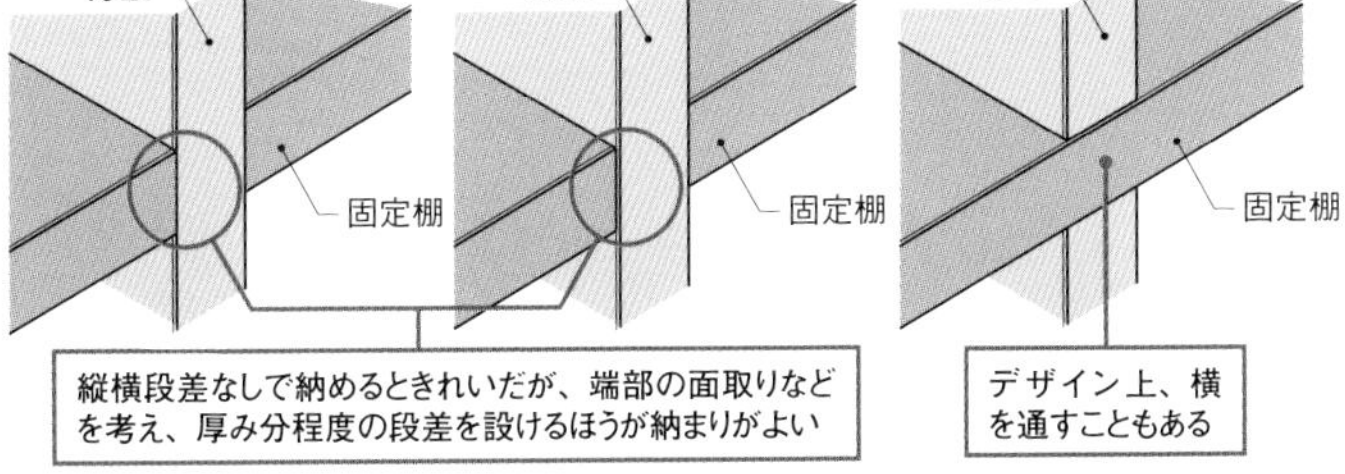
方立
固定棚
方立
固定棚
方立
固定棚
縦横段差なしで納めるときれいだが、端部の面取りなどを考え、厚み分程度の段差を設けるほうが納まりがよい
デザイン上、横を通すこともある

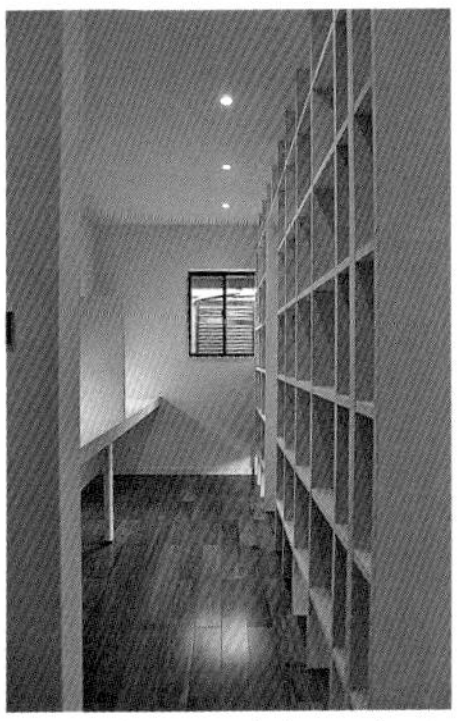

大工工事による本棚とデスク
設計・写真：STUDIO KAZ

KEYWORD 061

# 基本ディテール～開き戸

POINT

- ◎スライドヒンジの納め方は3種類、デザインで決める
- ◎ガラスヒンジは対応寸法に注意してガラス扉の大きさを決める

## 基本はスライドヒンジ

一般的な開き扉の開閉には、特殊な場合を除いて、スライドヒンジを使う。スライドヒンジにはキャビネットとの関係で、全かぶせアウトセット、半かぶせアウトセット、インセットの3種類がある［図1］。さらに、扉厚や開き角度、かぶせ代、調整代、ガラス用、鏡用、アルミフレーム用などに細かく分かれたり、メーカーが独自色を出していたりするので、計画している家具の条件を整理して、金物カタログを見るとよいだろう。

スライドヒンジは回転軸が複数あるため、平丁番よりも強度がない。大きな扉には不向きである。高さ方向はヒンジの数を増やすことで対処できるが、扉幅はできるだけ600㎜を超えないように計画したほうがよい。

最近は、扉や引出しにソフトクローズ機構を付けることが常識になってきた。キャビネットの小口に付けるタイプ、スライドヒンジ本体に取り付けるタイプなどがあるが、最新のスライドヒンジではその機構を内蔵しているものもある［写真］。

## ガラス扉の開閉

ガラス扉に使用する丁番は主に2種。ガラス用のスライド丁番と、軸吊りヒンジだ［図2］。それらのほとんどはガラスに孔をあけるか切り欠きを設ける必要がある。強化ガラスでは端部から孔までの距離に制限があるため、使用できないヒンジもある。

ガラス扉にする意図は、内部を見せたい場合が多いので、できるだけ大きな扉にしたいところだが、木製扉に比べてガラス扉は重く、ヒンジにかかる負担が大きい。カタログにはそのヒンジが対応できるガラスの大きさと厚さが明記されているので、よく確認して扉の大きさを決めたい。

## 図1 ｜ 開き戸のディテール

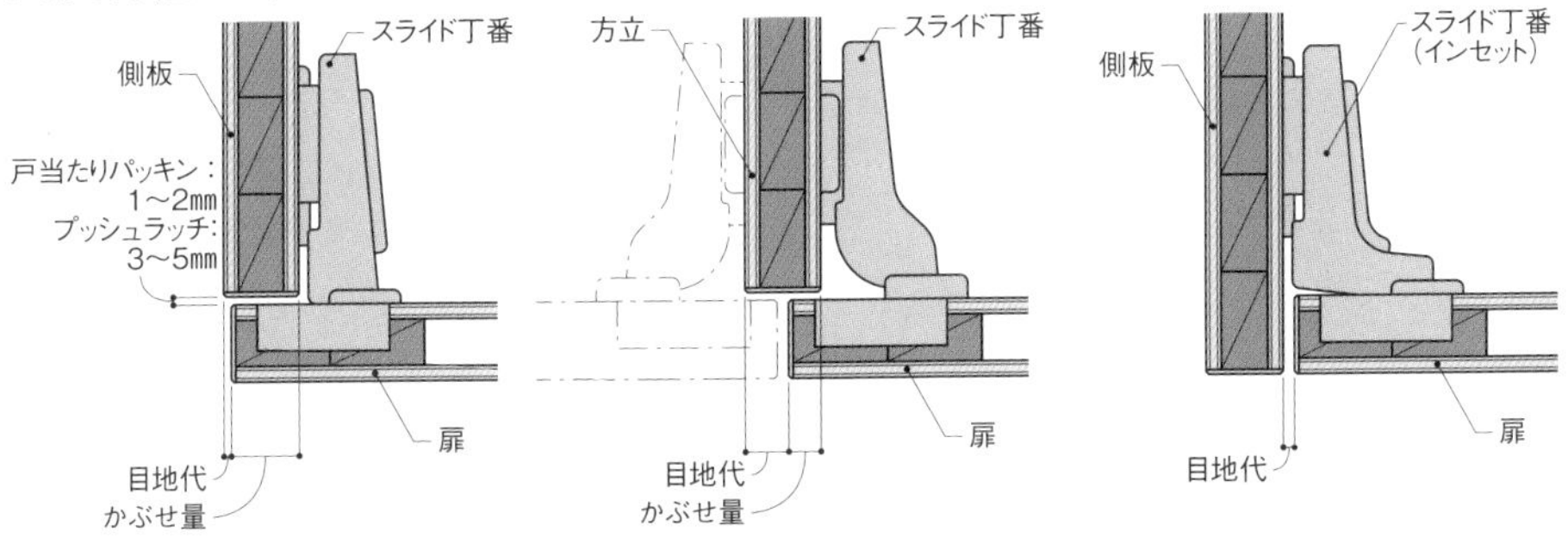

アウトセット(全かぶせ)
側板
スライド丁番
戸当たりパッキン：
1〜2㎜
プッシュラッチ：
3〜5㎜
扉
目地代
かぶせ量
アウトセット(半かぶせ)
方立
スライド丁番
扉
目地代
かぶせ量
インセット
側板
スライド丁番
(インセット)
扉
目地代


インセットかアウトセット(全かぶせ・半かぶせ)かは主にデザインで決まる。半かぶせは製作上、2枚の扉で1枚の方立を共有するときに採用するが、木工所によっては全かぶせと半かぶせを混在させることを嫌うところもある。その場合は方立の厚みを倍にして全かぶせに統一する。ただし内部の有効幅が厚み分(約20㎜)狭くなるので、収納する物によっては注意が必要

## 写真 ｜ Airヒンジ施工例

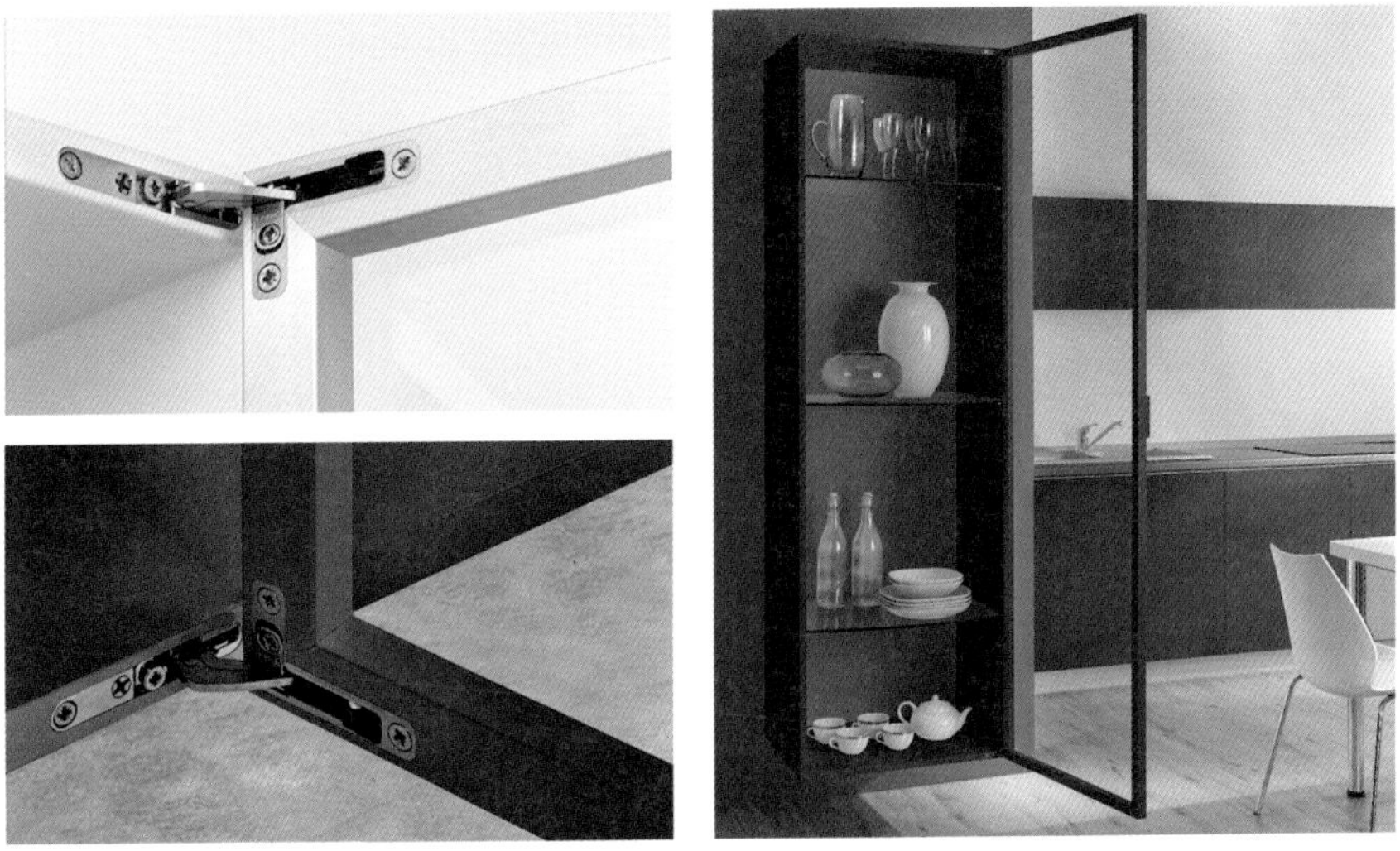

## 図2 ｜ ガラスヒンジのディテール

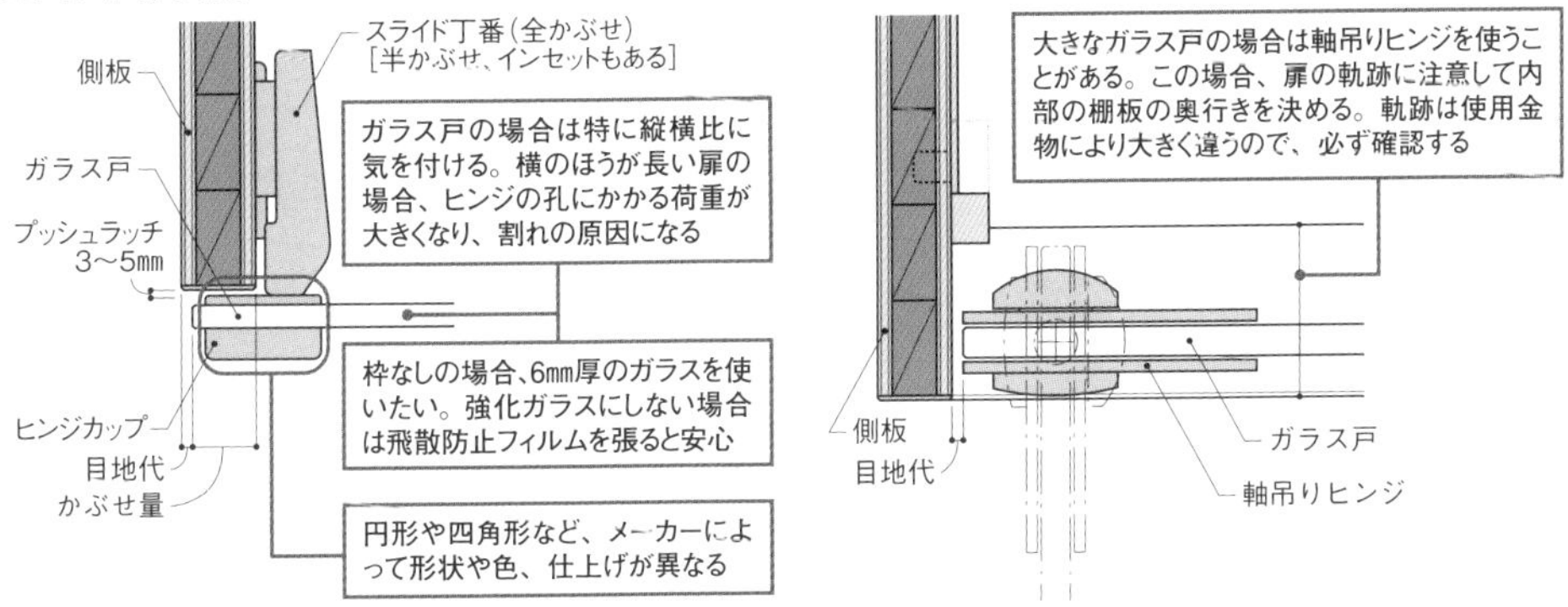

スライド丁番の場合
側板
スライド丁番(全かぶせ)
[半かぶせ、インセットもある]
ガラス戸
プッシュラッチ
3〜5㎜
ヒンジカップ
目地代
かぶせ量
ガラス戸の場合は特に縦横比に気を付ける。横のほうが長い扉の場合、ヒンジの孔にかかる荷重が大きくなり、割れの原因になる
枠なしの場合、6㎜厚のガラスを使いたい。強化ガラスにしない場合は飛散防止フィルムを張ると安心
円形や四角形など、メーカーによって形状や色、仕上げが異なる
軸吊りヒンジの場合
大きなガラス戸の場合は軸吊りヒンジを使うことがある。この場合、扉の軌跡に注意して内部の棚板の奥行きを決める。軌跡は使用金物により大きく違うので、必ず確認する
側板
目地代
ガラス戸
軸吊りヒンジ

# 基本ディテール〜引出し

POINT

◉引出し収納が増えている。スライドレールを知り、使い分ける

◉ソフトクローズ機構の使用感に注意して計画する

## スライドレールの種類

最近流行の幅広の引出し収納は、すっきりとした印象に納まる。扉が木目であれば、木目を横に流すと、引出しの幅がより長く見え、空間さえも広く見えることがある。おまけに扉の枚数が減った分、若干ではあるがコストも下がる。この引出しはキッチンからリビングへと進出し、キッチンのオープン化、1室空間化の流れとともに加速している。

よいことずくめのようだが、問題点もある。スライドレールそのものに遊びがあるため、左右にずれて動いてしまい、きれいに開かない。この現象は脇付けベアリングタイプでは顕著である。そこで、各社左右のレールがシンクロして動く機構を開発している。今後はそのレールが主流になると予想され、納まりなどが変わる可能性もあるので、早めに慣れておきたい。

## 開け方はどうする

引出しを開ける場合、何を手がかりにするかがポイントとなる。一般的にはハンドルを用いるが、デザインや出っ張りが気になる場所には、前板の上か下に20㎜程度の隙間をつくり、「手掛け」を設ける[図]。中に重いものを入れている場合、手掛けでは初動に力を要する。特に「底付けベアリング式スライドレール」でソフトクローズ機構が付いたものはそれが顕著で、爪が長い女性では開けることさえ難しいだろう。ほかの開け方としてプッシュオープンタイプ、電動でプッシュオープン+ソフトクローズタイプなども発売され、選択の幅が広がった。キッチンでは使い勝手が建て主の満足度を左右するポイントになるので、各スライドレールを組み込んだ「引出しサンプルワゴン」をつくり、実際に建て主に試してもらうとよい[写真]。

## 図｜手掛けの設け方

基本

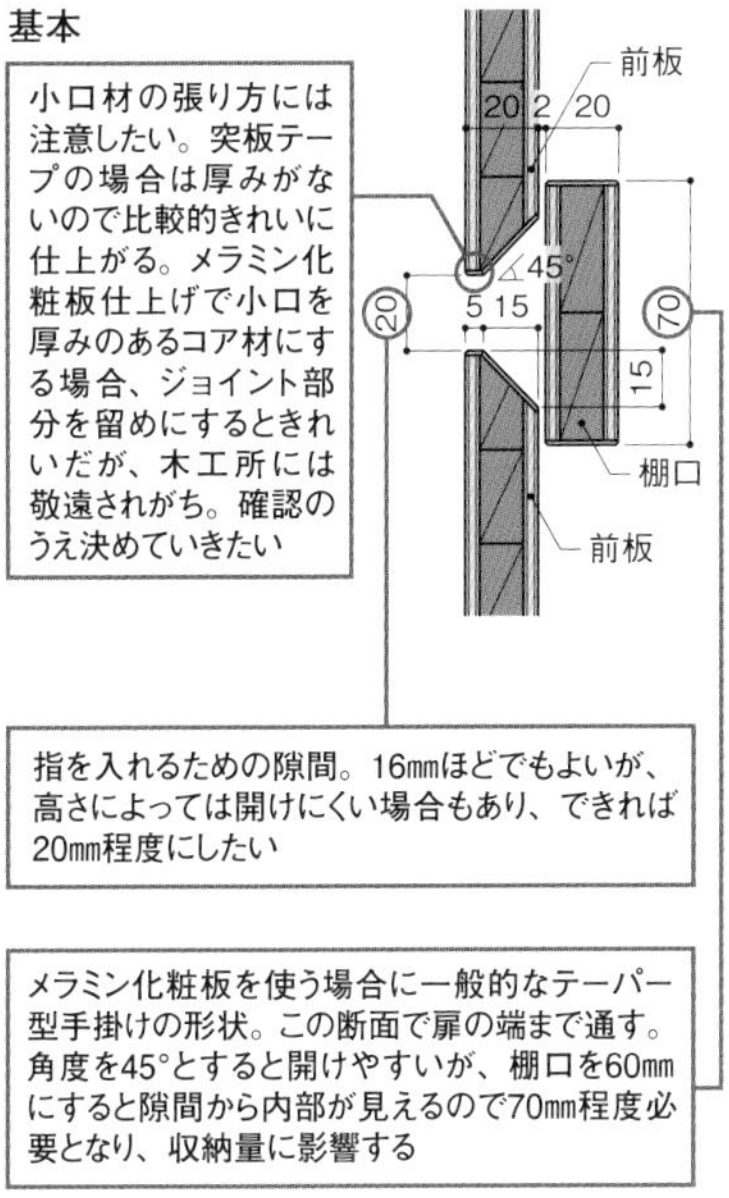


前板
20

15
15
20
70
棚口
前板
小口材の張り方には注意したい。突板テープの場合は厚みがないので比較的きれいに仕上がる。メラミン化粧板仕上げで小口を厚みのあるコア材にする場合、ジョイント部分を留めにするときれいだが、木工所には敬遠されがち。確認のうえ決めていきたい
指を入れるための隙間。16㎜ほどでもよいが、高さによっては開けにくい場合もあり、できれば20㎜程度にしたい
メラミン化粧板を使う場合に一般的なテーパー型手掛けの形状。この断面で扉の端まで通す。角度を45°とすると開けやすいが、棚口を60㎜にすると隙間から内部が見えるので70㎜程度必要となり、収納量に影響する

応用①

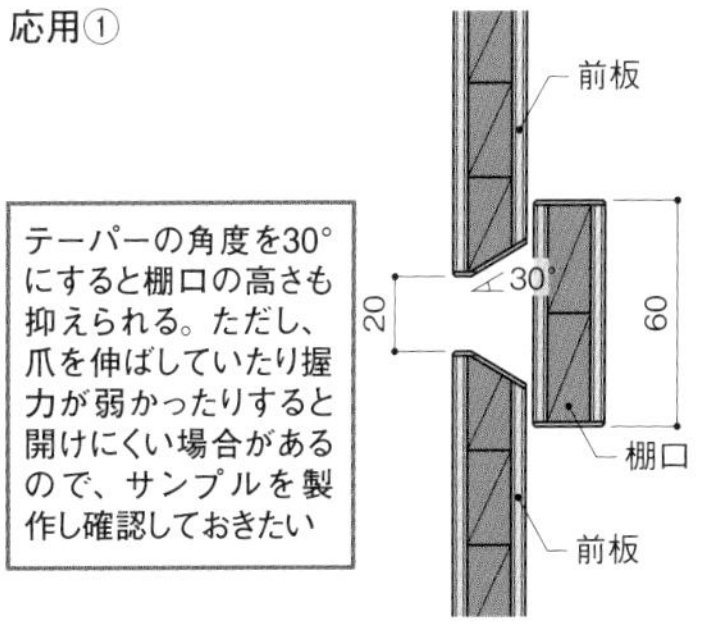


前板
テーパーの角度を30°にすると棚口の高さも抑えられる。ただし、爪を伸ばしていたり握力が弱かったりすると開けにくい場合があるので、サンプルを製作し確認しておきたい
20
30°
60
棚口
前板

応用②

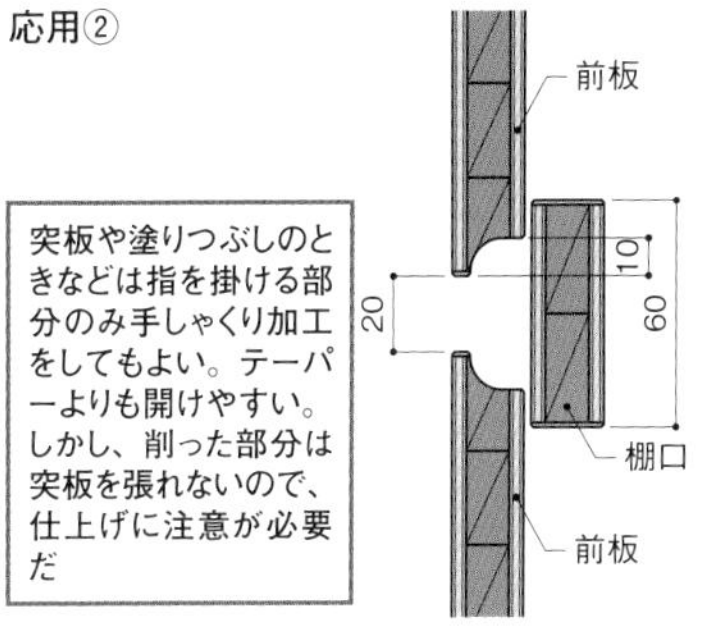


前板
突板や塗りつぶしのときなどは指を掛ける部分のみ手しゃくり加工をしてもよい。テーパーよりも開けやすい。しかし、削った部分は突板を張れないので、仕上げに注意が必要だ
10
20
60
棚口
前板

応用③

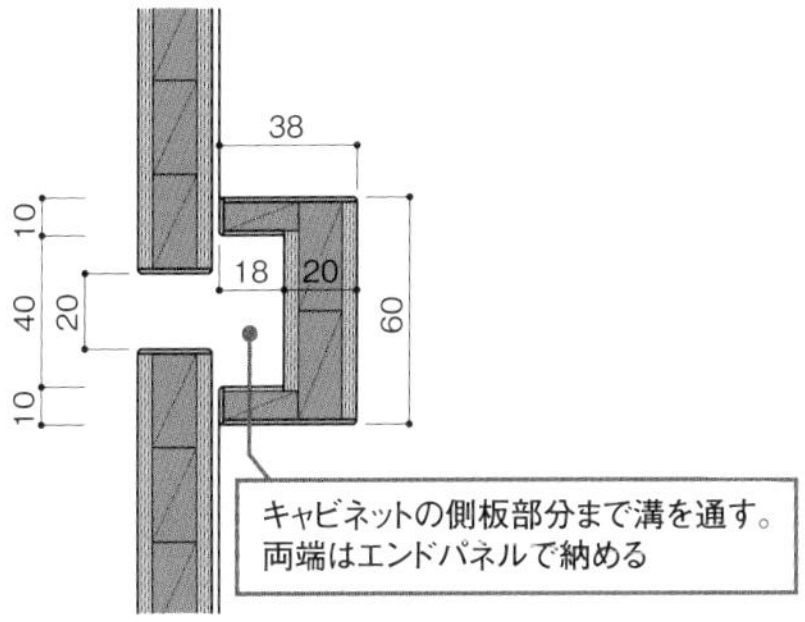


38
10
40
20
10
18
20
60
キャビネットの側板部分まで溝を通す。両端はエンドパネルで納める

手掛けなし（ハンドル・つまみ プッシュ・オープン）

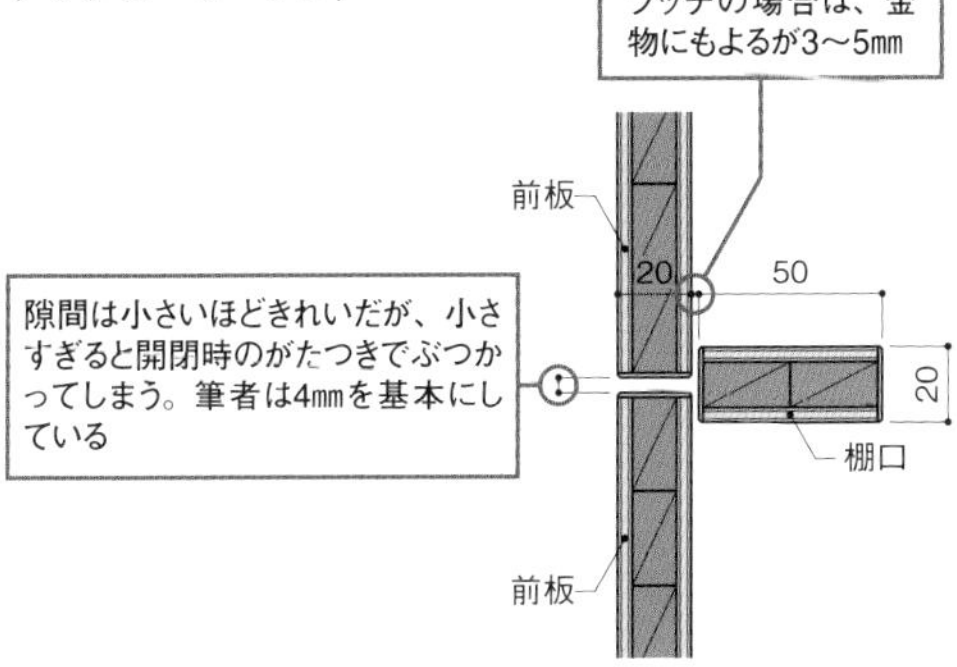
通常は2㎜。プッシュラッチの場合は、金物にもよるが3〜5㎜


前板
20
50
隙間は小さいほどきれいだが、小さすぎると開閉時のがたつきでぶつかってしまう。筆者は4㎜を基本にしている
20
棚口
前板

## 写真｜引出しサンプルワゴン

それぞれの引出しに異なるスライドレールを取り付けたワゴン。開けるときの使い勝手を確かめるためにサンプルとしてつくった

20
45°

写真：STUDIO KAZ

KEYWORD 063

# 基本ディテール～引戸

**POINT**

- カタログから基本納まりを押さえる
- 納まり図から金物の大きさ・動き・納め方を知ってアレンジする

## 基本の納まりをアレンジする

すべての金物には標準納まりがある。カタログに図面や概念図として記載されていなければ、承認図をメーカーから取り寄せて手に入れることができる。最近は多くのメーカーがCADデータのダウンロードサービスをしているので、より正確な図面が描くことができ、検討しやすくなった。家具金物のなかでも、特に引戸レールは複雑な納まりのものが多いので、CADデータの存在は有り難い。

基本的には標準納まりで問題ない場合が多い。しかし、標準では隙間が大きい場合や、重なりが大きすぎて歩留まりが悪い場合などには、何らかの手を加えることを考える。そのためには標準納まりに加えて、金物の取付け方や扉の吊り込み方、他の部材との関係、動き方などを把握する［図1・2］。そこから標準以外の納め方に気付くことができ（製品の保証担保を損なう改造ではない）、造作家具を空間のなかで美しく納めることも可能になる［図3・写真］。そもそも、新しい家具金物のアイディアはそんなところから生まれてくるものなのだ。

## 他社のパーツを組み合わせる

引戸金物は上レール、下レール、上ローラー、ストッパー、振れ止めが基本セットになっている。このうち振れ止めは他社のものを使っても何ら支障はない。引違い戸の重なり寸法やキャビネットとの関係で、他社のものや特注したものの採用を検討してもよい。

また、開き扉についてもいえることだが、収納家具の場合、扉の内外で温度や湿度の差が生じやすく、扉の反りの原因になる。特に高さがある大きな扉では注意したい。扉の裏面には反り矯正金物を入れておいたほうがよいだろう。

## 図1｜引戸の納め方

一般的な引き違い戸

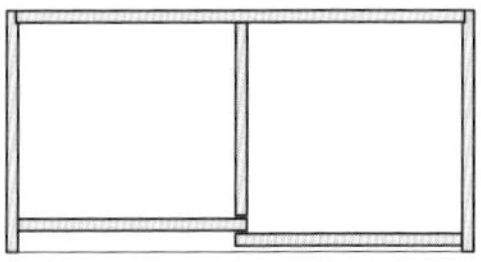

引違い戸は戸が重なっている分、収納の奥行き方向を犠牲にしなければならない。扉の大きさが違って見える、扉の面が揃わないとして敬遠されがち

フラットに納まる引戸

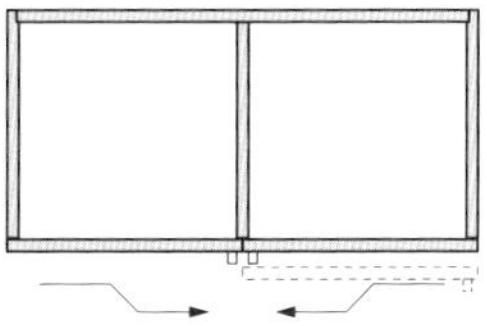

最近は各メーカーから「平面引違い戸」のシステムが出ているので参考にしたい。ただし、上下の金物の専有スペースが大きいため、収納量や納まりで悩むこともある

## 図2｜引戸の召し合わせ部分

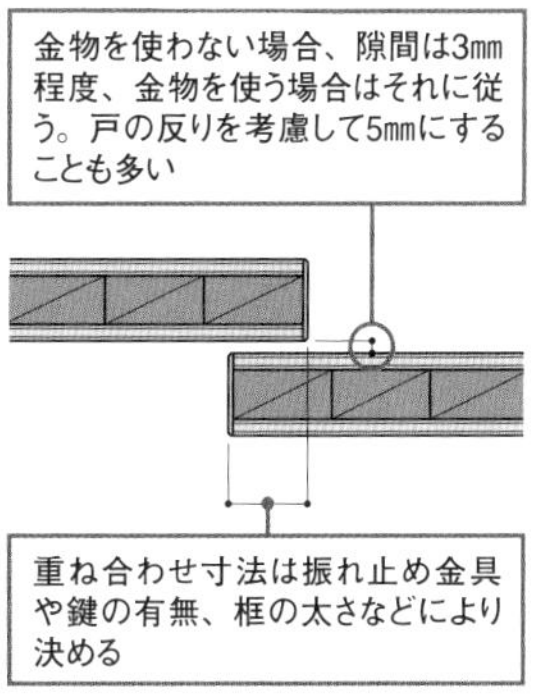
金物を使わない場合、隙間は3mm程度、金物を使う場合はそれに従う。戸の反りを考慮して5mmにすることも多い
重ね合わせ寸法は振れ止め金具や鍵の有無、框の太さなどにより決める

## 図3｜引戸金物の基本納まり

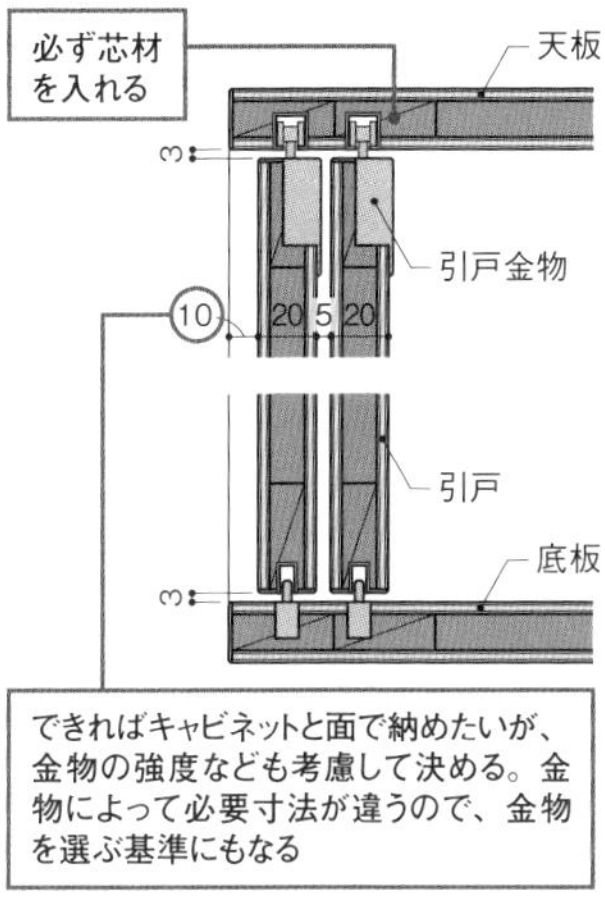
必ず芯材を入れる
天板
3
引戸金物
10
20 5 20
引戸
底板
3
できればキャビネットと面で納めたいが、金物の強度なども考慮して決める。金物によって必要寸法が違うので、金物を選ぶ基準にもなる

## 図4｜引戸金物をアレンジした例

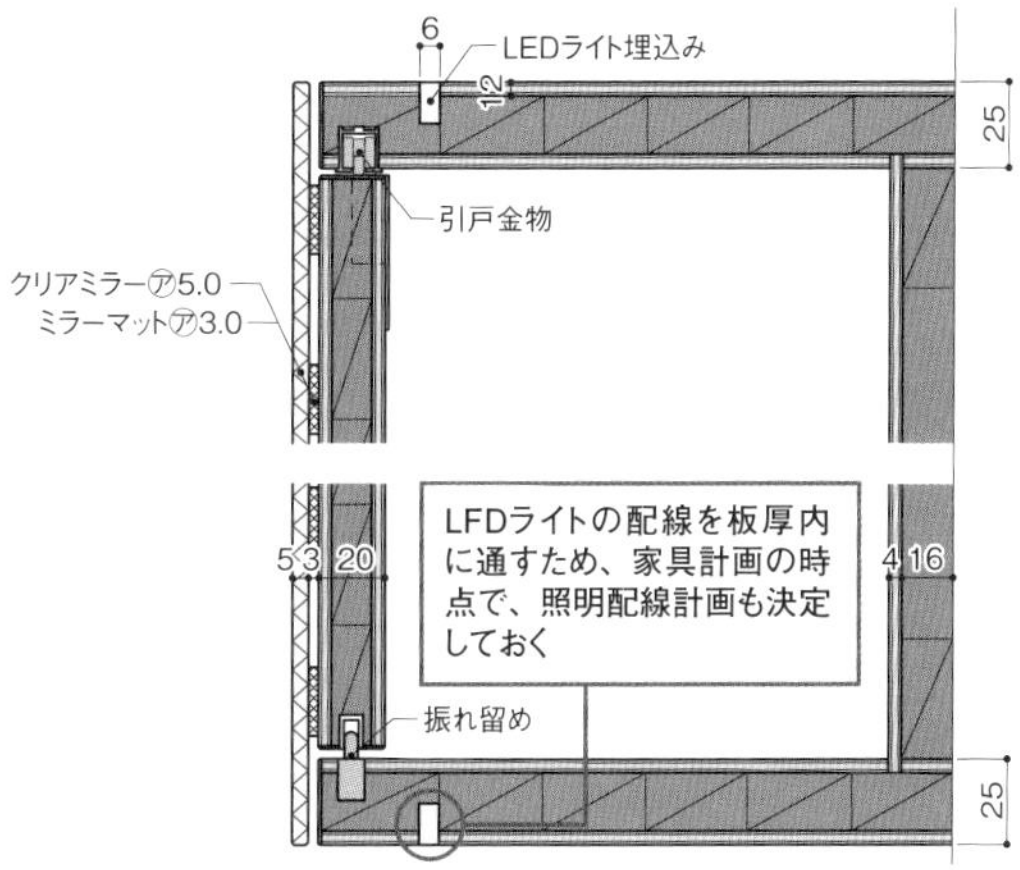
6
LEDライト埋込み
12
25
引戸金物
クリアミラー㋐5.0
ミラーマット㋐3.0
LFDライトの配線を板厚内に通すため、家具計画の時点で、照明配線計画も決定しておく
5 3 20
4 16
振れ留め
25

## 図5｜ガラス引戸金物をアレンジした納まり

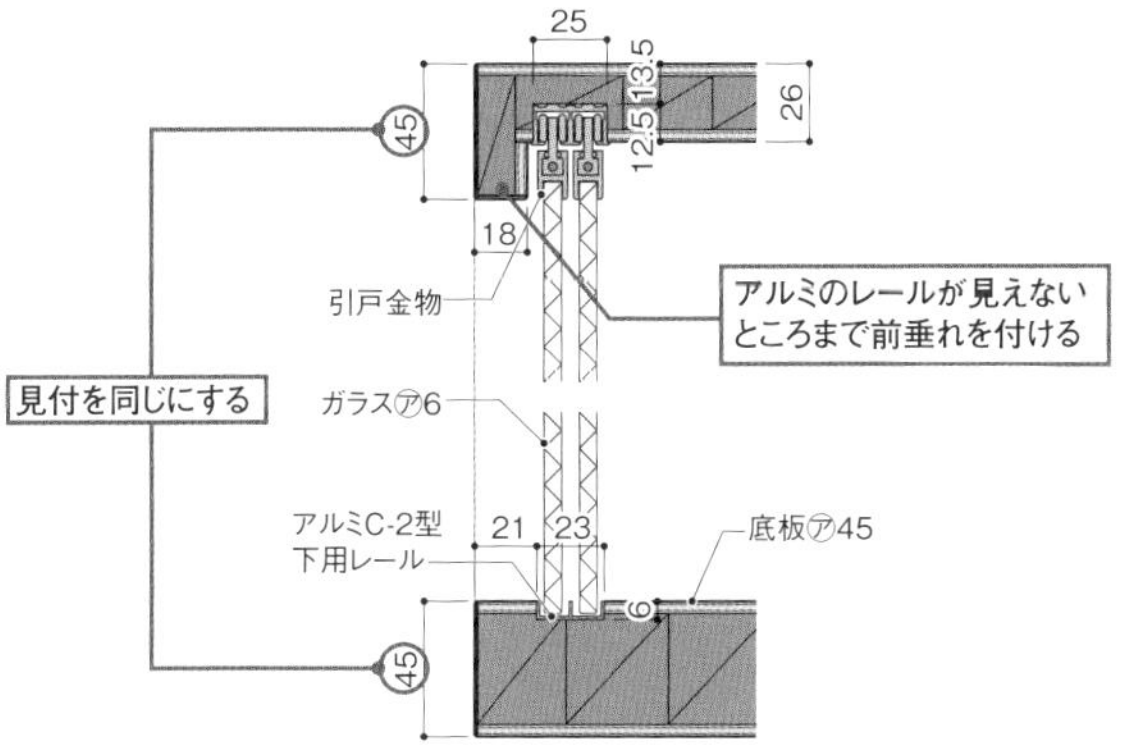
25
13.5
26
12.5
45
18
引戸金物
アルミのレールが見えないところまで前垂れを付ける
見付を同じにする
ガラス㋐6
アルミC-2型
下用レール
21 23
底板㋐45
6
45

標準のガイドだと底板とのクリアランスが大きく不格好なので、アルミレールを底板に埋め込み、振れ止めのガイドとしている

## 写真｜ガラス引戸金物をアレンジした例

金物が見えず、ガラスだけの引戸のように見せるために上吊り金物を天板の前垂れで隠し、標準仕様の振止めガイドを使わず底板に埋め込んだアルミレールで代用した

設計・写真：STUDIO KAZ

# 基本ディテール～小口

POINT

- 小口の納め方がデザインを左右する
- デザインと求める性能で小口材を選ぶ

## 面材が木製の場合

造作家具では、1つの小口の形状が全体の印象を大きく左右する［図］。

無垢《むく》材を使用する場合、形状や加工方法の自由度は高い。特に「耳」をそのまま残す小口は無垢材にしかできない仕上げである。無垢材以外では、三層パネルや共芯合板は小口を見せることが多い。ただし、この場合は「積層」を見せるためなので、小口の形状もそれなりに考慮することになる。

それ以外の素材は小口材を張って仕上げる。小口に使う材料は、面材の種類、使用部位ごとに要求される性能、デザインに応じて使い分ける。一般的には面材と同じ素材を使い、色、柄を合わせて1枚板に見えるようにする。面材が突板の場合は同じ樹種の突板テープを張る。扉の場合は通常のテープでよいが、甲板の場合はより強度がほしいので厚単板とし、さらに厚単板を2枚張りにすることもある。以前、小口に4㎜程度の挽板《ひきいた》を張っている現場があったが、シャープな印象にはならない。樹種を揃えて同じ色に仕上げても、突板と挽板では塗装の乗り方が違い、悪目立ちしてしまうことが多い。

## 面材が樹脂製の場合

面材がメラミンやポリの場合は、小口に専用のシートかメラミンを張る。メラミンの場合は基材の色に注意したい。エッジの面取り部分に黒い線が出ることはできるだけ避けたい［写真］。それを嫌がって、カラーコアという基材も同じ色のメラミンがあるが、全色が揃っているわけではなく、また、色が表面と若干異なる。同じ色とはいえ1.2㎜の素材を張っているので、その継ぎ目は出る。あまり強度を求めないのであれば、薄いDAPシートで十分だろう。接着剤の染出しさえ注意すれば、きれいに納まる。

## 図｜小口のデザイン

### 無垢材の場合

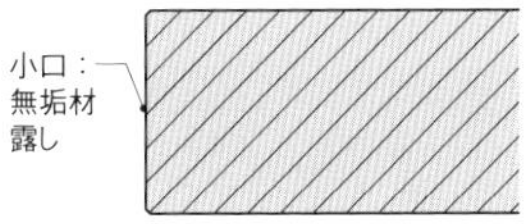
小口：
無垢材
露し

素材感を出しつつ、
すっきり見せたいとき

### 無垢材（耳付き）の場合

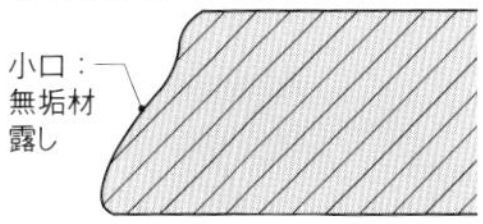
小口：
無垢材
露し

どっしりした存在感を
出したいとき

### 三層パネルの場合

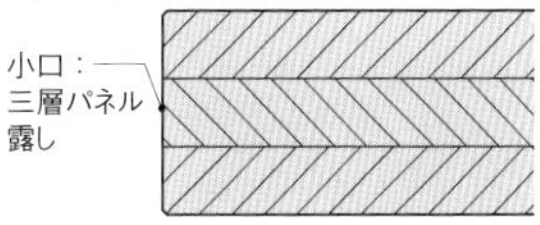
小口：
三層パネル
露し

三層とはいえ無垢材。小口
を出したほうが潔く見えるが、
好き嫌いはあるだろう

### 練付け合板・フラッシュの場合①

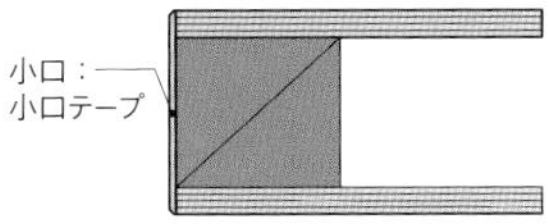
小口：
小口テープ

小口テープで仕上げる。
すっきりした印象

### 練付け合板単板2枚張り・フラッシュの場合②

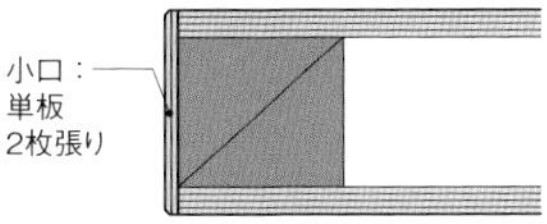
小口：
単板
2枚張り

甲板など、小口に強度を
持たせたいときには小口
に単板を2枚張りする

### 練付け合板・フラッシュの場合③

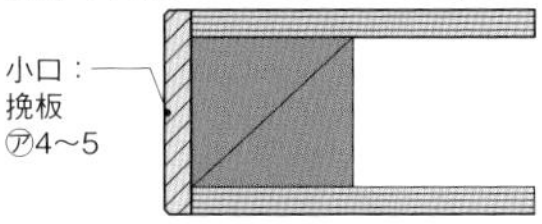
小口：
挽板
㋐4～5

小口に挽板を張ると強度は
増すが、やぼったい印象に
なることもある

### 共芯合板フラッシュの場合

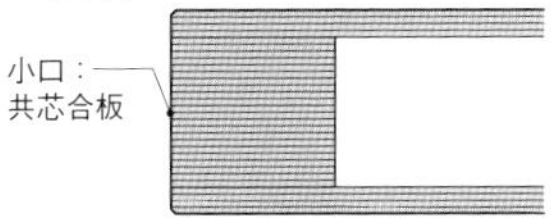
小口：
共芯合板

共芯合板を芯材にして、
コストダウン

### メラミン化粧板・フラッシュの場合①

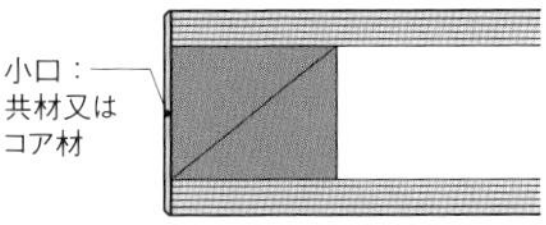
小口：
共材又は
コア材

小口に強度を求めるとき
には、共材かコア材を張
る。小口材が目立つ

### メラミン化粧板・フラッシュの場合②

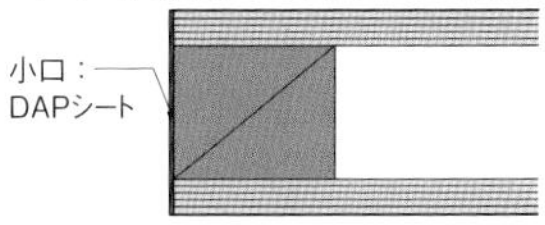
小口：
DAPシート

薄いDAPシートを張ると、小
口材は目立たないが、強度
は期待できない。一般的な
扉にはこれで十分

## 写真｜小口にメラミンを張る場合

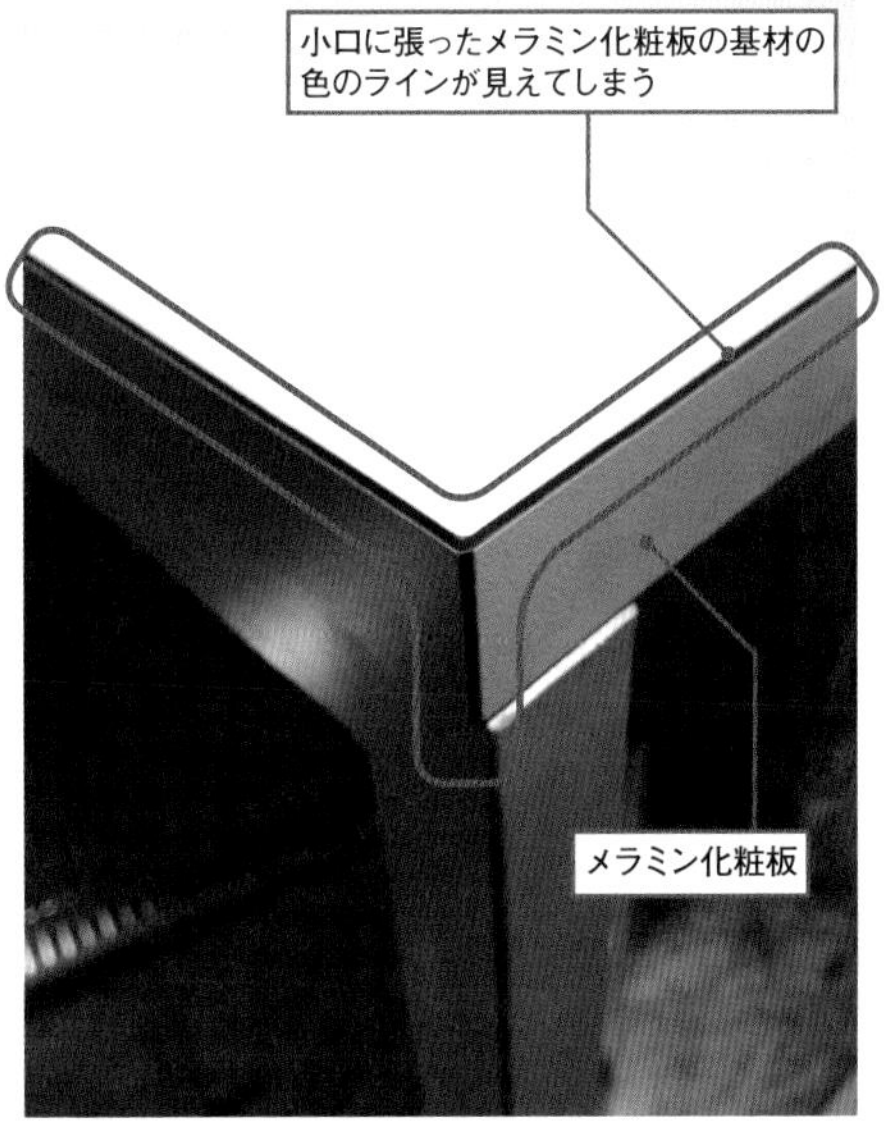
小口に張ったメラミン化粧板の基材の
色のラインが見えてしまう
メラミン化粧板

小口をメラミン化粧板の共材で張ると、エッジに基材
色の線が出る。ほとんどの場合、この線は嫌われる

## 図2｜メラミン化粧板張りの扉面材の工夫

### 小口にカラーコアを使用した例

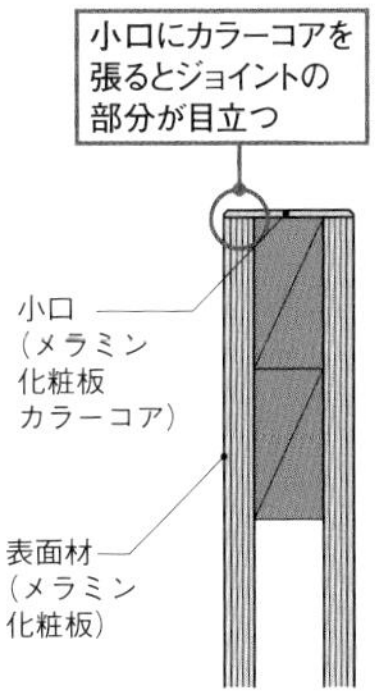
小口にカラーコアを
張るとジョイントの
部分が目立つ
小口
（メラミン
化粧板
カラーコア）
表面材
（メラミン
化粧板）

### 表面材・小口とともにカラーコアを使用し、小口を先張りにした例

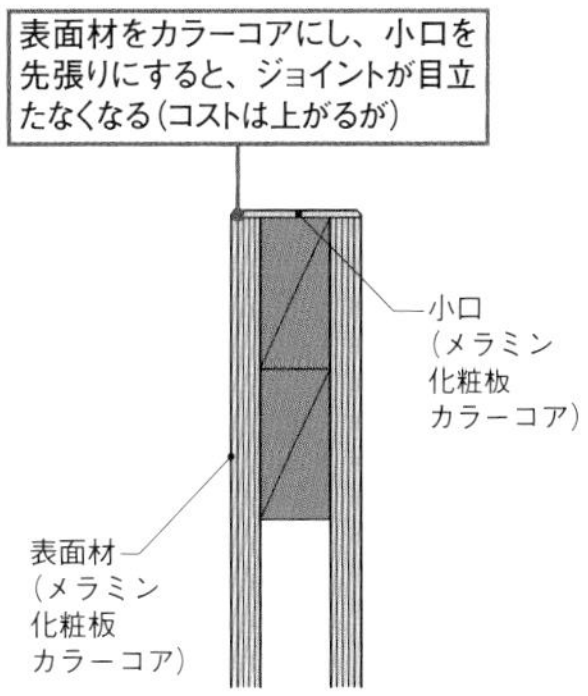
表面材をカラーコアにし、小口を
先張りにすると、ジョイントが目立
たなくなる（コストは上がるが）
小口
（メラミン
化粧板
カラーコア）
表面材
（メラミン
化粧板
カラーコア）

# 基本ディテール～目地

**POINT**

◉機能上の目地と意匠上の目地を合わせて考える

◉目地の幅寸法に意味をもたせる

## 家具の印象を決める目地

目地のデザインが家具に及ぼす影響は大きい。目地の太さや通し方で家具の印象や美しさは大きく左右されるので、注意深くデザインに取り込みたい。また、扉や引出しを開閉するために最低限の「クリアランス」が必要であり、それをそのまま目地としてとらえることもできる。使用する金物の条件によって目地幅が異なるので、金物の選択基準の1つと考えてもよい。

フィラーや台輪、支輪も「目地」ととらえられるが、20㎜を超える場合は、目地幅を造作家具だけで完結させず、空間全体をまとめるようにすると、すっきりとした印象で空間になじむ。家具と引戸が隣接する場合、引戸上下の天井や床とのクリアランスと家具の台輪、支輪の高さを合わせたり、逆に収納扉の分割位置にある目地を建具まで延長させたりすると、空間全体がきれいに納まる［図］。

## 目地幅の決め方

基本的に目地幅は揃える。2㎜と3㎜の目地が混在した家具は美しくない。

扉と扉の間の目地にはスライドヒンジのかぶせ代が影響する。キャビネットの板厚が20㎜、かぶせ代が18㎜とすると、チリが2㎜。吊り元どうしになることを考えると目地幅を4㎜にする。その4㎜を縦横すべての目地とする。ただし、キャビネットの方立の小口がない部分に4㎜の隙間があると中が見えてしまうので注意する。手掛けにする場合は経験上、最低16㎜、できれば20㎜取りたい。フィラーや支輪、台輪の大きさを20㎜に揃えると「逃げ」の意味合いも薄れる。この場合、建築幅木の高さも20㎜にしたいところだ。面材端部の面取りの大きさや形状も目地幅に影響を及ぼす。C面［※1］かR面［※2］かでも印象が変わる。

※1：直角状態の角部を45°の角度で削り落とす加工形状のこと｜※2：丸みをつけて直角状態の角部を削り落とす加工形状のこと

図 | **目地のデザイン**

扉(引出し)の目地合わせの考え方

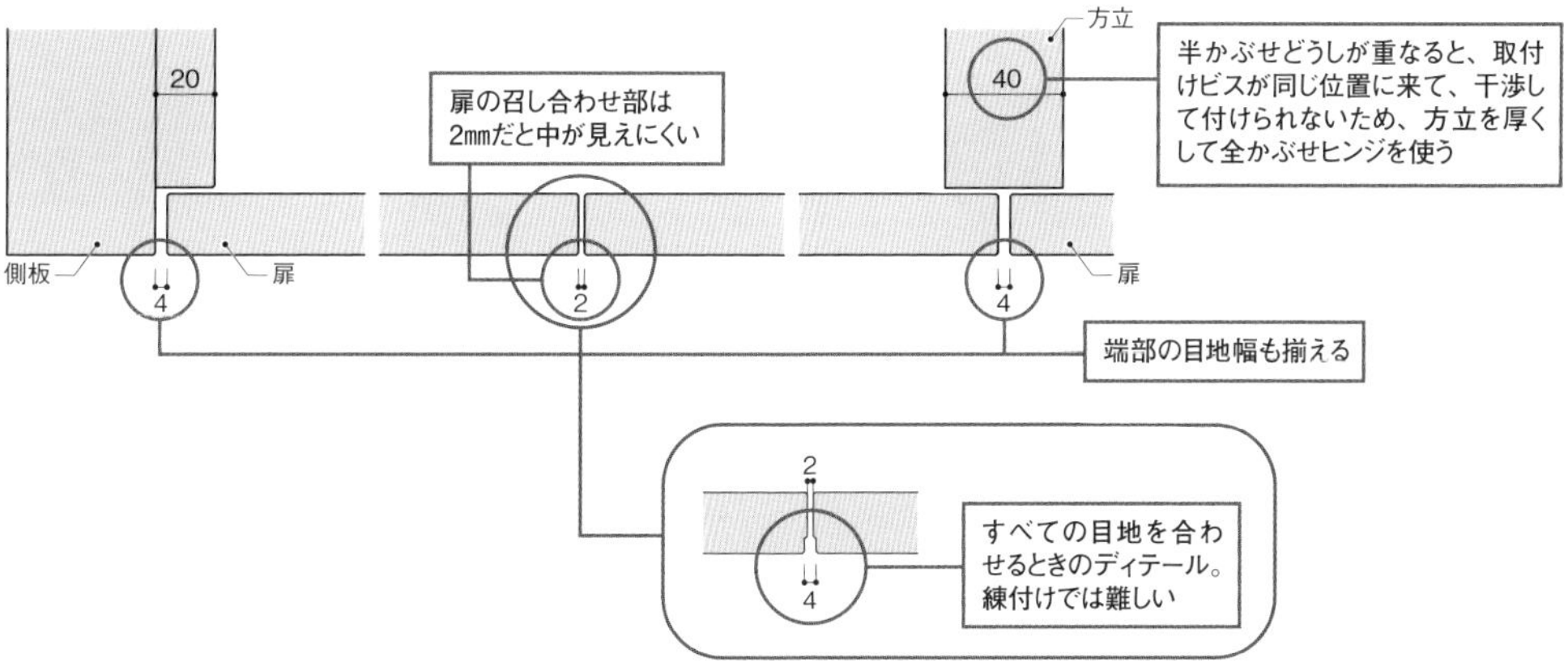
20
扉の召し合わせ部は
2mmだと中が見えにくい
方立
40
半かぶせどうしが重なると、取付けビスが同じ位置に来て、干渉して付けられないため、方立を厚くして全かぶせヒンジを使う
側板
扉
4
2
4
扉
端部の目地幅も揃える
2
すべての目地を合わせるときのディテール。練付けでは難しい
4

目地幅を揃える

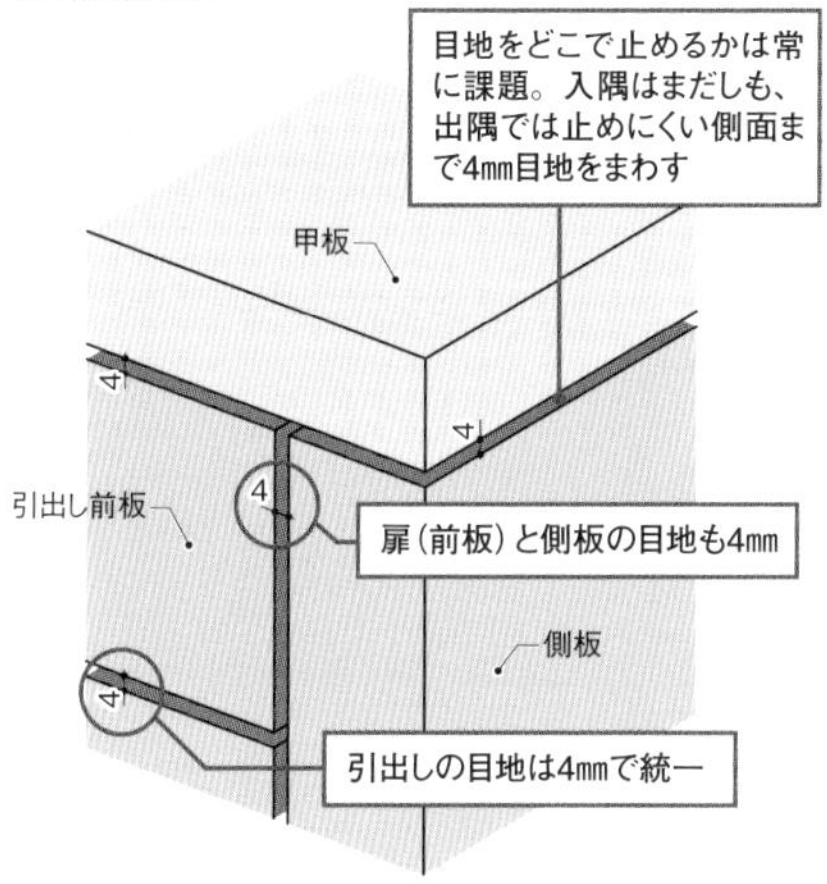
目地をどこで止めるかは常に課題。入隅はまだしも、出隅では止めにくい側面まで4mm目地をまわす
甲板
4
4
引出し前板
4
扉(前板)と側板の目地も4mm
側板
4
引出しの目地は4mmで統一

「逃げ」と手掛けを揃える

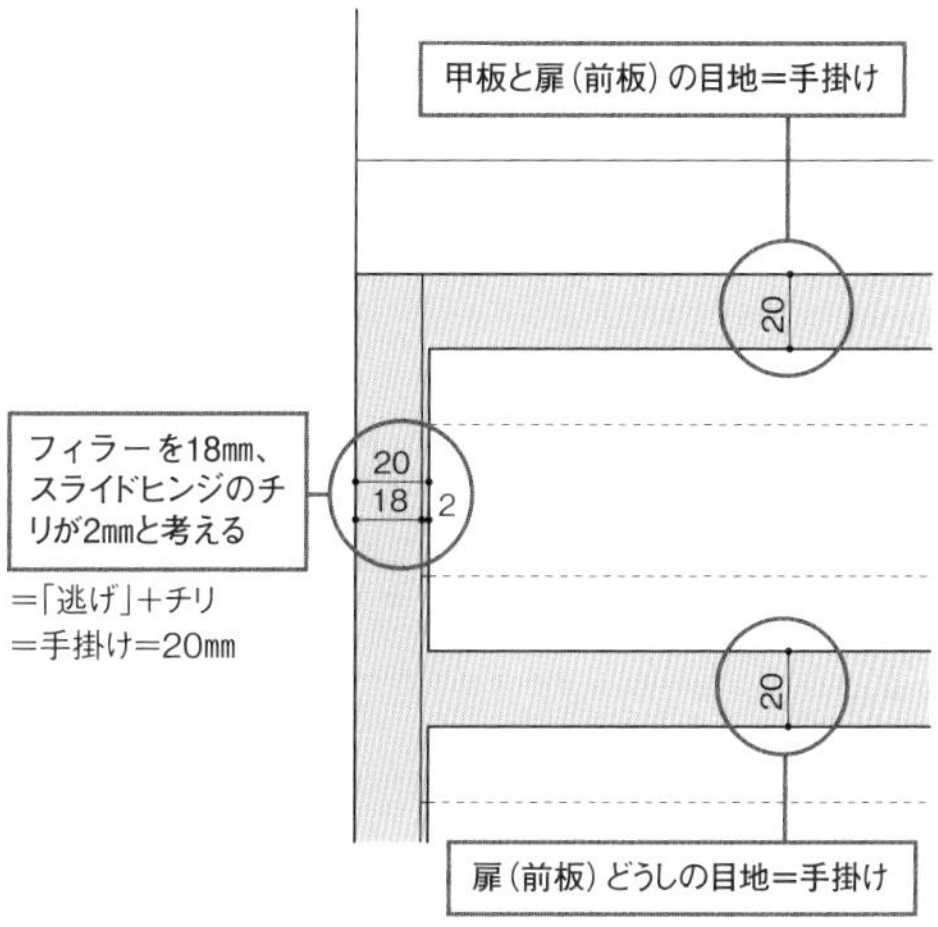
甲板と扉(前板)の目地=手掛け
20
フィラーを18mm、スライドヒンジのチリが2mmと考える
=「逃げ」+チリ
=手掛け=20mm
20
18
2
20
扉(前板)どうしの目地=手掛け

家中の目地を揃える

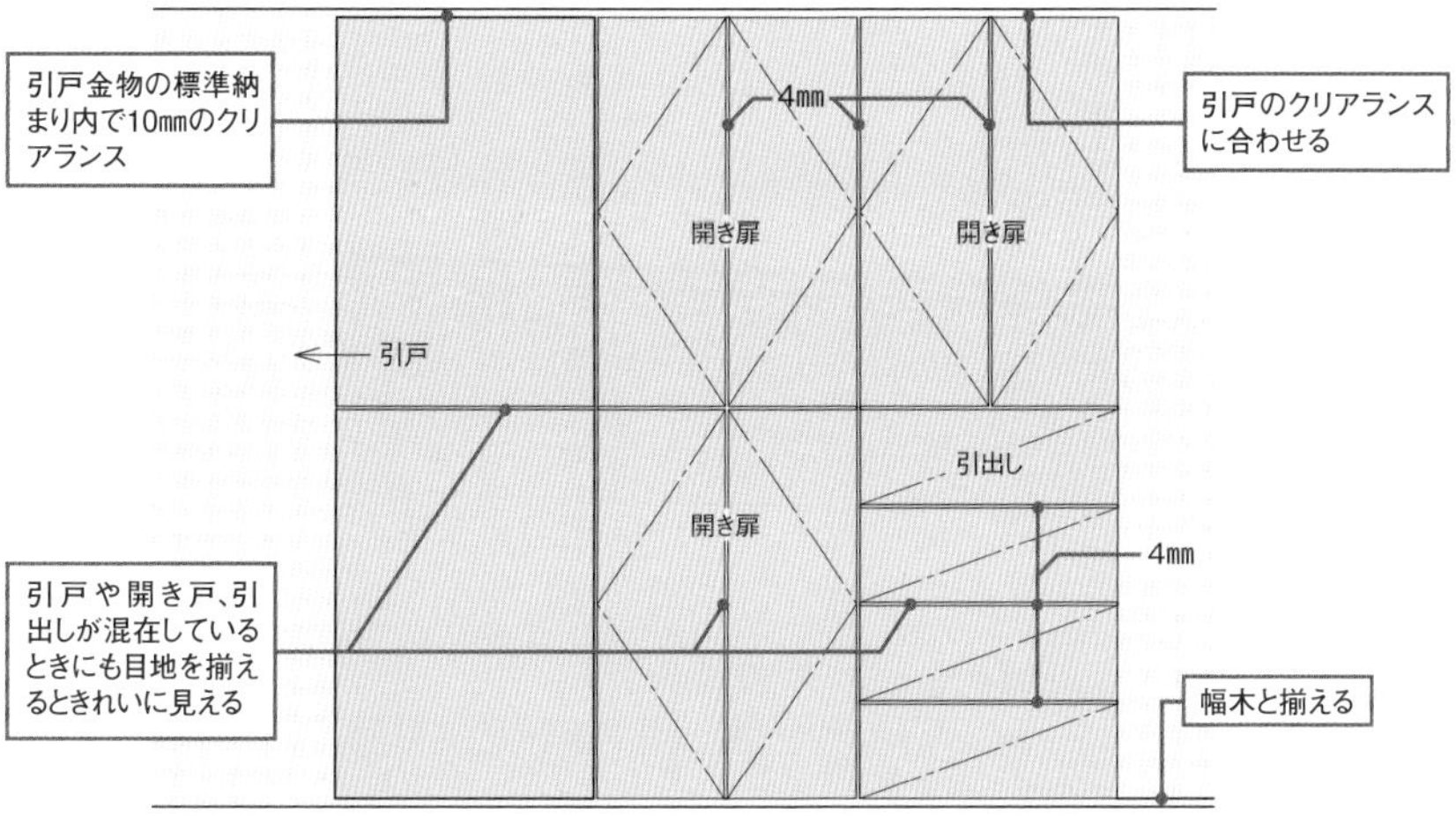
引戸金物の標準納まり内で10mmのクリアランス
4mm
引戸のクリアランスに合わせる
開き扉
開き扉
引戸
引出し
開き扉
4mm
引戸や開き戸、引出しが混在しているときにも目地を揃えるときれいに見える
幅木と揃える

KEYWORD 066

# 設備と絡むディテール～電気設備

**POINT**

- ケーブルの経路やトランスの置き場を確保して計画する
- 壁や床、天井からのケーブルの取出し位置・長さを正確に指定する

## 照明を組み込む

造作家具が既製品の家具と最も違う点は、設備などを組み込むことだろう。電気関係で家具に組み込むものは、照明、コンセント、スイッチ、テレビ、電話、LANなどである。キッチンではそれに水道、ガス、換気設備が複雑に絡む（226頁参照）。造作家具に組み込む照明は、家具の内部を照らす直接照明と、空間全体の照明計画の一部としての間接照明に分かれる。

現在では、ほとんどの直接照明にLEDを使う。従来のハロゲンタイプに比べ、発熱量が少なく器具本体も小さいため、家具側への細工がしやすく熱による家具へのダメージも少ない。間接照明は空間の照明計画と併せて考えるので、シームレスランプかテープ型のLEDが適する。いずれの場合も、ほとんどのLEDにはトランスが必要になるため、トランスの置き場所の確保と点検口の設置は必須である。

## コンセントを組み込む

電気系の配線では、コンセント類の取付け位置付近に、ケーブルを壁からダイレクトに出してもらう。照明の電源や側板に付けるコンセントのケーブルは壁か床にまとめて出し、片フラッシュの背板側やあらかじめ配線を想定して経路を確保したパネルの中を通す。コンセント本体と結線部分を埋め込むためには、パネル厚は最低でも60㎜はほしい［図1］。また、プレートがパネルから飛び出ないように、プレートの周囲を10㎜ほど彫り込むこともある［図2］。キッチンの作業スペースにもコンセントがほしいが、正面の壁に付けられない場合、吊り戸棚の底面に付けることがある。底板の厚みを45㎜にしていれば、家具用コンセントであれば組み込むことができ、見た目もすっきりと納まる。

## 図1 ｜ 家具にコンセントを組み込む

### 吊り戸棚断面図 [S=1：30]

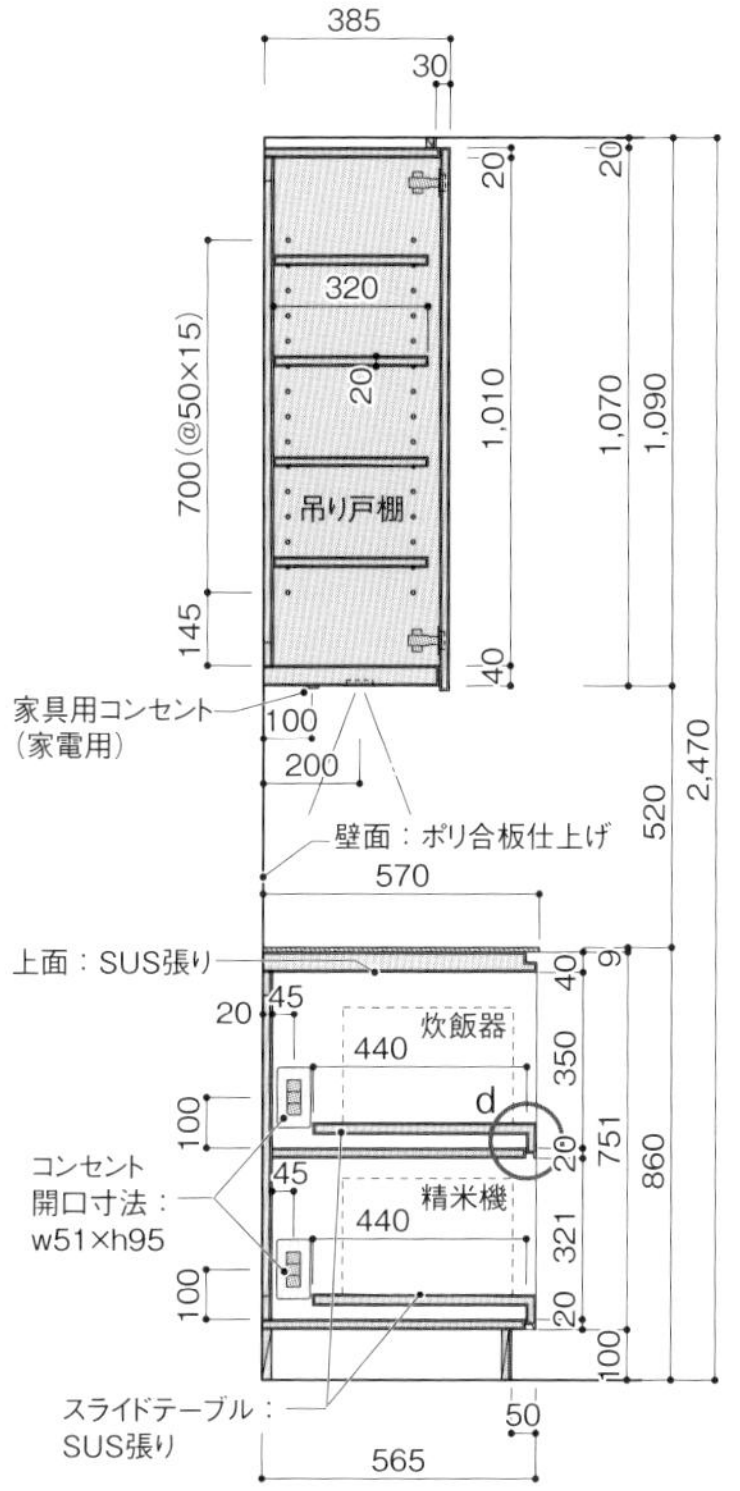
385
30
20
20
320
20
700(@50×15)
1,010
1,070
1,090
吊り戸棚
145
40
家具用コンセント
（家電用）
100
200
壁面：ポリ合板仕上げ
520
2,470
570
上面：SUS張り
20
45
440
炊飯器
40
9
350
d
20
751
860
100
コンセント
開口寸法：
w51×h95
45
440
精米機
321
20
100
100
スライドテーブル：
SUS張り
50
565

### 吊り戸棚見上げ図 [S=1：30]

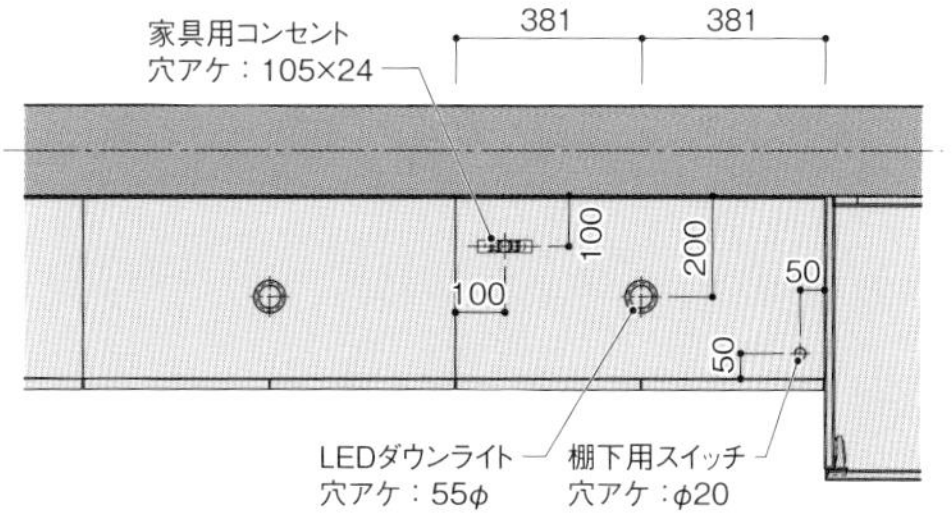
家具用コンセント
穴アケ：105×24
381
381
100
100
200
50
50
LEDダウンライト
穴アケ：55φ
棚下用スイッチ
穴アケ：φ20

### 棚下のコンセント

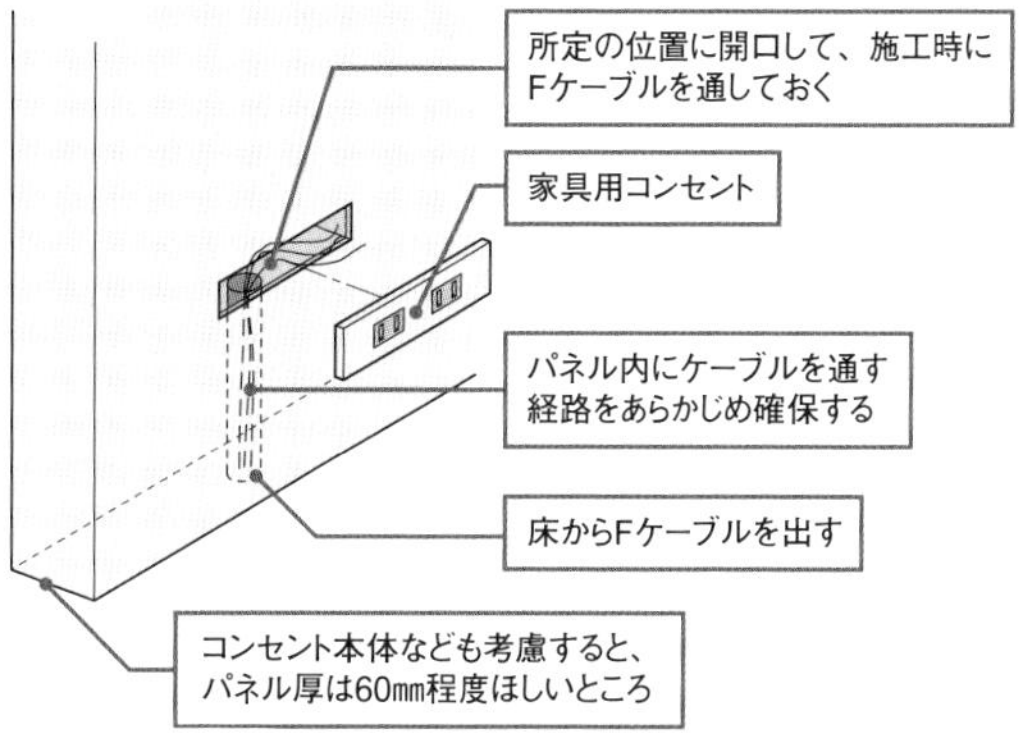
所定の位置に開口して、施工時にFケーブルを通しておく
家具用コンセント
パネル内にケーブルを通す経路をあらかじめ確保する
床からFケーブルを出す
コンセント本体なども考慮すると、パネル厚は60mm程度ほしいところ

## 図2 ｜ スイッチを目立たせない工夫 [S＝1:4]

### パネルに彫り込んで納めたスイッチ

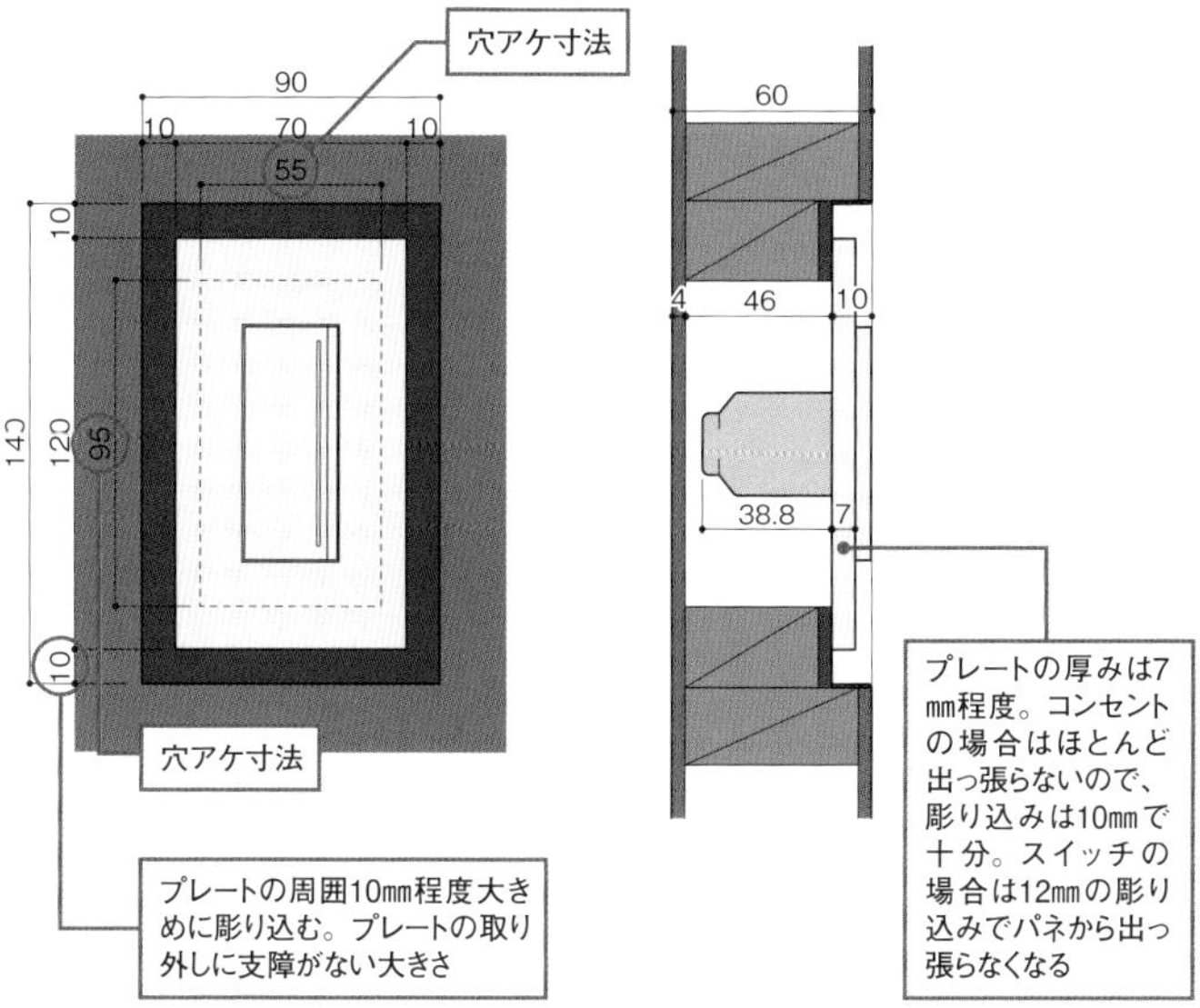
穴アケ寸法
90
10
70
10
55
10
14つ
120
95
10
穴アケ寸法
プレートの周囲10mm程度大きめに彫り込む。プレートの取り外しに支障がない大きさ
60
4
46
10
38.8
7
プレートの厚みは7mm程度。コンセントの場合はほとんど出っ張らないので、彫り込みは10mmで十分。スイッチの場合は12mmの彫り込みでパネから出っ張らなくなる

スイッチをパネルに彫り込んで納めた

設計・写真：STUDIO KAZ

# 設備と絡むディテール～換気設備

POINT

◉ルーバーの中が見えないように寸法を調整する

◉エアコンは吹き溜まりができないようにする

## ルーバーを通した換気

空調を組み込めるのも造作家具ならではであろう。

換気口を家具の中に配管し、家具の上部をルーバーにする計画は多い。無粋な換気口がなくなり、天井がすっきりする。このときに気を付けることは開口面積である。換気口では当然、風量計算をしているため、家具側に設けた開口が小さいと必要な換気量が確保できないばかりか、隙間風で音が発生する。設備設計者に必要な開口寸法を出してもらい、必ず開口部の面積を計算すること。ルーバー全体の大きさ（面積）と間違えないようにする。ファンコイルユニットの制気口も同様だ。

このとき、ルーバーの間隔が大きすぎると、内部が覗けてしまい、意味がない。塗装する作業も考えると、14～20㎜ぐらいが適当だ［図1］。それ以上にする場合は羽根の奥行きを大きくして、中を覗きにくくするなどの工夫をしたい。

## エアコンを組み込む

壁埋込みタイプのエアコンの場合、家具の一部に埋め込む場所を確保し、付属のルーバーをはめ込むだけなら問題はない。しかし、せっかく造作するのであれば、ルーバーもつくりたい。壁埋込みエアコンは本体正面の上部が吸気、下部が吹き出しになっているため、ルーバーの内部でその2つが混ざってショートサーキットが起きないようにする。

また、壁掛けエアコンを組み込むこともある。この場合は、吹き出した空気の吹き溜まりをつくらないように、ルーバーと底板の納まりを工夫する［図2］。できればエアコンの下部はルーバーでもふさがないほうがよい。また、温度を感知する仕組みが数種類あるので確認しておきたい。

## 図1 ｜ ルーバーの考え方

基本のルーバー

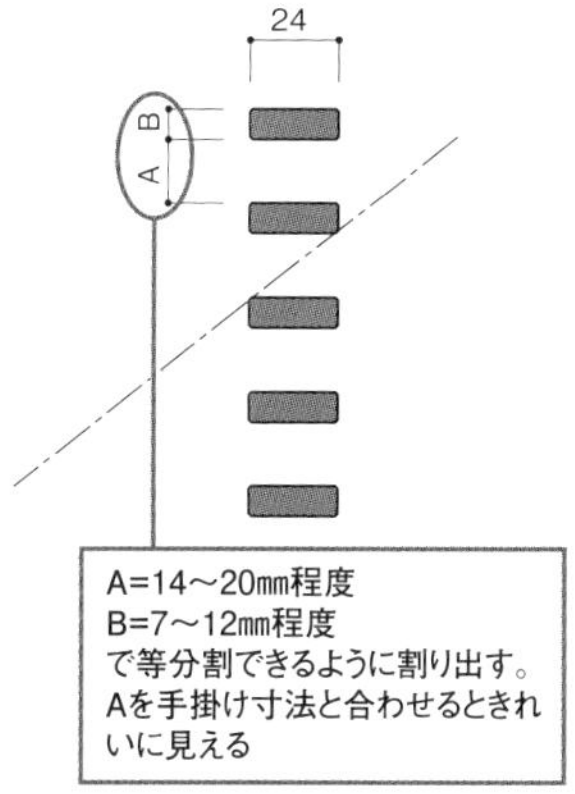
24
A
B
A=14～20㎜程度
B=7～12㎜程度
で等分割できるように割り出す。
Aを手掛け寸法と合わせるときれいに見える

幅広ルーバー

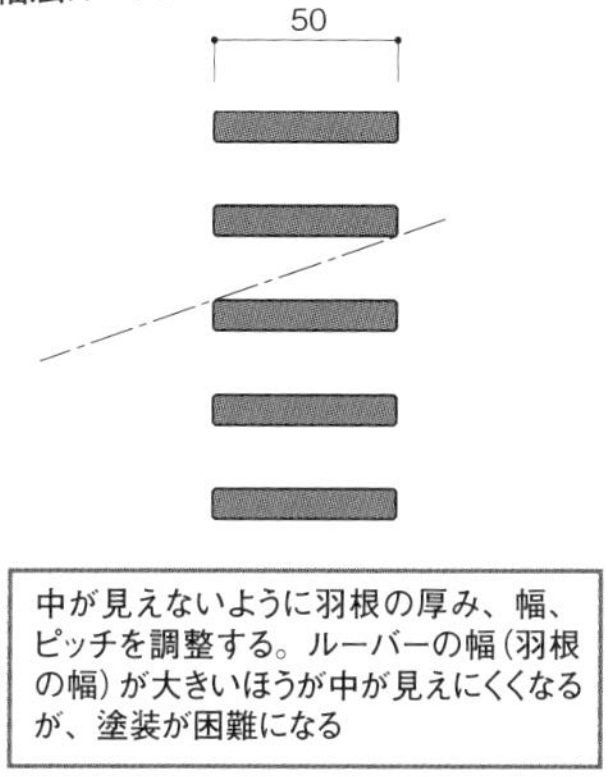
50
中が見えないように羽根の厚み、幅、ピッチを調整する。ルーバーの幅（羽根の幅）が大きいほうが中が見えにくくなるが、塗装が困難になる

壁埋め込みエアコン用ルーバー［S=1：5］

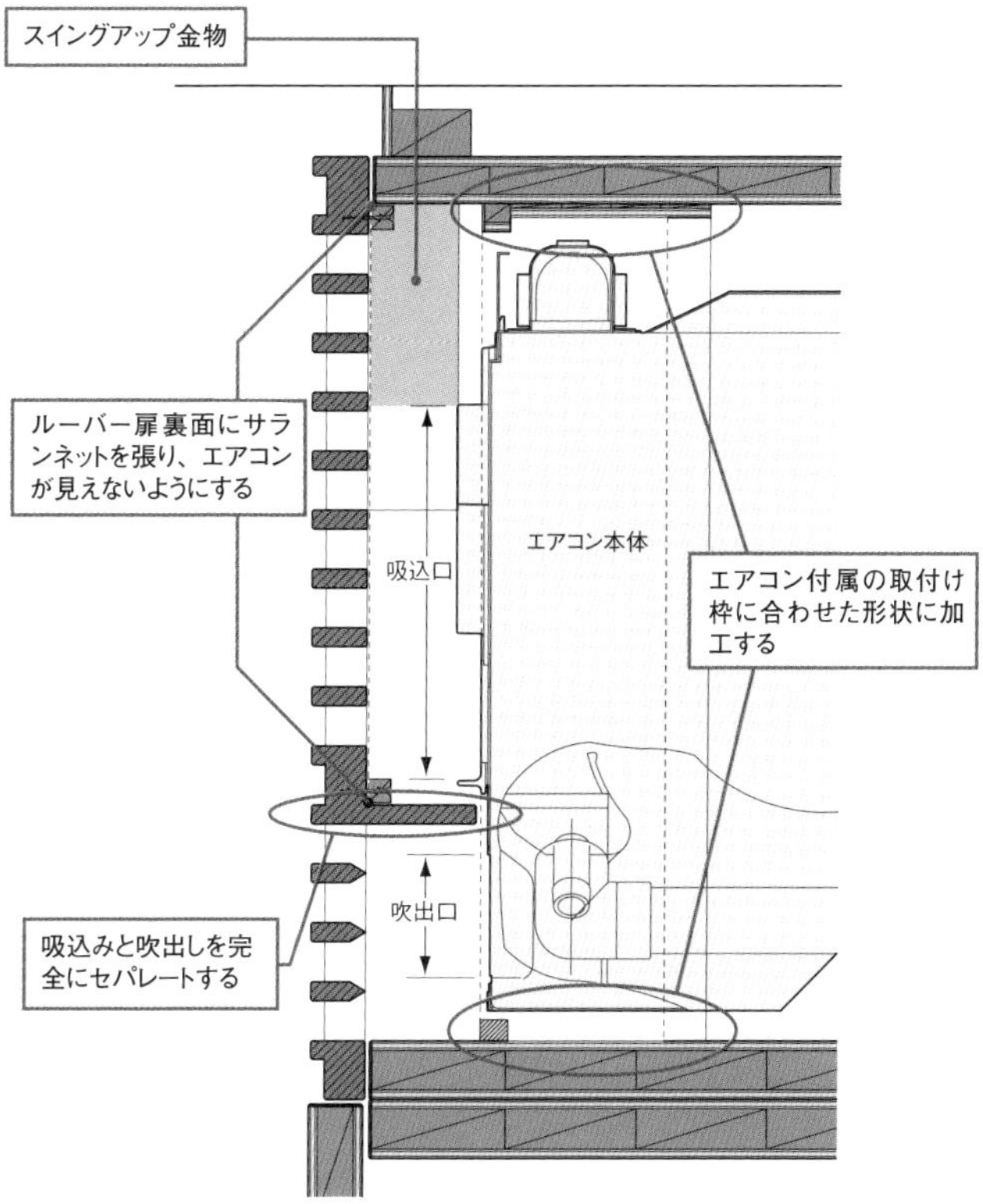
スイングアップ金物
ルーバー扉裏面にサランネットを張り、エアコンが見えないようにする
吸込口
エアコン本体
エアコン付属の取付け枠に合わせた形状に加工する
吹出口
吸込みと吹出しを完全にセパレートする

## 図2 ｜ 壁掛けエアコンの納め方

ルーバー扉

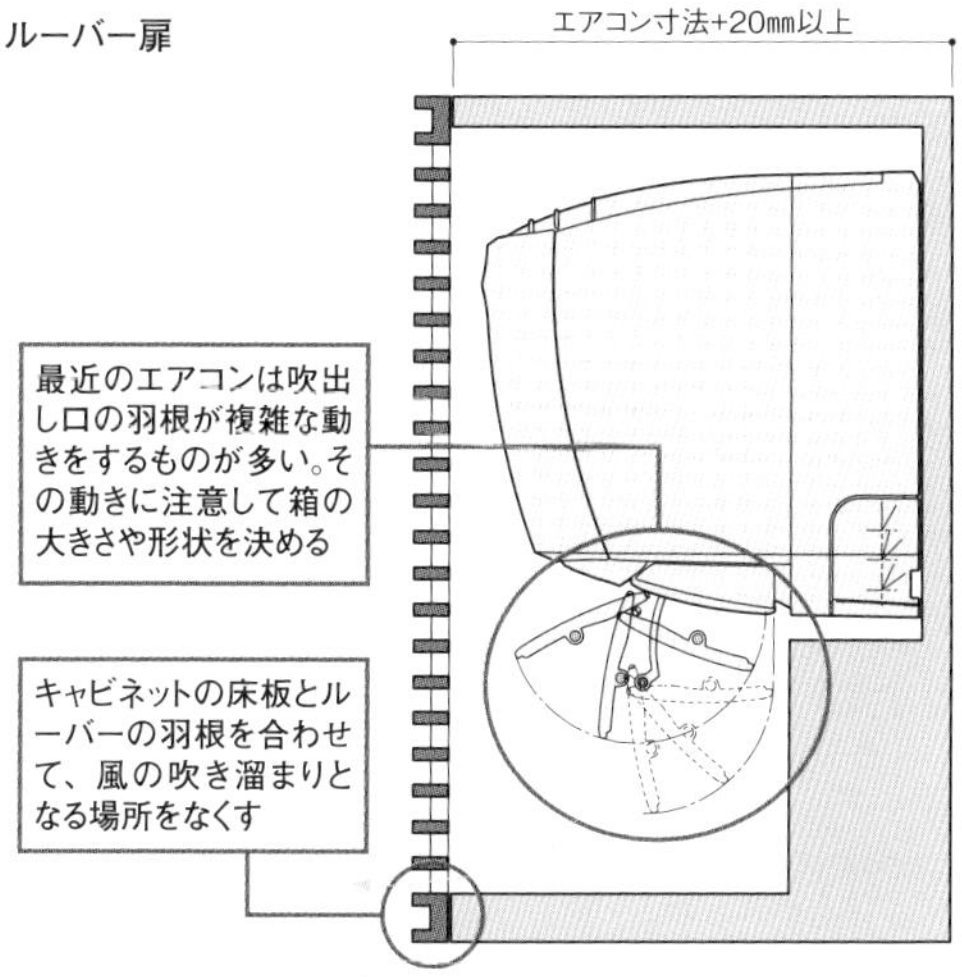
エアコン寸法+20㎜以上
最近のエアコンは吹出し口の羽根が複雑な動きをするものが多い。その動きに注意して箱の大きさや形状を決める
キャビネットの床板とルーバーの羽根を合わせて、風の吹き溜まりとなる場所をなくす

上下にスリットをあける

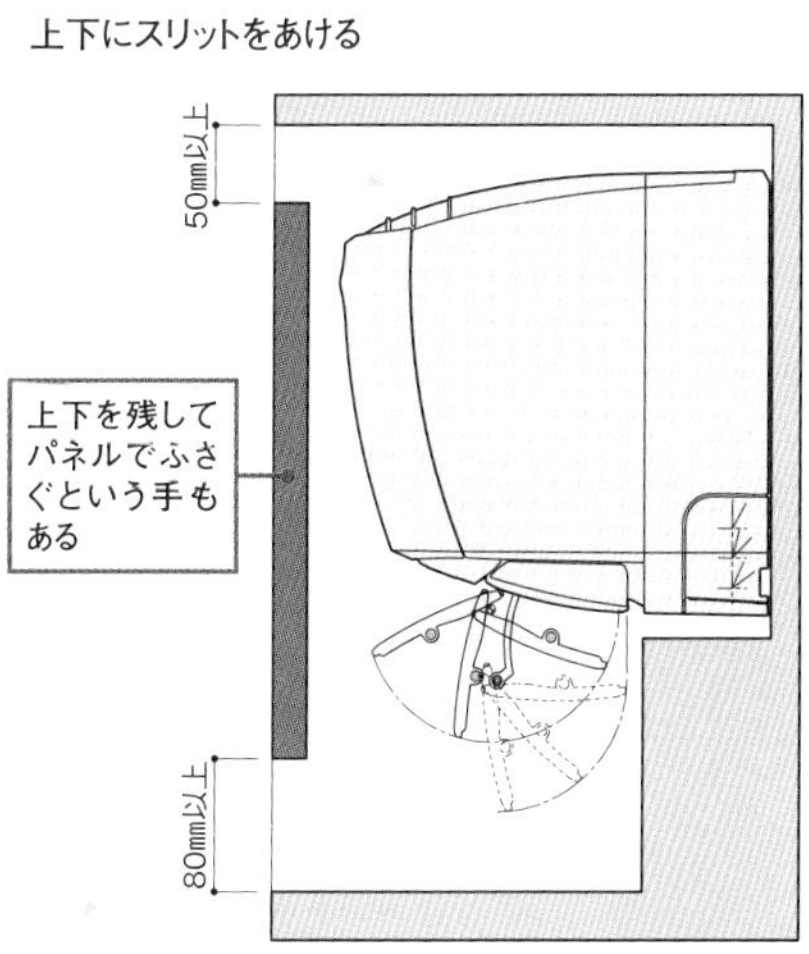
50㎜以上
上下を残してパネルでふさぐという手もある
80㎜以上

KEYWORD 068

# 玄関収納①

**POINT**

- 棚ダボピッチや傘用パイプの位置に工夫する
- 照明を入れて玄関を広く見せる

## 靴の大きさに注意

玄関収納に限らず、収納計画の第1歩は、収納するものを整理することだ。玄関収納に納めるものは、靴、シューケア用品、傘を基本として、各家庭によってスリッパ、コート類、帽子、印鑑あたりが入ってくる。

これらは多少のバリエーションはあるものの、寸法は大きく違わないので、計画は難しくない。1つだけ注意したいものが靴だ。高さの調整には棚ダボのピッチを細かく設定したい。通常40〜50㎜程度のところを20〜30㎜ピッチにしたい。問題は奥行き方向だが、最近の靴はデザインが多様になり、本体よりもソールがかなり大きなものが多い。これまで有効では300㎜あればよかったが、足が小さい人の靴でもそれでは足りない。幅に関しても、デザイン優先で扉の幅を決めてしまうと、中途半端な隙間が出てもったいないことになりかねない。建て主が所持する靴を見せてもらって計画したい。

## 照明を入れて常夜灯に

収納量の確保が優先であれば、床から天井までの収納でよいだろう。ただし、広くない玄関で圧迫感を減らすには、中間の高さにニッチ風に間をあけ、花や写真を飾るスペースを設けるとよい［図1］。注意するのは傘の収納場所だ。傘を吊るして収納するには、有効寸法で1m程度は必要なので、キャビネットの高さ寸法は台輪なども考えると1200㎜程度になり、ローボード的に使うにはやや適さない寸法だ。

また、三和土《たたき》から200㎜程度浮かせて底板に照明を付けて足下灯とすると、玄関の雰囲気がよくなり［図2］、常夜灯としても使える。このとき、三和土の床素材には注意する。光源が床に映り込んでは、せっかくの雰囲気が台無しだ。

## 図1 ｜ ニッチ付き玄関収納

途中にニッチ風の空間を設け、圧迫感を緩和させた玄関

設計：STUDIO KAZ、写真：山本まりこ

姿図 [S=1：30]

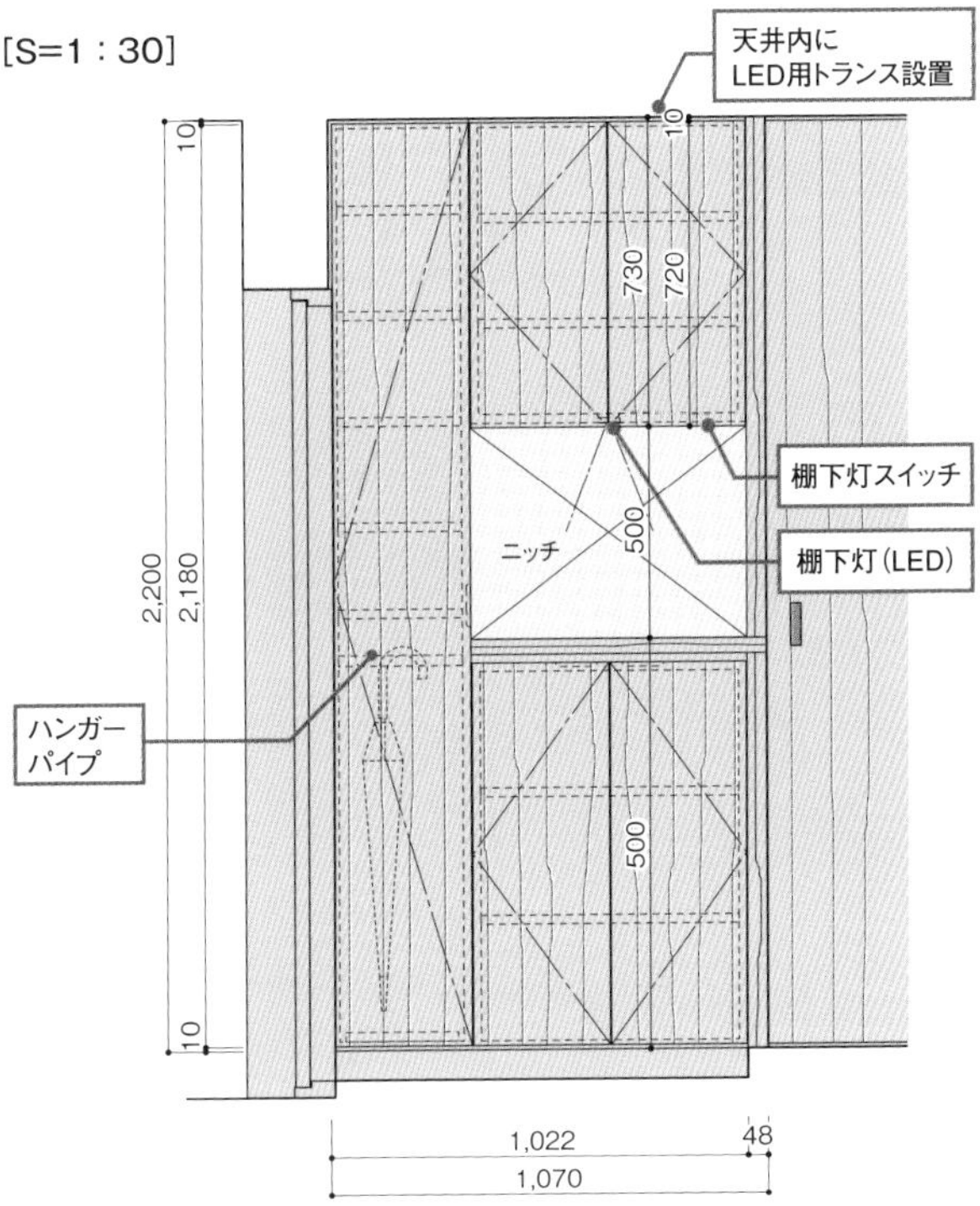
天井内に
LED用トランス設置
10
10
730
720
棚下灯スイッチ
棚下灯（LED）
ニッチ
500
2,200
2,180
ハンガー
パイプ
500
10
1,022
48
1,070

## 図2 ｜ 足下灯付き玄関収納

平面図（上部）[S=1：30]

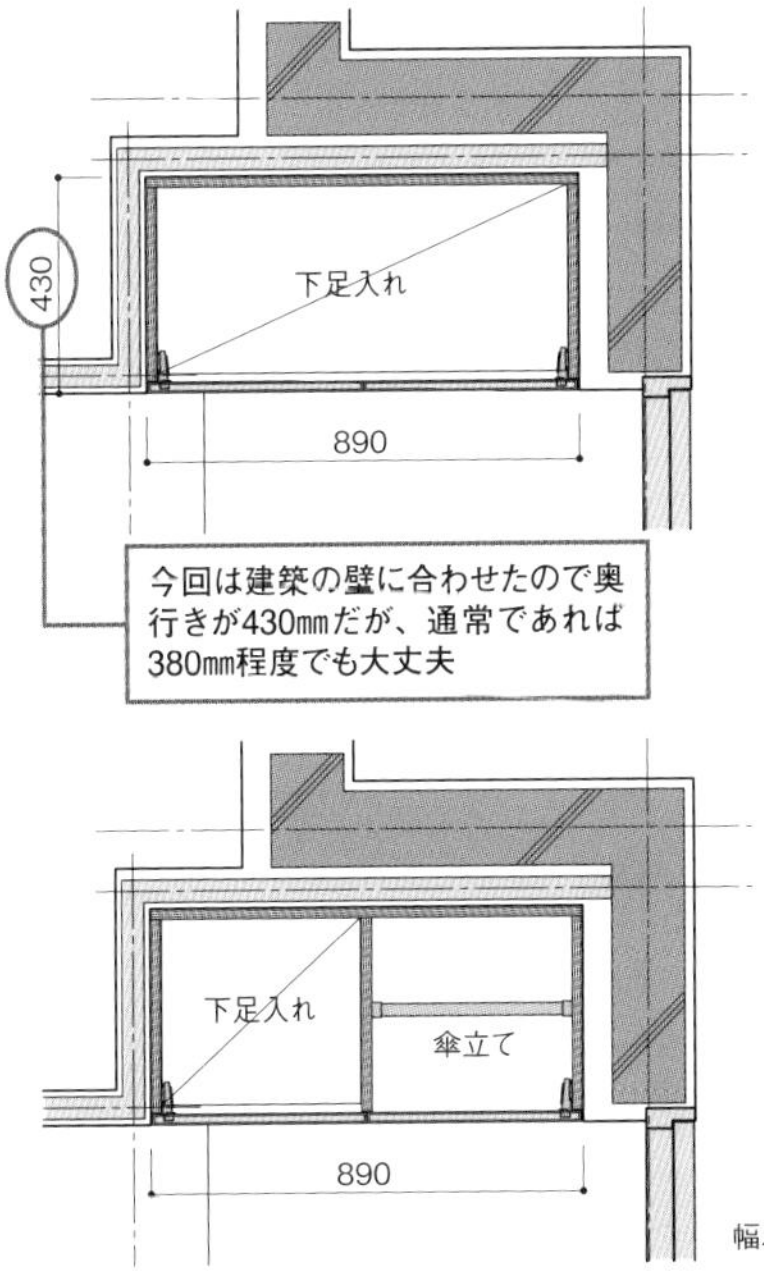
430
下足入れ
890
今回は建築の壁に合わせたので奥行きが430㎜だが、通常であれば380㎜程度でも大丈夫
下足入れ
傘立て
890

姿図 [S=1：30]

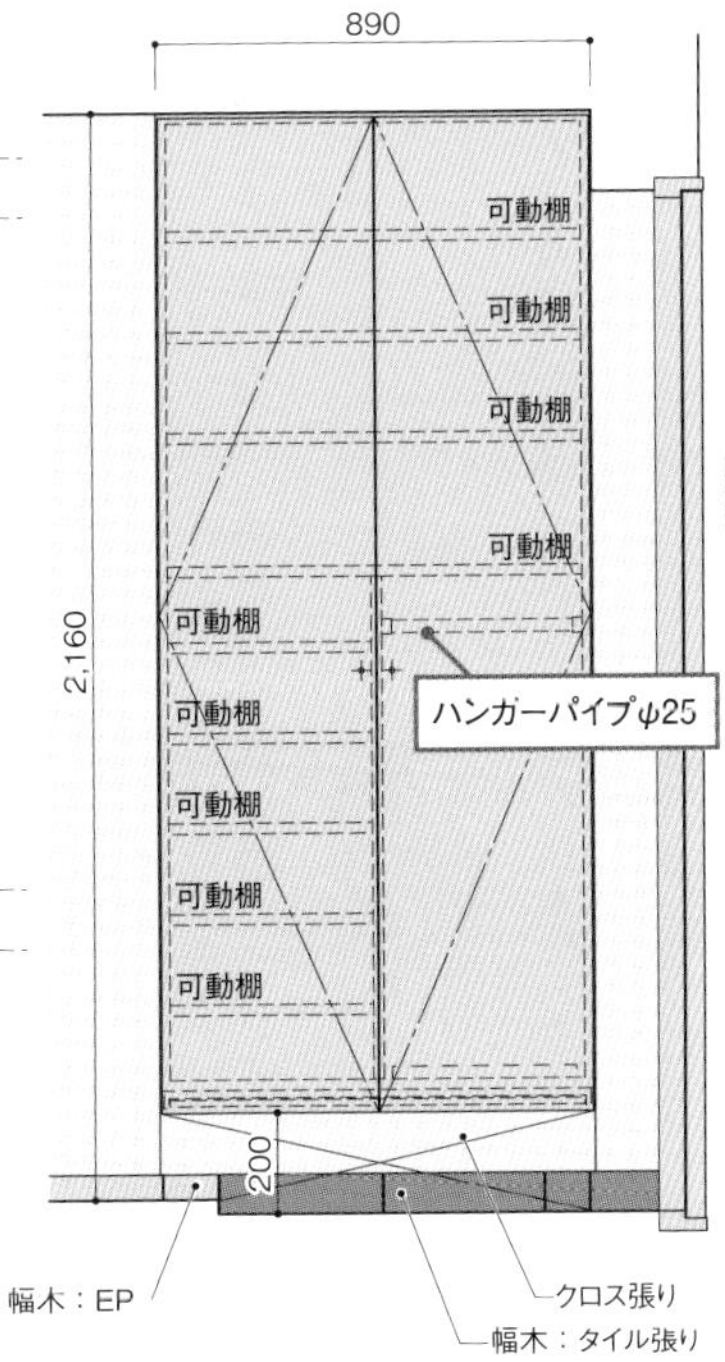
890
可動棚
可動棚
可動棚
可動棚
可動棚
可動棚
可動棚
可動棚
可動棚
2,160
ハンガーパイプφ25
200
幅木：EP
クロス張り
幅木：タイル張り

断面図 [S=1：30]

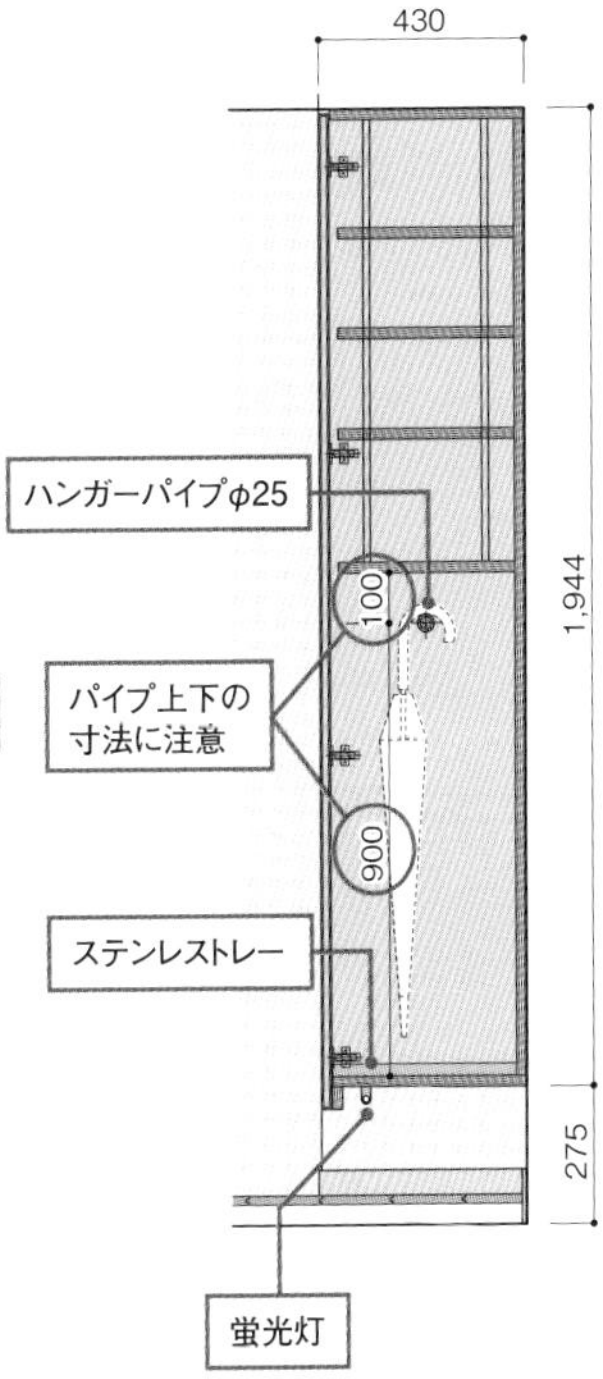
430
ハンガーパイプφ25
100
パイプ上下の
寸法に注意
900
1,944
ステンレストレー
275
蛍光灯

# 玄関収納②

POINT

◉玄関収納に下足入れ以外の機能を加える

◉狭い玄関スペースにもベンチを設けたい

## 傘・スリッパの収納

傘は玄関に置くことが多いものの1つだ。収納には柄の部分をパイプに引っ掛けておけばよいが、折り畳み傘や柄がストレートの傘では不可能。そこで解決策として、パイプにS字フックを付ける方法や［図1］、手前の下のほうにパイプをもう1本追加する方法がある。つまり倒れ止めにするわけだが、傘を入れるための寸法と倒れ止めとして機能する寸法を考慮した位置にする。傘立て部分には、水受けのために底板にステンレスのパンを置く。このパンは既製品を利用するか、サイズによっては特注することもある。少しでも有効寸法を大きく取りたいなら、このパンを底板に埋め込むとよい。ほとんどのパンは縁が付いているので、その縁を底板にあけた孔に引っ掛ければよい。

スリッパは必ず家主側が玄関の迎える側から出す。収納が上がり框《かまち》より内側にある場合は靴と同じ列に並べてもよく、その場合、扉の開き勝手に注意する。上がり框で終わっている場合は側面に扉を付けたり、奥行きがとれない場合は重ねて立てる収納方式にして、正面からはデザインを優先し、それと分からないように納める［図2］。

## 玄関のベンチ

玄関にちょっとしたベンチがあると便利だ。靴を履くときに使うだけでなく、高齢者がいる住宅では特に重宝する。腰掛けるだけなので椅子ほどの奥行きは要らないが、座るときに壁にぶつからない程度は確保したい［図3］。

しかし、住宅の中で玄関を広くとれることは稀だ。特にマンションでは最低限のスペースしかとれない。その場合、折り畳み式のベンチを検討してみる［図4］。既製品もあるが、ぜひ造作でつくってみたい。壁に埋め込み、耐荷重も考えて間柱に固定すると丈夫だ。

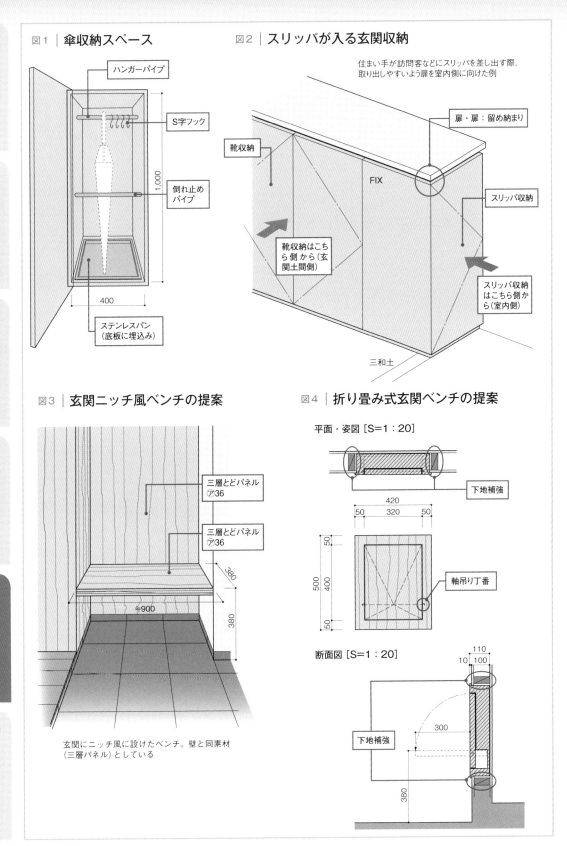

### 図1 ｜ 傘収納スペース

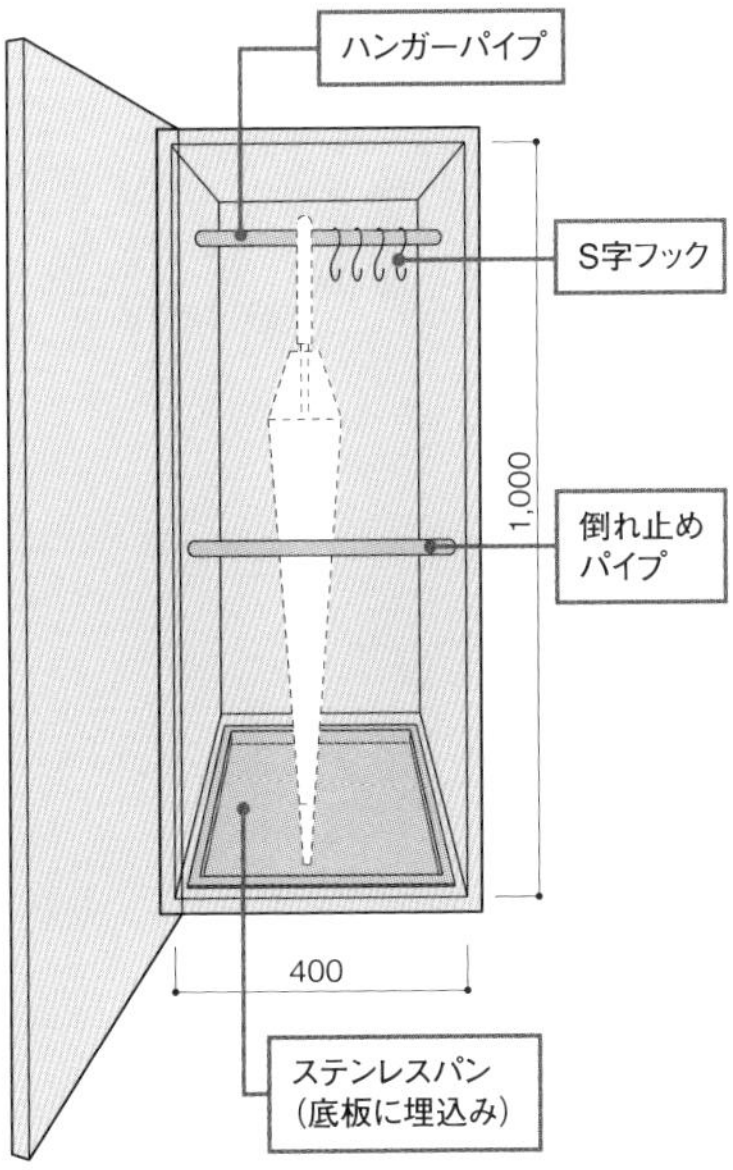
ハンガーパイプ
S字フック
倒れ止め
パイプ
1,000
400
ステンレスパン
(底板に埋込み)

### 図2 ｜ スリッパが入る玄関収納

住まい手が訪問客などにスリッパを差し出す際、
取り出しやすいよう扉を室内側に向けた例

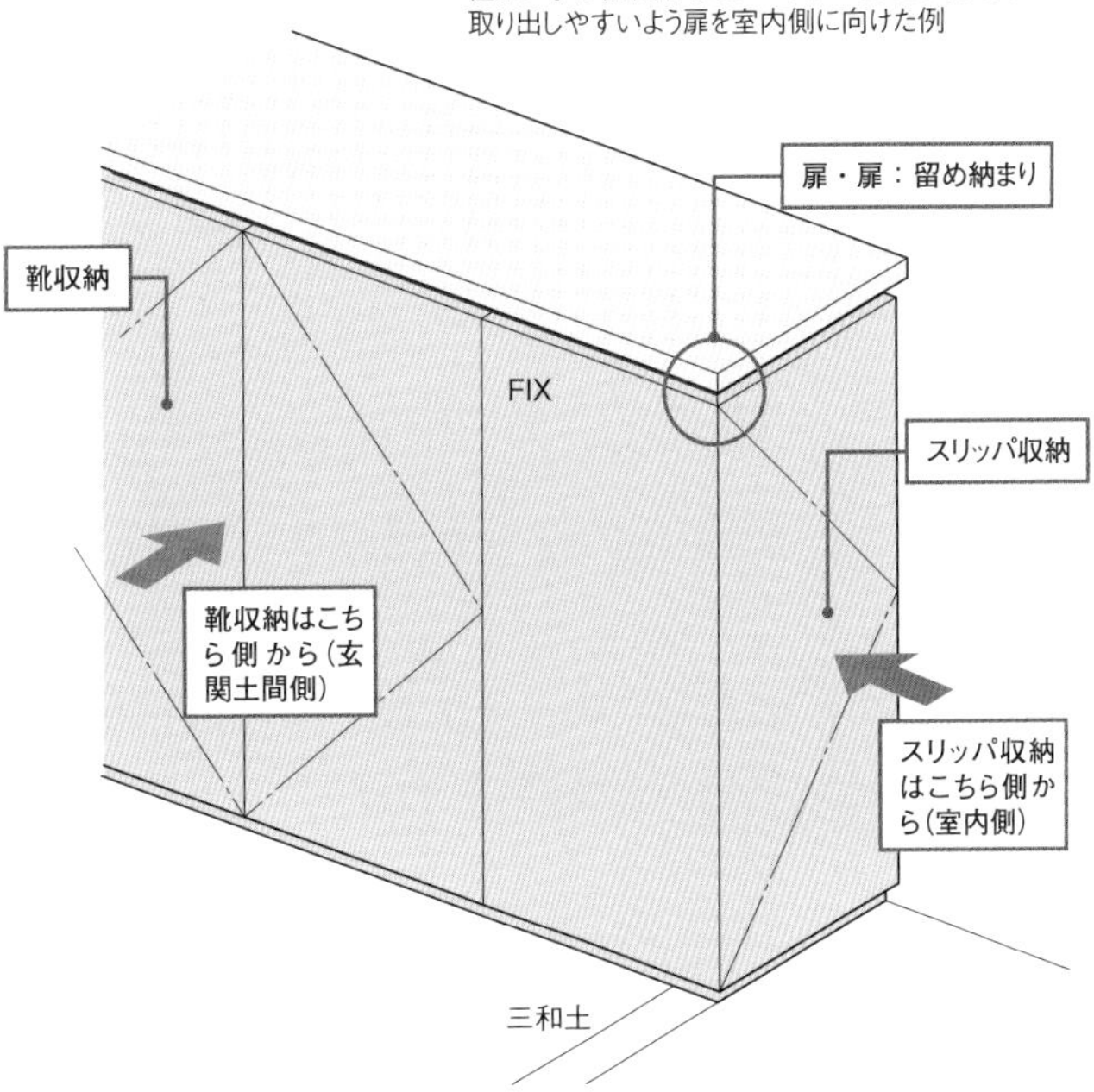
扉・扉：留め納まり
靴収納
FIX
スリッパ収納
靴収納はこちら側から(玄関土間側)
スリッパ収納はこちら側から(室内側)
三和土

### 図3 ｜ 玄関ニッチ風ベンチの提案

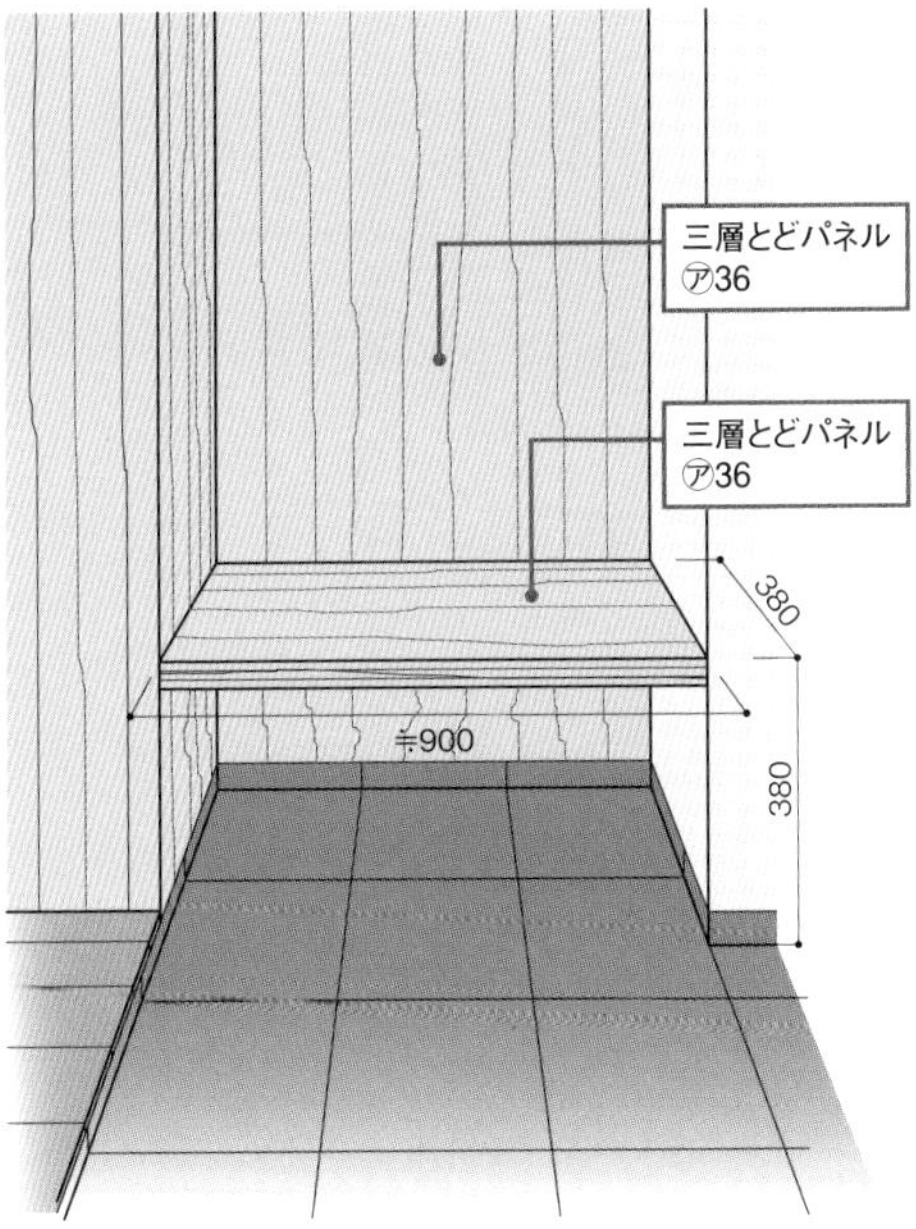
三層とどパネル
㋐36
三層とどパネル
㋐36
380
≒900
380

玄関にニッチ風に設けたベンチ。壁と同素材
(三層パネル)としている

### 図4 ｜ 折り畳み式玄関ベンチの提案

平面・姿図 [S=1：20]

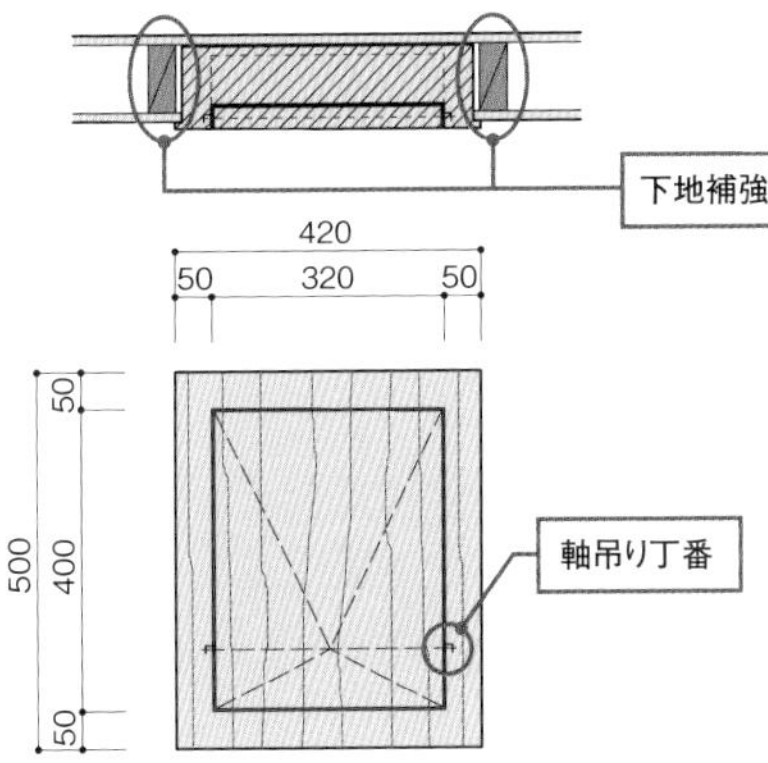
下地補強
420
50
320
50
50
500
400
50
軸吊り丁番

断面図 [S=1：20]

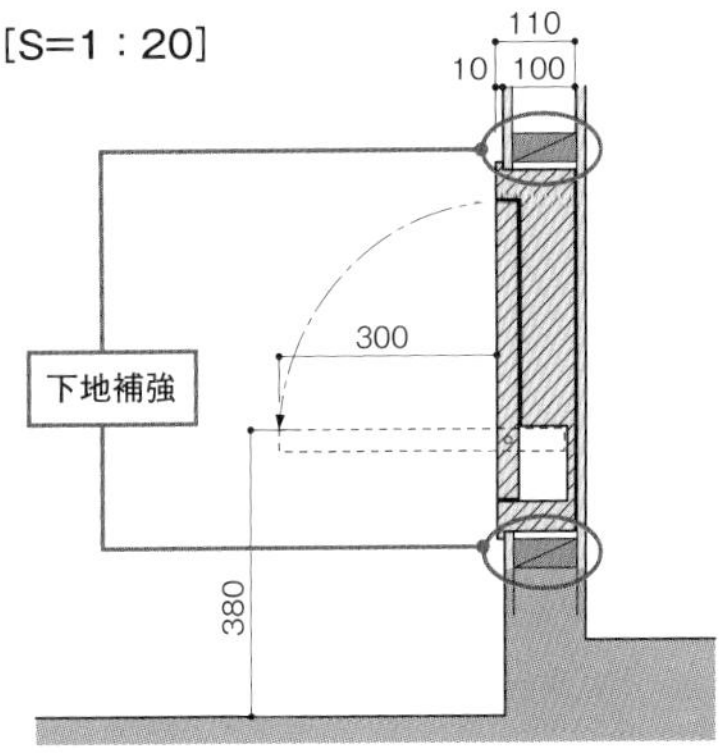
110
10
100
300
下地補強
380

KEYWORD 070

# テレビ・オーディオの収納

POINT

◉ＡＶケーブルのルートや処理に工夫を凝らす

◉薄型テレビの厚みと存在感を考える

## テレビとスクリーン

最近は液晶やプラズマなどの薄型テレビが主流になった。価格も下がり、大型化も進んでいる。壁掛け設置が可能になり、置き場所の自由度も広がった。しかし、ＤＶＤやブルーレイプレーヤーの寸法はあまり変わらないので、ある程度の奥行きは必要だ。

設計段階できちんと計画できるのであれば、テレビとＡＶ機器を別の場所に置くと、奥行きに縛られずにテレビの置き場を確保できる。

テレビやＡＶ機器は使用時に熱が発生する。故障の原因となるため、発生した熱を逃がすことを考えなければならない。また、ＡＶ機器を収納する家具を計画するときには、必ず配線の経路とプラグの寸法を確認しておく。機器の寸法ぎりぎりでは、背面にプラグがささると納まらなくなる。

ここ数年、ホームシアターの需要が高まり、家庭にプロジェクターやスクリーンを導入する人が増えた。そこで、普段しまっているときのスクリーンの納め方が問題になる。天井に埋め込めない場合は家具の中に仕込むことになる。固定したスクリーンボックスを設けるか、使わないときの見た目を重視して引出し式にするかだが、100インチのスクリーンともなると、幅が３ｍ近くにもなるため、左右均等に引き出せるような金物の工夫が必要だ［図］。

## テレビの存在を消す

テレビを収納する家具を提案した。マジックミラーを使い、テレビを見ないときはダークミラーと天然スレートで構成された飾り棚の壁になる。リモコンのスイッチを入れると、マジックミラーの作用でテレビの映像が浮かび上がる。このとき、テレビの本体の存在は消え、映像のみが壁に浮かび上がる仕掛けだ［写真］。

## 図｜AV収納の例

平面図 [S=1:40]

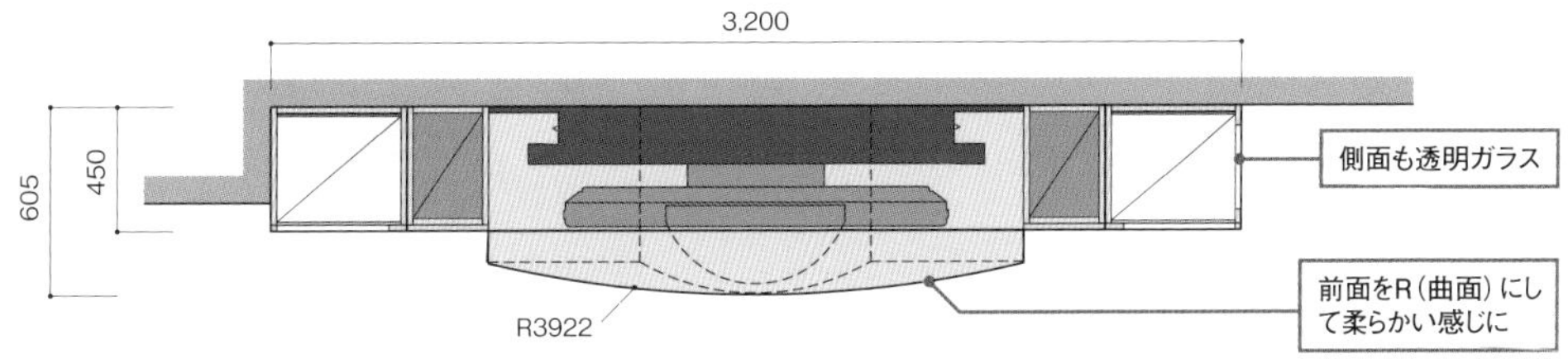
3,200
605
450
側面も透明ガラス
前面をR（曲面）にして柔らかい感じに
R3922

正面図 [S=1:40]

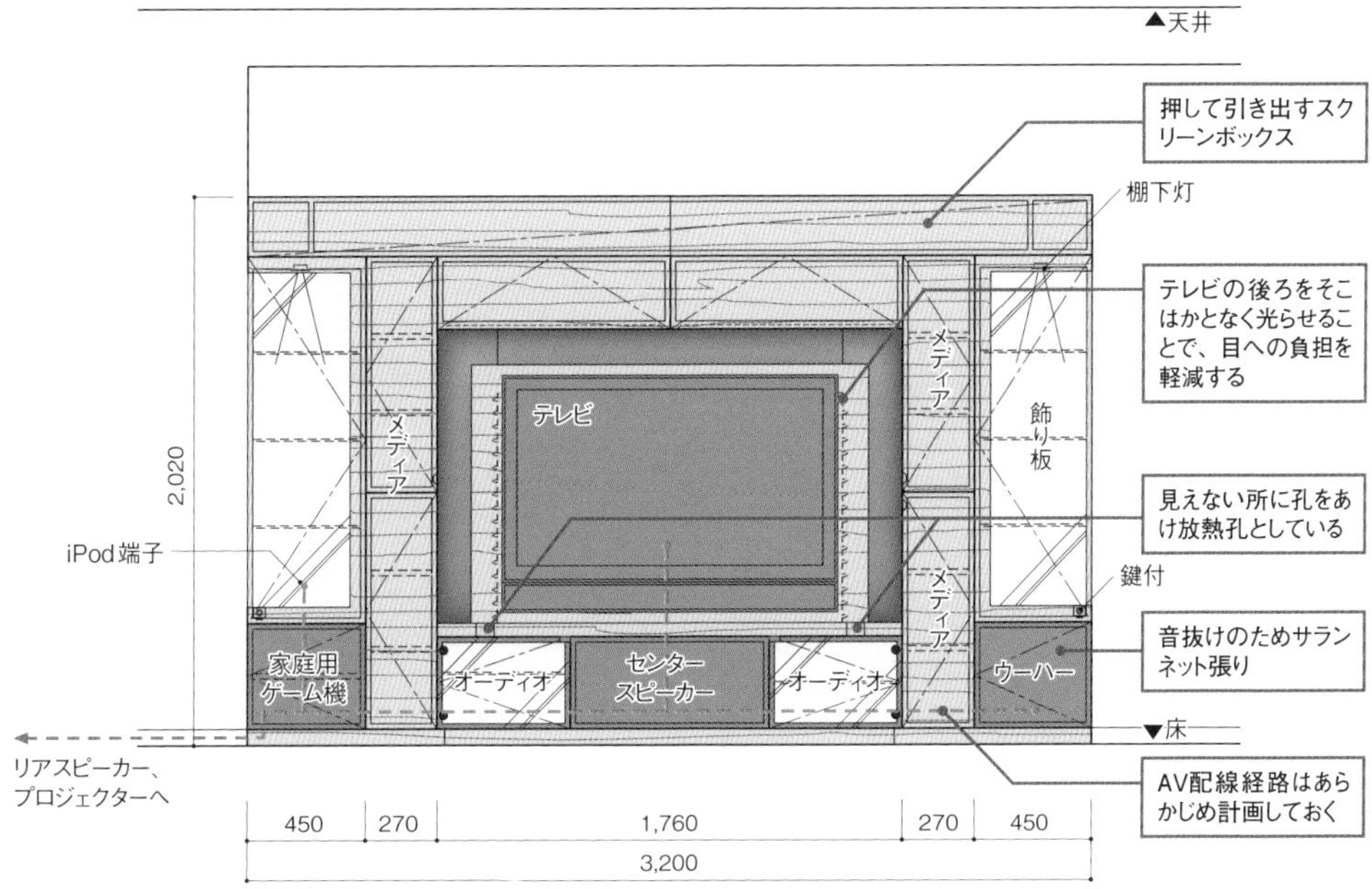
▲天井
押して引き出すスクリーンボックス
棚下灯
テレビの後ろをそこはかとなく光らせることで、目への負担を軽減する
テレビ
メディア
メディア
飾り板
メディア
2,020
見えない所に孔をあけ放熱孔としている
iPod端子
鍵付
音抜けのためサランネット張り
家庭用ゲーム機
オーディオ
センタースピーカー
オーディオ
ウーハー
▼床
リアスピーカー、プロジェクターへ
AV配線経路はあらかじめ計画しておく
450
270
1,760
270
450
3,200

## 写真｜マジックミラーを使ったテレビ収納

設計：STUDIO KAZ、写真：山本まりこ

マジックミラーの中に薄型テレビを収納する。スイッチを入れると映像だけが浮かび上がり、テレビのフレームは見えない。テレビがどんどん薄くなり、壁に近づいたとはいえ、まだまだインテリアのなかで存在感は大きい。「いっそ壁になってしまえばいいのに」と考えて提案した家具

# 趣味の飾り棚

POINT

- 「大は小を兼ねない」ことを念頭に大きさや奥行きを決める
- 飾るものを考えて照明位置と効果を決める

## 壁に埋め込むコレクション棚

フィギュアなどをコレクションしている建て主宅を、全面リノベーションした。そこかしこに散らばっていたフィギュアたちを1カ所にまとめることにしたが、膨大な数を収納できる壁面は廊下しかなかった。そこでウォークインクロゼットと廊下を隔てる壁をコレクション棚にした。

棚板は大工工事で製作。埃の侵入防止と地震対策のため、前面にアクリル板を取り付けた。棚板にアクリル板をはめ込むための溝を彫り、引戸側からスライドして入れる方式をとった「図1」。

リビングの壁面に本も含めた飾り棚を依頼されたときには、違い棚風のデザインを提案した。いろいろな大きさの本を想定して棚の間隔を決めた。ここには本のほかにもさまざまなジャンルのものが置かれている。違い棚にすることで、空間を楽しげに演出することができる。

## 照明を工夫する

飾り棚には照明を組み込むことが多い。一般的には家具用のＬＥＤダウンライトを組み込み、上から物を照らすほか、店舗什器のように棚の前面に細いタイプの蛍光灯を付け、棚全体を上から照らすことが多い。別のアイディアとして、背面を明るくするか、前面からライトアップするといった方法もある「図2」。最近ではＬＥＤの性能も進歩したので、家具に組み込むことも多くなった。器具から熱があまり出ず、電球交換のことを考慮しなくてもよいため、スマートに納められる。

家具用照明の多くは12Ｖか24Ｖなので、トランスが必要だ。照明器具のＷ数に応じてトランスの数が決まり、置き場を確保する。トランスは放熱可能な場所に設けたほうがよい。

## 図1 ｜ 廊下をコレクション棚に提案した例

展開図［S=1：50］

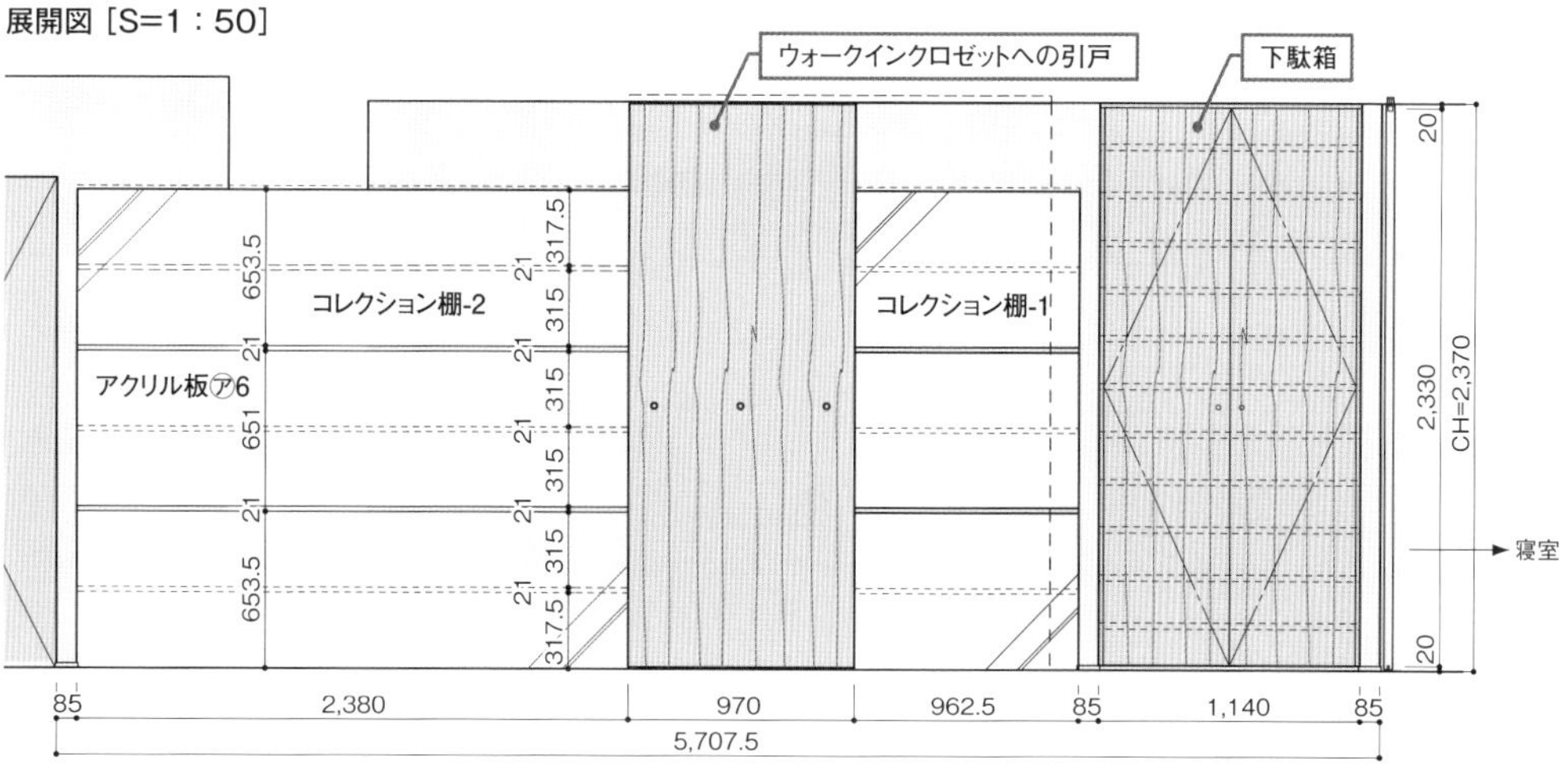
ウォークインクロゼットへの引戸
下駄箱
コレクション棚-2
コレクション棚-1
アクリル板㋐6
653.5
21
651
21
653.5
317.5
21
315
21
315
21
315
21
315
21
317.5
20
2,330
CH=2,370
20
寝室
85
2,380
970
962.5
85
1,140
85
5,707.5

## 図2 ｜ 構造用異形鉄筋を利用した飾り棚

平面図［S=1：30］

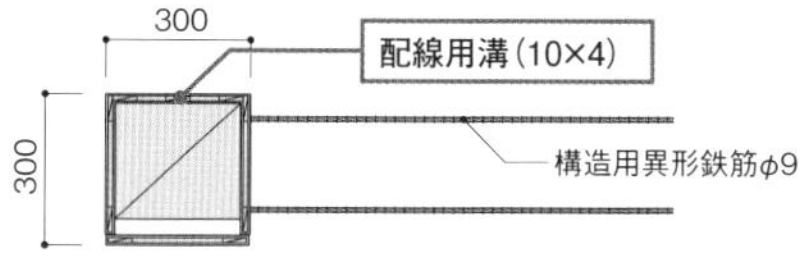
300
配線用溝(10×4)
300
構造用異形鉄筋φ9

展開図［S=1：30］　断面図［S=1：30］　側面図［S=1：30］

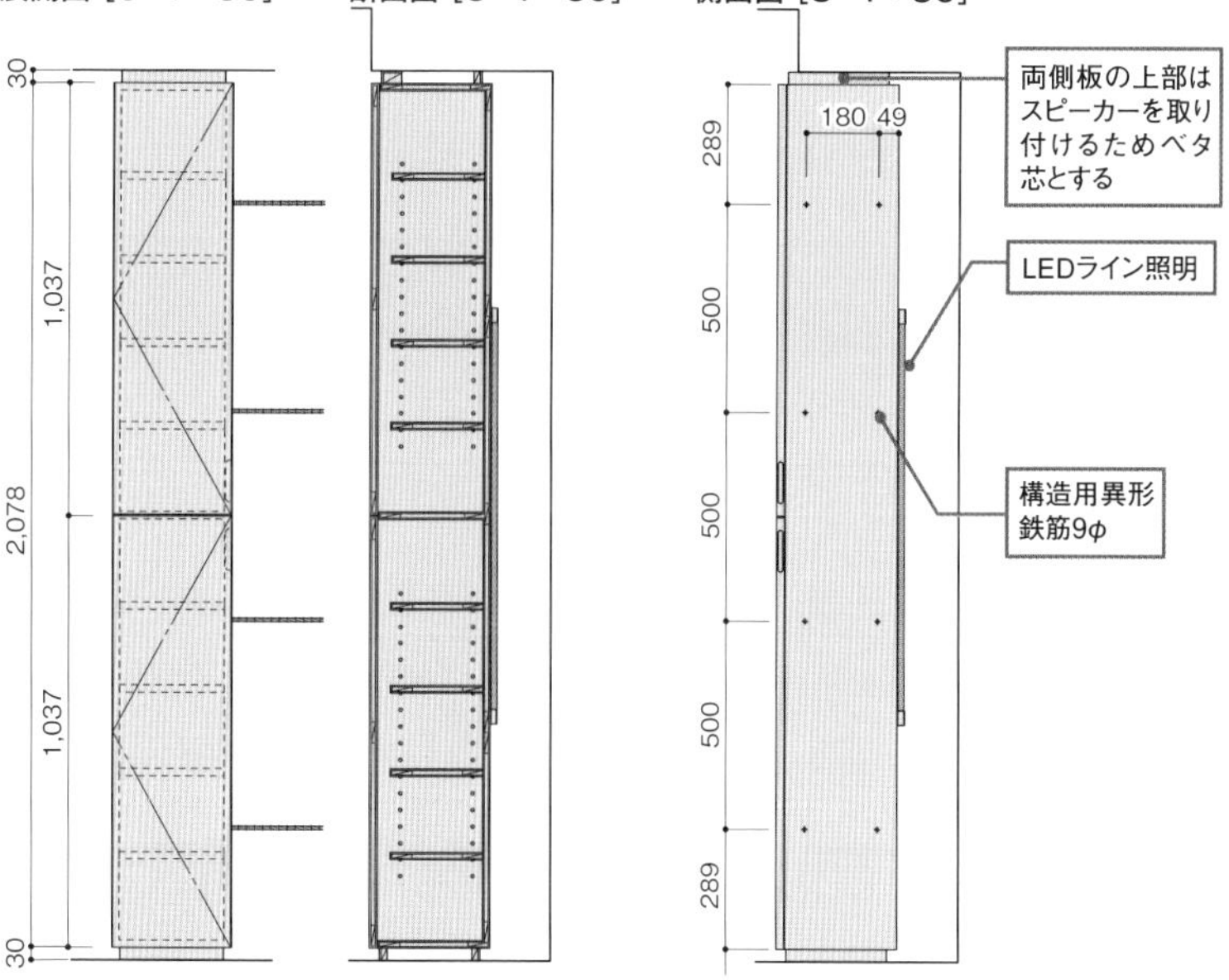
30
1,037
2,078
1,037
30
289
500
500
500
289
180 49
両側板の上部はスピーカーを取り付けるためベタ芯とする
LEDライン照明
構造用異形鉄筋9φ

飾り棚納まり詳細
［S=1：3］

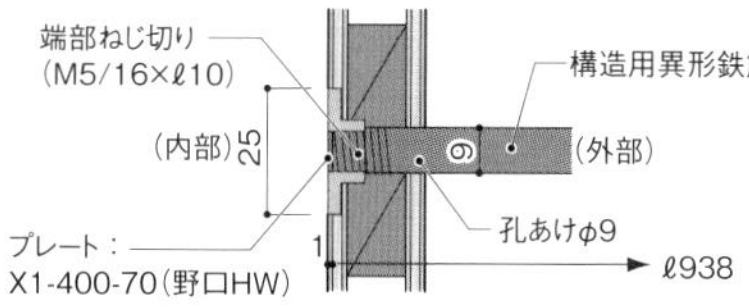
端部ねじ切り
(M5/16×ℓ10)
構造用異形鉄筋φ9
(内部)25
9
(外部)
孔あけφ9
1
プレート：
X1-400-70(野口HW)
ℓ938

図1の写真。寝室とリビングを結ぶ廊下の壁面をコレクション棚にしている。1日に何度も通る場所に飾ることで、趣味と日常をリンクする役割をもたせた

設計：STUDIO KAZ、
写真：Nacása & Partners

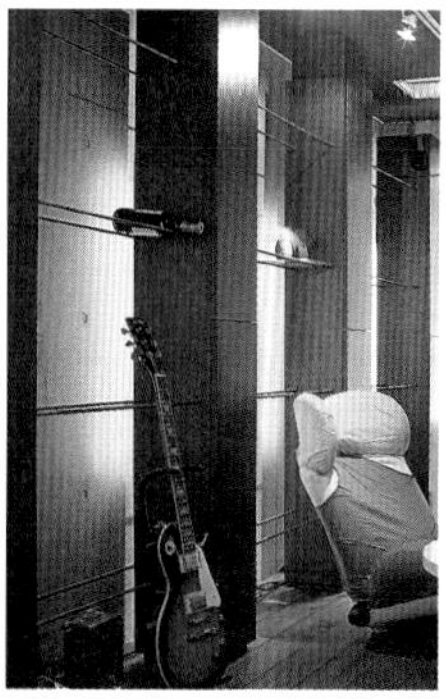

図2の写真。300㎜角の柱状の収納を等間隔で並べ、それらを構造用の異形鉄筋で結ぶ。ワインを鉄筋にそのまま載せたり、アクリルなどの板を載せて飾ったり、タペストリーを掛けたりと、マルチな飾り棚になった

設計：STUDIO KAZ、写真：坂本阡弘

KEYWORD 072

# 高級感漂う家具

POINT

- 素材・仕上げ・ディテールを「高級な」イメージのもので整える
- 既製品の装飾パーツを利用する

## 素材と仕上げ、ディテール

何かを飾ることが目的の棚であれば、飾るものと雰囲気やグレード感を合わせなければならない。もちろん、部屋の雰囲気にも合わせることはいうまでもない。

最初に考えることは、素材と仕上げである。短絡的に考えると、甲板を本磨きの天然石にして、扉の仕上げに光沢を出す。木目を生かした仕上げにする場合なら、樹種の選択に気を配る。決してパインやスギなどの材ではない。

甲板の小口形状をスクエアーなタイプから丸みを帯びたものにするだけでも雰囲気は一変する。それが複雑な形状になるほど、デコラティブな印象は強くなる。併せて扉の縁、框の形状などにも装飾を施す。側板も忘れないようにしたい。壁で納まらないときに側板を付けるが、これが薄いと貧弱に見える。また扉を框組みにした場合は、側面にも框を入れて統一感をもたせるのも一手である。

建築との精度の差を埋めるために使う「逃げ」を利用する手もある。通常は、20㎜程度のフィラーにして箱面（扉よりも引っ込む）で納めるところを、幅広（50～100㎜程度）にして、扉面に揃える。それだけでも家具としての重厚感が増す。

## 市販のモールディングを使う

いくつかのメーカーから、建築・家具用のモールディングパーツが販売されている。多くの種類のなかから、計画する家具の雰囲気に合った形状や大きさのものを選べる［図］。塗りつぶし塗装用と木目用がある。

どうしても既製品で見つからない場合は、刃物を特注するしかない。1/1で図面を描き、刃物をつくり、加工してもらう。それなりの費用がかかるが、仕上がりは満足いくものになるだろう。

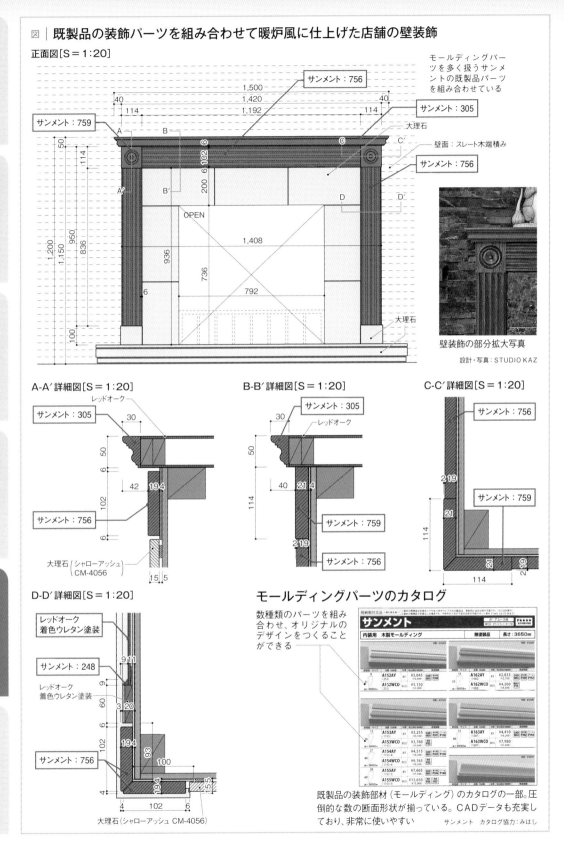

## 図｜既製品の装飾パーツを組み合わせて暖炉風に仕上げた店舗の壁装飾

正面図[S＝1:20]

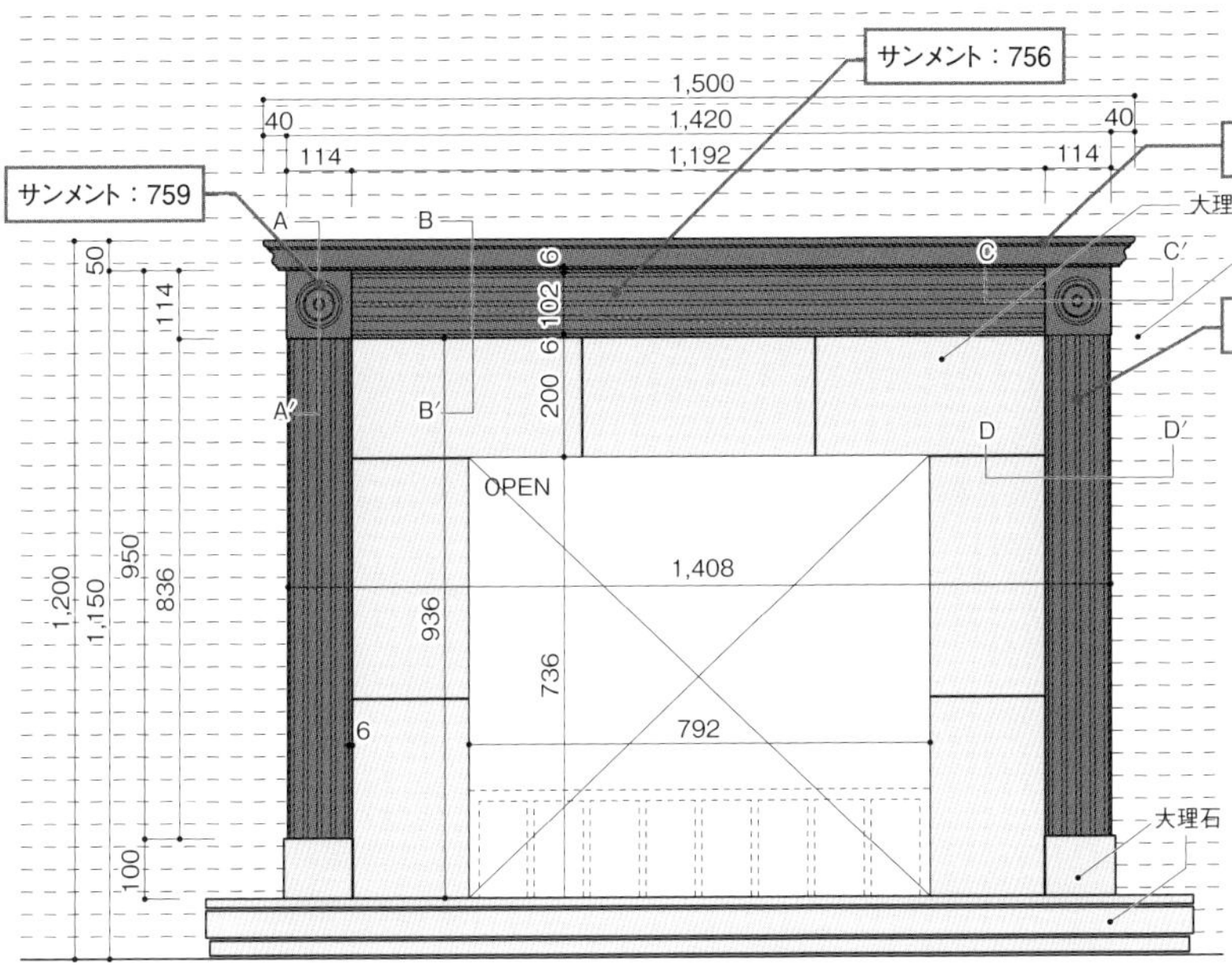
モールディングパーツを多く扱うサンメントの既製品パーツを組み合わせている
サンメント：756
1,500
1,420
40
40
114
1,192
114
サンメント：305
サンメント：759
大理石
A
B
C
C′
壁面：スレート木端積み
サンメント：756
50
6
102
6
200
114
A′
B′
D
D′
OPEN
1,408
936
736
792
950
836
1,200
1,150
6
100
大理石

壁装飾の部分拡大写真

設計・写真：STUDIO KAZ

A-A′詳細図[S＝1:20]

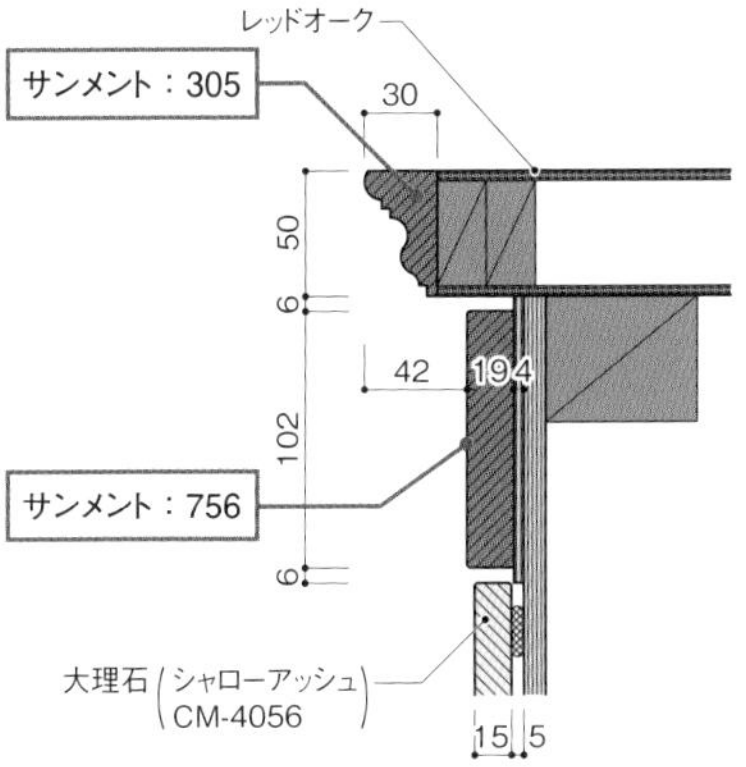
レッドオーク
サンメント：305
30
50
6
42
19
4
102
サンメント：756
6
大理石（シャローアッシュ CM-4056）
15
5

B-B′詳細図[S＝1:20]

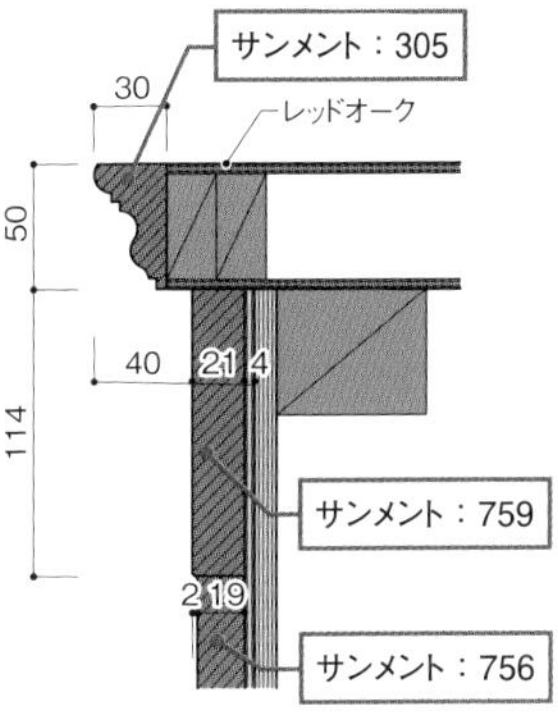
サンメント：305
30
レッドオーク
50
40
21
4
114
サンメント：759
2
19
サンメント：756

C-C′詳細図[S＝1:20]

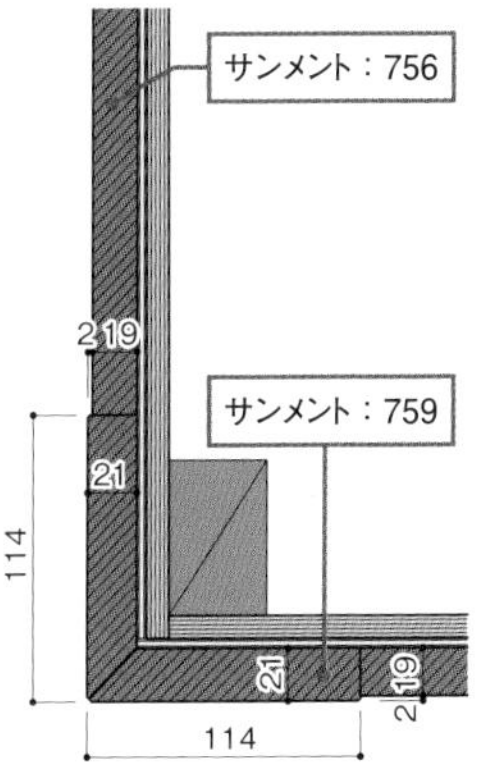
サンメント：756
2
19
サンメント：759
21
114
21
2
19
114

D-D′詳細図[S＝1:20]

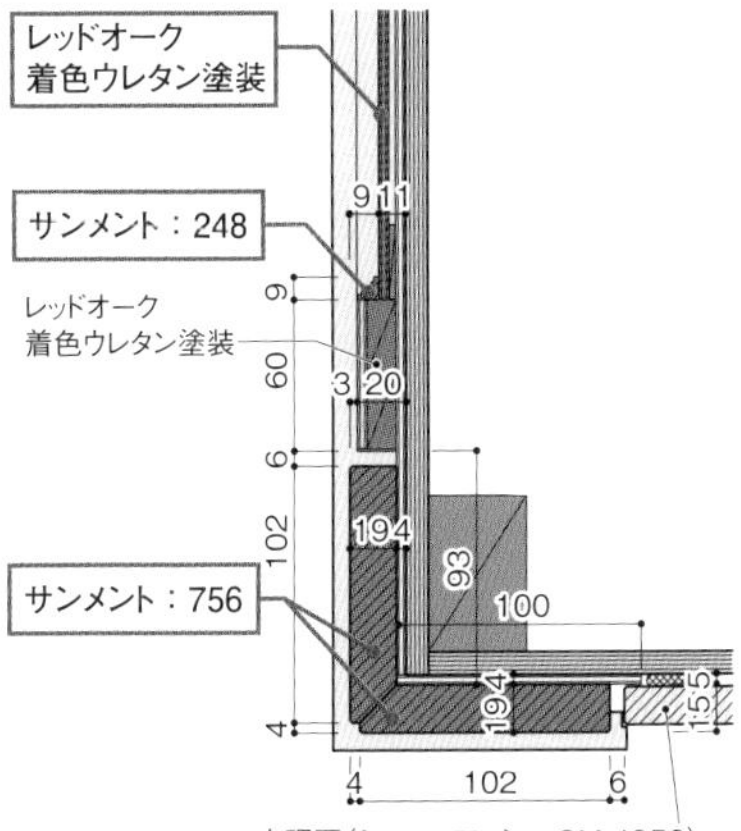
レッドオーク
着色ウレタン塗装
サンメント：248
9
11
レッドオーク
着色ウレタン塗装
9
60
3
20
6
102
19
4
93
100
サンメント：756
19
4
15
5
4
4
102
6
大理石（シャローアッシュ CM-4056）

## モールディングパーツのカタログ

数種類のパーツを組み合わせ、オリジナルのデザインをつくることができる

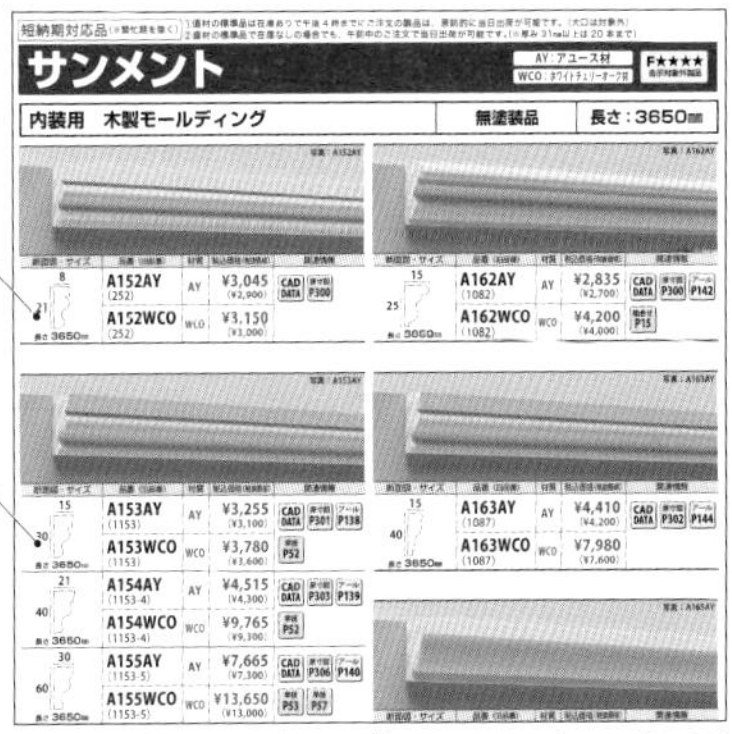
サンメント
内装用 木製モールディング
無塗装品
長さ：3650㎜
A152AY
A152WCO
A162AY
A162WCO
A153AY
A153WCO
A163AY
A163WCO
A154AY
A154WCO
A155AY
A155WCO

既製品の装飾部材（モールディング）のカタログの一部。圧倒的な数の断面形状が揃っている。CADデータも充実しており、非常に使いやすい　サンメント　カタログ協力：みはし

KEYWORD
073

# 本棚

**POINT**

- ◉本棚は耐荷重を考えて計画する
- ◉部屋の雰囲気と本の種類、置き方でデザインを決める

## 基本構成要素は方立と棚板

本のサイズはある程度決まっている。建て主が持っている本の傾向をヒアリングして棚の高さを決めたい。すべての棚を可動棚にすれば、自由度は増し、無駄なく収納できるだろう。しかし、それだけでは味気ない。デザインがきれいな本棚を考えたい。

本棚の構成する基本要素は方立《ほうだて》と棚板である。最も簡単なのは、ランバーコア合板で方立をつくり、棚レールを取り付ける方法で、大工工事で製作する。この場合、本の重量を考慮すると、棚板の厚さは21㎜、幅は600㎜程度に留めたい。それ以上なら棚板を厚くするか、背板の中央にもダボを入れて5点で支える。どうしても幅が広い棚板にしたい場合、スチールパイプを芯材としたフラッシュ構造にすると、ある程度のスパンをとばすことができる。ただし、それは当然、家具工事となる。

## 本棚のデザイン

本棚のデザインは、構成要素が方立と棚板しかないので、そのどちらを強調するかを考える。

水平ラインを強調する場合、方立の位置や大きさに気を配る。このときの背板は壁のように見せる。棚板を太くし、方立は棚板よりも奥行きを浅く、ランダムに配置する。色も棚板と違う色にする。そうすると方立は1冊の本のように見え、存在感が消える［図1・2］。また、ランダムに配置することで、本の荷重を方立で受けることができ、構造的にも有利である。方立の幅を太くし、さらに大手に装飾を施すと列柱のように見えるが、並べる本に気を配らなければ滑稽な感じになりかねない。縦横の厚さを統一したグリッドで構成して面として意識させる手もある。いずれにしても、本棚全体の大きさや動線との関係で決めたい。

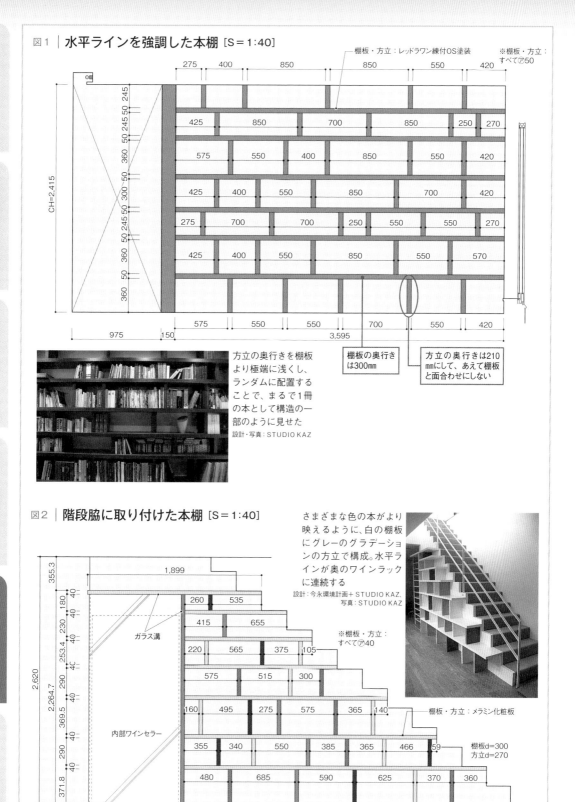

図1 ｜ **水平ラインを強調した本棚** [S＝1:40]

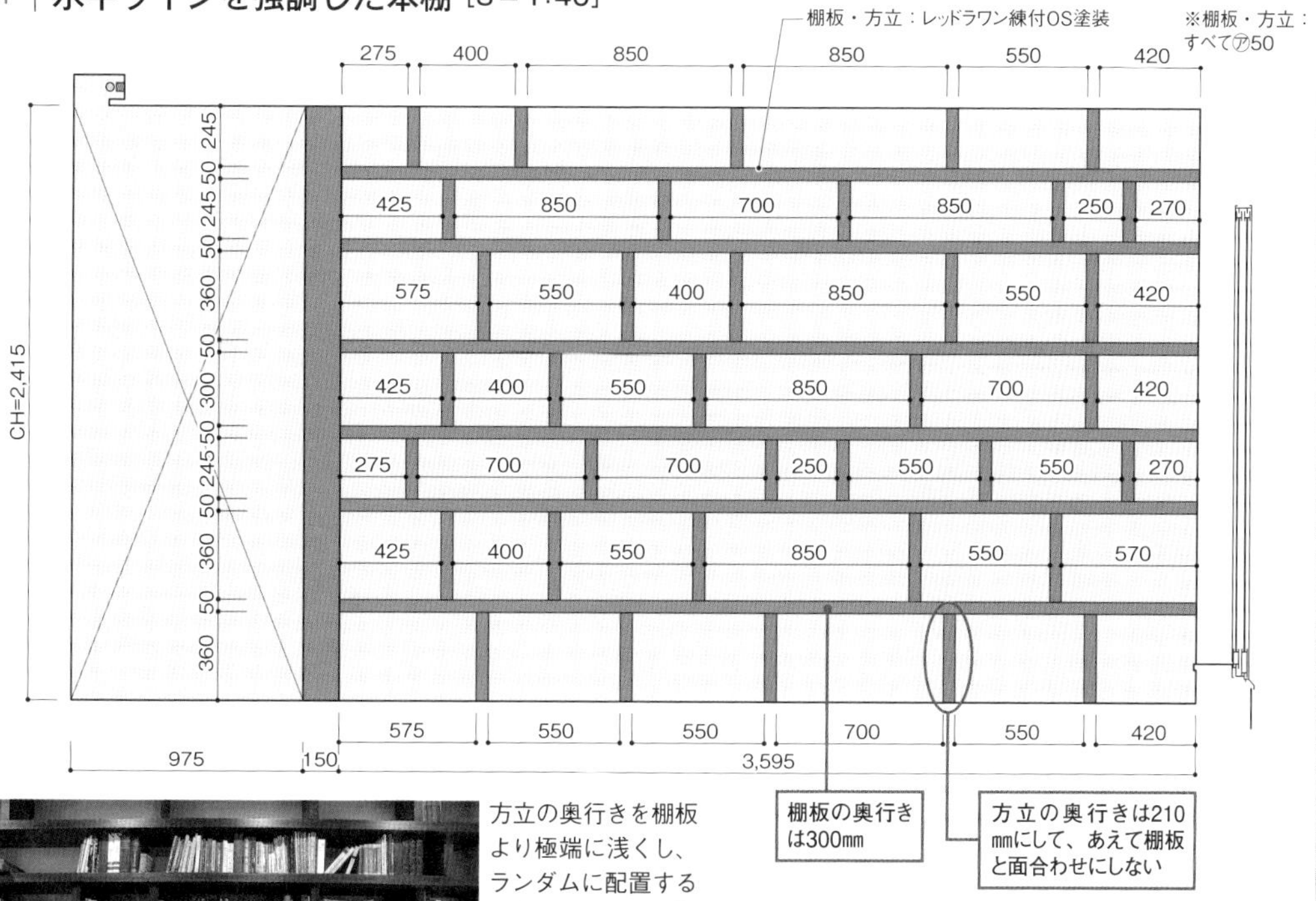
棚板・方立：レッドラワン練付OS塗装
※棚板・方立：すべて㋐50
CH=2,415
975
150
3,595
棚板の奥行きは300㎜
方立の奥行きは210㎜にして、あえて棚板と面合わせにしない

方立の奥行きを棚板より極端に浅くし、ランダムに配置することで、まるで1冊の本として構造の一部のように見せた
設計・写真：STUDIO KAZ

図2 ｜ **階段脇に取り付けた本棚** [S＝1:40]

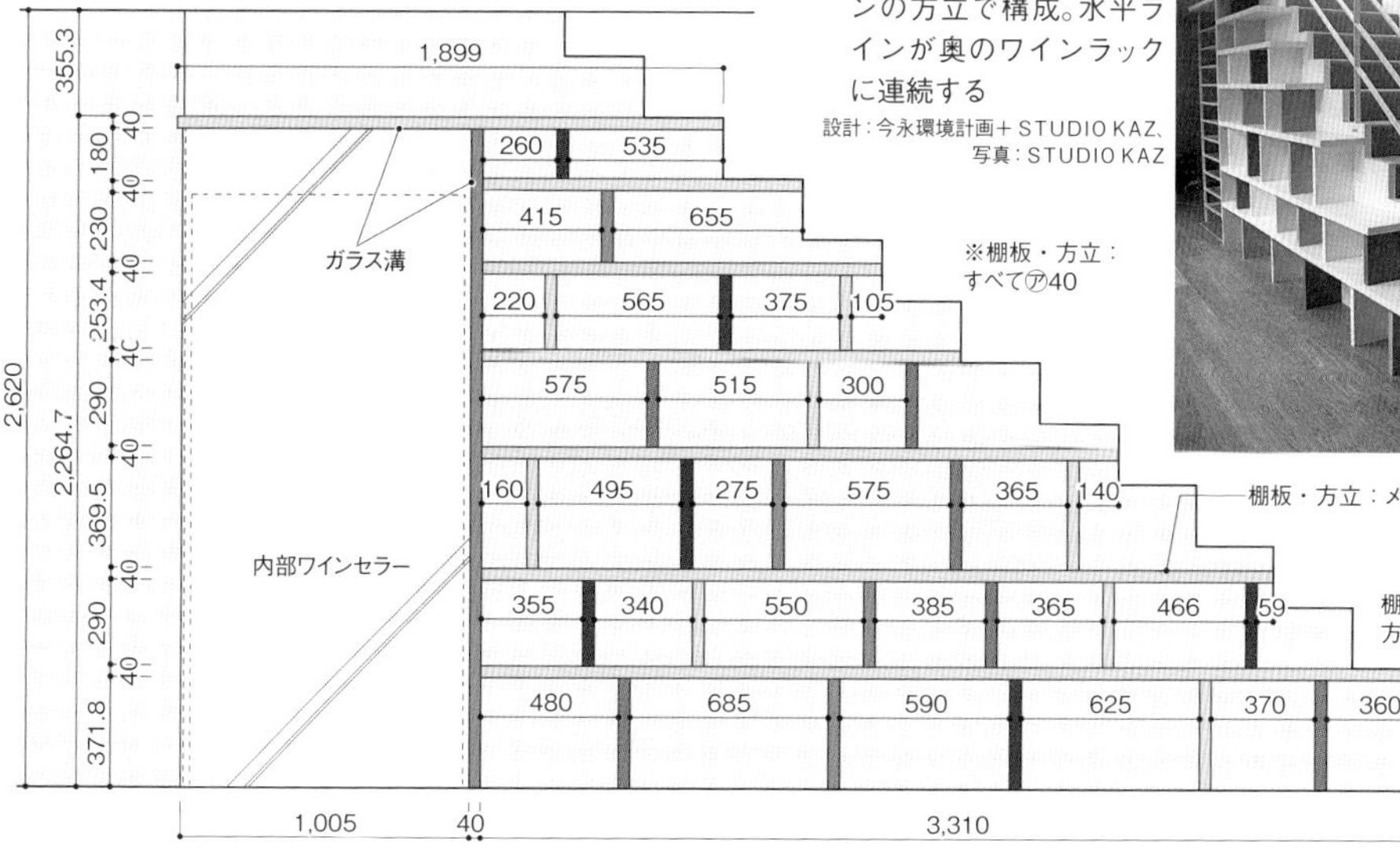
ガラス溝
内部ワインセラー
※棚板・方立：すべて㋐40
棚板・方立：メラミン化粧板
棚板d=300
方立d=270
2,620
1,005
40
3,310

さまざまな色の本がより映えるように、白の棚板にグレーのグラデーションの方立で構成。水平ラインが奥のワインラックに連続する
設計：今永環境計画＋STUDIO KAZ、写真：STUDIO KAZ

KEYWORD 074

# デスク

POINT
- ◉使用目的をはっきりさせて計画する
- ◉引出しの有効寸法は紙や文房具の寸法から考える

## 収納システムの一部として

デスクを造作でつくる機会は、ほかの収納家具に比べて少ないだろう。しかし、子供部屋や書斎の収納システムの一環として造作することはよくある。

甲板の素材に条件はないが、できれば耐摩耗性が高いものを選びたい。

甲板の耐荷重性能は、人が寄りかかること、ときには腰掛けることを考えて、高めに設定しておきたい。

奥行きは、部屋のなかでデスクが占める面積にかかわるので、十分に検討したい。最近のPCはモニターが液晶で薄くなり、かつノートPCの性能が高まって普及したおかげで、以前よりも奥行きを浅くできる。デスクで作業をするのであれば650㎜以上に、PCを見るだけなら500㎜程度でも十分だ［図1］。以前のようにキーボード用の引出しを甲板下に仕込むことは少なくなった。

デスクの幅は周囲との納まりにもよって判断する。左右を壁で囲まれた場合は700㎜程度、開放している場合は600㎜程度がミニマムな寸法だろう。

## 引出しのレイアウト

デスクには甲板下に浅い引出し、脇に数段の引出しを備えることが多い。体格にもよるが、足が入る場所の有効高さを床から600～630㎜は確保したい。足を組むことが多い人にはもっと必要だ。その寸法を確保したうえで引出しを検討する［図2］。甲板の高さが700～750㎜とすると、甲板の厚み＋引出しの前板寸法は100㎜程度となる。引出しの有効寸法としては深さ45㎜は確保したいので、木工で製作するにはぎりぎりの寸法だ。

また、脇引出しは用途に応じて決める。ここへのリクエストで多いのが、A4ファイルとCD-ROM／DVDの収納。なかにはオフィスのように鍵を付けたいという要望もたまにある。

## 図1 ｜ 書斎デスクの例

平面図 [S=1：50]

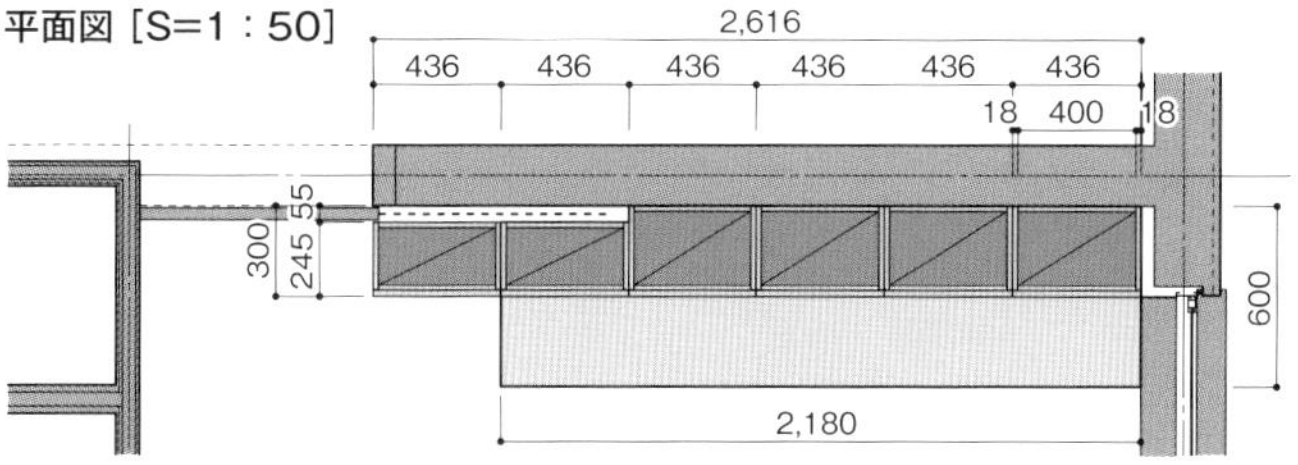
2,616
436
436
436
436
436
436
18
400
18
55
300
245
600
2,180

仕上表

甲　板：メラミンカラーコア
扉　　：シナ合板OSCL
内　部：シナ合板CL
棚下灯：LUS-M2-90PS+FLR36T6-WW（NIPPO）×2set

姿図 [S=1：50]

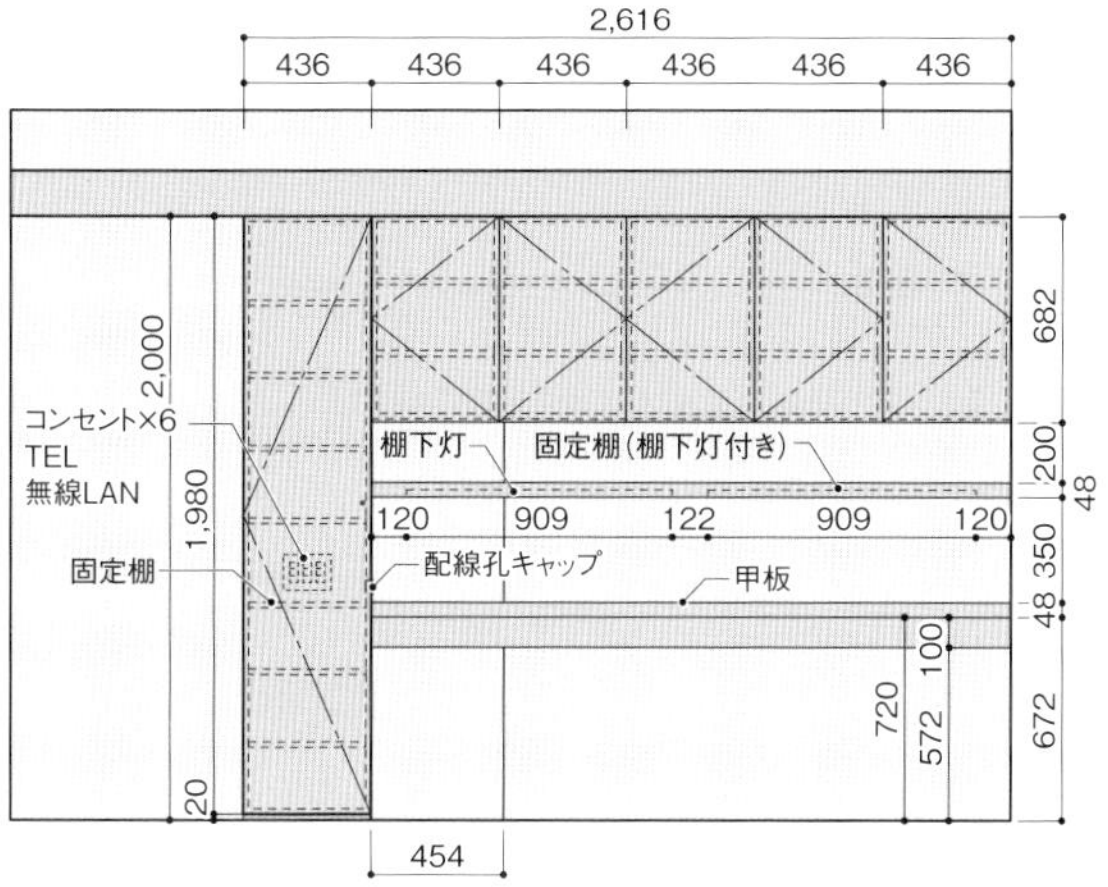
2,616
436
436
436
436
436
436
2,000
コンセント×6
TEL
無線LAN
固定棚
1,980
棚下灯
固定棚（棚下灯付き）
120
909
122
909
120
配線孔キャップ
甲板
682
200
48
350
48
100
720
572
672
20
454

断面図 [S=1：50]

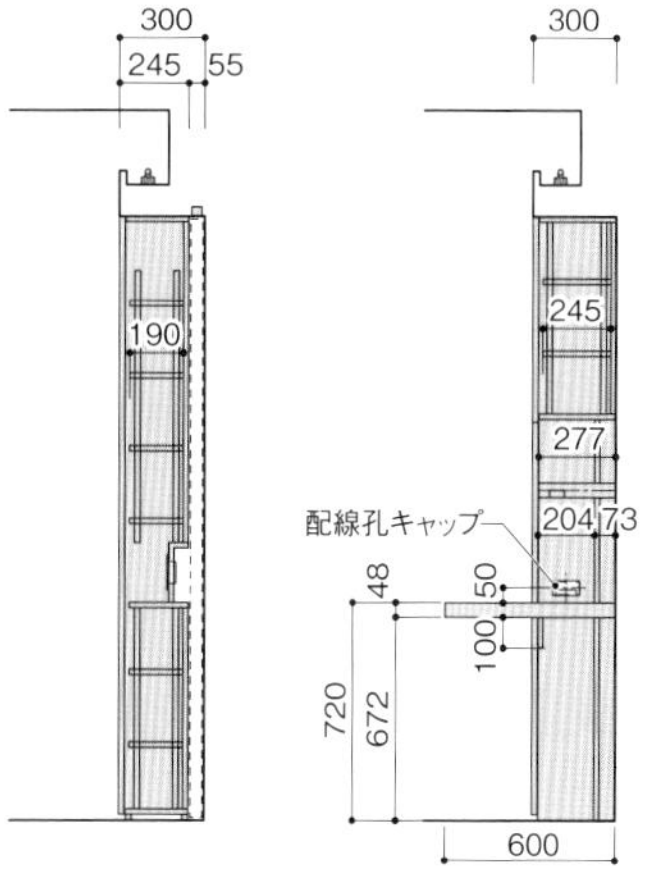
300
245
55
190
300
245
277
配線孔キャップ
204
73
48
50
100
720
672
600

棚下灯納まり詳細 [S=1：5]

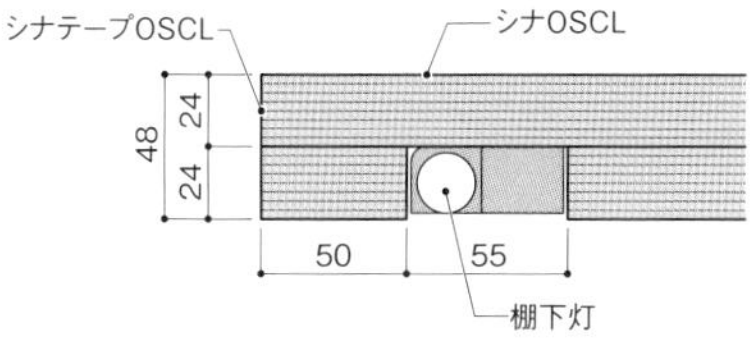
シナテープOSCL
シナOSCL
48
24
24
50
55
棚下灯

大工工事による書斎デスク。甲板は耐摩耗性を考えてメラミン化粧板張り。キャビネット、扉はシナランバーを塗りつぶし

設計・写真：STUDIO KAZ

## 図2 ｜ 引出しの納まり

デスク引出しの基本納まり
[S=1：10]

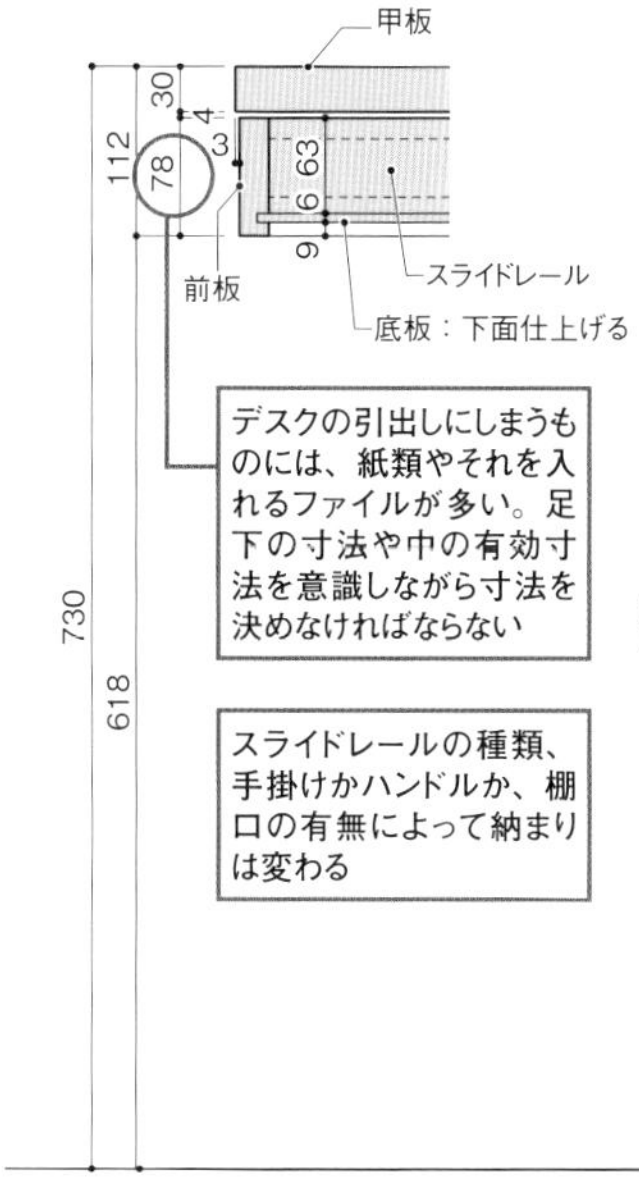
甲板
30
4
3
112
78
63
6
9
スライドレール
前板
底板：下面仕上げる
730
618
デスクの引出しにしまうものには、紙類やそれを入れるファイルが多い。足下の寸法や中の有効寸法を意識しながら寸法を決めなければならない
スライドレールの種類、手掛けかハンドルか、棚口の有無によって納まりは変わる

デスクサイド引出しの基本納まり
[S=1：10]

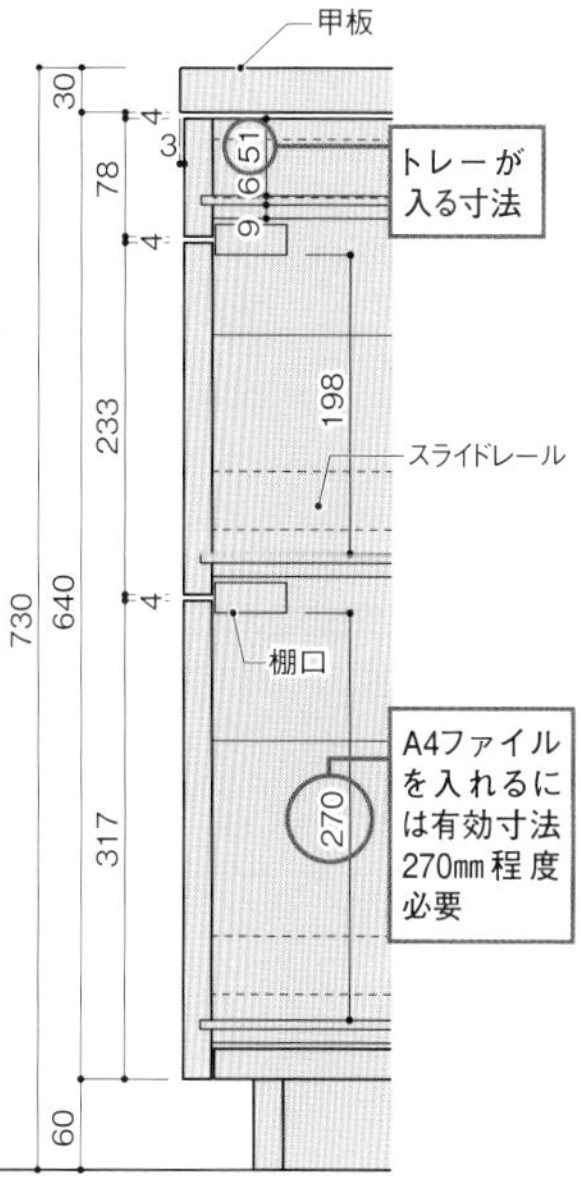
甲板
30
4
3
78
51
6
9
トレーが入る寸法
4
233
198
スライドレール
730
640
4
棚口
270
317
60
A4ファイルを入れるには有効寸法270㎜程度必要

# クロゼット

POINT
- ◉既製品を上手に使った大工工事でコストを下げる
- ◉引出しなど細かい造作は家具工事で行う

## 大工工事で仕上げる

　洋服をハンガーパイプに掛けるだけなら、家具工事にする必要はない。可動棚とハンガーパイプの併用であっても大工工事で十分に事足りる［図・写真］。最も簡単な方法は、店舗用のパーツを使って構成することだ。壁にサポートと呼ばれる棚柱を埋め込むか、難しければ直付けし、木棚用、ガラス棚用、パイプ用などにつくられたブラケットを使い、棚板はシナかポリのランバー合板を必要なサイズにカットして使う。サポートのピッチを統一しておけばレイアウトの変更や追加が自由にできる。

　店舗用パーツを使わず、ランバーコア合板で側板をつくり、ハンガーパイプや可動棚板を組み合わせる方法もある。これら2つの方法で扉を引戸か折戸にすれば、内部造作と建具の工事区分を完全に切り離して計画できる。

　ハンガーパイプは1段の個所と2段の個所、パイプの高さや間隔に注意して計画し、可動の棚板を組み合わせる。引出しが必要な場合は引出しのみを家具工事とする方法もあり、建て主の要望やコストを考えて選択したい。

## 家具工事でつくるもの

　シャツや下着などは引出しにしまうことが多いだろう。家具工事で引出しを付けると寸法などが指定でき、効率のよい収納にできる。時計やアクセサリー用の引出しには、傷がつかないようにフェルトなどで内張りする。

　ウォークインクロゼットに広いスペースがとれる場合、内部にコーディネートテーブルを設けることがある。ブティックで見かける什器と同じで、畳んでおく服やアクセサリー用の引出しを併用する。なお、鞄、ネクタイ、ベルト、マフラー、帽子などは、建て主独特の収納術がある場合も多い。

## 図｜ロフトの構造を利用したクロゼット

平面図［S＝1：60］

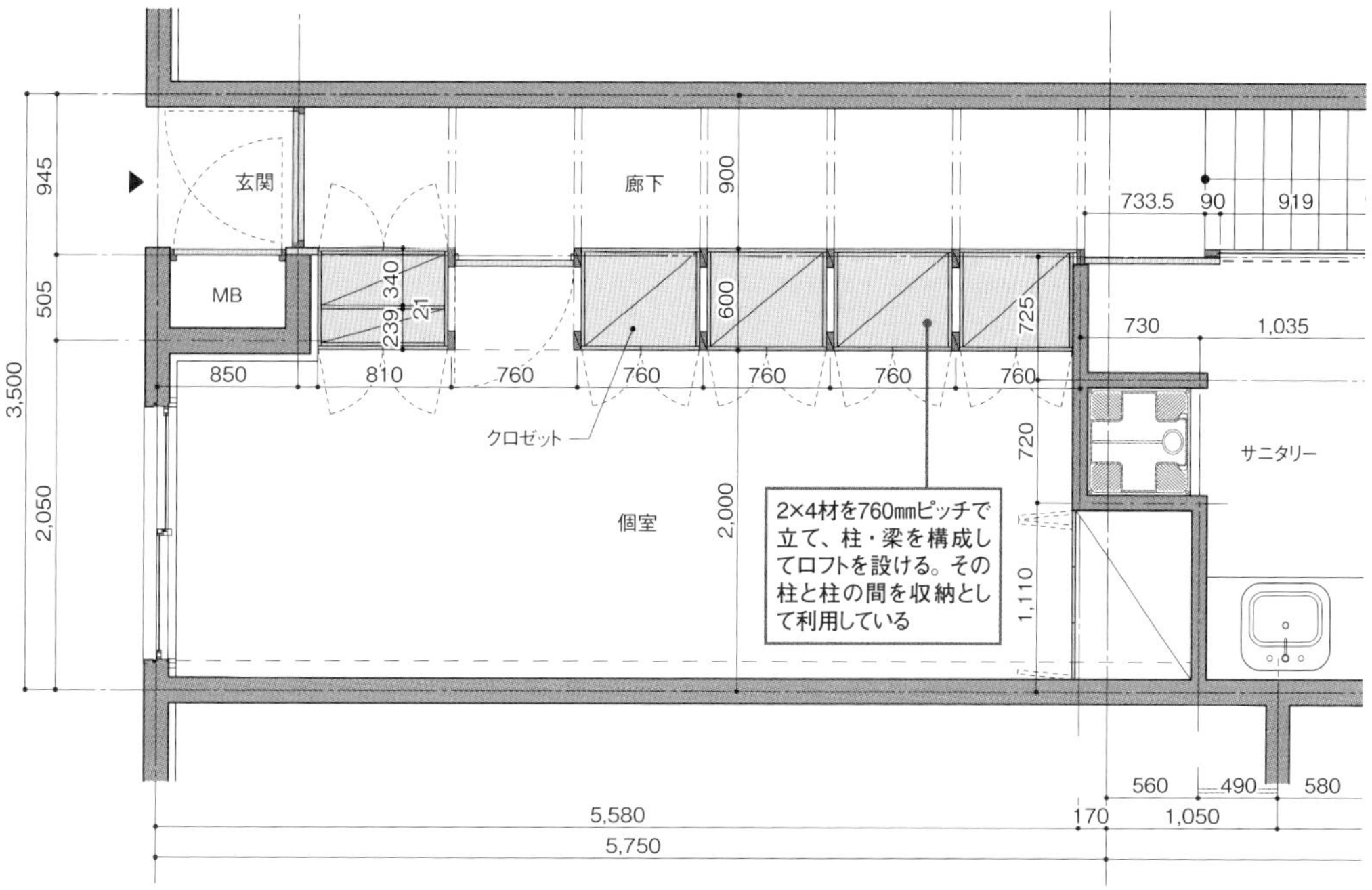
玄関
廊下
MB
クロゼット
個室
サニタリー
2×4材を760㎜ピッチで立て、柱・梁を構成してロフトを設ける。その柱と柱の間を収納として利用している
945
505
3,500
2,050
900
600
2,000
340
239
21
725
720
1,110
733.5
90
919
730
1,035
850
810
760
560
490
580
5,580
170
1,050
5,750

ロフト・クロゼット断面図［S＝1：60］

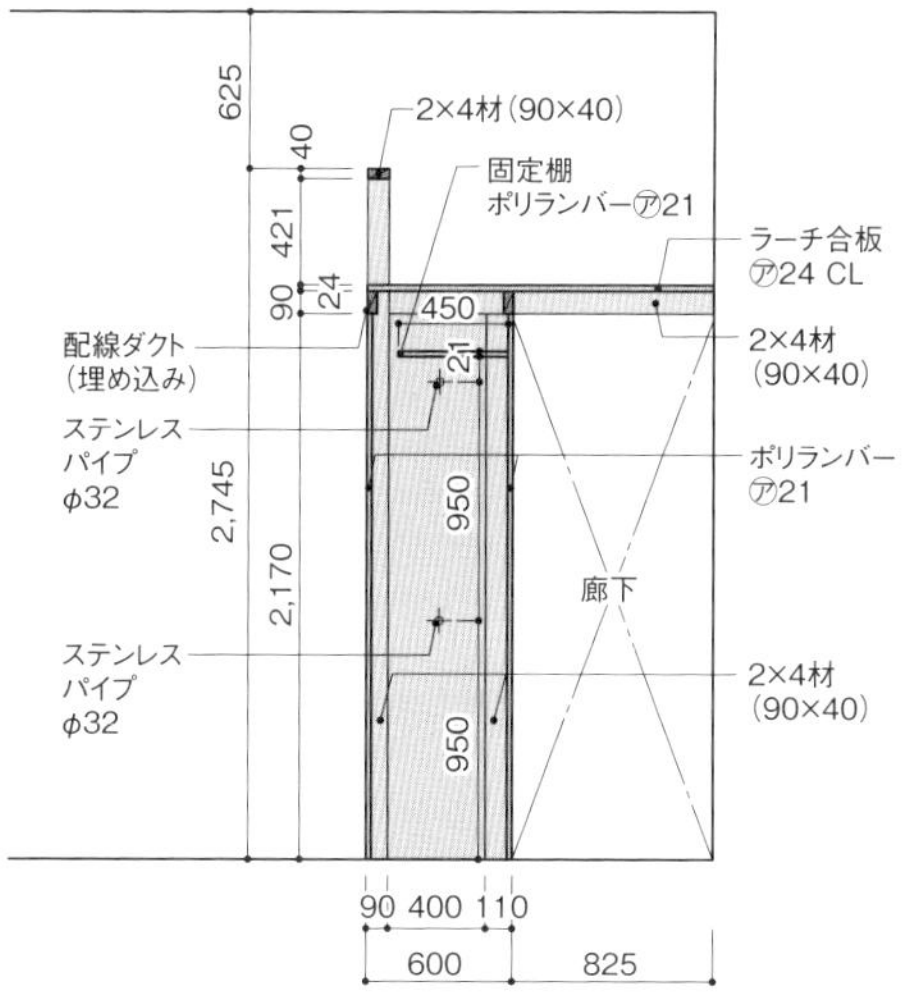
2×4材（90×40）
固定棚
ポリランバー㋐21
ラーチ合板
㋐24 CL
2×4材
（90×40）
ポリランバー
㋐21
2×4材
（90×40）
配線ダクト
（埋め込み）
ステンレス
パイプ
φ32
ステンレス
パイプ
φ32
廊下
625
40
421
90
24
450
21
2,745
2,170
950
950
90 400 110
600
825

## 写真｜2×4材の間を利用したクロゼット

2×4材でロフトを構成し、その間をポリランバーで埋め、クロゼットとしている。一部は建具、本棚、シューズボックスになっている

設計：STUDIO KAZ、写真：山本まりこ

# 押入れ

POINT

- 幅広の棚板の場合は、棚柱を5～6カ所付ける
- 扉の反りに注意する

## 家具でつくる押入れ

いわゆる押入れを家具工事でつくることはないだろう。そこで、押入れではなく、「布団が入るくらいのボリュームの、何でも入る収納」と考えてみよう。

すると問題はそのボリュームで、幅1000㎜以上、奥行き700㎜程度の内部有効を確保したい。棚板はベタ芯とし、両サイドに加えて背板面にも棚柱を1～2カ所付ける。扉の大きさによって、スライドヒンジの個数を考慮する。幅が広くなることを考えると、3個もしくは4個取り付けることになる。建築でつくる押入れのように固定棚と枕棚という構成よりも融通の利く、便利な「押入れ」になる［図］。

扉は大きくなるので、裏面に反り矯正金物を付ける。扉の上はランバー材などのパネルが戸当たりとなる。下もパネル1枚分の段差を付けて底板をつくり、戸当たりとする。もしくは床材を延長する場合は、戸当たりになる部分にマグネットキャッチを付ける。これで、扉の反りをかなり軽減できる。

## 押入れ内部のつくり方

内部の仕上げは、使うパネルにもよるが、シナランバーや三層パネルならクリアラッカー仕上げ、ポリランバーの場合は仕上げの必要はない。

建て主のリクエストによっては、洋服を掛けるためのハンガーパイプを付けることもある。両サイドにブラケットを付けてパイプを固定する。もしくはU字形のブラケットを付け、パイプを差し込む。内部の構成を店舗用のサポート＋ブラケットにすれば、棚板の幅の心配もなくなるうえ、棚板とハンガーパイプのレイアウトを建て主自らが自由に変更することも可能になる。

仕上材にこだわらなければ、家具工事ほどの精度は必要ないので、大工工事による造作にしても問題ないだろう。

## 図｜三層パネルでつくった押入れ収納

### 平面図［S＝1：50］

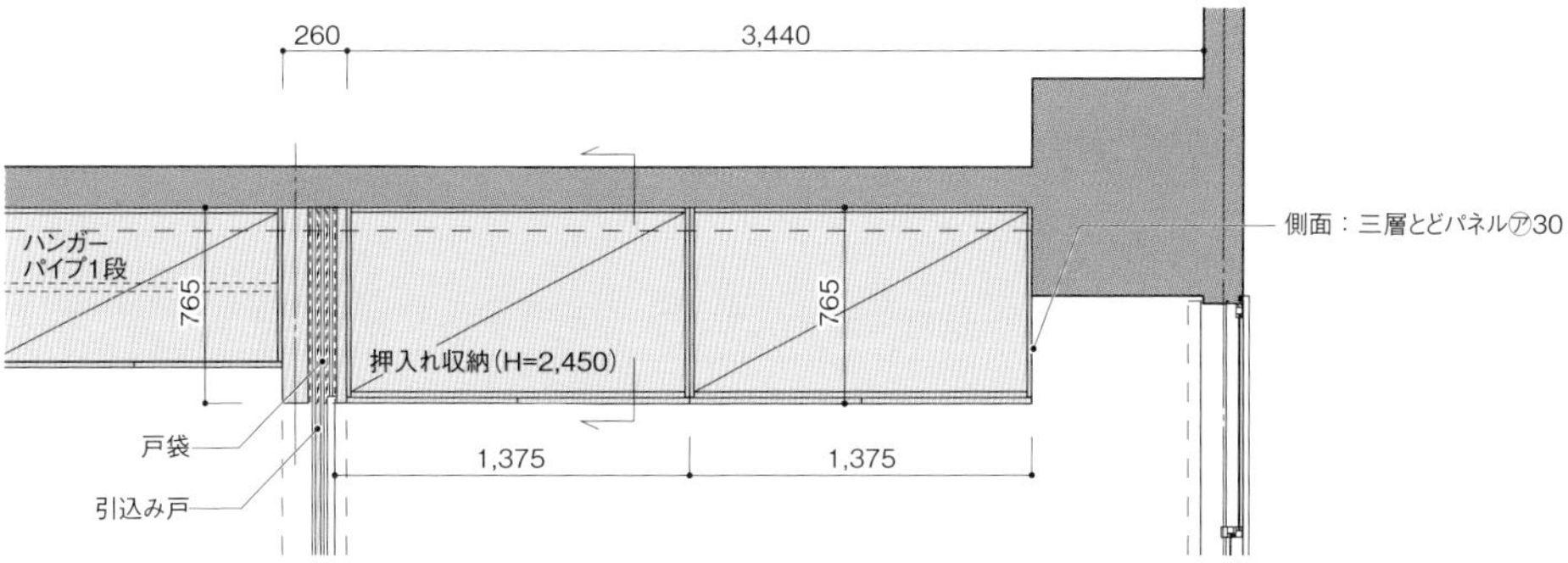
260
3,440
側面：三層とどパネル㋐30
ハンガー
パイプ1段
765
765
押入れ収納（H=2,450）
戸袋
引込み戸
1,375
1,375

### 展開図［S＝1：50］

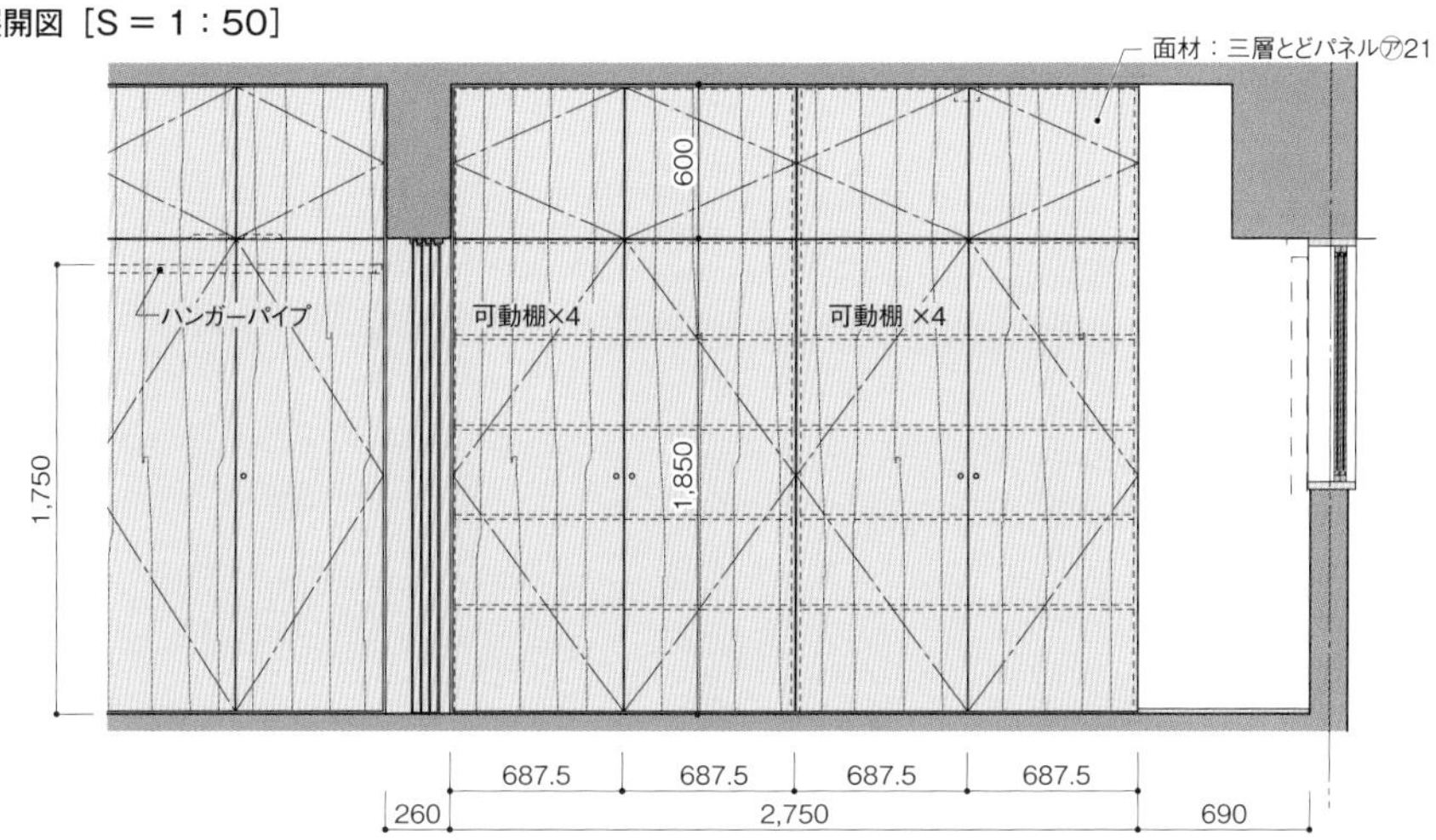
面材：三層とどパネル㋐21
600
ハンガーパイプ
可動棚×4
可動棚 ×4
1,750
1,850
687.5
687.5
687.5
687.5
260
2,750
690

### 断面図［S＝1：50］

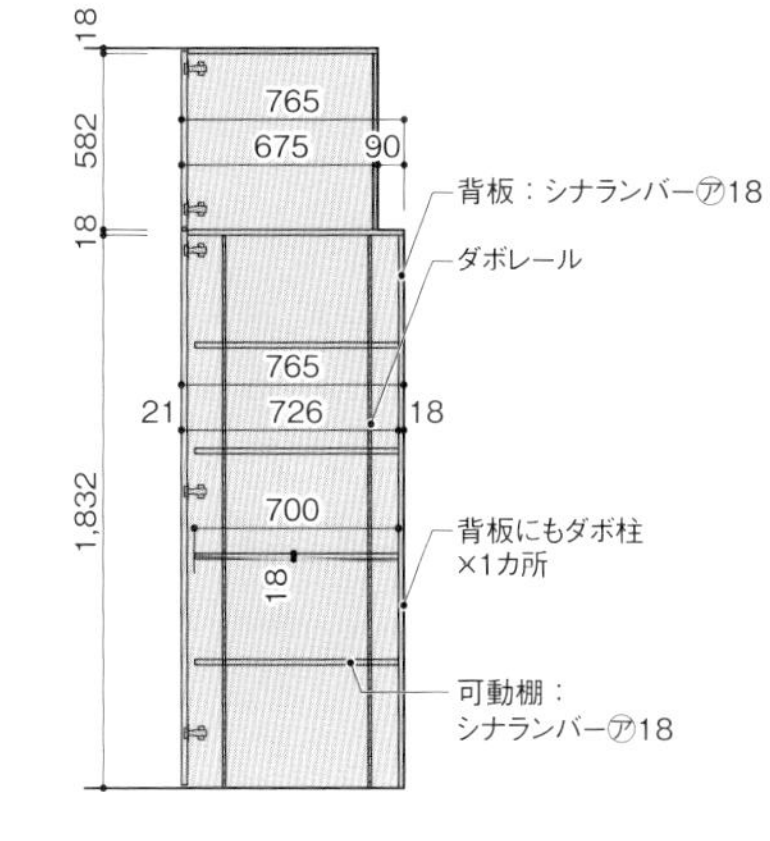
18
582
18
1,832
765
675
90
背板：シナランバー㋐18
ダボレール
765
21
726
18
700
18
背板にもダボ柱
×1カ所
可動棚：
シナランバー㋐18

箱・扉に三層パネルを使い、大工工事で造作した押入れ収納。室内間仕切り建具（引込み戸）の戸袋と収納の奥行きを合わせている

設計：STUDIO KAZ、写真：山本まりこ

KEYWORD
077

# 洗面脱衣室

POINT

◉三面鏡や間接照明を兼ねてメディシンボックスを計画する

◉他室との作業動線を考慮してレイアウトする

## メディシンボックス

洗面脱衣室は決して広いスペースではないが、洗面ボウル、水栓金具、リネン類、洗面道具、化粧道具、シェーバー、ドライヤー、洗濯機、洗濯物などが所狭しと存在する。

洗面ボウルはほとんどの場合、既製品を使う。さまざまな色、形状、素材があり、選択肢は多い。水栓金具も既製品だ。ただし、ボウル下のキャビネットは洗面ボウルと水栓金具のつなぎ込みのスペースなども確保して奥行きを決めなければならない。正面にはメディシンボックスを付けることがある［図］。建て主によっては、ここに3面鏡の機能を求めることもあるだろう。また、150㎜程度の奥行きは間接照明の格好の舞台となる。間接照明では、照明のカットラインが天板の前面の縁に来るようにするときれいだ。

メディシンボックスは壁厚を利用して埋め込む場合もある。歯ブラシなどを収納するには、有効で90～100㎜程度あれば十分だ。

## 洗濯カゴの納め方

シェーバーを充電したい、ドライヤーのコンセントを差したままにしておきたいという要望は多い。その場合はキャビネット内部に家具用コンセントを付ける。ドライヤーをどちらの手で持つかは、意外と重要なポイントだ。

洗濯物を入れるカゴを置くこともあるだろう。手前に倒れる扉の内側に、取り外し可能なカゴを取り付けたり、カウンターに投入口を設けて、その下に洗濯カゴを入れると見た目にはきれいだが、少々煩わしい。

そのほかの収納に関しては、洗濯～物干しの作業動線も含めて考慮・レイアウトし、雰囲気に合わせて面材や天板の素材を決めるが、キッチンほど気を使うことはない。

## 図 | メディシンボックス

キャビネット正面図 [S = 1 : 25]

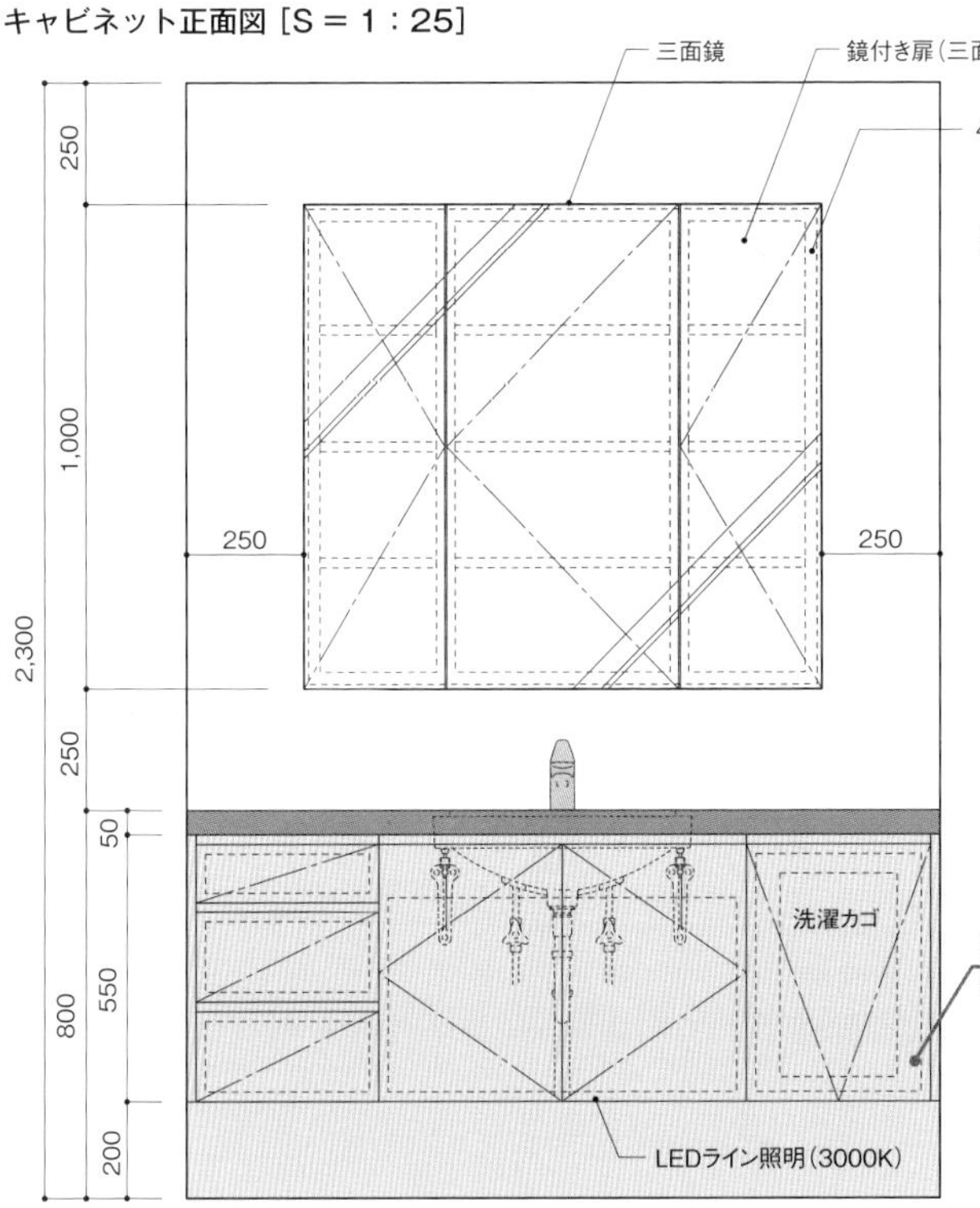
三面鏡
鏡付き扉（三面鏡）㋐24
4方LEDライン照明（3000K）
250
1,000
250
250
250
2,300
50
550
800
200
洗濯カゴ
ステーの寸法を確認する
LEDライン照明（3000K）

詳細図 [S = 1 : 3]

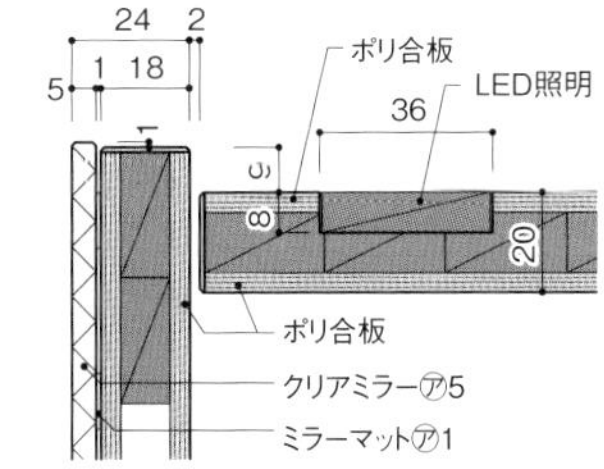
24 2
5 1 18
ポリ合板
LED照明
36
3
8
20
ポリ合板
クリアミラー㋐5
ミラーマット㋐1

キャビネット断面図 [S = 1 : 25]（左：洗面ボウル部分、右：洗濯カゴ部分）

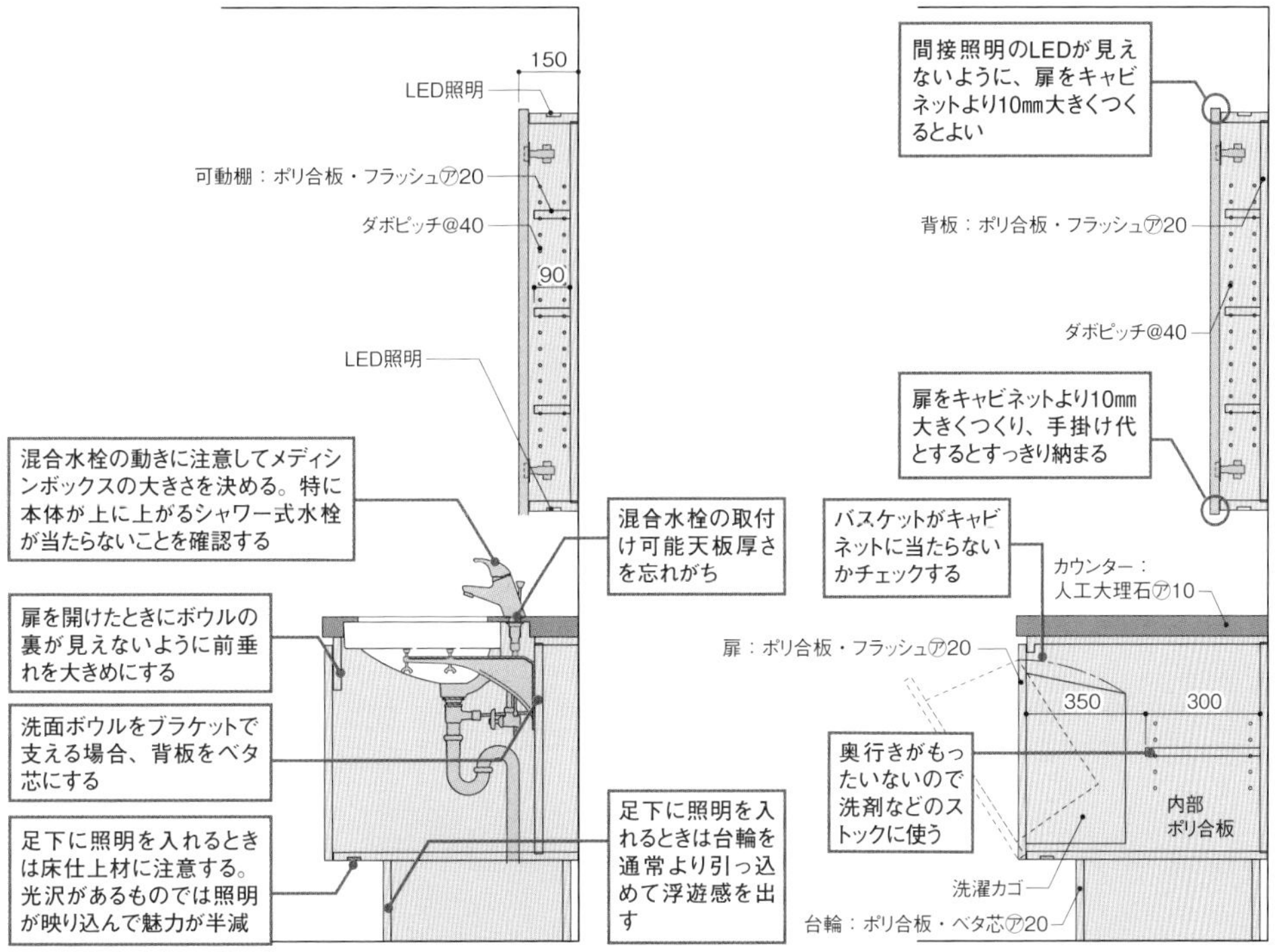
150
LED照明
可動棚：ポリ合板・フラッシュ㋐20
ダボピッチ@40
90
LED照明
混合水栓の動きに注意してメディシンボックスの大きさを決める。特に本体が上に上がるシャワー式水栓が当たらないことを確認する
混合水栓の取付け可能天板厚さを忘れがち
扉を開けたときにボウルの裏が見えないように前垂れを大きめにする
洗面ボウルをブラケットで支える場合、背板をベタ芯にする
足下に照明を入れるときは床仕上材に注意する。光沢があるものでは照明が映り込んで魅力が半減
足下に照明を入れるときは台輪を通常より引っ込めて浮遊感を出す
間接照明のLEDが見えないように、扉をキャビネットより10㎜大きくつくるとよい
背板：ポリ合板・フラッシュ㋐20
ダボピッチ@40
扉をキャビネットより10㎜大きくつくり、手掛け代とするとすっきり納まる
バスケットがキャビネットに当たらないかチェックする
カウンター：人工大理石㋐10
扉：ポリ合板・フラッシュ㋐20
350
300
奥行きがもったいないので洗剤などのストックに使う
内部 ポリ合板
洗濯カゴ
台輪：ポリ合板・ベタ芯㋐20

KEYWORD

078

# トイレの造作家具

POINT

◉手洗いカウンターの奥行きはボウルの承認図を確認して設計する

◉便器上の収納は便座ふたの軌跡を確認して計画する

## 手洗いカウンター

トイレに造作する家具は、手洗いカウンターと収納の2つ。最近はタンクレスの便器を使うことが増えており、トイレ内に手洗いカウンターを付ける機会が増えた［図1］。

手洗いカウンターのつくり方は基本的に洗面化粧台と同じである。日本の場合、スペースに余裕がないことが多い。奥行きが200㎜あればボウルの選択肢もあるが、ベッセルタイプの手洗いボウルにして、カウンターからオーバーハングさせるなどの工夫が必要になることもある。このように奥行きが狭いことから、水跳ねの対策は考えないといけない。ボウル正面の壁はクロスや左官ではなく、タイルや人工大理石など掃除しやすい素材で仕上げたほうがよい。また、貯湯式電気温水器を組み込めるよう、キャビネット内にコンセントを設ける必要がある。

## トイレ内の収納

トイレの中に収納したいものは、トイレットペーパーと掃除道具ぐらい。建て主によっては本棚を所望することもある。掃除道具を入れる場所としては、手洗いカウンターの下が有力だ。トイレブラシなどの大きさを確保しておきたい。手洗いカウンターの足元に照明を入れて浮遊感を演出することがあるが、掃除道具の高さが確保できないこともあるので気を付けたい。

トイレットペーパーは、手洗いカウンター内に収納できればそれに越したことはないが、別に取り付けるなら便器上の壁面だろう。注意点は便器のふたが開くときの軌跡を確認すること［図2］。また、広く見えるようにと収納に鏡を張ることがあるが、トイレ内の鏡の位置と大きさには注意を払いたい。鏡の大きさによっては男性が使用する際に非常に恥ずかしいことになる。

## 図1 ｜ 便器と手洗いの配置と注意点

手洗いが正面の場合

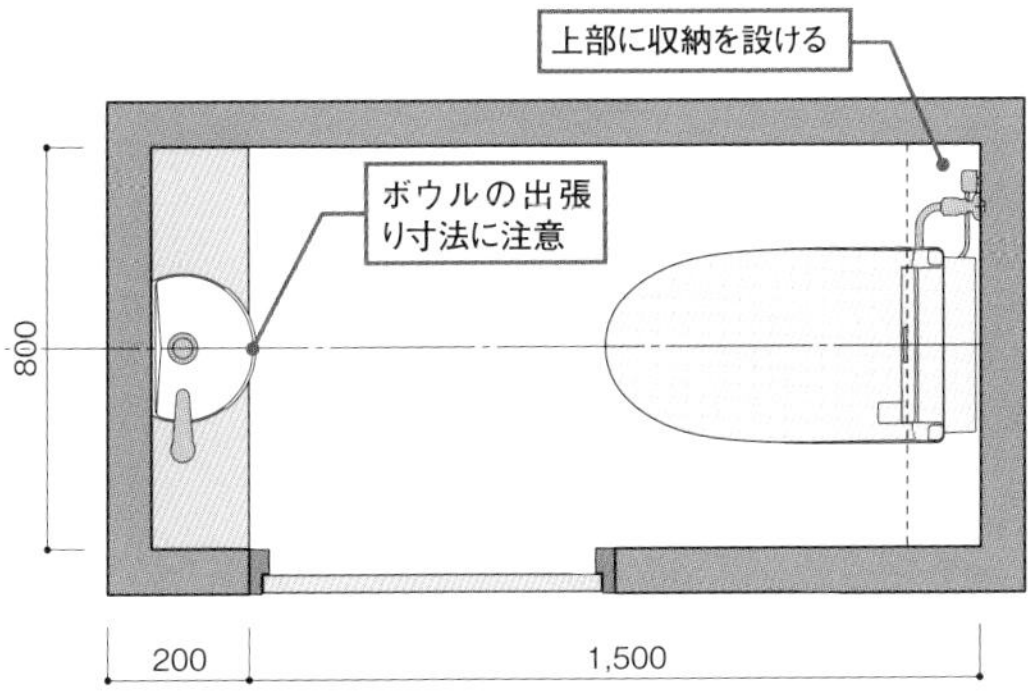
上部に収納を設ける
ボウルの出張り寸法に注意
800
200
1,500

手洗いが側面の場合

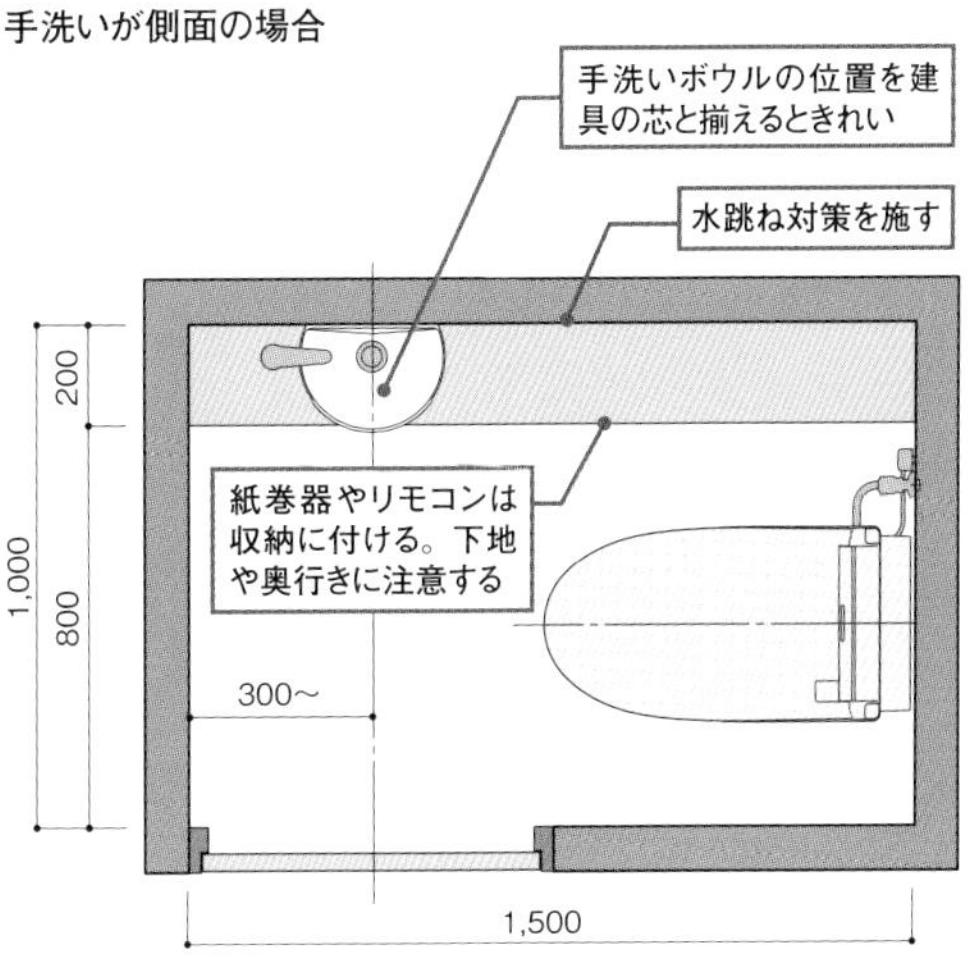
手洗いボウルの位置を建具の芯と揃えるときれい
水跳ね対策を施す
200
紙巻器やリモコンは収納に付ける。下地や奥行きに注意する
1,000
800
300～
1,500

## 図2 ｜ 手洗いカウンターと収納を設けたトイレ

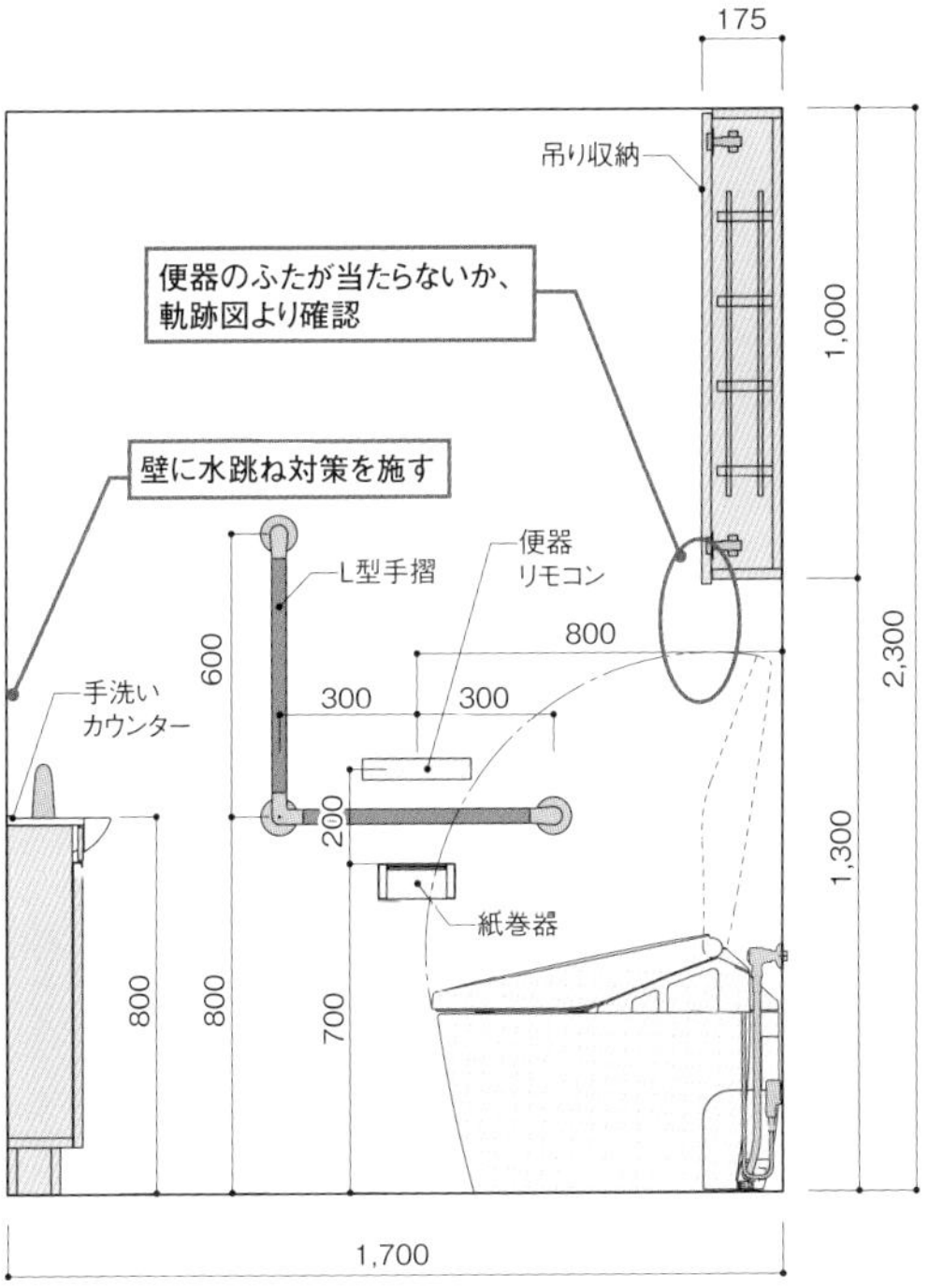
175
吊り収納
便器のふたが当たらないか、軌跡図より確認
1,000
壁に水跳ね対策を施す
L型手摺
便器リモコン
800
2,300
600
300
300
手洗いカウンター
200
紙巻器
1,300
800
800
700
1,700

一般的なトイレのレイアウト。タンクレス便器の背面壁にトイレペーパー用吊り戸棚、正面に自動水栓付きの手洗いカウンターが付いている

設計：STUDIO KAZ、写真：山本まりこ

# 家事コーナー

**POINT**

◉家事動線を考慮したレイアウトとデザインを考える

◉家庭内オフィス的な要素を集約させるために効率のよい計画をする

## 水廻りの延長

家事コーナーで行われる行為は多岐にわたる。アイロンかけ、ミシンかけ、洗濯、洗濯物を畳む、干す、家計簿をつける、最近ではＰＣを操作する作業が含まれることもあるだろう。

家事コーナーを設ける場所は、キッチンや洗面の水廻りと連続した場所か、リビングの一角で一家のコントロールステーションのような役割の場所のいずれかがよい。

前者の場合、独立した1室とせず、地震対策として特に扉を付けるのでなければ、収納に扉を付ける必要はない。作業台トップの素材は集成材かメラミン、その他の部分はポリ合板もしくはシナ合板とし、クリアラッカー程度の仕上げでよいだろう。吊り戸棚や引出しなど、収納量と作業効率を優先させて計画したい［図1・2］。

なお、家事室に洗濯機と乾燥機を設置する場合には、注意が必要だ。建築雑誌などで洗濯機と乾燥機を扉で隠している写真を見かけるが（電気でもガスでも）、衣類乾燥機を扉で隠蔽することは消防法違反に当たり、禁止されている。

## 住まいの集中制御室

後者の場合は、「家事用のオフィス」ととらえると計画しやすい。ＰＣや電話、ＦＡＸなどを置き、子どもの学校のファイルや家計簿、手紙類などを分かりやすく収納できるように計画する。

使う素材はインテリアの雰囲気に合わせたものとする。天板は集成材や練付け合板として、ほかの木部と色を合わせる。このほか人工大理石なども適している。収納はオープンとはせず、天板同様、室内の雰囲気にコーディネートした扉を付ける。これで機能的な一角が出来上がる。

## 図1 ｜ キッチンにPCコーナーを併設した例

平面図 [S＝1：50]

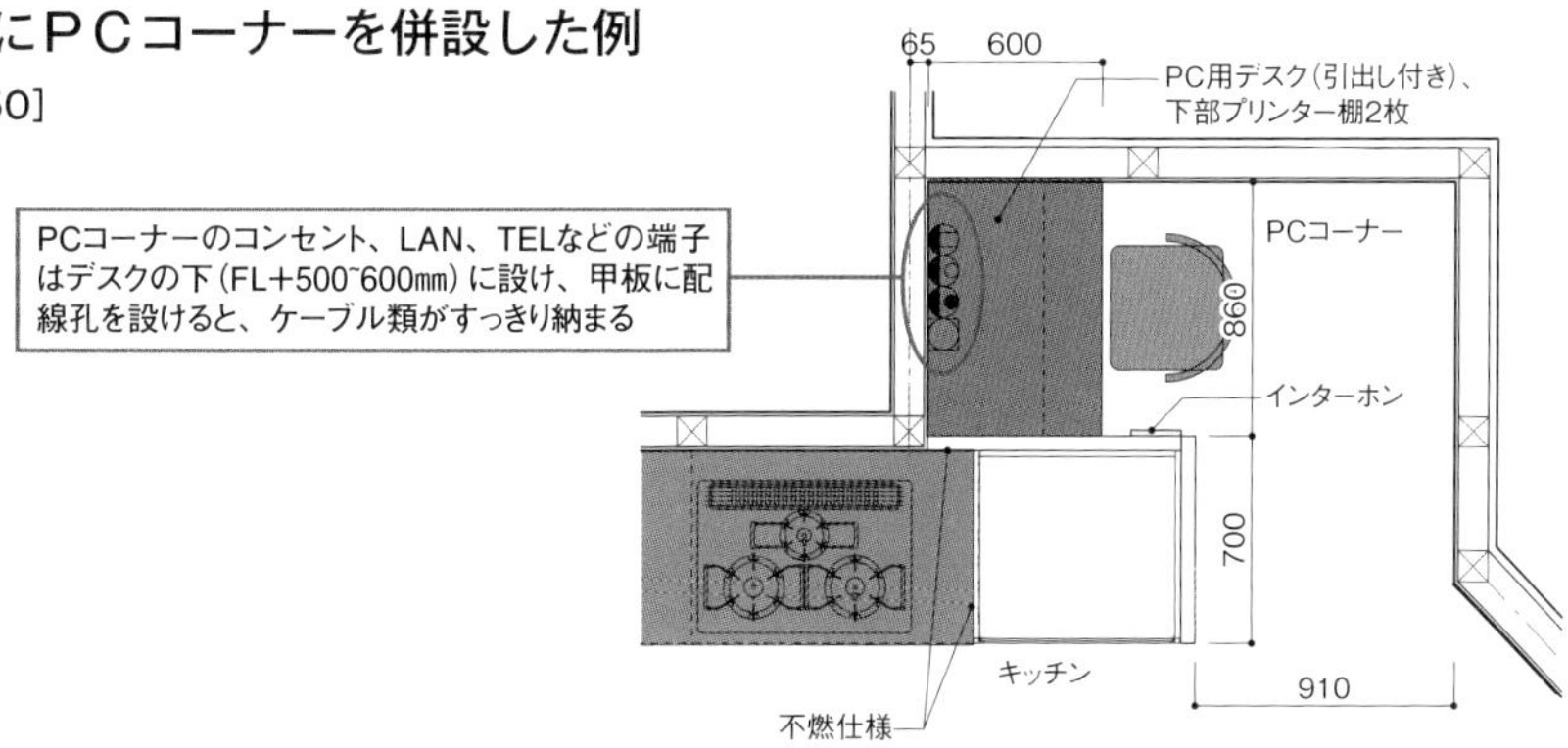
65
600
PC用デスク（引出し付き）、
下部プリンター棚2枚
PCコーナーのコンセント、LAN、TELなどの端子はデスクの下（FL＋500~600㎜）に設け、甲板に配線孔を設けると、ケーブル類がすっきり納まる
PCコーナー
860
インターホン
700
キッチン
910
不燃仕様

## 図2 ｜ キッチンから続く家事室の提案

平面図 [S＝1：50]

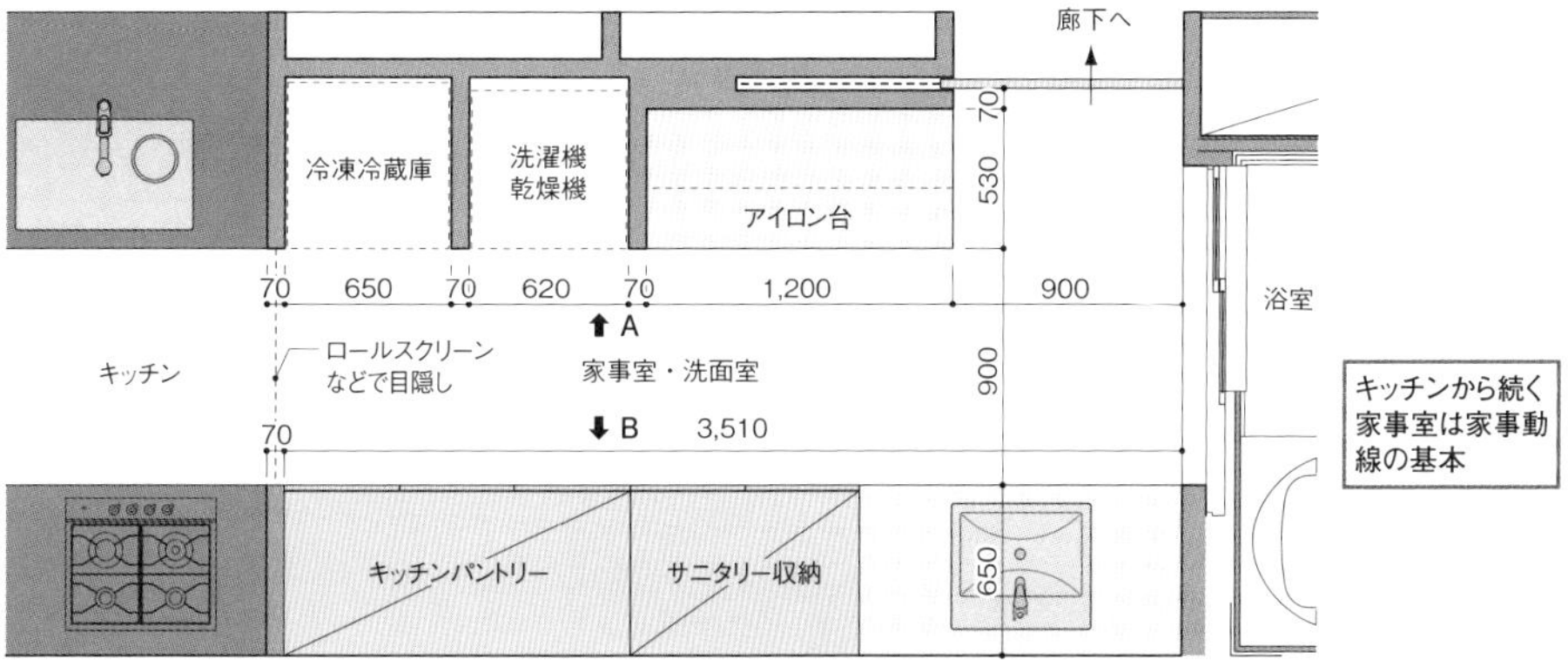
廊下へ
70
530
冷凍冷蔵庫
洗濯機
乾燥機
アイロン台
70
650
70
620
70
1,200
900
浴室
A
キッチン
ロールスクリーンなどで目隠し
家事室・洗面室
900
B
3,510
70
キッチンから続く家事室は家事動線の基本
キッチンパントリー
サニタリー収納
650

A展開図 [S＝1：50]

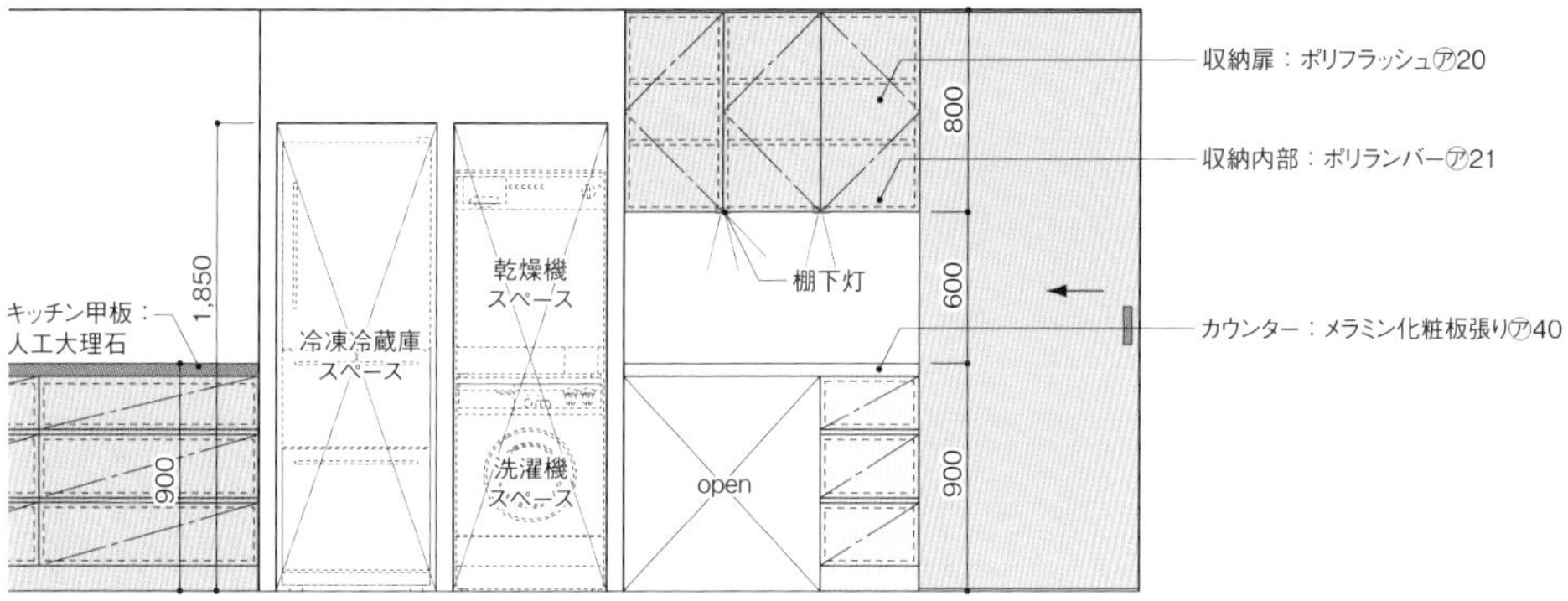
収納扉：ポリフラッシュ㋐20
800
収納内部：ポリランバー㋐21
1,850
乾燥機
スペース
棚下灯
600
キッチン甲板：
人工大理石
冷凍冷蔵庫
スペース
カウンター：メラミン化粧板張り㋐40
900
洗濯機
スペース
open
900

B展開図 [S＝1：50]

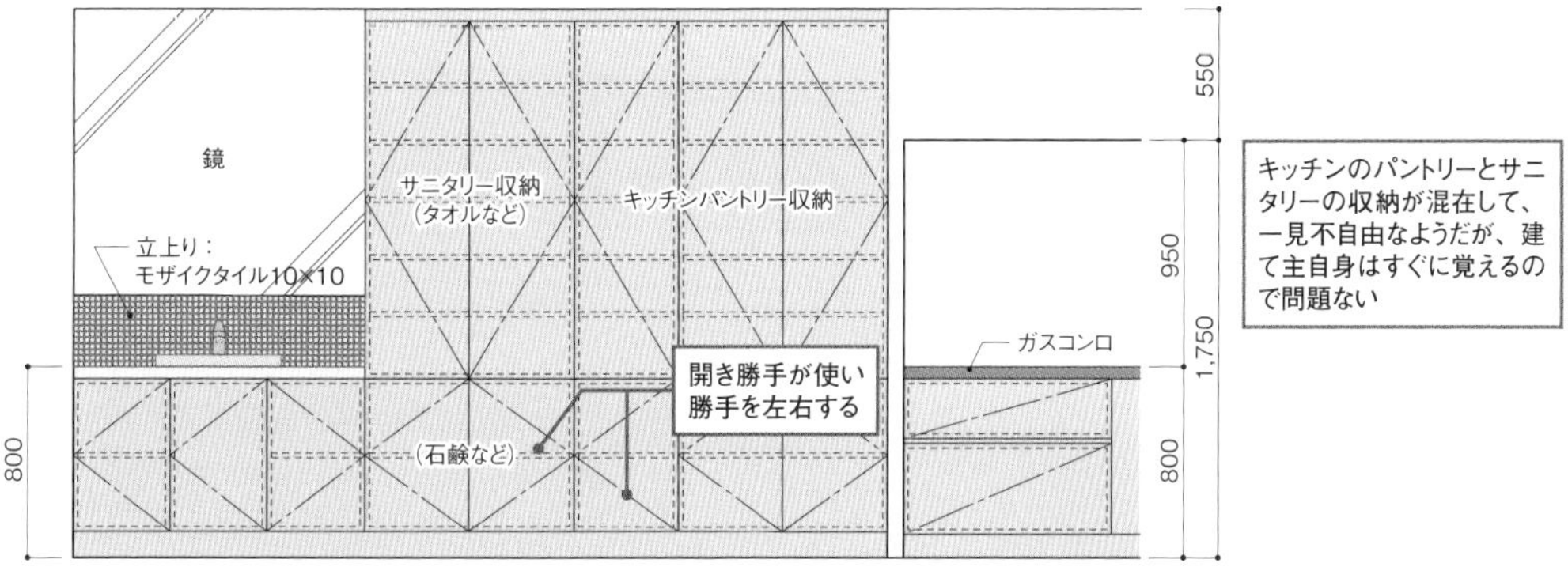
550
鏡
サニタリー収納
（タオルなど）
キッチンパントリー収納
キッチンのパントリーとサニタリーの収納が混在して、一見不自由なようだが、建て主自身はすぐに覚えるので問題ない
立上り：
モザイクタイル10×10
950
1,750
ガスコンロ
開き勝手が使い勝手を左右する
800
（石鹸など）
800

# テーブル・座卓

POINT
- ◉テーブルの大きさは、飲食店と住宅の場合で異なる
- ◉テーブルは使う椅子を考慮してデザイン・構造を考える

## ダイニングテーブル

ダイニングテーブルの大きさは座る人数をもとに決めるのが基本。ただし、それに加えて、かたち、大きさ、プロポーションを空間とのかかわりのなかでとらえ、空間の大きさとのバランスや動線も考慮したうえで、できる限り大きくしたい。たとえばパーティなどで多くの人が集まることが多い家庭では、丸テーブルのほうが多人数への対応が利き、よいだろう。

図3の例では扇形の平面から導き出したキッチンの形状を差し引いた残りの空間に配置すべきテーブルを計画した。肘掛け椅子を使って家族4人が囲み、ホームパーティにも対応できるテーブルとして出した答えだ。カフェなど、カジュアルなスタイルの飲食店では、家庭のものよりも小さめのテーブルを計画する［図1］。4人席をつくらず2人席を並べれば、テーブルを移動しやすくなり、レイアウトの自由度も増して効率がよくなる。フォーマルな店では少し大きめにしたほうがよい。

テーブルの高さ方向の寸法で考えなければならないのは、椅子の座面からテーブル面までの距離（差尺《さじゃく》）だ。300㎜を基準とし、それ以下が望ましい［図2］。差尺が大きいほうが足回りが自由になって快適に使えるが、日本の食器様式では、小さいほうが器の中がよく見える。また、肘掛け椅子を使う場合は実寸法を計測して確認したい。

## 座卓

食事をするための座卓の高さは330～380㎜ぐらいが使いやすい。ソファで使うローテーブルは400㎜でも大丈夫だろう。和室は元来、多目的に使われる部屋であり、座卓を置くとしても広く使うときには邪魔な場合もある。そこで、解体して床下にしまえる組立て式の座卓を提案したことがある。

図1 | 一般的なテーブルの大きさ

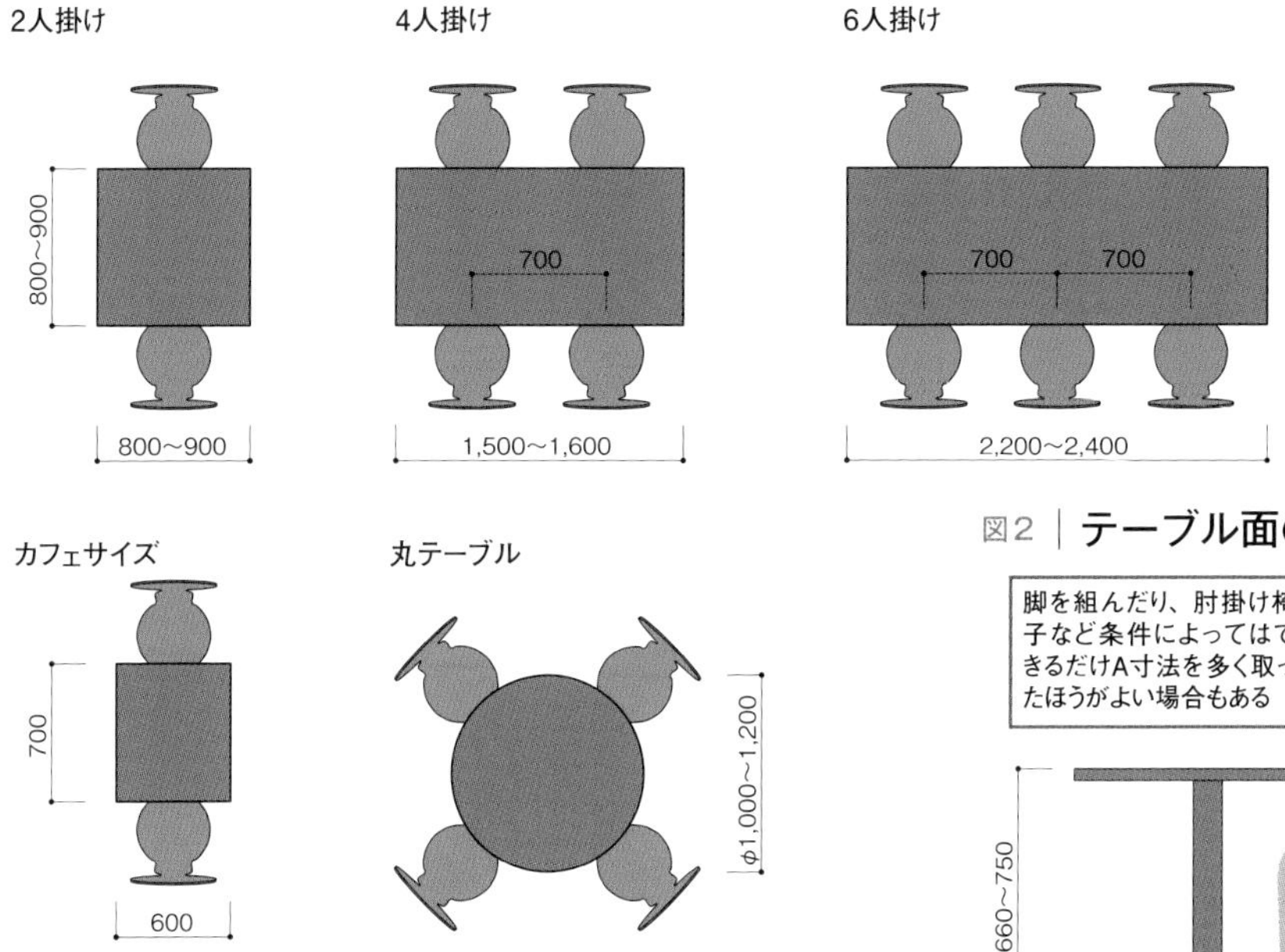
2人掛け
800~900
800~900
4人掛け
700
1,500~1,600
6人掛け
700
700
2,200~2,400
カフェサイズ
700
600
丸テーブル
φ1,000~1,200

図2 | テーブル面の高さと差尺

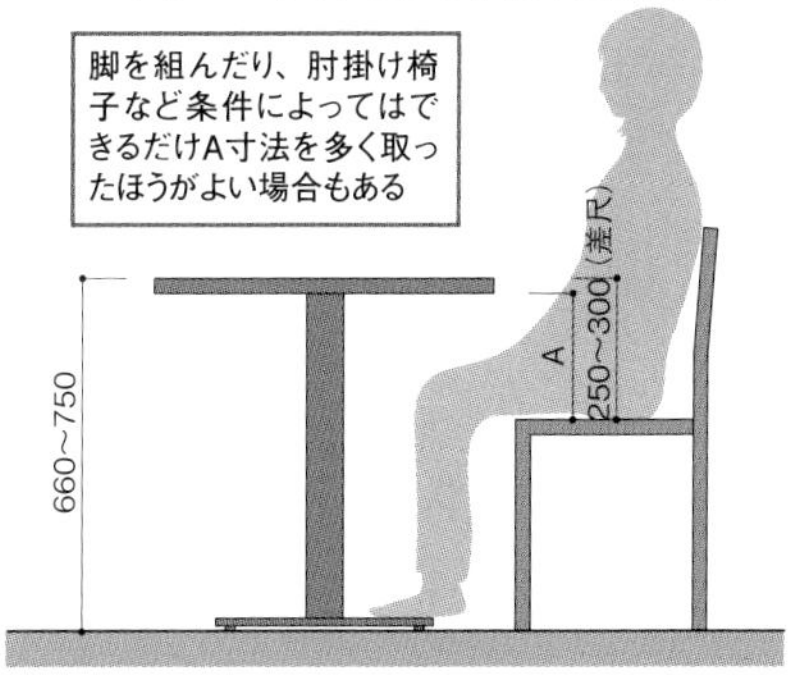
脚を組んだり、肘掛け椅子など条件によってはできるだけA寸法を多く取ったほうがよい場合もある
660~750
A
250~300（差尺）

図3 | ダイニングテーブルの例

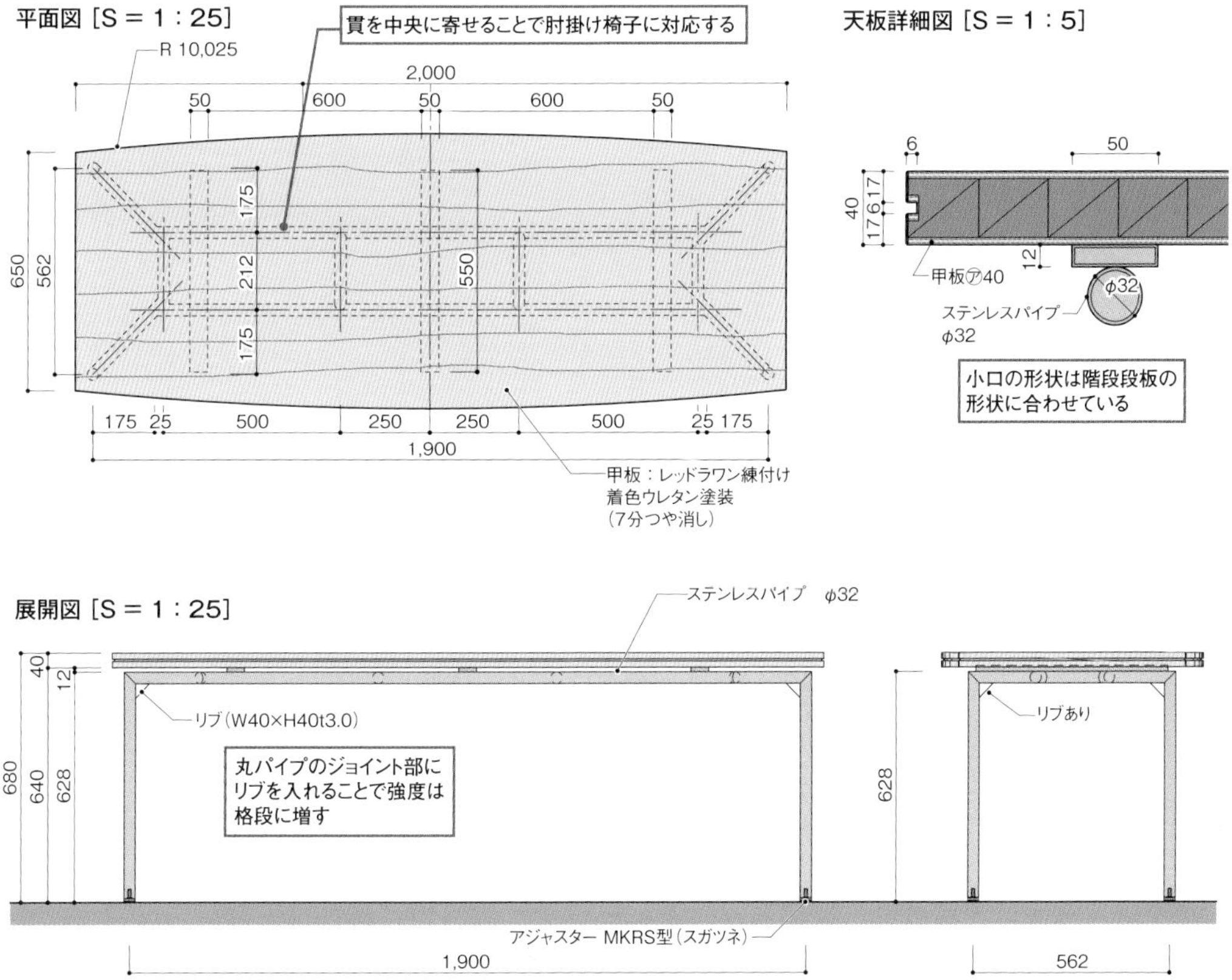
平面図［S＝1：25］
貫を中央に寄せることで肘掛け椅子に対応する
R 10,025
2,000
50
600
50
600
50
650
562
175
212
175
550
175
25
500
250
250
500
25
175
1,900
甲板：レッドラワン練付け
着色ウレタン塗装
（7分つや消し）
天板詳細図［S＝1：5］
6
50
40
17
6
17
12
甲板㋐40
φ32
ステンレスパイプ
φ32
小口の形状は階段段板の形状に合わせている
展開図［S＝1：25］
ステンレスパイプ　φ32
40
12
リブ（W40×H40t3.0）
リブあり
680
640
628
628
丸パイプのジョイント部にリブを入れることで強度は格段に増す
アジャスター MKRS型（スガツネ）
1,900
562

# 廊下の収納

**POINT**

- ◉棚下に間接照明を仕込んで常夜灯として活用する
- ◉玄関収納から連続したデザインとする

## 車椅子を収納

廊下は移動のための空間だが、雑多なものを収納する場所を設けると便利である。

介護を目的としたリノベーションで、広い廊下に折り畳み式の車椅子をしまえる廊下収納を提案した［図２］。玄関から真っすぐ続く廊下には、玄関収納、個室の引戸、廊下収納、洗面脱衣室の引戸、トイレの引戸と木部が連なるため、間の壁も含めて、すべて同じ仕上げとした。既存部分に合わせるため、表面材はラワン合板を使用し、製作は大工工事＋建具工事＋塗装工事とした。廊下収納部は上下に分け、中央にＬＥＤダウンライトを備えたニッチ風の飾りスペースを設けている。その天板は集成材としたが、前面部分に手摺となる溝を付けた。ＬＥＤのダウンライトは常夜灯として機能し、深夜にトイレに行くときにも重宝している。

## 玄関収納から続く

図１も玄関から続く例で、収納が廊下の長さ全部にわたっている。玄関に一番近いところから、傘入れ（扉裏に姿見）、シューズボックス、トイレットペーパー（トイレの前）や電球のストック、下着・タオル・石鹸・シャンプー・歯磨き粉などのストック（洗面脱衣室の前）が収納されている。玄関側は1枚の扉だが、洗面の前は上下に分け、中間にニッチを付けている。ここは飾りスペースであると同時に、電話を置くスペースにも活用している。床と天井から200㎜ずつ離して取り付け、電球色のＬＥＤを仕込んで間接照明とした。各部屋への引戸用のレールが天井を走っており、これ以上天井面にものを見せないように、間接照明を採用した。廊下の床はモザイクタイルで仕上げ、間接照明の光が反射して路地のような雰囲気をつくり出している。

## 図1 ｜ 玄関～廊下収納の提案

展開図 [S＝1：50]

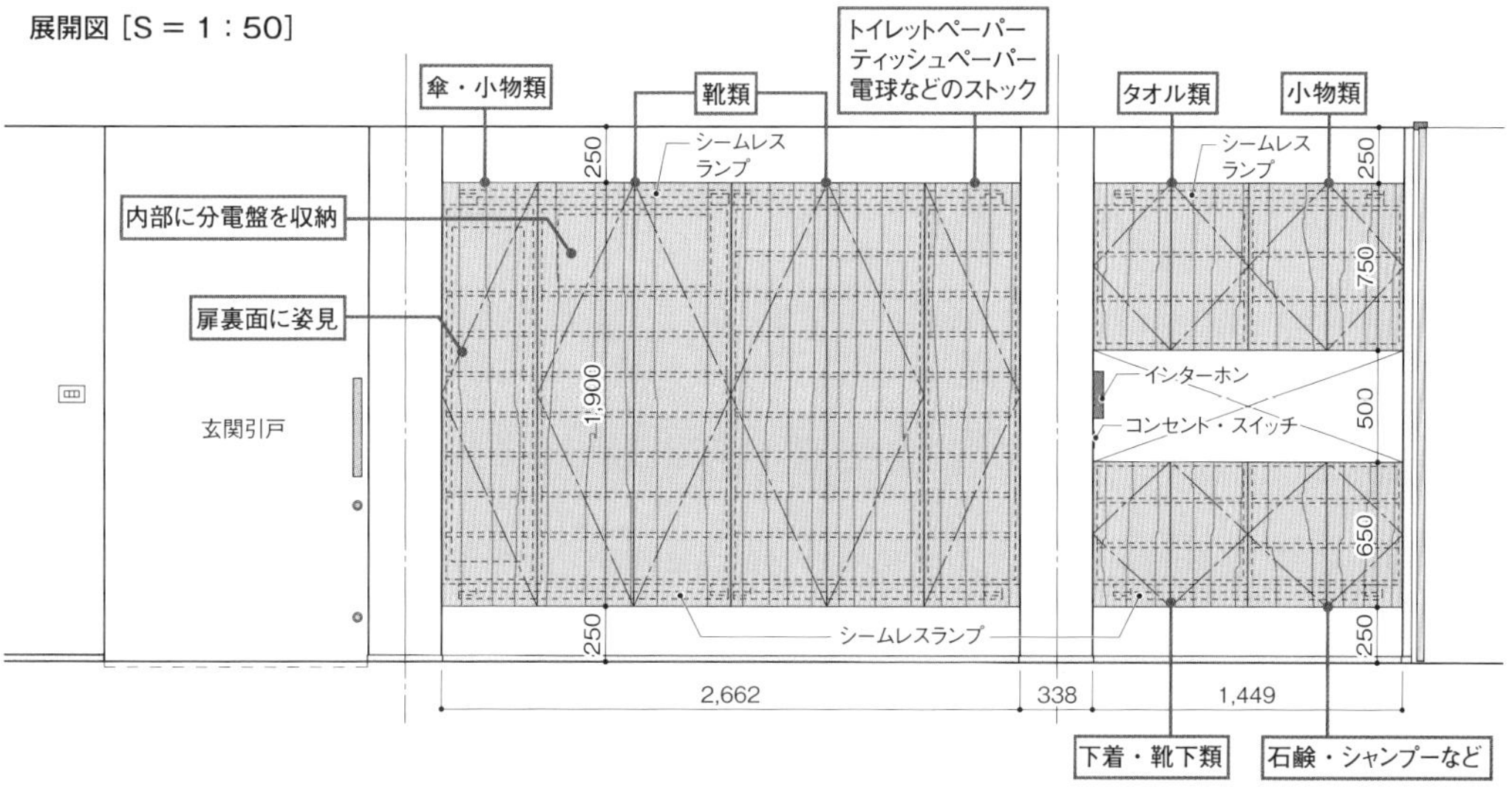

傘・小物類
靴類
トイレットペーパー
ティッシュペーパー
電球などのストック
タオル類
小物類
内部に分電盤を収納
扉裏面に姿見
玄関引戸
シームレスランプ
250
1,900
750
500
650
インターホン
コンセント・スイッチ
シームレスランプ
2,662
338
1,449
下着・靴下類
石鹸・シャンプーなど


## 図2 ｜ 玄関～廊下収納、建具の提案

甲板・手掛け部分詳細図 [S＝1：4]

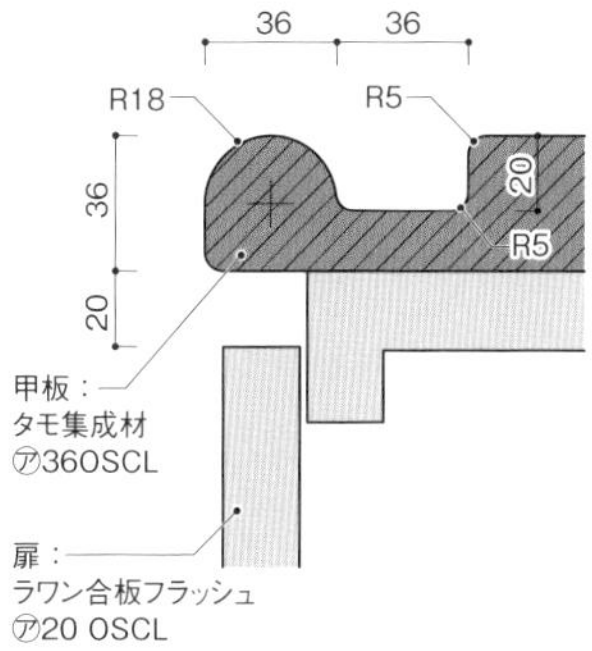

36
36
R18
R5
36
20
20
R5
甲板：
タモ集成材
㋐36OSCL
扉：
ラワン合板フラッシュ
㋐20 OSCL

図2のマンションのリフォームの事例。玄関収納、引戸、廊下収納と連続する部分をすべて同じ仕上げとした。建具と家具の天井、床とのクリアランスを合わせている　設計：STUDIO KAZ、写真：山本まりこ

図1の玄関から続く壁面収納。反対面に位置する部屋に必要なものを収納している。収納の上下を間接照明とし、天井にはダウンライトなど余計なものを付けていない
設計：STUDIO KAZ、
写真：Nacása & Partners

展開図 [S＝1：50]

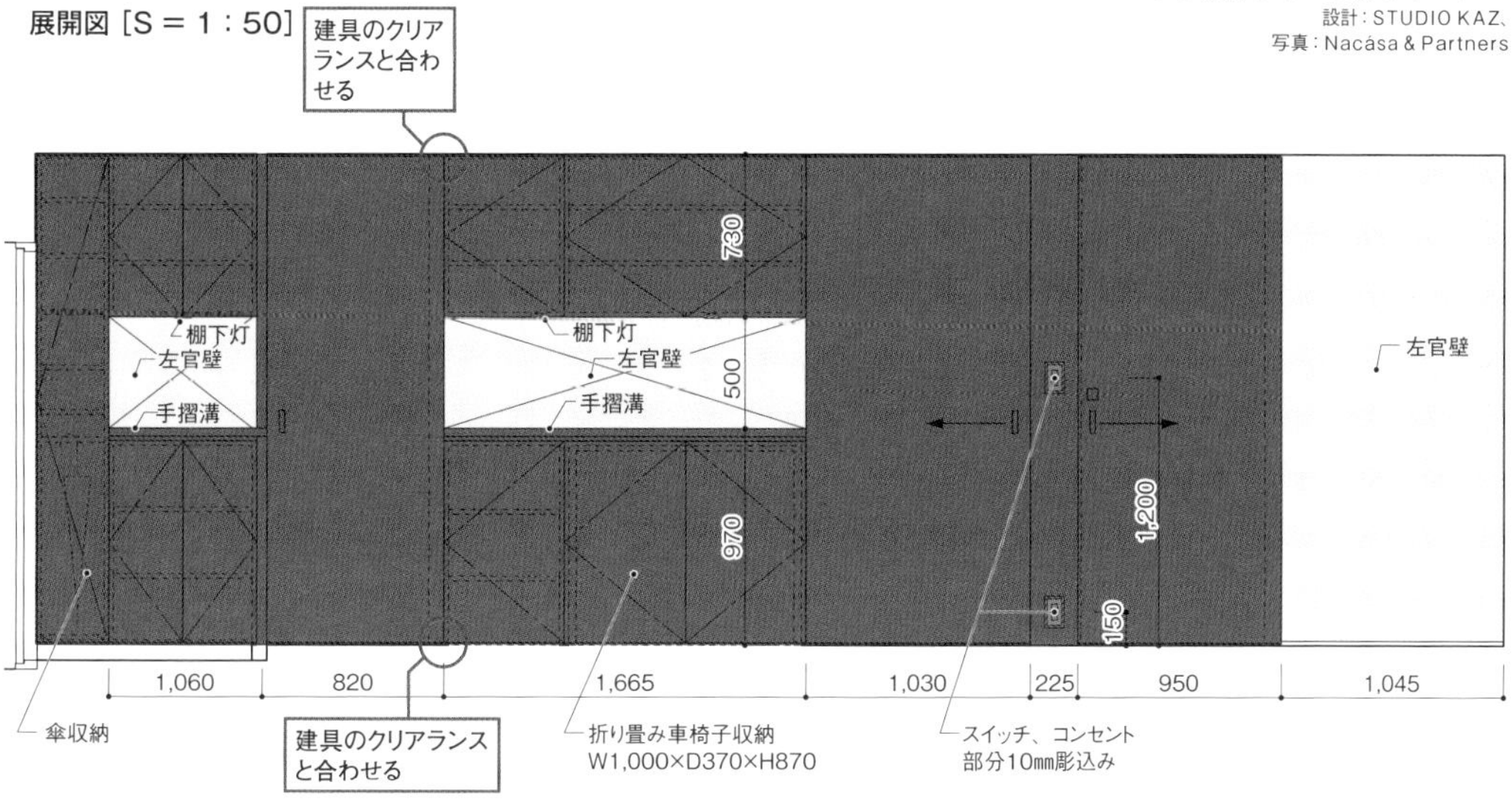

建具のクリアランスと合わせる
棚下灯
左官壁
手摺溝
棚下灯
左官壁
手摺溝
730
500
970
1,200
150
左官壁
1,060
820
1,665
1,030
225
950
1,045
傘収納
建具のクリアランスと合わせる
折り畳み車椅子収納
W1,000×D370×H870
スイッチ、コンセント
部分10㎜彫込み

# ワインラック

POINT

◉コルク栓が乾燥しないように置き方を工夫する

◉ワインのラベルが見えるように計画する

## ワインを見せる

ワインの収納には通常、既製品のワインセラーを導入することが多い。改めてワインラックを製作することは少ないが、ワインを見えるように並べたい、既製のワインセラーの本数では足りないなどの理由で、「ワイン庫」の中にワインラックを造作することがある。

温度と湿度の管理は空調に任せるとして、造作家具の計画ではワインの置き方を中心に考える。ワインはコルク栓が乾いてはいけないとされる。よって、常に中の液体がコルクに触れているように寝かせておくことが基本だ。寝かせたときにラベルが見えるように手前に底を向けて置くか、ボトルの上部が手前に来るように置くかは、建て主の好みによるだろう。

## ワインラックの実例3つ

①地下にあるダイニングの一角、階段下をガラスで囲って空調管理した空間をつくり、その中にスチールパイプで構成したワインラックを配置した。

ガラスの外からの視線も意識したデザイン。住宅だが、店舗のワインラックと同じ考え方による、見せるワインラックである［図1］。

②これも空調管理のある隔離された部屋（地下室）に、ワインを置く木製の棚をつくった。

多くの本数が置けるスペースを確保することと、きれいにレイアウトすることを両立させるため、落としどころを探ったワインラックである［図2］。

③きちんとした管理ではないが、生活空間の中に装飾として、また、多目的に使える飾り棚として、柱状の収納の間に2本の異形鉄筋を渡した。

この鉄筋の間隔はワインのボトルの太さを考慮し、2本の鉄筋の間にボトルを寝かせることができる寸法に設定している［図3］。

## 図1｜スチールで構成したワインラック

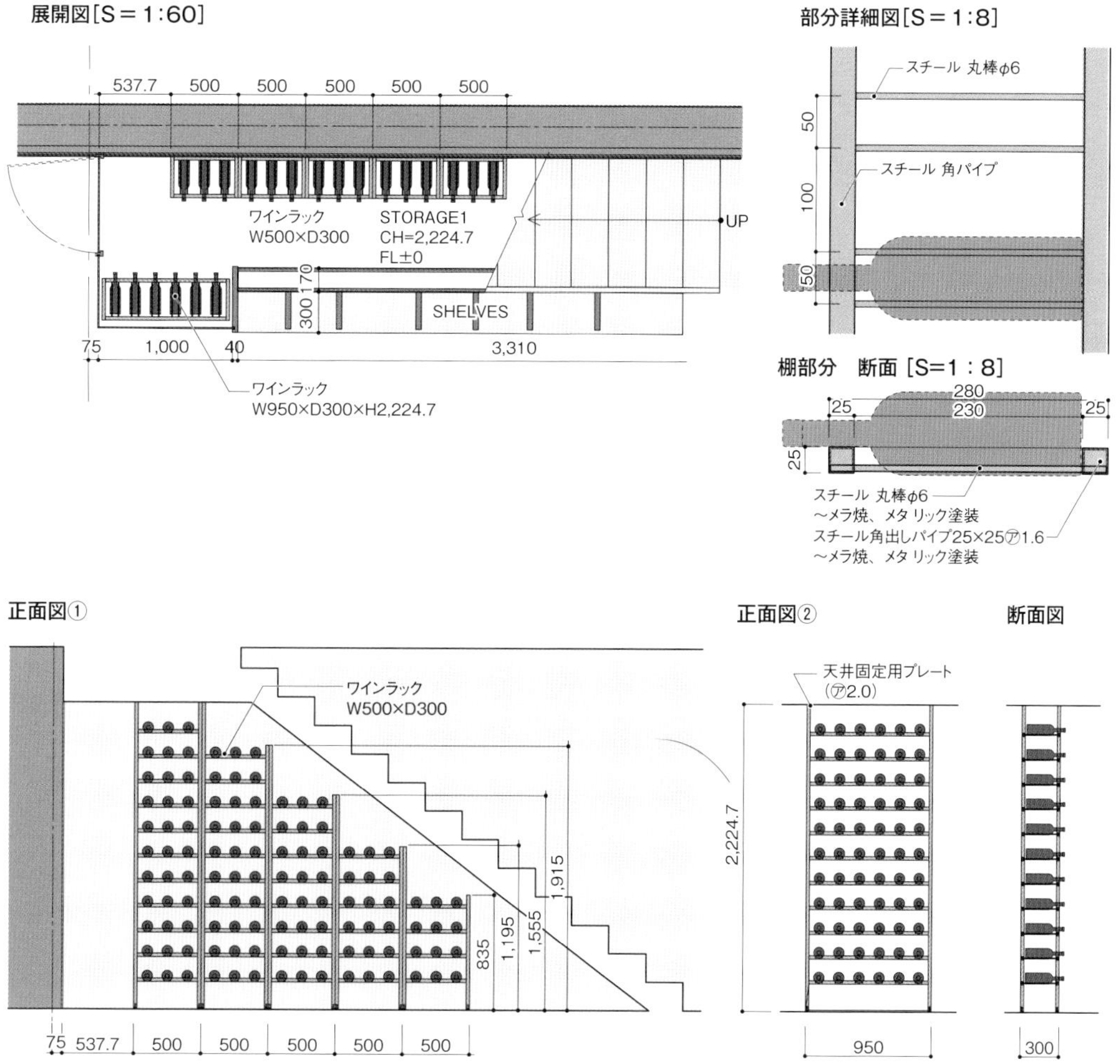
展開図[S＝1:60]
537.7
500
500
500
500
500
ワインラック
W500×D300
STORAGE1
CH=2,224.7
FL±0
UP
170
300
SHELVES
75
1,000
40
3,310
ワインラック
W950×D300×H2,224.7
部分詳細図[S＝1:8]
スチール 丸棒φ6
スチール 角パイプ
50
100
50
棚部分　断面 [S=1：8]
280
25
230
25
25
スチール 丸棒φ6
～メラ焼、メタ リック塗装
スチール角出しパイプ25×25㋐1.6
～メラ焼、メタ リック塗装
正面図①
ワインラック
W500×D300
1,915
1,555
1,195
835
75
537.7
500
500
500
500
500
正面図②
天井固定用プレート
(㋐2.0)
2,224.7
950
断面図
300

## 図2｜木製ワインラック

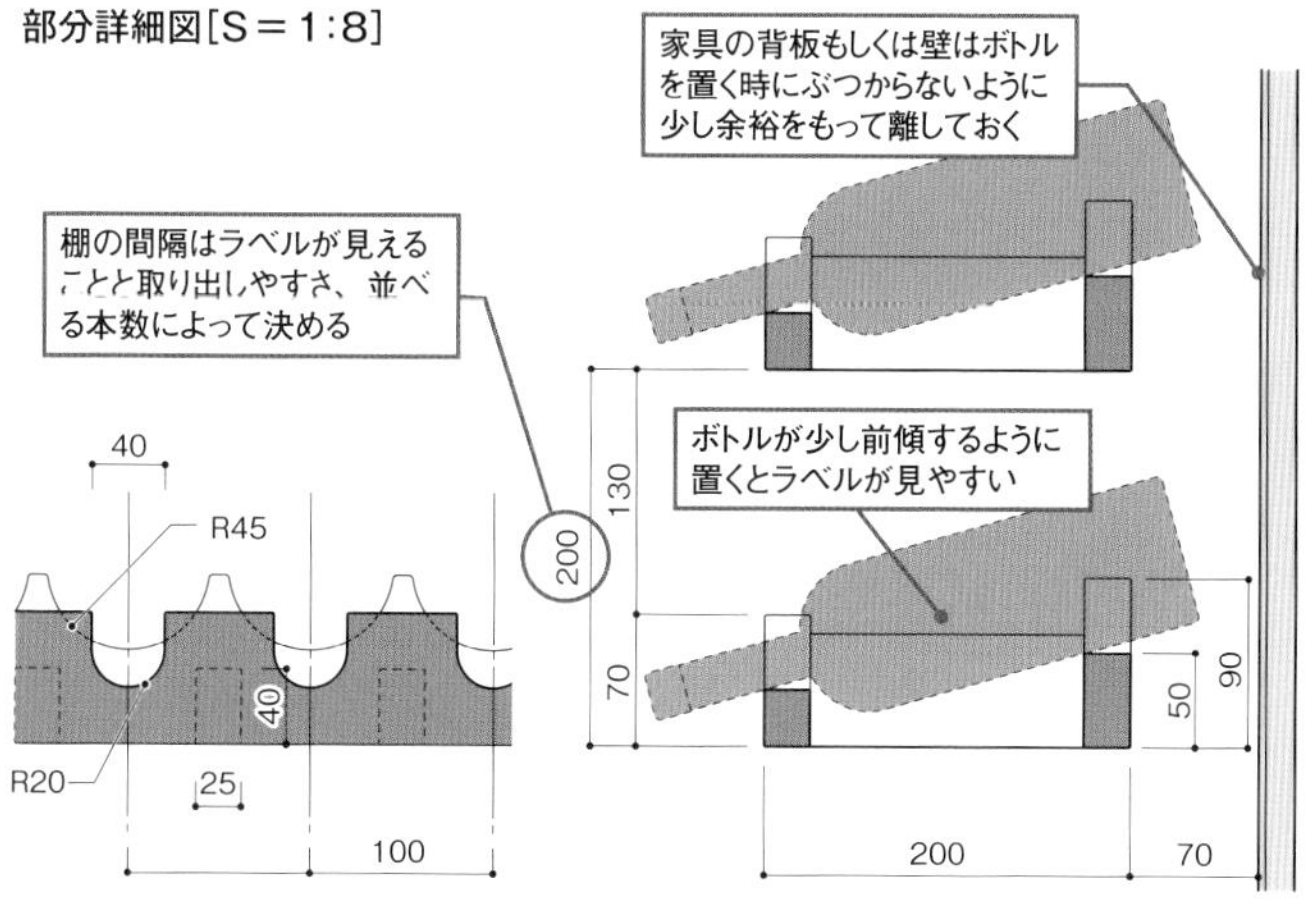
部分詳細図[S＝1:8]
家具の背板もしくは壁はボトルを置く時にぶつからないように少し余裕をもって離しておく
棚の間隔はラベルが見えることと取り出しやすさ、並べる本数によって決める
40
R45
40
R20
25
100
200
130
70
ボトルが少し前傾するように置くとラベルが見やすい
50
90
200
70

## 図3｜異形鉄筋と吊りワイヤーを使ったワインラック[S＝1:8]

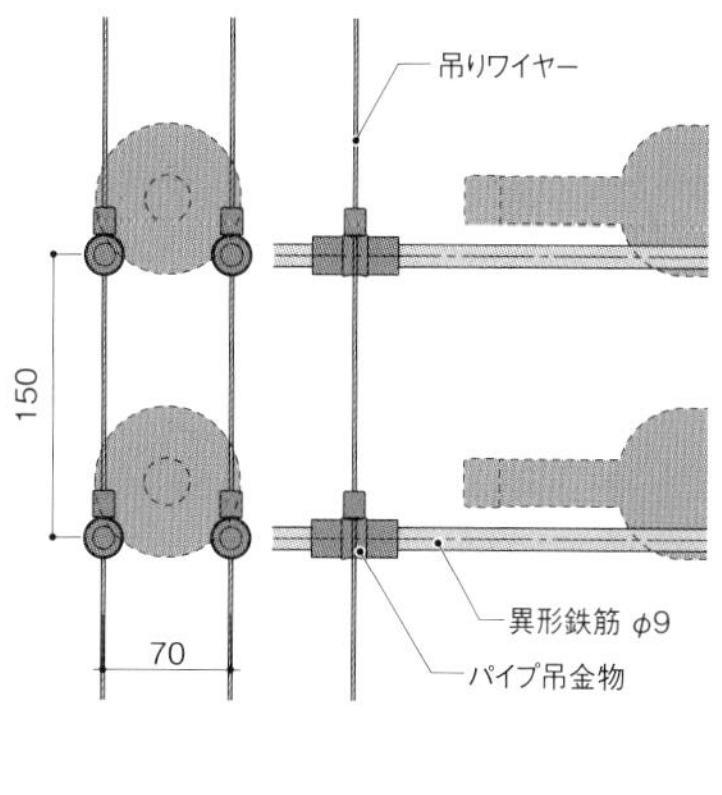
吊りワイヤー
150
70
異形鉄筋 φ9
パイプ吊金物

KEYWORD 083

# 受付カウンター

POINT
- ◎空間の顔としてのイメージ、業種による機能を考えてデザインする
- ◎客とスタッフの動線を考えてデザインする

## オフィスの受付

オフィスの受付カウンターはその会社の顔になる。コーポレートアイデンティティ（CI）に合ったデザインとなるよう心がける。

受付に必要な要素をチェックする。電話と筆記用具、PCなどだが、会社によっては予約表や、病院のように顧客カルテを置くところもあるだろう。受付は無人で、内線電話のみを置く会社もある。

使用上の制約はないので、さまざまな素材が使われる。天然石やステンレスを使うこともあるだろう。写真1では、カラフルな内装の色を使い、色と面形状でCIを表現している。使っている素材はメラミン化粧板と、MDFを塗装したパネルである。

写真2は無人受付だが、明るいオフィスに入る前室として対比させるためにあえて暗く設定し、会社ロゴにスポットライトが当たるようにした。ここに使用したのは、メラミン化粧板のカウンター、壁は不燃突板である。

## 店舗の受付

店舗の受付の目的は2つ。一つは客を迎え入れるための顔、もう一つは支払いのためのレジカウンターだ。レジ機械の寸法はさまざまなので、設計段階までに決めてもらい、サイズや表示部分の納まりを確認しておきたいところだ。また、スタッフエリアとの動線も考慮しなければならない。

写真3は、サロンの受付。入口と待合室を介して対峙するかたちで配置した。南国の雰囲気に合わせて流木を模したメラミン化粧板のカウンター、店名ロゴを彫り込んだタイル張りの腰壁、足元に埋め込まれた間接照明を設置。幅を広く取ったのは、受付業務の一方で、施術後のアフターコミュニケーションの必要を考慮したためである。

## 写真1 ｜ 法律事務所の受付

法律事務所の受付カウンター。固いイメージを払拭したカラフルな内装と、堅実なイメージという2つの顔をもつオフィスの入口にある。ダークグレーをベースに、内装に使った色や素材をカウンターの随所にちりばめた

カウンター・収納棚断面図［S=1：50］

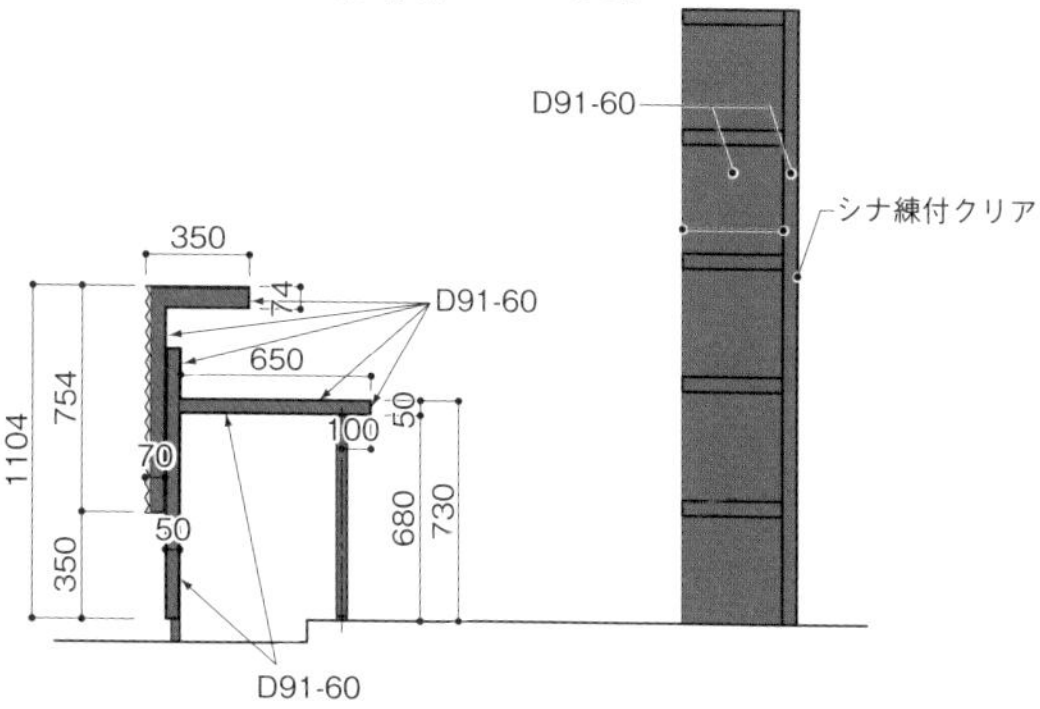
D91-60
シナ練付クリア
350
74
D91-60
650
50
100
1104
754
70
50
350
680
730
D91-60

カウンター展開図［S=1：50］

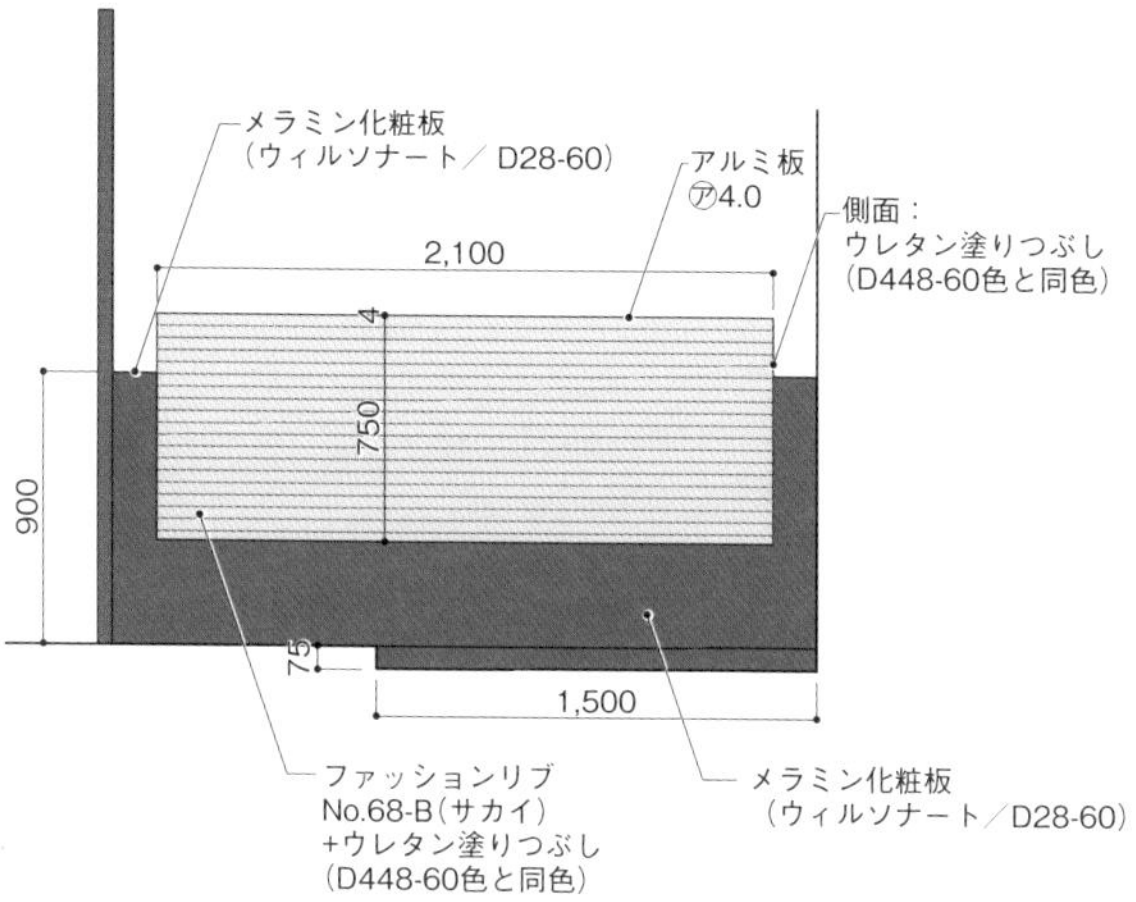
メラミン化粧板
（ウィルソナート／ D28-60）
アルミ板
㋐4.0
側面：
ウレタン塗りつぶし
（D448-60色と同色）
2,100
4
750
900
75
1,500
ファッションリブ
No.68-B（サカイ）
+ウレタン塗りつぶし
（D448-60色と同色）
メラミン化粧板
（ウィルソナート／D28-60）

収納棚展開図［S=1：50］

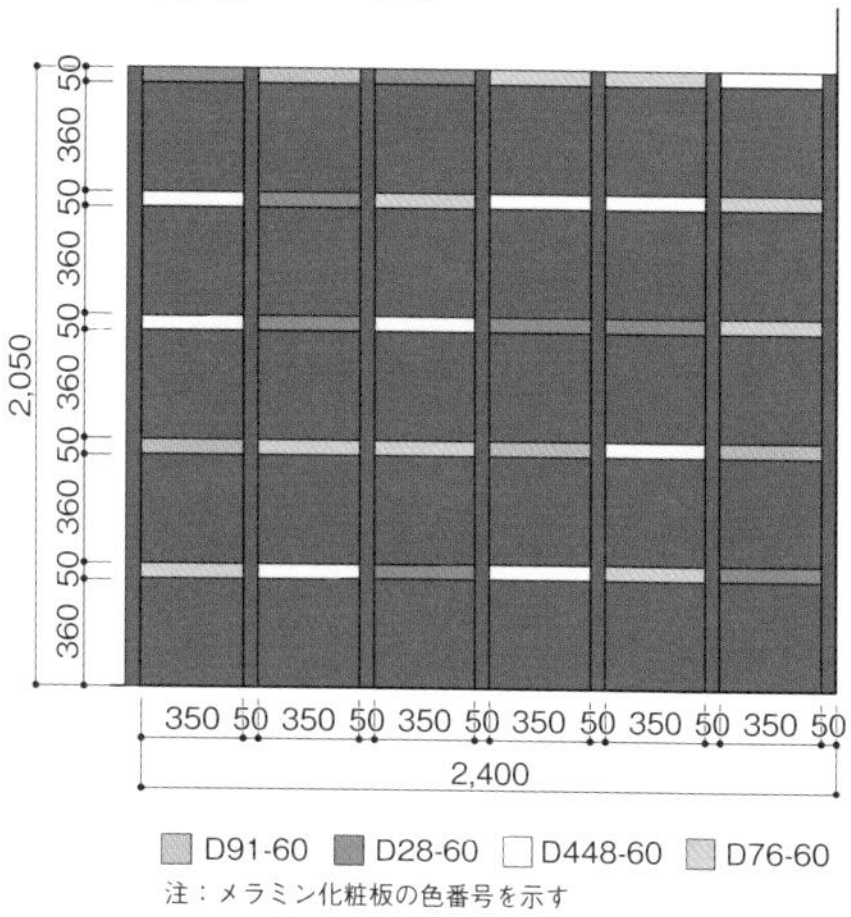
50
360
50
360
50
360
50
360
50
360
2,050
350 50 350 50 350 50 350 50 350 50 350 50
2,400
D91-60
D28-60
D448-60
D76-60
注：メラミン化粧板の色番号を示す

## 写真2 ｜ オフィスの無人受付

TAKENAKA

古い倉庫を改装したオフィス。明るくポップな内装のオフィスに入る前、あえて暗い前室をつくって対比させた

## 写真3 ｜ サロンの受付

サロンのカウンター。エレベーターホールから続く「赤い壁」に誘導されるように店内に入り、苔シートを張った壁を背景にスタッフが応対する。施術前の受付業務と施術後のアフターコミュニケーションの場を兼ねるため、長いカウンターが必要だった

設計：STUDIO KAZ、写真：垂見孔士（写真1・3）、写真：山本まりこ（写真2）

# 店舗のカウンター

POINT

◉カウンターは飲食店最大の見せ場

◉搬入を考えた素材選びを行う

## 飲食店の顔

飲食店のカウンターはその店の「見せ場」である。店の雰囲気を印象付け、客とスタッフのコミュニケーションの場にもなる、店の顔として位置付けられなければならない。どれだけ空間の中に溶け込ませるか、もしくはインパクトを与えられるかが肝となる。

カウンターを構成する要素を整理すると、意外と少ないことに気づく。カウンターそのものと足掛けパイプ（スツールに足掛けが付く場合もある）、カウンター下の腰壁、荷物を置くための棚、スツールである。すなわち「カウンター」の存在そのものが最も重要でかつ唯一のポイントである。

カウンターを印象付けるポイントとなるものをいくつか挙げる。一つめは素材を見せること。たとえば天然石や無垢《むく》板、金属、ガラスなど、圧倒的なオーラを放つ素材を「見せつける」。二つめは大きさ。どこから搬入したのか不思議なくらい長いカウンターは、それだけでもインパクトがある。三つめは色。照明効果も含め、色は人の第一印象として真っ先に飛び込んでくるものである。この3つに、カウンターの形状、入口からの配置などを工夫して、印象深いカウンターができれば、飲食店のデザインはほぼ成功といってもよい［図・写真］。

## スギの耳付き無垢板

都心の地下テナントにギャラリーバーを設計した。店内に入って真っ先に目に飛び込んでくるのは、厚さ100㎜もある、大きく湾曲したスギの耳付き無垢板である。カウンターの奥は厨房、そしてステンレスのボトル棚が妖しく光る。スギカウンターの空間を通って奥に行くと、一転、白いバルセロナチェアが並ぶラウンジ空間となる。その対比を楽しめるように意識した。

## 図・写真 | 無垢板のカウンターのある店舗

### 平面図 [S=1：130]

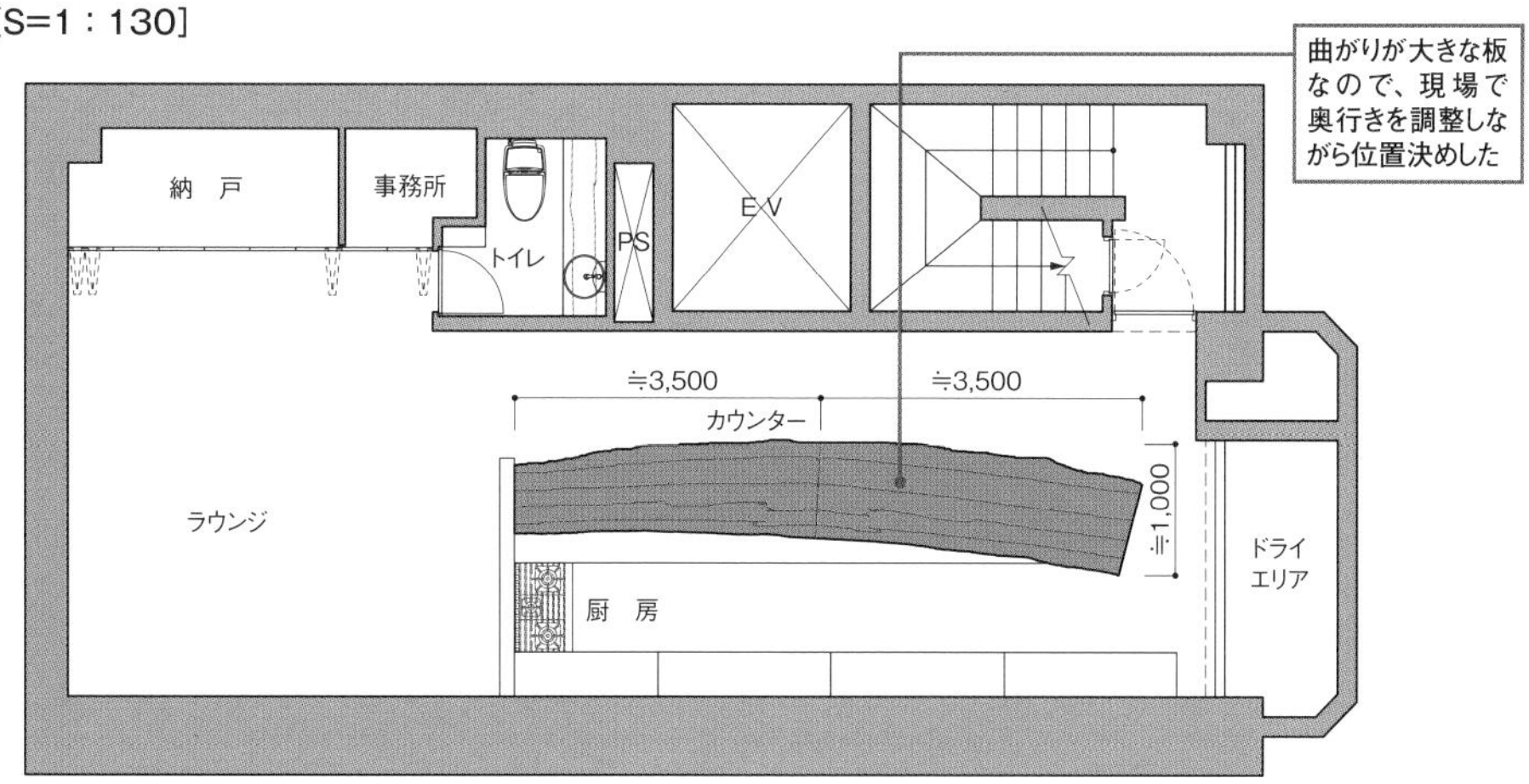
曲がりが大きな板なので、現場で奥行きを調整しながら位置決めした
納 戸
事務所
トイレ
PS
EV
≒3,500
≒3,500
カウンター
≒1,000
ラウンジ
ドライエリア
厨 房

### カウンター納まり詳細図[S＝1:8]

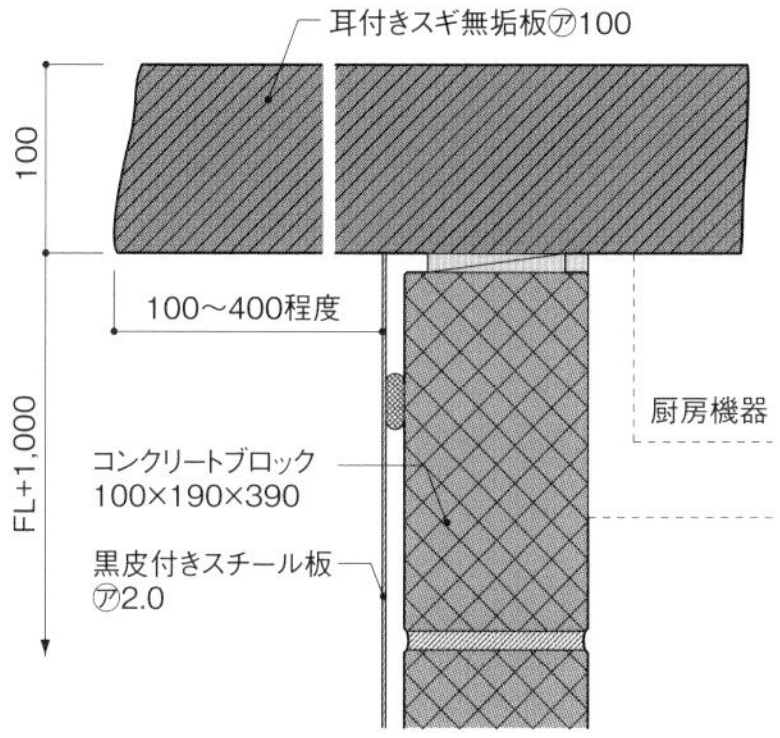
耳付きスギ無垢板㋐100
100
100〜400程度
厨房機器
FL+1,000
コンクリートブロック
100×190×390
黒皮付きスチール板
㋐2.0

カウンター搬入の様子。地下店舗のため、搬入はドライエリアから行った

無垢材の圧倒的な存在感と効果的な照明計画が揃えば、細かいディテールは不要かもしれない

スギの耳付き無垢板のカウンターと、照明を組み込んだステンレスのボトル棚の対比が美しい

設計：藤川千景＋STUDIO KAZ、写真：STUDIO KAZ

# ソファ・ベンチ

**POINT**

- ◉業種によりソファの奥行き寸法を決める
- ◉照明など別機能を併用して効率的に使う

## 店舗のソファ

美容室やサロンなどの待合い室、長い壁がある飲食店などにソファを設置する。飲食店ではベンチシートにすることで、フレキシブルな客席レイアウトにすることができるという利点もある。つまり、居心地のよさと営業効率の2つを求める性格をもつ。もちろん飲食店でも、業態によっては座り心地が優先されることもある。

一方、サロンの待合いでのソファは、その居心地が客へのサービスの一環であるととらえ、座り心地を最優先に設計する。

その大きな違いは座面の奥行きとクッション性にある。飲食店のソファ（ベンチ）は椅子の延長と考え、座面の奥行きは浅い。座面高も椅子と合わせ、クッションも固めに設定することが多い［図1・3］。飲食時の大事なポイントは向かい合った2人、もしくは数人の視線が合うということで、それにより会話が弾む。一方サロンの場合、座面は深めで［図2］、柔らかいクッション性をもたせることが多い。

特殊な例として、ソファの背を極端に高くして、間仕切代わりにしたことがある。レザーのボタン留めという男性っぽい質感の壁をつくることで、落ち着きのある小さな空間とした。

## 住宅のソファ

住宅でもソファを造作することがある。ファブリックや皮革を張る作業は現場ではできないので、専門業者に依頼する。住宅でソファを造作するのは、サイズや形状が既製品で対応できない場合などだ。特殊な形状など現場での型取りが大切な作業になる。

住宅では憩うことを優先して設計する。店舗でもそうだが、ソファの大きさは空間とのバランスをはかりながら決める。

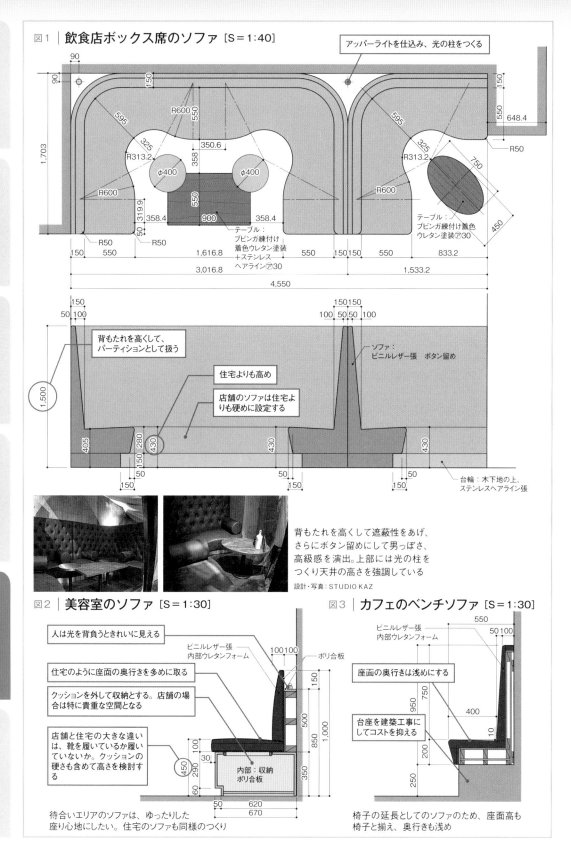

図1 | 飲食店ボックス席のソファ [S＝1:40]

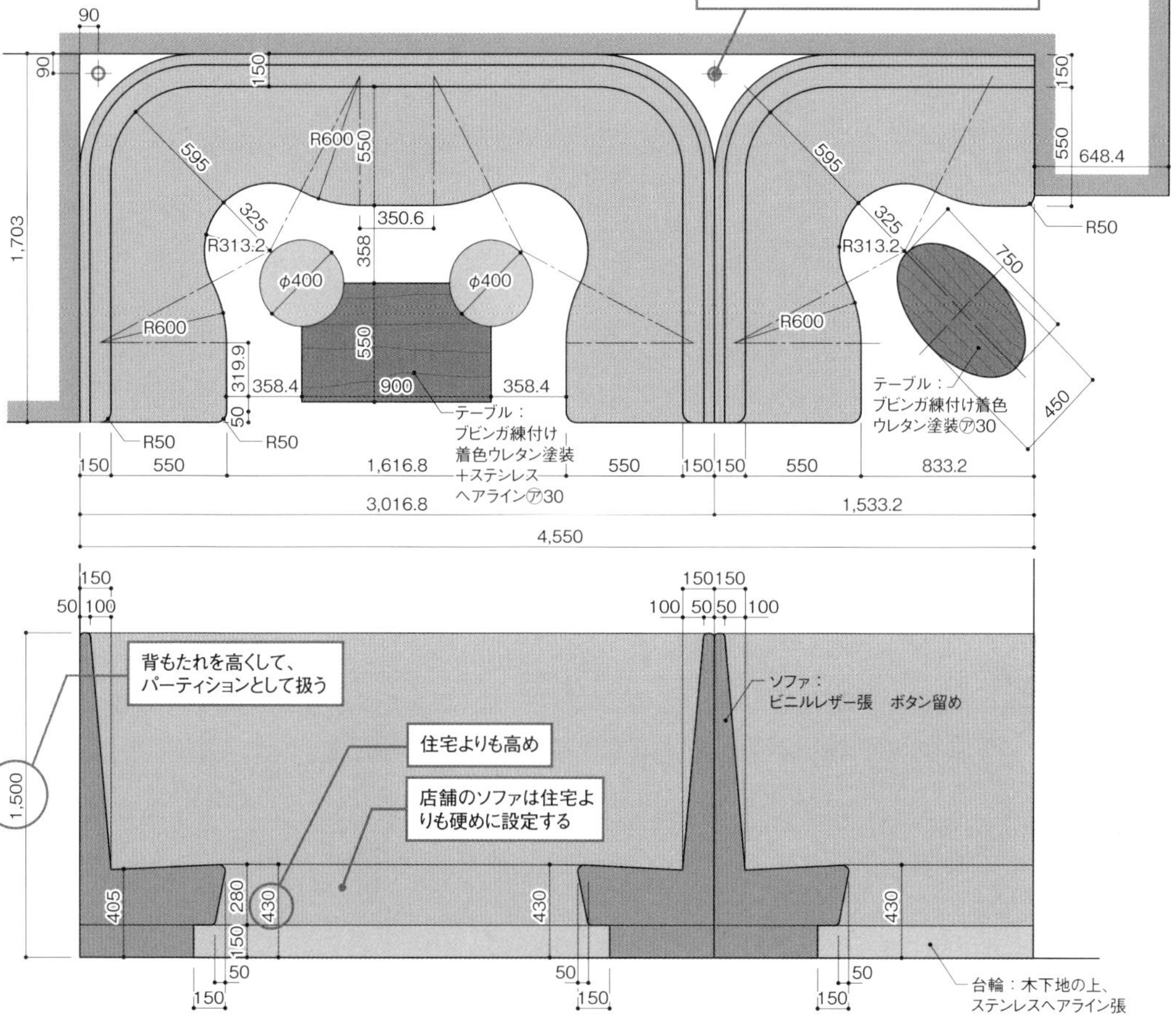
アッパーライトを仕込み、光の柱をつくる
90
90
150
1,703
R600
550
595
325
350.6
R313.2
358
φ400
φ400
R600
550
319.9
358.4
900
358.4
50
R50
R50
テーブル：
ブビンガ練付け
着色ウレタン塗装
＋ステンレス
ヘアライン㋐30
150
550
1,616.8
550
150
150
550
833.2
3,016.8
1,533.2
4,550
150
550
648.4
R50
595
325
R313.2
750
R600
テーブル：
ブビンガ練付け着色
ウレタン塗装㋐30
450
150
50
100
150150
100
50
50
100
背もたれを高くして、
パーティションとして扱う
ソファ：
ビニルレザー張　ボタン留め
住宅よりも高め
店舗のソファは住宅よりも硬めに設定する
1,500
405
280
430
150
430
430
50
150
50
150
50
150
台輪：木下地の上、
ステンレスヘアライン張

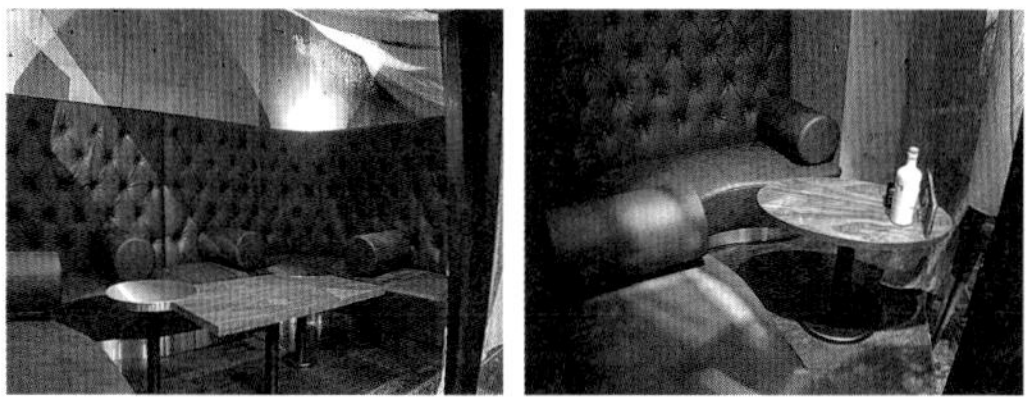

背もたれを高くして遮蔽性をあげ、さらにボタン留めにして男っぽさ、高級感を演出。上部には光の柱をつくり天井の高さを強調している

設計・写真：STUDIO KAZ

図2 | 美容室のソファ [S＝1:30]

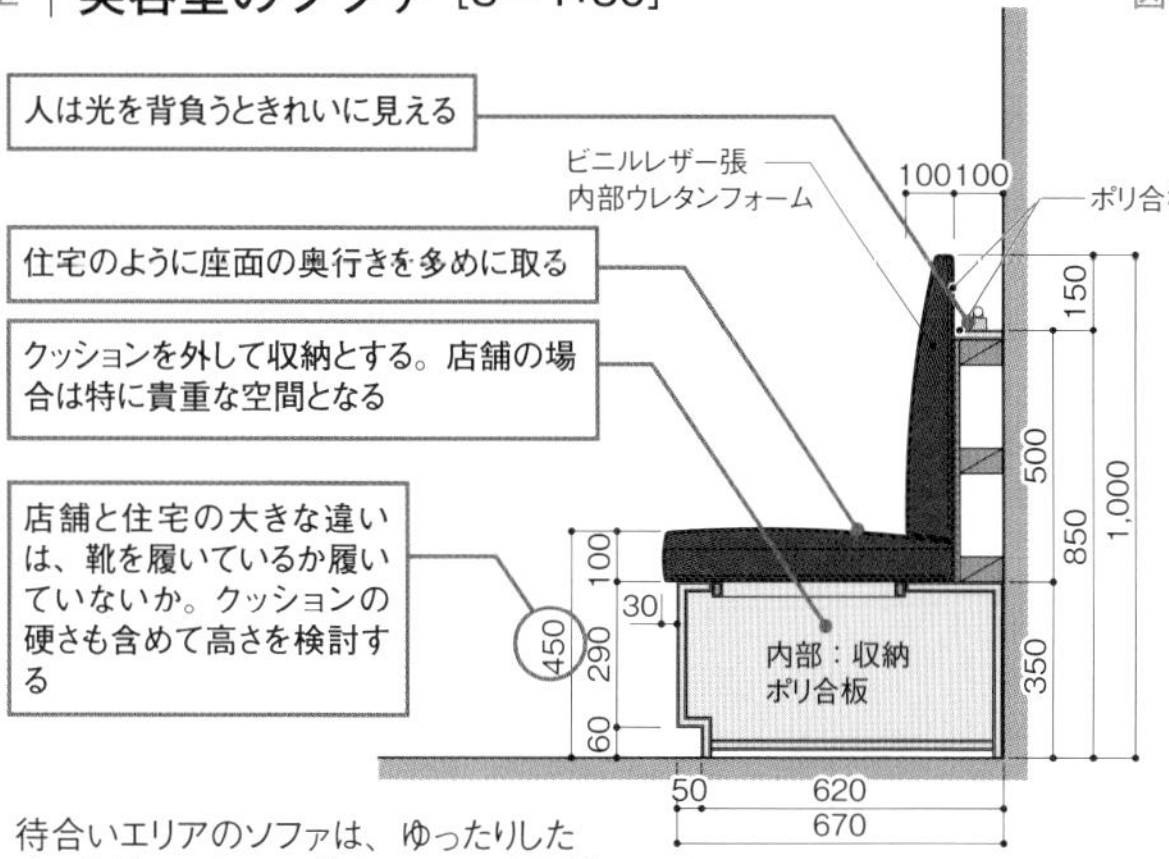
人は光を背負うときれいに見える
ビニルレザー張
内部ウレタンフォーム
100100
ポリ合板
住宅のように座面の奥行きを多めに取る
クッションを外して収納とする。店舗の場合は特に貴重な空間となる
店舗と住宅の大きな違いは、靴を履いているか履いていないか。クッションの硬さも含めて高さを検討する
150
500
850
1,000
100
30
450
290
60
内部：収納
ポリ合板
350
50
620
670

待合いエリアのソファは、ゆったりした座り心地にしたい。住宅のソファも同様のつくり

図3 | カフェのベンチソファ [S＝1:30]

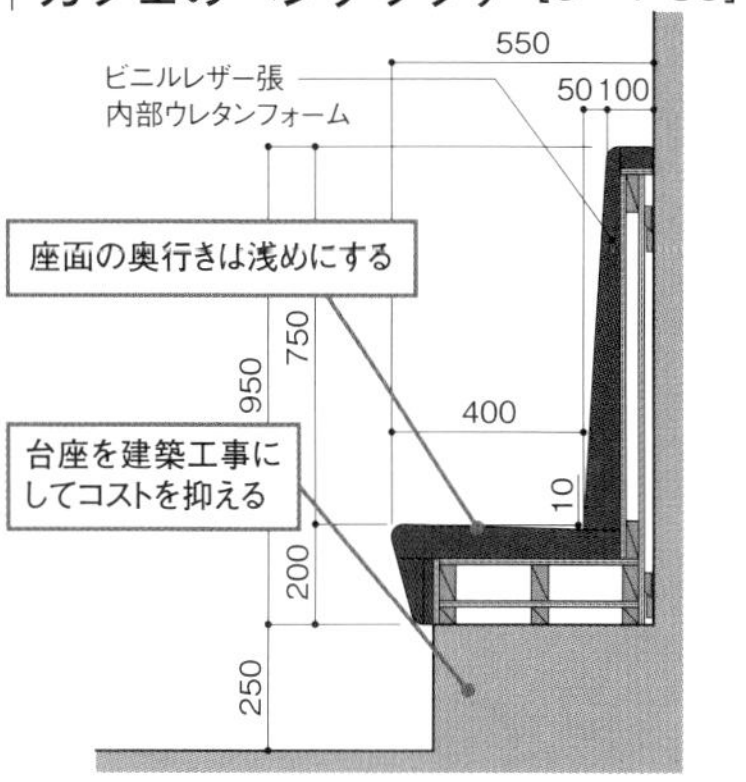
550
ビニルレザー張
内部ウレタンフォーム
50100
座面の奥行きは浅めにする
950
750
400
台座を建築工事にしてコストを抑える
10
200
250

椅子の延長としてのソファのため、座面高も椅子と揃え、奥行きも浅め

KEYWORD 086

# 店舗什器

POINT

◉商品の特性を考慮して大きさ、照明などを計画する

◉販売スタイルについてヒアリングを欠かさない

## 店舗什器の目的

物販店で用いられる店舗什器の目的は、商品を陳列・展示することである。あくまで商品が主役だということを忘れてはいけない。したがって、什器は脇役に徹することを求められるが、什器のデザインが店舗全体のデザインに影響することも確かである。什器の大きさ、かたち、色、素材、照明などは、客やスタッフの動線をつくり出し、商品のセレクトから購買までの行動を誘導する働きをもつ。そのためには商品の特性にマッチし、そのよさを最大限に引き出すような効果が発揮されなければならない［写真］。

基本的な陳列・展示の形態は「吊るす」と「置く」に分かれる。ほかにストックなどで「入れる」という要素も加わる。この要件を満たす最もプリミティブな形態は「水平な板」と「（パイプやフックなどの）掛けるしかけ」である。これにアレンジや装飾などの演出的な要素を加えて什器が出来上がる。

## 可動式の什器

商業施設のテナントに入るアパレルショップの内装をデザインしたときに、併せて、アクセサリー用と洋服用の什器をデザインした［図］。アクセサリー用にはLED照明を設けたほか、季節によりレイアウトが変わる可能性があったのでキャスター付きとし、LEDの電源も直結にせず、コンセント差込み式とした。いずれも鉄錆風の特殊塗装（79頁参照）を施したスチール角パイプのフレームを木製の箱に取り付け、箱から300㎜上にフレームをつくり、透明ガラスを載せている。洋服用ではこのガラストップが、セレクトした洋服をコーディネートする台としても活用される。そのため、洋服用什器の高さは、アクセサリー用よりも100㎜低くなっている。

## 図｜可動式の什器 [S＝1:40]

### ①アクセサリー用什器

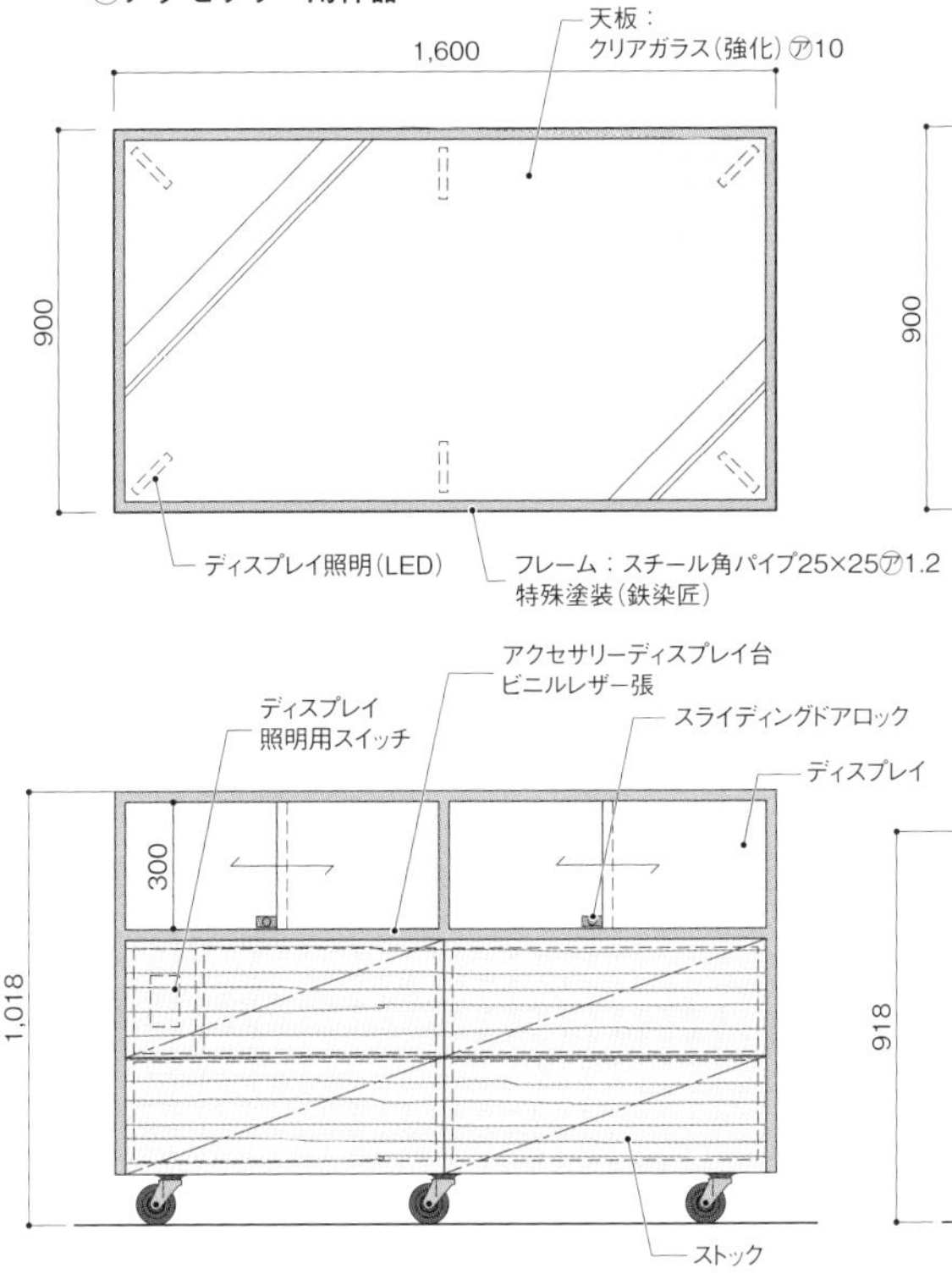
1,600
天板：
クリアガラス（強化）㋐10
900
ディスプレイ照明（LED）
フレーム：スチール角パイプ25×25㋐1.2
特殊塗装（鉄染匠）
アクセサリーディスプレイ台
ビニルレザー張
ディスプレイ
照明用スイッチ
スライディングドアロック
ディスプレイ
300
1,018
ストック

アクセサリー用什器。ディスプレイ部はガラス引戸で鍵付き。内部に小型LED照明を付け、下部は引出し式ストック収納

### ②洋服用什器

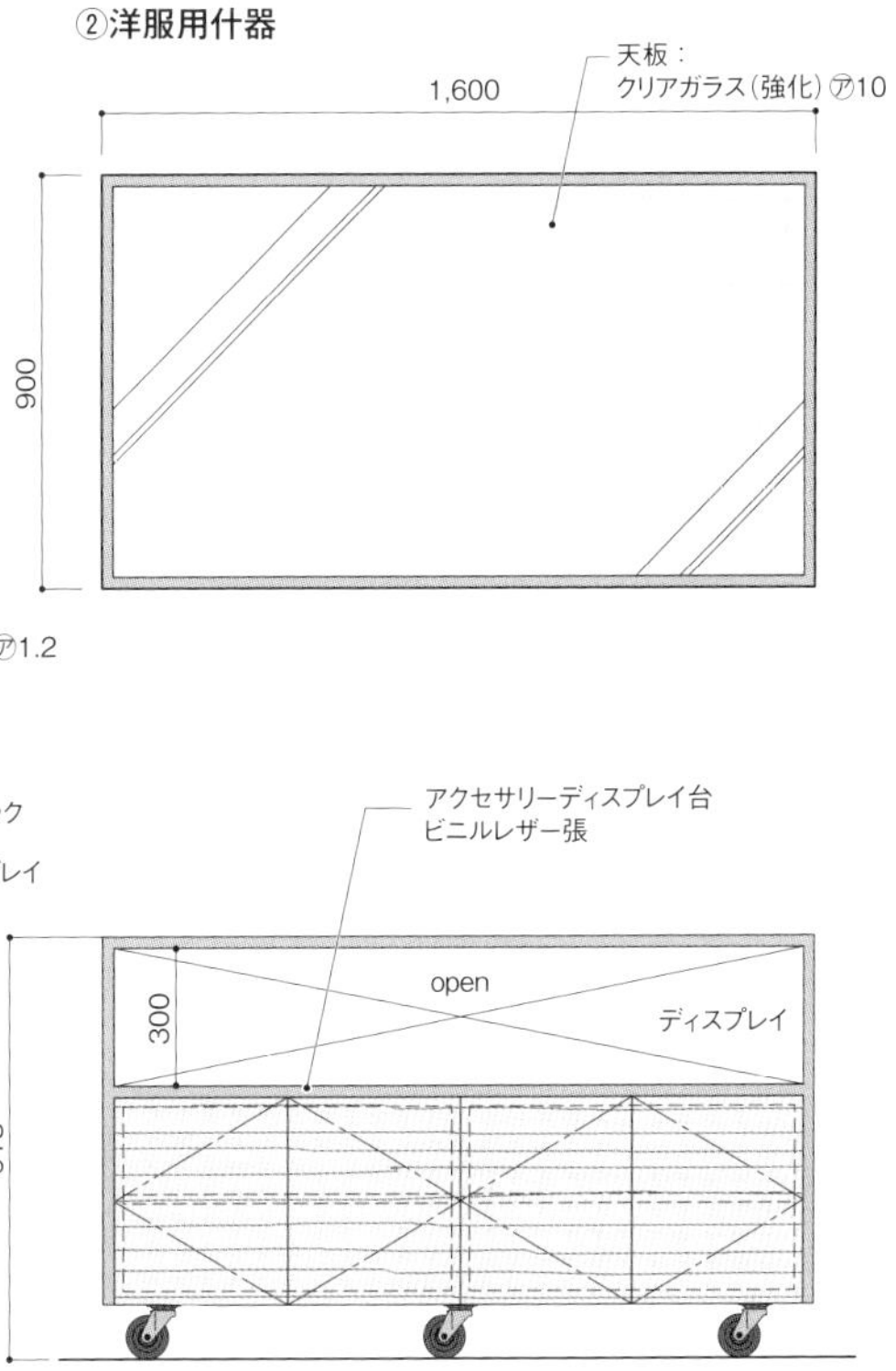
1,600
天板：
クリアガラス（強化）㋐10
900
アクセサリーディスプレイ台
ビニルレザー張
open
ディスプレイ
300
918

洋服用の什器。ディスプレイ部は畳んで置くオープンスタイル。下部はフレキシブルな使用を考慮して、扉式のストック収納。共にキャスターを付けてレイアウト変更可能にした（写真①）

## 写真｜店舗のディスプレイ什器

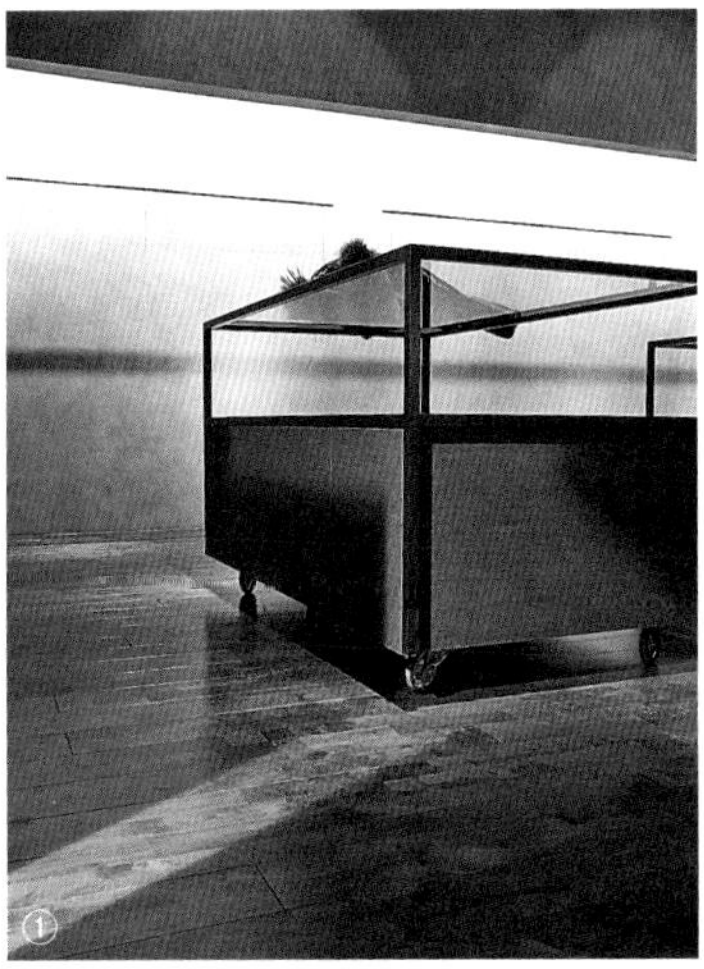

暗い店内に的確な照明計画を行い、適材適所に必要な明るさを得ているなか、什器のフレームに施した塗装の質感が雰囲気を高めている

眼鏡店の壁面ディスプレイ。不燃材で細長いボックスを並べ、ダイノックシートで仕上げている。背面に照明を仕込み、商品を背面から照らす。透明感がある眼鏡という特質を生かしたディスプレイ方法

同眼鏡店の什器。接客カウンターを兼ねた商品ディスプレイ什器。細長い店舗のため、奥行きをぎりぎりに設定し、床固定式とした。スタッフ側の立つ姿勢と客側の座る姿勢を考慮した高さとした

設計・写真：STUDIO KAZ（写真①～③）

# 家具で間仕切る

POINT

- ◉家具で空間を仕切るとスペースが有効に使える
- ◉家具で間仕切るときは背面のデザインも忘れない

## 壁厚を有効利用する

限られた面積のなかでレイアウトを工夫し、少しでもスペース効率がよい方法はないかと探るのは、いずこも同じ事情である。［図1］。

その答えの一つが、家具で空間を仕切る方法だ。間柱を立て、両面をプラスターボードで仕上げると、それだけで最低70㎜はある。そこに最初から壁をつくらず家具で仕切れば、70㎜を有効に使える。つくり方を工夫すれば両面から使うこともでき、非常に便利になるだろう。家具にスイッチやコンセントを組み込むこともできるので、壁と同じように扱える。もちろん構造的な問題ですべてを家具に置き換えることは難しいが、間仕切程度であれば問題ない。建具と同じ素材で家具をつくり、塗装工事で同色に仕上げてしまえば、家具と建具が一体となった「壁」ができる。

## 子供部屋を本棚で仕切る

約12畳の1部屋を2人の子どものために仕切るリフォームを手がけたことがある。そこでは、大工工事による造作家具で空間を3つに分割する提案をした［図2］。個室A・Bとスタディルームはシナランバーでつくった本棚で仕切る。一部個室A・Bに入るための建具も同列で並ぶ。この本棚にはスイッチやコンセントが付けられている。個室Aと個室Bの間も造作家具だ。個室B側のクロゼットとテレビや本、おもちゃを飾るためのオープン棚が掃出し窓まで続き、空間を仕切っている。当然、テレビ配線やコンセントも備えている。上部にはガラスがはまり、光を共有する。スタディルームとの間の本棚も上下の1スパンのみ背板を付けず、圧迫感を軽減すると同時に、空間全体で空気と雰囲気を共有している。

## 図1 | キッチンとトイレを家具で間仕切る

平面図 [S＝1：40]

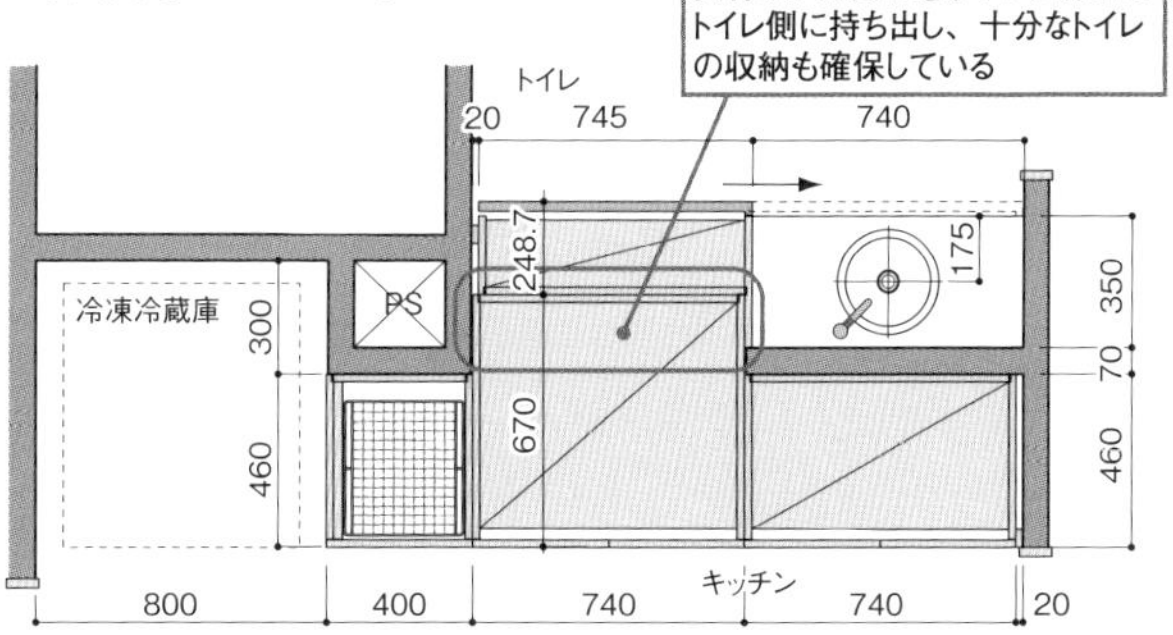
奥行きが必要な電子レンジ部分をトイレ側に持ち出し、十分なトイレの収納も確保している


展開図 [S＝1：40]

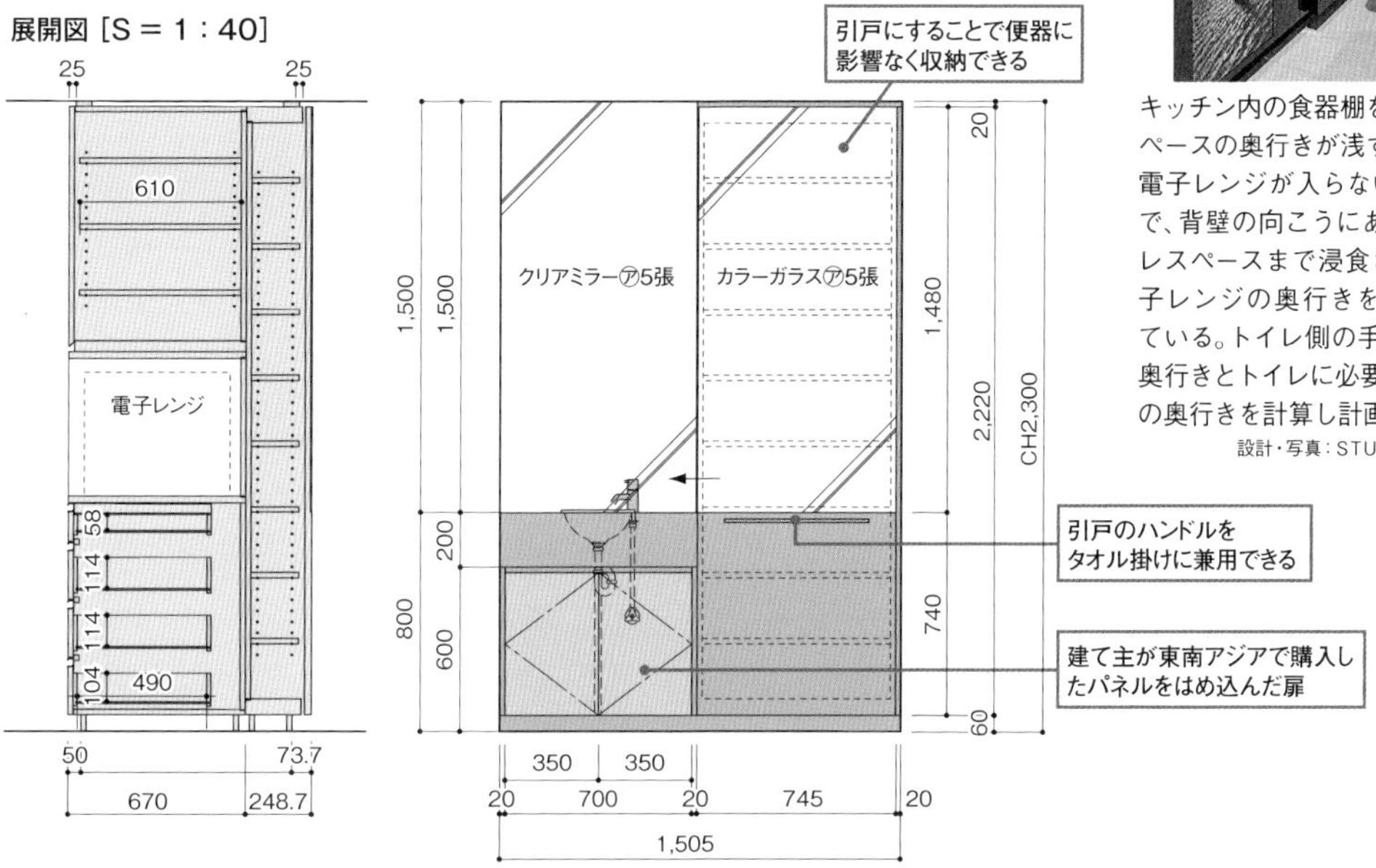

キッチン内の食器棚を置くスペースの奥行きが浅すぎて、電子レンジが入らない。そこで、背壁の向こうにあるトイレスペースまで浸食させ、電子レンジの奥行きを確保している。トイレ側の手洗いの奥行きとトイレに必要な収納の奥行きを計算し計画した

設計・写真：STUDIO KAZ

## 図2 | 子供部屋（子ども２人）どうしを家具で間仕切る [S＝1:70]

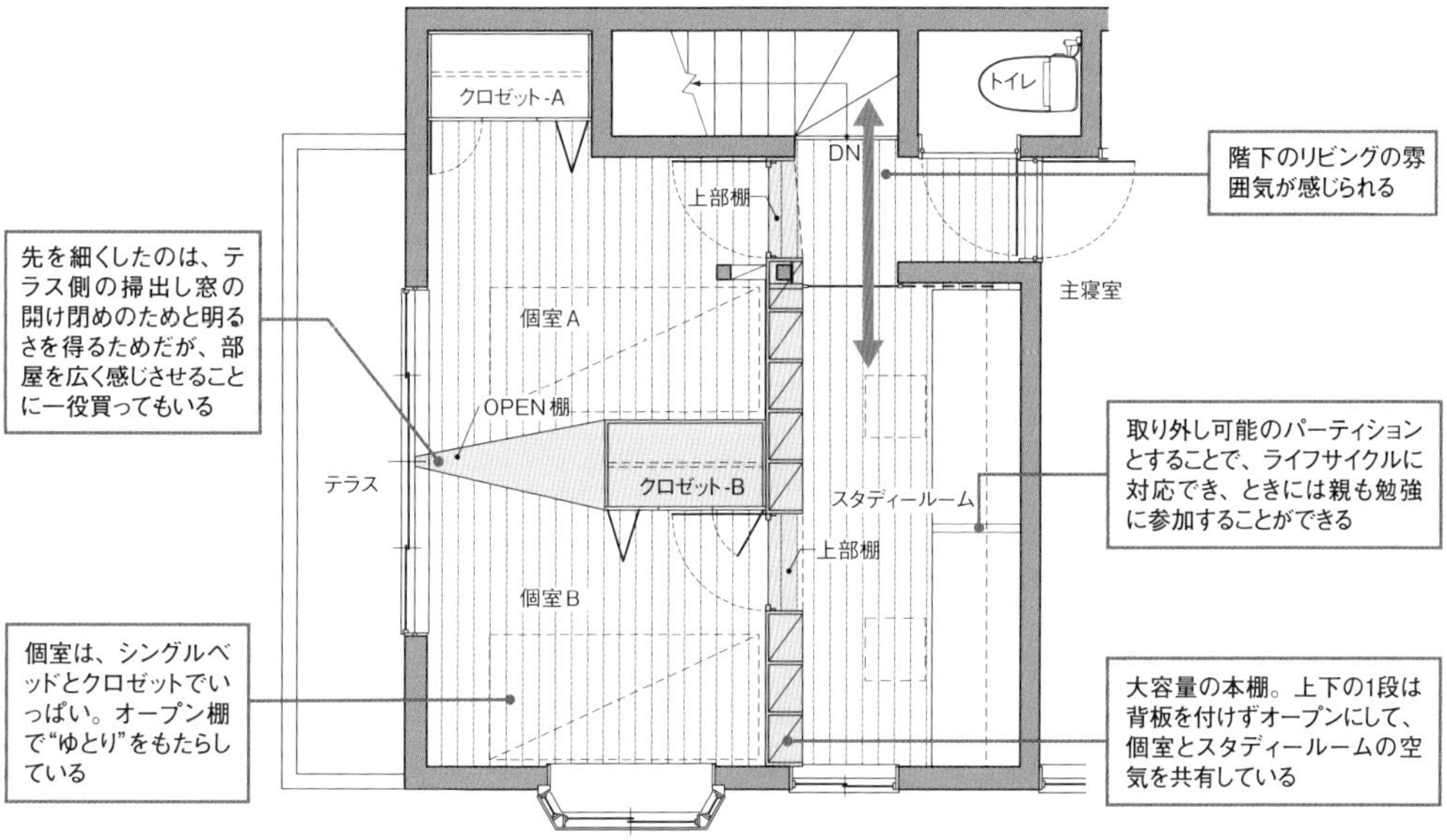

KEYWORD 088

# 変化に対応する家具

POINT

◉造作家具をシステム化して可変できるようにする

◉金物を自在に使いこなして、シンプルに可変させる

## 子供部屋の可変性

かつて計画した「子供部屋」が、子どもの成長に伴って使いにくくなるケースは多い。

そこで、組み替え可能でレイアウトフリーな家具を提案した。デスク、椅子、洋服タンス、本棚の各家具について、空間の大きさと材料の歩留まりから計算して割り出したモジュールにしたがい、大きさを決める。それらを金物で縦横につないで並べることにより、いろいろなかたちに、かつ安全にレイアウトすることができる［写真］。子どもが小さいときは壁に並べて広い1つの空間とし、少し成長したらローパーティションで間仕切り、気配の通じ合う2つの空間に分割する。さらに成長したときは、すべてを積み上げ背中合わせに並べることで、間仕切壁とする。本棚だけを抜き出して別の部屋との間仕切に使うことも可能だ。

## ミニマルな可変テーブル

通常、エクステンションテーブルというと、テーブルの真ん中から引き分け、中からサブの板を取り出して真ん中に渡したり、端の板を持ち上げて下から支えを引き出したり、折り畳んだ脚を広げたりしていた。しかし、どちらにしても作業が煩わしい。そこで提案したのがこのテーブルだ。操作は簡単で、端の板を持ち上げるところまでは一緒だが、そのまま押すと天板全体がスライドし、約300㎜ずれて脚フレームからオーバーハングする格好になる。脚フレームは25㎜の角パイプで構成していて、エクステンションのしかけもその25㎜の厚みのなかで完結しているため、外からではまったく分からない。このスライド方式の仕組みだと、テーブルの上にものを載せたままかたちを変えられるので、非常に便利である［図］。

## 写真｜自由に組み替えできる家具

家具を間仕切にしたパターン

左写真の間仕切家具を裏から見る

壁側に並べたパターン

ローパーティションで部屋を分割したパターン

積み木のように積み上げたパターン

デスク、洋服掛け、本棚の組み合わせで完全な部屋の間仕切、ローパーティションなどさまざまなかたちに組み替えることができる

設計：STUDIO KAZ、写真：山本まりこ

## 図｜可変するミニマルなテーブル

平面図［S＝1：30］

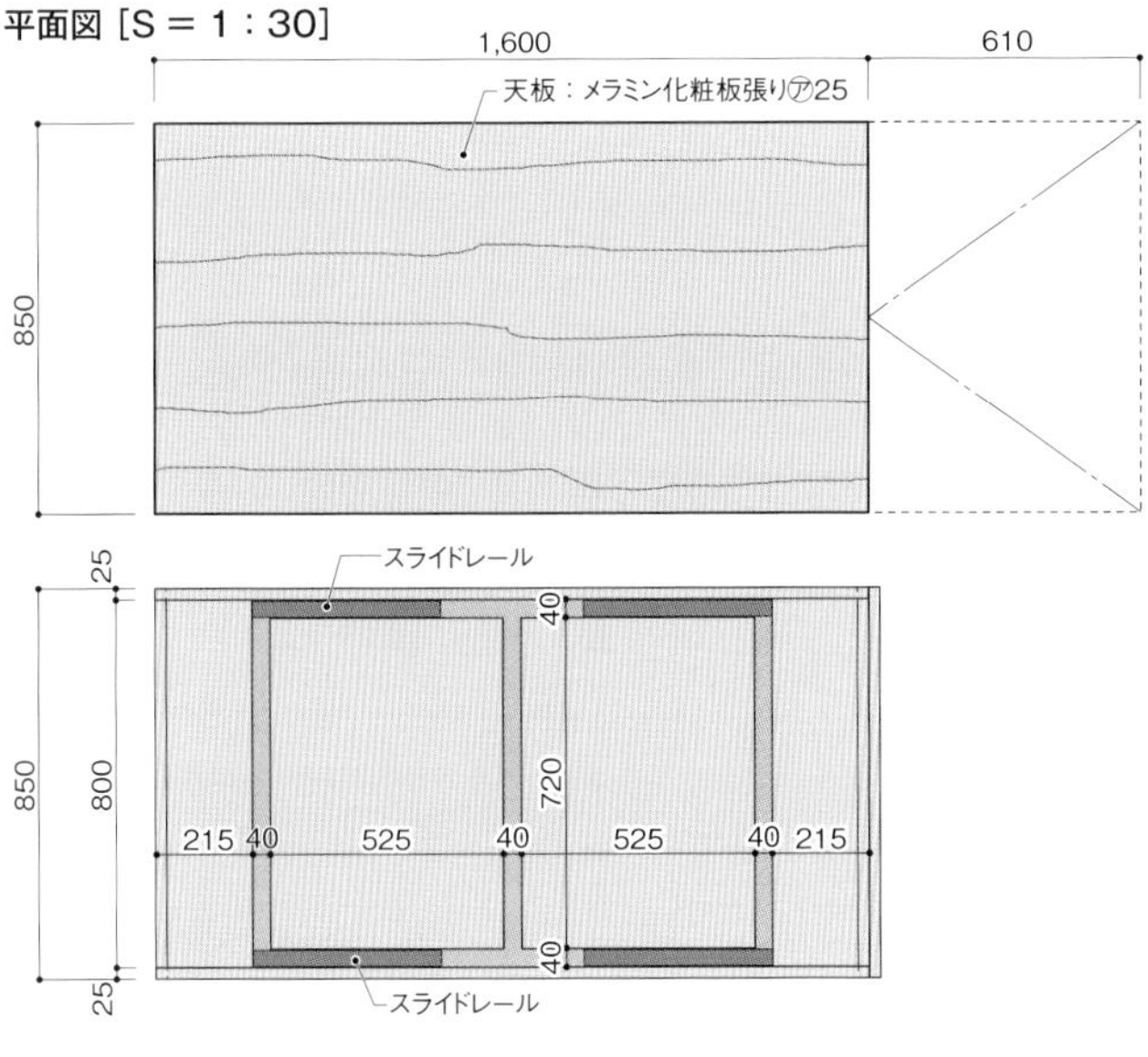
1,600
610
天板：メラミン化粧板張り㋐25
850
25
スライドレール
40
850
800
720
215
40
525
40
525
40
215
40
25
スライドレール

スライドテーブル。テーブルにモノを載せたまま天板を広げることができる

設計・写真：STUDIO KAZ

側面図［S＝1：30］

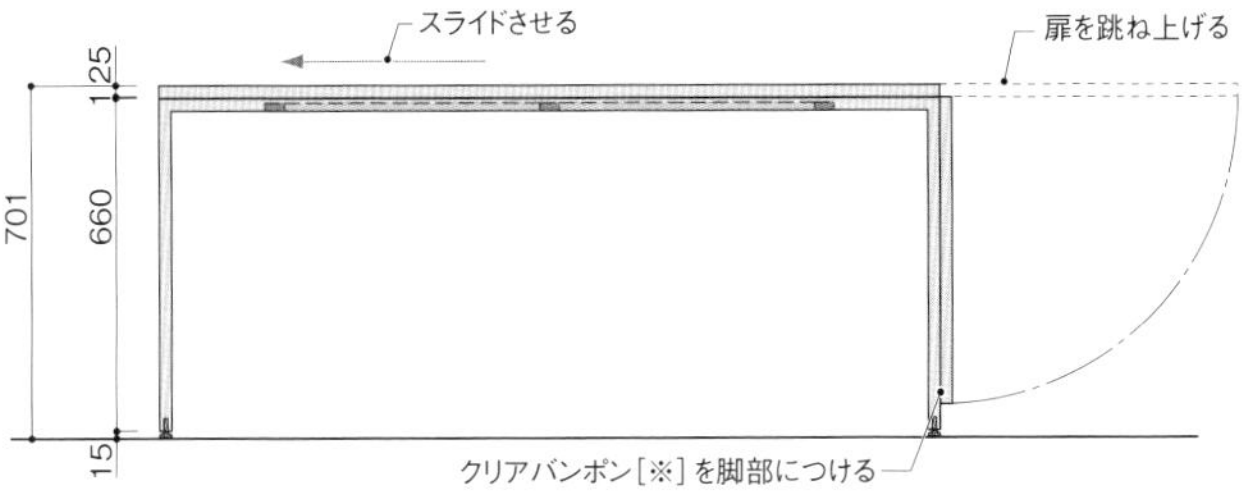
スライドさせる
扉を跳ね上げる
25
12
701
660
15
クリアバンポン［※］を脚部につける

※クリアバンポンとは透明な円型の戸当りのこと。別名「涙目」とも呼ばれる

断面詳細［S=1：5］

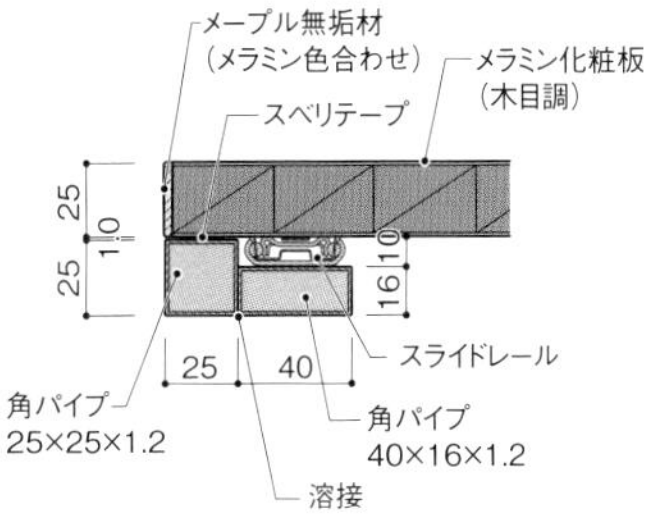
メープル無垢材
（メラミン色合わせ）
メラミン化粧板
（木目調）
スベリテープ
25
10
25
16
10
スライドレール
25
40
角パイプ
25×25×1.2
角パイプ
40×16×1.2
溶接

# 既製品と組み合わせる

POINT

◉既製品の構造を調べて改造できる範囲を知る

◉コストがかかるところに既製品を利用する

## 洗面ユニットを使う

既製品の家具にも長所はある。比較的安価で、細かい所までよくつくり込まれているものもある。量産に耐えるディテールは、寸法などが安定している。既製品家具のよい所を利用した造作家具は可能か。造作家具で最もコストがかかる引出し部分を既製品に置き換えてみよう。

既製品の洗面化粧台セットは非常に安価だが、それで収納までカバーするには、寸法や組み合わせ方に融通が利かず、中途半端なものになりやすい。そこで、洗面部分は既製品を導入し、その周囲の収納は家具工事、もしくは大工工事で造作する。その際、洗面化粧台の扉も交換してしまおう。ほとんどの扉や引出しの前板は、内部からビスで留まっているだけなので交換は簡単だ。似た色の化粧板を並べたのはよいが、色や手掛けなどのディテールが微妙に違う、といったことにならず、すっきり違和感なく納まる［図］。

## シンプルな製品を利用する

既製品の家具のなかにはシンプルで強固な構造をもつものがある。たとえばＥＲＥＣＴＡなどのシステム家具は長いスパンの棚板もたわまずに使用できる。そこで、ＥＲＥＣＴＡを構造体にして、ステンレスの天板を載せたキッチンを紹介する［写真］。同シリーズはオプションパーツが充実しており、キッチン本体部分から広げることも可能だ。ほかにも、ホームセンターなどで扱っているアルミの押出し型材とシステムパーツを組み合わせて、キッチンや収納の構造とし、天板や扉のみを職人に依頼することもできるだろう。設備機器のつなぎ込みは専門業者に依頼しなければならないが、それ以外は、ＤＩＹでも十分可能なので、コストを抑えることができる。

## 図｜既製品の洗面化粧台の扉を建具工事で交換

平面図［S＝1：40］

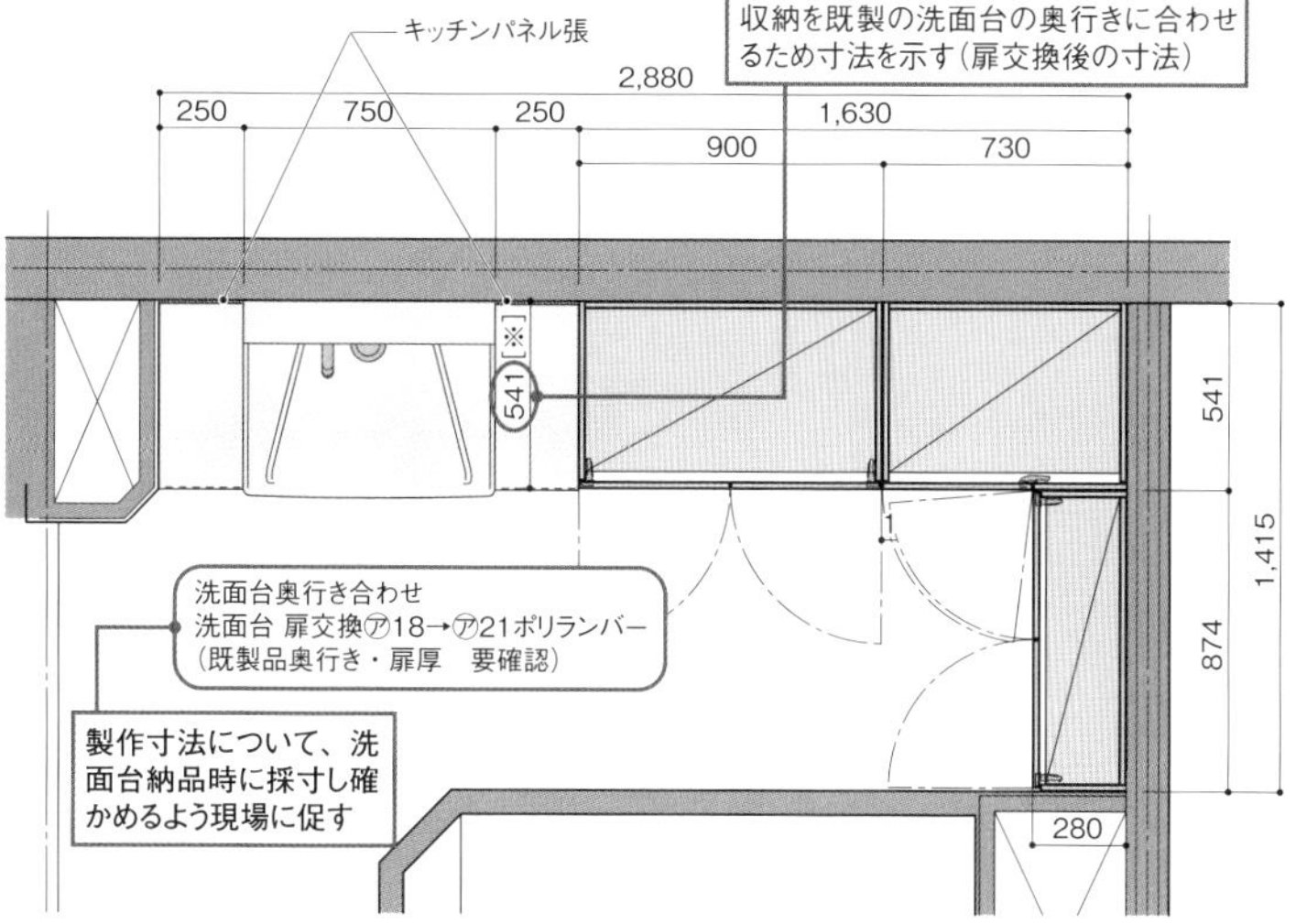
キッチンパネル張
収納を既製の洗面台の奥行きに合わせるため寸法を示す（扉交換後の寸法）
2,880
250
750
250
1,630
900
730
541
※
541
1,415
874
280
洗面台奥行き合わせ
洗面台 扉交換㋐18→㋐21ポリランバー
（既製品奥行き・扉厚　要確認）
製作寸法について、洗面台納品時に採寸し確かめるよう現場に促す

展開図［S＝1：40］

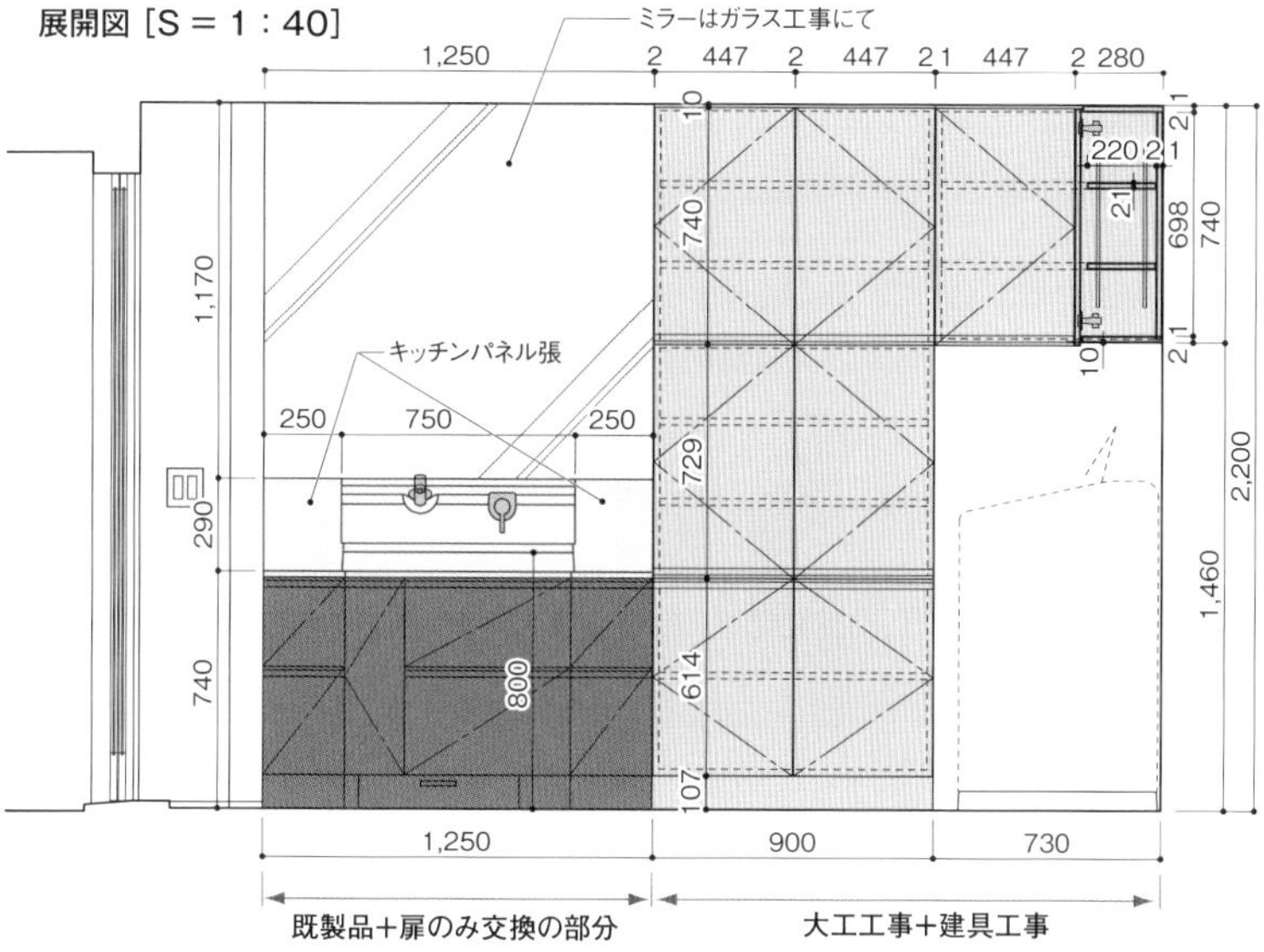
ミラーはガラス工事にて
1,250
2 447 2 447 2 1 447 2 280
220 2 1
740
698
740
729
614
107
1,170
キッチンパネル張
250
750
250
290
740
800
2,200
1,460
1,250
900
730
既製品＋扉のみ交換の部分
大工工事＋建具工事

既製品の洗面化粧台の扉のみを交換し、隣接する家具と合わせる。既製品のキッチンや洗面化粧台の扉は裏からビス留めされているものが多く、比較的容易に交換できる可能性が高い

設計：STUDIO KAZ、写真：山本まりこ

## 写真｜既製品の構造体を利用したキッチン

システム家具のERECTAは構造がしっかりしていて、オプションも充実している。長いスパンの棚板もたわまずに使用できる。ERECTAの部材を使用することで実現した、シンプル＆モダンで経済的なキッチンである

frit' s　写真提供：スタディオン

Column

# 手掛け部分のきれいな見せ方

写真｜**手掛けを通したキッチン**

設計：STUDIO KAZ、写真：山本まりこ

**小口材の張り方**（左：縦勝ち、右：横勝ち）

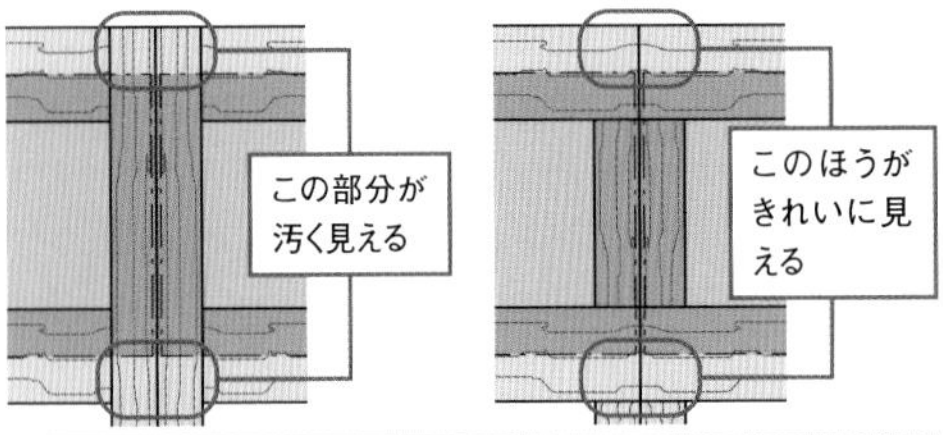

この部分が
汚く見える
このほうが
きれいに見
える


最近木目を横方向に流す家具が多くなったが、その場合、手間はかかるが縦方向の部材も横木目としたほうが見栄えは数段よくなる

**手掛け部分断面**

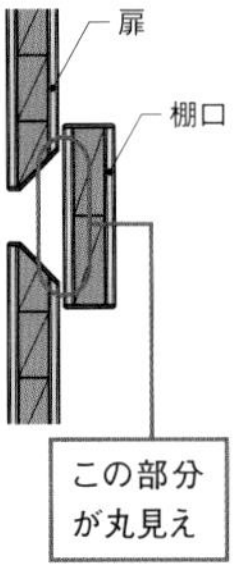

扉
棚口
この部分
が丸見え


手掛け部分の棚口を横木目通しとしている。何気ない個所だが、ここをおろそかにした場合としっかり対応した場合では、印象が大きく異なるので、こだわっておきたい

システム家具では、扉を外すとどれも同じキャビネットが現れるが、造作家具の場合、キャビネットの小口は扉と同色・同素材で仕上げることが多い。通常、縦パネル勝ちで組むのが一般的で、設計者が何も指示をしなければそうなる。ハンドルやつまみを付けるときは扉の隙間は3～4㎜となり、キャビネットまで見えることは少ないが、手掛けの場合、キャビネットがはっきりと見えてしまう。「いつもどおり」に縦勝ちにすると、キャビネットのジョイント部にたくさんの線が入ることになり、仮にそれが目の高さあたりにくると、うるさくてしようがない。そこで、キャビネットの組み方は縦勝ちのままでもよいので、小口テープを横勝ちに張るように指示する。図面に明記しておくと漏れがなく、安心できる。そうすることで、発生する線を極力減らせ、よりすっきりしたデザインになる［写真］。

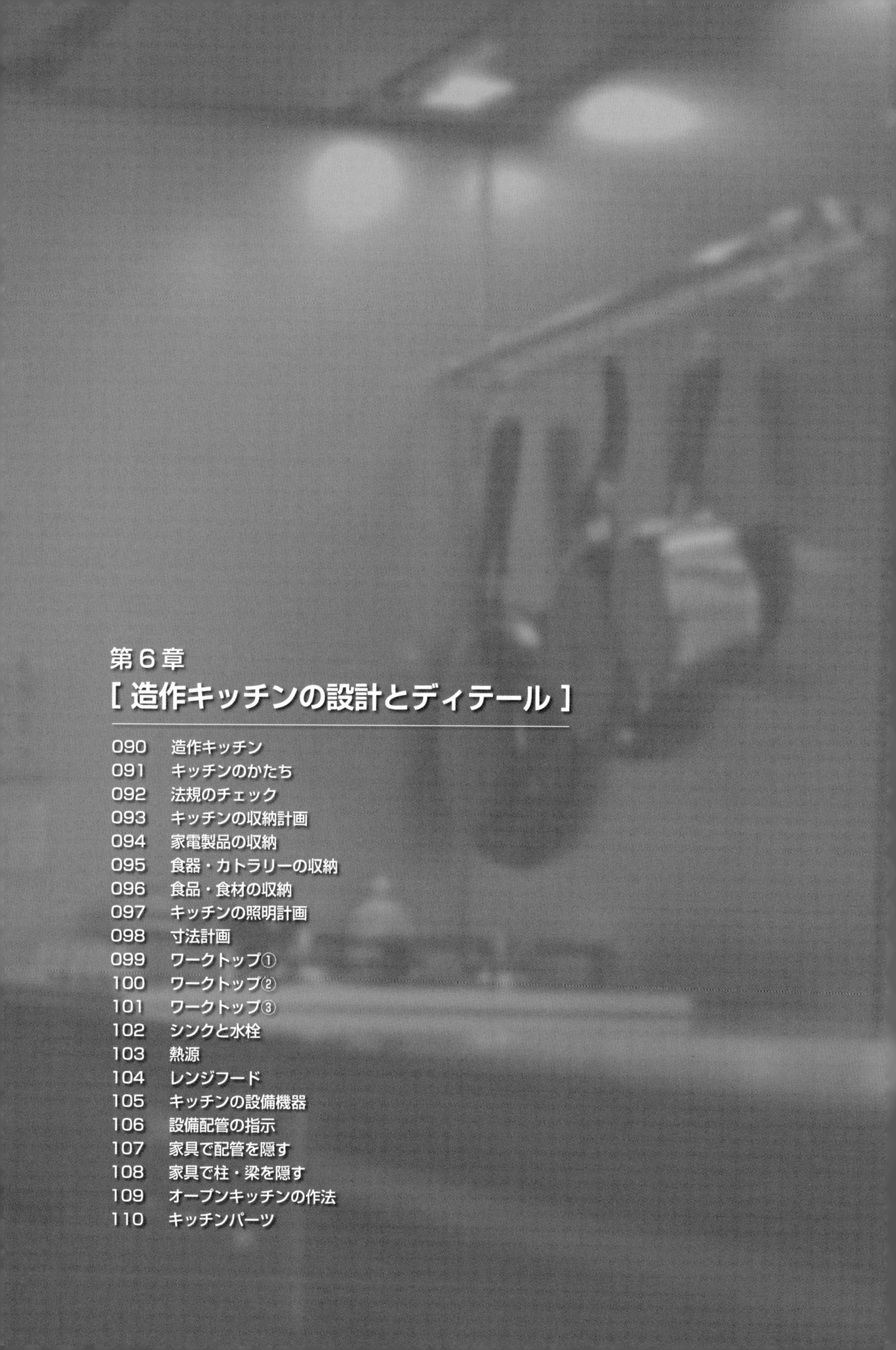

第6章

# [ 造作キッチンの設計とディテール ]

KEYWORD 090

# 造作キッチン

POINT

- システムキッチンに頼らなくても使い勝手のよいキッチンは実現できる
- 造作キッチンは家具の延長で考える

## キッチンは暮らしを映し出す鏡

キッチンは、家のなかでも最も高い関心が寄せられる場所の一つである。そこは各家庭の食生活シーンを映し出す場所であり、最近では家族のコミュニケーションの場としても位置付けられているからだ。

一般的にはメーカーによるシステムキッチンを採用するのが主流だが、色や素材がインテリアに合わない、寸法や形状が建築と合わない、仕様やグレードに満足できないなどの理由で、キッチンを造作することがある。

一般収納に比べ、打ち合わせや納まりの検討にかかる手間がはるかに多いため、造作キッチンを敬遠する設計者や工務店も多いと聞く。

しかし、建て主の暮らしをダイレクトに映し出す場所だからこそ、インテリアに合った最適なキッチンを設計したい［写真］。

## キッチンを造作する

キッチンでは扉と引出しが混在し、設備機器を組み込むため、高い精度を要求される部分が多くなる。そのため家具製作会社で製作する場合が多いが、内容や使い勝手を十分検討すれば、大工による造作も可能である。

キッチンの基本構成はほかの造作家具と変わらない。台輪、キャビネット、扉、引出し、甲板である。そこに加わるのが、シンクや水栓、浄水器などの水廻り機器、ガスやＩＨといった加熱機器、レンジフードや食器洗い乾燥機、オーブンなどのビルトイン機器、さまざまな家電製品、調理道具、スパイスラックや包丁差しなどキッチンパーツ、給排水衛生・換気・電気設備など。あとは消防や防火に関係する法規をクリアし、建て主、特に使い手のこだわりを反映させるだけのこと。難しく考える必要はない。

写真｜**造作キッチン**

①ラフな塗装で仕上げた白いキッチン

②キッチンからダイニングを望む

③白い人工大理石を使ったキッチン

④生活の中心に配置したキッチン

⑤壁タイルを白で統一

キッチンは暮らしを映し出すものと考えると造作キッチンにすべきである。考え方は難しくない。造作家具に少し多めに設備や法規が絡むだけである

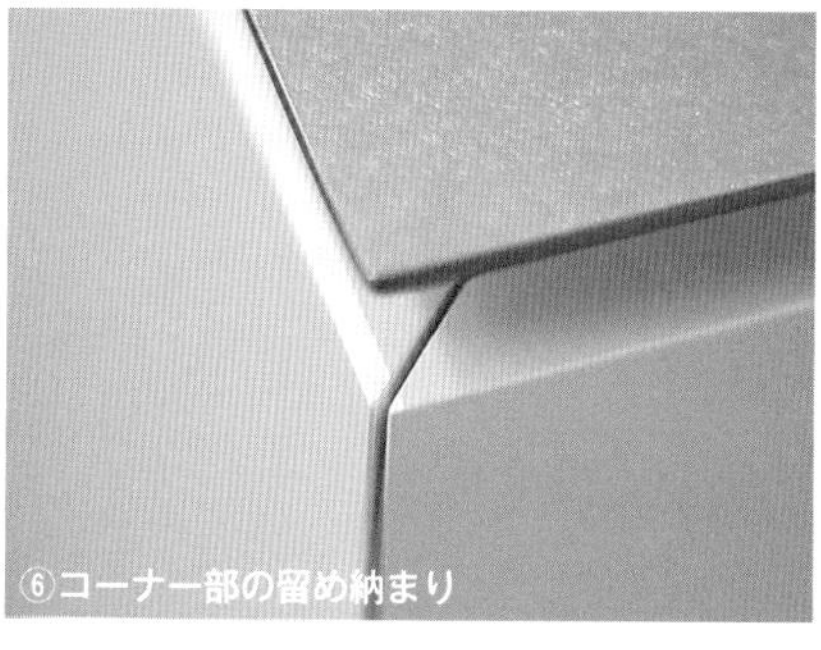
⑥コーナー部の留め納まり

⑦ステンレス甲板のディテール

設計：STUDIO KAZ、写真：山本まりこ（①）、写真：STUDIO KAZ（②〜⑦）

# キッチンのかたち

POINT

◉キッチンのかたちは水・火・作業・収納のレイアウトと考える

◉レイアウトごとの長所・短所を知る

## かたちから発想しない

まず前提としたいのは、「キッチンをデザインすることは食生活そのものをデザインすることであり、家具としてのキッチンを単体として考えることはまったく無意味だ」ということである。それを踏まえたうえで話を進める。

キッチンを構成する基本要素は「水を使うところ」「火を使うところ」「作業をするところ」「収納するところ」の4つである。この4つの場所を建て主の生活スタイルのうえにプロットしていく。家全体の生活動線（人の動き）、ダイニングやリビングとの作業動線（人と物の動き）に加えて、キッチンから見える景色、逆にキッチンを外から眺めたときの景色を意識する。そこで作業する人物を引き立たせるための背景としての壁面や収納、色や素材、照明、形状、大きさなども等価にイメージする。

そうして出てきた形状がたまたまI型やL型などに分類されるだけであり［表］、よって、キッチンのかたちから考えるのは無意味である。

## レイアウトを左右する条件

造作キッチンのつくり方は基本的に造作家具と変わらない。ただし、キッチンには多様な種類や大きさの調理道具、設備機器が設置される。それらを効率よく使いこなせ、安全に作業できる場でなければならない。そのための規制もさまざまだ。具体的には給水、給湯、排水、電気、ガス、換気などと、それに伴う法規や安全性がかかわる。特に排水と換気、防火については、シンクと食器洗い乾燥機（排水）、レンジフード（排気）、加熱調理器（防火）の配置とその周囲の関係などに注意が必要だ。使い勝手がよいだけでなく、安全であることも「よいキッチン」の重要なポイントである。

## 表｜キッチン形状別の長所と短所

| 形 状 | | 長 所 | 短 所 |
|---|---|---|---|
| I型 | 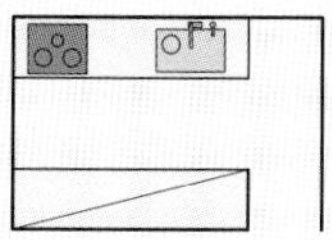 | ・独立型キッチンに向いている<br>・コンパクト設計<br>・デッドスペースが少ない<br>・空間全体をコンパクトに設計できる | ・オープンキッチン（ダイニングキッチン）にすると、キッチン部分が丸見えになる<br>・幅を大きくすると、作業動線が大きくなる |
| L型＋アイランド | 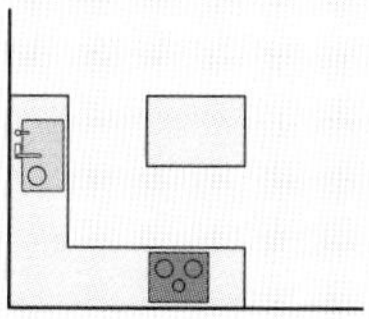 | ・作業動線が比較的小さくてすむ<br>・大人数での調理作業にも対応しやすい<br>・アイランドの工夫によって、さまざまな使い方ができる | ・コーナー部分にデッドスペースが必ずできる<br>・ダイニングまでを含めた計画・コーディネートが必要である<br>・オープンキッチン（ダイニングキッチン）にすると、キッチン部分が丸見えになる |
| コの字型 | 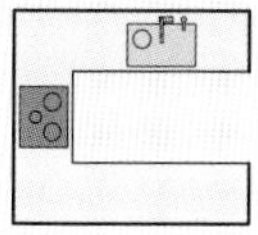 | ・作業動線が小さくてすむ<br>・アイランドを併設すると、工夫次第でさまざまな使い方ができる | ・コーナー部分にデッドスペースが必ずできる（しかも2ヵ所も）<br>・ダイニングまでを含めた計画・コーディネートが必要である<br>・オープンキッチン（ダイニングキッチン）にすると、キッチン部分が丸見えになる<br>・アイランドを併設すると、かなりの面積になる |
| ペニンシュラ型 | 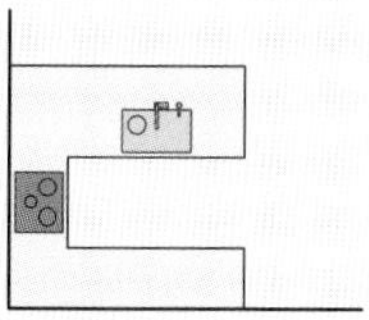 | ・手元を隠したオープンキッチンには最適 | ・コーナーにデッドスペースできるが、カウンター側は反対側から使うなどの工夫がほしい<br>・シンク側をフルフラットにする場合、水はねを気にしなければならない |
| ペニンシュラⅡ型 | 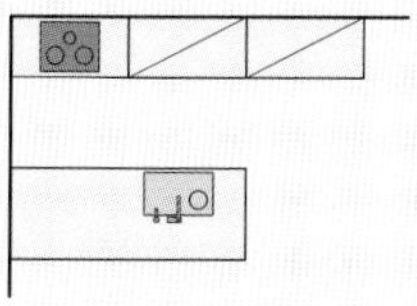 | ・油煙の問題が少ない<br>・アイランドの工夫によって、さまざまな使い方ができる<br>・アイランドに家電製品などを置きやすい<br>・ウォークインパントリーなどの併設に適している | ・キッチン単体で考えると、大きな面積が必要になる<br>・シンク側をフルフラットにする場合、水はねを気にしなければならない |
| ペニンシュラⅢ型 | 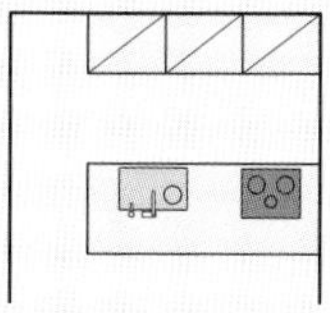 | ・完全アイランド型に比べて動線がシンプルになり、スペース効率がよい<br>・アイランドの大きさによって、さまざまな部屋の大きさや形状に対応しやすい<br>・アイランドに家電製品などを置きやすい<br>・ウォークインパントリーなどの併設に適している | ・油煙がほかの生活空間に漏れるので、対策を講じる必要がある<br>・横向きのフードも販売されているが、選択肢は少なく、決して格好よいとはいえないものが多い<br>・シンク側をフルフラットにする場合、水はねを気にしなければならない |
| アイランド型 | 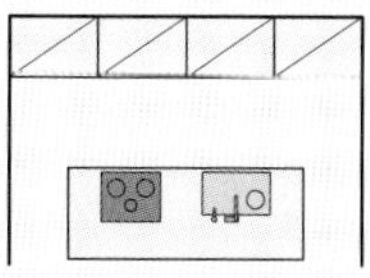 | ・キッチン以外の生活空間と兼用しやすい<br>・アイランドの大きさによって、さまざまな部屋の大きさや形状に対応しやすい<br>・ウォークインパントリーなどの併設に適している<br>・大人数での調理作業にも対応しやすい | ・油煙がほかの生活空間に漏れるので、対策を講じる必要がある<br>・キッチン単体で考えると、大きな面積が必要<br>・シンク側をフルフラットにする場合、水跳ねを気にしなければならない |
| 外L型 | 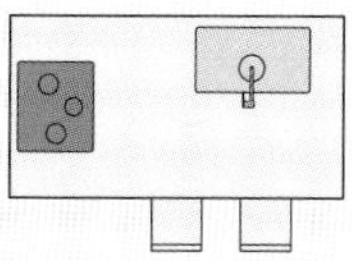 | ・コンパクトながら大きなキッチンと同じような使い勝手が実現できる<br>・ふたりで調理作業しても邪魔にならない | ・油煙対策が必要<br>・ワークトップ周囲の動線計画を慎重にすべき<br>・シンク側をフルフラットにする場合、水跳ねを気にしなければならない |

# 法規のチェック

POINT

- キッチンは「火気使用室」としての内装制限を受ける
- 自治体ごとの条例は、その都度、確認が必要

## 火に関する規制

キッチンにはたくさんの設備がかかわることもあり、法的な規制が多い。ほぼすべてのキッチンで加熱調理器具が使用されるため、「火気使用室としての内装制限」の適用を受ける［図1］。特に最近すっかり主流になったオープンキッチンでは、防煙垂壁《たれかべ》を設けない場合に、加熱調理器廻りの壁や天井の仕様によってはリビング全体が規制の対象となる。

火源から可燃物までは適切な離隔距離を保たなければならない［図2］。それは壁の下地や構造までも対象で、「タイルを張れば大丈夫」というわけではない。また、平面だけでなく、立体的にも考慮しなければならず、レンジフード（グリスフィルター）の高さや天井の仕上げにも注意する。

勘違いしがちなのが、ＩＨクッキングヒーターの扱い方である。消防法や火災予防条例では火気であり、ガスコンロと同じ扱いとなる。一部の自治体で対応が異なる場合があるので確認することをお勧めする。また、使わないときにキッチン（加熱調理器具）を扉で隠蔽することも違法である。

## その他の規制

必要換気量はぜひ算出しておきたい。ここで注意すべきことは、吸込み口ではなく、室外への出口での換気量だということだ。吸込み口から出口までの距離が長い場合や、途中の曲がりが多い場合には換気能力は減り、必要換気量を保てなくなる。

水に関する規制ではディスポーザーの設置に注意したい。基本的に使用を禁止している自治体は多い。

これらの法規はキッチンや家具のデザイン、納まり、素材、設備機器の選択に大きな影響を及ぼすため、正しく認識、理解しておきたい。

## 図1 | コンロ廻りの内装制限

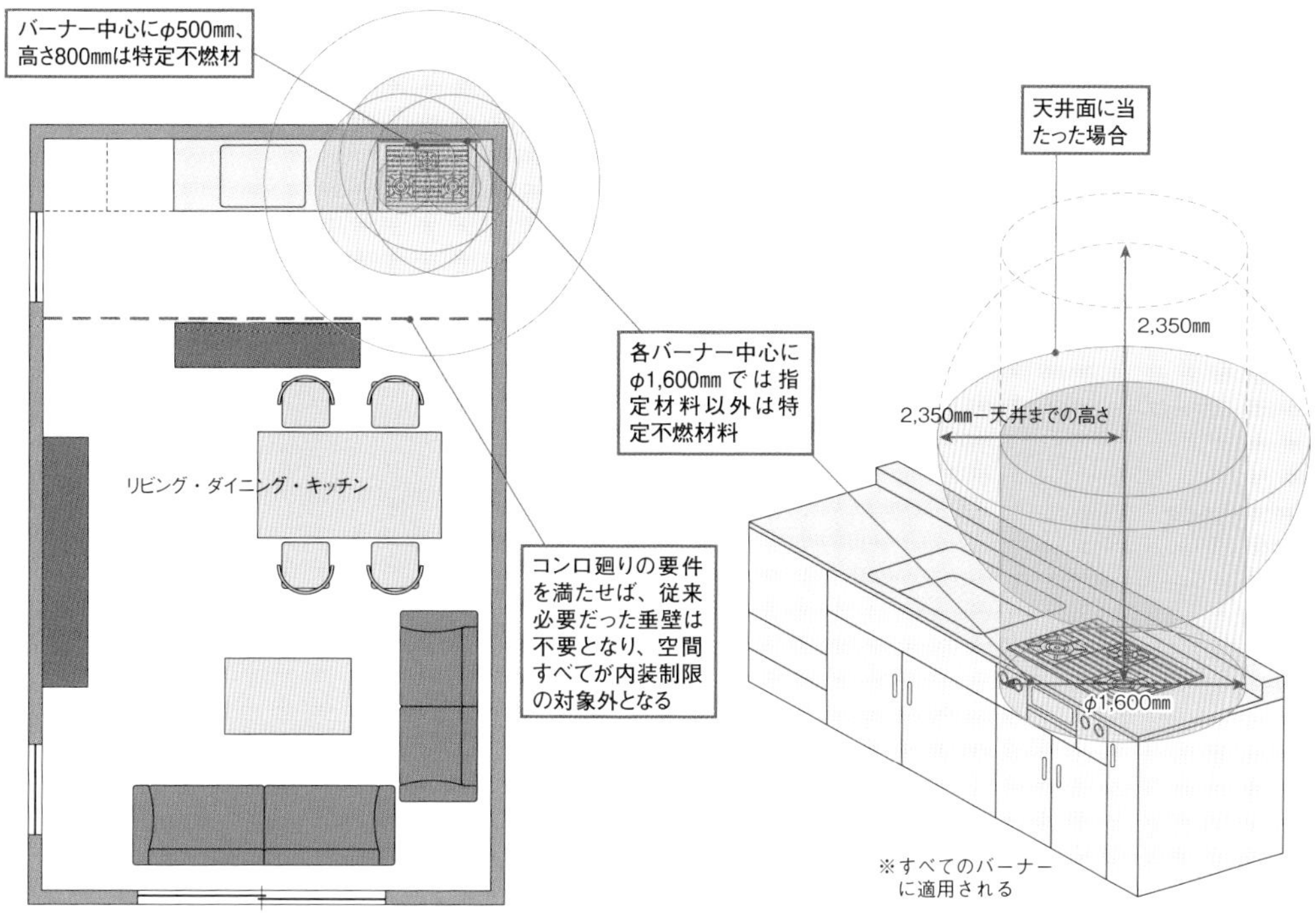
バーナー中心にφ500㎜、高さ800㎜は特定不燃材
天井面に当たった場合
2,350㎜
2,350㎜−天井までの高さ
各バーナー中心にφ1,600㎜では指定材料以外は特定不燃材料
リビング・ダイニング・キッチン
コンロ廻りの要件を満たせば、従来必要だった垂壁は不要となり、空間すべてが内装制限の対象外となる
φ1,600㎜
※すべてのバーナーに適用される

ガスコンロの例。各バーナー位置から半径800㎜、高さ2,350㎜の範囲が、特定不燃材料などを求められる。天井位置がバーナーから2,350㎜に満たない場合、2,350㎜から天井までの高さを引いた数値を半径とした球状の空間がそれにあたる

## 図2 | ガスコンロの離隔距離

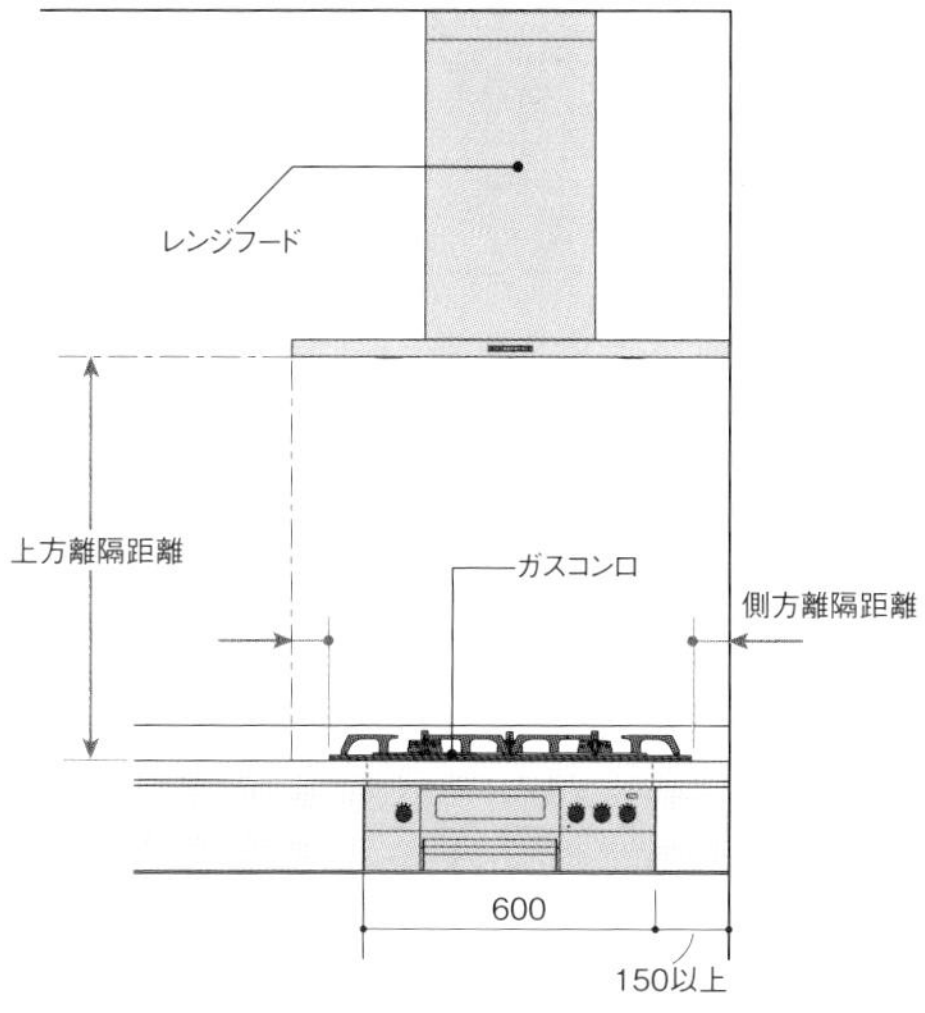
レンジフード
上方離隔距離
ガスコンロ
側方離隔距離
600
150以上

### 上方離隔距離

| | レンジフードや不燃材料 | 天井などの不燃材料以外の材料 |
|---|---|---|
| Siセンサー付きガスコンロ | 600㎜以上 | 800㎜以上 |
| IHクッキングヒーター | 800㎜以上 | 1,000㎜以上 |

### 側方・後方離隔距離

側方及び後方の離隔距離は加熱器本体から150㎜以上。ただし最近増えてきた幅750㎜タイプの機器などは、防火性能評定に適合していれば、側方75㎜、後方50㎜にすることができる。必ずメーカーの設置説明書を確認すること。距離が保てない場合は人工大理石製のバックガードを付ける場合は注意すること。人工大理石は不燃材料ではないので、必ず基準に則した防熱カバーを付けなければならない

### レンジフード

レンジフード本体、排気ダクトの周囲の離隔距離や本体取り付けの下地なども不燃材の必要など、消防署への確認をすること

# キッチンの収納計画

POINT

- 調理作業ごとに道具を分類する
- 見せる収納か、見せない収納かを見極める

## 収納計画の基本

キッチンのなかで最も建て主の要望が多く、バラエティーに富み、また、現状への不満が多いのが収納だ。一人ひとりの使い勝手が違うため、ヒアリングと現状把握が重要となる。

キッチンだけでなく、収納の基本は「しまいやすく取り出しやすい」ことである。物に合わせた場所と大きさの収納を設けるのは理想的かもしれないが、そこばかりに注力すると、キッチン全体でのバランスやコスト、デザインがバラバラになり、さらにライフスタイルの変化に対応できなくなる。

水廻り、火の廻り、食器、そのほかを大雑把に分類し、さらにそのなかでもよく使うものとあまり使わないものに分ける。また、見せるか隠すか、引出しにしまうか、レンジ廻りの壁やフードにぶら下げるかなども含めて検討する［写真1］。引出しに食器を収納する場合は、開け閉めによって引出し内で食器どうしが動いてぶつからないような工夫もしたい。

## オープンキッチンの収納

オープンキッチンでは、ダイニングやリビングまで含めた収納計画の一部として計画すると、キッチンとの連続性を維持することができ、異なる空間を違和感なく連結できる。

吊り戸棚は減少傾向にあるが、収納量の確保という面では軽視できない。吊り戸棚は、高さと奥行きに注意したい。奥行きが大きくなると、圧迫感が出て、作業性も悪くなる。上下2段に分けて考え、奥行きや開閉方法を変えるなどすれば、使用頻度や大きさで分類したものを効率よく収納できる［写真2・3、図］。また、歩留まりを考慮した経済寸法でつくると、まれに入らないものが出てくるので、建て主の持ち物を実測したほうがよい。

### 写真1 | 吊り下げる収納

レンジ前にパイプを付け、調理器具を吊り下げる風景をよく見かけるが、リビングやダイニングからの視線も気になり、よほどセンスがよくないと雑多に見えてしまう

設計・写真：STUDIO KAZ

### 写真2 | 2段に分けた吊り戸棚

吊り戸棚を上下2つに分け、上段の奥行きを通常よりも深く、下段を極端に浅くした。調味料や調理器具など使用頻度の比較的高いものは下のほうに、低いものは上のほうにしまう。また、高さを調節（下図）して使用できることでよりさらに便利になる

設計：STUDIO KAZ、写真：相澤健治

### 写真3 | 吊り戸棚の位置に工夫した収納

吊り戸棚を上下2段に分けて奥行きを変えたのは写真2と同様だが、下段をさらに下げ、頻繁に使うコップなどを置いておくための水切り棚を設けた。扉を付けず、棚板をステンレスのパンチング板とすることで、通気をよくしている

設計：STUDIO KAZ、写真：坂本阡弘

### 図 | 吊り戸棚の工夫

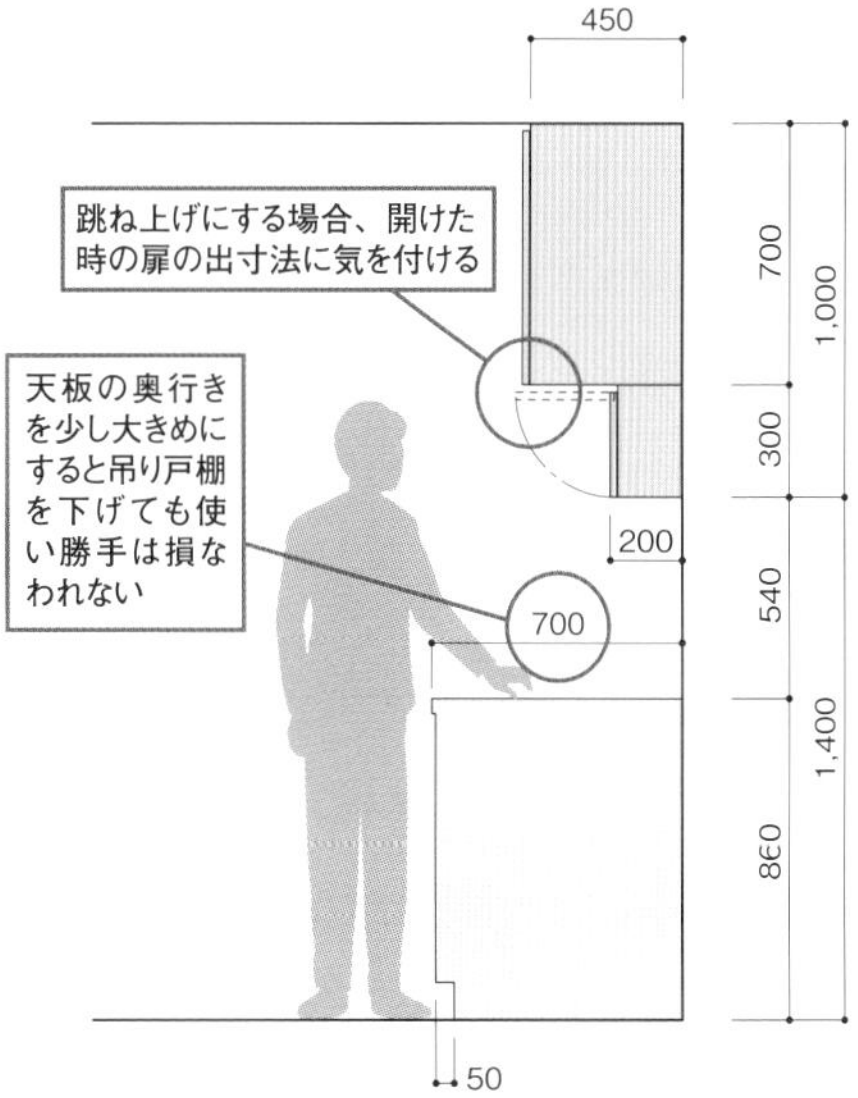
450
跳ね上げにする場合、開けた時の扉の出寸法に気を付ける
天板の奥行きを少し大きめにすると吊り戸棚を下げても使い勝手は損なわれない
700
1,000
300
200
540
700
1,400
860
50

一般的な吊り戸棚の奥行きは375㎜程度だが、吊り戸棚を上下に分割して考え、上部の奥行きを大きめに、下部の奥行きを浅くすると、使い勝手がよく、かつ収納量も確保できる。下部の吊り戸棚は跳ね上げ式にしたり、オープンにしたり、水切りにしたり、いろいろな工夫で展開できる

# 家電製品の収納

POINT

- 機器ごとの設置基準を確認する
- 扉を開放する方法は使い勝手を考えて計画する

## 熱や蒸気への対策

キッチンにはさまざまな家電製品が導入される。オーブンや電子レンジ、トースターなどの熱を発するもの、炊飯器やスチームオーブンなど蒸気を発生するものなどは、排熱や蒸気への対策も忘れてはならない。

このうちビルトイン機器はキャビネットにきれいに納まるように設計されているので、放熱などの基準をクリアすれば問題になることはない。しかし、それらのほとんどは輸入機器が中心で、かつ高額でもあるため、導入へのハードルは高い。そこで電子レンジやオーブン、炊飯器などを購入することになるが、それら家電製品のほとんどはキャビネットの扉を開け放して使用する。しかも色やかたちがバラバラで、見た目にも美しくない。使わないときは隠しておきたくなるが、その場合、扉の開き方にも工夫が必要である。ここ10数年でさまざまな開き方をする家具金物が取り扱われるようになった。金物特有の動き、扉の大きさや耐荷重の限界、納まり条件、コストなどを考慮してこれらの収納を計画する。そのために金物の最新情報を常にチェックしたい［図］（101頁参照）。

## 家庭ごとに違う使い勝手

たとえば、炊飯器は引出しに収納しておき、使用時のみ引き出して使う提案や、スライドして出てきたり、蒸気排出ユニットを使用したりといった蒸気対策を考えなければならない［写真］。

また炊飯器は、各家庭の食生活スタイルにより適正な高さが異なる。ダイニングテーブルのそばに炊飯器を置きたい家庭の場合はワゴン形式の収納が便利だろう。ほかにもオーブンなどは扉の開き方によって適正な高さが微妙に違うなど、家庭ごとの使い勝手とデザインのバランスを図る必要がある。

図｜シャッター式家電収納を設けたプラン [S＝1:30]

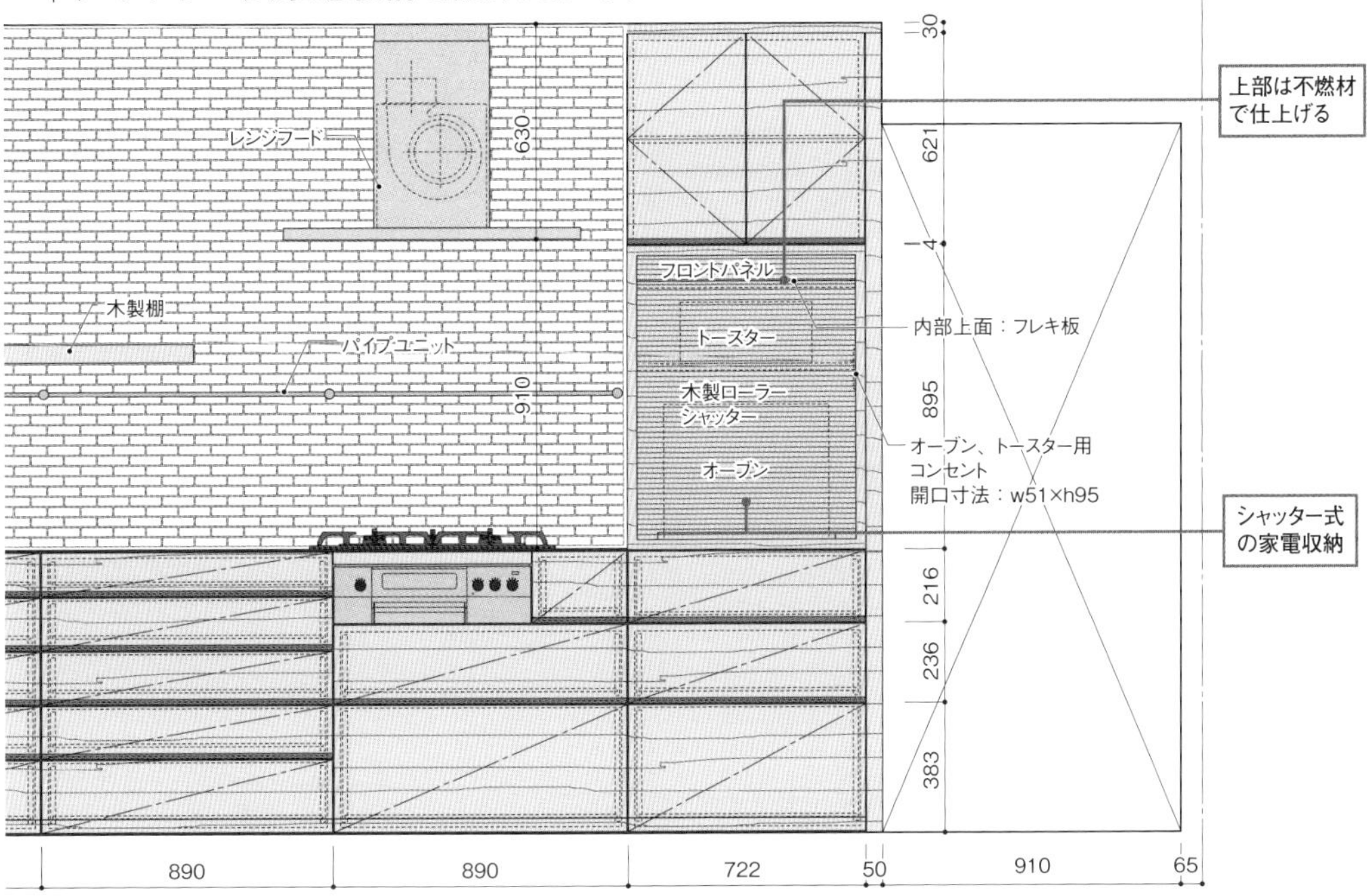
レンジフード
木製棚
パイプユニット
フロントパネル
トースター
木製ローラーシャッター
オーブン
内部上面：フレキ板
オーブン、トースター用
コンセント
開口寸法：w51×h95
上部は不燃材で仕上げる
シャッター式の家電収納
30
630
621
4
895
910
216
236
383
890
890
722
50
910
65

木製ローラーシャッターを使用したキッチンの例。シャッターを扉と同じ色に着色している。シャッターはフリーストップで、任意の位置で止めることができ、使い勝手は非常によい。納まりがインセットになるので、好みは分かれるところである　設計：STUDIO KAZ、写真：山本まりこ

写真｜蒸気排出ユニット

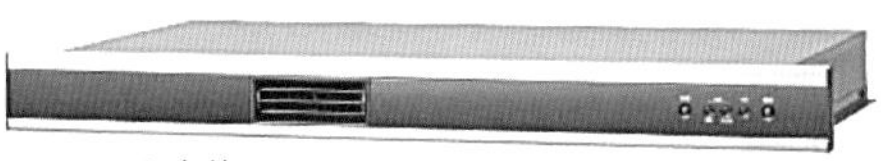

ユニット本体

蒸気を出す家電の収納に使う

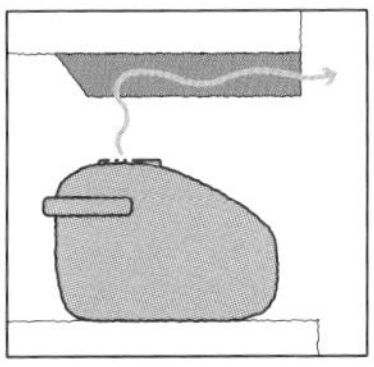

蒸気排出の仕組み

写真提供：金澤工業株式会社

KEYWORD
095

# 食器・カトラリーの収納

POINT

◉収納するものに合わせて大きさと高さを計画する

◉カトラリートレーはぴったり納める

## 将来も見越した収納計画

日本人の食生活が多様になった結果、家庭には各種の料理に適したさまざまな大きさや形状の食器を持つようになった。その種類・量・収納方法は各家庭でまったく異なるため、食器の収納計画には綿密なコンサルティングが必要だ［図1］。

最近の食器収納は引出し式が多く見られるようになった。この場合の注意点として、引出し内では食器が動きやすく、割れてしまうことが挙げられる。パーティションを利用したり、滑り止めのマットを使うなどして、引出し内で動かないようにする［図2］。

食器収納についてコンサルティングが必要とはいえ、あまりにも緻密に計画してしまうと、ライフスタイルの変化に対応できなくなる。年齢を重ね、体調が変化したり、家族形態が変わったりすると、食生活も変わり、必要な食器も変わる。将来も見越した計画を心がけるべきだ。また、食器は割れる可能性もあるため、扉や引出しには耐震ラッチを付けて、地震で食器が飛び出さないように配慮したい。

## カトラリーの収納

はしやナイフ、フォーク、スプーンなどのカトラリー類は分類して収納したい。一般的には市販のカトラリートレーを使用する［写真］。特別な場合を除き、引出しの有効高さを50～60㎜にすると無駄が少なく使いやすい。キッチンパーツには引出しのサイズに関係なく配置できるものもあるので活用したい。このように計画すると、カトラリーを入れる引出しの前板は110～150㎜の高さになる［※］。カトラリー以外の引出しとしては浅すぎるため、バランスのよい扉割りを考えなければならない。使い方にもよるが、内部で2段にするなどの工夫をしたいところだ。

※：カトラリートレーの高さは一般的に50～60㎜。それらを入れ（＝内部有効高さを確保し）スライドレールや棚口のかかりなどを考慮すると、前板の寸法は110～150㎜になる

## 図1 | キッチン壁面の収納計画 [S＝1:40]

※Ⓣ耐震ラッチ取付位置

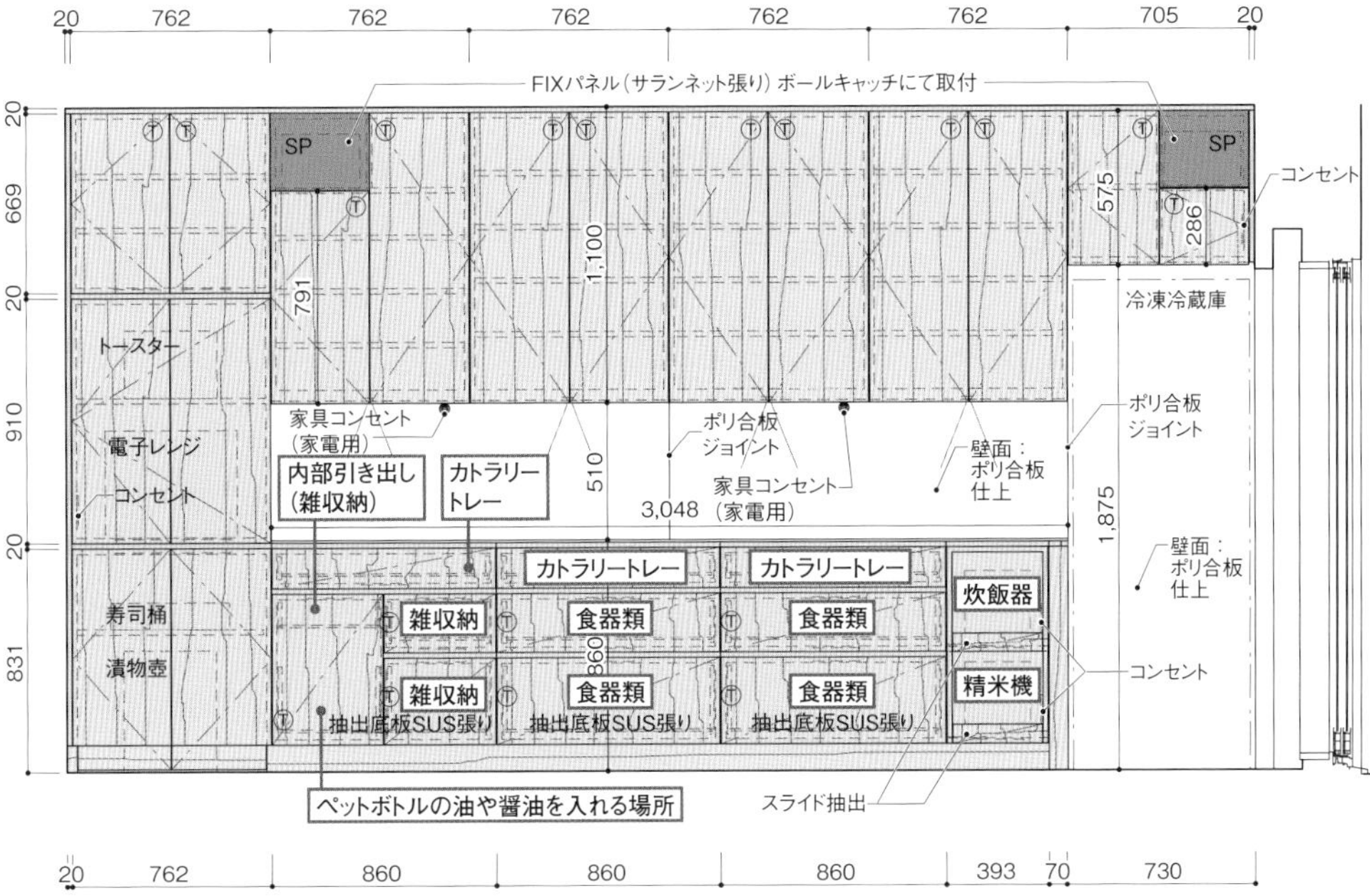
20
762
705
FIXパネル(サランネット張り)ボールキャッチにて取付
SP
669
575
286
791
1,100
910
831
トースター
電子レンジ
コンセント
寿司桶
漬物壺
冷凍冷蔵庫
家具コンセント
(家電用)
ポリ合板
ジョイント
内部引き出し
(雑収納)
カトラリー
トレー
510
3,048
1,875
壁面：
ポリ合板
仕上
カトラリートレー
雑収納
食器類
860
炊飯器
精米機
抽出底板SUS張り
ペットボトルの油や醤油を入れる場所
スライド抽出
393
70
730

## 図2 | 引出し内で食器類が動かないようにする仕掛け

### ノンスリップマット

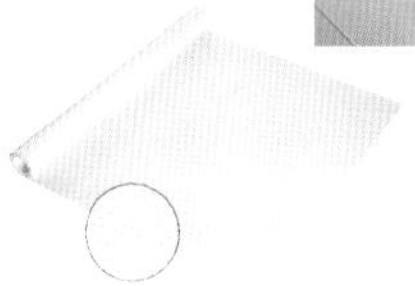

引出しの底板に敷き、食器や調理道具のズレを防止するエンボスが付いた滑り止めシート

### プレートオーガナイザー

穴があいたベースプレートにポストや仕切り板を立てて、食器のズレを防止するシステムパーツ

### ボトルデバイダー

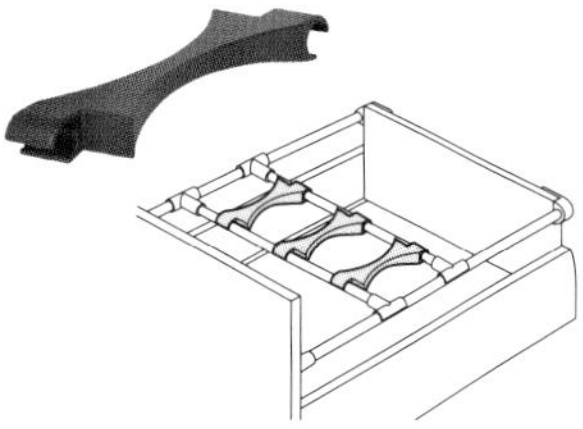

引出しシステムにオプションで用意されている。レールと呼ばれるバーに取り付け、主にボトルが動かないように固定する

写真提供：ハーフェレ ジャパン

## 写真 | 木製の引出しパーツ例

引出しパーツを木製にすると、一気にグレード感が上がる

写真提供：奥平

# 食品・食材の収納

**POINT**

- 食材の収納では換気計画も行う
- パントリーはできるだけフレキシブルに対応するように計画する

## 食品・食材の収納

キッチンではストック食材の収納計画も必要である。冷蔵して保存しなければならないもの、野菜など冷蔵する必要はないが通気環境が必要なもの、冷凍するもの、缶詰など長期間保存が可能なものがある。さらに粉もの、乾物類、普段使いの調味料、ワインやビールなどは、温度や湿度を管理しながら収納（貯蔵）することが理想的である。

温度に関しては、機器類や外壁（断熱）との位置関係に注意したほうがよい。特に西を背面にするＲＣ造に設置するキッチンでは、西日による壁の蓄熱を十分に考慮する必要がある。

湿度に関しては、野菜貯蔵場所では通気をよくするためにキャビネットや扉に孔を開けたり、外壁に面していれば通気孔を設けたりするなど工夫したい。

## ウォークインパントリーの勧め

これらの食材を収納するのにスペースに余裕があるなら、ウォークインパントリー［図２］をお勧めする。非常に雑多な大きさのものを収納するため、可動棚を配しただけのざっくりした小部屋をキッチン動線につなげる。使い方を限定せず、食材に加え、使用頻度の少ない家電製品や調理道具、ワインセラー、ごみ箱なども収納すれば非常に重宝する。小さく隔離された部屋をつくり、店舗用の棚柱とブラケットで構成するだけなので、コストもさほどかからない。

そうした空間をとれない場合でも、引出し式パントリーユニットの導入は検討したい［図１］。冷蔵庫やオーブンなど比較的奥行きを必要とする機器類とキャビネットを並べる場合に、奥行きを有効に使える。また、横使いの引出し収納も便利である。

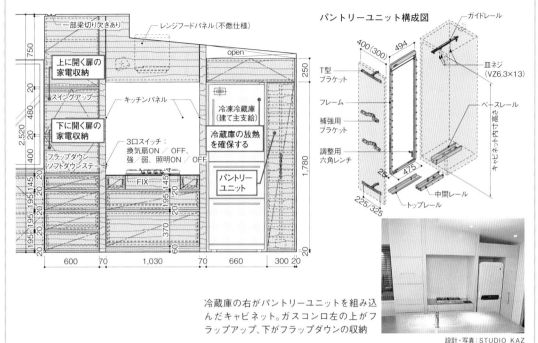

## 図1 ｜ パントリーユニットを使った例 [S＝1:40]

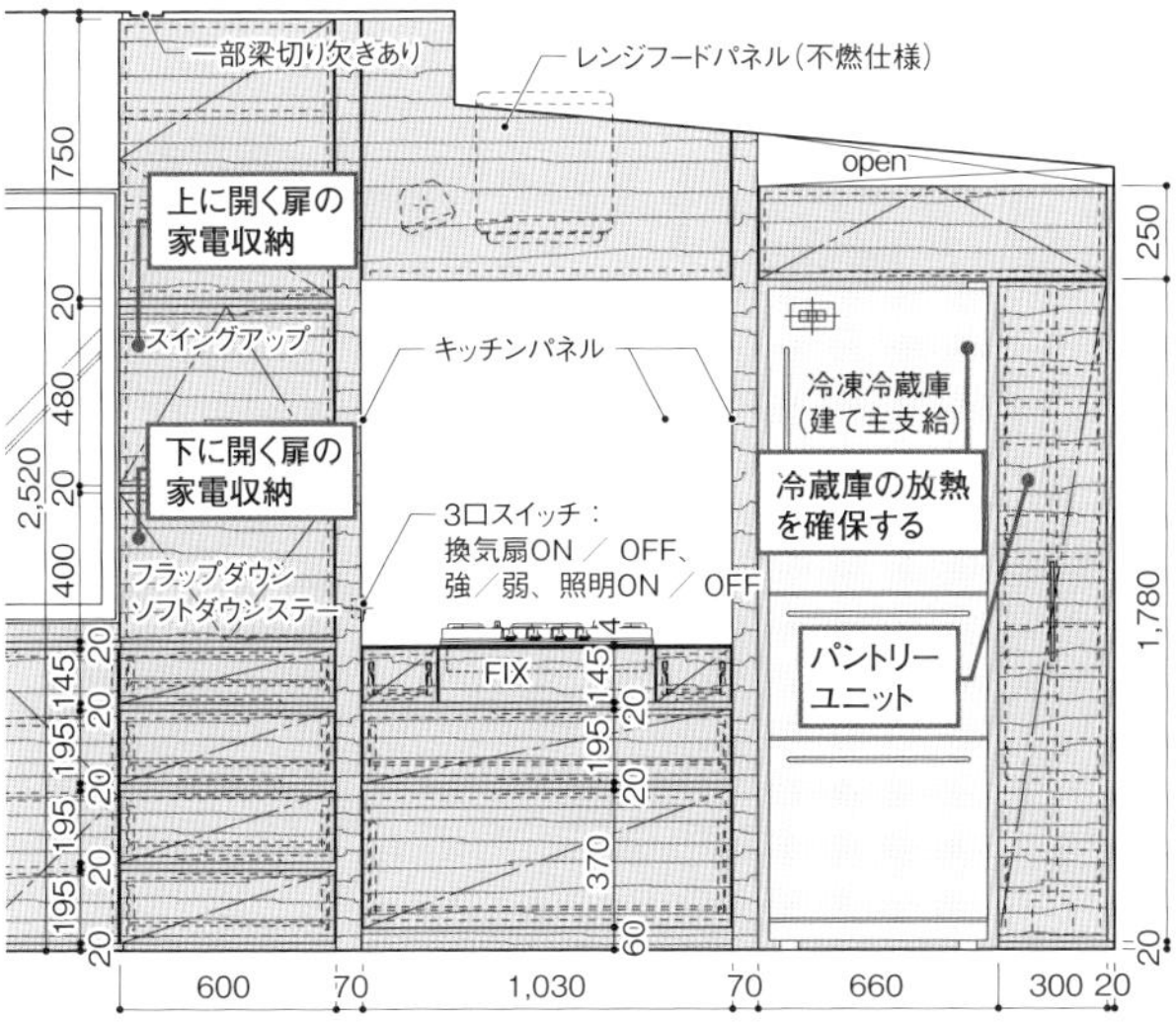

一部梁切り欠きあり
レンジフードパネル（不燃仕様）
open
上に開く扉の
家電収納
スイングアップ
キッチンパネル
冷凍冷蔵庫
（建て主支給）
下に開く扉の
家電収納
冷蔵庫の放熱
を確保する
3口スイッチ：
換気扇ON ／ OFF、
強／弱、照明ON ／ OFF
フラップダウン
ソフトダウンステー
FIX
パントリー
ユニット
750
20
480
20
400
2,520
250
1,780
20
145
195
370
60
600
70
1,030
70
660
300
20


### パントリーユニット構成図

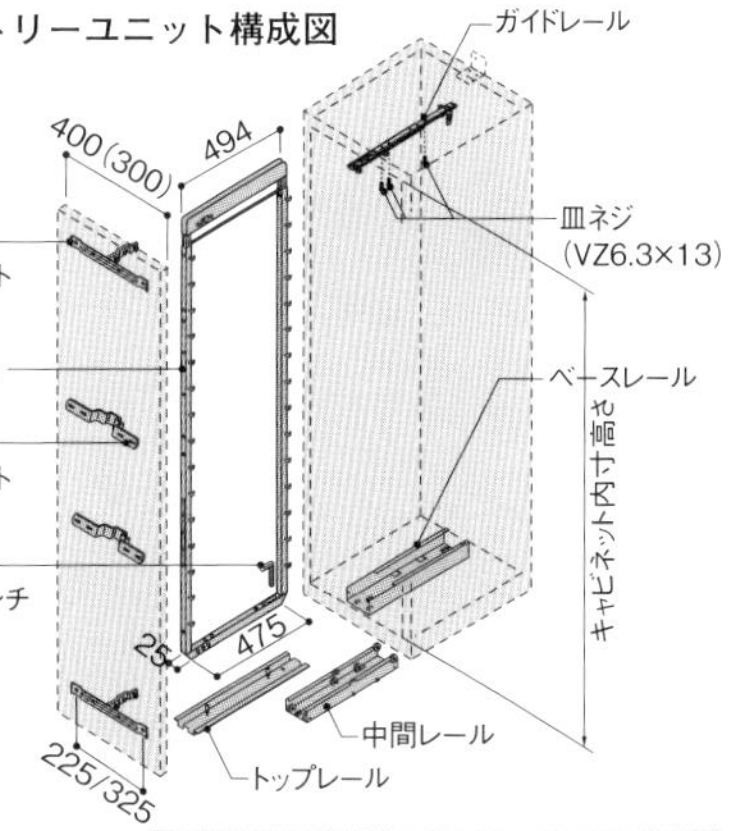

ガイドレール
400（300）
494
T型
ブラケット
皿ネジ
（VZ6.3×13）
フレーム
ベースレール
補強用
ブラケット
キャビネット内寸高さ
調整用
六角レンチ
25
475
中間レール
トップレール
225/325

冷蔵庫の右がパントリーユニットを組み込んだキャビネット。ガスコンロ左の上がフラップアップ、下がフラップダウンの収納

設計・写真：STUDIO KAZ

## 図2 ｜ ウォークインパントリーを設けた例 [S＝1:50]

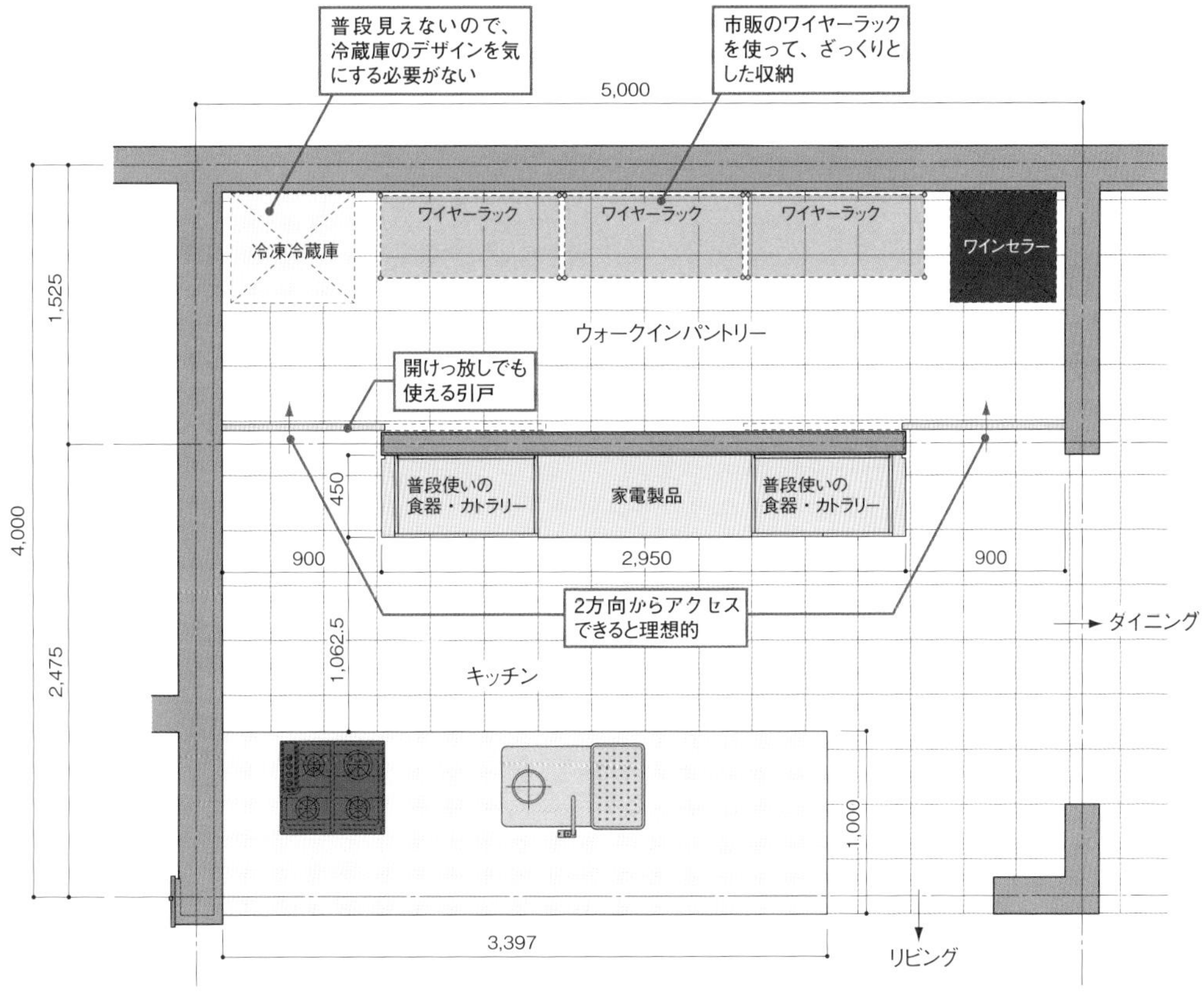

普段見えないので、
冷蔵庫のデザインを気
にする必要がない
市販のワイヤーラック
を使って、ざっくりと
した収納
5,000
冷凍冷蔵庫
ワイヤーラック
ワイヤーラック
ワイヤーラック
ワインセラー
1,525
ウォークインパントリー
開けっ放しでも
使える引戸
450
普段使いの
食器・カトラリー
家電製品
普段使いの
食器・カトラリー
4,000
900
2,950
900
2方向からアクセス
できると理想的
ダイニング
1,062.5
キッチン
2,475
1,000
3,397
リビング

KEYWORD 097

# キッチンの照明計画

POINT

◉「雰囲気」と「機能」を満たす照明計画を考える

◉ＬＥＤを積極的に活用する

## オープンキッチンの照明

キッチンは刃物を扱う場所であり、また、食材の鮮度を目視し、食材や調味料の分量を量り、調理の進捗状況を的確に把握しなければならないため、一般の居室空間よりも高い照度が必要である。独立したクローズドキッチンであれば天井と棚下に蛍光灯を付けて事足りるが、オープンキッチンではそうもいかない。隣接するダイニングやリビング、場合によっては廊下や寝室、書斎との調和も図らなければならず、時間帯によって多用途に使い分けられるようにする。

まず、作業スペースとシンク部分、加熱部分は一定の明るさを保ち、影ができないように計画する。次に、ワークトップから少しでも外れた場所は、ほかの空間の照度に合わせる。そうすることで空間全体としての違和感をなくし、ワークトップ部分の明るさが際立ち、生活のなかのステージとしてキッチンを演出することができる［写真1・2］。

## 照明器具の選び方

狭角のスポットライトやダウンライトは、前述の意味でも効果的だ。また、「人が主役」ということから考えると、できるだけ存在感がない照明器具を選びたい。

この照明計画だと、ワークトップ以外の部分では比較的暗めになるので、工夫が必要だ。吊り戸棚下にはこれまでミニハロゲンの棚下灯を付けていたが、ここ数年はＬＥＤの家具用ダウンライトが主流になった［写真３・図］。これによりオン・オフや電球交換時の火傷の事故もほぼ回避できる。ほかにも収納扉の開閉に連動するスイッチを利用した計画や、引出し内部を照らすライン照明などが、ＬＥＤの普及とともに見られるようになった［写真４］。

## 写真1 | 光と影の演出

天井にグレアレスのダウンライトに埋め込んでいる。器具の存在感は消しつつ、ワークトップの上はしっかりと明るさを保っている

設計・写真：STUDIO KAZ（写真1・2）

## 写真2 | オープンキッチンの照明

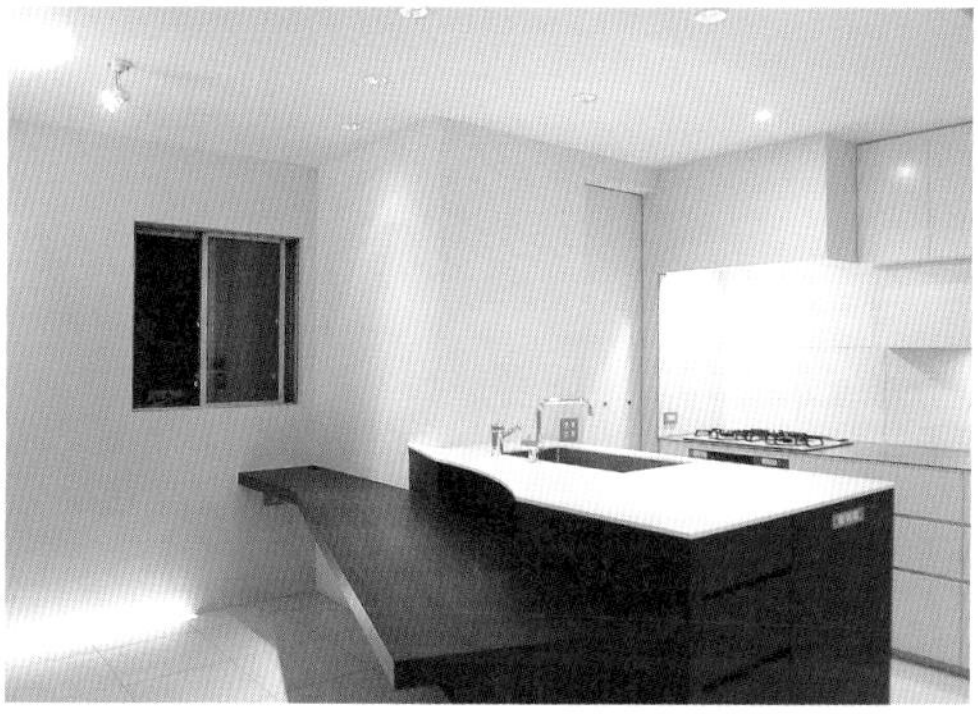

全体を満遍なく明るくせず、アイランド、カウンター、コンロ、作業スペースなど必要なところを必要なだけ明るくし（機能照明）、ほかに床埋込みの照明を設けるなど、雰囲気照明を付け加える

## 写真4 | 引出し内を照らすライン照明

キャビネット内にLEDのテープライトが組み込まれ、引出しを開けるとスイッチが入るようになっている

## 写真3・図 | LED家具用ダウンライト

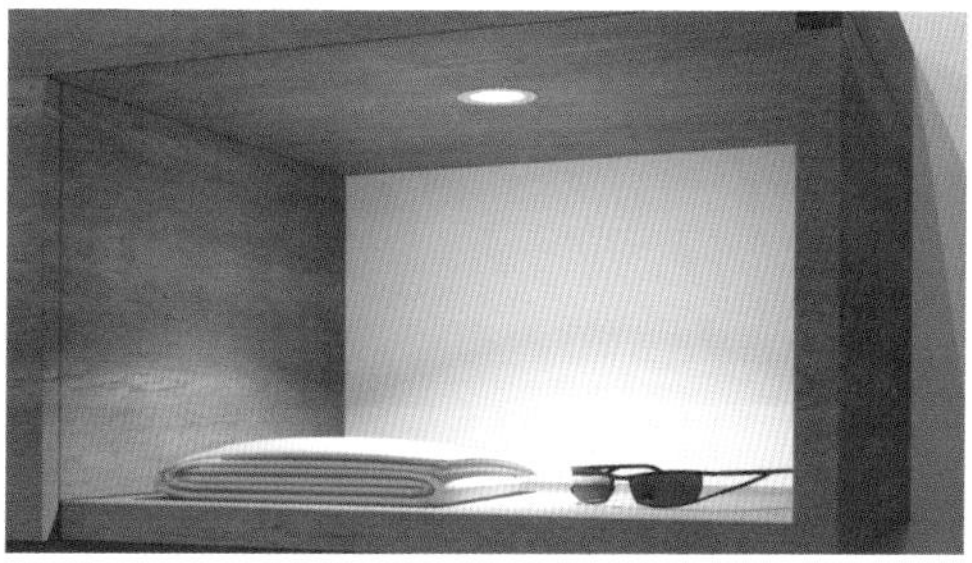

棚下灯もLEDが主流になった。発熱が少ないため、下にあるものや素材への影響が少なく、誤って触っても火傷する心配も少ない

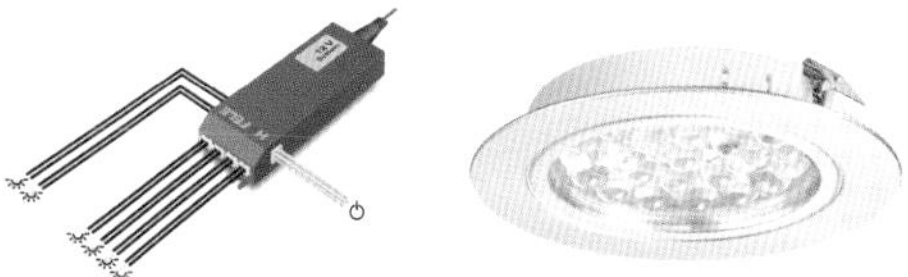

トランス　　LED家具用ダウンライト本体

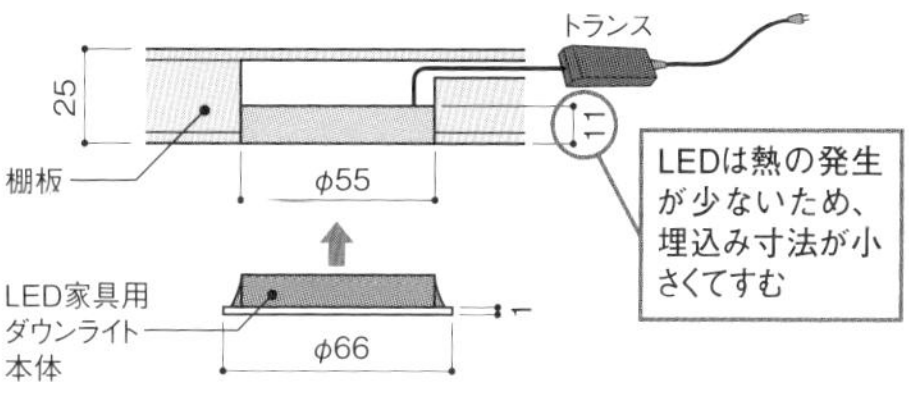

トランス
25
棚板
φ55
11
LED家具用
ダウンライト
本体
φ66
1
LEDは熱の発生が少ないため、埋込み寸法が小さくてすむ


写真提供：ハーフェレ ジャパン（写真3・4）

KEYWORD 098

# 寸法計画

POINT
- ◉調理作業の流れを考えて平面的な大きさを決める
- ◉高さ方向の計画は使い勝手や安全性を大きく左右する

## 平面方向の計画

効率のよい調理作業が求められるキッチンの寸法計画は、平面方向だけでなく、高さ方向にも綿密に検討されなければならない。

まず、平面的な大きさとして、ワークトップの奥行き、通路幅、ワークトライアングルなどを決める[図1・2]。一般的なグリル付きコンロをビルトインする場合、ワークトップの奥行きは600㎜以上となる。しかし、壁との離隔距離やほかのビルトイン機器を考慮して、650㎜以上にすることが多い。奥行き750㎜のキッチンを計画したこともあるが、建て主にきちんと説明しておかないと、使いづらいとクレームになる。

逆に奥行きが浅いキッチンも狭小住宅では有効だろう。コンロの納め方に工夫が必要だが、今後は浅い奥行きのキッチンも見直されてもよい。そのときネックになるのは混合水栓だ。あまりにも選択肢が少ない。奥行きが取れないときの裏技として、ワークトップを窓枠と兼用する方法もある。

## 高さ方向の計画

ワークトップの高さを決める指標として（身長÷2＋50㎜）などの公式があるが、実際には四肢の長さやスリッパの有無、ビルトイン機器などに左右される。なお、ビルトイン機器では、操作パネルなどのラインを引出しや扉と揃えるとすっきり見える。承認図で細かい寸法をチェックしたい。

また、シンク部分と作業スペース、加熱部分における適正な高さはそれぞれ違う[図3]。加熱部分一つとってもガスとIHでは異なる。建て主の動きとデザインのバランスを考慮しなければならない。

また、レンジフードや吊り戸棚の高さ・幅・奥行きを、タイル割りや窓の大きさから決めるときれいに納まる。

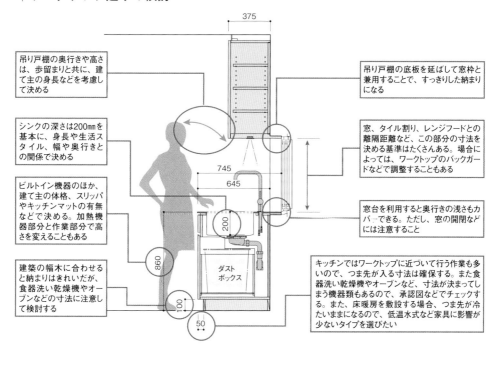

## 図1 ワークトップの計画

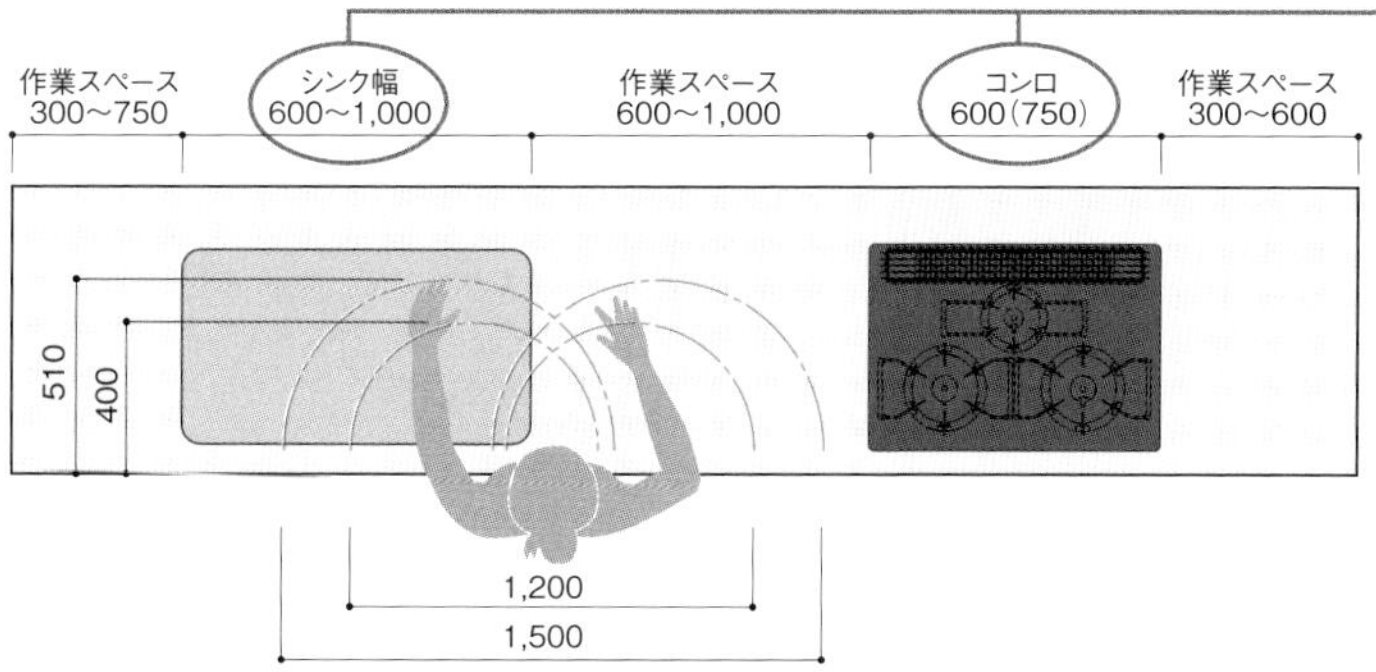
作業スペース
300～750
シンク幅
600～1,000
作業スペース
600～1,000
コンロ
600(750)
作業スペース
300～600
510
400
1,200
1,500

最近の流れとして食器洗い乾燥機の普及によりシンクは少し小さくなり(700～850㎜)、幅が大きなコンロ(750㎜)の採用が増えた。また、作業スペースは大きめにしたいところだが、左右端部の寸法とのバランスを考慮して決めたい

## 図2 ワークトライアングル

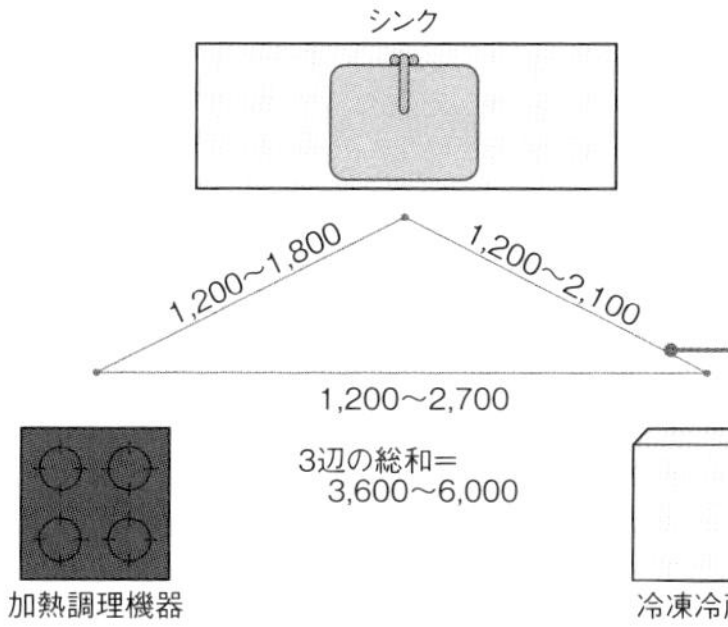
シンク
1,200～1,800
1,200～2,100
1,200～2,700
3辺の総和＝
3,600～6,000
加熱調理機器
冷凍冷蔵庫

ワークトライアングルとは、シンクと加熱調理機器、冷凍冷蔵庫の前面中心を頂点とする三角形のことで、各辺は動線を示し各辺の長さのトータルが作業のしやすさの目安となる。作業領域の大きさで決める目安として知っておきたいが、固執しすぎないようにしたい

※必ずしも左図の寸法を守る必要はないが、
1つの目安として考える

## 図3 ワークトップ廻りの検討

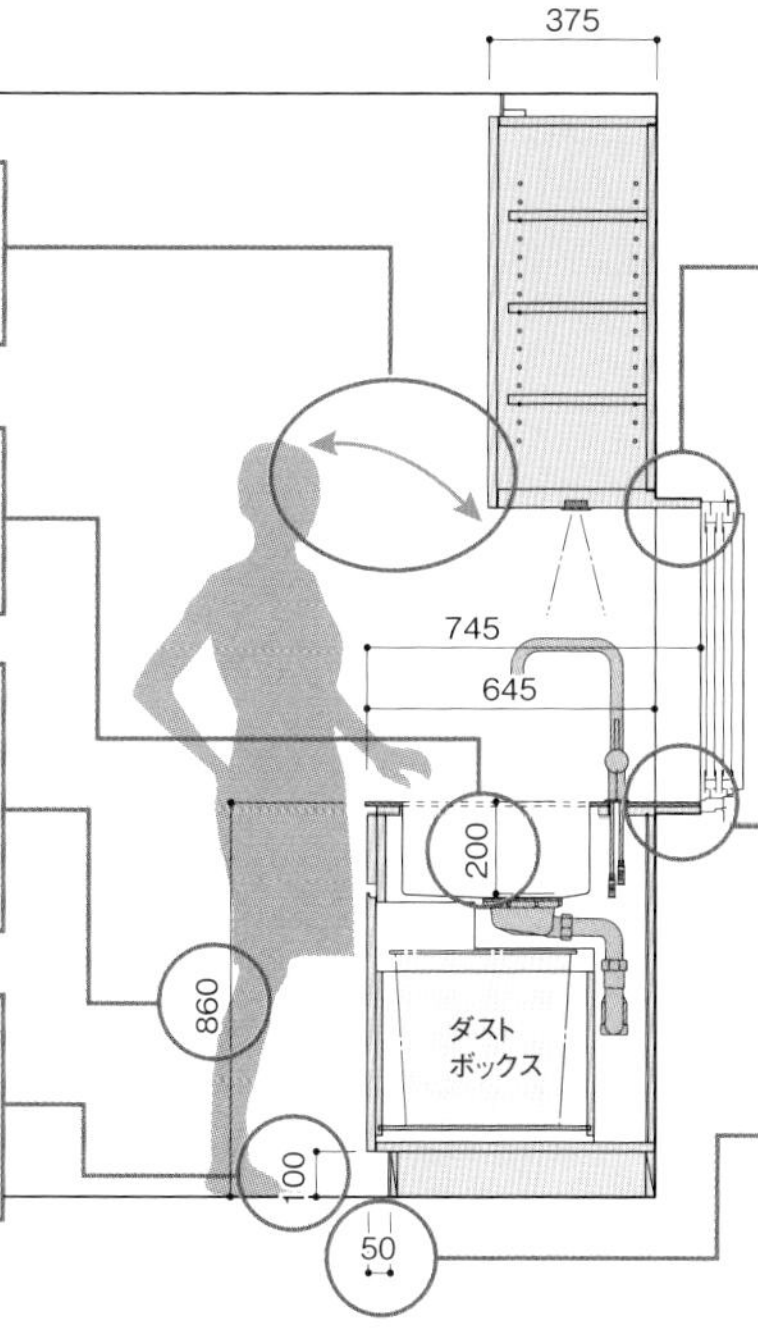
375
745
645
200
860
ダスト
ボックス
100
50

吊り戸棚の奥行きや高さは、歩留まりと共に、建て主の身長などを考慮して決める

シンクの深さは200㎜を基本に、身長や生活スタイル、幅や奥行きとの関係で決める

ビルトイン機器のほか、建て主の体格、スリッパやキッチンマットの有無などで決める。加熱機器部分と作業部分で高さを変えることもある

建築の幅木に合わせると納まりはきれいだが、食器洗い乾燥機やオーブンなどの寸法に注意して検討する

吊り戸棚の底板を延ばして窓枠と兼用することで、すっきりした納まりになる

窓、タイル割り、レンジフードとの離隔距離など、この部分の寸法を決める基準はたくさんある。場合によっては、ワークトップのバックガードなどで調整することもある

窓台を利用すると奥行きの浅さもカバーできる。ただし、窓の開閉などには注意すること

キッチンではワークトップに近づいて行う作業も多いので、つま先が入る寸法は確保する。また食器洗い乾燥機やオーブンなど、寸法が決まってしまう機器類もあるので、承認図などでチェックする。また、床暖房を敷設する場合、つま先が冷たいままになるので、低温水式など家具に影響が少ないタイプを選びたい

# ワークトップ①

POINT
- ◉ステンレスは理想のキッチン素材
- ◉ステンレスは仕上げで全体の雰囲気が決まる

## ワークトップを考える

キッチンのデザインを考えるとき、扉の色や素材は空間との相性で考え、ワークトップには使い勝手を優先させる傾向が強い。しかし、実際のキッチンの「見た目」にはワークトップが占める割合が意外と多い。そのため、ワークトップは素材の印象も含めて慎重に選びたい。素材としてはステンレス、人工大理石、天然石、メラミン化粧板、タイル、木などがある［表］。

## SUS製ワークトップ

キッチンに求められるさまざまな性能（耐熱性、耐薬品性、耐摩耗性、耐酸性、抗菌性、清掃性など）に対して、最も理想的な素材はステンレスだ。しかし反面、金属特有のぎらぎらした感じや映り込みなどが業務用の厨房機器をイメージさせ、一般的なインテリアにはそぐわないことも多い。そこで最近はバイブレーション仕上げという加工を施すことが多くなった。従来のヘアライン仕上げに比べて、照明などの光の反射や映り込みがソフトになり、柔らかい印象に仕上がる。しかし、このバイブレーション仕上げは、施工する職人によって印象が異なってくるため必ずサンプルで確認したい［写真2］。

キッチンで使うステンレスではSUS304（18-8）という種類が一般的である［写真1］。ほかにもSUS430を使うこともある。ステンレスのワークトップを造作する場合、板金加工し、シンクや端部を溶接して製作する［図］。そのため、システムキッチンよりも厚い板でなければねじれが生じることがある。最低でも1.2〜1.5㎜を使い、耐水合板などを裏に接着して強度をもたせる。筆者の場合、できるだけ薄く見せたいときには4㎜厚を折り曲げずに使用する。ある程度の荷重をかけても、素材そのものが曲がらないギリギリの厚さだ。

## 表｜ワークトップの素材別の長所・短所

| | 耐熱性 | 耐薬品性 | 耐摩耗性 | 耐酸性 | 抗菌性 | 清掃性 | コスト | 備考 |
|---|---|---|---|---|---|---|---|---|
| ステンレス | ◎ | ◎ | ◎ | ◎ | ◎ | ◎ | ○ | 見た目のハードさが課題。仕上げ方などで工夫 |
| メタクリル系人工大理石 | ○ | ◎ | ○ | △ | ◎ | ◎ | ○ | 現場での加工性は抜群 |
| クオーツ系人造大理石 | ◎ | ◎ | ◎ | ◎ | ◎ | ◎ | △ | 天然石を超えた性能と美観。これからの主流か |
| 御影石 | ○ | ◎ | ◎ | ○ | ○ | ◎ | △ | 豪華さを出すなら御影石に勝るものはない |
| 大理石 | ○ | △ | ◎ | △ | ○ | ◎ | △ | エレガントさは一番 |
| メラミン化粧板 | △ | △ | △ | △ | ○ | ○ | ◎ | コストが最大の魅力。ジョイント部分の水仕舞が課題 |
| メラミンポストフォーム | △ | △ | △ | △ | ○ | ○ | ◎ | コストが最大の魅力。ジョイント部分の水仕舞が課題 |
| 集成材 | △ | △ | △ | △ | △ | △ | ◎ | コストは魅力。撥水材などの処理と日頃のメンテナンスが重要 |
| 無垢天然木 | △ | △ | △ | △ | △ | △ | △ | 存在感が魅力。ダイニングテーブルと兼用したい |
| タイル | ◎ | ◎ | ○ | ○ | △ | △ | ○ | いろいろな雰囲気がつくれるが、目地の処理と割れが課題 |
| コンクリート | ◎ | ◎ | ○ | △ | △ | △ | ○ | RC造では魅力的。撥水処理、シミなどの問題がある |

## 写真1｜ステンレスで構成したキッチン

甲板はSUS304バイブレーション仕上げ、キャビネットやパネルはSUS430 No.4仕上げを施した

設計：今永環境計画＋STUDIO KAZ、写真：STUDIO KAZ

## 写真2｜ステンレス仕上げの比較

(左から) ホットバイブレーション、バイブレーション、ヘアライン

写真提供：松岡製作所

## 図｜ステンレスの納まり

シャープな納まり[S＝1:4]

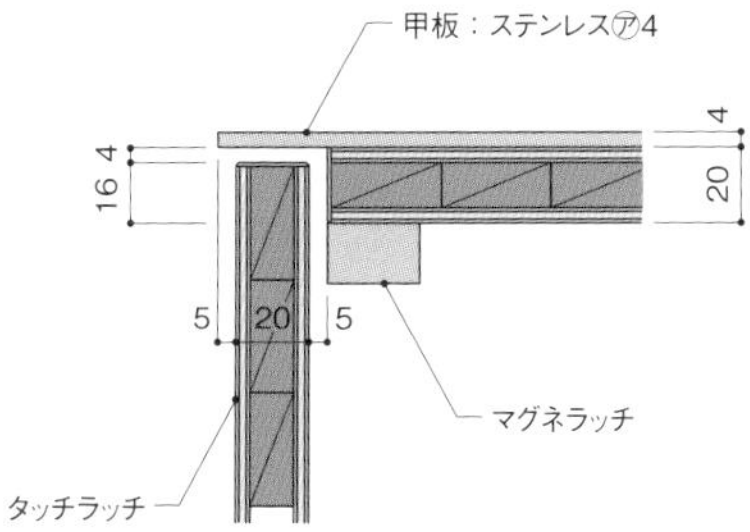
甲板：ステンレス㋐4
4
20
16 4
5
20
5
マグネラッチ
タッチラッチ

重厚感のある納まり[S＝1:4]

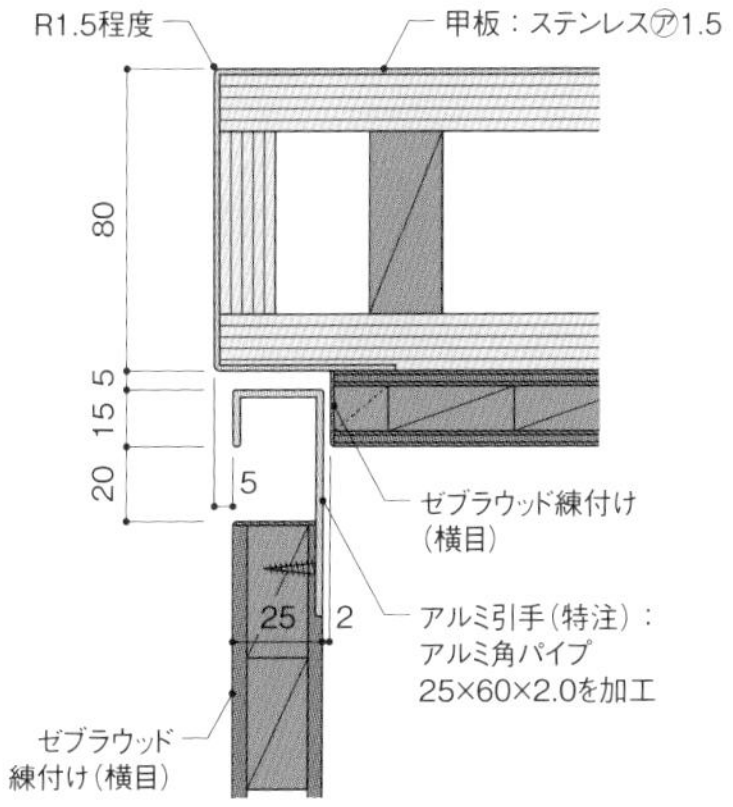
R1.5程度
甲板：ステンレス㋐1.5
80
5
15
20
5
ゼブラウッド練付け
(横目)
25
2
アルミ引手(特注)：
アルミ角パイプ
25×60×2.0を加工
ゼブラウッド
練付け(横目)

KEYWORD 100

# ワークトップ②

**POINT**

- 現場で綺麗にジョイントできる唯一の素材はメタクリル系人工大理石
- 性能に優れるクオーツ系人造大理石、セラミック板の特徴を知る

## メタクリル系人工大理石

メーカーキッチンで最も多く使われているワークトップの素材が人工大理石だ。人工大理石にも種類があるが、造作する場合はメタクリル（強化アクリル）樹脂の人工大理石を使うことが多い［写真1］。色や柄が豊富で現場加工でもほとんど判別できないほどきれいにジョイントできる［図］。そのため、さまざまな大きさや形状に対応可能となり、マンションなど大判の搬入が困難な現場でも採用できる。ステンレスや後述のクオーツなどに比べると熱や薬品に弱い面もあるが、通常使用のレベルでは問題ない。同素材のシンクもあり、ワークトップとシンクをシームレスにジョイントでき、掃除のしやすさから人気がある。

## クオーツとセラミック

最近、ハイグレードのキッチンで人気の素材がクオーツ系人造大理石とセラミック板だ［写真2・3］。

クオーツ系人造大理石は天然の石英を主成分としており、表面硬度や対汚染性、耐衝撃性などはメタクリル系人工大理石はおろか、天然石をも上回る。メタクリル系人工大理石性のシンクとシーム接着も可能である。

セラミック板は耐熱性に優れ、熱い鍋を直接乗せても問題ない。多少加工に手間がかかるため、メタクリル系人工大理石やクオーツ系人造大理石に比べると高額となり、また国内で加工できる工場が少ないため、納品場所によっては輸送コストもかかる。しかしそのほかの性能については、キッチンのワークトップに使われる素材としては理想的ともいえる性能をもつので、しっかり知識を蓄えておきたい。

なお、クオーツ系人造大理石もセラミック板も現場での接着はできないので、ジョイント個所には注意が必要だ。

### 写真1 | メタクリル系人工大理石

窓際に配したカウンタートップにコーリアンを使用。現場でのシーム接着が可能なため、連続したカウンターなど自由度が高い

設計：STUDIO KAZ、写真：山本まりこ

### 写真2 | クオーツ系人造大理石

クオーツ系人造大理石を使用したキッチン。天然石を上回る性能を持つ。ハイグレードのキッチンで人気

写真提供：コセンティーノ・ジャパン

## 図 | 人工大理石の納まり

シャープな納まり[S＝1:4]

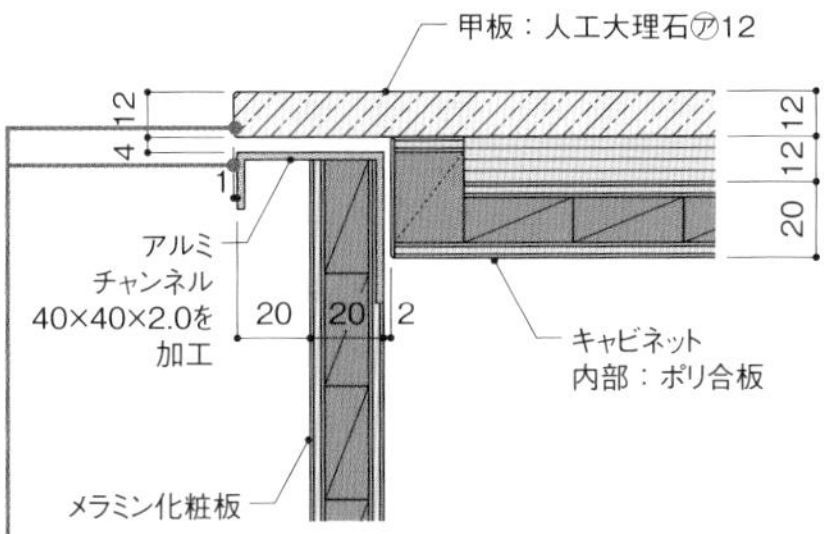

甲板：人工大理石㋐12
12
4
1
アルミチャンネル40×40×2.0を加工
20
20
2
12
12
20
キャビネット内部：ポリ合板
メラミン化粧板


人工大理石の厚みをそのまま見せているためシャープな印象になる

一般的な納まり[S＝1:4]

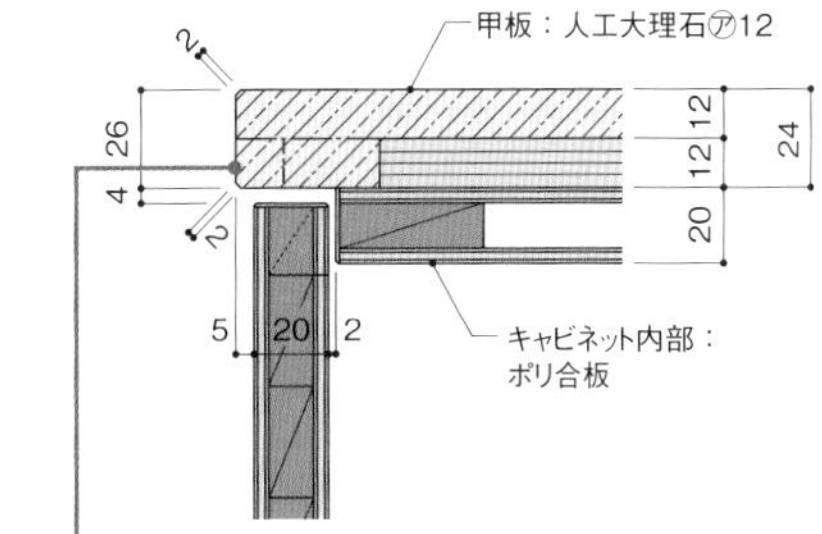

甲板：人工大理石㋐12
2
26
4
2
5
20
2
12
12
20
24
キャビネット内部：ポリ合板


人工大理石を2枚張り合わせている。シーム接着が可能な人工大理石だからこその納まり。これでも一般的なキッチンよりもシャープ（通常は36〜40mmの見付）な納まり

重厚感のある納まり[S＝1:4]

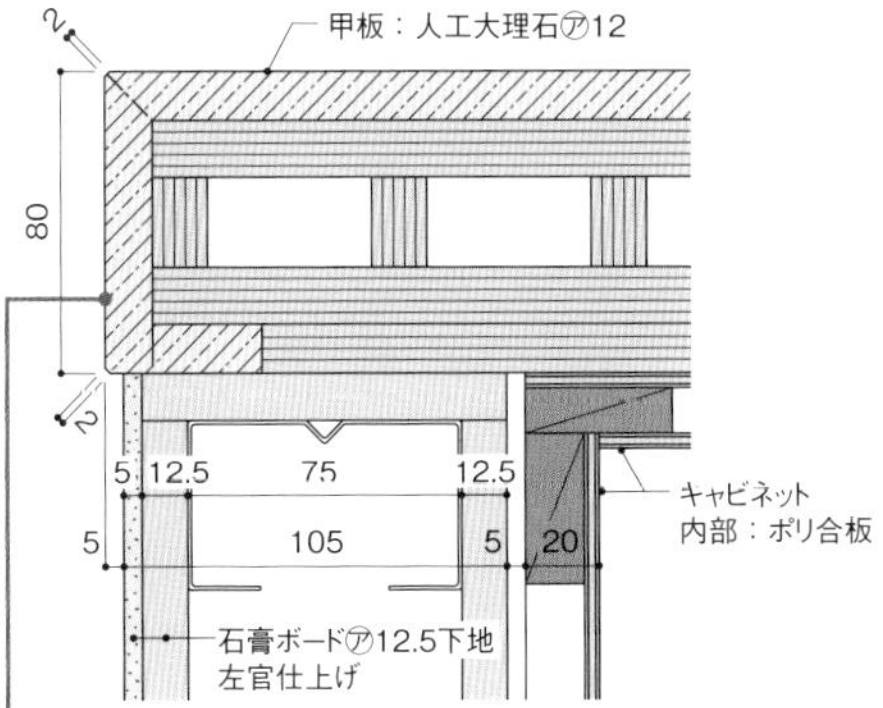

甲板：人工大理石㋐12
2
80
2
5
12.5
75
12.5
5
105
5
20
キャビネット内部：ポリ合板
石膏ボード㋐12.5下地左官仕上げ


人工大理石の柄（模様）によっては、天板面と小口面で違って見えるものがあるので、厚みを出す場合、注意が必要

### 写真3 | セラミック板

セラミック板を使用したキッチン。熱や傷に強く、現在ヨーロッパをはじめとしたキッチンの展示会では最も人気がある

写真提供：ラミナムジャパン

# ワークトップ③

POINT

◉天然石のワークトップはジョイント位置に注意して計画

◉化粧板はジョイントの方法と位置に注意する

## 天然石のワークトップ

　ワークトップに天然石を使う最大の理由は、石自身の「豪華さ」にある［図1］。もちろん、硬く、熱を伝えにくい性質もキッチンのワークトップとしては優秀だ。しかし、重量やスラブ材の大きさから、1枚の大きさには限度がある。石種や業者にもよるが、1m×2mを目安に考えたい。それ以上の大きさになると必ずジョイントが入り、それをどこに設けるかは、デザイン上のみならず、使い勝手のうえでも重要なポイントになる。筆者はジョイント位置をシンクの中心にすることが多い。作業スペースでジョイントするとパンやお菓子、麺類をこねるときに食材がジョイント部に触れ、不衛生な印象になるためである。

　一般的にはキッチンのワークトップには大理石を使用してはいけないとされる。御影石と比べて、水による表面の劣化、酸やアルカリに弱いなどの特徴があるためだが、普段の手入れやメンテナンスによって解消できる。建て主にその点を説明したうえで採用する分には問題ない。

　価格は石の種類によって差が大きく、比較的安価な石種だと、歩留まり次第でステンレスや人工大理石と大差ないこともある。

## そのほかの素材を使う

　カウンターの仕上材として、メラミン化粧板もある［図3］。今でも海外では多く見られる。安価で性能も優れているが、前記の素材に比べると素材感は乏しい。また、ジョイント部からの水の浸入には注意したい。逆にそこさえケアできるならば、魅力的な素材だ。

　また、実例は少ないが、無垢材や集成材、タイルもワークトップとして十分使用可能な素材である［図2・4］。

## 図1 | 天然石ワークトップ [S＝1:4]

### 基本の納まり

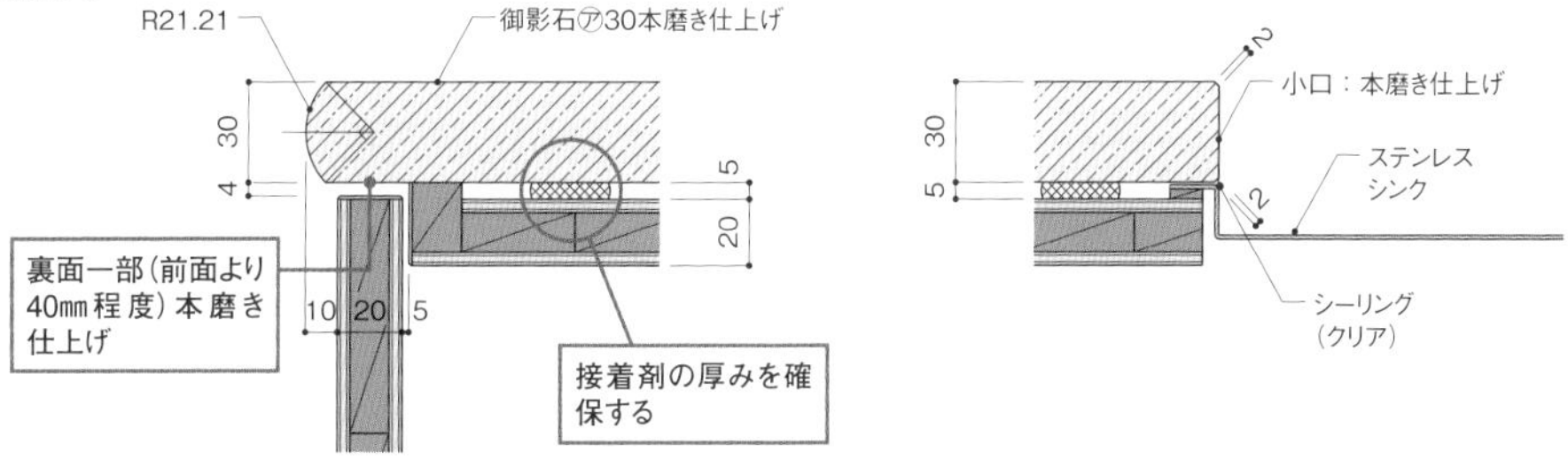

R21.21
御影石㋐30本磨き仕上げ
30
4
5
20
10 20 5
裏面一部(前面より40mm程度)本磨き仕上げ
接着剤の厚みを確保する
2
小口：本磨き仕上げ
ステンレスシンク
30
5
2
シーリング(クリア)


### 天然石で厚みを出す場合の納まり

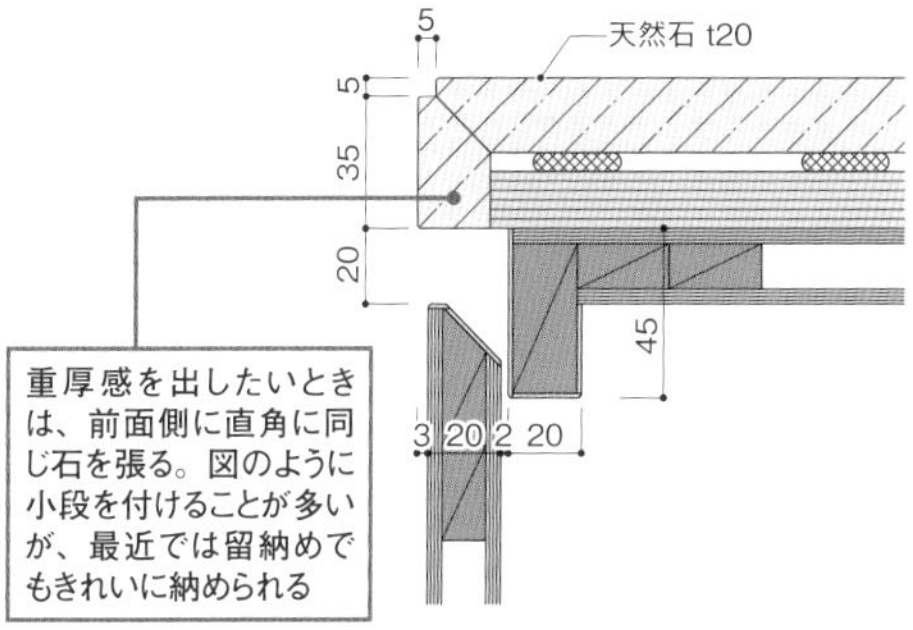

5
天然石 t20
5
35
20
45
3 20 2 20
重厚感を出したいときは、前面側に直角に同じ石を張る。図のように小段を付けることが多いが、最近では留納めでもきれいに納められる


## 図2 | タイル張りワークトップ [S＝1:4]

### 木口を竪木にした納まり

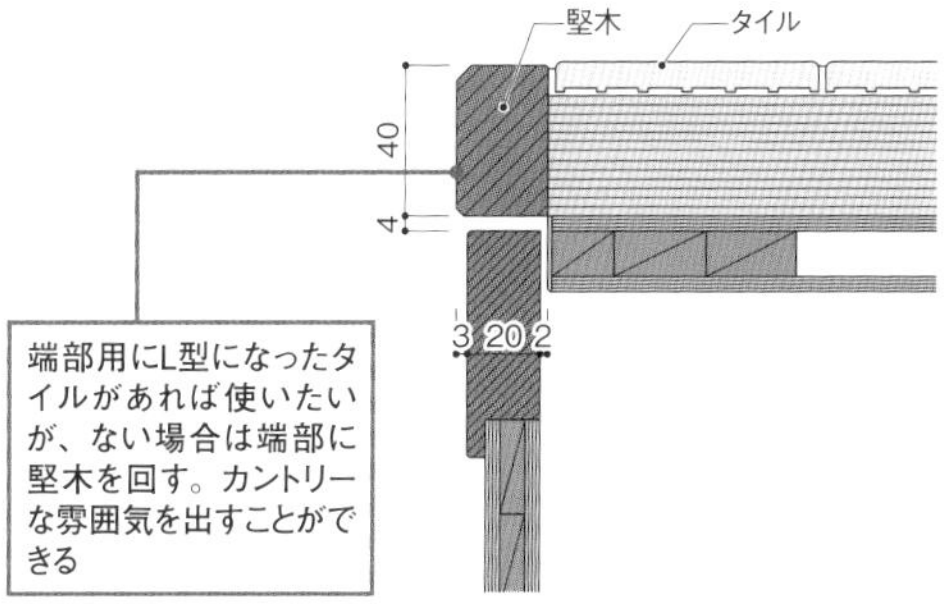

竪木
タイル
40
4
3 20 2
端部用にL型になったタイルがあれば使いたいが、ない場合は端部に竪木を回す。カントリーな雰囲気を出すことができる


## 図3 | メラミンワークトップ [S＝1:4]

### メラミン化粧板の納まり

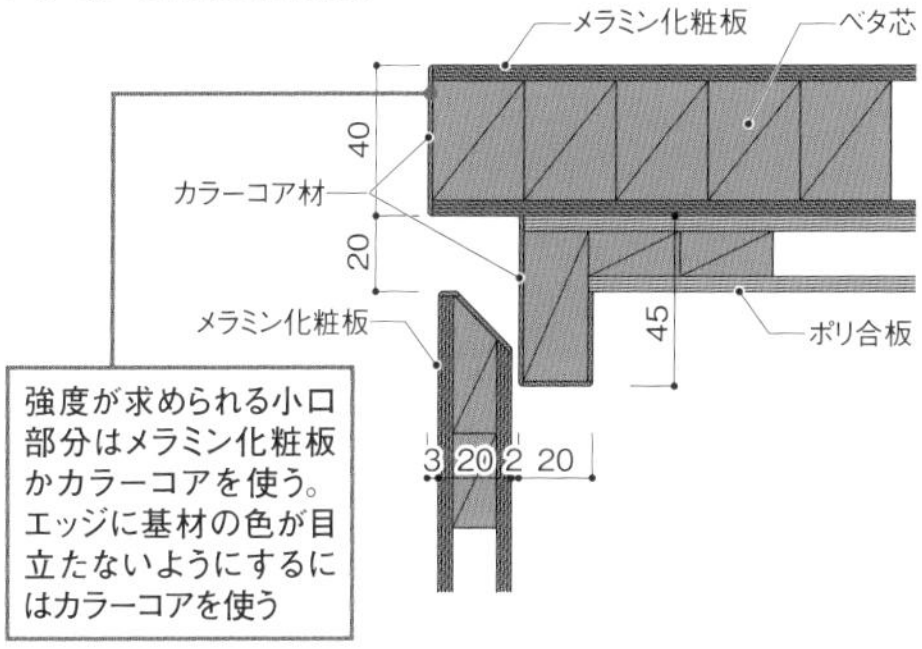

メラミン化粧板
ベタ芯
40
カラーコア材
20
メラミン化粧板
45
ポリ合板
3 20 2 20
強度が求められる小口部分はメラミン化粧板かカラーコアを使う。エッジに基材の色が目立たないようにするにはカラーコアを使う


### メラミンポストフォームの納まり

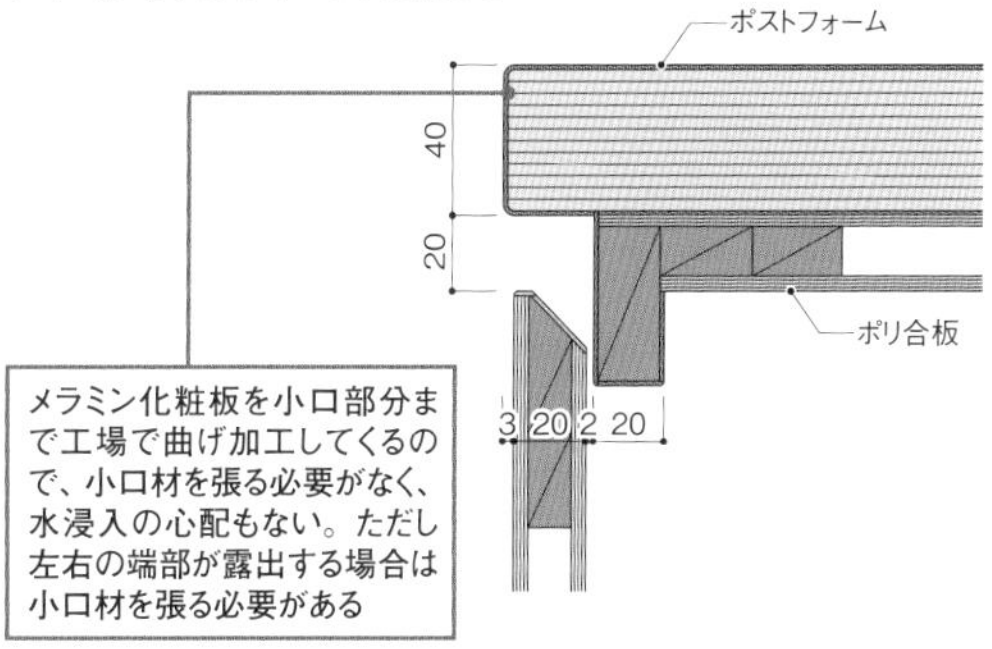

ポストフォーム
40
20
ポリ合板
3 20 2 20
メラミン化粧板を小口部分まで工場で曲げ加工してくるので、小口材を張る必要がなく、水浸入の心配もない。ただし左右の端部が露出する場合は小口材を張る必要がある


## 図4 | 集成材ワークトップの納まり [S＝1:4]

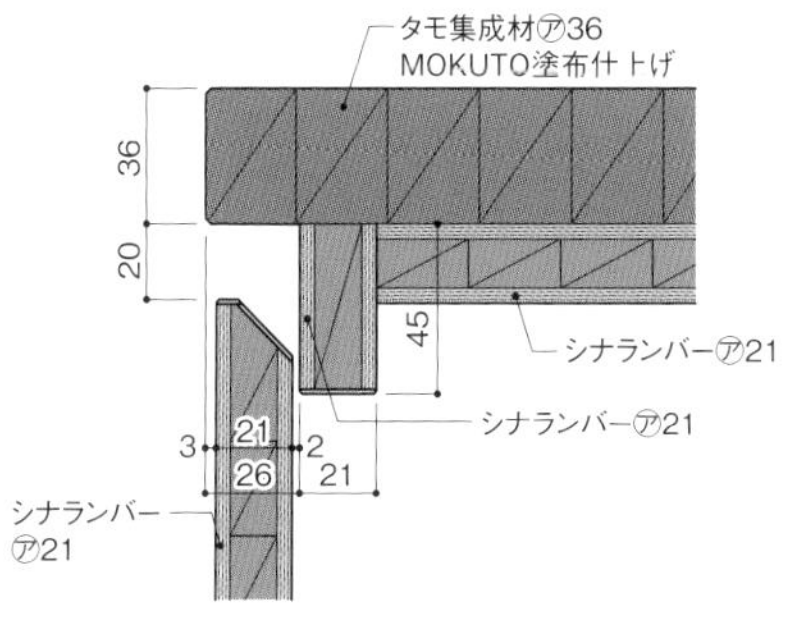

タモ集成材㋐36
MOKUTO塗布仕上げ
36
20
45
シナランバー㋐21
シナランバー㋐21
3 21 2
26 21
シナランバー㋐21


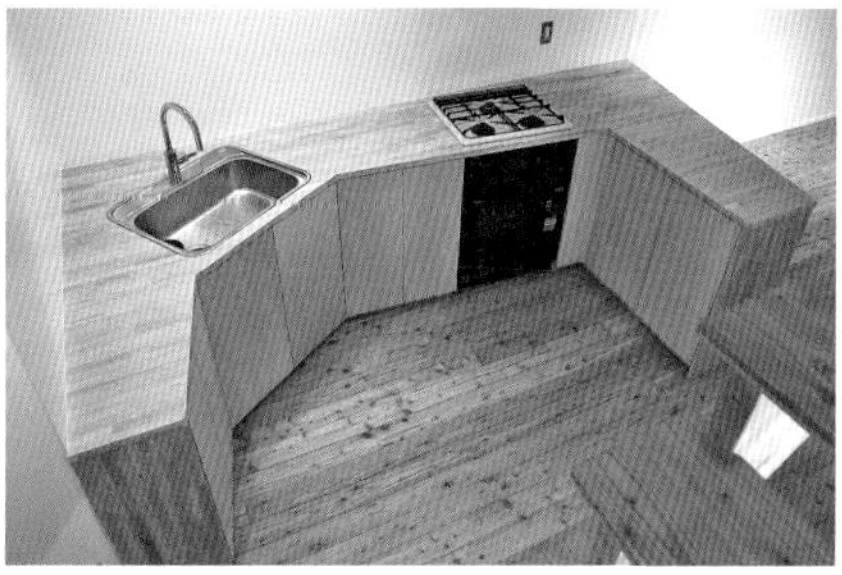

甲板に特注加工した1枚もののタモ集成材を使ったキッチン。扉、キャビネットはシナランバーで製作。すべてを大工工事で可能な納まりとし、非常にローコスト。水仕舞いを考慮してデッキ部分から水栓が立ち上げられるオーバーシンクとした 設計・写真：STUDIO KAZ

# シンクと水栓

POINT

- シンクの素材によってワークトップや納め方の相性がある
- 水栓金物は大きさや形状、機能、色で選ぶ

## シンクの素材

現在、キッチンのシンクはほとんどがステンレス製。シンク専門のメーカーがさまざまな大きさや形状のものを用意しているので、既製品を使う場合が多いだろう。セラミックやフッ素コーティングを施し、色を付けたものがあり、選択肢は広がった。筆者は、スポンジや洗剤を置くため自ら考案したサイドポケットの付いた特注品を使うことが多い。

シンクに使う素材としては、昔懐かしいホーローもある。つややかな素材感や色のバリエーションは魅力的だが、国産はすっかり減り、輸入物を中心に販売されている。ほかにもアクリル樹脂製のカラフルなシンクもある。最近では人工大理石のシンクが、ワークトップとシームレスでつながり清掃性に優れているため、人気が出てきている。しかし、シンクはキッチンのなかで最も傷が付く部分である。発売されてまだ間がない製品については、傷による黒ずみなどの経年変化を慎重に見守る必要がある。最近はほとんど見かけないが、現場で研ぎ出すテラゾーでシンクをつくる手もある。

## 水栓金具選びがポイント

対面キッチンでは、キッチンの中の人と外の人の間にシンクと水栓金具が存在するキッチンが多い。だからこそ、シンクの大きさや形状だけでなく、水栓金具の選び方がキッチンデザインの重要なポイントとなる。ハンドシャワーや吐水方式の切り替え、タッチ式（もしくはタッチレス）といった機能面だけでなく、色も選択のポイントとしたい。最近ではクロムメッキだけでなく、シルバー、ゴールド、ブラックと多様化しており、形状や仕上げも含めて、インテリアの雰囲気に合わせて選びたい。

## 表｜ワークトップ・シンクの素材別マウント形式

| シンクの素材＼ワークトップの素材 | ステンレス | 人工大理石 | メラミン | 天然石 | 木製 | タイル | テラゾー |
|---|---|---|---|---|---|---|---|
| ステンレス | S | U | O/(U) | O/(U) | O/(U) | O | ／ |
| 人工大理石 | U/O | S | ／ | ／ | ／ | ／ | ／ |
| ホーロー | O | O | O | O | O | O | ／ |
| アクリル | U/O | U/O | U/O | U/O | O/(U) | O | ／ |
| テラゾー | ／ | ／ | ／ | ／ | ／ | ／ | S |
| 陶器 | O | O | O | O | O | O | ／ |

※(O)はオーバーマウント、(U)はアンダーマウント、(S)はシームレスマウントを表す
※理論上は成立しても、組み合わせる意味がないものは／としている
※(　)内は特殊な加工もしくは処理を必要とするもの

シームレスシンク(S)

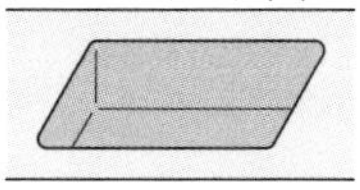

アンダーシンク(U)

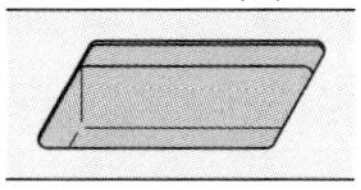

オーバーシンク(O)

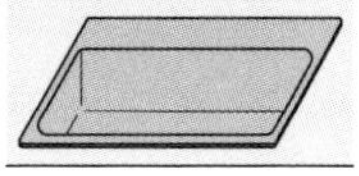

## 図｜アンダーシンク・オーバーシンクの納まり

### アンダーシンクの納まり1

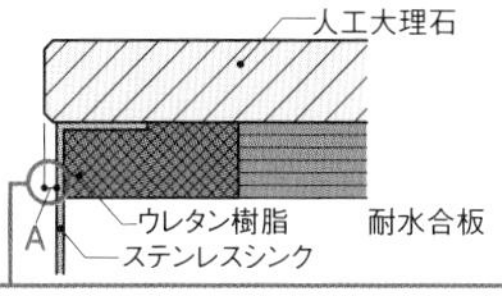
人工大理石
ウレタン樹脂
耐水合板
A
ステンレスシンク

かぶり寸法(A)はメーカー標準では6㎜だが、あまり段差がありすぎると掃除がしにくく、また、カビの発生源となるため、できるだけ小さくしたい。理想は0だが、シンク、天板の孔あけ双方の加工精度が要求される。また、多段絞りシンクの場合、水切りカゴなどを上げやすいように極力0にする

### オーバーシンクの納まり

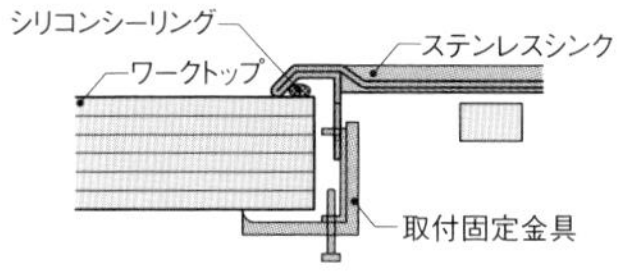
シリコンシーリング
ワークトップ
ステンレスシンク
取付固定金具

### アンダーシンクの納まり2

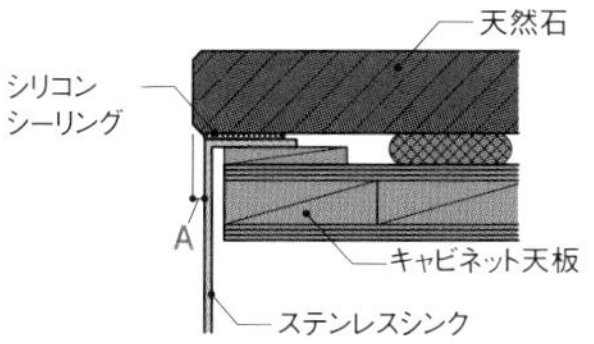
天然石
シリコン
シーリング
A
キャビネット天板
ステンレスシンク

### ステンレス天板との納まり

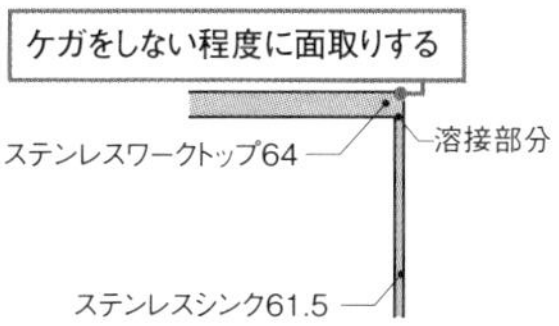
ケガをしない程度に面取りする
溶接部分
ステンレスワークトップ64
ステンレスシンク61.5

シンクをシャープに見せるために面取りを最低限にし、溶接も精度高く製作してもらう

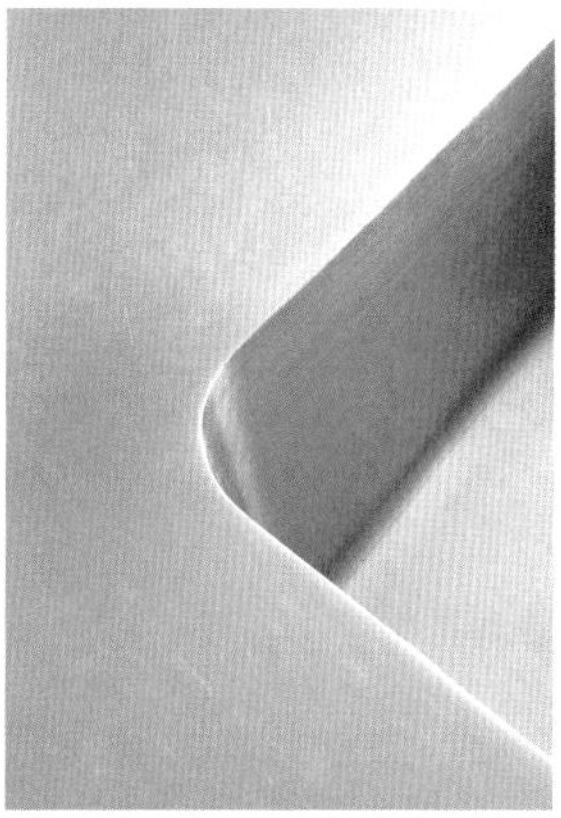

左図のシンクの納まり。最小の面取りにしている

設計・写真：STUDIO KAZ

## 写真｜シンクと水栓のデザイン例

メーカー：DELTA　写真提供：コンセプトビー

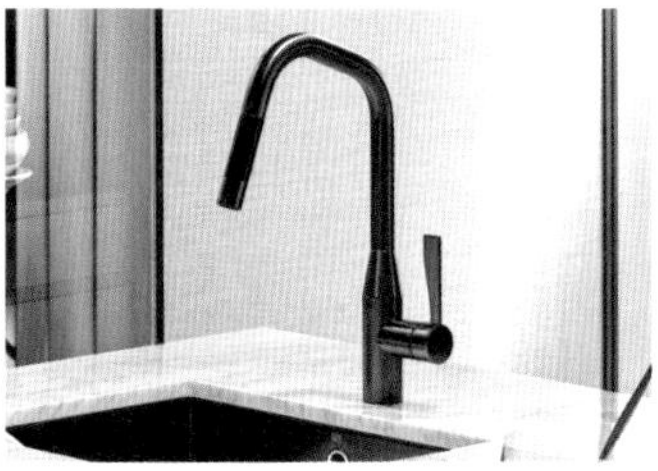

ブランド：Dornbracht　写真提供：リラインス

メーカー：KWC　写真提供：エスコー技研

写真提供：ハンスグローエジャパン

写真提供：松岡製作所

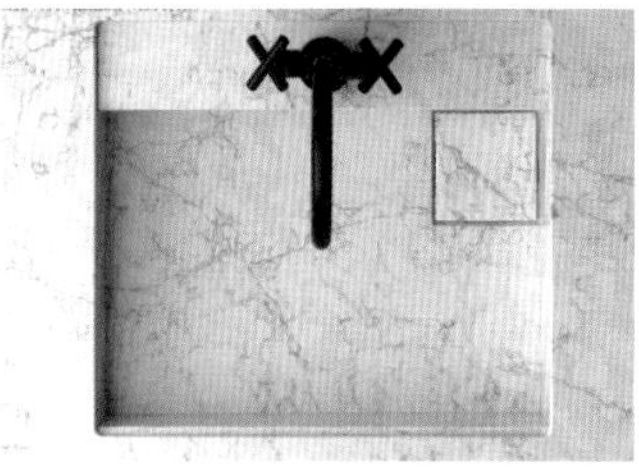

写真提供：大日本化成工業

# 熱源

**POINT**

◉グリル付きコンロはガス・IH に限らず納まり寸法は変わらない

◉IH ヒーターはフラットに納めて使い勝手をよくする

## 統一された納め方

キッチンを造作する場合でも、アプライアンス（機器類）までオーダーすることはほぼ不可能だ。唯一業務用のガス機器に関しては特注することも可能だが、家具との納まりや建築、換気との関係が特殊になるため、熟知した設計者に依頼すべきだ。

　キッチンで使われる加熱調理機はガス、電気（ラジエント）、ＩＨの3種類に分けられる［写真］。さらに魚焼きグリルが付いているか付いていないかで分けて考える。魚焼きグリルが付いたタイプは、熱源やメーカーが違ってもほぼ同じ納め方である［図1］。Ｓｉセンサーの義務化により、ガスコンロに関しては事実上国産メーカーのみの対応となっており、ＩＨやラジエントでも魚焼きグリルが付いている機種はすべて、ガスコンロの納め方に統一されている［図2］。輸入機器をはじめとした魚焼きグリルが付いていない機種のほとんどはワークトップに落とし込むタイプなので、好きな位置に好きな角度で組み込むことができる。

## ＩＨについて

　ここ数年でＩＨクッキングヒーターの需要が急速に伸びた。凹凸のないガラストップのおかげでいつでも簡単に清掃でき、フラットなデザインがオープンキッチンに向いていることが一番のポイントだろう。加えて、ガスを燃焼しないために空調の負荷が少なく、空気を汚さないので換気システムの考え方も変わる。裸火を使わないことは安全面でも優れるとされる。

　しかし、ＩＨでも使用方法を誤ると火災の原因になることがある。法規上ではＩＨはあくまで「火気」であることを忘れてはならない（198頁参照）。また、換気に関しても同様の換気量を要求されるので綿密に計画したい。

## 写真 | 熱源の種類

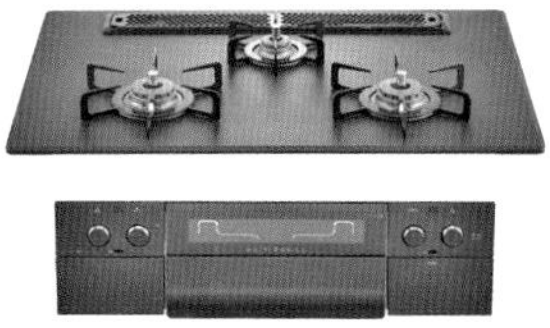

グリル付きガスコンロ
商品名：ピアットマルチグリル
写真提供：ノーリツ

IHクッキングヒーター
グリルレスタイプ
品番：A651H3BK
写真提供：アリアフィーナ

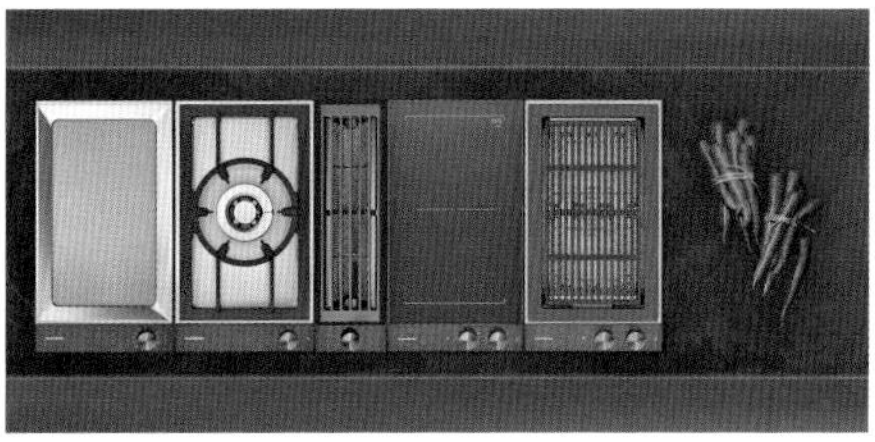

組み合わせ式（ドミノ式）のクックトップ
（左から）鉄板焼・ハイカロリーガスバーナー・ダウンドラフトベンチレーション・2口IHヒーター・BBQグリル
商品名：The Vario cooktops 200 series（GAGGENAU）
写真提供：N.tec

## 図1 | グリルがあるガスコンロ・IHヒーター共通納まり

部分詳細図[S=1：4]

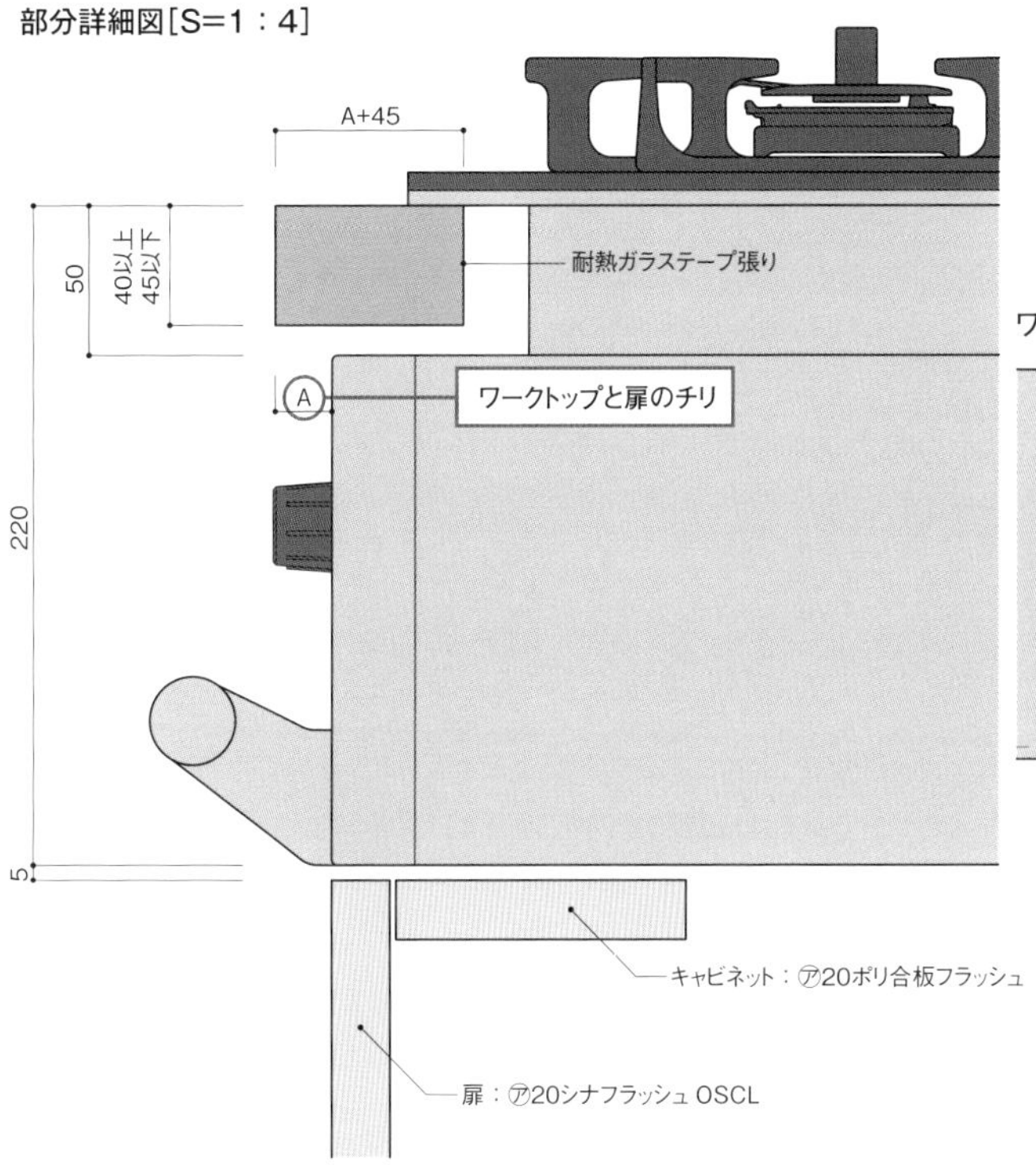
A+45
50
40以上
45以下
耐熱ガラステープ張り
A
ワークトップと扉のチリ
220
5
キャビネット：㋐20ポリ合板フラッシュ
扉：㋐20シナフラッシュ OSCL

ワークトップ表面孔アケ寸法

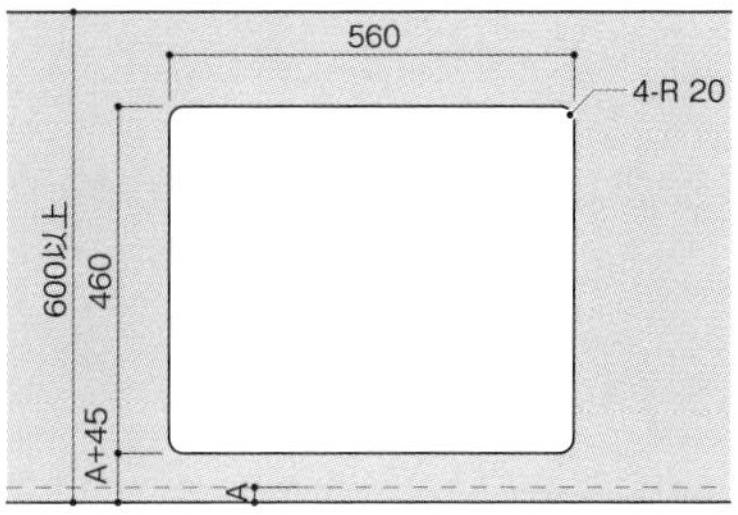
560
4-R 20
600以上
460
A+45
A

## 図2 | ワークトップとIHヒーターをフラットに納めるディテール

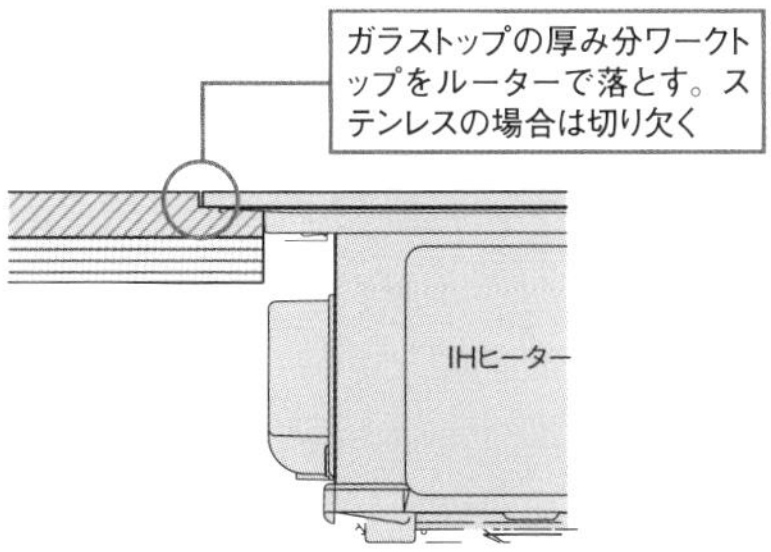
ガラストップの厚み分ワークトップをルーターで落とす。ステンレスの場合は切り欠く
IHヒーター

フラットに納まっているIHヒーター

通常は、IHヒーター本体を甲板の孔に落とし込むので、ガラストップの厚み分の段差が生じる。ただし、ルーターで加工できる人工大理石や薄板のため調整しやすいステンレスなどではフラットに納めることもでき、使い勝手が抜群によくなる

設計：STUDIO KAZ、写真：山本まりこ

KEYWORD 104

# レンジフード

**POINT**

- 必要換気量を計算してレンジフードを選択する
- 既製品をアレンジして美しいレンジフードをつくる

## レンジフードの形状

レンジフードは煙、油、臭いをできるだけ漏らさずに戸外に排出するという基本的な性能を確保することはもちろん、その存在感の大きさゆえに、空間内での見え方を常に意識しておく必要がある。最近はレンジフードのバリエーションが増え、見られることを意識したデザインも多くなったため、それ一つで雰囲気が台無しになるということは少なくなった。ただし、キッチン全体の印象がレンジフードに影響される傾向もあるので注意したい。

必要換気風量の算出にはV＝NKQの計算式［図］を用いる。この場合の係数Nはレンジフードの大きさと形状により20、30、40とされる。換気風量は吸込み量ではなく、外部への排気量で計算されるため、ダクトの長さや曲がり回数、ウェザーカバーなども考慮して算出する。

## レンジフードの選び方

昨今は対面キッチンが主流になり、天井吊り（センター）フード、もしくは横壁に取り付けること（サイドマウント）が多くなった。もちろん従来の壁面に取り付けるタイプもあり、キッチンに合わせて選ぶ。日本ではまだ少ないが天板に取り付けて、下方に排気する（ダウンドラフト）機種もあり、頭上にレンジフードがないために見た目がスッキリする［写真］。

IHクッキングヒーターにのみ使用できるレンジフードは室内循環型と呼ばれ、外部に排気する必要がなく、コンロの設置場所の自由度が増すが、火災予防条例などを確認してから採用したほうがいい。またカラーバリエーションも増え、インテリアの雰囲気に合わせて選ぶ事ができる。何よりレンジフードは、インテリアの雰囲気に合わせた色や形を慎重に選びたい。

## 図｜火気使用室における必要換気量算出の計算式

### 必要換気量(V)＝定数(N)×理論廃ガス量(K)×燃料消費量または発熱量(Q)

台所などの火を使用する調理室などの必要換気量は、上記の式により求めるよう定められている

建築基準法施行令第20条の3第2項／昭和45年建設省告示第1826号

V：必要換気量(m$^3$/h)　N：換気設備により下図を参照して選択　K：理論廃ガス量(m$^3$/kWhまたはm$^3$/kg)
Q：ガス器具の燃料消費量(m$^3$/hまたはkg/h)または発熱量(kW/h)

**定数(N)**

**定数：40**

**排気フードのない場合**

排気フードを使用しない台所または、開放型燃焼器具を使用する個室など

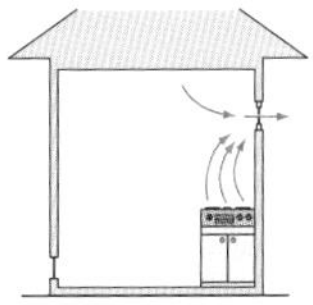

**定数：30**

**排気フードⅠ型の場合**

レンジフードファンがこれに相当

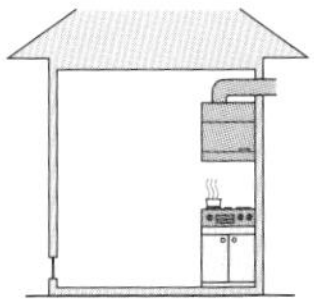

**定数：20**

**排気フードⅡ型の場合**

右図のような寸法のフードがこれに相当

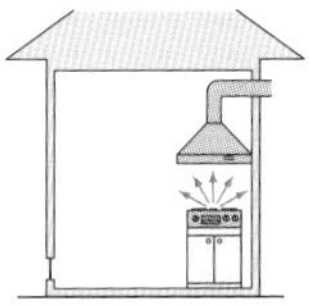

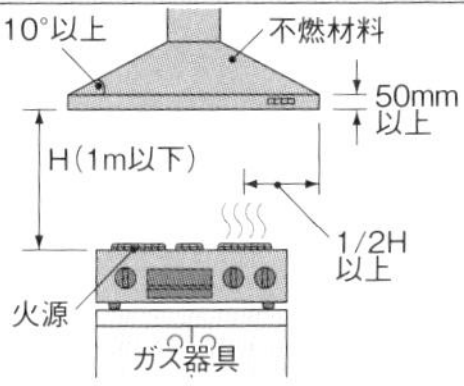
10°以上
不燃材料
50mm以上
H(1m以下)
1/2H以上
火源
ガス器具

**理論廃ガス量(K)**

| 燃料の種類 | 理論廃ガス量 |
|---|---|
| 都市ガス12A | 0.93m$^3$/kWh |
| 都市ガス13A | |
| 都市ガス5C | |
| 都市ガス6B | |
| ブタンエアガス | |
| LPガス(プロパン主体) | 0.93m$^3$/kWh(12.9m$^3$/kg) |
| 灯油 | 12.1m$^3$/kg |

**ガス器具と発熱量(Q)**(参考値)

| ガス器具 | | 発熱量 |
|---|---|---|
| 都市ガス13A | コンロ1口 | 4.65kW |
| | コンロ2口 | 7.32kW |
| | コンロ3口 | 8.95kW |
| プロパンガス | コンロ1口 | 4.20kW |
| | コンロ2口 | 6.88kW |
| | コンロ3口 | 8.05kW |

## 写真｜さまざまな設置方法が選べるレンジフード

横壁設置（ペニンシュラ・塗装）タイプ
写真提供：アリアフィーナ　商品名：サイドカッラ
品番：SCALL-951TW

横壁設置（ペニンシュラ・ステンレス）タイプ
写真提供：HEJ　商品名：SSM-901

背壁設置（ブラックステンレス）タイプ
写真提供：クックフードル　掲載商品：ナイトフォール
品番：NF90/BS

天井設置（ステンレス）タイプ
写真提供：アリアフィーナ
掲載商品：センターフェデリカ　品番：CFEDL-952S

カウンター格納型のダウンドラフトタイプ
写真提供：株式会社N・TEC　メーカー：GAGGENAU
掲載商品：テーブルベンチレーション（AL 400 721）

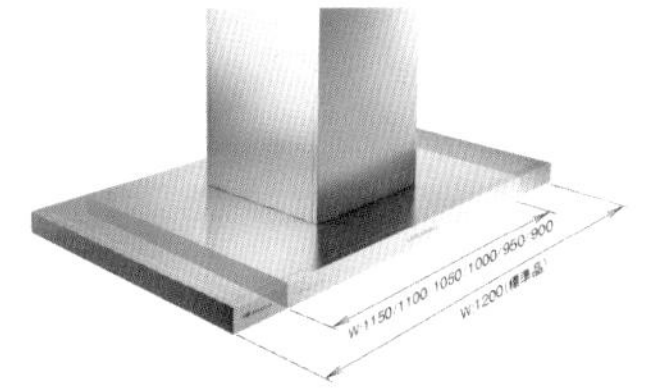

サイズオーダー可能なレンジフード
写真提供：アリアフィーナ
掲載商品：センタードォディチ　品番：CDODL-125S

高さ、奥行きを合わせて吊戸棚のようにデザインしたレンジフード。当然スイッチは別に設けた

上写真で特注したレンジフードのスイッチ。甲板下、壁際のFIXパネルに埋め込んで目立たないようにした

設計・写真：STUDIO KAZ

KEYWORD 105

# キッチンの設備機器

POINT

- シンク下にはたくさんの配管が立ち上がる
- 加熱機器の周囲には熱対策が必要

## せめぎあうシンク下

キッチンにはさまざまなアプライアンス（設備機器）が導入される。置くだけのものからビルトインするものまでいくつもの機器があり、それらは使い方や調理手順、作業動線、大きさ、給排水、ガス、電気などの条件の下に計画される。

特にシンク廻りには設備にかかわる機器が多い。混合水栓（給水・給湯）、浄水器（給水）、シンク（排水）、食器洗い乾燥機（輸入品の場合は給水・排水・電気）、生ごみ処理機（排水・電気）などの配管類と、それに伴う本体や機械（浄水器のカートリッジ、シンクトラップ、生ごみ処理機の本体、分解槽など）が置かれる［図1］。また、シンク下には包丁差しやまな板置き場、ごみ箱を入れるための引出しを計画することも多く、設計段階から緻密な計画と正確な施工を要する。

## 忘れてはいけない熱対策

ビルトインオーブンを使用するとかなりの高熱になる。そのため、ビルトインオーブンの両側面は9㎜厚以上の不燃材で構成したほうがよい［図2］。メーカーの設置説明書には書かれていないが、5年後10年後のことを考えてぜひとも実施したい。また、置き型のオーブンや電子レンジ、トースターは取扱説明書に記された周囲との離隔距離を必ず確保する。故障など保障問題になる場合もあるからだ［図3］。

最近流行のスチームオーブンから出る蒸気も注意が必要である。キャビネットの上部はステンレスを張るなどの対策を施す。これは炊飯器にもいえる。炊飯器には「蒸気排出ユニット」という機器もあるので、予算やデザイン、使い勝手などとともに総合的に検討する（203頁参照）。冷蔵庫やワインセラーなどの放熱にも注意したい。

## 図1 | シンク下の設備機器

輸入タイプの食器洗浄機を導入した標準的なシンク下の様子

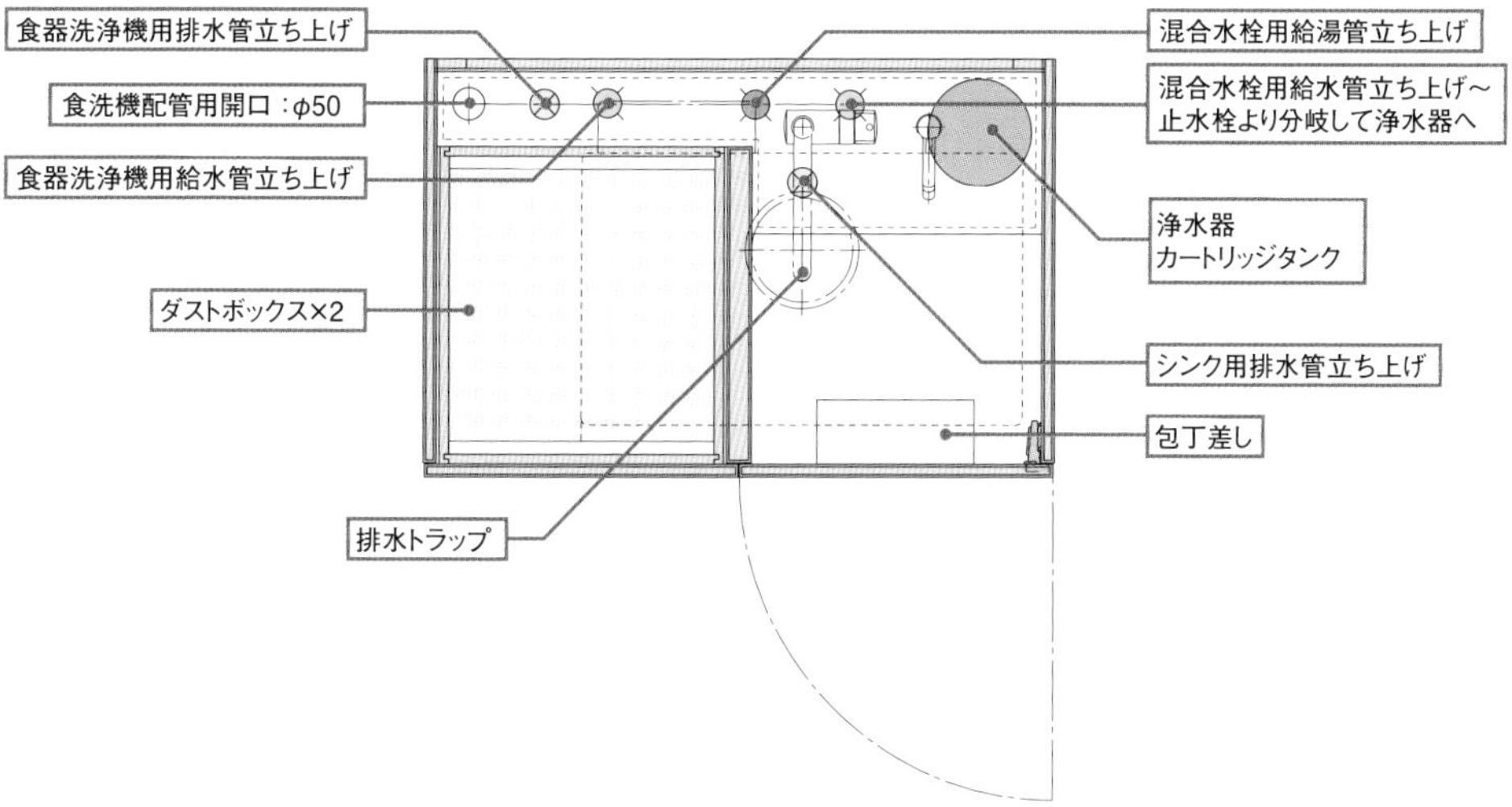
食器洗浄機用排水管立ち上げ
食洗機配管用開口：φ50
食器洗浄機用給水管立ち上げ
ダストボックス×2
排水トラップ
混合水栓用給湯管立ち上げ
混合水栓用給水管立ち上げ～
止水栓より分岐して浄水器へ
浄水器
カートリッジタンク
シンク用排水管立ち上げ
包丁差し

輸入タイプの食器洗浄機、生ゴミ処理機、浸透膜タイプの浄水器を導入したシンク下の様子

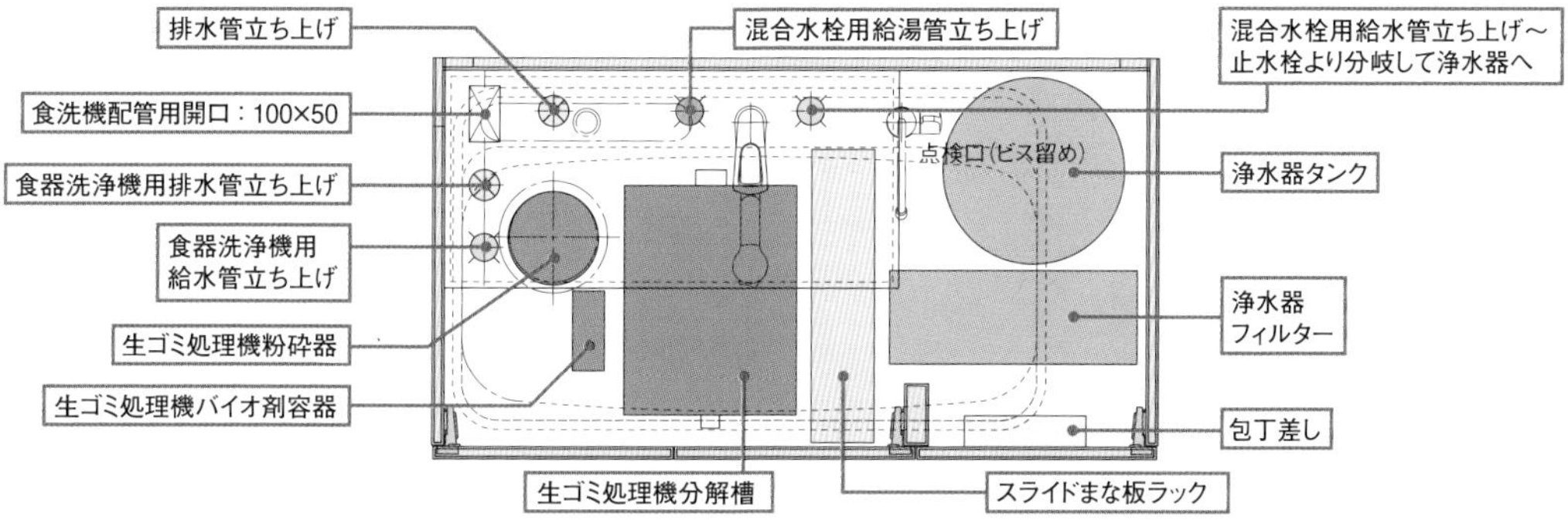
排水管立ち上げ
食洗機配管用開口：100×50
食器洗浄機用排水管立ち上げ
食器洗浄機用
給水管立ち上げ
生ゴミ処理機粉砕器
生ゴミ処理機バイオ剤容器
生ゴミ処理機分解槽
混合水栓用給湯管立ち上げ
混合水栓用給水管立ち上げ～
止水栓より分岐して浄水器へ
点検口(ビス留め)
浄水器タンク
浄水器
フィルター
包丁差し
スライドまな板ラック

## 図2 | ビルトインオーブンの不燃措置

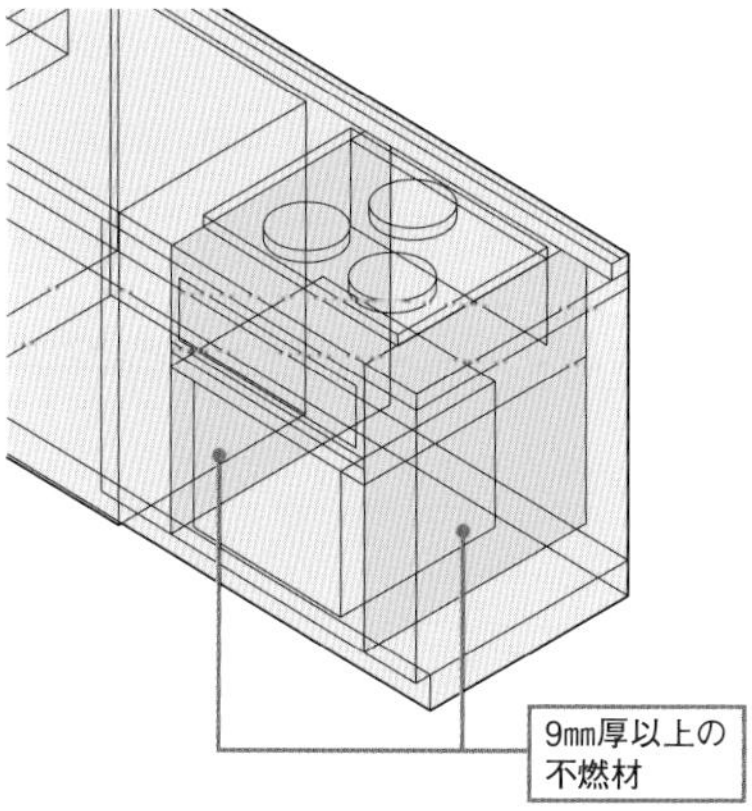
9mm厚以上の
不燃材

ビルトインオーブンは驚くほど熱をもつ。設置マニュアルには記載がなくても、機器サイドは不燃材で仕上げるように心がけたい

## 図3 | 置き型電子レンジの離隔距離

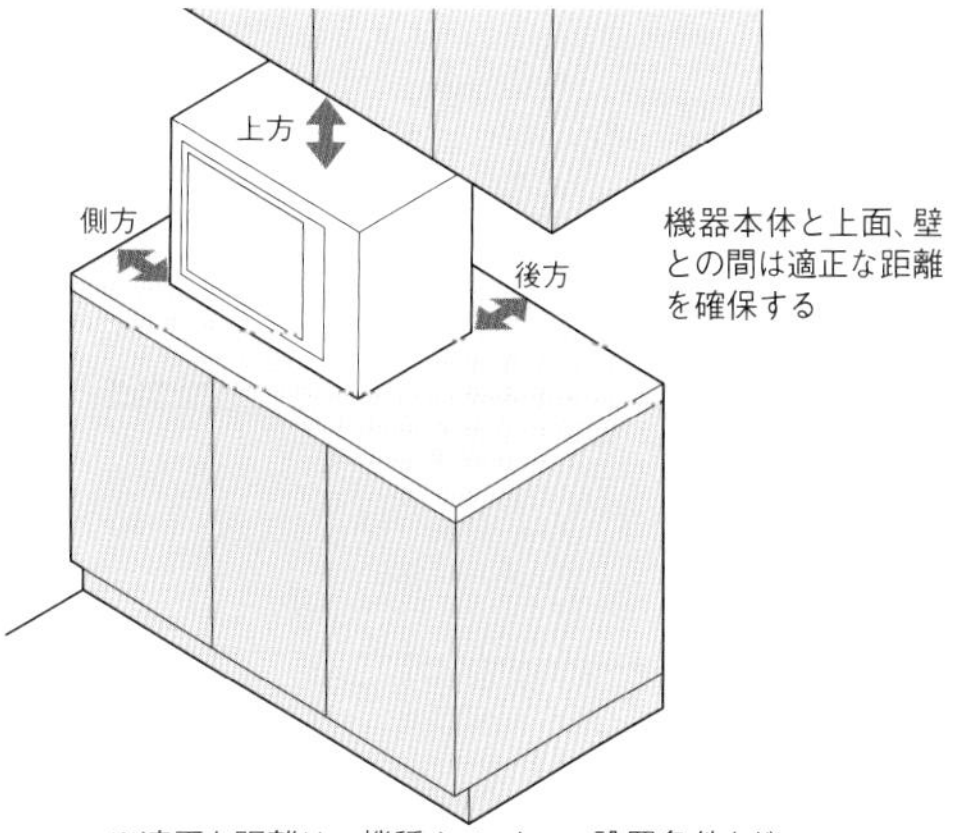
上方
側方
後方
機器本体と上面、壁との間は適正な距離を確保する

※適正な距離は、機種やメーカー、設置条件などにより異なるので、必ず取扱説明書で確認する

KEYWORD 106

# 設備配管の指示

**POINT**

- ◉設備配置図の寸法は業種ごとに入れる
- ◉図面で指示したうえで施工前に確認する

## キッチン用の設備配管図

建物全体の給排水設備図面、電気配線図面に加えて、キッチン専用の設備配管図も1枚描くとよい［図・表］。キッチンでは多くの設備機器や家電製品を使用する。1つのキャビネットのなかでいくつもコンセントを配置することがよくある。多くの輸入機器やIHクッキングヒーターでは200Vの電源を必要とし、特殊な形状のコンセントが必要な場合もある。機種によってはコンセントではなく、直結する場合もあるので注意したい。ほかにもキッチンで使用する家電製品には電気容量が大きなものも多く、専用回路としなければならない。

食器洗い乾燥機も国産品と輸入品では給排水と電気の結び位置が異なる。輸入品は原則として隣接するキャビネット内に配管するが、国内メーカー製の食器洗い乾燥機は本体下部のスペースに手を伸ばして配管を結ぶ。いずれにしても、床からの立上げ高さには制限がある。ガスコンロ下にオーブンを付ける場合も、同様に本体下部のスペースで結ぶことになる。このようにキッチンでは、特殊な配管を求められる機種が多いので、設計段階で施工説明書を手に入れるようにしたい。

## シンクキャビネット内の配管

シンク下のキャビネットには、たくさんの設備配管が立ち上がる（224頁参照）。かなりの精度で配管しなければならず、詳細な寸法が必要となる。シンク下は配管だけでなく、浄水器やごみ箱、生ごみ処理機、引出し、包丁差しなど、寸法の融通が利かないものであふれているので、30㎜違うと納まらなくなることさえある。そのため、配管位置の詳細寸法を記した図面、現場での打ち合わせ、現場監理がとても重要である。

## 図｜設備図の描き方

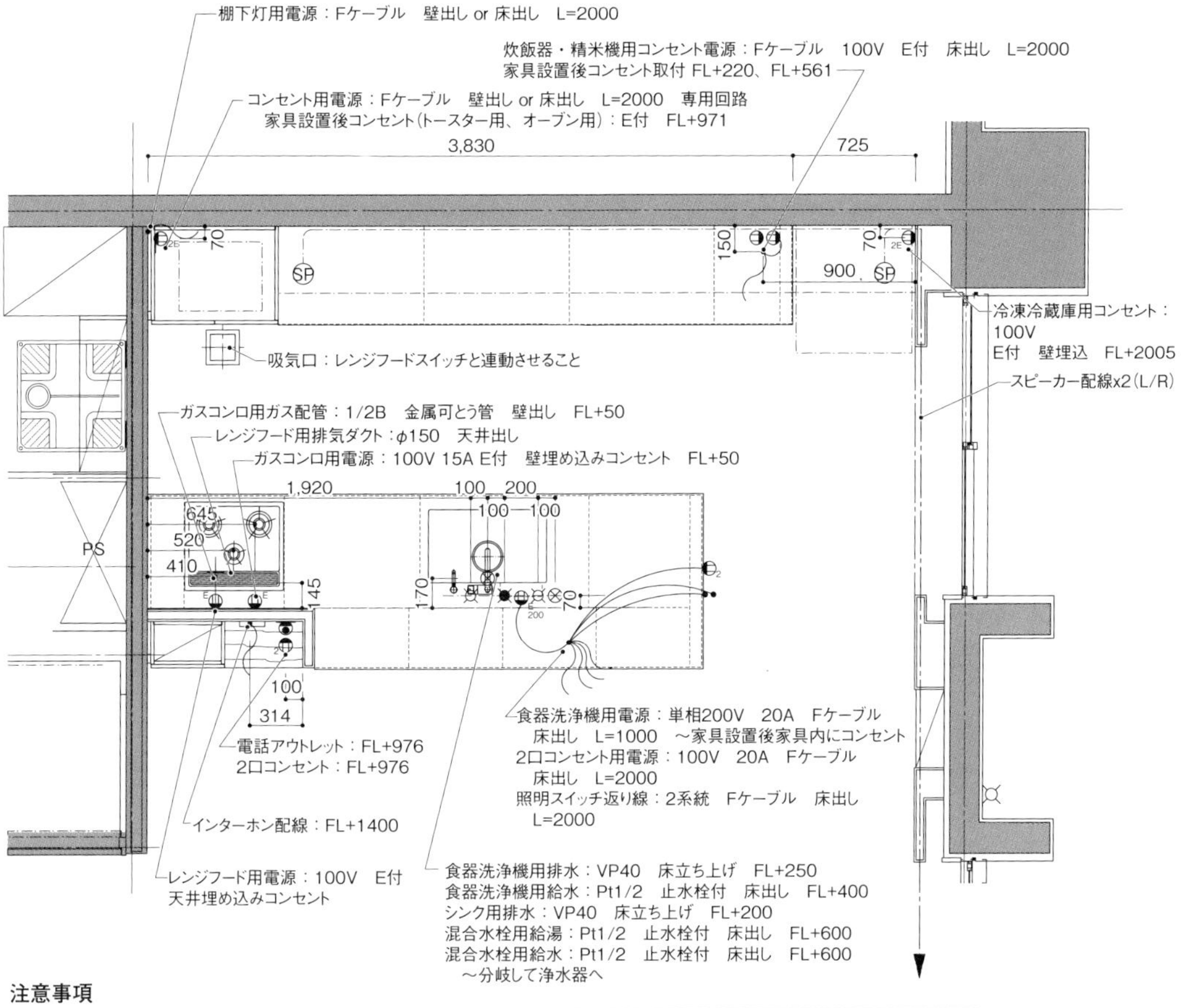
棚下灯用電源：Fケーブル　壁出し or 床出し　L=2000
炊飯器・精米機用コンセント電源：Fケーブル　100V　E付　床出し　L=2000
家具設置後コンセント取付 FL+220、FL+561
コンセント用電源：Fケーブル　壁出し or 床出し　L=2000　専用回路
家具設置後コンセント（トースター用、オーブン用）：E付　FL+971
3,830
725
70
150
70
900
SP
冷凍冷蔵庫用コンセント：
100V
E付　壁埋込　FL+2005
スピーカー配線x2（L/R）
吸気口：レンジフードスイッチと連動させること
ガスコンロ用ガス配管：1/2B　金属可とう管　壁出し　FL+50
レンジフード用排気ダクト：φ150　天井出し
ガスコンロ用電源：100V 15A E付　壁埋め込みコンセント　FL+50
1,920
100
200
100
100
645
520
410
PS
145
170
70
100
314
食器洗浄機用電源：単相200V　20A　Fケーブル
床出し　L=1000　～家具設置後家具内にコンセント
2口コンセント用電源：100V　20A　Fケーブル
床出し　L=2000
照明スイッチ返り線：2系統　Fケーブル　床出し
L=2000
電話アウトレット：FL+976
2口コンセント：FL+976
インターホン配線：FL+1400
レンジフード用電源：100V　E付
天井埋め込みコンセント
食器洗浄機用排水：VP40　床立ち上げ　FL+250
食器洗浄機用給水：Pt1/2　止水栓付　床出し　FL+400
シンク用排水：VP40　床立ち上げ　FL+200
混合水栓用給湯：Pt1/2　止水栓付　床出し　FL+600
混合水栓用給水：Pt1/2　止水栓付　床出し　FL+600
～分岐して浄水器へ

**注意事項**

| | |
|---|---|
| 1.電気、ガス、水道、換気設備の取り出し位置を明記 | 5.電源はコンセントかケーブル直結かを明記 |
| 2.床立ち上げか壁出しか?立ち上げ寸法も明記 | 6.インターホンなどの位置 |
| 3.水道、ガス、換気設備の径 | 7.その他スピーカーなどの配線ルート |
| 4.電気容量、アース付か?専用回路か? | 8.業種ごとに寸法表記を分けると親切 |

## 表｜設備記号の読み方・指示の仕方

| | | |
|---|---|---|
| 電気工事 | | Fケーブル。どこから出すか、どのくらいの長さが必要かを指示する |
| | n | 一般コンセント、nは口数を示す。埋め込みか露出か転がしかなどを指示する |
| | E | アース端子付きコンセント |
| | E 200 | アース付き200Vコンセント。単相か三相か、端子の形状まで指示する |
| | | スイッチ。何のスイッチか指示する |
| | | 電話アウトレット |
| | | テレビアウトレット。一般テレビ、CS、BS、CATVなどを指示する |
| | | LAN |
| | TV | インターホン親機（モニター付き） |

| | | |
|---|---|---|
| 水道工事 | | 給水管。口径、止水栓、立ち上げ位置（床か壁か）などを指示する |
| | | 給湯管。口径、止水栓、立ち上げ位置（床か壁か）などを指示する |
| | | 排水管。口径、立ち上げ位置（床か壁か）を指示する |
| 空調工事 | | 排気ダクト。口径、取り出し位置（壁か天井か）を指示する |
| ガス工事 | | ガスコック。取り出し位置（壁か天井か）を指示する |
| その他 | SP | スピーカー配線 |
| | R | 給湯器リモコン |

# 家具で配管を隠す

POINT
- ◉排水管は水勾配を考慮して計画する
- ◉床下に余裕がない場合は台輪部分まで利用する

## 配管の経路を確認する

キッチンではさまざまな設備配管が設置され、それらはどれも必要不可欠なものばかりである［図・写真］。

そのなかで最も問題になるのは排水管だ。一戸建ての場合は床下に配管し適切な位置に立ち上げることが可能だが、マンションのリフォームでは、床下に十分なスペースが確保できない場合や、共用管からの取出し口の位置が高く床下に配管できない場合がある。その場合は床上に配管しなければならない。

幸い、キッチンには幅木収納を付けない限り台輪が設けられており、キャビネットと床との間に空洞がある。配管の距離や高さにもよるが、そこを利用して配管するケースはよくある。台輪のつくり方をあらかじめ考慮したり、アジャスターで対処するなどの対応策を打ち合わせするとよい。

## パイプシャフトを隠す

マンションでは必ずキッチンの近くにパイプシャフト（ＰＳ）がある。これを最初から小さく計画するのはリスクが大きい。ＰＳに点検口があり配管の位置が確定できるか、工期に余裕があり、すべて解体してから計画する場合を除いて、ＰＳの大きさは変えられないと考えるべきだ。

オープンキッチンにした場合、このＰＳがデザイン上の足かせになることが多い。そこで、ＰＳ全体を家具のパネルで覆ってしまう。面材と統一することで、ＰＳとは分からないようになる。もともと点検口がある場合、管の清掃や点検のためにふさぐことはできず、デザイン的な工夫が必要である。また、ＰＳが竪穴区画に位置付けられている場合は、コンクリートブロックで囲ってあることが多く、家具パネルを取り付ける下地には注意を払いたい。

図 | マンションのキッチンリフォーム

平面図 [S＝1:70]

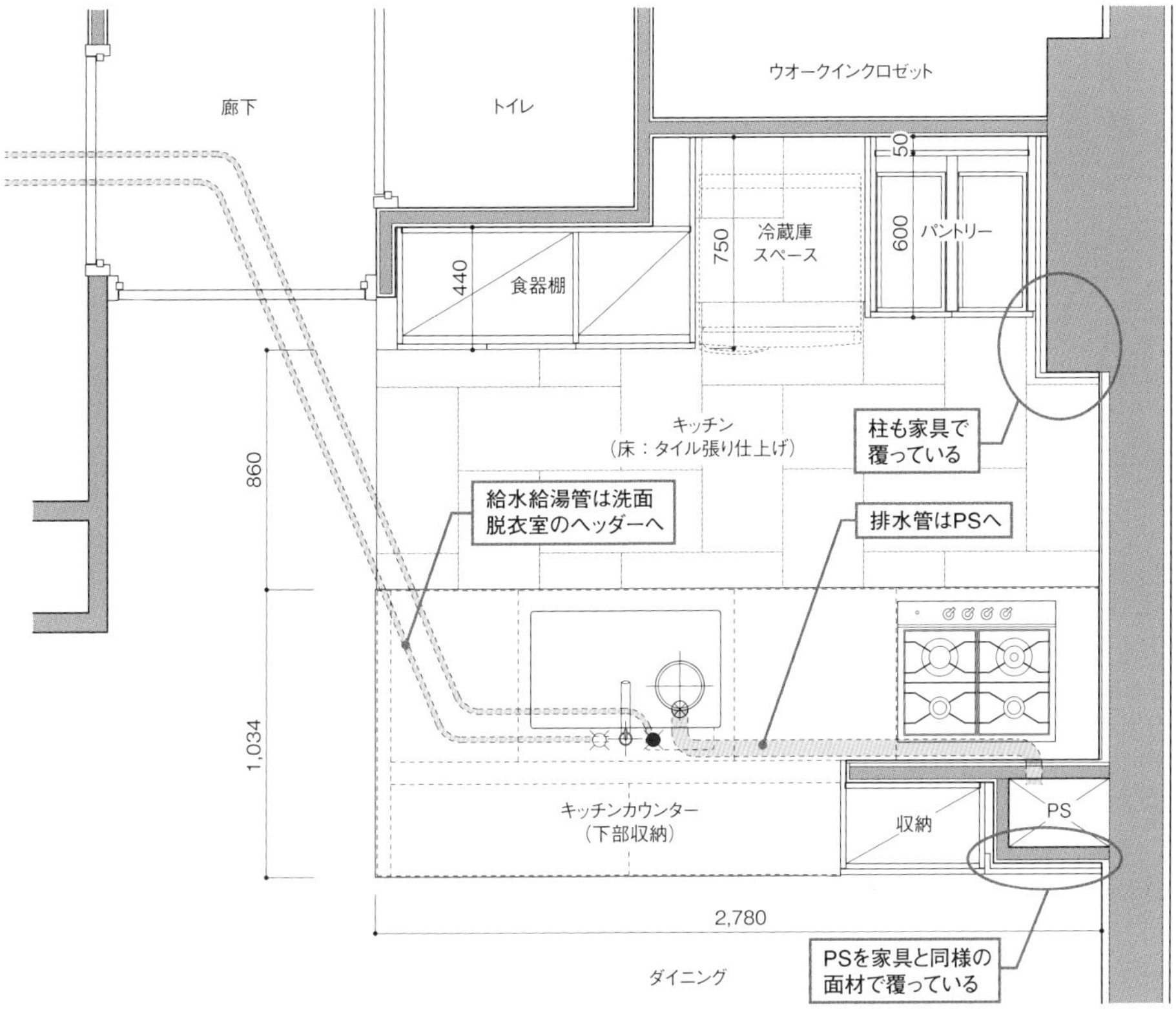

廊下
トイレ
ウオークインクロゼット
50
600
パントリー
750
冷蔵庫
スペース
440
食器棚
キッチン
（床：タイル張り仕上げ）
柱も家具で
覆っている
860
給水給湯管は洗面
脱衣室のヘッダーへ
排水管はPSへ
1,034
キッチンカウンター
（下部収納）
収納
PS
2,780
ダイニング
PSを家具と同様の
面材で覆っている


写真 | マンションのキッチンリフォーム

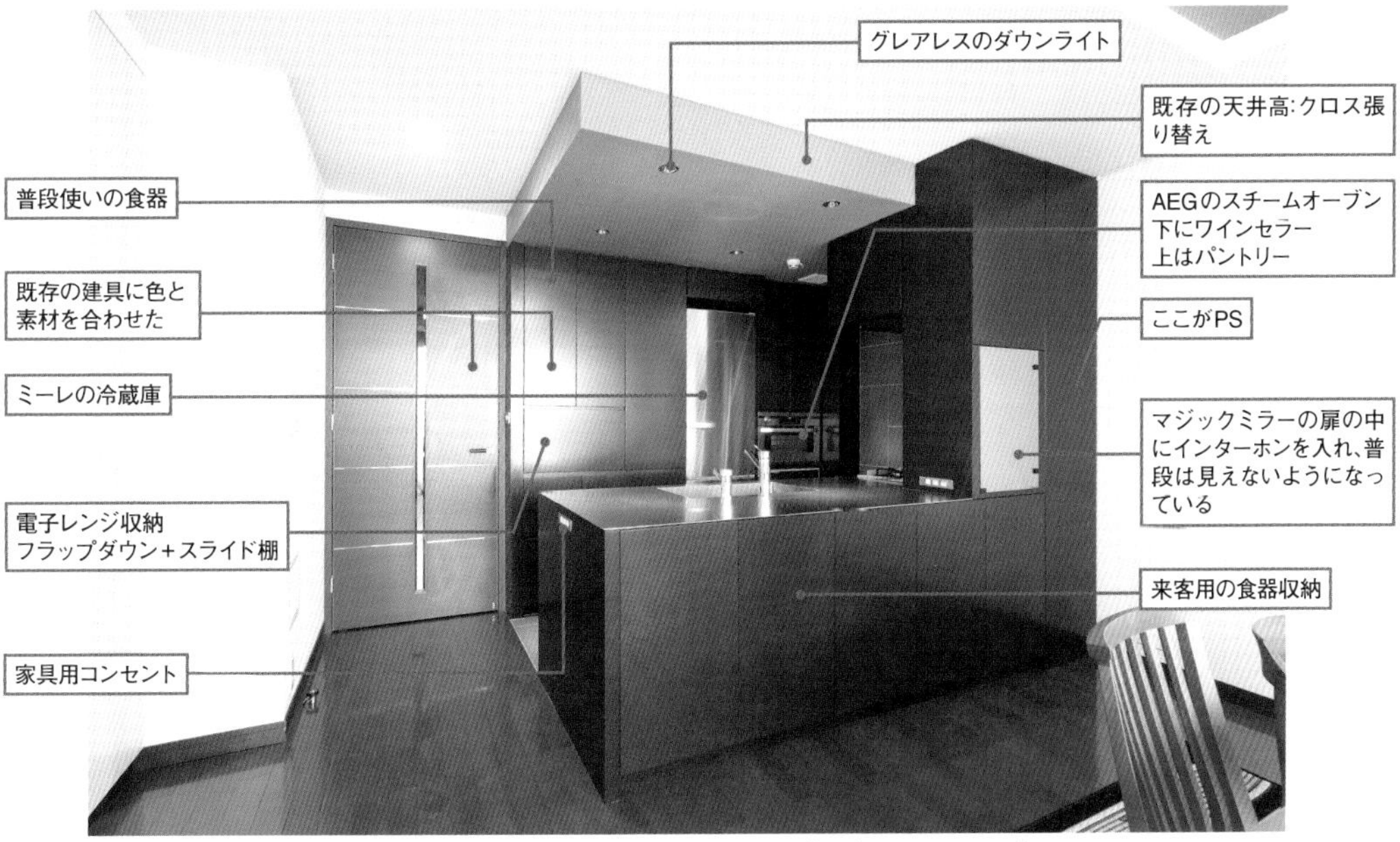

グレアレスのダウンライト
既存の天井高:クロス張り替え
普段使いの食器
AEGのスチームオーブン
下にワインセラー
上はパントリー
既存の建具に色と
素材を合わせた
ここがPS
ミーレの冷蔵庫
マジックミラーの扉の中にインターホンを入れ、普段は見えないようになっている
電子レンジ収納
フラップダウン＋スライド棚
来客用の食器収納
家具用コンセント


PSを家具の面材で覆って収納のように見せ、1室空間の中で違和感が出ないように工夫している

設計：STUDIO KAZ、写真：山本まりこ

# 家具で柱・梁を隠す

POINT

- 柱はトール収納のように見せる
- 梁の出は積極的に利用して計画に取り込む

## 柱を隠す

空間を構成するうえで、柱や梁は必要不可欠ではあるが、意匠上どうしてもその存在が邪魔な場合がある。

そのときにはパイプシャフトのように家具で覆ってしまう（228頁参照）と1つのトール収納のような雰囲気になり、一体感が生まれる。

壁面にパネルを張る場合、接着剤を使用することになるが、それだけでは反りの問題もあるので、ビスなどと併用したい。扉の割りに合わせて目地をとり、そこで隠し釘で固定するか、嵌《がん》合《ごう》させてパネルを継ぐ。加えて、床と天井にも10㎜以上の目地をとったり幅木と併用したりして、同様に嵌合するか、隠し釘で固定する。製作するパネル厚は18㎜以上はほしい。

## 梁を隠す

ほとんどのマンションでは梁が室内に出る。キッチンでは壁面側を天井までの収納とすることが多いので、梁の影響を受ける。この場合、梁の高さに応じて収納を分割し、奥行きを変えながらも扉は1枚とすることで、梁の存在を消すことができる。これはシステムキッチンでは難しい。造作キッチンならではの納め方である。

収納にしない場合は、その形状を積極的に利用したい。その例を二つ紹介する。一つは梁を見切にして素材を張り分ける方法［写真1］。キッチン正面の壁にはタイルかキッチンパネルを張ることが多いが、張る部分を梁下までにして、それより上はリビングダイニングと同じ仕上げにする。もう一つは梁の形状を利用して、間接照明にしてしまう方法［写真2］。ここではキッチン側の間接照明が、そのままキッチンの手元灯の役割も果たしている。いずれの場合もリビングダイニングとのつながりや連続性を意識している［図］。

## 図｜梁を利用した例

吊り戸棚の奥行きを梁部分で調整して前面を揃える

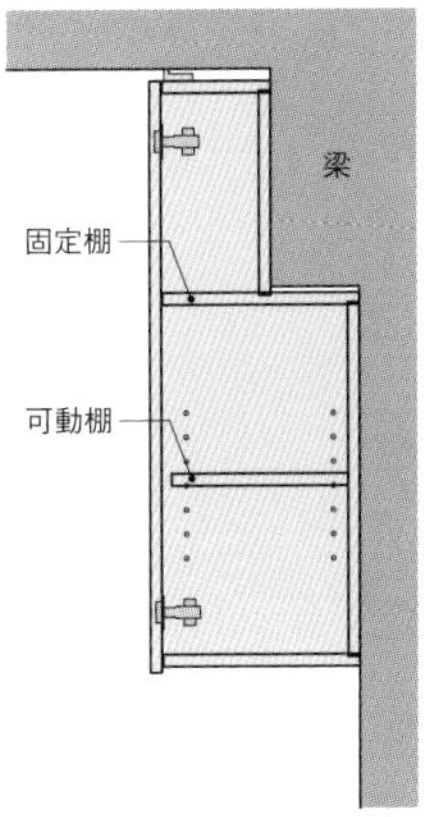
梁
固定棚
可動棚

梁の高さに固定棚を入れ、その上下で奥行きを変える。前面を1枚の扉にすると、梁の存在を完全に消すことができる

梁の入隅で仕上げ材を切り替える

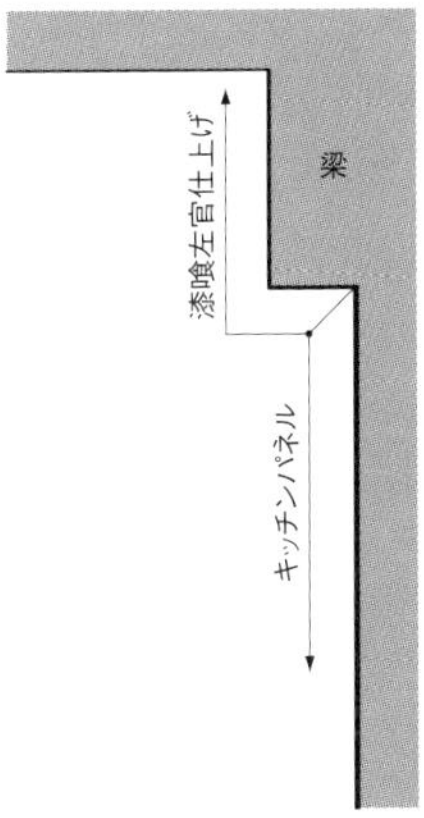
梁
漆喰左官仕上げ
キッチンパネル

キッチンでは壁面にキッチンパネルやタイルを張る。梁の入隅で素材を切り替えると役物や見切りを入れる必要がなく、すっきりした納まりになる（写真1）

梁を利用して間接照明をつくる

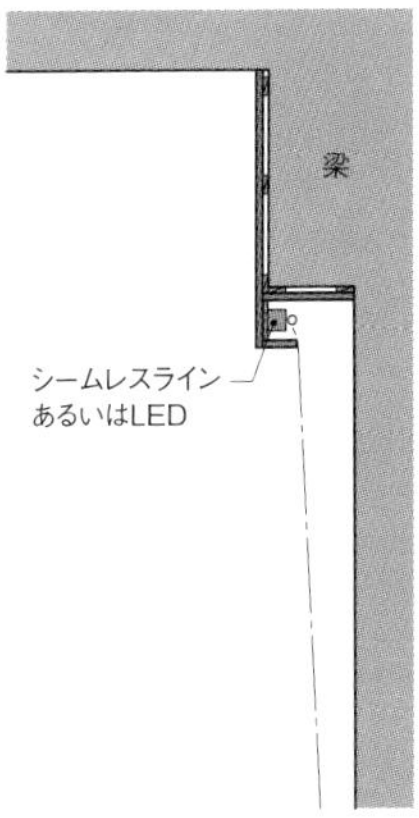
梁
シームレスライン
あるいはLED

梁型にコンパネで壁をつくり、シームレス蛍光灯を仕込むと壁面を照らす間接照明になる。少し凹凸のある壁面だと陰影が出て、表情豊かな壁になる。壁全体で反射するため意外に明るい（写真2）

## 写真1｜梁で仕上げを切り替えた例

漆喰とキッチンパネルの色とつやを合わせ、梁の入隅で切り替えているため、素材の違いさえも区別がつかないほど。納まりも違和感がなく、キッチンパネルの安っぽさはまったく感じない

## 写真2｜梁を利用して間接照明を設けた例

間接照明をリビングからキッチンまで一直線に連続させているので、空間の連続性が生まれ、さらに長さを強調することにより、実際よりも長く（広く）感じる

設計：STUDIO KAZ（写真1・2）、写真：山本まりこ（写真1・2）

KEYWORD 109

# オープンキッチンの作法

POINT

- オープンキッチンは外から見られる時間のほうが長い
- 加熱機器を壁や家具で囲い、油煙の漏れをくい止める

## 視線を意識したディテール

昨今の住宅に計画されるキッチンのほとんどは、リビングダイニングに向かって開かれたオープン形式になっている。これまでは隔離された空間のなかで壁面に囲まれていたキッチンが、周囲のどこからでも見える状態で存在するようになったのである。

これはキッチンにとっても一大事で、すべての面を仕上げなければならない。機能を重視したこれまでのデザインから、機能+見た目も意識したデザインを心がける。特にアイランドキッチンではダイニング側に収納を設けるかカウンターにするか、端部をエンドパネルで納めるか、扉と側板を留めで納めるか、台輪の高さをどうするかなど、キッチンを外から眺めた姿を意識したデザインとしなければならない。もちろんキッチンとしての機能をなおざりにするわけにはいかない。デザインと機能の両立がより求められるようになったのである［写真1～4］。当然、キッチンとキッチン以外の部位との調和も重視しなければならない。床・壁・天井はもちろん、建具の素材や色、仕上げ、建具枠の見付け、幅木の高さなど合わせなければならない要素は多岐にわたる。リノベーションであれば、既存部分とのコーディネーションはなおさら難しい。キッチンを家具として単独で考えるのではなく、床・壁・天井の仕上げ材料、照明計画などと併せて計画することが必要だ。

## 油煙漏れの対策

オープンキッチンで問題になるのが油煙と臭いである。これらはレンジフードだけで解決できるものではなく確実に拡散し、ガスコンロよりもＩＨヒーターのほうが顕著である。問題の軽減策としては、家具による「壁」のようなしつらえで囲うという手がある。

### 写真1 ｜ オープンキッチンの床の切り替え

キッチンの部分リフォーム。既存のフローリングに合わせて床タイル、キッチンの面材をコーディネート

### 写真2 ｜ どっしりとして落ち着きのあるオープンキッチン

ダイニング側をカウンターにして、両サイドのエンドパネルを床まで持ってくると、落ち着き感が出る。面材を床と同色にすることで、リビングによりなじませることができる

### 写真3 ｜ エンドパネルを付けずに軽快感を出したキッチン

エンドパネルを設けずに側板と扉を留めで納めた例。台輪をぐるりとまわし、面材は壁と同じ色にして軽快感を出している

### 写真4 ｜ エンドパネルを設けて台輪の高さを切り替えたキッチン

エンドパネルを床まで伸ばした例。ダイニング側とキッチン側で異なる台輪の高さをエンドパネルで切り替えている

設計：STUDIO KAZ、写真：STUDIO KAZ（写真1）、山本まりこ（写真2〜4）

KEYWORD 110

# キッチンパーツ

POINT

◉既製品のキッチンパーツでコストダウン

◉キッチンパーツはカタログをよく読み、納まりを検討する

## システムキッチン専用？

システムキッチンは、さまざまなキッチンパーツから構成されている。簡単なものでは包丁差しやカトラリートレー、スパイスラック、パントリーラック。デッドスペースになりがちなコーナー収納を工夫したパーツ、ハンギングレールパーツ、ビルトインされた米びつなど、素材や仕上げ、動きなどはなるほどよく考えられている。それらの多くは実は各メーカーのオリジナルではなく、多くは家具金物を取り扱う会社から購入できるものである［写真］。それらの会社では、さまざまな扉の動きを可能にするヒンジやステーなどの家具金物（98頁参照）を取り扱っていることも多いので、商品情報と共に会社の情報も入手するとよい。

商品の寸法や納まり寸法はカタログに書かれていることが多いが、可能であれば、寸法や納まり、動き方を現物で確認したい。そうすることで周囲の壁や枠、キャビネットとの関係を見落とすことなく確認できる［図］。

## キッチンパーツの盲点

これらのキッチンパーツは、機能的かつローコストで、非常に便利なものばかりである。しかし、気を付けなければならないことがある。基本的にいわゆるシステムキッチンモジュールで構成されているため、パーツを組み込む部分のキャビネットの寸法がシステムキッチンのそれと同じになってしまいがちな点だ。せっかくの造作キッチンがシステムキッチンのモジュールに支配されるのはもったいないし、見た目もシステムキッチンのようになってしまうので、キッチンを造作した意味が薄れてしまう。それを避けるためには、パーツの種類や寸法だけでなく、納まりや動きを熟知したうえで、パーツを吟味することが求められる。

## 図｜キッチンパーツのカタログの見方

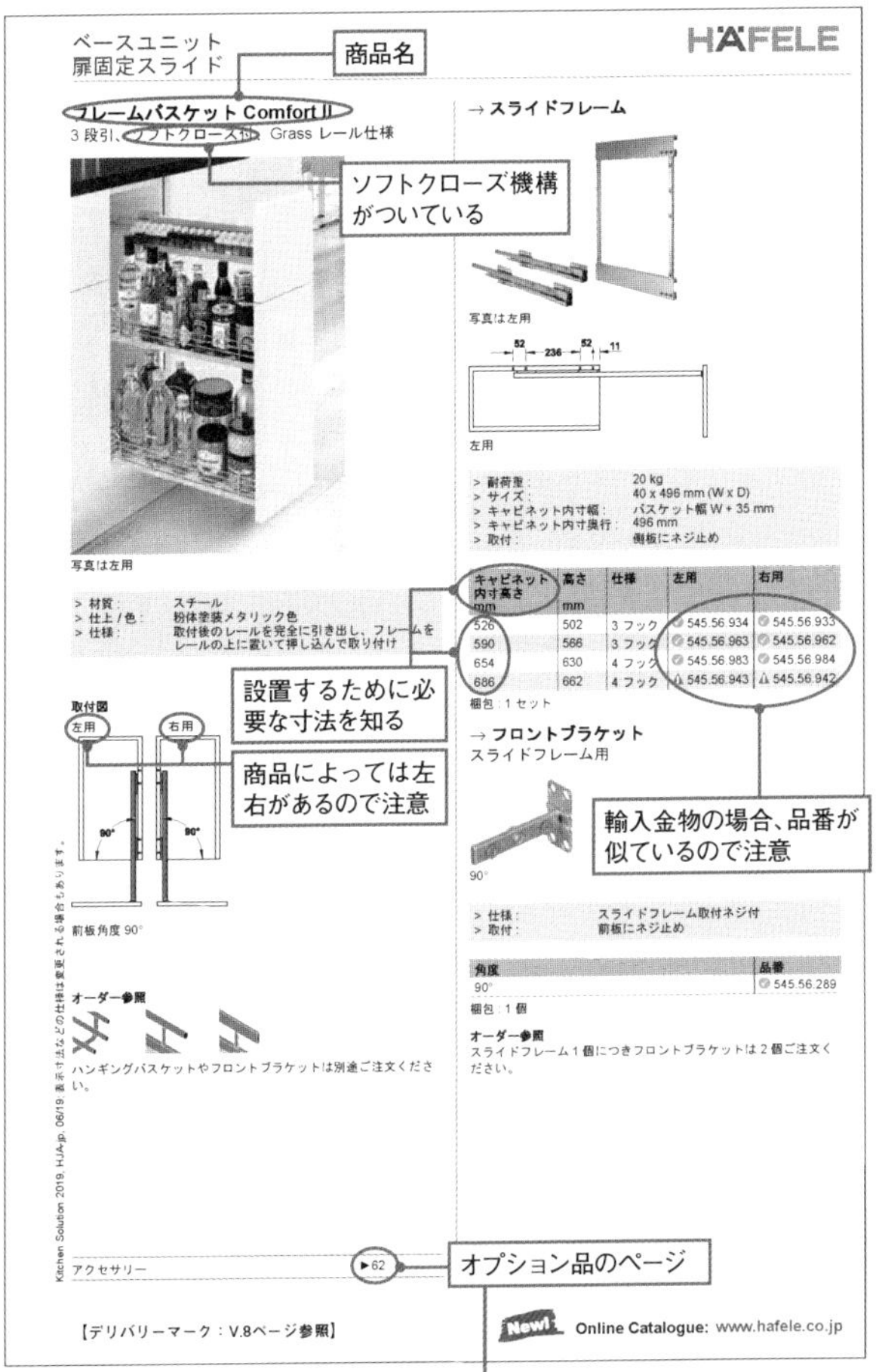
商品名
ソフトクローズ機構がついている
設置するために必要な寸法を知る
商品によっては左右があるので注意
輸入金物の場合、品番が似ているので注意
オプション品のページ

ベースユニット
扉固定スライド

HÄFELE

**フレームバスケット Comfort II**
3段引、ソフトクローズ付、Grass レール仕様

写真は左用

> 材質：　スチール
> 仕上／色：　粉体塗装メタリック色
> 仕様：　取付後のレールを完全に引き出し、フレームをレールの上に置いて押し込んで取り付け

**取付図**
左用　右用
90°　90°
前板角度 90°

**オーダー参照**
ハンギングバスケットやフロントブラケットは別途ご注文ください。

Kitchen Solution 2019, HJA-jp, 06/19, 表示寸法などの仕様は変更される場合もあります。

アクセサリー　▶62

**→ スライドフレーム**

写真は左用

52　236　52　11
左用

> 耐荷重：　20 kg
> サイズ：　40 x 496 mm (W x D)
> キャビネット内寸幅：　バスケット幅 W + 35 mm
> キャビネット内寸奥行：　496 mm
> 取付：　側板にネジ止め

| キャビネット内寸高さ mm | 高さ mm | 仕様 | 左用 | 右用 |
|---|---|---|---|---|
| 526 | 502 | 3 フック | 545.56.934 | 545.56.933 |
| 590 | 566 | 3 フック | 545.56.963 | 545.56.962 |
| 654 | 630 | 4 フック | 545.56.983 | 545.56.984 |
| 686 | 662 | 4 フック | 545.56.943 | 545.56.942 |

梱包：1 セット

**→ フロントブラケット**
スライドフレーム用

90°

> 仕様：　スライドフレーム取付ネジ付
> 取付：　前板にネジ止め

| 角度 | 品番 |
|---|---|
| 90° | 545.56.289 |

梱包：1 個

**オーダー参照**
スライドフレーム1個につきフロントブラケットは2個ご注文ください。

【デリバリーマーク：V.8ページ参照】

New! Online Catalogue: www.hafele.co.jp

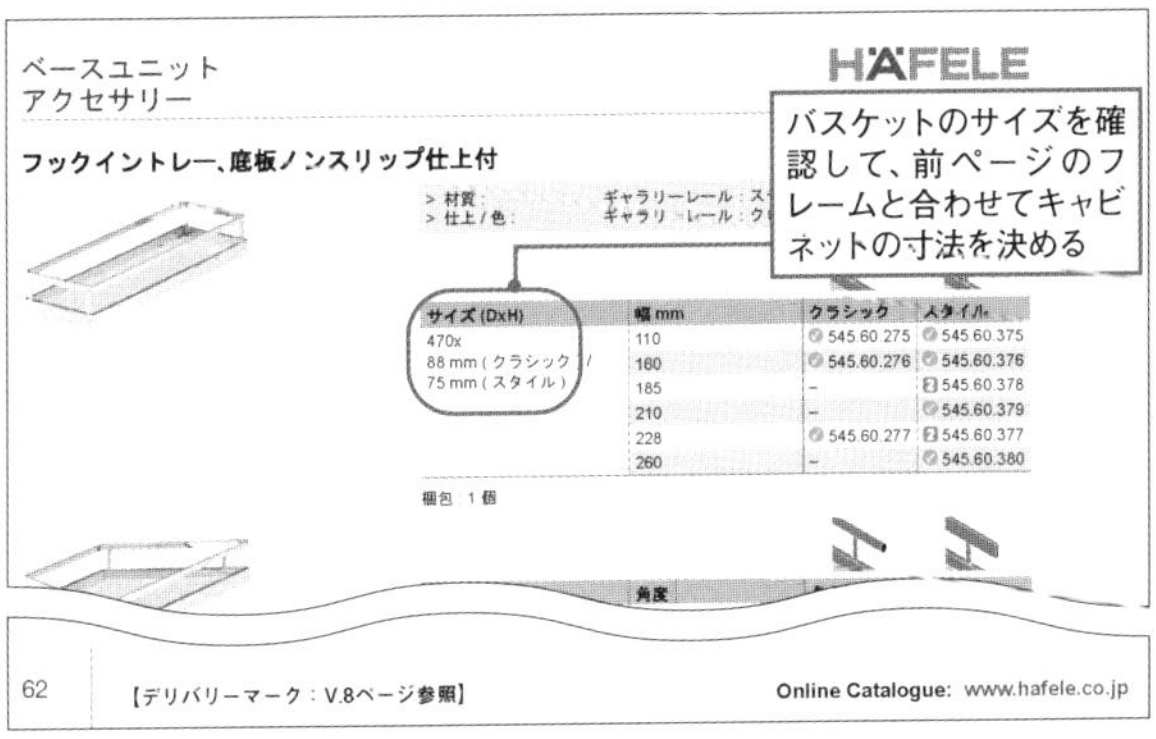
バスケットのサイズを確認して、前ページのフレームと合わせてキャビネットの寸法を決める

ベースユニット
アクセサリー

HÄFELE

**フックイントレー、底板ノンスリップ仕上付**

> 材質：　ギャラリーレール：ス
> 仕上／色：　ギャラリーレール：ク

| サイズ (DxH) | 幅 mm | クラシック | スタイル |
|---|---|---|---|
| 470x 88 mm（クラシック）/ 75 mm（スタイル） | 110 | 545.60.275 | 545.60.375 |
| | 160 | 545.60.276 | 545.60.376 |
| | 185 | – | 545.60.378 |
| | 210 | – | 545.60.379 |
| | 228 | 545.60.277 | 545.60.377 |
| | 260 | – | 545.60.380 |

梱包：1 個

角度

62　【デリバリーマーク：V.8ページ参照】　Online Catalogue: www.hafele.co.jp

カタログ協力：ハーフェレ ジャパン

## 写真｜オーダーで取り入れたいパーツ

扉の裏に取り付けるラック。スパイス類を置くのに重宝する

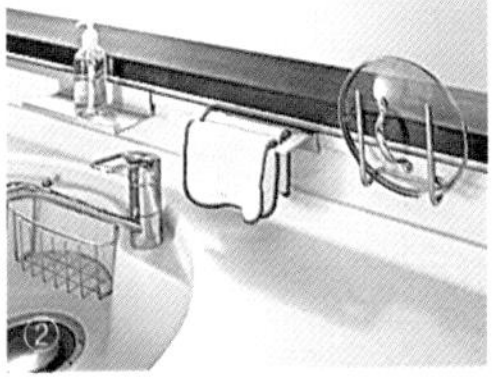

壁面にいろいろなものを吊り下げるパーツ。基本のレールにさまざまなオプションパーツを組み合わせる

デッドスペースになりがちなコーナーを無駄なく使えるパーツ。よくある回転タイプよりもデッドスペースが少ない

スイングアップタイプのステー。開け放して使う機器類の収納に便利。開けたときに手前に迫り出す寸法に注意が必要

写真提供：エクレアパーツ（写真①②）、ハーフェレ ジャパン（写真③④）

# あとがき

筆者は、勤めていた設計事務所で、造作キッチン・造作家具のコンサルティング、プランニングから現場監理までを担当していた。当時は住設メーカーのデザイン部を退社して間もないころで、まったく現場を知らず、書店に行っても、造作家具の設計マニュアルのような、まとまった本は皆無だった。キッチンのプランニングマニュアルのような本はあったが、一から造作する内容ではなかった。

周囲の同僚が描く図面をトレースしたり（当時は手描き）、建築雑誌の小さな記事を集めて、一般解としての納まりを覚え、さらに現在でも大変お世話になっている、オーダー家具のニシザキ工芸さんに、木工所や塗装場、そして数多くの現場で実作業を見せていただくことで、覚えた知識と実際とのギャップを痛感した。

1994年の事務所設立以降も、オーダーキッチン、造作家具の設計者として、(いい意味で）無理難題を要求してくる建築設計者やコーディネーターの方々と仕事をさせていただくうちに、一般解では決して対応できないアクロバティックな納まりや加工技術を発見・開発したり、普段では使えないようなさまざまな素材にも接することができた。ほかにも、たくさんの造作家具業者や金物メーカー、素材メーカー、工務店の方々との仕事のなかで、素材・金物や技術、工具などの最新情報や現場の施工、加工方法などを共有することができるようになった（現在進行形で日々更新中)。

本書は、そのようにして私が身につけた、そして2023年7月現在の最新情報の一部を1冊にまとめたものである。もちろんここに書かれたことがすべてではないし、掲載した個々のアイディアには他の選択肢や解決策もあるだろう。自分だけのオリジナルマニュアルをつくる材料の1つとして本棚に置いていただければと思う。

今後の住宅市場では、さらに新築着工戸数が減少し、またリノベーションに接する機会も増えてくるだろう。そんな状況下で建て主を獲得するためには、顧客のニーズをいかに汲み取り、実現できるかが鍵となるはずだ。その一つの手段として、造作家具への対応は非常に有効だと思われる。造作家具や造作キッチンを今でも敬遠している人が多いが、臆することはない。この本を参考にもっと積極的に向き合っていただけることを切に願うばかりである。

2023年8月吉日　和田浩一／coichi wada

## もろもろ協力していただいた方々

ニシザキ工芸株式会社　様
株式会社クレド　様
写真掲載をお許しいただいた建て主様
写真をご提供いただいたメーカー様

**執筆者プロフィール**

## 和田浩一／coichi wada

株式会社STUDIO KAZ代表。インテリアデザイナー・キッチンデザイナー／1965年福岡県生まれ。1988年九州芸術工科大学卒業後、トーヨーサッシ株式会社（現 株式会社LIXIL）入社。インテリア事業部、デザイン総括室を経て1992年退社。1993年オーダーキッチン中心の設計事務所勤務の後、1994年STUDIO KAZ設立

1998～2012年までバンタンデザイン研究所インテリアlab.非常勤講師。2002年～2006年工学院大学専門学校インテリア学部非常勤講師。2014～東京デザインプレックス研究所非常勤講師。「キッチンスペースプランニングコンクール」「2001年国際家具デザインコンペティションin大川」「TILE DESIGN CONTEST」「住まいのインテリアコーディネーションコンテスト」など受賞歴多数。個展やグループ展も積極的に開催。二級建築士、インテリアコーディネーター、キッチンスペシャリスト

2014年より工務店向けに「キッチンアカデミー」を開設し、キッチンの重要性を広める活動を行っている

2020年、大阪に「The Kitchen」をOPEN

# 世界で一番やさしい　家具設計
**第2版**

2023年8月29日　初版第1刷発行

**著　者**　　和田浩一

**発行者**　　澤井聖一

**発行所**　　株式会社エクスナレッジ
〒106-0032
東京都港区六本木7-2-26
https://www.xknowledge.co.jp/


---


**問合せ先**
編集　Tel　03-3403-1381
Fax　03-3403-1345
info@xknowledge.co.jp
販売　Tel　03-3403-1321
Fax　03-3403-1829